ROSA EGIPCÍACA

LUIZ MOTT

Rosa Egipcíaca
Uma santa africana no Brasil

Copyright © 1993 by Luiz Roberto de Barros Mott

Grafia atualizada segundo o Acordo Ortográfico da Língua Portuguesa de 1990, que entrou em vigor no Brasil em 2009.

Capa e caderno de fotos
Fernanda Ficher

Imagem de capa
Rosa Egipcíaca, de Miguel Galindo, 2022, óleo sobre tela. Reprodução de Maiara Cerqueira

Preparação
Fábio Fujita

Índice remissivo
Luciano Marchiori

Revisão
Carmen T. S. Costa
Clara Diament

Dados Internacionais de Catalogação na Publicação (CIP)
(Câmara Brasileira do Livro, SP, Brasil)
_____

Mott, Luiz
    Rosa Egipcíaca : Uma santa africana no Brasil / Luiz Mott. —
1ª ed. — São Paulo : Companhia das Letras, 2023.

    Bibliografia.
    ISBN 978-65-5921-505-8

    1. Afro-brasileiros – Brasil – História 2. Egipcíaca, Rosa
3. Inquisição – Brasil – História 4. Mulheres negras – Biografia
5. Religião I. Título.

_____

23-141246   CDD-981
_____
Índice para catálogo sistemático:
1. Brasil : História   981

Eliete Marques da Silva – Bibliotecária – CRB-8/9380

Todos os direitos desta edição reservados à
EDITORA SCHWARCZ S.A.
Rua Bandeira Paulista, 702, cj. 32
04532-002 — São Paulo — SP
Telefone: (11) 3707-3500
www.companhiadasletras.com.br
www.blogdacompanhia.com.br
facebook.com/companhiadasletras
instagram.com/companhiadasletras
twitter.com/cialetras

Sumário

Introdução 7
Nota introdutória a esta edição 13

1. Os primeiros anos no cativeiro 17
2. Mulher da vida em Minas Gerais 30
3. Encontro com o padre Xota-Diabos 42
4. Visões e atribulações de uma endemoniada 71
5. Açoites no pelourinho de Mariana 83
6. Prova de fogo 100
7. Mudança de nome: Rosa Maria Egipcíaca da Vera Cruz 129
8. Viagem para o litoral 144
9. No Rio de Janeiro em 1751 156
10. Sob a orientação espiritual dos franciscanos 171
11. Fundação do Recolhimento do Parto 202
12. As primeiras recolhidas 231
13. Visão dos Sagrados Corações 246
14. Reflexos do terremoto de Lisboa na América portuguesa 262
15. Formação de noviças 280
16. Expulsão do recolhimento 298

17. A profecia do dilúvio 319

18. A vida no Sacro Colégio 335

19. As quatro evangelistas e o Diabo 356

20. Rosa mística 390

21. Rituais de adoração 423

22. A grande viagem e casamento com d. Sebastião 435

23. Prisão e sumário no Auditório Eclesiástico do Rio de Janeiro 461

24. No Tribunal do Santo Ofício de Lisboa 502

25. Julgamento do padre Xota-Diabos 526

26. Um processo inconcluso 555

Epílogo 583

Notas 597

Referências bibliográficas 619

Créditos das imagens 633

Índice remissivo 635

Introdução

Durante três séculos e meio, mais de 5 milhões de africanos foram arrancados de suas aldeias nativas e vendidos como gado humano no Brasil. Destes, a quase totalidade morreu sem deixar nenhum rastro de suas vidas: com seu suor e sangue, construíram esta nação, heróis e vítimas anônimas de nosso triste passado escravista. Pequena porção dos africanos e seus descendentes, contudo, mereceu da administração colonial algum tipo de registro documental: atestados de desembarque nos portos, registros de batizado, casamento e óbito; escrituras de compra, venda e hipoteca de escravizados; cartas de alforria, processos criminais, registro de filiação em irmandades de cor, anúncios de negros fugidos nos jornais etc. São dados ocasionais, instantâneos de vida, impossibilitando ao estudioso a reconstituição completa de uma totalidade biográfica. Mesmo daqueles poucos negros e negras que mais se destacaram no período do cativeiro, como Zumbi dos Palmares, Chico Rei, José do Patrocínio — e da idolatrada Escravizada Anastácia —, muito pouco de certo se sabe sobre suas vidas, dada a incipiência de registros autênticos.

Tal lacuna documental evidencia-se ainda mais se a confrontarmos com o que ocorreu na América do Norte, onde, já em 1845, o ex-escravizado Frederic Douglas escrevia, ele próprio, sua autobiografia, e em 1861 repetia a mesma façanha a alforriada Harriet Jacobs. Tais dados nos obrigam a concluir o quão afastados foram mantidos os negros na América portuguesa dos segredos da escrita, pois, além de não dispormos de nenhuma autobiografia, nem de biografias antigas de escravizados ou alforriados vivendo no Brasil, salvo engano, o mais antigo manuscrito autografado por um ex-escravizado em nosso país data de 1752 — e traz a assinatura de nossa biografada: ROSA MARIA EGIPCÍACA DA VERA CRUZ.

Rosa Egipcíaca foi uma africana igual a milhões de outras mulheres que tiveram a desventura de ser capturadas e vendidas como gado humano no Novo Mundo: menina de seis anos, sofreu o horror dantesco da travessia oceânica dentro do porão de um navio negreiro; foi batizada por ordem de seu primeiro proprietário no Rio de Janeiro, no ano do Senhor de 1725, o mesmo que a deflorou, mal completara catorze anos; quando adulta, foi açoitada no pelourinho da vila de Mariana, em Minas Gerais, e, como suas irmãs de cor, se deixou fascinar pelos tecidos coloridos e joias douradas do mundo dos brancos. Teria morrido anônima se não tivesse caído nas garras da Santa Inquisição: destacou-se excepcionalmente de suas irmãs e irmãos de cor por uma série de fenômenos sobrenaturais e peripécias biográficas. Foi reputada como portadora de poderes paranormais, amealhando numeroso séquito de devotos não só entre o populacho, mas também nas elites, a ponto de ser adorada de joelhos por seu ex-senhor e proclamada por diversos sacerdotes europeus como a "nova Redentora do gênero humano". Foi não apenas a primeira africana no Brasil, de que temos notícia, a conhecer os segredos da leitura, como também, provavelmente, a primeira escritora negra de toda a história, pois chegou a reunir centenas de páginas manuscritas de um edificante livro: *Sagrada teologia do amor de Deus, luz brilhante das almas peregrinas*, lastimavelmente queimado às vésperas de sua detenção, mas do qual restaram algumas folhas originais. Rosa Egipcíaca é também excepcional por ter sido a única mulher negra, ex-escravizada e ex-prostituta, em todo o mundo cristão, a fundar um "convento de recolhidas", o Recolhimento de Nossa Senhora do Parto, cuja capela, reconstruída, existe ainda hoje no centro comercial do Rio de Janeiro.

Por tais motivos — e muitos outros revelados nos 38 anos que viveu no Brasil —, Rosa Egipcíaca da Vera Cruz é provavelmente a mulher africana do século XVIII sobre a qual há o maior número de informações biográficas. A reconstituição minuciosa da vida dessa ex-escravizada, e sobretudo de suas visões, revelações celestiais e misticismo, se tornou possível graças à descoberta, na Torre do Tombo de Lisboa, de dois processos inéditos e outros documentos que tivemos a enorme alegria de trazer à luz depois de dois séculos de esquecimento. Rosa e seu último proprietário, o padre Francisco Gonçalves Lopes, foram presos pela Santa Inquisição de Lisboa no ano de 1762, acusados de heresia e falso misticismo. Esses dois processos de mais de 350 folhas, que incluem duas longas confissões feitas pela ré — a primeira no Auditório Eclesiástico do Rio de Janeiro, e a segunda nos cárceres do Santo Ofício de Lisboa —, reconstroem, ano a ano, sua biografia e revelações celestiais. Através deles e de uma preciosa coleção de 55 cartas assinadas por Rosa Egipcíaca e por seu capelão exorcista, pudemos reconstituir a biografia dessa criatura fantástica, dotada de uma inteligência privilegiada e de um carisma tal que chegou a merecer do provincial dos franciscanos do largo da Carioca o maravilhoso título de "Flor do Rio de Janeiro". Uma Rosa Negra, africana, ex-cativa e ex-prostituta, é nomeada pelo alto clero do Brasil como "a maior santa do céu"! Santidade e veneração que o impiedoso tempo apagou completamente da memória nacional, tanto que, até hoje, nenhum autor sequer citou o nome e a existência dessa deusa de ébano, personagem fantástica, verdadeira pérola negra da qual temos o orgulho e o privilégio de resgatar a história, a um tempo gloriosa e sofrida.

Antropólogo de formação, há duas décadas pesquisando papéis velhos em arquivos nacionais e estrangeiros, confesso que nunca encontrei criatura tão fascinante e com uma vida tão incrível e rocambolesca como a de Rosa Egipcíaca. Vida barroca cheia de contrastes e contradições, dado ter conhecido tanto o desconforto das senzalas quanto os salões atapetados de dois palácios episcopais; ter vivido como prostituta nas montanhas de Minas Gerais e, depois de convertida, se transmutado em fundadora e abelha-mestra de um beatério de donzelas e madalenas arrependidas; ter sido insultada por uns como embusteira e possessa do Demônio, enquanto muitos outros a idolatravam, assim como às suas relíquias, como sendo a própria esposa da Santíssima Trindade. Santa que rezava em latim, que sabia cantar comoventes hinos litúrgicos, mas que não dispensava, como boa africana da Costa da Mina, seu inseparável cachimbo; que, em seus arroubos místicos, pode perfeitamente ser equiparada às principais videntes canonizadas por Roma, mas que não resistia, às vezes, à tentação de louvar seu Divino Esposo, Nosso Senhor Jesus Cristo, dançando frenética ao ritmo do batuque.

Santa para muitos, embusteira para outros, alienada mental ou epiléptica como a maioria dos santos, místicos e visionários, Rosa Egipcíaca foi uma mulher fascinante, contraditoriamente megalomaníaca e humilde, ambiciosa e singela. Criatura "espritada", mas de carne e osso, e, mesmo que reconheçamos suas imperfeições, alienação e até embustes, não há como não admirá-la.

Através de sua vida prodigiosa, desfilam alguns aspectos fundamentais de nossa sociedade antiga, às vezes confirmando o ensinamento de nossos melhores estudiosos, outras obrigando-nos a rever ou ampliar nossa compreensão das relações sociais dentro do escravismo colonial, os pressupostos de nossa religiosidade popular, o papel repressor do Santo Ofício às diferentes manifestações do sincretismo.

Por se tratar de uma santa barroca, vivendo num período igualmente extravagante, não tivemos como escapar às influências coevas, daí, desde já, prevenirmos o leitor a se preparar para a leitura de um livro barroco — atribuindo a este termo seu sentido primitivo: "pérola irregular com altibaixos", segundo a definição de nosso melhor dicionarista daquela época, o carioca Antonio Moraes Silva, também ele vítima da Inquisição, e que nos acompanhará ao longo destas páginas, "traduzindo" expressões e termos barrocos encontrados na documentação.

Neste sentido, tomamos a liberdade de sugerir enfaticamente ao leitor que, antes e durante a leitura desta obra, para melhor imbuir-se do barroquismo de nossa biografada e da época em que ela viveu, procure ouvir os dois volumes do disco *Mestres do barroco mineiro*, obra maravilhosa, mas lastimavelmente rara e que, em sua falta, poderá ser substituída, com resultados próximos, pelo *Requiem* de Mozart. Se for possível visitar alguma de nossas igrejas setecentistas, detenha-se nos detalhes das esculturas, talhas douradas e pinturas antigas, aparelhando-se, assim, para vislumbrar muito melhor as tantas revelações e êxtases de nossa mística africana.

Entre a descoberta dos manuscritos de Rosa Egipcíaca, em 1983, e o retorno à Torre do Tombo, em 1987 — sempre com o indispensável apoio do cNPq —, foram mais de seis anos pesquisando e redigindo este trabalho. Como não encontramos publicações que tratassem em profundidade de diversos assuntos relacionados à vida dessa beata negra, fomos obrigados a pesquisá-los, o que explica o elevado número de páginas deste livro e alguns "desvios" temáticos que certamente deliciarão os estudiosos mais exigentes, mas talvez enfadem aqueles mais interessados, sobretudo, nas aventuras e desventuras de Rosa Egipcíaca. Além da reconstituição de sua biografia, fizemos longas digressões sobre outros aspectos complementares à sua vida, tais como sobre a etnia Courá ou Courana, à qual nossa retratada pertencia; sobre a atuação do Santo Ofício nos lugares onde viveu; sobre a instituição dos recolhimentos no Brasil colonial; sobre o culto aos Sagrados Corações, que tiveram em Rosa sua principal vidente e propagandista na América portuguesa etc. A fim de pouparmos os leitores mais apressados de tais desvios subsidiários, houvemos por bem resgatar a prática barroca editorial de subdividir o livro em abundantes capítulos, permitindo assim uma leitura seletiva da biografia de nossa beata.

De todos os livros que publicamos, este foi não apenas o que nos tomou mais tempo de pesquisa e redação, como o que mereceu o maior número de contribuições intelectuais, indicações bibliográficas, pistas e ideias. Nossa mais cordial gratidão a todos os nossos colaboradores, especialmente a Adalgisa Arantes Campos, Ana Isabel da Cunha, Caio Boschi, Cândido da Costa e Silva, Daniela Calainho, David Price, Fernando Rocha Perez, Henrique Osvaldo Fraga de Azevedo, Iraci del Nero Costa, João José Reis, Júlio Braga, Lana Lage, Laura de Mello e Souza, Leila Algranti, Luciano Raposo Figueiredo, Luiz Carlos Villalta, Maria Lúcia Mott, Mario Maestri Filho, Mary del Priore, Paulo Bonorino, Renato Venâncio, Robert Howes, Roberto Albergaria, Ronaldo Vainfas, Vittorino Regni, Vivaldo Costa Lima, Yeda Castro, Welber de Sousa Braga. Durante as pesquisas e transcrição dos documentos, Aroldo Assunção foi meu braço direito; Carlita Chaves, minha doméstica que trabalhou em minha casa por mais de uma década, me esclareceu várias dúvidas com sua genuína memória de neta de africanos; José Carlos Santos Silva colaborou, com suas repetidas cobranças, para que este estudo não demorasse ainda mais; Marcelo Ferreira de Cerqueira, meu companheiro querido, com seu carinho e presença amiga, criou as condições emocionais para a realização desta obra. A todos, minha eterna gratidão. Ofereço este livro a meus pais, Leone Mott e Odette de Barros Mott, e a minhas filhas, Míua Tanabe Mott e Tamí Mott.

Luiz Mott
Bahia de Todos os Santos,
na Festa de Santa Maria Egipcíaca, 2 de abril de 1991

Nota introdutória a esta edição

Nesses últimos quarenta anos, entre a descoberta, em 1983, do processo inquisitorial contra Rosa Egipcíaca na Torre do Tombo, a publicação da primeira edição deste livro, em 1993, e sua segunda edição, em 2023, ocorreram dois importantes acontecimentos relacionados à "maior santa do céu". O primeiro é ter sido finalmente encontrado documento noticiando sua morte — até então, um mistério sem explicação, tanto que no último capítulo deste livro, "Um processo inconcluso", dizíamos que, entre mais de mil processos por nós pesquisados nos arquivos inquisitoriais, foi o único que não tinha um ponto-final. Na época levantamos algumas hipóteses: que suas folhas finais tivessem se descosturado e estariam perdidas na montanha de papéis velhos do Santo Ofício, ou talvez "teria Rosa sido transferida de sua cela para a cozinha da Santa Inquisição, ou empregada em serviços subalternos, como temos evidência de que ocorria com presidiárias mais humildes, até acabar, com o tempo, esquecida pelos inquisidores, coniventes com a exploração da ex-escrava como mão de obra gratuita, morrendo de morte natural muitos anos depois, sem que o seu óbito fosse registrado em seu processo?".

Bingo! Nossa conjectura estava absolutamente certa! Em 2011 tivemos a felicidade de receber cópia do Arquivo Nacional da Torre do Tombo, do "Auto de falecimento da preta Rosa Maria Egipcíaca a que estava no Cárcere da Cozinha e que falecera de sua morte natural ao 12 de outubro de 1771". Dito e feito: Rosa não chegou a ser sentenciada, passando a ser ilegalmente explorada como escrava, conduta abusiva não prevista pelos Regimentos Inquisitoriais, levando em consideração que já era alforriada quando foi presa pelo Santo Ofício, o qual optou por explorar por seis anos consecutivos sua força de trabalho, até sua morte, aos 44 anos. O correto judicialmente teria sido sentenciá-la e despachá-la para cumprir seu degredo, provavelmente por cinco anos, no couto de Castro Mearim, no Algarve, local para onde com frequência eram enviados os réus em sua mesma situação penal. No último capítulo incluímos a transcrição de tal documento, onde comentamos sobre a importância e implicações desta descoberta.

Um segundo importante acontecimento registrado após a primeira publicação de *Rosa Egipcíaca: Uma santa africana no Brasil* (1993) é ter sido escolhida em 2023 como tema do enredo do desfile de Carnaval da Escola de Samba Unidos do Viradouro, campeã do Grupo Especial em 1997 e 2020. No samba-enredo, Rosa Maria Egipcíaca da Vera Cruz é louvada com merecida glória:

A mais bela rosa aos pés do Senhor
Candombes e batuques no cortejo
Eu sou a santa que o povo aclamou
Eis a flor do seu altar, sua fé em cada gesto
O amor em cada olhar dos filhos meus
No cantar da Viradouro, o meu samba é manifesto
Sou Rosa Maria, imagem de Deus.

Milhões de brasileiros, na televisão e no sambódromo, tomaram conhecimento pela primeira vez dessa "santa que o povo aclamou", de sua vida a um tempo sofrida e fantástica. Desfile monumental: 2400 componentes, 23 alas, seis carros alegóricos e três tripés.

Ponto para a recuperação das raízes negras de nosso país ainda tão marcado pela discriminação contra os afrodescendentes. Ponto para a necessária escrita da história das mulheres afro-brasileiras.

Rosa Egipcíaca, africana idolatrada nas Minas Gerais e Rio de Janeiro nos meados do século XVIII, completamente apagada da memória e história do Brasil devido à sua condição abjeta de ré da Santa Inquisição, após nosso resgate de sua biografia, tornou-se figura destacada nos principais dicionários do período colonial e obras dedicadas às negras ilustres de nosso país, agora reconhecida como "a primeira escritora negra do Brasil", particularmente no *Dicionário do Brasil Colonial*, no *Dicionário da escravidão negra no Brasil* e no *Dicionário mulheres do Brasil*. Sua vida foi dramatizada em romance histórico com prefácio de Jorge Amado, "Rosa Maria Egipcíaca da Vera Cruz: A incrível trajetória de uma princesa negra entre a prostituição e a santidade" (Heloisa Maranhão, 1997). Em 2012 é publicado "O nome dela era Rosa: Epistolografia de uma ex-escrava no Brasil do século XVIII", dos professores Klebson Oliveira e Tânia Lobo, UFBA, capítulo da obra *Rosae: Linguística histórica, história das línguas e outras histórias*. A Unisinos (São Leopoldo, RS) publicou meu artigo-resumo de sua vida (2005), sendo apresentada em 2015 a comunicação "Da senzala ao altar: A transcendência de Rosa Egipcíaca e suas contribuições para o desenvolvimento pedagógico latino-americano". Em 2020 realiza-se em Genebra, com participação da Universidade de Lisboa, o "Colóquio Internacional Mulheres e Poderes: Rosa Maria Egipcíaca, a mobilidade de um corpo interseccional entre vulnerabilidade e resistências, no Atlântico Sul Colonial". No Google há mais de 20 mil entradas e setecentos vídeos com seu nome! Há camisetas, bolsas e ímãs de geladeira com a imagem de nossa santinha afro-mineira-carioca. Um verdadeiro milagre para quem passou mais de dois séculos completamente ignorada e desconhecida, cumprindo-se, com toda essa visibilidade, mutatis mutandis, uma de suas muitas profecias: "Deus destinara coisas grandes ao Recolhimento do Parto, por se guardar uma prenda preciosíssima, Rosa Egipcíaca, sua mestra e fundadora, havendo de ser venerado e ter as mesmas indulgências que as casas santas de Jerusalém e as igrejas de Roma e de Santiago de Compostela, e que em breve seria venerado por reis e imperadores, nele se recolhendo pessoas muito ilustres, tornando-se o maior e mais magnífico de todos os conventos do Reino de Portugal". Axé, Aleluia!

Nesta segunda edição, atualizamos pequenos detalhes, preservando a mesma escrita, ilustrações e bibliografia.

Boa leitura.

Luiz Mott, há quarenta anos apaixonado pela Flor do Rio de Janeiro
Salvador, 20 de fevereiro de 2023,
dia em que Rosa Egipcíaca foi aplaudida na avenida no Rio de Janeiro

1. Os primeiros anos no cativeiro

Dentre os milhares de africanos trazidos anualmente da Costa da Mina para o Brasil, no início do século xviii, calcula-se que, no ano de 1725, desembarcaram no Rio de Janeiro por volta de 5700 cativos.[1] E, no meio dessa massa humana — a cada ano, mais de 120 mil seres humanos reduzidos à condição de gado eram retirados da África em direção à América portuguesa —, exatamente naquele ano, chega ao porto do Rio uma negrinha de seis anos, que na pia batismal receberá o nome de Rosa.

Nada sabemos sobre sua infância, família, aprisionamento e travessia do Atlântico no navio negreiro. A única referência sobre seu passado africano é dada por ela mesma, aos 43 anos de idade, quando foi presa no aljube por ordem do bispo do Rio de Janeiro, d. Antônio do Desterro. No "Auto de perguntas feitas à ré Rosa Maria Egipcíaca da Vera Cruz, preta forra", ao ser indagada "pela sua vida e modo dela e como a passou, disse que ela é natural da Costa da Mina, de nação courana, e que veio para esta cidade de São Sebastião do Rio de Janeiro em idade de seis anos…". Em outra ocasião, quando interrogada por inquisidores de Lisboa, acrescentará mais um detalhe identificador de sua nacionalidade: disse ter nascido na "Costa de Uidá, nação courana".

Pouquíssimas informações encontramos nos livros a respeito da nação courana. Dentre as centenas de etnias africanas trazidas para o Novo Mundo nos três séculos de tráfico negreiro, os nativos dessa nação são referidos nos documentos com diferentes grafias: courá, curá, curamo, couramo, curano, couxaina, courã, karam, e pelos compostos courá-mina, courano da Costa da Mina, courá-baxé.[2] Todos esses nomes provêm, seguramente, de três importantes acidentes geográficos situados entre a Fortaleza de Ouidah (Uidá ou Ajuda) e o Reino de Benin: o rio Curamo, a lagoa e a ilha do mesmo nome.

Se nos debruçarmos sobre os poucos mapas antigos da África relativos a essa região, podemos descobrir, bem próximo à costa, ao sul do porto de Uidá e ao norte do rio Benin, esses três pontos geográficos, assim como a pequena vila de Curamo, que na descrição do Reino de Benin, de 1748, é dada como situando-se a dez léguas do rio Formoso, povoação que tinha todo seu espaço circundado por paliçada dupla, distante treze léguas da vila de Jabum.[3] Revela a mesma fonte que os couranos se distinguiam pela excelente qualidade e beleza dos tecidos que ali produziam, sendo vendidos por altos preços na Costa do Ouro.[4] Segundo ensina Pierre Verger, grande estudioso e profundo conhecedor da região, os courá, inimigos do rei do Daomé, habitavam a lagoa de Curamo, nos arredores da atual cidade de Lagos.[5] Provavelmente foi numa das batalhas ou escaramuças entre essas etnias inimigas que nossa menina courá foi presa, vendida com outros cativos e despachada no porto de Uidá em direção ao Brasil.

Nada sabemos sobre a parentela de Rosa: em sua confissão em Lisboa, declarou "não saber quem são seus pais". Diz o pintor Rugendas que, "infelizmente, quando se vendem escravos, raramente se tomam em consideração os laços de parentesco. Arrancados de seus pais, de seus filhos, de seus irmãos, esses infortunados explodem às vezes em gritos dolorosos".[6] Em nenhum momento de sua biografia Rosa faz menção à sua família africana. Somente quando adulta é que construirá sua "família espiritual", pois, além de se tornar comadre e madrinha, terá dezenas de "filhas" em seu Recolhimento de Nossa Senhora do Parto, além de muitas outras dezenas de "filhos espirituais" e devotos no interior de Minas Gerais e na cidade do Rio de Janeiro. Terá também diversos "pais espirituais", seus confessores, com os quais manterá cordial e devota relação filial.

A travessia do Atlântico dentro do porão do navio negreiro deve ter sido uma experiência terrível para essa menina recém-escravizada:

É sem dúvida durante o trajeto da África para a América que a situação dos negros se revela mais horrível. Reflita-se sobre a impressão cruel do negro diante da separação violenta de tudo que lhe é caro, sobre os efeitos do mais profundo abatimento, ou a mais terrível exaltação de espírito, unidos às privações do corpo e aos sofrimentos da viagem. Esses infelizes são amontoados num compartimento cuja altura raramente ultrapassa um metro e meio. Este cárcere ocupa todo o comprimento e a altura do porão do navio. Aí são eles reunidos em número de duzentos a trezentos. Os escravos aí são amontoados de encontro às paredes do navio e em torno do mastro. Aonde quer que haja lugar para uma criatura humana e qualquer que seja a posição que se lhe faça tomar, aproveita-se. O mais das vezes as paredes comportam, a meia altura, uma espécie de prateleira de madeira sobre a qual jaz uma segunda camada de corpos humanos. Todos, principalmente nos primeiros tempos da travessia, têm algemas nos pés e nas mãos e são presos uns aos outros por uma comprida corrente. O calor ardente, a fúria das tempestades e a alimentação a que não estão acostumados — de feijão com carne salgada —, a falta d'água são as causas de grande mortalidade.[7]

Cinquenta dias e cinquenta noites dentro desse inferno, da Costa da Mina ao Rio de Janeiro! "As crianças apinhavam-se na primeira meia ponte, como arenques num barril. Se tinham sono, caíam uns sobre os outros: representavam de 8% a 13% dos carregamentos no século XVIII."[8] Apesar de calcular-se em 15% a 20% a taxa de mortalidade dos negros durante a travessia, havia ocasiões em que a mortandade era devastadora: em 1736, o negreiro e familiar do Santo Ofício da Bahia, João da Costa Lima, saiu da Costa da Mina, do porto de Jaquém, com um navio carregado com mais de oitocentos escravizados! Vindo com pouco mantimento e água reduzida, em poucos dias de navegação, morreram mais de quatrocentos negros, cujos corpos foram sumariamente jogados no mar. Tiveram de desembarcar na ilha dos Zambores para evitar a perda total da "mercadoria negra".[9] Rosa conseguiu resistir à travessia, sendo desembarcada no porto do Rio de Janeiro em 1725: era governador da capitania Luiz Vaía Monteiro, apelidado de "Onça" em função de seu violento temperamento, originando-se aí a expressão ainda corrente "no tempo do Onça".[10] Desembarcados, os escravizados eram conduzidos aos mercados de negros, que, segundo depoimento do arguto Rugendas, eram verdadeiras cocheiras: aí ficam até encontrar comprador. No Rio de Janeiro, a maioria dessas cocheiras de escravos se acha situada no bairro do Valongo, perto da praia. Para um europeu, o espetáculo é chocante e quase insuportável. Durante o dia inteiro, esses miseráveis, homens, mulheres e crianças, mantêm-se sentados ou deitados perto das paredes desses imensos edifícios, e misturados uns aos outros. O cheiro é tão forte, tão desagradável, que se faz difícil permanecer na vizinhança. A única coisa que parece inquietá-los é uma certa impaciência em conhecer seu destino final, por isso, o aparecimento de um comprador provoca entre eles muitas vezes explosões de alegria. Aproximam-se então e se comprimem em volta do pretendente para se fazerem apalpar e examinar cuidadosamente o corpo, e, quando são comprados, consideram o fato como uma verdadeira libertação, como um benefício, e acompanham seu novo senhor com muita boa vontade...[11]

Na época em que Rosa foi desembarcada, o comércio de escravizados no Rio de Janeiro se fazia nas imediações da rua Direita, em pleno centro comercial, e somente no governo do marquês de Lavradio, por volta de 1760, é que se destinará o Valongo para o negócio negreiro. Deve ter sido, portanto, na rua Direita que a negrinha courana ficou exposta à venda e foi comprada por um tal cidadão de nome José de Sousa de Azevedo. Sobre seu senhor, Rosa diz apenas que "a comprou e a mandou batizar na igreja da Candelária". Tal cerimônia deve ter permanecido indelével na memória dessa assustada negrinha, tirada à força da floresta africana, tanto que jamais se esquecerá do nome do templo onde foi batizada. Convém esclarecer, contudo, que, no "tempo do Onça", a Candelária era uma igreja pequenina, sede da freguesia da Várzea, humílima em comparação à grandiosidade do templo que atualmente conhecemos, bem no centro do Rio de Janeiro. Deve ter sido escolhida como sua pia batismal por morar o sr. Sousa de Azevedo nessa freguesia; provavelmente, o oficiante do batismo dessa negrinha boçal foi o padre Inácio Manuel da Costa Mascarenhas, na época vigário colado, ou então seu coadjutor, o padre Manuel Mendes. Não encontramos nos Livros de Batismo desse templo o registro de Rosa: entre abril de 1725 e abril de 1726, foram ali batizadas seis africanas com o nome de Rosa, todas adultas, sendo este nome, depois do de Ana, o mais popular naquela época em que todo mundo tinha nome de santo. Detalhe digno de nota: dos 444 batizados ali realizados entre 1725 e 1726, 275 eram de escravizados (62%), sugerindo ser a Candelária das igrejas cariocas mais procuradas pelos senhores para batizar seus cativos, prenúncio e talvez explicação para a futura associação entre Nossa Senhora das Candeias com Iemanjá, a rainha do mar no panteão dos iorubás da Costa da Mina.[12]

Mandando batizar Rosa, seu proprietário cumpria com o dever primário de todo senhor: introduzir seus dependentes no rebanho da Igreja, tirando a pobre alma do cativeiro do Diabo. A Lei Eclesiástica da época era bastante minuciosa nesse particular: "No que se refere aos escravos que vierem da Guiné, Angola e Costa da Mina, em idade de mais de sete anos, não podem ser batizados sem darem para isso seu consentimento". Como Rosa ostentava seis anos, "sem entendimento, juízo ou uso da razão", certamente foi batizada sem qualquer instrução doutrinal prévia, muito embora, mesmo para os africanos adultos, bastasse responder de forma positiva às seguintes perguntas para entrarem no grêmio dos filhos de Deus:

— *Queres lavar a tua alma com a água santa?*
— *Queres comer o sal de Deus?*
— *Botas fora de tua alma todos os teus pecados?*
— *Não hás de fazer mais pecados?*
— *Queres ser filho de Deus?*
— *Botas fora de tua alma o Demônio?*[13]

Como não localizamos nos livros sacramentais da freguesia de Nossa Senhora da Candelária o nome de Rosa e de seu senhor, não sabemos quem foram seus padrinhos, nem o dia de seu batizado. Tampouco informa Rosa como viveu seus primeiros anos no cativeiro. Não é difícil imaginarmos sua vida de menininha escravizada no Rio de Janeiro entre 1725 e 1733 — oito anos em que esteve sob o poder do sr. José de Sousa de Azevedo. Se escravizada urbana, devia ser encarregada de pequenos serviços domésticos compatíveis com sua pequenez, cuidando de crianças, carregando objetos, dando recados, ajudando na limpeza da casa ou na cozinha. Se foi escravizada na zona rural, talvez se tenha ocupado de serviços na lavoura, carregando água, cuidando da criação. Provavelmente nessa primeira fase de adaptação a seu novo status de escravizada, aprendendo nova língua e costumes completamente diferentes dos de sua tribo natal, é que essa menininha de seis anos foi informada por outros escravizados, ou algures, de que era nativa da "nação Courana, do porto de Uidá", identificação que guardará para sempre. Talvez possuísse algumas marcas tribais ou cicatrizes decorativas em seu rosto e barriga, o cabelo cortado rente e as orelhas furadas, tal qual a negrinha mina que Rugendas viu e retratou quando de sua estada na mesma cidade onde a menina courana morava.[14] Teria sofrido mutilação clitoriana, prática comum em muitas tribos da Costa?

> Doze anos é a idade em flor das africanas. Nelas há de quando em quando um encanto tão grande, que a gente esquece a cor... As negrinhas são geralmente fornidas e sólidas, com feições denotando agradável amabilidade e todos os movimentos cheios de graça natural, pés e mãos plasticamente belos. Dos olhos irradia um fogo tão peculiar e o seio arfa em tão ansioso desejo, que é difícil resistir a tais seduções...[15]

Foram certamente tais encantos primaveris e a impunidade dos abusos sexuais que devem ter despertado a concupiscência do sr. Sousa de Azevedo, pois, conforme contou ela própria, "em companhia deste senhor esteve até a idade de catorze anos, o qual a deflorou e tratou com ela torpemente".

Malgrado os anátemas do clero contra a mancebia e a simples fornicação dos senhores com suas escravizadas,[16] o que aconteceu à nossa negrinha adolescente devia ser a regra para a maioria das cativas, nesse período tão cruelmente marcado por machismo e autoritarismo dos donos do poder. Como lembra acertadamente Gilberto Freyre, "não há escravidão sem depravação sexual. É da essência mesma do regime".[17] Se Rosinha engravidou, abortou ou pariu, nada nos informa.

Depois de oito anos de residência no Rio, em 1733 seu senhor "a vendeu para as Minas, a d. Ana Garcês de Morais, que morava no Inficcionado". Rosa tinha então catorze anos. Novamente, a separação de seus conhecidos, a ruptura da rotina de sua vida de adolescente, a angústia e o temor em face do desconhecido. Por mais fome que tenha passado desde que atingira a idade da razão, por mais pancadas, beliscões, palmatoadas ou mesmo chicotadas que tenha recebido na casa de seu senhor, decerto a menina-moça africana criara laços afetivos e de amizade com outros escravizados, talvez com gente de sua mesma nação, de modo que, provavelmente, derramou muitas lágrimas ao se despedir do pequeno grupo de seus entes queridos. Jamais teria imaginado que, passados vinte anos, haveria de voltar a essa mesma cidade, já então como liberta, cercada de muitos louvores, inclusive do próprio superior dos franciscanos, que orgulhosamente dirá ser Rosa a "Flor do Rio de Janeiro".

Por que seu senhor a vendeu, como se processou a transação comercial, como ocorreu a viagem da negrinha courá do litoral para o interior das Gerais são questões que podemos apenas conjecturar, posto que a documentação é omissa. O certo é que os mais de quinhentos quilômetros que separam o Rio de Janeiro da comarca da vila do Carmo devem ter sido percorridos a pé pela infeliz escravizada, provavelmente fazendo parte de um magote de cativos, dos muitos que, nesses anos, eram levados para a florescente e insaciável Minas Gerais. Talvez fossem capitaneados por ciganos que, na época escravista, costumavam ser ligados ao tráfico inter-regional de gado humano e cavalar. Deve ter sido esta a segunda grande caminhada forçada na vida da garota: a primeira se dera uns nove anos antes, de sua aldeia tribal até o porto de Uidá; agora esta, atravessando as densas e úmidas florestas serranas, ferindo seus pés descalços nos atalhos pedregosos das Minas. Geralmente quando transportados em grupos, os escravizados iam em fila indiana, tendo à frente e na retaguarda os condutores montados a cavalo; iam amarrados com cordas ou correntes, chapéu de palha na cabeça, vestidos sumariamente, os mais fortes carregando fardos e farnéis nas costas.

O trajeto deve ter levado pelo menos dez ou doze dias de viagem, seguindo o mesmo itinerário referido por Antonil em seu "Roteiro do Caminho Novo para as Minas" (1711). Partindo da cidade do Rio de Janeiro por terra, com gente carregada e "marchando à paulista", isto é, "andando bem desde a madrugada até às três horas da tarde, quando se arranchavam para terem tempo de descansar e buscar alguma caça, peixe, mel, palmito ou outro qualquer mantimento", atravessavam a baixada Fluminense, transpunham a serra do Mar, cortando a seguir os rios Paraíba e Paraibuna, sem falar nos incontáveis regatos e brejos atravessados a vau. Nas encostas da Mantiqueira — onde já dizia Antonil que um ditado popular garantia que "quem passou a serra Amantiqueira aí deixou dependurada ou sepultada a consciência…" —, abasteciam-se no pouso de João Gomes (hoje denominado Santos Dumont), cruzando então a íngreme e fria serra, atingindo a famigerada Borda do Campo, onde abundavam roças de milho, abóbora e feijão e, para os mais abastados, galinhas e leitões. Daí continuavam pelo arraial da Igreja Nova (Barbacena), passando pela Ressaca, entroncando-se aí a picada: para a esquerda alcançavam-se o rio das

Mortes e a vila de São João del-Rei; para a direita, passando Carandaí, Congonhas e Itatiaia, chegava-se ao coração das Gerais, a bela e mui fiel Vila Rica.[18]

No ano em que Rosa chega a essa capitania — 1733 —, as Minas se encontravam em seu apogeu. "Vila Rica era, por situação da natureza, cabeça de toda a América e, pela opulência das riquezas, a pérola preciosa do Brasil."[19] Rosa talvez tenha passado por Vila Rica, quem sabe mesmo permanecido algum tempo presa junto com outros cativos à espera de comprador. A paisagem natural, arquitetônica, e a composição social de Minas Gerais eram bem diversas da que a negrinha courana se acostumara a ver quando morava à beira-mar.

Eis como o jesuíta Antonil descrevia as Gerais logo no início da exploração aurífera:

> A sede insaciável do ouro estimulou tantos a deixarem suas terras e meterem-se por caminhos tão ásperos como são os das minas, que dificultosamente se poderá dar conta do número de pessoas que atualmente lá estão. Contudo, os que assistiram nelas nestes últimos anos por largo tempo, e as correram todas, dizem que mais de 30 mil almas se ocupam, umas em catar, e outras em mandar catar nos ribeiros do ouro, e outras em negociar, vendendo e comprando o que se há mister não só para a vida, mas para o regalo, mais que nos portos do mar.
>
> Cada ano vem nas frotas quantidade de portugueses e de estrangeiros, para passarem às minas. Das cidades, vilas, recôncavos e sertões do Brasil, vão brancos, pardos e pretos, e muitos indígenas, de que os paulistas se servem. A mistura é de toda a condição de pessoas: homens e mulheres, moços e velhos, pobres e ricos, nobres e plebeus, seculares e clérigos e religiosos de diversos institutos, muitos dos quais não têm no Brasil convento nem casa.[20]

As Gerais absorviam cada vez mais mão de obra escravizada: de 1715 a 1727, saem do Rio de Janeiro 26 006 cativos em direção às Minas, uma média de 2300 anualmente. No ano em que Rosa chega a essa região, existiam na capitania pouco mais de 96 mil cativos, sendo que somente em Mariana residiam mais de 26 mil. Os brancos representavam nessa época aproximadamente um quarto da população mineira.[21] Manoel Soares de Sequeira, funcionário da Coroa, assim descrevia as Gerais no segundo quartel do século XVIII:

Para se suprirem os negros que continuamente morrem nas Minas, é preciso que entrem cada ano 6 mil negros ao menos. Hoje as Minas teriam 150 mil pessoas — os negros seriam 100 mil. A maior parte das gentes são roceiros e mineiros. Os letrados que há nas Minas estão em Vila Rica [e são] 15, no Ribeirão do Carmo 9, no Sabará 8, no Rio das Mortes 4. Os médicos são em Vila Rica 3, no Ribeirão 1, no Sabará 2. Os cirurgiões serão oitenta, e as boticas talvez não sejam trinta. O mais são oficiais mecânicos, mercadores e taverneiros.[22]

Aí chegando, Rosa vai morar na freguesia de Nossa Senhora do Inficcionado. Esse lugar, hoje com menos de quinhentos habitantes, era um arraial situado a quatro léguas ao norte da vila de Mariana, limítrofe ao sul com as minas de Catas Altas, ganhando esse curioso nome devido à maneira como o local foi "inficcionado" por invasores sequiosos do abundante ouro que inicialmente ali se encontrava. Essa é uma das versões da origem desse topônimo, tendo como seu defensor Diogo Vasconcelos em sua *História antiga das Minas Gerais*. Para ele,

inficcionar o ribeiro se dizia quando flibusteiros o assaltavam em tumulto, como ocorreu com a descoberta de Salvador de Faria Albernoz, onde a espantosa cópia de ouro que se encontrava nas areias e cascalhos desse rio deslumbrou baianos e novatos, levando-os a escalarem o descoberto e todo o leito do ribeirão, sem respeito às datas nem aos donatários, recebendo o lugar o nome de Inficcionado.[23]

O malfadado descobridor dessas minas, Albernoz, além de minerador, era exímio na arte da medicina, sendo, por isso, acusado de práticas de feitiçaria, razão pela qual foi enviado preso para o Santo Ofício da Inquisição, morrendo, contudo, de peste no Rio de Janeiro antes de ser encarcerado. Foi o primeiro, de uma série de mais de dez nomes, entre eles, o de Rosa, a ser denunciado no Tribunal de Lisboa, todos moradores no arraial do Inficcionado.

Outra versão da origem desse topônimo é dada pelo cônego Raimundo Trindade, o principal historiador do catolicismo nas Minas Gerais. Ele diz que "os paulistas lhe deram o nome Inficcionado por lhe acharem muito trabalho e pouco ouro".[24] Outra asserção é divulgada pelo mais famoso nativo desse arraial, nosso primeiro poeta épico, frei José de Santa Rita Durão, que assim se referiu a seu torrão natal no Canto IV de "O Caramuru":

Nem tu faltaste ali, Grão-Pecicava,
Guiando o carijó das áureas terras,
Tu que as folhetas do ouro, que te ornava
Nas margens do teu rio desenterras:
Torrão, que do seu ouro se nomeava
Por criar do mais fino ao pé das serras;
Mas que feito enfim baixo, e mal prezado,
O nome teve de ouro inficcionado.

Quer dizer, "inficcionado" seria o ouro que, no início, manifestou elevado quilate, mas com o tempo demonstrou ser inferior: "baixo e mal prezado".

Tal lugarejo pertencia à comarca de Vila Rica, sendo sufragâneo da vila de Mariana — que é elevada à categoria de cidade somente em 1745. Descoberto portanto por Salvador de Faria Albernoz, nos primeiros anos do século XVIII, logo se dirige para o arraial do Inficcionado o português Paulo Rodrigues Durão, futuro pai do famoso frei Santa Rita Durão.

Rosa foi comprada por d. Ana Garcês de Morais, "que estava neste tempo amancebada com Paulo Rodrigues Durão, e nesta mancebia continuou por anos, até que se casou com o mesmo, tendo-a sempre no seu serviço". Observe-se a enorme coincidência: Rosa foi escravizada da mãe de Santa Rita Durão, e ela é quem nos informa que, quando nasceu nosso grande poeta épico, sua mãe vivia "concubinada por portas adentro" com o sr. Durão. Informação, aliás, que outras fontes manuscritas ratificam, pois, em 1721, na devassa episcopal realizada nesse lugar, compareceu à Mesa da Visita o Capitão Paulo Rodrigues Durão, denunciado de estar concubinado com "uma mulher desimpedida", sendo ordenado pelo visitador que a expulsasse de sua casa e companhia.[25] Um ano depois desse episódio, em 1722, nasce nosso literato, vivendo no arraial e na fazenda de seus pais os primeiros anos de sua infância, sendo ainda bem menino quando o levaram para o Rio de Janeiro para estudar com os jesuítas, viajando para Lisboa aos nove anos, onde primeiro estudou com os oratorianos, para, aos dezesseis anos, entrar na Ordem dos Cônegos Regrantes de Santo Agostinho. Em 1756, recebe o grau de doutor em cânones pela Universidade de Coimbra, realizando viagens ilustradas por Espanha e Itália, onde conviveu com intelectuais do porte de Becharia e seu conterrâneo Basílio da Gama. Foi grande colaborador de Pombal na justificação teológica da expulsão dos jesuítas de Portugal e seus domínios, ficando, porém, mais famoso e conhecido pela posteridade como autor de "O Caramuru", primeiro poema épico a ter como inspiração uma lenda brasílica e tratar nossos indígenas como heróis nacionais. Quando Rosa chegou à Fazenda Cata Preta, residência dos progenitores de Santa Rita Durão, nosso poeta já se encontrava no Reino havia dois anos. Dizem que nunca mais voltou a seu torrão natal.

Segundo nos informa o próprio cônego-poeta em sua biografia, seu pai, Paulo Rodrigues Durão, era sargento-mor de milícias urbanas, tendo nascido em Portugal, de família ordinária. Sua mãe, Ana Garcês de Morais, natural da capitania de São Paulo, se casou mais tarde, em segundas núpcias com o secretário do governador de Goiás, Tomé Inácio Mascarenhas.[26] Ao chegar às Minas, o sr. Durão primeiro se instalou em Congonhas de Sabará, mudando-se depois para o morro Vermelho, mas, atraído pelo eldorado descoberto por Albernoz, se mudou definitivamente para o Inficcionado. Foi ele próprio quem financiou a construção da matriz do arraial, dedicada a Nossa Senhora de Nazaré, um dos títulos mais venerados da Virgem Maria em Portugal: seu primeiro registro paroquial data de 1707, tendo sido inaugurada em 28 de maio de 1729, Dia de Santo Agostinho, conforme registro e relatório do vigário, padre Lourenço Antonio Pereira.[27] Tinha como filiais, a partir dessa data, as igrejas de Santana de Piracicaba, Santo Antonio do Gama e Bento Rodrigues.

Rosa deve ter ficado decepcionada com a insignificância do arraial onde morava sua nova proprietária, acostumada que estava com a movimentação humana e o desenvolvimento urbano do Rio de Janeiro. Boquiaberta deve ter ficado com a riqueza arquitetônica de Vila Rica, com seus sobrados e várias igrejas recém-construídas, tudo ainda brilhando e cheirando a novo. Antes de chegar ao Inficcionado, passou obrigatoriamente por Mariana, menorzinha do que Ouro Preto, mas também ostentando ricas construções assobradadas e imponentes igrejas, como a de Nossa Senhora da Assunção (1711), Santana (1720), Santo Antônio, o primeiro templo a ser construído no então arraial do Ribeirão do Carmo. De Mariana ao Inficcionado são quatro léguas de serraria e vales recortados por cursos d'água, e chão vermelho-ferrugem forrado por pedras e cascalhos. Deslumbrantes quaresmeiras hoje colorem essa estrada de roxo.

O Inficcionado, na verdade, não passava de um humilde arraial de mineiros, encravado num vale cercado por altas montanhas, um arruado que nunca abrigou sequer uma centena de residências. No alto de um morrote à entrada do arraial, para quem vinha de Catas Altas, ficava a Fazenda Cata Preta, cuja casa em ruínas tive ocasião de visitar em maio de 1987. Ali viveu Rosa, dos catorze aos 32 anos, entre 1733 e 1751. Essa casa, a sede da fazenda onde nasceu Santa Rita Durão, se situa a cinco minutos a pé do centro do arraial. Provavelmente era a maior e mais suntuosa residência da freguesia: dois andares, uma dezena de portas e grandes janelas, construída em parte de pau a pique, em parte com paredes de pedra. Da ampla varanda se vê, a alguns passos de distância, uma construção menor, com alicerces também em grandes pedras, talvez a cozinha ou o dormitório das negras de dentro de casa. Ao pé da colina, um córrego de água cristalina. Roças de mantimentos, cocheira de animais e dependências de escravizados deviam outrora circundar a casa-grande, que, altaneira, avistava praticamente todo o arraial.

Da entrada desse povoado até seu final, uma fileira de casas voltadas para a "rua" — única artéria que corta o arraial de norte a sul. No meio do arruado, numa elevação natural reforçada por engenhoso muro de pedras, Paulo Rodrigues Durão, quatro anos antes da chegada de Rosa, concluíra a construção da matriz de Nossa Senhora de Nazaré, templo simples, com duas torres e frontão triangular, cujo adobe pintado de branco, com frisos, portas e janelas de cor azul, constituía a principal peça arquitetônica dessa freguesia de garimpeiros. Para quem vinha da cidade de São Sebastião do Rio de Janeiro, o Infficcionado deve ter lembrado à adolescente Rosa mais sua aldeia africana do que as cidades dos brancos.

O Capitão Durão — como era chamado — devia ser homem abastado, pois além da Fazenda Cata Preta, onde nasceu seu filho poeta, possuía numerosa escravaria, constando que, no ano de 1720, na revolta de Vila Rica chefiada por Felipe dos Santos, levou do Infficcionado muitas dezenas de cativos seus para defender o conde de Assumar, que em 16 de julho, frente a 2 mil homens, dominou a rebelião.[28] Pai e filho sempre foram fiéis vassalos de sua majestade, primeiro de d. João v, depois de d. José i.

Apesar de sua importância social e riqueza, nem por isso a família na qual Rosa foi morar se destacava pelas virtudes: o mau exemplo de uma moral relaxada vinha de sua própria dona, que, apesar de desimpedida, "mantinha ilícita conversação continuada por tempo considerável" com o Capitão Durão. As *Constituições primeiras do arcebispado da Bahia* (1707), seguidas em toda a Colônia, multavam os culpados em concubinato da seguinte forma: sendo ambos amásios solteiros, deviam pagar oitocentos réis; sendo ambos ou algum deles casado, pagava cada um o valor de um conto de réis. Na reincidência, a multa era duplicada ou triplicada.[29] Por essa época, o mínimo que se pagava por um escravizado nas Minas era vinte contos de réis — daí avaliarmos o quanto significavam tais multas eclesiásticas. Viver amancebado, ou manter "tratos ilícitos", era comum nessa "frente pioneira", e o capitão do Inficcionado e d. Ana repetiam, simplesmente, o padrão dominante da região.

2. Mulher da vida em Minas Gerais

Nas Minas Gerais, terra de aventuras e nomadismo, repleta de jovens portugueses, paulistas, baianos, mamelucos e mulatos livres, todos sequiosos de rápido enriquecimento com a descoberta de boas pepitas de ouro ou, posteriormente, de diamantes de altos quilates, a falta de mulheres, sobretudo de brancas, era dramática, provocando soluções de liberação sexual e grande frouxidão na moral tradicional. As mulheres eram "bens" preciosíssimos, dada sua raridade: o próprio Capitão Durão possuía em suas minas e faisqueiras 77 escravizados machos e uma única escravizada fêmea![1]

"O grande resvaladouro da frágil virtude daquelas gentes aventureiras é a geral mancebia em que vivem quase todos os homens e mulheres disponíveis, inclusive sacerdotes", narra o historiador Carrato, um dos especialistas da vida religiosa dessa região que hoje é símbolo da tradição familista,[2] mas que, em seus primórdios, lembrava mais Sodoma e Gomorra do que a Terra Santa: num total de 423 pessoas denunciadas em oito freguesias mineiras na Devassa de 1734, 95,2% das acusações incidiam sobre desvios na moral sexual familiar, incluindo, além de mancebia, inúmeros casos de incesto, bigamia, meretrício, alcovitice, tratos e amizades ilícitas etc.[3] O próprio sacramento do matrimônio era ousadamente questionado nesta terra de muitos templos, mas de pouca virtude: até das pessoas de quem se deveria esperar maior piedade e exemplo edificante escapam impropérios blasfêmicos, como o de um familiar do Santo Ofício, sr. Manuel Pereira, que desabafou certa feita: "Maldito seja o casamento, maldito quem o fez e eu que o fiz! O Santo Ofício que me queime já e os demônios me tirem a alma do corpo, que quero ir viver com eles, pois não me atrevo a estar neste mundo!".[4] Tudo por causa de suas infelicidades matrimoniais!

Tendo já no Rio de Janeiro "tratado torpemente" com seu senhor — isto é, mantido relações sexuais com o mesmo, vivendo Rosa em casa de uma mulher amancebada, barregã do Capitão Durão, em meio a uma multidão de escravizados machos e homens livres sequiosos de sexo —, em pouco tempo a adolescente courana "cai na vida". Segundo suas próprias palavras, "se desonestava vivendo como meretriz, tratando com qualquer homem secular que a procurava, em cuja vida assim andou até o tempo que teve o Espírito Maligno".

Quer dizer, desde que chegou às Minas, em 1733, até as primeiras manifestações diabólicas e sua conversão em 1748 — portanto, por quinze anos seguidos —, Rosa Courana viverá como prostituta. Enquanto isso, o filho de d. Ana e do Capitão Durão, lá em Lisboa, já com votos professados, cantava o ofício divino em louvor a Virgem Maria — lembrando-se vagamente dos carijós e caramurus de seu Inficcionado natal, certamente ignorando que parte de seu sustento provinha do comércio venéreo de uma escravizada de sua progenitora.

Consultando as inúmeras devassas religiosas dessa época, somos forçados a concluir que, se de um lado as Minas Gerais se destacaram no cenário colonial pela grande pompa e esplendor das cerimônias religiosas, proliferação e riqueza dos templos e santaria barroca, na mesma intensidade, por outro lado, a imoralidade e a prostituição vicejaram sôfregas e indomáveis, em todos os lugares onde o ouro corria de aluvião e os diamantes a granel.[5] Às vezes, religiosidade e devassidão caminhavam de mãos dadas, como no célebre episódio ocorrido na freguesia de Nossa Senhora da Cachoeira, poucos anos antes da chegada de Rosa à região, onde, nas festas comemorativas do Espírito Santo,

> andando um carro enramalhado pelo arraial, nele andavam o padre frei Lourenço Ribeiro, de São Domingos, o padre frei Pedro Antonio, religioso do Carmo, tocando viola publicamente de dia com outros seculares, onde andavam também o cônego Angola e o padre Manoel de Bastos, e traziam entre si, no mesmo carro, uma Vicência, crioula forra de Ouro Preto, vestida de homem, cantando *O arromba* e outras modas da terra, causando em tudo notório escândalo.[6]

Oh têmpora! Oh mores!

Na própria freguesia de Nossa Senhora de Nazaré do Inficcionado vivera por volta de 1727 o padre Baltazar Pereira de Mendes, 35 anos, sodomita contumaz, que fora acusado, dentre os muitos parceiros, de ter praticado diversas vezes o nefando pecado com seu escravizado Paulo Courano (a mesma nação da nossa biografada), "sendo agente e paciente, mais paciente", o mesmo consumando com o escravizado Francisco, da nação ladano e com mais outros mancebos, entre estudántes, criados etc., "muitas vezes, não se lembra quantas...".[7]

Irreligiosidade e devassidão andavam de mãos dadas: na vila de Sabará, assistia um tal Antonio de Araujo Aguiar, que dissera publicamente que "Deus e o Diabo tinham o mesmo poder, e que o Diabo era até melhor, porque dava e não tomava, ao contrário de Deus". E acrescentou maldoso: "Se Deus tivesse experimentado os deleites sensuais, não os teria feito pecados...". Apesar de branco, tal blasfemo tinha como apelido um nome africano, "O Mandinga", sendo infamado de ser mandingueiro, pois sua casa era muito frequentada por adivinhadores, curandeiros e agoureiros. Além disso tudo, tornava sua moradia alcouce para meretrizes, desonrando viúvas, deflorando donzelas e inquietando mulheres casadas. Um verdadeiro Diabo![8]

Como em outras partes do Reino e da Colônia, também nas Minas a feitiçaria e as práticas cabalísticas eram muito utilizadas com vistas a obter vantagens sexuais, a confirmar enlaces matrimoniais ou a conquistar amores rebeldes. Em Mariana — situada aproximadamente a meio dia de caminhada a pé de onde vivia Rosa —, a parda forra Feliciana de Oliveira tinha o costume de, em todas as sextas-feiras, atar sua escravizada Maria, crioula, com uma fita verde, deixando-a na varanda de sua casa, onde lhe metia pela boca dois ossos de defunto enquanto fazia uma cruz no chão, ordenando à escravizada que andasse sempre para a frente dizendo as seguintes palavras: "Joaquim, Joaquim, largue mulher e filhos por mim!", e que a dita escravizada, certa vez, olhando para trás, caíra no chão assombrada, como morta.[9]

Outra denúncia, chegada à Inquisição de Lisboa, foi feita pela parda Albina Maria, escravizada de d. Josefa Maria Soares, acusada de possuir uma caveira enterrada à porta da rua, da qual tirara às vezes alguns pedacinhos, fazendo-os pó e misturando-os na comida que mandava para seus amantes, a fim de mantê-los afeiçoados a ela. Da mesma forma, no Dia de São João, tinha o costume de molhar umas orações fortes dentro do vinho, passando-as pelo fogo e enterrando-as numa cova, "para seus amásios lhe quererem bem".[10]

Mais alguns exemplos recolhidos nos Arquivos da Torre do Tombo hão de familiarizar o leitor com o clima de misticismo, superstição e sensualidade reinante nas Minas Gerais na época em que nossa biografada ali viveu.

Caetana Maria de Oliveira, crioula forra de Mariana, "vivia vexada por seu marido andar mal encaminhado com outras mulheres e não fazer caso dela". Enciumada e mal-amada, consultou várias vizinhas que lhe ensinaram os seguintes sortilégios para garantir a fidelidade de seu indiferente consorte: que cortasse uma parte de sua camisa onde caíra seu esperma e lhe enfiasse uma conta de rosário com um alfinete, enterrando-a no chão onde o marido tivesse urinado, e que raspasse a unha dos dedos grandes das mãos e pés, misturando esse pó com a água que lavasse o sovaco e fizesse o marido beber essa poção, passando também um ovo de galinha por entre as pernas e lhe desse de comer. Remédio trabalhoso, mas, segundo a opinião de suas vizinhas, era tiro e queda! Ensinaram-lhe mais: d. Antonia da Silva Leão mandou que a infeliz esposa medisse com um barbante a porta por onde saía seu marido, nele dando treze nós, e cingisse a imagem de santo Antônio com o mesmo cordão, prendendo-o e tirando-lhe o Menino Jesus do braço, e o enfiasse numa caixa fechada, rezando treze padre-nossos e treze ave-marias pela alma de sua tia, por treze dias seguidos. Desiludida pelo insucesso de tais práticas, a esposa magoada acabou perdendo a paciência, deixando escapar cabeluda blasfêmia: "Tolos são os que creem nos santos!". E completou desaforada: "Os padres obrigavam as pessoas a se casar para não fazerem má vida, mas ela tinha se casado com um marido muito mau e bem faziam os negros da Costa da Mina, que não criam em Deus verdadeiramente!".[11]

Também revoltada com a ineficácia da proteção celestial para seus desígnios libidinosos, a mulata Ana Jorge, moradora dos Massus, judiava dos santos, metendo debaixo do colchão de sua cama uma imagem de santo Antônio e um crucifixo, pois "já que não lhe fizeram o que pedira, que levassem socos e açoites".[12] E, na freguesia da Roça Grande, o negro Pedro foi acusado de ter curado Paula Maria da Conceição usando aguardente e certas ervas, "habilitando-a para que no mau trato de meretriz em que vivia ganhasse muito de seus amásios".[13] Mais irreverente e imoral foi o mineiro João de Sousa Tavares, morador das faisqueiras de Paracatu, local de grande concentração de negros da etnia courá,[14] que, além de duvidar da presença de Jesus Cristo na hóstia consagrada, dizia a quantos quisessem ouvir que a maçã do paraíso "eram as partes pudendas de Eva, e que Deus proibira Adão de comê-la...", e, mais blasfemo ainda, quando lhe broxava o membro viril desonesto, recitava galhofeiro o Evangelho: *Et, inclinato capite, emisit spiritum* [sic], as mesmas palavras usadas por são João para descrever a morte de Cristo na cruz: "E, inclinando a cabeça, entregou o espírito".[15]

Esses poucos exemplos de irreligiosidade e feitiçarias ou práticas supersticiosas correntes nas Gerais com intuito sexual nos oferecem uma ideia aproximada da licenciosidade reinante nessa sociedade na qual as gentes de cor representavam por volta de 75% dos moradores, populações provenientes de sociedades tribais com práticas sexuais bastante diversas da tradição familista judaico-cristã, resistentes à imposição da moral católica e que, na qualidade de gado humano a serviço do bel-prazer dos brancos e demais donos do poder, constituíam fácil objeto da concupiscência dos mais fortes.[16] Na falta de mulheres brancas, era com as de outras raças que os reinóis e seus descendentes satisfaziam a libido:

> E por falar em pretas minas, estas merecem referência especial: a negra mina é a amásia mais procurada pelos brancos. Se os negros da mesma raça têm a tradição de serem mais resolutos, fortes e temerários, as mulheres são altas, de porte gentil e ardentes no amor, inteligentes, habilidosas, e, como depunha o governador do Rio de Janeiro em 1730, não há mineiro que possa viver sem nenhuma negra mina, pois só com elas têm fortuna...[17]

Rosa Courana era da Costa da Mina e, como suas patrícias, deve ter sido muito cobiçada no esplendor de sua adolescência, quando se instalou no arraial do Inficcionado. Já vimos Rosa confessar que

> se desonestava vivendo como meretriz, tratando com qualquer homem secular que a procurava, em cuja vida assim andou até o tempo que teve o Espírito Maligno, o qual, antes de se declarar, molestava muito ela, porém ainda nesse tempo cometia culpas de desonestidade, ainda que menos vezes do que antes, até que o padre Francisco Gonçalves Lopes fez com os seus exorcismos que se declarasse o tal Espírito, o que sucedeu haverá catorze anos pouco mais ou menos, e deste tempo para cá não cometeu mais culpa alguma dessa qualidade.

Importante ressaltar de início a observação de Rosa meretriz: que se desonestava somente com "homem secular", excluindo da lista de seus amantes, por conseguinte, os clérigos e religiosos, seguramente por temer transformar--se em mula sem cabeça — a metamorfose popularmente atribuída às almas das amantes de sacerdotes — ou, simplesmente, para evitar a condenação prevista no artigo §1000 das *Constituições primeiras do arcebispado da Bahia*, que assim rezava: "À mulher que for convencida de andar em mau estado com clérigo, a pena haverá de ser maior do que àquela que assim andar com pessoa leiga". Era passível de multa, prisão e até açoites.

Nem todas as prostitutas se comportavam com tanto recato perante os ministros da Igreja, os quais, por sua vez, também nem sempre respeitavam a santidade do estado celibatário a que estavam canonicamente obrigados. Na própria vila do Carmo, cujo nome é alterado para Mariana quando de sua elevação à condição de município, é denunciado perante o Santo Ofício de Lisboa o padre Bernardo José de Matos, que, entre 1743 e 1745, por diversas vezes, mandava algumas mulheres meretrizes baterem no peito pedindo perdão a Deus, enquanto maliciosamente lhes tocava o busto. Disse mais o malandro sacerdote que, procurando certa vez uma prostituta, esta se recusou a lhe prestar serviços sexuais, mas que, alguns dias depois, um sacerdote veio confessar-se com ele, revelando ter mantido relações íntimas com a mesma mulher, o que causou irritação no confessor preterido, que vai à porta da dita marafona e lhe diz: "Não dorme com clérigos, hein?!".[18]

De uma lista de 345 sacerdotes do Brasil denunciados no século XVIII junto ao Santo Ofício pelo crime de "solicitação a atos torpes", utilizando o confessionário para seduzir, por palavras ou atos, suas penitentes, 62 residiam na capitania das Minas, comprovando que também o clero mineiro seguia a mesma licenciosidade dominante na sociedade global.[19]

Muito tempo depois, em 1763, quando nossa Rosa já passava dos quarenta anos, perante os inquisidores de Lisboa, ela explicará que foi por inspiração divina que largou sua vida de meretriz. Eis seu depoimento: "Sentindo um peso no ombro direito, viu um mancebo formoso, branco, com cabelo próprio louro e anelado, boca pequena, olhos grandes, vestido de azul-celeste, com luz e resplendor, que lhe disse que, se quisesse seguir a Deus, não se enfeitasse mais, que o seguisse despida".

A própria visionária explica o significado dessa ordenação divina: como sua senhora, d. Ana, não lhe dava as roupas e enfeites que desejava, ela os conseguia como presentes "em prêmio de sua sensualidade".

Roupas, enfeites, joias eram a grande ambição não apenas da lendária Chica da Silva — a exuberante amásia do contratador de diamantes João Fernandes de Oliveira —, mas de todas as negras de norte a sul da Colônia, deslumbradas com o brilho, esplendor e colorido com que as mulheres brancas mais abastadas se cobriam. Já em 1709, para impedir os excessos da vaidade dessas "vênus de ébano", os oficiais da Câmara da Bahia faziam uma petição a el-rei denunciando as solturas com que as escravizadas costumavam viver e trajar, "andando de noite incitando com seus trajes lascivos os homens". Solícito e moralista, o piegas d. João v determinou que

como tem mostrado a experiência que dos trajes que usam as escravizadas se seguem muitas ofensas contra Nosso Senhor, vos ordeno que não consintais que as escravizadas usem, de nenhuma maneira, as sedas, nem de telas, nem de ouro, para que assim lhes tire a ocasião de poderem incitar os pecados com os adornos custosos de que se vestem...[20]

Também os moralistas se preocupavam com tão delicada questão: o jesuíta Benci, autor da *Economia cristã dos senhores no governo dos escravizados* (1700), já denunciara

o grande escândalo permitido pelos senhores, consentindo que suas escravizadas saíam de casa a quaisquer horas de desoras, ou sejam da noite ou do dia, sabendo que daí provêm tantas ofensas a Deus! Oh! Se pudessem falar as ruas e becos das cidades e povoações do Brasil! Quantos pecados públicos, que encobre a noite, e não descobre o dia! E completa o inaciano dando um recado às donas: Ó senhoras, que aprovais as galas das vossas servas, ganhadas com o pecado, e reprovais se as não querem ganhar por não ofender a Deus?![21]

Também Antonil observou que nas Minas "as mulatas e negras de mau viver viviam carregadas de cordões, brincos, argolas de ouro, muito mais que as senhoras".[22]

Tantos homens solteiros, pouquíssimas mulheres disponíveis, muito ouro e diamante correndo clandestinamente: o ambiente era de todo favorável ao comércio sexual. A quantidade de africanas e crioulas que em pouco tempo se alforriavam, algumas chegando a possuir avultado cabedal, passando até à categoria de proprietárias de escravizados,[23] é indicativa de quão desenvolvido foi o negócio da prostituição na zona aurífera, uma alternativa importante para milhares de negras e mulatas desejosas de escapar do cativeiro.

Em seu livro *Desclassificados do ouro*, Laura de Mello e Souza, ao tratar dos "infratores e infrações", dedica algumas páginas à análise da prostituição. Diz essa historiadora que

> nas Minas as prostitutas pulularam por todo o período que durou a atividade aurífera. Muitas para lá se dirigiram nos primeiros tempos, como tantos outros, atraídas pelo ouro; houve também as que foram obrigadas a adotar este gênero de vida devido às difíceis condições de subsistência que a região oferecia.

Mesmo depois de estabilizada a proporção entre os sexos, ela continuou vicejando, tanto que em 1733 — exatamente no ano da chegada de Rosa às Gerais — promulgou-se um bando no Tijuco que condenava

> os pecados públicos que com tanta soltura corriam desenfreadamente, pelo grande número de mulheres desonestas que lá habitavam, com vida tão dissoluta e escandalosa, que, não se contentando de andarem com cadeiras e serpentinas acompanhadas de escravizados, se atrevem irreverentes a entrar na Casa de Deus com vestidos ricos e pomposos, e totalmente alheios e impróprios de sua condição.[24]

Em Vila Rica, a escravizada do sacristão Diogo Pereira causava escândalo por andar "bem tratada com saias de camelão e chinelas", tal qual uma senhora, sendo por isso suspeita de ser "mal procedida". Manuel Silva, morador no Campestre, freguesia de Itaubira, era "público e escandaloso consentidor de que suas escravizadas fossem mal procedidas: uma delas chegava a ganhar uma oitava e meia de ouro toda semana vendendo seu negro corpo". Maria Franca, casada, permitia que suas escravizadas Joana Grande, Joana Pequena, "Foguete" e Verônica fossem à casa de vários homens, lá passando dias e noites seguidos e, se não lhes entregassem o salário diário, "as manda que vão ganhar pelo melhor modo que puderem".[25]

Rosa não acusa sua patroa de tê-la induzido à prostituição, nem de explorar seus ganhos. Sendo esposa de um sargento de milícias, mãe de seminarista em Lisboa, certamente teria escrúpulos e temor de se envolver com esse vil comércio libidinoso e acabar novamente denunciada em alguma devassa eclesiástica. Seu estado de "barregã" do português Durão já lhe dava motivos de inquietação, tanto que, depois, veio a se casar sacramentalmente com o mesmo, conforme informação prestada pela escravizada courana e referendada pelos historiadores.[26]

Apesar de se sentir "sumamente vexada pelos estímulos da sensualidade", aos 31 anos Rosa segue o conselho celestial recebido em visão: imitando são Francisco de Assis e santa Margarida de Cortona (século XIII), distribui entre os pobres todo o ouro e os vestidos que tinha adquirido em sua "vida lasciva". A partir daí, por volta de 1750, Rosa declara que seu corpo ficou "como morto à sensualidade, pois lhe parece que, ainda que dormisse com algum homem, não sentiria estímulos, sendo antigamente sumamente vexada deles". E acrescenta que, "deste tempo para cá, não cometeu mais culpa alguma desta qualidade".

Tal qual santa Maria Madalena, pecadora arrependida, Rosa há de fundar, quatro anos depois, um recolhimento, também por inspiração divina, no qual haveriam de morar "mulheres pecadoras que nos confessionários diziam haver ofendido Deus por não terem casas para morar". Só que santa Maria Madalena foi ainda mais radical: segundo afiança o padre Manuel Bernardes, em sua *Nova floresta* (1706), depois de sua conversão, a santa nunca mais olhou para homem nenhum.

Essa experiência de meretriz "tratando com qualquer homem secular que a procurava" marcou profundamente a vida futura e a mística dessa africana, que, mais uma vez por indicação celestial, vai incorporar a seu nome de batismo o de Santa Maria Egipcíaca, outra prostituta santa que, como Madalena, trocou o amor dos homens pelo amor de Cristo. Mais adiante voltaremos à vida de Santa Egipcíaca e suas correlações com a biografia da negra courana. Por ora, gostaríamos de chamar a atenção do leitor para uma coincidência: essas três mulheres — a de Magdala, a Egipcíaca e a Africana — apresentavam, além do passado luxurioso, a coincidência de abandonarem a "vida alegre" exatamente nos anos em que lhes fugia a juventude. Todas as três eram balzaquianas, certamente começando a ter problemas com a diminuição da clientela devido à perda do frescor e da beleza juvenis, quando se entregaram ao Divino Esposo. Virtude ou astúcia? Talvez ambas as coisas.

Esses quinze anos de meretrício — dos catorze aos 29 — foram fundamentais na constituição da personalidade e da desenvoltura social dessa negra, que, na qualidade de mercadoria sexual, deve ter privado do relacionamento de centenas de homens de diferentes raças e classes sociais — escravizados, negros forros, mestiços, brancos aventureiros, quiçá portugueses favorecidos pela sorte na mineração. Relacionamento sempre marcado por violência machista, deboche, malandragem, comportando certamente elevado consumo de aguardente e altas doses de almíscar — o perfume mais usado pelas negras nos "tempos do Onça". Quiçá algumas paixões azaradas, alguns abortos ou mesmo abandono de crias recém-nascidas — comportamento corriqueiro nos tempos antigos, a tal ponto praticado que, ainda no século XIX, as câmaras municipais da Província da Bahia se viam obrigadas a estabelecer multas pecuniárias contra as mães que abandonassem seus filhinhos pelas encruzilhadas desérticas.

Muita dança, batuque, fandango: até o fim da vida, mesmo vestida de freira, Rosa não resistirá à tentação de dançar. Nas Minas, na época do Barroco, a dança fazia parte integrante do culto divino, seja nas igrejas douradas, nas procissões ou "triunfos", seja nas casas de culto de origem africana. Segundo J. F. Carrato, o batuque era a coqueluche da época, e Tomás Antônio Gonzaga imortalizou, em suas *Cartas chilenas*, os gingados e bamboleios dos parceiros nesse baile descarado:

Fingindo a moça que levanta a saia
E voando nas pontas dos dedinhos,
Prega no macachaz, de quem mais gosta,
A lasciva embigada, abrindo os braços;
Então o macachaz, mexendo a bunda,
Pondo uma mão na testa, outra na ilharga,
Ora dando alguns estalos com os dedos,
Seguindo das violas o compasso,
Lhe diz — "eu pago, eu pago" — e, de repente,
Sobre a torpe michela atira o salto.
Ó dança venturosa! Tu entravas
Nas humildes choupanas, onde as negras,

Aonde as vis mulatas, apertando
Por baixo do bandulho a larga cinta,
Te honravam, c'os marotos e brejeiros,
Batendo sobre o chão o pé descalço.
Agora já consegues ter entrada
Nas casas mais honestas e palácios![27]

A dança profana, com forte apelo erótico, alegrava as noites da negrada, depois de horas seguidas bateando dentro d'água sob o olhar atento, mas nem sempre infalível, de feitores e capatazes. O ouro roubado com maestria, o diamante imperceptivelmente escondido na carapinha ou atrás de uma unha, em vez de engordar a bolsa do patrão, ia parar nas tavernas, nas mãos das negras do tabuleiro, nos regaços das negras de "vida dissoluta" — ouro e pedras preciosas que, aos 29 anos, Rosa abandona, trocando todos os homens do mundo pelo "mancebo formoso, branco, com cabelo próprio louro e anelado, boca pequena, olhos grandes, vestido de azul-celeste" — um verdadeiro Davi de Miguel Ângelo! — que lhe apareceu na visão.

Apesar de essa experiência de mulher pública ter seguramente contribuído de maneira indelével na socialização e na urbanidade daquela negrinha recém-desvirginada pelo seu primeiro senhor da freguesia da Candelária, tudo faz crer que o ouro, as roupas e os enfeites amealhados em sua vida lasciva não foram suficientes para adquirir cabedal que bastasse para a compra de sua liberdade. A distribuição entre os pobres de seu pecúlio, quando de sua conversão, no caso de ter realmente acontecido, foi, sem dúvida, gesto louvável na ótica da economia celestial, porém altamente insensato dentro da lógica do escravismo, pois poderia ter servido como prestação inicial na compra de sua alforria. Encontramos um caso de duas escravizadas que gastaram dezessete anos entre a entrega da primeira parcela do valor de sua alforria e a obtenção definitiva de suas cartas de liberdade,[28] e na mesma década em que Rosa se converte, na vizinha freguesia de São Caetano, duas africanas, entre centenas e centenas, deixam em seus testamentos prova de polpudas riquezas amealhadas ao longo de suas vidas: Maria do Ó, da mesma etnia de nossa biografada, nação courana, além de ter comprado sua alforria pelo valor de 256 oitavas de ouro, legou a seu herdeiro, o marido, várias propriedades tanto na vila quanto na roça, cavalos, gado vacum e doze escravizados; Maria da Costa, da nação ardra (Porto Novo), possuía mais de seiscentos gramas de joias lavradas em ouro, dois conjuntos confeccionados em veludo e sofisticado serviço de cama e mesa, incluindo talheres de prata, vasilhas de estanho e lençóis de linho, determinando que, ao morrer, tudo fosse vendido para pagar espórtulas de 2100 missas destinadas ao descanso eterno de sua alma.[29] Também esta comprara sua própria liberdade, pagando 190 oitavas de ouro pela alforria.

Tudo leva a crer que o pecúlio de Rosa — roupas, joias e dinheiro — representava soma inferior a seu valor de escravizada jovem e saudável: em 1754, um morador das Gerais, Manuel da Silva, com residência no Campestre, arrecadava semanalmente uma oitava e meia de ouro com a exploração do meretrício de uma única escravizada.[30] Em três anos de comércio venéreo, essa negra já teria rendido quantia superior ao preço da citada alforriada dos vestidos de veludo. Portanto, como Rosa devia ter de entregar à sua patroa a quase totalidade de sua féria semanal, se guardasse para si um terço do que a prostituta do Campestre ganhava, seriam necessários oito anos para amealhar ouro suficiente para cobrir seu valor. Como decerto seu patrimônio era muito inferior às 190 oitavas de ouro que Maria da Costa pagou pela liberdade, talvez desencantada com a falta de perspectivas de, através da prostituição, lograr livrar-se do cativeiro, Rosa muda de estratégia: decide acumular dividendos no Reino dos Céus. Predestinada a se tornar, do dia para a noite, a nova redentora do gênero humano, Rosa Egipcíaca da Vera Cruz, já nessa época, não mais se preocupava com as coisas terrenas, nem sequer com sua liberdade: vendeu seus bens e os distribuiu aos pobres porque tinha de imitar sua patrona do Egito. Afinal, o Cristo não dissera que as riquezas deste mundo de nada valiam? "Ajuntai riquezas no céu, onde a traça não rói e os ladrões não roubam, pois onde está teu tesouro aí está teu coração!" (Mateus, 6:20-21).

3. Encontro com o padre Xota-Diabos

Em numerosos episódios denunciados à Inquisição de Lisboa envolvendo os habitantes de Minas Gerais, o motivo que levou grande número de moradores a procurar feiticeiros, seus calundus e mandingas foi o de padecerem de diferentes tipos de enfermidades e incômodos. Ontem e hoje, as doenças parecem ser o principal móvel dos que recorrem aos cultos afro-brasileiros.[1]

Nas Gerais, no início do século XVIII, o panorama sanitário era assaz preocupante, pois, além da carência crônica de alimentos e da adoção de dietas desequilibradas, o trabalho contínuo dos mineradores dentro da água provocava um sem-número de doenças, que epidemicamente se alastravam pelos arraiais e faisqueiras, facilitando o contágio pelas más condições de alojamento e promiscuidade dominantes nessas frentes pioneiras de aventureiros ávidos por ouro. O primeiro médico a exercer sua profissão em Vila Rica se registrou na Câmara Municipal somente em 1734: até então, eram os cirurgiões práticos, muitos dos quais curandeiros de cor, que tratavam dos enfermos, frequentemente se utilizando de mezinhas cabalísticas e rituais heterodoxos, que, por suspeição de esconderem pacto com o Demônio, acabavam sendo denunciados ao terrível tribunal.[2]

Segundo R. Boxer, entre as doenças mais comuns que atacavam tanto brancos quanto pretos na região mineradora estavam a disenteria bacilar — na época chamada "mal do bicho" —, os vermes intestinais e as moléstias venéreas.[3] Os escravizados faiscadores eram mais atacados por pneumonia, pleurisia, febres intermitentes, malárias e disenterias,[4] sem falar em reumatismos, artritismos, frieiras e demais achaques causados pelo trabalho contínuo, sob sol e chuva, dentro d'água. Este "Rol dos escravizados inválidos de Sabará", de 1735, dá uma ideia viva dos problemas de saúde dessa região:

- Miguel, uma perna a menos e decrépito
- Simão, mina, cego
- João, mina, com os pés inchados e pernas monstruosas
- Lázaro, aleijado dos dois braços
- João Carneiro, angola, um braço menor e enfermo
- Domingos, angola, rosto comido (de lepra) e quebrado
- Cipriano, crioulo, pés monstruosos
- Manoel, tísico
- Silvestre, cego
- Paulo, sem braço
- Francisco, xará, dedos comidos e perna quebrada
- Pedro, hidrático e decrépito
- Francisca, mina, pés inchados, não sai de casa
- Francisca, pernas inchadas, cinquenta anos.[5]

Tomando como amostra os registros de óbito de Vila Rica entre 1799 e 1801, Iraci del Nero Costa constatou que as doenças do aparelho digestivo eram responsáveis por 52,7% das mortes entre livres e cativos; seguidas das doenças infecciosas, 21,6%; e das respiratórias, 6,6%.[6]

Rosa Courana, vivendo de se desonestar com quem a desejasse, devia estar, como as demais mulheres públicas, muito exposta a todas essas enfermidades transmitidas por seus clientes. Sobretudo às doenças sexualmente contagiosas, que na época eram chamadas de mal gálico (sífilis), corrimento (blenorragia), verrugas pudendas (condiloma), mula (gânglio venéreo) etc.[7] A rica flora medicinal amplamente conhecida pelos carijós da região, assim como as mezinhas introduzidas pelos africanos, dava conta de boa parte das muitas moléstias locais; outras eram os doutores que as curavam com remédios de boticas. Data dessa época — 1707 — o famoso compêndio *Notícias do que é o achaque do bicho*, de autoria do dr. Miguel Dias Pimenta, verdadeiro vade--mécum de todo esculápio da América portuguesa.

Assim sendo, por volta de 1748, quando Rosa beirava os trinta anos, foi acometida de uma estranha doença que mudou completamente o rumo de sua triste vida de mulher alegre. Sua primeira manifestação foi corriqueira: uma sonolência incontrolável. Quando ia à missa, "lhe dava um sono tanto que o sacerdote entrava no Cânon, até concluí-la. Porém atribuía tal a ser moléstia natural". Diagnóstico bastante sensato — diga-se en passant —, posto que a monotonia dos ofícios litúrgicos matinais, rezados em latim, devia funcionar como poderoso sonífero particularmente para quem perdia noites de sono, o que devia acontecer com frequência entre as mulheres do fandango das Minas Gerais. Com o tempo, porém, aparecem novos sintomas: "principiou a sentir em si uma dor que a bulia, e com ela caía no chão como morta, de que se lhe originou no ventre um tumor". (Tumor, segundo o dicionarista Morais, naquela época significava "inchação circunscrita em qualquer parte do corpo, aumento do volume de alguma parte do corpo".)

Como diagnosticar tal quadro mórbido? Tudo faz crer que essa dor que agitava seu corpo e a lançava ao chão provavelmente devia ser o que antigamente chamavam de gota coral, ou então sintoma de mania, as duas principais "doenças dos nervos" minuciosamente descritas pelo médico Simão Pinheiro Morão em sua obra *Os abusos médicos*, escrita em Recife em fins do século xvii.[8] No capítulo iv desse livro, "Da epilepsia, a que o vulgo chama gota coral", ensina o dr. Morão que tal moléstia "é um espasmo de todas as partes do corpo, não perpétuo mas por intervalos, com ofensa de todos os sentidos e do entendimento". Diz ocorrerem tais acidentes sobretudo nas ocasiões de lua cheia, nas mudanças de tempo e nas horas das paixões. "Os sinais que mostram o acidente que há de vir são: peso na cabeça, zunido nos ouvidos, candeias diante dos olhos, sonos turbulentos, indigestões no estômago, amarelidão na cara, peso em todo o corpo, vertigens." A manifestação do acidente leva o enfermo "a cair em terra, padecerem as partes do corpo tremores ou movimentos convulsivos, rangerem os dentes, roncos no peito e nas tripas e sair nos cantos da boca uma porção de espuma, que é o sinal evidente de ser gota coral".

Quanto à mania, ensina o mesmo esculápio se tratar de um acidente repentino, popularmente chamado de mal lunático ou mal de lua, por advir especialmente na época do plenilúnio: "É a mania um delírio sem febre, com audácia e temeridade, e de tal maneira que é necessário muitas vezes amarrar os doentes e prendê-los". Distingue-se do frenesi porque neste ocorre sempre a febre, e da melancolia porque as melancolias são afetadas por temor e tristeza. Vários sinais da mania são os mesmos da gota coral: dor de cabeça, contínuas vigílias, imaginações repetidas, sonos turbulentos, temores e tremores, brilho nos olhos, zunido nos ouvidos, luxúria, falar muito sem razão ou soturnidade. "Os sinais que mostram o acidente da mania são: delírios, arremeterem a quem lhes assiste, serem iracundos e furiosos, dizerem ridicularias e risos desordenados, inquietações, ficarem tristes e horrendos no aspecto, amigos da soledade, muito calados e lacrimosos."

Com base na descrição de dezenas de outros acidentes relatados pelas testemunhas que viram Rosa "cair como morta no chão", tendemos a incluí-la mais no rol dos maníacos do que dos epiléticos stricto sensu, pois nenhum dos que a viram estrebuchar, quando possuída pelo Espírito, afirmou que espumasse pela boca, o que o dr. Morão considera "sinal evidente de ser gota coral". Por diversas vezes, Rosa Negra expressa ter sentido peso no corpo antes de ser arrebatada às moradas celestiais, ter visto "estrelinhas" que lhe ofuscavam a vista e haver suado frio durante o delírio.

Outros santos padeceram igualmente de estranhas enfermidades, na época interpretadas ou como provações de Deus, ou como ciladas do Demônio, e que hoje em dia mereceram diagnóstico científico acurado. Santa Teresa d'Ávila foi uma delas, tendo experimentado, certa feita, uma crise tão aguda que, por quatro dias seguidos, ficou inerte, como morta, a tal ponto que já lhe haviam aberto a cova para ser enterrada.

> Eis que Teresa despertou subitamente de seu estado de inconsciência, a língua dilacerada de tão mordida, a garganta apertada em consequência de nada haver tomado e da fraqueza extrema que nem a deixava respirar, a ponto de nem água poder engolir, incapaz de mover os braços, pés, mãos e cabeça, enfermidade que durou quase três anos. Aí começou a andar de gatinhas e só depois de meses foi novamente capaz de andar ereta. Hoje chamaríamos de histeria tal enfermidade, apesar de, passados quatrocentos anos, tornar-se muito difícil diagnosticar com clareza uma enfermidade, porque a concepção sobre os fenômenos mórbidos mudou tremendamente.[9]

Que o leitor, no final do livro, julgue se acertamos o diagnóstico que fizemos dos "acidentes" da espiritada africana, pois serão numerosas as vezes que a nossa beata vai manifestar sintomatologia muito semelhante à que o velho dr. Morão diagnosticou como sendo acidente repentino ou mania.

Se doenças mais simples e de cura fácil eram outrora atribuídas a castigo divino, feitiços ou mau-olhado, os ataques epilépticos e outras manifestações nervosas foram interpretados, desde Hipócrates e o Código de Hamurabi até recentemente, como expressão sobrenatural, quer das forças do bem, quer dos espíritos malignos: eram doenças sagradas.

Pois tal foi a interpretação que Rosa deu à sua inchação estomacal e perda de sentidos:

> Andando desta sorte, atribuía ser moléstia natural; até que, indo à capela da Fazenda de Bento Rodrigues, na freguesia dos Camargos, onde estava o padre Francisco Gonçalves Lopes fazendo exorcismos e alguns vexados, ali se declarou então o Espírito dela, e, desde esse dia, entrou declaradamente a vexá-la, dizendo que era Lúcifer.

Em outra versão de sua confissão, a possessa acrescenta alguns detalhes importantes desse momento crucial de sua vida: provavelmente alguns dias depois dessa primeira manifestação, indo o padre exorcista à freguesia do Inficcionado, de novo a negra courana se viu face a face com o sacerdote que tirava demônios, na bela igreja de Nossa Senhora de Nazaré. "Estando ela de joelhos ao tempo dos ditos exorcismos, lhe estalaram os ossos em seu corpo e caiu no chão sem acordo de si, e a gente que estava presente, levantando-a, a levaram para casa em braços."

O citado padre Francisco Gonçalves Lopes desempenhará, a partir desse encontro fortuito, papel fundamental na vida de Rosa: será seu anjo da guarda. Esse velho presbítero, então com 54 anos, lhe fará os primeiros exorcismos, será seu introdutor no caminho da santidade, seu primeiro devoto e confessor. Será também seu proprietário e lhe dará a carta de alforria. Mais tarde, no Rio de Janeiro, há de ser o capelão do recolhimento da madre Rosa e o grande divulgador de seus poderes e predestinação celestial.

A partir desse momento, o padre e a possessa estarão irremediavelmente associados, na alegria e na glória, e também nas perseguições e nos infortúnios, união que será desfeita somente nos cárceres inquisitoriais, quinze anos depois desse encontro no povoado de Bento Rodrigues. Como são Pedro traindo Cristo, também o velho sacerdote desprezará sua amizade a quem tanto venerou, declarando aos inquisidores que "Santa Rosa Maria Egipcíaca da Vera Cruz" não passava de uma embusteira.

Que o leitor atente à coincidência: o instituidor da primeira capela mineira, no Ribeirão do Carmo (1696), ostentava exatamente o mesmo nome do exorcista de Rosa — padre Francisco Gonçalves Lopes, tendo sido em 1703 igualmente ele a fundar o primeiro templo no arraial de São Caetano, freguesia em que, quatro décadas depois, seu homônimo — nascido em 1694 — será coadjutor do vigário. Em Mariana, portanto, a rua Padre Francisco Gonçalves Lopes, uma das que desembocam na praça da Catedral, homenageia não o nosso biografado, mas o primeiro celebrante a pisar a região mineradora.

Mais adiante dedicaremos atenção especial aos três confessores e diretores espirituais da ex-prostituta, ocasião em que aprofundaremos a biografia desse seu primeiro pai espiritual. Por ora, a fim de recriarmos o clima do encontro do exorcista com a escravizada endemoniada e melhor entendermos a gênese dessa relação humana e espiritual, convém antecipar alguns dados a respeito desse personagem, réu do Processo nº 2901 da Inquisição de Lisboa.

Padre Francisco Gonçalves Lopes era natural do Minho, nascido em 1694.[10] Deve ter sido no ano de 1721 que o jovem sacerdote, atraído certamente pela fama do ouro, migra para as Minas, sendo nomeado coadjutor do vigário da freguesia de São Caetano, pequeno arraial situado a três léguas de Mariana, no caminho que leva a Ponte Nova, hoje com menos de seiscentos moradores na sede municipal. "Sendo seus moradores pouco abastados, tem contudo famosa matriz, bem paramentada com capelas e obras de talha dourada."[11]

Depois de nove anos de ministério, em 1730, transfere-se para São João del-Rei, a próspera sede da comarca do Rio das Mortes, talvez motivado pela maior riqueza de seus fregueses, que eram obrigados a pagar anualmente aos sacerdotes polpudas "conhecenças" por ocasião da confissão quaresmal e dos demais serviços eclesiásticos.[12] Por essa época, já existiam em São João del-Rei dez igrejas: a Matriz de Nossa Senhora do Pilar (1711) e as filiais de Carmo, São Francisco (com a irmandade dos negros), Mercês, Rosário, Santo Antônio, Bom Jesus do Monte, São Caetano, Senhor do Bonfim e São Gonçalo. Não há informação, no processo da Torre do Tombo, de qual dessas paróquias o clérigo minhoto — então com 36 anos — era coadjutor. O certo é que, pelo visto, além do trabalho rotineiro em sua igreja, celebrando missas, administrando os sacramentos e auxiliando nos demais atos de piedade, o padre Francisco costumava percorrer outras freguesias e capelanias praticando importante ministério muito em voga nos séculos passados: o exorcismo. Foi exatamente numa dessas suas andanças pela comarca de Vila Rica, quando exorcizava no Inficcionado e nas capelas sufragâneas de Nossa Senhora da Conceição dos Camargos e de São Bento, que se manifestou o espírito de Rosa. Tão marcante era sua dedicação ao ministério de expulsar demônios do corpo dos endiabrados que ganhara nas Gerais um apelido identificador: "o Xota-Diabos".

"Deus deixaria de existir se não fosse o Demônio", dizia K. Seligmann, um dos mais conceituados demonólogos modernos, enquanto Jean Bodin, em 1558, afirmava que "duvidar que o Diabo transporta os feiticeiros de um lado para o outro equivale a ridicularizar a história evangélica".[13] Não podemos imaginar a existência de uma religião sem a presença aterradora do Espírito do Mal, o oposto de Deus, que personifica a bondade, a compaixão e a misericórdia. E, desde que os homens passaram a acreditar no poder do Espírito do Mal, tiveram igualmente de instituir especialistas em controlar, acalmar e expulsar o Anjo das Trevas. Na tradição judaico-cristã, Satanás recebeu diversos nomes: Belzebu, Asmodeu, Lilith, Agrat, Baal, Azazel, Lúcifer etc. E quando um desses anjos infernais toma conta do corpo de uma pessoa, faz-se necessária a ação dos exorcismos a fim de libertar a infeliz criatura das garras do capeta.[14] O próprio Jesus Cristo tirou uma legião de demônios do corpo de um energúmeno na cidade de Geraza (Marcos, 5:1-20), embora seus discípulos não tenham logrado o mesmo êxito no caso de um possesso "dominado por um espírito imundo que, onde quer que o apanhava, lançava-o por terra e ele espumava, rangia os dentes e ficava endurecido" (Marcos, 9:18), um quadro típico de epilepsia, segundo o parecer do citado dr. Morão.

A crença no Diabo sempre foi tão forte na cristandade que, até recentemente, o ritual do batismo incluía o exorcismo do recém-nascido, a partir da crença de que, antes de sua primeira purificação com a água batismal e os santos óleos, a criancinha era possuída pelo Inimigo de Deus. "Botas para fora de tua alma o Demônio?", indagava o sacerdote quando batizava os africanos catecúmenos — e uma das justificações teológicas da escravização dos africanos era o pio desejo da Igreja católica em resgatar a negrada, como se dizia na época, do cativeiro do Diabo, elevando tais pagãos à sublime condição de filhos de Deus e escravizados dos senhores cristãos no Novo Mundo. Até hoje, todo aspirante ao sacerdócio recebe a Ordem do Exorcismo, a terceira das quatro ordens menores, sendo portanto outorgado a todo clérigo o poder de expulsar os demônios. Porém, apesar de autorizados teólogos e o próprio papa confirmarem que o Diabo existe de fato,[15] cada vez mais a moderna teologia despersonifica o Anjo das Trevas e a incandescência das chamas do fogo do inferno, argumentando que "a possessão demonológica, apesar da promulgação da doutrina e sinais correspondentes, nunca foi doutrina imposta à Igreja Universal".[16] Quanto à expulsão dos demônios, diz o chanceler da Cúria Metropolitana de São Paulo, mons. Albanez: "É tão raro o exorcismo que eu não me lembro de nenhum caso nos últimos trinta anos. O que aparece são casos de autossugestão ou episódios que a parapsicologia explica".[17] Na própria tradução da Bíblia pelo Centro Bíblico Católico (editora Ave Maria, 48. ed., 1985), o episódio anteriormente transcrito, do jovem possuído pelo "Espírito Imundo", agora tem no cabeçalho o título "O jovem epilético", comprovando o quão desacreditado se acha Lúcifer até por aqueles que o inventaram. Em seu livro *Antes que os demônios voltem*, o jesuíta Oscar Quevedo sustenta, sem rodeios, que "todos os casos bíblicos e pós-bíblicos de possessão demoníaca nada têm de sobrenaturais e podem ser tranquilamente explicados pela parapsicologia". Por ter emitido tal opinião, Roma obrigou o sacerdote racionalista a interromper suas pesquisas e publicações sobre tema tão controverso. É o Santo Ofício imperando ainda em pleno século XX.

Nos tempos inquisitoriais, entretanto, se até a leitura da Bíblia na língua vernácula era condenada por suspeita de protestantismo, duvidar, negar a existência ou fazer pacto com o Espírito Impuro era considerado grave heresia, se não atitude merecedora da fogueira, pelo menos de embaraçoso processo, anos de encarceramento nas masmorras do Santo Ofício, talvez até tortura, sequestro dos bens, açoites nas vias públicas e degredo, para a África, ou para as galés. Ainda em 1774, no último *Regimento do Santo Ofício*, título XI, capítulos I e II, de autoria de Cardeal da Cunha, ensinava-se o seguinte:

> Depois que o Divino Triunfador das Potências Aéreas Infernais, visitando o mundo corrompido e idólatra e remindo nele com seu Preciosíssimo Sangue o gênero humano da culpa, deixou o Demônio quebrantado, preso e inibido para ofender

os homens... porquanto pode haver alguns casos nos quais os referidos espíritos diabólicos, que nada podem por si mesmos, possam atormentar as criaturas humanas, se Deus lho permitir... portanto, os réus compreendidos em tais crimes de feitiçarias, sortilégios, adivinhação, astrologia e malefícios sejam degredados para o Reino de Angola pelo tempo de cinco a dez anos.

Parece que, antigamente, Deus permitia, com frequência muito maior, que seu inimigo usasse e abusasse das criaturas humanas, daí a grande importância dos exorcismos na aquietação dos vexados, energúmenos, possessos, endemoniados, espiritados etc. E nas Minas Gerais, onde os africanos e seus descendentes eram a maioria da população, uma gente ainda muito mais ligada ao diabolismo e à crença de que as enfermidades eram causadas pelos maus espíritos ou feitiços,[18] os "xota-diabos" negros e brancos, calunduzeiros ou clérigos eram personagens de primeiríssima importância, ao lado dos sangradores, cirurgiões, parteiras, rezadeiras de espinhela caída ou de quebranto.

"Estas Minas estão bastante enfestadas do Demônio...", dizia magistralmente um tal Domingos Marinho, morador de Vila Rica, que, padecendo de algumas enfermidades, depois de insucesso com os remédios de botica, recorreu a uma curandeira, a africana forra Maria Cardosa, que, com unguentos, poções e benzeduras, tratou de seus achaques.[19]

Tanto quanto o Demônio, nas Gerais abundavam os endemoniados: alguns com doenças misteriosas e desconhecidas, logo diagnosticadas como diabólicas; outros com o próprio Capeta tomando conta do corpo, agindo, falando e blasfemando como se fossem o Renegado. Foi para cuidar de um desses energúmenos que o vigário da matriz do Inficcionado, padre Luiz Jaime de Magalhães, convidara o nosso padre Francisco para vir à sua igreja. O próprio exorcista, em sua confissão no Santo Ofício, treze anos depois, declara que, lá chegando, enquanto realizava os rituais do exorcismo num "maleficiado", Rosa Courana "caiu no chão fazendo diferentes visagens e muitos trejeitos com o corpo, levantando-se e dizendo que era Lúcifer que a vexava e lhe causava grandes inchações que tinha na cara e ventre". Uma testemunha presente aos exorcismos disse que Rosa "fazia gestos e movimentos que parecia o Demônio!".

Acostumado a tais diabruras, o padre Xota-Diabos começa a exorcizar a escravizada de d. Ana. Vestido de sobrepeliz branca e estola roxa, tendo numa das mãos o *Rituale Romanum* e na outra a cruz ou o hissope com água benta, em tom enérgico, às vezes aos gritos, o exorcista recitava solene o *Ritus exorcizandi obsessos a daemonio*. O povo, aterrorizado, sempre acorria a tais liturgias e, de joelhos, agarrando-se aos rosários e escapulários, formava uma corrente pia e assustada contra o Espírito das Trevas. O texto do *Rituale Romanum* se encarregava de criar um clima de pavor naquela turba composta de gente simples, timorata e supersticiosa:

> Quem quer que sejas — gritava o sacerdote —, ordeno-te, Espírito Imundo, como aos teus companheiros, que obedeças a este servidor de Deus, em nome dos mistérios da Encarnação, Paixão, Ressurreição e Ascensão de Nosso Senhor Jesus Cristo, e em nome do Espírito Santo, que digas o teu nome e indiques por um sinal qualquer o dia e a hora em que entraste neste corpo. Ordeno-te que me obedeças, a mim, ministro indigno de Deus, e proíbo-te que ofendas esta criatura, assim como aos presentes.

Entre litanias e responsos, sacerdote, acólito e fiéis fazem uma corrente espiritual contra o Tentador. Enquanto isso, a criatura espiritada encena suas estripulias — atira-se por terra, contorce o corpo todo, espuma, range os dentes — ou fica inerte no chão, fora de si. Aí ataca de novo o Xota-Diabos:

> Exorcizo-te, *immundissimus spiritus*! Abjuro-te de todos os adversários fantasmas e legiões em nome de Nosso Senhor Jesus Cristo. Ouve e treme de pavor, Satã, inimigo da fé, inimigo do gênero humano, mensageiro da morte, raiz de todos os males, ladrão da vida, opressor da justiça, sedutor dos homens, traidor de todas as nações, origem da avareza, inventor da inveja, causa das discórdias e dores!

Enquanto fazia sinais da cruz na cabeça, no ventre, no peito e no coração da energúmena, aspergindo-a com água benta e benzendo-a com as relíquias dos santos, continuava o exorcista com imprecações ainda mais fulminantes:

> Abjuro-te, serpente antiga, pelo julgamento dos vivos e dos mortos, em nome de teu criador e do Criador do mundo, daquele que tem o poder de te enviar para a Geena! Ordeno-te que saias imediatamente, com o teu furor, dessa pobre criatura de Deus, Rosa, que se refugia no seio da Igreja. Esconjuro-te de novo, que saias

dessa serva de Deus que foi criada à imagem divina. Obedece não a mim, mas a Cristo! Que o corpo dessa criatura te cause medo: sai, violador da lei, sai, sedutor cheio de artimanhas e enganos. *Vade retro*, Satanás!

Quem assistiu aos filmes *Madre Joana dos Anjos* e *O exorcista*, ou presenciou cenas de possessão nos terreiros de umbanda, nas sessões espíritas, ou mesmo através da televisão, nos cultos das igrejas pentecostais, pôde visualizar o dramatismo e a descarga de tensão que tais cerimônias macabras provocam entre os presentes. Às vezes, o Demônio é tão poderoso que o feitiço vira contra o feiticeiro-exorcista, e o próprio sacerdote não resiste à sedução do Tinhoso. Ou então uma legião de demônios toma conta da assembleia, e aí a igreja se transforma num pandemônio. No célebre episódio das possessas de Loudun (1634), em que várias freiras ursulinas encarnaram vários capetas — Asmodeu, Leviatã, Isacaron e seus sequazes —, o exorcista-mor das religiosas, padre Urbain Grandier, acaba sendo acusado de ter pacto com Satã, e é queimado em praça pública perante uma multidão de mais de 6 mil curiosos.[20] Quando atacadas pelo Rabudo, as freirinhas-demonopatas "davam gritos angustiosos, ataques convulsivos, urravam como danadas e lobos enraivecidos ou bestas ferozes. A língua das energúmenas pendia fora da boca, ficavam em êxtase e catalepsia, dobravam o corpo para frente e para trás convulsivamente".[21]

Uma sessão completa de exorcismo, seguindo pari passu o *Rituale Romanum*, deve se estender por cerca de duas horas. Dezenas de minutos são gastos na leitura do Símbolo de Santo Atanásio, uma espécie de credo mais detalhado, em que domina a ideia de que fora da Igreja católica não há possibilidade de salvação — portanto, que não venha a energúmena tentar a fundação de outra igreja, pois todo cisma é obra do Diabo. Segue-se a leitura de vários Salmos de Davi, os de números 67, 34, 30, 21, 3, 10, todos enfatizando a força e o poder do Deus dos Exércitos.

"Sai, Espírito Imundo!", continua o presbítero. "Os vermes te esperam! Sai, ímpio, sai, celerado. O deserto é tua morada, a serpente tua habitação." E enquanto a endemoniada, flexuosa, praguejando, batendo com o crânio, expectora Satanás, os *Pater Noster*, os *Gloria Patri* e Salmos envolvem-na. Quando ela cai prostrada, salva, o triunfador grita: "Eis-te refeita, santa! Deixa de pecar para que te não aconteçam outros desastres. Vai para casa e anuncia aos teus as grandes coisas que Deus fez por ti e toda a sua misericórdia".[22]

Como já vimos, nem sempre Rosa voltava a si depois de tais "acidentes" sobrenaturais. Ao menos numa das primeiras crises demoníacas, teve de ser carregada para a casa de sua senhora, desacordada. Pudera: acabava de passar por experiência das mais doloridas e traumáticas, pois, segundo suas próprias palavras, além de sentir os ossos estalarem, "viu e sentiu que do ar lhe deitaram um caldeirão de água fervendo, com o que caiu logo desacordada, e, quando se restituiu, se achou lançando sangue da cabeça, que estava rachada e metida aos pés de são Benedito".

Talvez a abundante água benta que o exorcista lhe aspergia, já semi--inconsciente pelo ataque de nervos, associada à ideia de que esse líquido abençoado espanta ou mesmo faz arder o Chifrudo, tenha provocado na negra nigeriana a horrenda sensação de ser torturada com água fervente. Seus gritos, contorções, sobressaltos — convulsões frequentes nos médiuns quando possuídos — refletiam a dor insuportável da água fervente, que, segundo afirmou, "viu e sentiu", e, mais ainda, da rachadura em sua cabeça decorrente da violência com que deve ter se jogado ao chão. Este quadro devia ser horripilante: Rosa, uma mulher alta — conforme ela própria informa em uma de suas cartas que analisaremos oportunamente —, negra retinta como os nativos da Nigéria, no chão, desgrenhada, molhada de água benta, o sangue a escorrer de sua fronte, a cara inchada, talvez os olhos esbugalhados e vermelhos como os dos negros nos vodus, "com gestos e movimentos que pareciam do Demônio" — e mais ainda, dizendo, com voz saída das profundezas, grossa e tétrica como falam os espíritos imundos, que ela era o próprio Lúcifer! Cruz-credo! Ave-maria! Vade--retro, Satanás! *Xocotô beroló!*

Mais tarde, confessará o exorcista que, levado "por zelo e caridade cristã", a partir daí começou os trabalhos espirituais com a vexada,

> fiando-se nas boas informações que deu o padre Antonio Lopes, nesse tempo confessor e diretor espiritual de Rosa após sua conversão, a respeito de sua vida e bons costumes, e, por razão disto, se capacitou mais da verdade da vexação, fazendo-lhe mais três ou quatro exorcismos, dizendo ter experimentado melhoras nas queixas que padecia.

O depoimento favorável desse primeiro confessor de Rosa nos obriga a transferir sua conversão de meretriz em mulher de bons costumes para algum tempo antes dos exorcismos. Talvez alguns anos mesmo antes de 1748, pois só assim teria conseguido tão boas referências desse seu primeiro diretor espiritual. A menos que o Xota-Diabos estivesse blefando perante os inquisidores, inventando tal opinião como álibi dirimente de sua responsabilidade em aceitar a santidade dessa cativa da família Durão. Já nessa época, dois outros personagens também vexados pelo Tentador aparecem coligados a Rosa: Leandra, crioula natural de Pernambuco, "que por caridade assistia Rosa", e um tal de Antonio Tavares, "português branco que se dizia nascido nas Ilhas", os quais acompanharão a espiritada até mesmo ao Rio de Janeiro. É provável terem sido esses amigos — que com o tempo tornar-se-ão seus devotos — as pessoas que prestaram assistência a Rosa, levando-a para casa, na ocasião em que quebrou a cabeça. D. Maria Teresa de Jesus, importante personagem nessa história por ter sido, depois da família Durão, proprietária de Rosa, informou que esses três energúmenos, juntos, solicitaram ao padre Francisco que os exorcizasse na capela de São Sebastião — na comarca do Rio das Mortes. Voltaremos à informante e a essa capela mais adiante.

Depois desses primeiros acidentes, declara a futura santa que,

> dali por diante, quando saía de casa para a igreja, logo na rua sentia um vento tão forte que lhe impedia os passos, e com grande violência a fazia retroceder e se bater com o corpo em uma cruz, sendo [que isso acontecia] em dias que não havia vento nem as mais pessoas o sentiam — e só por virtude dos preceitos que punha o exorcista é que podia resistir ao dito vento e entrar na igreja.

A partir de então, os exorcismos farão parte do dia a dia dessa preta, e, dado o caráter público desses rituais e dos locais onde o Diabo a atacava, Rosa passará a ser vista e considerada como uma endemoniada: de mulher pública se torna espiritada, sendo outra agora a assistência que a circunda.

Ainda hoje existe no Inficcionado uma grande cruz, quase defronte à igreja de Nossa Senhora do Rosário — igreja construída posteriormente à presença de Rosa no arraial, mas em cujo lugar primitivo, sem dúvida, devia existir uma capela frequentada predominantemente pela população negra —, situada na saída sul da povoação. Como essa cruz de madeira, muitos outros cruzeiros, alguns de pedra, sempre foram alvo de grande devoção nas Minas Gerais, frequentemente associados ao culto das almas do purgatório. Teria sido nessa cruz que Rosa sentia os tais acidentes e ventanias?

O vento, muito antes de filósofos pré-socráticos o elegerem como um dos elementos constitutivos da vida, foi apontado por outros povos como a própria manifestação da divindade, ou um de seus atributos. Na tradição bíblica, o vento, o ar, o hálito são identificadores da força de Javé, daí o Altíssimo ter dito ao profeta Ezequiel: "Vou fazer reentrar em vós o sopro da vida... Vem, espírito, dos quatro cantos do céu, sopra sobre esses mortos para que revivam" (Ezequiel, 37:5-10). O próprio Espírito Santo, a terceira pessoa da Trindade Santíssima, em grego é chamado de *pneuma* — isto é, ar, a mesma raiz da palavra moderna pneumático ou câmara de ar. Ainda no século passado, a Igreja acatou a associação do vento à manifestação da divindade, tanto que santa Bernadette (1844-1879), ao descrever a primeira aparição de Nossa Senhora de Lourdes, diz que a Virgem se fez anunciar duas vezes por "um pé de vento".[23] Entre os escravizados trazidos ao Brasil da Costa da Mina, de onde provinha Rosa Egipcíaca, alguns importantes orixás, sobretudo a poderosa Senhora Iansã, são identificados com o vento — ou melhor, o vento é a manifestação de tais espíritos.[24] Encontramos mesmo outras africanas residentes nas Minas Gerais que já haviam sido denunciadas à autoridade eclesiástica exatamente por cultuar tal elemento etéreo: "Maria Canga inventava uma dança de batuque, no meio da qual entrava a sair-lhe da cabeça uma coisa a que se chama vento, e entrava a adivinhar o que queria".[25]

O importante dessa nova manifestação do Espírito em Rosa é o fato de que cada vez mais ela vai exigir a atuação do exorcista, criando uma relação diádica de dependência espiritual entre a vexada e o sacerdote que lhe põe preceitos, interação que perdurará até a prisão de ambos pelo bispo do Rio de Janeiro. Por mais frequentes e numerosos que tenham sido os exorcismos, nunca Lúcifer abandonou o corpo dessa excêntrica criatura. Ou melhor — talvez o inverso: nunca a criatura deixou que seu espírito familiar fosse embora, pois, sem ele e suas diabruras, perderia Rosa o chamariz que lhe garantia tantos devotos em toda parte onde Lúcifer a vexava.

As pessoas nas ruelas do Inficcionado deviam admirar e se benzer quando o Espírito baixava na ex-meretriz de d. Ana, paralisando seus passos, impedindo-a de entrar na matriz de Nossa Senhora de Nazaré, ou projetando-a fortemente contra a Santa Cruz. Paralisada na porta do templo ou quiçá estrebuchando no chão, só com os preceitos do Xota-Diabos era vencida a resistência do inimigo de Deus "e podia entrar na igreja". Mesmo lá dentro, o Coisa-Ruim tornava a apoquentá-la: "Nas missas que se diziam, tanto que se tocavam as campainhas do *Sanctus*, caía sem sentidos, até que, repetindo suas confissões e comunhões, se achou melhor da sobredita vexação".

Graças aos efeitos salutares do sacramento da penitência e da Santa Eucaristia, o Pai das Trevas começou a civilizar-se. A africana trocava as manifestações primitivas de possessão no estilo tribal pelas demonopatias previstas pelo *Rituale Romanum*. Seu Coisa-Ruim se transformava em Lúcifer. Por trás dessa metamorfose de cunho europeizante está o velho padre Francisco, que encontra em Rosa, Leandra e Antonio Tavares um novo filão para atrair outros energúmenos e curiosos pelas diversas capelas e igrejas da comarca de Sabará e pelo Rio das Mortes afora, por onde missionava. E como ensinou o próprio Cristo, "o operário é digno de seu salário" (Mateus, 10:10), certamente a bolsa do exorcista se enchia cada vez mais com as polpudas esmolas dos fiéis mineiros mais timoratos.

A santidade da negra courana aumentava e se sofisticava dia a dia, tanto que, passados três meses dos primeiros exorcismos,

> estando ela na sua cama dormindo, ouviu um tropel (isto é, um tumulto de grande porção de gente a andar e se agitar). E acordando se achou de joelhos fora da cama. E logo lhe disse uma voz: "Louvado seja para sempre tão grande Senhor". E, sem ela fazer movimento algum, se levantou o seu corpo de onde estava e caiu também de joelhos ao pé daquela voz que tinha ouvido, mediando entre a mesma e ela coisa de dois passos. E logo sentiu que de si saía uma voz que não era a sua e respondeu: "Para sempre seja louvado tão grande Senhor". Depois do que, a sobredita voz, que ela perfeitamente ouviu, ainda que não soubesse de quem era, nem quem a proferia, lhe recomendou que rezasse três padre-nossos e três ave-marias às Pessoas da Santíssima Trindade e outros à Paixão de Nosso Senhor Jesus Cristo e cinco em reverência à Sagrada Família e sete às necessidades temporais e espirituais da Igreja, as quais rezas ela ainda faz e fez sempre.

Rosa, como centenas de outras santas e católicas bem-aventuradas, será agraciada com várias manifestações sobrenaturais. Segundo um dos mais respeitados especialistas nesse assunto tão delicado, o dominicano Garrigou-Lagrange, Deus pode beneficiar as almas com variada gama de dons sobrenaturais: visões sensíveis ou corporais, visões imaginárias e visões intelectuais. Os "toques divinos", por sua vez, incluem: vozes sobrenaturais auriculares, imaginárias e intelectuais. Os "toques visíveis" podem ser: estigmas ou chagas, levitação, eflúvios luminosos ou odoríferos e abstinências prolongadas.[26]

Deixemos um contemporâneo de nossa beata, o franciscano frei Manoel da Cruz, autor do manuscrito "Floresta espiritual", conceituar cada um desses fenômenos místicos, muitos dos quais serão citados nas próximas páginas deste livro.

- Raio: conhecimento divino que alumia a alma e passa depressa;
- Luz: qualidade intencional que sendo interior é espécie impressa;
- Voo de espírito: presteza veloz que leva a alma a Deus;
- Êxtase: quando a alma se vai, pouco a pouco, alienando e saindo de seus sentidos;
- Rapto: quando de repente se arrebata a alma em Deus, alheia de seus sentidos;
- Arroubamento: quando o ímpeto do espírito é tanto que faz levantar o corpo da terra;
- Revelação: conhecimento sobrenatural, que Deus comunica a algumas almas, de coisas particulares, que sem luz sobrenatural não se podem alcançar;
- Visão corpórea: quando se vê com os olhos corporais alguma coisa que, sem particular luz e virtude divina, não se pode ver;
- Visão imaginária: quando com imaginação se veem algumas coisas que com forças naturais não fora possível alcançar;
- Visão intelectual: conhecimento secreto e alto que o entendimento alcança de alguns mistérios de Deus que ele descobre à alma com mais luz que a sobrenatural ordinária e que lhe comunica a visão abstrativa. De todas as visões é a mais segura;
- Visão intuitiva: é ver Deus como ele é;
- Pasmo: também chamado suspensão, é um divertimento exterior dos sentidos por causa de veemente atenção interna;
- Fundo da alma: o mais secreto de seu ser e operação;
- Santidade: graça habitual que se sujeita na substância da alma[27]

Nossa biografada convertida começou com vozes misteriosas — a manifestação mais chinfrim —, mas há de chegar aos êxtases, às visões, e mesmo a receber os sagrados estigmas, privilégio dos mais notáveis dentro da hierarquia dos santos, tendo sido o seráfico são Francisco a inaugurar a lista dos merecedores de tão prodigiosa manifestação sobrenatural.

Observemos que, de início, a escravizada da família Durão não identifica de quem procedia tão estranha voz, embora suspeitasse do Céu, talvez de uma alma, ou de um anjo, uma vez que lhe pedia orações. Nesse princípio de misticismo, seu imaginário, ainda limitado de cultura religiosa, começa a povoar-se de miríades celestiais, tanto que

> tornando a dita voz na noite posterior, precedendo todas as ditas palavras e orações que foram referidas, lhe recomendou que fosse devota dos Nove Coros dos Anjos, das Onze Mil Virgens e que rezasse sete padre-nossos e outras tantas ave-marias oferecidas às sete dores de Nossa Senhora por seus inimigos — o que ela dali em diante rezou sempre.

A corte celeste — tal qual Rosa deve ter visto pintada nos tetos de muitas igrejas mineiras, além da Santíssima Trindade, da Maria Virgem, dos doze apóstolos, infinidade de mártires, doutores, virgens, santas viúvas etc. etc. — comportava inumeráveis anjos, arcanjos, serafins, querubins, tronos, potestades, uma incontável constelação de bem-aventurados quase tão numerosos quanto as estrelas do céu. O culto às Onze Mil Virgens companheiras de santa Úrsula, martirizadas pela defesa da castidade, estimulado, sobretudo, pelos jesuítas e com grande expansão no Brasil colonial, foi uma das muitas devoções que, forçada pela pesquisa histórica, a Igreja católica hoje reconhece tratar-se de uma lenda pueril e sem base factual. Para uma ex-prostituta, a devoção às Onze Mil Virgens devia servir como uma espécie de antídoto retroativo.

Como sucedeu a muitos outros santos canonizados por Roma, das vozes Rosa passou às visões. Quando presa por ordem do bispo do Rio de Janeiro, d. Antônio do Desterro — ele próprio muito devoto da corte celestial, tanto que possuía riquíssima coleção de relíquias "autênticas" de todos os apóstolos, da Cruz de Cristo e do manto de Nossa Senhora [sic] — e, sendo perguntada se tivera algumas visões sobrenaturais, disse que, estando em casa de Pedro de Azevedo, na freguesia do Inficcionado, onde também se achava a mulher deste, e falando todos sobre o Espírito dela ré, viu claramente a figura de um coração de cor vermelha cheio de luz e cercado com uma coroa de penetrantes espinhos.

Pelo depoimento prestado na Relação Eclesiástica do Rio de Janeiro, essa teria sido sua primeira visão. Alguns meses depois, em Lisboa, descreverá a visão do mancebo, loiro vestido de azul — citada anteriormente — como tendo sido seu primeiro contato visual com o sobrenatural. Talvez esta última versão seja mais correta, pois foi a partir dela, ou melhor, por ordem desse mancebo, que Rosa abandonou sua vida dissoluta, distribuindo tudo o que tinha entre os pobres. Gesto que deve ter sido alvo de muitos comentários em seu pequeno arraial, marcando na opinião pública a mudança radical de pecadora em mulher virtuosa.

O interessante nessas visões iniciais, além da simbologia às vezes pueril e muito calcada em estampas ou registros de santos que circulavam entre os cristãos de antanho, quer como santinhos e verônicas, quer como quadros ou retábulos de parede, é que muitas de tais visões aconteceram ao lado de pessoas conhecidas, em locais corriqueiros. Por exemplo:

Estando ela no quintal das casas em que morava, às três horas da tarde, viu um globo de nuvens com uma meia-lua no meio, do mesmo modo que se pinta nos pés de Nossa Senhora da Conceição, estando nesse tempo o céu sereno e limpo.

[...] Disse mais, que, em diferentes ocasiões, estando assentada na escada das casas em que assistia, conversando com quatro pessoas mais que ali se achavam, viu um mancebo muito formoso [...].

Só ela tinha o privilégio de distinguir todas as visões: os demais circundantes provavelmente ficavam admirados, alguns descrentes, outros respeitosos, quando a negra era "raptada" pelas belezas celestiais.

Logo no início de sua conversão, o padre Xota-Diabos não apoiou tais extravagâncias místicas, sobretudo a ideia de imitar santa Margarida de Cortona, que, depois de uma vida de meretriz, distribuiu todos os seus bens aos necessitados, seguindo Cristo na pobreza:[28]

disse-lhe o padre que deitasse fora semelhantes visões, rezando o credo. Porém, ela, confundida deste acontecimento, distribuiu pelas pessoas mais necessitadas o ouro que tinha e os vestidos de seu uso, adquirido tudo pela culpa e ganhado com uma vida lasciva... E se confessou geralmente, ficando pela misericórdia de Deus tão arrependida de seus pecados, que até à hora presente não tornou mais a cair em culpas graves, principalmente na da sensualidade.

A ex-mulher do fandango não deu ouvidos a seu diretor espiritual e persistiu nas visões. Fazendo a "confissão geral" de toda sua vida passada, seguia o exemplo do apóstolo Paulo, ele também outrora inimigo de Cristo, enterrando com a absolvição no confessionário o "homem velho" e renascendo para a nova vida (Romanos, 6:6).

Disse mais a cativa visionária, que, no mês de março de 1748,

> na noite em que tomou a cadeia de Nossa Senhora [?] estando na sua casa às escuras, entrou nela uma luz e, sem ela ver quem falava, ouviu uma voz que lhe disse: "Aprende a rezar o Ofício de Nossa Senhora da Conceição e o de São José, e dize ao teu confessor que amanhã mande jejuar toda a gente a pão e água, que, sendo março, é a verdadeira sexta-feira em que o mundo foi remido" — e logo se calou a voz e se apagou a luz.

Deus preparava, passo a passo, sua eleita negra, ensinando-lhe o beabá da vida mística: primeiro a tal voz misteriosa lhe mandara rezar aquela dezena de padre-nossos e ave-marias por várias intenções; agora exigia mais atenção, decorando o Ofício de Nossa Senhora. Esta prece se resume a sete hinos em louvor a Maria Virgem, composto em meados do século xv e muito rezado por nossos antepassados.

> Nas casas de família rezava-se o Ofício aos sábados, ao entardecer, todos reunidos no quarto dos santos ou no oratório. Todas as atividades domésticas eram paralisadas e por coisa alguma se interrompia a oração, desde que era sabido que Nossa Senhora ficava de joelhos e mãos postas, sem poder se levantar, enquanto não viessem completar o seu Ofício. Nas ocasiões de trovoada, enquanto um cobria os espelhos e guardava as facas, os outros se encaminhavam para o nicho para entoar o Ofício, até que se amainasse a tempestade. Nos engenhos, nas roças,

nas casas de chão batido, nas casas de telha-vã, cada qual onde estivesse, quer batendo feijão, escolhendo fumo, acendendo o lume ou recolhendo a enxada, alteava a voz para alcançar a do companheiro mais próximo, formando um estranho coro de louvores à Mãe de Jesus. Em certas localidades, ainda hoje, há quem se julgue possível presa do Demônio, se por acaso não puder participar da reza do Ofício.[29]

Tal é o depoimento da folclorista Hildegardes Viana, válido para a Bahia contemporânea — imaginemos quão mais importante devia ser tal devoção dois séculos atrás, no auge de sua expansão pelo mundo ibérico.

Agora, lábios meus, dizei e anunciai
Os grandes louvores da Virgem Mãe de Deus.
Sede em meu favor, Virgem Soberana
Livrai-me do inimigo, com vosso valor.

Santa Maria, Rainha dos Céus,
Mãe de Nosso Senhor Jesus Cristo,
Senhora do Mundo, que nenhum pecador desamparais:
Alcançai-me de vosso amado Filho o perdão de todos os meus pecados.

Sois lírio formoso, que cheiro respira
Entre os espinhos, da serpente a ira,
Vós a quebrantastes com vosso poder
Os cegos errados, os alumiais.
Humildes oferecemos, a vós, Virgem pia,
Estas orações, porque em nossa guia
Vades vós diante, e na agonia
Vós nos animeis, ó doce Maria, amém.[30]

Desde os primeiros momentos, quando Rosa ainda engatinhava no caminho místico, já se delineiam algumas devoções que, com o tempo, serão a locomotiva de sua espiritualidade crioula: o culto à Sagrada Família, ao Coração de Jesus, à Nossa Senhora sob diversas denominações. Algumas vezes, era no momento em que recitava tais orações que se lhe abriam as portas do sobrenatural:

Certa ocasião, estando no mesmo quintal das casas onde morava no Inficciona-do, rezando o Ofício de Nossa Senhora pelas cinco horas da tarde, viu uma meia--lua e sobre ela uma imagem de Nossa Senhora da Conceição com as mãos levan-tadas como se costuma debuxar...

Geralmente essa Madona é representada pisando a meia-lua e uma ser-pente. Quem sabe se a predileção de alguns africanos por essa representação mariana não se explica por sua associação na mente dos negros com a serpen-te Oxumaré do panteão jeje-nagô?

Que o leitor atente a um curioso detalhe da visão anterior: a voz misteriosa revela a Rosa que "a verdadeira sexta-feira em que o mundo foi remido..." se deu no dia 25 de março. Criado dentro da religião católica, seminarista por oito anos seguidos, confesso que a primeira vez que ouvi referência ao dia 25 de março como a verdadeira data da morte de Cristo foi quando me mudei para a Bahia, em 1979. Agora, ao escrever estas páginas, consulto minha empregada, Carlita Chaves, 58 anos, neta de africanos, moradora no Bogum. Ela me explica com convicção que, de fato, Nosso Senhor Jesus Cristo morreu no dia 25 de março, "a data verdadeira da morte de Jesus, revelada pelos profetas, data mar-cada por Deus mesmo. A sexta-feira da Semana Santa é marcada pelos padres, por isso todo ano variam o dia e o mês". Pode até ser que haja razão nessa crença popular, revelada a Rosa e contada de geração em geração até chegar à minha velha informante: pode ser que os primeiros cristãos celebrassem a pai-xão de Cristo exatamente no dia em que seus discípulos disseram haver ocorri-do e, só mais tarde, com a fixação do calendário litúrgico associado às diferentes festas religiosas, que a Páscoa e a Paixão tenham passado a ser comemoradas em datas móveis. Como sucedeu nas Gerais em 1748, por ordem de Rosa Egipcíaca, ainda hoje muitos devotos na Bahia — e talvez por este Brasil afora — cumprem o jejum em lembrança da morte do Salvador no dia 25 de março.

Na mesma visão em que se lhe ordenara que aprendesse o Ofício de Nos-sa Senhora, recebe a vidente a primeira ordem dirigida a seu confessor: que mandasse jejuar o povo da casa onde vivia. "Comunicando ela o recado ao seu confessor, este disse ao dono da casa em que se achava, que mandasse jejuar à sua família, sem lhe dizer o motivo: só que era bom jejuar naquela sexta-feira."

A partir daí, muitas vezes, Rosa transmitirá a seus confessores diversos recados divinos, invertendo os papéis da hierarquia espiritual, sendo ela, e não os sacerdotes, a intermediária entre Deus e as criaturas. Já nessa época, março de 1748, merecia tanta confiança do padre Francisco que, sem maiores explicações, obrigou a um jejum extra toda a família em que se hospedava, jejum que o coronel João Gonçalves Fraga cumpriu, assim como todo seu grupo doméstico, escravizados inclusive.

Desde os primeiros passos de sua vida mística, a visionária confia a seu diretor o conteúdo de seus colóquios espirituais, seguindo o conselho de um dos mais reputados mestres da teologia ascética: "Após a revelação, a alma verdadeiramente iluminada por Deus consultará sempre seu diretor ou outra pessoa douta e discreta".[31]

Apesar dos fortes laços que haviam sido criados entre o sacerdote e a vexada, outros energúmenos clamavam pela ação tranquilizadora do Xota-Diabos, voltando então padre Francisco à sua paróquia, no Rio das Mortes. Nessa época, acontecerá o primeiro de muitos atritos de Rosa com o clero, começando aí também o primeiro questionamento oficial de sua pseudossantidade.

Quando estivera no Infficcionado, o padre Xota-Diabos se hospedou na casa do vigário, o já citado padre Luiz Jaime de Magalhães. Ainda hoje lá se encontra a casinha paroquial no oitão da igreja de Nossa Senhora de Nazaré, toda murada e austera, como convinha aos ministros do altar. Talvez por ciúmes, ou mesmo por boa-fé e zelo espiritual, Rosa revela ao sacerdote recém-chegado "alguns defeitos do vigário" que desgostaram o visitante, levando-o a mudar-se para a casa do também já citado coronel João Gonçalves Fraga, a uma légua do arraial. Irritado com a escravizada tagarela, o vigário ficou "com muita má vontade dela, recusando-lhe a confissão". Recusa, aliás, já prevista nas *Constituições*, cujo §88 interditava a administração dos sacramentos a feiticeiras, meretrizes e pecadores públicos. Como a conversão dessa Madalena negra era recente, e seus ataques diabólicos podiam prognosticar interferências satânicas, o vigário tinha respaldo canônico para vingar-se da faladeira.

Desconsolada, sem poder ter acesso à confissão, cinco dias depois desse incidente, Rosa vai à procura de seu exorcista, dizendo-se perseguida pelo padre Jaime, que a insultava até "com nomes afrontosos" — talvez a chamando de má mulher, puta ou feiticeira —, chegando a ponto de denunciá-la ao vigário da Vara do recém-criado bispado de Mariana. A denúncia talvez tenha sido de que era embusteira ou tivesse algum pacto com o Diabo.

É durante seu afastamento do Inficcionado, quando em companhia do padre Francisco na propriedade do coronel Fraga, que se iniciam as visões há pouco referidas. Depois da partida de seu protetor para São João del-Rei, os céus continuam a abrir suas portas para a pobre energúmena, cujos nome e má fama se tornaram conhecidos do vigário da Vara e demais sacerdotes das redondezas, tanto que a pobre convertida não encontra sacerdote que aceite confessá-la. Os canais de comunicação entre o clero, pelo visto, eram bastante eficientes.

Fins de 1748: as visões de Rosa refletem a angústia de seu coração, carente da paixão dos homens — seus antigos clientes no meretrício — e agora privado do alívio das absolvições dos confessores e do respeito que lhe prestara seu querido protetor e exorcista. Ao longo de toda sua vida, a santa courana alimentará verdadeira adoração pelos sacerdotes, seguindo seus passos, copiando-lhes as doutrinas, repreendendo os relapsos e imorais, rezando muito para que fossem virtuosos. Devoção, diga-se de passagem, muito estimulada pela hierarquia católica, que, por breve do papa Leão X (1513-1521), conferia 8100 dias de indulgência a todo fiel que beijasse as franjas do hábito dos franciscanos, o escapulário dos dominicanos e carmelitas ou o cordão dos cônegos de Santo Agostinho.[32]

A veneração quase idolátrica aos ministros do altar era patrimônio de toda cristandade: no México, a "beata" Catarina de San Juan, em fins do século XVIII, se prostrava de joelhos para beijar as pegadas de todo sacerdote que passasse nas imediações de sua choupana.[33] Eis uma de suas visões desse período melancólico:

> Estando ela nesta ocasião enferma e aflita, porque o tal Espírito Maligno que padecia lhe tirava a vontade de comer, indo visitar uma gente sua conhecida que morava distante, observou que, ao passar de um monte, se lhe embaraçavam os passos e caía no chão, e quando em casa rezava, tudo oferecia voltada para aquele monte; porém, o seu confessor, o dito padre Francisco Gonçalves Lopes, tinha se retirado para o Rio das Mortes, e ela, ré, ficou desconsolada porque não achava confessor que a quisesse ouvir. E estando uma noite na sua cama, acordada, ouviu um tropel pela casa, e logo à sua cabeceira se principiou um cântico de diferentes vozes muito alegres e sonoras, que dizia: "Bendita e louvada seja a Santíssima Trindade que, sendo pessoas três, é só uma na verdade; e também seja louvado o altíssimo mistério que na mais breve partícula se nos comunica ínte-

gro; e também seja louvada a puríssima Maria que nela encarnou o Verbo, sendo mãe e sendo filha — como filha vos pedimos, como mãe vos rogamos que vamos todos à glória cantar o *Te Deum Laudamus*". Isto se repetiu por três vezes cantando, sem que ela, ré, visse de onde saíam aquelas vozes. E nas primeiras três noites seguintes veio uma delas pelo mesmo modo ensinar-lhe a referida letra, e, no fim deste tempo, ela a tinha decorado.

Rosa crescia rápido no conhecimento doutrinário: seu vocabulário religioso e a desenvoltura com que tratava os mistérios teológicos são surpreendentes, sobretudo se levarmos em conta o pouco tempo desde que abandonara a vida de mulher mundana. Se as negras minas eram reputadas como inteligentes, afáveis, rápidas na assimilação dos modos civilizados, as da nação courá se distinguem ainda mais pela capacidade de liderança e astúcia com que se apropriam de certos elementos-chave do mundo dos brancos, notadamente do universo religioso. Atentemos para a sofisticação teológica dessa recém-convertida, havia menos de trinta anos tirada do meio da floresta africana, ainda analfabeta, discorrendo com propriedade sobre o mistério da Santíssima Trindade, que, em vez de hóstia, usa o termo erudito *partícula*, que sabe rezar o *Te Deum* e o Ofício de Nossa Senhora! "Oh! Quão inefáveis são os desígnios de Deus!"

Atente o leitor para um importante detalhe deste último transe de nossa biografada: como ocorria com muitas outras santas barrocas, também Rosa perdia o apetite quando sua alma se alimentava com os dons de Deus — atitude, na época, interpretada como sinal de santidade e da graça divina, hoje diagnosticada como anorexia nervosa, distúrbio psicológico e mental.[34]

As saudades de seu padrinho-confessor se revelam nesta próxima visão, a qual inclui um elemento novo: em seu crescente misticismo, Rosa é milagrosamente transportada de um lugar a outro, uma espécie de rapto ou bilocação espiritual que só ocorre em santos da grandeza de Afonso Liguori (1696-1787), Francisco Xavier (1506-1552), Antonio de Pádua (1195-1231) e do mulato Martinho de Lima (1579-1639), todos canonizados por Roma. O estilo embolado desta e de muitas outras visões de Rosa exige eventualmente do leitor contemporâneo duas leituras para sua perfeita compreensão. Culpa da visionária, do notário ou do Barroco?

Em um dia pela manhã foi levada ela, ré, da sua casa para a igreja, em espírito, porque o corpo ficou em casa — só com os sentidos de ouvir, porque os outros quatro acompanharam o espírito, e chegando à porta da igreja lhe perguntou uma voz se queria ouvir missa, que se ajoelhasse. E, tocando-se a campainha a *Sanctus*, viu ela, ré, descerem do teto da igreja muitos meninos nus, com suas bandas e velas na mão, cujas luzes eram de muitas e diferentes cores, e postos sobre o altar em duas alas, apareceu logo um senhor crucificado em carnes, com coroa de espinhos e só uma chaga no lado, e levantando o sacerdote a hóstia, lhe disse a ela, ré, a voz que costumava falar-lhe, que entre ela e o cálice rezasse um Padre-nosso e uma Ave-maria e, no fim desta, à palavra Santa Maria, acabou o sacerdote a missa e se foram apagando as luzes, o que ela perfeitamente viu, pois os meninos que as tinham iam desaparecendo e da mesma sorte a dita imagem. Depois do que o corpo dela que estava em casa se restituiu aos quatro sentidos que lhe faltavam.

Suas visões se tornam cada vez mais majestosas e resplandecentes: acreditamos que a própria configuração geográfica das Minas, com suas intermináveis montanhas, vales profundos e horizontes sem fim, favorecia as ilusões visionárias. Quando estivemos na região de Mariana, seguindo os mesmos itinerários percorridos pela mística africana, ficamos maravilhados com a variação feérica das cores do céu ao pôr do sol. Mesmo sem prenunciarem chuva, incontáveis coriscos e lampejos clareavam a noite, escura como breu, até que, gloriosa, através das nuvens, uma meia-lua despontou tão brilhante que mais parecia uma visão — a mesma figura sob a qual Rosa costumava ver representada a imagem da Virgem da Conceição. As magníficas pinturas e talhas douradas, que ano a ano iam se construindo na beata Minas Gerais, foram outro elemento que seguramente muito influenciou o imaginário místico da ex-mulher do fandango. Só no teto da matriz do Pilar de São João del-Rei estão pintados quarenta anjinhos, uns de corpo inteiro, outros apenas com um delicado parzinho de asas brancas. Como os vitrais das igrejas góticas da Idade Média, as pinturas barrocas tinham a função pedagógica de instruir os fiéis nos mistérios da fé, levando-se em conta a predominância de analfabetos naqueles tempos pretéritos.

Estando ela, ré, enferma e aflita, foi levada em espírito a uma terra que nunca viu, onde estava um formosíssimo templo de tanta riqueza e grandeza, como nunca viu algum, nem pode explicar. E nele viu um sacerdote dizendo missa, o qual era de nunca vista formosura, e com ornamento tão precioso que o não sabe ela, ré, dizer. E tirando-se do altar esse sacerdote, e chegando-se a ela, lhe disse nomeando-a pelo seu próprio nome, que ela havia de ser como Caetano, vivendo da Divina Providência e comer o pão espiritual cotidiano que ele lhe desse. E, ditas essas palavras, tornou a deitar-se na mesma cama em que estava.

São Caetano — festejado a 7 de agosto — foi o fundador da Ordem dos Teatinos, tendo sido canonizado em 1671 por Clemente x. Foi santo de enorme popularidade no Brasil colonial: só nas Minas, no século xviii, havia três vilas com seu nome: São Caetano do Xopotó, na zona da Mata (cujo primeiro capelão foi o irmão de Tiradentes, o padre Domingos Xavier, coincidentemente batizado na mesma capela de São Sebastião, no Rio das Mortes, onde Rosa e seus dois sequazes energúmenos faziam pregações); São Caetano da Moeda, no distrito de Ouro Preto; e São Caetano de Mariana (hoje Monsenhor Horta), a freguesia na qual o padre Xota-Diabos foi primeiro coadjutor. É provável ter sido por influência deste sacerdote que Rosa inclui são Caetano em seu devocionário, conhecendo até detalhes de sua santa vida, como o de ter sido miraculosamente alimentado pelos anjos. Coincidência ou não, no sincretismo religioso afro-brasileiro, sobretudo nos candomblés de Angola, este santo está associado aos orixás do vento, *Iroco*, *Katende* e *Loco*: quem sabe se a devoção de Rosa por este santo não tinha conexão com os "acidentes" envolvendo o vento arrebatador há pouco referido?

Já nesses primórdios de vida mística, nossa vidente começa a realçar as proféticas analogias de sua vida com a de outros santos: primeiro com o italiano são Caetano, depois com Santa Egipcíaca, em breve com o próprio Cristo. Visões, vozes, revelações, raptos passaram então a fazer parte integrante de seu dia a dia:

Oito dias depois [da revelação anterior], andando ela com uma crioula [Leandra] varrendo a Igreja de São João Batista, viu no centro da cruz um pombo branco, muito fermoso, com os pés vermelhos, unhas e bico tão luzidios que pareciam de ferro, e o dito pombo lhe disse as palavras seguintes: "Hás de aprender a ler e escrever, que quero fazer um ninho no teu peito". E, chamando ela pela crioula para que visse o dito pássaro, este desapareceu.

Não resta a menor dúvida de que o pombo branco com detalhes decorativos tão luzidios era o próprio Espírito Santo, a terceira pessoa da Trindade Santíssima, que havia 2 mil anos fora visto pelos discípulos na cerimônia do batismo de Jesus Cristo: "[…] o céu se abriu e o Espírito Santo desceu sobre Ele em forma corpórea, como uma pomba, e veio do céu uma voz: Tu és meu Filho bem amado, em ti ponho minha afeição" (Lucas, 3:21-22).

Nas Gerais, o culto ao Divino Espírito Santo sempre gozou de grande popularidade, estando a "pombinha" representada em incontáveis altares-mores, sacrários e retábulos de suas igrejas. Belíssima coleção desta terceira pessoa divina pode ser apreciada no Museu de Arte Sacra de Mariana, sempre a "pombinha" ostentando, como viu Rosa, o bico e os pés brilhantes geralmente pintados de encarnado. As "Folias do Divino" perduram até hoje nas áreas mais tradicionais do estado, e o grande número de municípios e povoados com nomes que remetem à raiz "divino" não tem paralelo nem mesmo no estado do Espírito Santo: Divineia, Divinópolis, Divinolândia, e mais as cidades de Divino das Laranjeiras, Divino de Virgolândia e Divino Espírito Santo de Alterosa, acrescidos das seguintes vilas e cidades: Espírito Santo da Água Limpa, da Forquinha, da Mutuca, do Empoçado, do Guaraná, do Indaiá, do Itapecirica, do Mar de Espanha, do Morro Preto, do Piau, do Pomba, do Pontal, do Prata, do Quartel Geral, do Sapé dos Coqueiros, dos Cunquibus, dos Peixotos, dos Sertões da Trombuca etc.[35] Um verdadeiro pombal divino!

Do mesmo modo que na vida de Cristo, a aparição da terceira pessoa da Santíssima Trindade a Rosa é acompanhada de uma missão de vital importância, em ambos os casos, marca o início da catequese e de uma nova vida de divulgação da Boa Nova. Rosa tem ambições: não basta pregar, como Cristo fazia. Ela se dá conta de que, aprendendo a ler, terá a chave dos mistérios divinos, poderá mergulhar na própria fonte da revelação católica e por conta própria aprender orações, ladainhas e dogmas que até então só tinha acesso *ex audito*, através do ouvido, quer nos sermões dominicais, quer nos conselhos particulares que lhe davam os sacerdotes. Rosa cumprirá a determinação da "Divina Pombinha": aprenderá a ler e a escrever. Salvo engano, é a primeira escravizada africana no Brasil a ser alfabetizada de que temos notícia, pois o documento mais antigo, até então conhecido, manuscrito por uma escravizada, de autoria da cativa Esperança Garcia, moradora no sertão do Piauí, é datado de 1770, enquanto de Rosa possuímos algumas cartas autografadas a partir de 1752.[36]

68

Essa aparição e revelação do Divino devem ter ocorrido de manhã, pois "na noite do mesmo dia, estando deitada e principiando a dormir, acordou com o rumor de umas vozes que não viu de quem eram". Aí lhe foi revelado dos céus um longo cântico em que vários membros da corte celeste desfilam à moda da ladainha de todos os santos:

Vitória, vitória, sra. Santana, que nas vossas santas mãos está o nosso amparo;
Vitória, vitória, sr. são Joaquim, espero na morte o vosso socorro;
Vitória, vitória, Maria Santíssima, pedi ao vosso amado Filho e ao vosso Eterno Pai
que vamos todos à glória cantar a
Vitória, vitória, Divino Espírito Santo, aluminai as nossas almas com a luz de vos-
sa graça;
Vitória, vitória, Menino Jesus, vestido de branco, defendei a vitória;
Vitória, vitória, são João Batista, que no rio Jordão deu vitória às almas;
Vitória, vitória, Nossa Senhora das Brotas, brotai as nossas almas e cobri com o
vosso manto.
Cujas palavras entoadas assim por essa música se lhe repetiram em três noites su-
cessivas imediatamente, ficando impressas tais palavras por cada vez no enten-
dimento dela, ré, com uma grande clareza e conhecimento.

Conservamos a letra deste cântico; sua melodia foi para o túmulo com Rosa: talvez imitasse as mesmas polifonias do Barroco mineiro, como devia ter ouvido nas missas solenes nas muitas igrejas que frequentava. Além da simplicidade de seu conteúdo, salta à vista a heterogeneidade da métrica desse hino, no qual os muitos versos de pé-quebrado revelam ou que no céu faltavam bons poetas, ou que nossa ilusa tinha péssimo ouvido musical.

Já nessa época, a ex-mundana rezava de cor, além das orações obrigatórias de todo católico — padre-nosso, ave-maria, salve-rainha, credo e *Gloria Patri* —, provavelmente algumas em latim, como era costume de então, os ofícios de Nossa Senhora e são José, vários hinos sacros e estas duas novas orações reveladas quando dormia: Bendita e louvada seja a Santíssima Trindade e Vitória, vitória. Rezando todas essas preces de uma só vez, gastava mais de uma hora. Provindos de uma sociedade ágrafa na qual se enfatizava secularmente a memória, a fim de se preservar a tradição oral, talvez muitos africanos escravizados no Novo Mundo desde pequeninos tivessem sido introduzidos nos exercícios de memorização, daí terem conservado, até os nossos dias, inúmeros relatos mitológicos oriundos da velha África. Decerto Rosa também devia saber de cor os mandamentos da Lei de Deus e os da Igreja, conhecimento comum a todo católico comungante.

Suas visões continuam, algumas repetindo temáticas já conhecidas:

> Disse mais que daí a dias, estando, numa tarde assentada no quintal das casas em que vivia, a rezar pelas Horas de Nossa Senhora, levantando a cabeça viu sobre a lua, que era quarto crescente, a imagem de Nossa Senhora da Conceição vestida de azul, e, movendo-se de uma parte para outra sobre a mesma lua, desapareceu. E ela ficou suspensa, sem saber o que significava aquela aparição.

Até essa época, fins de 1748, muitas vezes nossa visionária dirá não entender o significado do que via ou ignorar a procedência das tais vozes: "Sem saber de onde lhe vinha esse benefício". Atacada pelo Diabo, mas também arrebatada aos céus por Deus, Rosa ficava em dúvida se tais maravilhas eram de fato obséquio divino ou artimanha do Coisa-Ruim.

Além desses relatos sobrenaturais, nada nos informa a documentação a respeito do dia a dia dessa escravizada depois da manifestação de seu Espírito. Refere-se, várias vezes, a estar Rosa na casa do coronel Fraga ou visitando outras pessoas distantes das montanhas do Inficcionado. Como conseguiria licença de sua dona, Ana Garcês, para ausentar-se de sua casa? Que tipo de trabalho se exigia da vexada desde que abandonara a vida leviana? Tudo nos leva a crer que a courana era uma "escravizada de ganho", que se alugava ora aqui, ora acolá, para serviços domésticos, obrigada a entregar certa fatia de seus salários para sua proprietária, seja diária, seja semanalmente. Talvez já nessa época alguns de seus devotos a ajudassem com esmolas e doações que eram entregues por Rosa à mãe de Santa Rita Durão. Não deixa de ser surpreendente, todavia, as muitas vezes que a espiritada diz estar em orações, sentada na escada, meditando no quintal, dormindo em sua cama — detalhes que revelam dispor de muito tempo ocioso para dedicar-se a exercícios espirituais.

4. Visões e atribulações de uma endemoniada

No início de 1749, Rosa se muda da comarca de Sabará para a do Rio das Mortes, acompanhada da fiel amiga, Leandra, crioula natural de Pernambuco "que a assistia por caridade". Assistir, no século XVIII, segundo ensina nosso companheiro constante, o dicionarista Morais, significava "estar presente fazendo corte a alguém, servindo, prestando socorro, ajudando e patrocinando". Embora nunca fiquem totalmente claros na documentação os meandros mais íntimos da interação mantida por nossa biografada com sua "assistente" pernambucana, tudo nos leva a crer que, embora ambas fossem "espiritadas", os demônios e o carisma da africana eram mais poderosos, de forma que Leandra a servia como uma espécie de *ekédi*, a saber, "moça ou mulher auxiliar das filhas de santo em transe, amparando-as para que não caiam, enxugando-lhes o suor, levando-as à camarinha para vestir a roupa de Orixá etc.". Pelos xangôs do Nordeste, é chamada de *iabá* ou *ilaí*.[1]

Passado todo o referido — conta Rosa em sua confissão perante os Inquisidores, catorze anos mais tarde —, sendo no segundo ano de sua conversão, vendo que no lugar em que se achava, no Inficcionado, não tinha confessor e que o povo a perseguia chamando-a feiticeira, e querendo se forrar devido à sua doença, se foi para o Rio das Mortes aonde assistia o padre Francisco Gonçalves Lopes, para que este a favorecesse e lhe tirasse esmolas com que comprasse um moleque para dar à sua senhora, dona Ana, que era a condição com que ela a forrava.

Se Rosa, a essa altura, já contava com admiradores e até devotos, pelo visto outras pessoas, além do vigário de seu arraial, também desconfiavam de que seus "acidentes" e ataques eram ou fingimento, ou obra do Demônio, daí a chamarem de feiticeira. Inúmeras são as pretas acusadas de feitiçaria que têm seus nomes arrolados nos Livros de Devassas do bispado de Mariana, algumas culpabilizadas duplamente de praticar prostituição e também rituais macabros.[2] A suspeita de associação do Imundo com as mundanas percorre toda a história da cristandade, o mesmo ocorrendo nas perseguições aos sodomitas, acusados de ter pacto com os diabos íncubos ou súcubos.[3] A má fama de feiticeira ou demonólatra acompanhará nossa vidente até o fim de seus dias, embora seu nome nunca tivesse sido inscrito nos referidos Livros de Devassa de Minas.

Em São João del-Rei, a negra courana reencontra seu padre protetor, uma grande alegria para ambos. Sobretudo para a espiritada, que, depois de meses sem conseguir o refrigério da penitência, teve a consolação de ouvir novamente as purificadoras palavras penitenciais: *Ego te absolvo a peccatis tuis, in nomine Patris, et Filii et Spiritus Sancti...* abrindo-lhe o caminho para receber "o altíssimo mistério que na mais breve partícula se nos comunica íntegro", o próprio senhor do universo, Jesus Eucaristia.

Talvez para evitar murmurações das más-línguas ou com medo das *Constituições* que vetavam aos sacerdotes acolher mulheres jovens em suas casas, decide o padre Francisco enviar sua filha espiritual para a casa de seu sobrinho e compadre, Pedro Rois Arvelos, a três léguas da vila de São João del-Rei. Este senhor, com quem padre Francisco "tinha boa amizade", será em pouco tempo o principal devoto da santa cor de ébano, tão fanatizado há de ficar por sua santidade e predestinação, que irá lhe tomar algumas vezes a bênção de joelhos, beijando-lhe inclusive os negros pés, e não titubeará em entregar, alguns anos mais tarde, quatro de suas filhas como internas no recolhimento que a "madre Rosa" vai fundar na mesma cidade que a viu chegar menininha no porão de um tumbeiro algumas décadas passadas. Essa permanência de Rosa na propriedade do Arvelos criará laços fortíssimos entre a negra e essa família portuguesa, laços que somente o Terrível Tribunal conseguirá destruir.

Poucas informações conseguimos amealhar sobre a família Arvelos: embora ainda existam descendentes com sobrenome igual residindo na região, nada me souberam dizer sobre os fundadores dessa parentela. Pedro Rois Arvelos residia com sua mulher e filhos no distrito de Santa Rita, termo da vila de São José do Rio das Mortes (hoje Tiradentes): possuía fazenda de engenho, capoeiras, matas virgens, gado e alguma escravaria.[4] Devia ser um médio proprietário, dos muitos portugueses que no primeiro quartel do setecentos fixou residência nas montanhas auríferas. Conta ele próprio que, indo certa vez à capela de São Sebastião do Rio Abaixo, filial da matriz do Pilar, viu o padre Francisco fazendo exorcismos nos três energúmenos vindos da comarca de Vila Rica. Fora nessa mesma capela que, dois anos antes, tivera lugar o batizado de Joaquim José da Silva Xavier (a 12 de novembro de 1746), o futuro alferes Tiradentes. Ficava a capela de São Sebastião a duas léguas e meia do centro da vila de São João del-Rei: em seu interior eram veneradas as imagens de Nossa Senhora da Ajuda, Nossa Senhora do Carmo, são José de Botas, são Francisco de Assis e a do orago, o mártir são Sebastião.[5]

Foi nessa capela que o casal Arvelos, indo certo domingo à missa, presenciou pela primeira vez Rosa, Leandra e Antonio Tavares serem exorcizados. Diz o sr. Arvelos que,

> pondo-lhe o sacerdote preceitos, ouviu Rosa dizer que era Lúcifer e que naquele corpo estavam sete espíritos malignos, dizendo-lhes os nomes, os quais ele não lembra mais, dizendo que era Lúcifer mandado para avisar ao povo das Minas que estava para vir um grande castigo que havia de abranger a distância de oitenta e dez léguas — e que as dez léguas eram pelo quebramento dos dez mandamentos da Lei de Deus. E logo a seguir começou Rosa a pregar doutrinas que a ele, testemunha, pareciam boas, e que o padre dizia a ele que tudo era verdade o que diziam.

Um morador da região, José Alvares Pereira da Fonseca, conhecido do padre Francisco desde 1743, contou que sobretudo Rosa e Leandra — a quem chama de Leandra do Sacramento — eram exorcizadas nessa capela "quase todos os dias", e que, depois de acorrentado o Rabudo, as duas entoavam lindos hinos à Virgem Maria, entre eles *Ave Maris Stella* e Glória das Virgens. Sob o efeito dos exorcismos, Lúcifer se travestia em espírito devoto, e as duas espiritadas "pregavam dizendo que eram mandadas por Deus, e como as pessoas não criam nos pregadores, que cressem nelas!". Nada de mais acordado com as Santas Escrituras, pois não fora o próprio Cristo quem dissera ter escolhido "os pequenos e humildes para confundir os grandes e doutos"?! Não deixa de ser surpreendente, todavia, que numa sociedade tão marcada pelo machismo e pela misoginia duas mulheres, uma cativa africana e uma crioula, tomassem o lugar privativo do sacerdote, tornando-se, elas próprias, pregadoras da palavra de Deus.

Para uma africana como Rosa, e mesmo para a pernambucana Leandra, sem dúvida já familiarizada com os xangôs nordestinos, o título "Estrela do Mar", atribuído a Maria Virgem, devia ser particularmente apreciado, dada a presença desse símbolo nos rituais de diversas religiões afro-brasileiras. Consultando o já citado *Dicionário de cultos afro-brasileiros*, encontramos curiosa associação entre a "Estrela-guia" — falange de seres espirituais que vibram na linha de Iemanjá — e Maria Madalena, "a chefe desta entidade".[6] O sincretismo se adaptava como uma luva, sobretudo por Rosa ser uma "madalena arrependida".

Imaginemos o espanto e o terror dos devotos, roceiros e mineradores em sua maior parte, livres e escravizados, que lotavam a capela de São Sebastião, presenciando revelações tão assustadoras de uma negra que dizia estar possuí-da por uma legião de sete capetas, ameaçando com castigos terríveis toda a próspera região aurífera!

As sessões de exorcismo se seguiam semana após semana, conforme se lê nos processos contra Rosa e o Xota-Diabos na Inquisição: "Quase todos os dias, e em particular, o padre afiançava que a negra era mesmo serva de Deus e que tudo o que dizia era verdade". Nesses acidentes no rio das Mortes, o Xota-
-Diabos se vale das estripulias desses três endiabrados como se fossem saltim-bancos profissionais: "Mandava que os endemoniados mostrassem como ha-viam de ficar as pessoas que fossem castigadas, e os três se lançavam no chão, parecendo mortos, ficando de bruços". Às vezes os energúmenos davam livre vazão à sua agressividade: "Certa feita agarraram uma negra que estava na mesa do Santíssimo e faziam como se a queriam consumir — e a uma escravi-zada do sr. Arvelos, Leandra a acometeu fazendo arremessos com os braços". Se não ia por bem, ia por mal!

Tais estripulias se repetiam não só na capela de São Sebastião, mas tam-bém na de Santa Rita, no perímetro da fazenda dos Arvelos. Conta um mora-dor da região, João Fernandes da Costa, 62 anos, negociante, que nessas ocasiões "Rosa fazia gestos e movimentos que parecia o Demônio", e certa vez, ao findar uma missa, ela se levantou de seu lugar, insultando umas mulheres que conversavam, "causando tal perturbação, que algumas fugiram confusamente, perdendo brincos e trastes de ouro". Rosa, desde que começou a receber os espíritos, se tornou useira em anunciar publicamente que certas pessoas não estavam preparadas para a comunhão, provocando embaraçosas situações durante a distribuição da Santa Eucaristia. Outras vezes, nas capelas da comarca do Rio das Mortes, "doutrinava dizendo que sabia o estado das almas que saíam deste mundo, as que se salvavam ou se condenavam". Vidente, a negra courana passa também a ser conhecedora dos mistérios do Além, privilégio que Nosso Senhor conferiu a poucos santos de sua corte celeste.

Nem todos, porém, davam fé à santidade da espiritada: "Rosa demorou por espaço de um ano no sítio dos Arvelos, sofrendo muitas perseguições do povo que a criminou de ser feiticeira e fingir os acidentes que lhe davam, com o que caía no chão". Conforme dissemos, depois de presenciarem os fantásticos exorcismos e serem recomendados pelo padre Francisco, compadre deles, os Arvelos acolheram a negra espiritada em sua propriedade, criando-se, a partir dessa convivência, laços fortíssimos de amizade e veneração entre essa família portuguesa, suas filhas e filhos mineiros, a escravaria e a vizinhança, com a protegida do Xota-Diabos. Rosa devia ser pessoa muito sociável, simpática, de fácil convivência, quiçá serviçal, pois em todas as casas de famílias onde morou, tanto nas Minas quanto depois, no Rio de Janeiro, sempre encontrou boa acolhida de seus proprietários.

Alguns sucessos extraordinários — além dos ataques e doutrinas que maravilhosamente pregava — contribuíram de maneira decisiva para tornar Pedro Arvelos e sua família devotos de primeira linha dessa Rosa Negra. Afirma o chefe do clã que, certa vez, observando-a orar diante de um crucifixo, "vira que se abriram os braços e fora como arrebatada a unir suas mãos com as do crucificado, em cuja postura esteve algum tempo fazendo colóquios com Nosso Senhor, até que perdeu a fala ficando em um êxtase".

Muitos santos e santas, seguindo o exemplo de Cristo, que na Ascensão subiu aos céus, foram agraciados com o dom da levitação, "o alevantamento do corpo no espaço". Santa Verônica Giuliani, capuchinha italiana contemporânea de nossa biografada, chegou a ser miraculosamente elevada até a copa das árvores, enquanto são José Cupertino, franciscano canonizado em 1767, foi o campeão dessa categoria, tendo mais de setenta levitações, chegando a levar consigo outras pessoas para o ar. Santa Teresa d'Ávila também mereceu idêntico privilégio sobrenatural, permanecendo meia hora erguida a cinquenta centímetros do solo. Acredite quem quiser![7]

O êxtase de Rosa presenciado pelo sr. Arvelos não chegou a ser propriamente uma levitação: enquadra-se melhor na categoria dos arrebatamentos, que, segundo o dicionarista Morais, equivale a "transportar-se em êxtase pela contemplação divina de maneira a perder o uso dos sentidos".

A imagem do Crucificado, provavelmente em tamanho natural, deveria estar dependurada na parede de alguma igreja ou capela: Rosa, de joelhos, em oração profunda, de repente se atraca à cruz, unindo-se corpo a corpo com o Divino Esposo, permanecendo nesse íntimo colóquio até perder a fala. "Querendo arrebatar-me a alma, o Divino Esposo mandou-me cerrar as portas da morada: perdi o fôlego, não pude absolutamente falar, perdi os sentidos, esfriando-me as mãos e o corpo. O toque divino produziu-me dor aguda, ao mesmo tempo saborosa e suave: uma dor deliciosa, um abrasamento..." As palavras são de santa Teresa, a doutora dos místicos do Ocidente, condecorada por Paulo VI em 1970 com o invejável título de Doutora da Igreja Universal.

Rosa Courana, ao ser arrebatada, deve ter sentido esse mesmo abrasamento que deixou fora de si não apenas as Onze Mil Virgens martirizadas com santa Úrsula de Colônia, como também uma infinidade de outros visionários que trocaram o amor dos homens pelo toque divino do Cordeiro de Deus. Talvez nossa santinha, já nessa época, conhecesse a vida prodigiosa de santa Lutgarde, a patrona da Bélgica (1182-1246), que, num êxtase igual ao seu, ao beijar as chagas dos pés do Crucificado, "Ele destacou seu braço da cruz, puxou sua serva pressionando-a contra seu peito e colocou os lábios da santa na chaga sanguinolenta de seu coração".[8] Quiçá a hóspede da família Arvelos esperasse que algo igualmente fantástico lhe sucedesse: o Cristo permaneceu gélido como sempre, porém esse seu arrebatamento, apesar de não ostentar nada de excepcional, redundou na consolidação da fé de seu anfitrião — pessoa dada demasiadamente a crendices e mistificações: a negra era mesmo espiritada!

Outro sucesso ocorrido durante sua estada em São João del-Rei muito reforçou a fé dos devotos na serva de Deus: adoecendo em casa de um certo Simeão Ferreira de Carvalho, deram falta, no oratório, da imagem do Menino

Jesus. Depois de a buscarem por toda parte, foi miraculosamente encontrada no peito de Rosa, que se achava deitada num leito. Viva Jesus!

Milagres como esse abundam na biografia dos santos, o mesmo tendo ocorrido com são Geraldo Magela (1726-1755), entre muitos outros. Alguns anos mais tarde, no recolhimento que há de fundar, a ex-prostituta será novamente beneficiada pelo Menino Jesus, tornando-se então não só Mãe, mas também Esposa do Divino Infante. Adorando-o sob variados títulos, certamente Rosa dava vazão a seus sentimentos maternais frustrados, dado não constar na documentação nenhuma alusão a que tivesse alguma vez ela própria gerado um filho.

Depois de alguns meses de estada entre os Arvelos, começam a surgir alguns problemas: seus frequentes "acidentes", quedas e ataques provocavam a desconfiança nos estranhos de que a negra era, de duas uma: ou embusteira, ou feiticeira. Daí ter sofrido as referidas "muitas perseguições".

São João del-Rei não tinha ainda quatro décadas de existência quando Rosa ali chegou: possuía então por volta de quinhentos fogos, três igrejas, quatro capelas, três oratórios, uma cadeia, a Casa da Câmara (que ostentava o pomposo nome de Paço do Conselho) e duas ruas principais: a Direita e a da Prainha. De acordo com um morador contemporâneo de Rosa, o sargento--mor José Alvares de Oliveira, autor da "História do distrito do Rio das Mortes", datado de 1750, os são-joanenses "são pessoas de tratamento grave, sem afetação, em tudo graves com civilidade".[9] Saint-Hilaire, nos primórdios do século seguinte, dará quadro ainda mais austero dessa população: "São pessoas muito reparadoras, grosseiras, sem educação, hostis aos forasteiros".[10] Imagem tão diversa da cordialidade e mansidão dos dois principais filhos de São João del-Rei do nosso século: Tancredo Neves e o cardeal d. Lucas Moreira Neves. Nos séculos passados, talvez ainda estivessem muito presentes na lembrança dos são-joanenses os cruentos episódios da Guerra dos Emboabas, daí a sisudez com que se conduziam tais moradores do Rio das Mortes. A presença na vila de uma africana, ex-mulher de ponta de rua, escravizada, dada a frequentes ataques e maluquices, forasteira, devia causar indisfarçável mal-estar nos austeros moradores da cabeça da comarca. Como Rosa, depois de sua conversão, sempre manifestou grande atração pelos templos e cerimônias litúrgicas, devia ir com frequência à sede da vila, percorrendo as muitas capelas e igrejas como faziam as beatas de antanho. Foi exatamente numa dessas suas visitas à principal igreja local que se deram o clamoroso acidente causador de sua prisão e início de sua via-crúcis.

Desde que o Malvado se manifestou em seu corpo, a visionária africana recebeu a excêntrica missão de ser a "zeladora dos templos". Eis o que podemos ler em sua confissão a esse respeito:

> Lúcifer entrou declaradamente a vexá-la, repreendendo nas igrejas as pessoas que nelas estavam com menos decência e os pecadores que eram públicos, para se emendarem das suas culpas. E sempre continuou a repreender e acometer algumas pessoas que estão nas igrejas com menor reverência, principalmente estando o Santíssimo exposto, porém quando isto sucede, a perturba o tal Demônio e a priva dos sentidos.

Mais uma vez a ex-mulher da vida imita uma polêmica passagem da jornada de Cristo: segue seu exemplo quando expulsou violentamente os vendilhões da sinagoga, "não permitindo que ninguém transportasse objeto algum pelo templo" (Marcos, 11:16). Um e outro — o Nazareno e a Courana — pagaram caro por esse zelo exagerado pela casa de Deus: afinal, quem outorgara poderes a essa maluca para cuidar da disciplina e denunciar os pecados alheios? Que moral tinha uma ex-mulher do fandango para apontar os pecadores públicos?

Foi na matriz de Nossa Senhora do Pilar que Rosa exacerbou a xenofobia dos são-joanenses contra sua negra pessoa. Também escolhera local e momento impropriíssimos para "dar o santo". Em vez de encenar suas maluquices em capelas ou oratórios mais humildes, escolheu logo "a maior e nobilíssima matriz" da sede da comarca. Eis como o referido sargento-mor contemporâneo desse episódio descreveu esse templo:

> O seu pavimento é guarnecido de perfeitas grades bem torneadas, que formam o cruzeiro, e de duas coxias dentro das quais ficam os altares todos. Tem dois púlpitos bem proporcionados, lugar a que têm subido famosíssimos engenhos e neste tempo sobe a ele nosso digníssimo vigário, o reverendo dr. Matias Antonio Salgado, licenciado em teologia, ilustre em artes, bacharel formado em cânones, vigário colado nesta matriz, oráculo dos púlpitos de Lisboa, corifeu dos pregadores daquela Corte... Tem a matriz um grande coro apanelado e

com sua talha assentada sobre três arcos abatidos que sustentam duas colunas e duas meias colunatas jônicas; cinge a igreja uma cimalha real de ordem compósita e as suas paredes abraçam duas linhas de ferro bem pintadas com pendurados de florões dourados. A tudo isto cobrem a volta do teto da capela-mor e igreja especiosas pinturas.

O Pilar era, sem sombra de dúvida, o maior, mais belo, luxuoso e importante edifício de toda a comarca. Nos dias de festa maior, o templo era pequeno para abrigar toda a nobreza, o clero e o povo da vila e dos arredores. Nessas ocasiões, o ponto alto das novenas, tríduos e missas solenes era o momento da homilia, quando todas as atenções dos presentes se voltavam para o púlpito, onde o orador sacro arrebatava a atenção dos fiéis com sermões eruditíssimos, entremeados de constantes citações em latim, ou com trocadilhos dos mais inusitados — como o célebre "Sermão das frutas do Brasil" (1702), de frei Antonio do Rosário, no qual o sacro panegirista estabelece uma série de analogias entre o abacaxi e Nossa Senhora! Ou então, apelando para o emocionalismo, muitas vezes portava o pregador uma caveira na mão enquanto anunciava o fim do mundo ou as terríveis chamas do inferno. O capuchinho frei Tomás de Séstola tinha o costume de pregar trazendo uma corda no pescoço, uma grande cruz nas costas, coroa de agudos espinhos na cabeça e, na mão, uma caveira com coroa real, terminando os sermões se autoflagelando. Apesar dos grandes dotes oratórios do vigário do Pilar — o citado padre Salgado —, vez ou outra subiam aos púlpitos desse templo pregadores visitantes, entre os quais franciscanos e capuchinhos, que, apesar da proibição régia de estabelecerem conventos na região aurífera, nem por isso deixaram de percorrer amiúde as Gerais, quer pregando as Santas Missões, quer fundando numerosas irmandades e ordens terceiras por diversas vilas e povoados. E arrecadando boas patacas de ouro, obviamente!

Já em 1733, o capuchinho frei Jerônimo de Monte Reale outorga o hábito da ordem franciscana concepcionista às religiosas do Recolhimento de Macaúbas, o mais antigo instituto religioso feminino das Minas (1716); em 1743, instala-se em São João del-Rei o Hospício da Terra Santa, destinado a arrecadar esmolas para a manutenção do Santo Sepulcro e demais lugares santificados onde viveu Nosso Senhor Jesus Cristo; em fevereiro de 1748, o irmão frei Vicente de São Bernardo, esmoler dos descalços, recebe da Câmara de São João del-Rei trinta oitavas de ouro; em abril do mesmo ano, é a vez de o missionário apostólico frei Antonio do Extrema conceder favores e regalias aos irmãos residentes na comarca do Rio das Mortes; em 1749, mesmo ano em que Rosa viveu em São João del-Rei, tem lugar a bênção da primeira capela de São Francisco de Assis, tomando posse a primeira Mesa Administrativa da Ordem Terceira Franciscana, tendo como comissário o próprio vigário do Pilar, o padre Matias Antonio Salgado; neste mesmo ano, os santos lugares de Jerusalém recebem da Câmara doze oitavas de ouro.[11]

Talvez por ocasião desses dois eventos, ocorridos em 1749 em São João del-Rei, tenha estado na vila o capuchinho frei Luiz de Perúgia, que, como seus confrades de hábito, era muito requisitado pelos vigários e coadjutores das freguesias mineiras para pregar as Santas Missões, estratégia catequética muito difundida por essa ordem religiosa, uma espécie de bombardeio intensivo de religiosidade, pelo qual os pecadores públicos eram compulsivamente obrigados ao sacramento da penitência, os relapsos sacudidos de sua indiferença religiosa, os devotos fortalecidos em suas práticas beatas. Muitos desses barbadinhos italianos, antes de desembarcarem no Brasil, haviam missionado por longos anos no Reino do Congo e Angola, onde a Ordem possuía numerosas missões, daí a familiaridade desses frades com a catequese dos negros, tanto na África quanto nas Minas, onde a população de cor representava mais de três quartos dos seus moradores. Foi exatamente numa das pregações da "santa missão" na matriz do Pilar que Rosa teve um de seus ataques. A igreja devia estar apinhada de gente, do ouvidor à escravaria, esta última, como era o costume tradicional, ocupando os últimos lugares do templo, permanecendo de joelhos ou de pé atrás dos bancos, nos quais de um lado se sentavam os brancos, do outro, as brancas.

Quando Lúcifer se apoderava da negra courana, obrigando-a à missão de "zeladora dos templos", sua conduta passava a ser agressiva e antissocial: relatou o padre Filipe de Sousa, morador em São João del-Rei, que a visionária, "quando via uma pessoa de vida irregular ir pegar no Santo Cristo do altar, logo publicava seus pecados ocultos, fazendo visagens que representavam a má vida da pessoa". E completa: "Por suas ficções e embustes, fazia capacitar muita gente que seguia seus erros e a representava por santa".

Eis como o padre Xota-Diabos descreveu este dramático episódio:

Primeiro advertia as pessoas que mostravam pouca veneração na igreja e, se não obedeciam, avançava castigando-as, até chegar a ponto de rasgar-lhes a roupa, como aconteceu na Matriz de São João del-Rei, que pregando um barbadinho italiano, frei Luiz de Perúgia, morador no Rio de Janeiro, dizendo que os inimigos se perdoassem uns aos outros, senão seriam levados pelos demônios para o inferno, aí Rosa se levantou do lugar e disse em voz alta que ali estavam os demônios para levar para o inferno os que não queriam se perdoar. E caiu no chão como morta.

Tal insensatez foi a gota d'água que as autoridades religiosas esperavam para cortar as asas dessa ousada visionária. Pudera: em plena matriz do Pilar, com o templo cheio da fina flor da sociedade do Rio das Mortes, uma escravizada africana tem a ousadia de fazer apartes diabólicos ao pregador visitante, roubando para si a atenção dos fiéis que, por direito, toda pertencia ao barbadinho missionário. Oh, céus! Aí também já era demais.

Caída no chão, a espiritada deve ter obrigado o eloquente pregador a interromper sua homilia: os mais supersticiosos, crendo ser o próprio Diabo quem falava, devem ter se afastado às pressas da possessa, causando burburinho no lugar sagrado. Aquele não era o momento nem o local apropriado para realizar exorcismos — e talvez o próprio padre Salgado tivesse informado ao pregador forâneo que a negra era dada a falsos acidentes. Por isso, Rosa é sumariamente arrastada para fora da igreja e trancafiada na cadeia pública. Aí "o reverendo doutor vigário da Vara da comarca do Rio das Mortes mandou-a vir à sua presença e lhe fez os exorcismos junto com outro sacerdote, e, depois disso, deu parte ao exmo. bispo de Mariana, que a mandou ir à sua presença".

Visitando São João del-Rei em maio de 1987, depois de sair do adro da igreja do Pilar, procurei me informar onde funcionava a cadeia dessa vila no ano de 1749, pois a atual "antiga cadeia" adjunta à ponte da Cadeia data do tempo da Independência. Segundo informações gentilmente prestadas pelo professor e emérito historiador são-joanense Sebastião de Oliveira Cintra, autor da obra *Efemérides de São João del-Rei*, é de 1737 a assinatura do contrato para a construção do prédio da cadeia, constando de três enxovias fortes. Foi construída a menos de duzentos passos da matriz, na mesma calçada. Em 1741, "a Câmara resolve dar, anualmente, a quantia de seis oitavas de ouro, da renda da cadeia, para a construção do patrimônio da Capela de Nossa Senhora da Piedade e do Bom Despacho, que alguns devotos construíram em frente da cadeia, a fim de que os presos pudessem assistir à missa aos domingos e dias santificados".[12]

Até hoje a dita capela se mantém conservada; sua maravilhosa imagem da Piedade foi transferida para o Museu de Arte Sacra, situado exatamente no mesmo local onde outrora existia a cadeia. Foi com emoção que entrei neste edifício: uma casa térrea com duas grandes portas nas extremidades e cinco janelões no lugar onde antigamente deviam existir as referidas três enxovias. Consultando o *Dicionário Morais*, somos informados de que "enxovia é a parte do cárcere que fica rente com a rua, ou abaixo de seu nível, escura, úmida e pouco saudável". Talvez uma ou duas das enxovias ficassem, de fato, rentes com a rua, posto que, das grades, os presos podiam assistir à missa do outro lado da mesma, no paço de Nossa Senhora da Piedade. Talvez uma das enxovias ficasse abaixo do nível da rua, faltando-lhe luz solar e sobejando insalubridade. Não nos informa a documentação em qual dos cárceres Rosa foi trancafiada: o que sabemos com certeza é que esteve presa por oito dias seguidos. Talvez tenha tido tempo de assistir, da grade, a algum ofício litúrgico, implorando, como os demais infelizes do aljube, que a Virgem da Piedade ou a Nossa Senhora do Bom Despacho se apiedassem de sua desgraça e despachassem rapidamente seu processo. Saint-Hilaire, que visitou a cadeia, a descreve como prédio muito baixo, de rés do chão. "Veem-se, segundo o hábito quase geral em Minas Gerais, os presos nas grades das celas, conversando com os transeuntes ou implorando caridade." Indubitavelmente, a demora de uma semana entre a prisão e o despacho de Rosa deve ser explicada pela espera, por parte do vigário da Vara de São João del-Rei, de ordem do seu colega da comarca de Vila Rica, ou mesmo do bispo de Mariana, autoridades eclesiásticas de onde provinha a negra espiritada. Como desde havia um ano o vigário da Vara de Mariana já tinha recebido queixas dessa ex-mulher à toa, ordenou que fosse transportada para a sede do bispado.

5. Açoites no pelourinho de Mariana

De São João a Mariana são aproximadamente 24 léguas — no mínimo quatro dias de caminhada a pé entre morros e desfiladeiros do Espinhaço. O caminho já era conhecido da negra courana, pois passara pela mesma estrada quando viera havia dezesseis anos do Rio de Janeiro, e no ano anterior à sua prisão percorrera o mesmo "Caminho Velho" quando, de Mariana, partira em busca de seu padrinho Xota-Diabos. Saindo de São João, caminhando em média uma légua por hora, seis léguas por dia, depois de passar por Lagoa Dourada, Carijós, Itaverava, Ouro Branco, Vila Rica, Passagem, deve ter chegado a Mariana exausta com a caminhada a pé, suja de terra vermelha dos atalhos, os pés feridos nos pedregulhos. Deve ter ido algemada, com coleira de ferro no pescoço, tal como era o costume de se transportarem prisioneiros de um aljube para outro, sempre vigiados por uma escolta de milicianos armados. Nessa época, as Minas viviam em constantes ebulições de escravizados, seja fugindo e organizando quilombos escondidos, seja atacando transeuntes por estradas e picadas.

Não se viam por todas as estradas da região senão cruzes que a cada passo assinalavam as mortes e roubos nelas cometidos por quadrilhas de negros e mulatos, destruindo e roubando algumas fazendas consideráveis, com morte dos proprietários, roubo e infâmia de suas famílias, mulheres e filhos.[1]

O temor do ataque de quilombolas ou assaltantes devia competir, na mente da infeliz prisioneira, com a angústia do desconhecido, pois certamente não tinha consciência do que poderia lhe suceder. Presa por ordem da maior autoridade eclesiástica da comarca do Rio das Mortes — o vigário da Vara —, Rosa talvez soubesse que, nos arredores por onde morou em São João del-Rei, assim como por algumas das vilas por onde passara, viviam perigosos funcionários de outra temível instituição religiosa: os familiares da Santa Inquisição.

Deixemos Rosa mofando algum tempo no aljube de Mariana, enquanto fazemos um longo parênteses para sumariamente analisar a atuação da Inquisição nas Minas Gerais. Faltando estudos sistemáticos sobre tal questão, somos forçados a apresentar apenas um panorama impressionista baseado em nossos levantamentos na Torre do Tombo.

Não havendo Tribunal do Santo Ofício no Brasil, duas categorias de funcionários se encarregavam de zelar pela fé e bons costumes na América portuguesa em nome da Inquisição de Lisboa: os comissários, sacerdotes geralmente doutorados em Coimbra ou com outras titulações canônicas, que se incumbiam de denunciar e realizar inquirições e sumários contra os suspeitos; e os familiares, quase sempre leigos, que, mediante comprovação da "limpeza de sangue" e bons costumes, eram as pontas de lança a serviço dos comissários, realizando as prisões ou mais diligências contra os faltosos.

Descoberto o ouro em 1694, em 1709 a metrópole cria a capitania de São Paulo e Minas Gerais, sendo de 1711 a criação das três primeiras vilas mineiras: Ribeirão do Carmo, Vila Rica e Sabará. Em 1713 é a vez da criação do pelourinho em São João del-Rei, e, cinco anos depois, em 1718, já existiam ao menos dois familiares do Santo Ofício na região: João da Silva Guimarães e Oliveira, natural de Guimarães, "que vive de minerar com seus escravos nas minas do Ouro Preto", e Manuel Dias de Araújo, natural de Monte Alegre, capitão e vereador da Câmara de São João del-Rei do Rio das Mortes.[2]

Com base nos processos de Habilitação do Santo Ofício arquivados na Torre do Tombo, localizamos os seguintes familiares vivendo nas Minas Gerais entre 1718-1753, cifra, aliás, que deve estar aquém de seu número real:

FAMILIARES DO SANTO OFÍCIO RESIDENTES EM MINAS GERAIS

1718	2
1727 a 1729	3
1730 a 1739	21
1740 a 1749	35
1750 em diante	3
TOTAL	**64**

O aumento do número de comissários e familiares tem relação direta com o crescimento demográfico e econômico da região, pois quanto maior a densidade humana, mais oportunidades geralmente ocorrem de desvios na moral e na ortodoxia católicas, acrescido do maior interesse dos inquisidores no sequestro dos bens de réus cheios de ouro, dado que o Santo Ofício devia autofinanciar-se através da apropriação dos pertences de seus prisioneiros. Portanto, quando Rosa chegou às Gerais, já existia ali por volta de uma dezena de familiares. Entre sua conversão e "fuga" para o Rio de Janeiro (1748-1751), talvez chegassem perto de uma centena. Muitos deles, em vez de irem jurar o Regimento de Familiar em Lisboa, preferiam receber a comenda das mãos de um comissário no Brasil, provavelmente no Rio de Janeiro, sendo dez os oficiais habilitados em Minas entre 1718 e 1731 que assim procederam, 23 entre 1734 e 1746, e 41, de 1747 a 1753.[3] Acreditamos que poucos foram os familiares dessa região que se deslocaram para o reino com esse fim, pois, além dos gastos com a viagem, partir das montanhas auríferas equivalia a deixar de descobrir o precioso metal que aflorava abundante dos córregos e faisqueiras naqueles meados do século XVIII: nas Minas, mais que em outras partes, o tempo realmente valia ouro!

Ouro Preto, a maior concentração urbana das Gerais, reunia também o maior número de familiares: 21, seguido por São João del-Rei, com cinco; Sabará, com quatro; e Mariana, com três. Muito provavelmente esses números estão aquém da realidade, pois não incluem os oficiais cujos nomes começavam com letras posteriores a "M" — nomes que ainda não foram sistematizados pelos arquivistas da Torre do Tombo.

Se tomarmos como exemplo a vila de São João del-Rei, sede da comarca do Rio das Mortes, veremos que, na mesma década em que Rosa viveu nessa região, provavelmente residiam ali quatro familiares: Antonio Teixeira da Costa, José da Rocha Antão, José Veloso Carmo e Manoel da Costa Gouveia. Este último exercia, à época, o cargo de capitão-mor da vila, tendo recebido sua carta e comenda de familiar em 1743.

Quanto à presença de comissários, notários e qualificadores do Santo Ofício em Minas Gerais, localizamos um primeiro comissário em 1733: padre José Matias Gouveia, vigário de Raposos do Sabará, seguido em 1739 pelo notário padre João Ferreira da Cruz, residente em Vila Rica. Desde 1748 exerce a comissariaria em Mariana o padre Geraldo José Abranches, futuro titular a Visita do Santo Ofício do Grão-Pará, arcediago do primeiro bispado mineiro; a partir de 1749 recebe a comenda de comissário padre Lourenço José Queiroz Coimbra, vigário do Sabará, todos portugueses natos, e cujos processos de habilitação se encontram na Torre do Tombo.[4]

Portanto, embora os atos de feitiçaria, as blasfêmias heréticas ou irreverentes, a suspeição de pacto com o Demônio constituíssem matéria pertencente ao conhecimento do Santo Ofício, a não interferência desse tribunal até agora na vida de Rosa talvez se explique por tratar-se de matéria considerada leve pelo casuísmo inquisitorial, que transferia para a alçada do bispo ou do vigário da Vara a punição de faltas menores envolvendo pessoas mais humildes, cujas condutas não chegassem a consubstanciar heresia ou feitiçaria formal. Temos notícia de muitas denúncias contra mineiros inculpados em gravíssimas blasfêmias, desacatos graves contra imagens sagradas, prática de feitiçarias horripilantes, e nem por isso tais denúncias redundaram em ordem de prisão e processo contra os delinquentes: a Inquisição estava muito mais preocupada com os hereges, sobretudo com os judeus e cristãos-novos, do que com os demais desviantes da fé ou da moral: de mais de 4 mil denúncias registradas nas três inquisições do Reino contra sodomitas, apenas 10% delas redundaram em prisão, sendo trinta os infelizes que acabaram na fogueira pelo abominável pecado nefando de sodomia. Se os inquisidores prendessem todos os delatados do Reino e Ultramar, as prisões portuguesas não seriam suficientes para abrigar tamanha população heterodoxa.[5]

Fechamos o parêntesis relativo ao panorama inquisitorial nas Minas pelos meados do século XVIII e retornamos ao aljube onde a infeliz Rosa mofava à espera de as autoridades eclesiásticas do bispado de Mariana decidirem o destino dessa negra ousada e pertinaz em fazer-se endemoniada.

Lemos em seu processo que, três dias depois de a prisioneira ter sido levada de São João para Mariana, preocupado, mas cauteloso, o padre Francisco, seu protetor, também parte para a sede do bispado, "ficando aquartelado no morro da Passagem, a uma légua da cidade", a meio caminho entre Vila Rica e Mariana. "Aquartelado" deve ser entendido como sinônimo de "alojado", pois nem Rosa, nem o padre Xota-Diabos tinham sequazes suficientes, nem seriam temerários de tentar libertar a negra do aljube onde se encontrava trancafiada.

Procuramos também em Mariana o local onde teria funcionado a cadeia em que Rosa esteve presa, posto que as enxovias existentes ao rés do chão da magnífica Casa da Câmara são posteriores a 1784, concepção do governador Luis da Cunha Menezes. Consultando aqui e acolá as pessoas mais bem informadas sobre o passado dessa "Altera Roma", como foi apelidada a decana das cidades mineiras, consegui localizar o primitivo aljube de Mariana onde esteve aprisionada nossa visionária: situava-se na travessa de São Francisco, na parte térrea do casarão onde primeiramente viveu o bispo d. frei Manuel da Cruz, adjunto aos fundos da igreja de São Francisco. Ali funcionou pelo menos o aljube utilizado pela igreja, antes da construção do imponente "aljube dos padres", no rés do chão do cabido marianense, hoje abrigando o Museu de Arte Sacra.[6] Tudo nos leva a crer que, em 1749, ano da prisão de nossa biografada, a casa térrea onde funcionou a primeira Câmara de Mariana, no morro de São Gonçalo, não oferecia segurança para abrigar prisioneiros, daí conjecturarmos que, debaixo do casarão que serviu para abrigar o recém-empossado bispo, funcionou por várias décadas o único aljube dessa cidade. Como as demais prisões do Brasil Colônia, a insalubridade devia alquebrar a saúde, mesmo dos mais resistentes, provocando, por falta de luz e higiene, diversas dermatoses nos infelizes prisioneiros, agravando os achaques dos que já vinham debilitados com doenças crônicas, como era o caso de Rosa, portadora de dolorido tumor no ventre e sujeita a frequentes ataques de tipo epileptoide.

Nesse cárcere, nossa preta tem a graça de merecer o consolo celestial:

Estando fechada em uma casinha do aljube, acordando de manhã viu um religioso franciscano que se representava com trinta anos de idade, e que parecia muito pulcro, com um rolo aceso na mão e lhe disse que a queria exorcizar. E estando ela, ré, sentindo no seu coração alegria de ver aquela figura, lhe tornou a dizer que se chegasse para ele. E indo com efeito essa mesma figura se aproximando para ela, chamou pela gente da casa onde estava, e desapareceu aquela visão, estando as portas fechadas.

A lembrança-imagem do frade capuchinho pregando em São João del-Rei devia conservar-se forte em seu inconsciente.

Ao narrar esse mesmo episódio aos inquisidores lisboetas, dá uma versão levemente modificada, o que nos permite supor até uma segunda aparição na mesma cadeia: contou ter ouvido "uma voz que dizia: 'Dispõe-te para padecer pelo meu amor, lembrando-te daquele amante coração com que me dispus a padecer pelos filhos de Adão'. E, calada a dita voz, ficou ela, ré, entendendo pelas palavras o que lhe falava o Senhor".

Na manhã do mesmo dia, Rosa vai sofrer a maior dor de toda sua vida: "Por sentença que teve sobre suas culpas, foi levada em uma corrente ao pescoço para o lugar em que estava um poste, onde a ataram, e dois pretos lhe deram muitos açoites para que dissesse que não era vexada".

Quer dizer: suas culpas — as que no ano anterior tinham sido denunciadas pelo vigário do Inficcionado ao vigário da Vara de Mariana e estas últimas relatadas pela autoridade eclesiástica de São João del-Rei — foram julgadas e receberam sentença de açoites em praça pública, tal qual previam as *Constituições* contra as pessoas inferiores incapacitadas do pagamento de multas pecuniárias.

Por mais consolo antecipado que tenha recebido nas visões do santo franciscano e do próprio Cristo, por maior abnegação que existisse em seu angustiado coração de convertida para tudo aguentar por amor do Crucificado, os açoites aplicados em seu corpo devem ter sido tantos e tão insuportavelmente doloridos, que "ficou tão maltratada que ainda hoje — quinze anos depois! — se acha lesa da parte direita do corpo". (Leso: ofendido por doença ou golpe, o mesmo que paralítico.)

A inaudita violência nos castigos contra a escravaria em Minas Gerais tinha o respaldo da lei: os proprietários podiam cortar a orelha dos fujões, lhes marcar o rosto com ferro quente, e houve até a prática de lhes cortar o tendão do calcanhar.[7] Em 1722, nessa mesma localidade onde Rosa foi açoitada, o juiz de fora local dava conta a d. João V que, para castigar uns negros bandoleiros que haviam furtado um rico viajante, mandara açoitar os culpados no pelourinho por nove dias seguidos, para servir de intimidação às gentes de cor.[8] A dor dos açoites repetidos em cima de feridas sangradas na véspera é difícil de ser imaginada por quem nunca foi flagelado até escorrer o sangue.

É provável que tenha sido nesse mesmo pelourinho referido pelo juiz de fora de Mariana que Rosa foi açoitada: também aí há outra dúvida, pois o atual pelourinho dessa cidade, situado no meio da praça defronte da Câmara e contíguo às igrejas de São Francisco e Nossa Senhora do Carmo, só deve ter sido implantado quando da inauguração da referida edilidade, no último quartel do século XVIII, ou talvez em data posterior.

Fotografias dos fins da centúria passada mostram que, na praça da Sé, existia um pelourinho, e apesar de considerarmos lugar inadequado para sangrar faltosos, bem defronte das portas da catedral, talvez tenham escolhido exatamente o local mais central da cidade a fim de proporcionar maior visibilidade e terror entre a maioria da população: as gentes de cor.

Restam ainda hoje de pé três grandes pelourinhos em Minas Gerais: o de Vila Rica, o maior em circunferência, não passa de uma coluna estriada onde eram amarrados os réus; o de São João del-Rei segue, mutatis mutandis, o mesmo modelo do de Mariana: uma base retangular de um metro e meio de altura, sobre a qual está fincada uma coluna de pedra com os símbolos da justiça ou da edilidade. O mais completo e trabalhado é o de Mariana, certamente o exemplar mais bem conservado em todo o Brasil, já que o Pelourinho de Salvador atualmente designa apenas uma área no centro histórico, sem qualquer vestígio dessa coluna de torturas; e, em Alcântara, onde ainda se mantém de pé o último pelourinho do Maranhão, seu estado é precaríssimo, corroída a pedra pela ação da maresia.

Se o atual pelourinho de Mariana é o mesmo em que Rosa sofreu os açoites, ou cópia fiel do original, seu suplício deve ter se passado, conforme seu relato, depois de ter sido levada com uma corrente no pescoço e atada num poste. A corrente no pescoço, do aljube até o pelourinho, tinha muito mais a função de humilhar o delinquente do que impedir sua fuga, servindo de lição para os curiosos que, em grande número, acorriam para essas execuções. O pelourinho de Mariana é o único que ainda conserva uma corrente com duas argolas nas quais deviam ser amarradas as mãos dos supliciados.

Com as mãos e o pescoço acorrentados a esta argola, tendo as costas e pernas nuas, talvez apenas um pedaço de pano escondesse as nádegas e partes pudendas da visionária.

Amarrado o paciente ao poste do sofrimento, lida a sentença, dava-se o sinal ao homem do açoite. E logo, para abafar os gritos do castigado, entravam os tambores a rufar. E rufavam durante todo o tempo do castigo. Já a multidão cercava o pequeno patíbulo. O ruído do tambor servia de anúncio para o espetáculo gratuito. Vinha chegando gente de toda a parte...[9]

O bacalhau (chicote de relho para açoitar escravizados) comia o lombo do negro, a carne estufando, rasgando em lanhos, abrindo sulcos profundos, mais parecendo biqueiras de sangue. O negro gemendo, bufando, estrebuchando, chorando, apelando desesperadamente aos santos de sua predileção por um milagre. Talvez chorando por dentro, o pranto brotando no coração e escorrendo abundante na alma. O braço do carrasco sobe e desce no lepo-lepo ritmado da surra. Os carrascos oficiais, aqueles que surravam os escravizados publicamente, eles mesmos se encarregavam de fabricar os chicotes a seu jeito, cômodos, equilibrados e resistentes. O instrumento via de regra se constituía de um cabo de madeira medindo um pé de comprimento, do qual saíam tiras de couro cru, às vezes retorcidas, às vezes enodadas, tiras que podiam somar até sete ou oito. Quanto mais ressequido o couro, mais as tiras maltratavam as carnes do supliciado, e, sendo este o objetivo maior do castigo, tão logo começam as tiras a amolecer, embatidas no sangue da vítima, o carrasco substitui o chicote usado por outro que para tanto há um estoque deles à mão.[10]

Não encontrei em nenhum documento ou livro de referência a outra mulher chicoteada em praça pública: consultando os historiadores Kátia Mattoso, João Reis, Ronaldo Vainfas, entre outros, também eles não se lembravam de nenhuma alusão a que escravizadas fossem assim castigadas num pelourinho.

Laura de Mello e Souza, contudo, encontrou num Livro de Devassas da Cúria de Mariana (1767-1777) uma feiticeira negra forra, Luzia Lopes, que "chegou a ser chicoteada por suas práticas escusas em Conceição do Mato Dentro",[11] a mesma localidade em que o presidente Sarney, em 1988, foi venerar o Santuário do Bom Jesus nas comemorações de seu bicentenário de fundação.

O suplício de Rosa deve ter atraído muitos curiosos não só pelo insólito de seu sexo, como também por conhecerem seus acidentes e presepadas místicas, alguns quiçá esperando presenciar fenômenos sobrenaturais, seja por força divina, seja pelos poderes infernais.

Ninguém presenciou nada de anormal nessa tortura, a não ser a própria ré, que, alguns anos mais tarde, contava no Rio de Janeiro que "fora açoitada por dois verdugos nas Minas Gerais, mas assistiram-na dois anjos, igual sucedera com Nosso Senhor na sua paixão, querendo o mesmo Senhor que ela experimentasse as mesmas penas que ele".

Rosa aguentou firme a tortura: preferiu sofrer dezenas e dezenas de lambadas a arrenegar seu Espírito e declarar-se embusteira. "Estando quase morta, lhe acudiu um homem que a tinha conduzido do Rio da Mortes." Tudo nos leva a crer que esse segundo Simão Cirineu (o magnânimo devoto que ajudou Cristo a carregar sua cruz) foi o português Pedro Rois Arvelos, em casa de quem nossa visionária se hospedara durante os primeiros meses de 1749. Não é de todo impossível que este devoto e abnegado senhor tenha mesmo acompanhado, por conta própria, a milícia que trouxe Rosa de São João del-Rei para Mariana, pois ela diz ter sido ele que a conduziu do Rio das Mortes.

O deplorável estado físico de Rosa depois dos açoites devia causar dó e piedade a qualquer ser humano, sobretudo àqueles seus devotos que a reputavam santa e viam nesse castigo grave injustiça contra pessoa inocente e virtuosa. Suas costas e nádegas deviam estar em carne viva, com profundos cortes provocados pelas chibatas. Quanto sangue não terá perdido? Divulgamos alhures a notícia de uma escravizada na Bahia que chegou a perder "meio pote de sangue" em decorrência dos mesmos açoites.[12] O certo é que Rosa, "estando quase morta", foi socorrida por seu devoto protetor, o sr. Arvelos, que a levou da praça pública, talvez da praça da Sé, onde devia estar prostrada numa poça de sangue — sangue que comumente era disputado por cães esfomeados —, até o local onde sorrateiramente se aquartelara o padre Francisco, na Passagem do arraial de Padre Faria, a uma légua de Mariana. Por seu péssimo estado físico, Rosa deve ter sido transportada ou em carro de boi, ou numa rede, deitada de bruços, tendo necessitado de quatro meses para convalescer desse cruel suplício. Seu lado direito, contudo, ficará para sempre leso, isto é, paralisado.

Mais tarde, num escrito dado a d. Teresa Arvelos, Rosa disse que "os cristãos da Comarca das Minas tinham lhe descarregado tantos golpes de bofetadas sobre seu rosto que não eram menos rigorosas que as que deram em Jesus Cristo na presença de Anás…". Pobre criatura, que, pelo visto, antes de ser açoitada em praça pública, do mesmo modo como se dera com Cristo, sofreu rigorosa sessão de pancadarias e bofetadas.

Dizem algumas testemunhas que o bispo d. Manuel da Cruz ordenara que a açoitassem "por julgar fingimento sua vexação": tal decisão, conforme já antecipamos, se respaldava nas *Constituições do Arcebispado da Bahia*, válidas para toda a colônia, que prescreviam penas corporais às pessoas plebeias suspeitas de feitiçaria, enquanto os clérigos ou nobres envolvidos com diabolismos deviam ser taxados com multas ou degredo (§§ 896-8).

Quem era esse bispo?

Fazia pouco tempo que d. frei Manuel da Cruz havia chegado a Mariana. Como tantos outros reinóis vivendo nas Minas, também ele era natural do bispado do Porto, nascido em 1690, quatro anos mais velho, portanto, que o padre Xota-Diabos. Seus parentes, da Casa do Carvalhal, eram membros da nobreza lusitana, e, uma vez ordenado sacerdote, é escolhido mestre dos noviços do famoso convento cisterciense de Alcobaça e abade do Colégio de Coimbra. Em 1738, é nomeado sexto bispo de São Luís do Maranhão, permanecendo na "cidade dos azulejos" até 1747, quando parte por via terrestre para as Minas Gerais, para instalar e tomar posse da novel prelazia de Mariana. No Maranhão, deixou fama de bom prelado, realizando visitas pastorais, disciplinando o clero, ordenando 81 sacerdotes. A viagem consumiu treze meses, durante os quais o intrépido prelado foi sangrado seis vezes e teve dois gravíssimos acidentes fluviais, chegando sua comitiva desfalcada de alguns participantes que faleceram entre o Piauí e Minas Gerais.[13]

Outubro de 1748: toda a cidade, comarca e, por que não dizer, toda a capitania das Minas se acotovelava em Mariana para homenagear seu primeiro pastor. Milhares de pessoas de todas as cores e classes se reúnem nas imediações da catedral de Nossa Senhora da Assunção para assistir ao "Áureo Trono Episcopal", a representação litúrgico-teatral mais grandiosa jamais ocorrida nesta cidade — só superada pelo "Triunfo Eucarístico" realizado em Vila Rica quinze anos antes —, coincidentemente, no mesmo ano da chegada de Rosa à região. O "Áureo Trono Episcopal" foi uma superprocissão em que o gosto barroco, aliado à riqueza aurífera, deu asas aos mais exóticos arranjos a fim de transladar e homenagear o recém-chegado antístite, entronizando-o em sua catedral-basílica. Entre outros figurantes desse cortejo, havia uma profusão de pajens mulatos vestidos com muita seda, fitas multicoloridas, bordados de ouro e pedraria que formavam extravagante séquito abrindo alas para dar passagem ao purpúreo bispo bernardino, que vinha garbosamente montado num cavalo branco coberto de damasco da mesma cor. Atrás do pastor, outro bando de mais onze mulatinhos em idade juvenil, nus da cintura para cima, com espalhafatosas tangas de plumas e cocares coloridos, nas quais não faltavam guizos, fitas e bugigangas, tudo acompanhado do som de tamboril, flautas e pífanos, "que, na grosseria natural dos gestos, excitavam motivo de grande jocosidade".[14] As ruas estavam cobertas com areia, espadana e flores. Entre as várias alegorias dessa solene procissão, havia um carro enfeitado, puxado por cavalos, onde se via um enorme coração do qual saíam vários fios de canutilho de prata com os dizeres: *Virtus Exibit*. À noite, grandes luminárias demonstravam a opulência dos marianenses, que não economizaram gastos para homenagear principescamente seu primeiro prelado.

Além de vários cônegos e religiosos do Rio de Janeiro, todo o clero e a nobreza das Minas marcaram presença nas cerimônias. "Não havia pessoa de todos os estados e condição, ainda servil, que não desejasse ver o bispo no seu trono e por isso, em todas as paróquias da recém-criada diocese, se fizeram novenas, algumas com tríduos de missas cantadas." Se só no morro de Santana, nos arredores de Mariana, calculava-se a existência de cerca de 5 mil cativos, imaginemos a quantidade de gente que desceu à sede episcopal para admirar festa tão inusitada! Os homens de letras puseram toda sua erudição para saudar e deixar indelével o fausto de tal evento, sempre associando Mariana com Roma, ambas possuidoras de sete colinas em sua circunferência:

Misteriosa cidade que adornada
Àqueloutra imitais do céu descendo
Se aquela foi de Deus trono aclamada
Vós de Maria o sois, se está dizendo
De luzes já não mais necessitada
Que um novo sol em vós estamos vendo...[15]

D. frei Manuel, obviamente, é o novo sol das Minas: seus contemporâneos o descrevem como homem "de muita moderação, prudência e acerto", sendo motivo de satisfação geral para todos. O governador Gomes Freire de Andrade, homem de reconhecida piedade, caracterizou o cisterciense como sendo "cheio de bondade que lhe chega a ser prejudicial", chegando a acusá-lo de ser "crédulo em demasia". Seu selo e armas episcopais relativizam sua docilidade: escolheu como símbolo de seu episcopado uma serpente com a cauda na boca, certamente representando o ensinamento de Cristo quando disse a seus discípulos que fossem "prudentes como as serpentes mas também simples como as pombas" (Mateus, 10:16). A forma como "mandou prender ignominiosamente com cordas e tormento de negros e mulatos" o padre João Álvares da Costa, em 1752, então vigário da igreja de Mato Dentro, reforça nossa impressão de que o melífluo d. Manuel às vezes agia com humor mais viperino do que pombalino.[16]

Também em Minas, como fizera no Maranhão, procurou moralizar o clero, aqui ainda mais devasso, ganancioso e irreligioso do que nas capitanias setentrionais: proibiu que os padres andassem à noite pelas ruas, punindo os que celebrassem missa de chinelas ou sem batina. Entre 1749 e 1764 — ano de sua morte —, ordenou 227 presbíteros, deixando boa parte de seus bens arrolados num testamento para serem usados em 2900 missas por sua eterna paz, dando outro tanto de ouro para os pobres e demais obras pias. Entre suas pastorais, introduziu e estimulou, com muitas indulgências, a prática da oração mental, novo exercício pio que será grande moda nessa centúria e que desempenhará enorme influência na espiritualidade da madre Rosa Egipcíaca; introduziu nas Minas a devoção aos sagrados corações de Jesus, Maria e José, exercendo, da mesma forma, influência indelével na mística de nossa biografada; estimulou a devoção ao venerável padre José de Anchieta, canonizado somente em 2014 pelo papa Francisco, ambos da Companhia de Jesus. Houve algumas disputas famosas, com seu cabido, liderado pelo arcediago Geraldo José Abranches (que, alguns anos mais tarde, há de se reconciliar com o bispo), com alguns vigários afeitos às simonias, ou ainda com autoridades judiciárias que insistiam em entrar na seara eclesiástica. Foi grande amigo dos jesuítas, particularmente do padre Gabriel Malagrida, o maior taumaturgo do Brasil setecentista, ambos grandes devotos do Coração de Jesus. Em seu recém-inaugurado Seminário de Mariana, foram jesuítas os primeiros professores de teologia.

Foi, portanto, a menos de um ano de sua posse que d. frei Manuel da Cruz manda flagelar nossa negra espiritada. Já tinha dez anos de Brasil e, no Maranhão, aprendera que uma centena de açoites no lombo dos suspeitos de crimes religiosos ou desmascarava embustes, ou fazia calar os mais tagarelas. Enganou-se, contudo, no caso de Rosa: tão logo se recupera do tormento, mal se cicatrizam as feridas, reinicia sua vida mística. Um detalhe, porém, merece ser lembrado: como não ficava bem à Igreja de Cristo encarregar-se da aplicação de penas corporais em delinquentes religiosos, da mesma forma como os inquisidores entregavam seus condenados à justiça secular para serem executados, também o bispo confiou a nossa ré ao juiz de fora de Mariana, dando-lhe a sentença dos açoites, mas encarregando este último dos detalhes do castigo. Portanto, foi a justiça civil, por ordem da eclesiástica, que se responsabilizou de flagelar a negra courana. Santa hipocrisia!

Depois de se restabelecer do suplício dos açoites, Rosa diz ter ficado intrigada em constatar um impulso incontrolável que a obrigava, sempre que rezava, a ter seu corpo voltado para um alto morro distante quatro léguas da cidade de Mariana. Tão logo se sentiu forte o bastante, empreendeu um dia de caminhada à procura daquele local,

> por conservar o desejo de saber o que tinha aquele monte. Logo porém que saiu de casa, viu diante de si uma cruz que prosseguia o mesmo caminho, sem ver quem a levava, a qual cruz era de pedra muito cristalina, alta, com uma toalha sobre os braços, e que desapareceu tanto que chegou perto do dito monte.

Tal cruz lhe serviu como uma espécie de estrela-guia, como o cometa que orientou os Reis Magos na procura do presépio de Belém. Rosa imita Moisés, quando irresistivelmente se dirigiu ao Sinai. Contudo, ela não foi sozinha nessa peregrinação: fez-se acompanhar de outra preta, "que também tinha Espírito Maligno, chamada Joana, e de Pedro Rodrigues Durão".

Pelo visto, a família Rodrigues Durão era composta de pelo menos três irmãos, pois, além de Paulo Rodrigues Durão, o pai do literato agostiniano, encontramos no Arquivo da Cúria de Mariana referência a José Rodrigues Durão, morador no Infficcionado,[17] e agora Rosa nomeia Pedro Rodrigues Durão, seu acompanhante na busca da "montanha sagrada". Talvez, se não toda a família onde primeiro a visionária morou, ao menos alguns membros, como esse Pedro, fossem devotos da negra courana, tanto que se arriscaram a acompanhá-la em seus delírios místicos poucos meses depois de ela ter sido publicamente castigada por ordem da Igreja.

Desaparecendo do céu a misteriosa cruz, a vidente entendeu que era aquele o lugar predestinado que a magnetizava, tanto que ali acharam uma pedra grande, com uma cruz nela lavrada, sob cujos braços nascia uma fonte: "Era uma cruz perfeita que não parecia obra da natureza", revelou a vidente.

Voltaram para casa admirados com a tal cruz esculpida na pedra, pois, embora a fonte já fosse conhecida do povo, "a cruz ninguém mais nunca tinha visto naquele lugar". Milagre, portanto.

Nessa época, Rosa se albergava em casa de uma fiel devota, d. Escolástica, mulher de um tal Francisco da Motta. Na noite seguinte a essa peregrinação, levantando-se,

> viu na cabeceira de sua cama um painel de Nossa Senhora num quadro redondo, que ali se não tinha posto, e dentro dele estava a imagem de Nossa Senhora da Conceição com as mãos levantadas, porém não parecia pintura nem imagem, porque se lhe representou viva com carne e cabelos naturais, e, vendo ela isto, chamou a parda Ana, escravizada da mesma dona Escolástica para vir ver também. E, vindo esta, não viu coisa alguma. E desapareceu aquela visão. E logo ouviu uma voz que lhe disse: "No morro do Fraga se há de fazer um suntuoso templo dedicado a Santana, e a água que corria (daquela fonte) há de ser medicina para todas as enfermidades".

Em Lisboa, perante os inquisidores, Rosa modificou levemente a mensagem recebida: a voz a mandou "dizer ao padre confessor que diga a João Gonçalves Fraga que, no lugar do monte em que se achou a cruz, quero uma ermida de Nossa Senhora da Piedade e casa para irem curar os enfermos". Fica a dúvida: ou embaralhou as visões, ou foram dois desígnios diversos, um templo para Santana, outro para a Piedade. Alguns anos mais tarde, em 1767, nas vizinhanças de Caeté, o carmelita terceiro Antonio da Silva Barcarena construirá, a 1800 metros de altura, a ermida de Nossa Senhora da Piedade, ainda hoje famosa por suas romarias. A coincidência de duas pessoas, a poucas léguas de distância, com espaço de quinze anos entre um e outro, almejarem o mesmo projeto piedoso revela o quão popular era a devoção à Pietá nas montanhas de Minas nos primórdios de sua colonização: ainda hoje existem ali treze vilas e cidades cujos nomes invocam a Piedade, a maior parte delas criada no setecentos. O culto a tal virgem, sempre representada com seu precioso filho morto no colo, ou de pé no oitão da cruz, traz invariavelmente estampado no peito um rubro coração trespassado por sete punhais, representando as sete dores que

Maria Santíssima sentiu durante sua vida terrena. Antes mesmo da vulgarização nestas bandas do culto aos sagrados corações de Jesus e Maria, a figura do coração de Nossa Senhora trespassado fazia parte do imaginário popular de toda a cristandade.

Outro informante, morador de Mariana, dirá que, nessa mesma noite, Rosa ouviu uma alma gemer dizendo "que era de certa geração, não declinando o nome", e, no dia seguinte, a vidente arrecadou esmola e mandou celebrar uma missa pela dita alma penada. O medo do purgatório e as aparições de almas eram verdadeira obsessão nos tempos em que a Igreja vivia de vender bulas e indulgências capazes de sufragar os infelizes chamuscados pelas labaredas

> daquele lugar médio, entre o paraíso e o inferno, que se chama purgatório, isto é, um lugar onde se é purificado dos pecados veniais e das penas devidas a esses pecados, lugar onde queima um fogo verdadeiro, corpóreo — e não unicamente metafórico —, que queima as almas sem as consumir.[18]

Ao menos em parte, contudo, a profecia revelada a Rosa estava dando certo, pois "com efeito, com a tal água lavaram alguns enfermos e tinha essa água tal virtude que dela se afugentavam as pessoas vexadas e não podiam chegar-se ao regatozinho da mesma água". Passaram, a partir daí, a chamar tal água de "lágrimas de Nossa Senhora da Piedade". *Salus infirmorum, ora pro nobis!*

Uma contingência de somenos importância também impediu que Minas tivesse sua fonte milagrosa, como sucederá em Lourdes no século XIX depois das visões de santa Bernadette Soubirous (1844-1879), tornando-se um dos principais centros de peregrinação da cristandade: "Participando Rosa tal revelação a seu confessor, o padre Francisco, como o dito padre estava diferente com o sobredito João Gonçalves Fraga, não lhe disse o referido nem se fez o que a senhora tinha mandado". Hoje o morro do Fraga só existe pela metade, pois uma voraz companhia de mineração já desbarrancou todo o seu topo. Visitando-o, na estrada que leva do Inficcionado ao arraial de Bento Rodrigues, encontrei perto de um delicioso riacho, no meio de outro morrote, uma capelinha colonial, branca, com duas janelas e uma porta azul. Perguntando a um caminhante que capela era aquela, respondeu que era "de Nossa Senhora da Piedade". "Louvado seja Deus!", pensei contente, imaginando que talvez algum devoto de Rosa tenha realizado seu vaticínio. Banhei-me no riacho com emoção igual à de um crente chegando a Lourdes. No arraial, ninguém soube me contar a história dessa capelinha. Nem sequer pude visitá-la, pois, temendo os frequentes roubos de imagens antigas, os moradores a mantêm constantemente fechada. Outra coincidência, esta não muito virtuosa: entre as denúncias registradas no "Caderno Novo do Promotor" da Inquisição de Lisboa, encontrei, outra vez, referência a esse mesmo local da visão de Rosa, só que três décadas depois: "Diz Manoel Furtado Rosa que na estrada do Inficcionado a Bento Rodrigues, numa picada, encontraram Felipe de Moura com atos indecentes por trás com a sua própria mulher". E completa o abelhudo indiscreto ter apresentado tal denúncia "para desencargo de sua consciência".[19] Que a Virgem da Piedade se apiede de casal tão despudorado!

Além da devoção a Nossa Senhora da Piedade, outra constante na mística da visionária africana é o culto à avó de Cristo, Santana, a virtuosa esposa de são Joaquim e mestra de Maria Virgem. Por essa época, a Senhora Santana gozava de tanta veneração nas Gerais que, em seu nome, se erigiram dez igrejas e capelas somente entre 1736 e 1760.[20] Em Mariana, desde 1712 existia a capela de Santana do Morro, cuja festa se comemora até hoje em 26 de julho. Desde 1725, levantou-se a igreja de Santana de Baixo, provavelmente visitada muitas vezes por Rosa, já que a negra será devotíssima da avó de Cristo, divulgando inclusive um rosário em sua homenagem, inventado por ela própria. Talvez a decoração barroca dessa capela tenha lhe inspirado o visual rococó de uma de suas revelações já referida. Eis como o autor de *Mariana e seus templos* descreve esse retábulo:

> O altar-mor da capela de Santana é cercado de ornatos caprichosos, anjos, serafins papudos e anêmicos, em dois nichos protegidos por dosséis. São Francisco de Paula, com hábito dourado, e São Francisco de Assis, com uma caveira na mão esquerda, ladeiam a Virgem, que tem aos pés as imagens de Santo Antônio e São Joaquim. No centro, imponente imagem de Santana com o livro aberto sobre os joelhos, na atitude de primeira das mestras.[21]

Santana e a Sagrada Família serão sempre uma obsessão no imaginário dessa negrinha que perdeu todos os laços de parentesco aos seis anos de idade, quando foi jogada no porão do navio negreiro que, da Costa de Uidá, a trouxe para a baía de Guanabara. Papai do Céu, Mamãe do Céu, Vovó e Vovô do Céu se tornaram a família da africana: os santos, os anjos, o Divino Espírito Santo, seu clã e linhagem. Santana, sua predileção. Já em São João del-Rei, nossa visionária, aproveitando-se da existência de um regato d'água que corria ao lado das casas do padre Xota-Diabos, em sua chácara do Rio Abaixo, portanto no mesmo bairro rural onde viviam os Arvelos, chamou essa água de "Fonte de Santana", profetizando que "seria remédio universal com suas águas para todas as doenças". Não há informação de curas operadas por sua intercessão.

Por essa época, passada a convalescença dos açoites, além das revelações relativas ao morro do Fraga, Rosa continuará a ser atormentada pelo mesmo espírito, embora com menos estardalhaço: evitará desassossegar os fiéis nas igrejas, pois fora esse zelo excessivo e intempestivo o causador de sua prisão e seus tormentos. "Gato escaldado tem medo de água fria", diz o brocardo popular. As cicatrizes dos açoites estavam sempre a lembrar-lhe os tormentos do pelourinho.

> Continuando nos acidentes e aflições que a oprimiam, como estes só se suspendiam com os preceitos da Igreja, pediu ao dito seu confessor que lhos pusesse, o que ele repugnou por se lhe ter acabado a licença, dizendo que, ainda que tivesse de morrer, não lhos haveria de pôr, porque todo o povo dizia que ela era uma fingida e não verdadeira enferma.

Malgrado todo sacerdote ter recebido a Ordem do Exorcismo, carecia já nessa época licença do Ordinário para o exercício desse ministério, concedido por tempo fixo e limitado, renovado mediante exame do sacerdote por autoridade eclesiástica; daí a recusa do padre Xota-Diabos em exorcizá-la com sua licença expirada. Na relação dos 435 sacerdotes existentes no bispado de Mariana quando da posse de seu primeiro antístite em 1748, constava o nome do padre Francisco Gonçalves Lopes, seguido da observação "com uso de ordens". Foi esse, até o presente, o único documento que conseguimos localizar em Minas Gerais, relativo a este sacerdote: não encontramos nem nos livros paroquiais de São Caetano, onde foi coadjutor, nem nos livros de devassas do Arquivo de Mariana nenhuma referência a seu nome. Perguntamo-nos: teria mesmo expirado sua licença de exorcista, ou, descrente e timorato, apresentara essa falsa desculpa para eximir-se de problemas com d. frei Manuel da Cruz? Ou então, tal informação não passaria de uma mentirinha conjunta do padre e da espiritada, imaginada como álibi para vender aos inquisidores uma imagem de obediência irrestrita do sacerdote às leis canônicas? Só Deus tem a resposta.

6. Prova de fogo

Abatida e desamparada pelos ministros do altar que se recusavam a confessá-la, exatamente como sucedera no ano anterior, quando seu padrinho voltara para o Rio das Mortes, a beata africana arquiteta plano ambicioso: quer ser recebida pelo próprio bispo, pois acredita que o piedoso pastor, grande devoto, como ela, dos Sacratíssimos Corações,[1] vendo-a e ouvindo-a, ficaria convencido de que sua má fama de embusteira não passava de malévolo erro de interpretação. Errar é humano — e o erro no julgamento de Cristo era o melhor exemplo a ser lembrado.

Na primeira confissão feita no Auditório Eclesiástico do Rio de Janeiro, Rosa diz que, depois desses sucessos, o bispo mandou chamá-la em sua presença, ocasião em que a negra lhe suplicou "que se compadecesse do desamparo em que se achava, sem sustento para o corpo nem para a alma, porque não havia quem a socorresse e administrasse o sacramento da penitência". Em Lisboa, porém, dá outra versão e declara que ela própria recorreu ao padre dr. Manuel Pinto "para lhe pôr os exorcismos de que necessitava, a quem o bispo tinha incumbido a averiguação da verdade".

O certo é que Rosa consegue sua primeira grande vitória: o bispo concorda em fazê-la examinar por uma comissão de peritos em satanismo. Não deixa de ser fantástico tal êxito: a persistência da escravizada, recém-supliciada, ousando retornar à mesma autoridade que, meses antes, a condenara, prova sua segurança a respeito de serem seus ataques e acidentes reais e causados por forças do mal. Ou então a ex-mulher da rua se julgava capaz de impressionar os exorcistas-mores do bispado, realizando uma mise-en-scène dos diabos. Talvez a aparência humilde daquela negra, dias seguidos solicitando audiência à porta do Palácio Episcopal, tenha tocado o coração daquele confrade de são Bernardo, o "Doutor Melífluo", a quem a negra pedia socorro espiritual, pois padre algum queria recebê-la no confessionário. Os diversos retratos a óleo de d. Manuel da Cruz, conservados em Mariana, o mostram com a mão direita em posição de abençoar, ou com um livro de preces entreaberto, sugerindo que, de fato, seus contemporâneos tinham razão quando o retrataram magnânimo, "cheio de bondade e em demasia crédulo".

É o padre Xota-Diabos quem nos dá todos os detalhes desse quiproquó satânico, cujo enredo não deixa nada a desejar às peripécias cinematográficas do best-seller *O exorcista*.

Relata esse informante que, entre os presbíteros nomeados pelo bispo para essa diligência, estavam o próprio vigário-geral e da Vara de Ouro Preto, o padre Amaro Gomes de Oliveira e o padre Manuel Pinto Freyre, mestre de moral e exorcista agregado, o único de quem Rosa lembrava o nome. Talvez tenha sido este quem dirigiu o cerimonial. Ao todo estavam presentes quatro sacerdotes, "os mais doutos e virtuosos".

O local escolhido para os exorcismos foi a igreja de São José. Os sacerdotes elegeram certamente esse pequeno templo próximo à igreja de Nossa Senhora das Mercês, em Vila Rica, por se tratar de uma energúmena negra, de condição social desprezível, não merecendo que se lhe abrissem as portas de templo mais suntuoso. Ali se reunia a Irmandade de São José dos Homens Pardos.

Paramentado com sobrepeliz e estola roxa, lá na frente do altar estava o exorcista aprovado pelo bispo, sendo auxiliado por mais três presbíteros "para testemunhas, e mais alguma gente que concorreu". Cerimônias desse tipo sempre causaram viva curiosidade no populacho, invariavelmente faminto de pão e circo.

Solene, o exorcista inicia a leitura do *Rituale Romanum*: "*Ne reminiscaris, Domine, delicta nostra, vel parentum nostrorum, neque vindictam sumas de peccatis nostris…*".

Rosa devia estar de joelhos, cabeça baixa, ouvindo as rezas e litanias do sacerdote que benzia seu corpo, aspergindo-a com água santa e tocando-lhe a cabeça com as franjas de sua estola: "Quem quer que sejas, ordeno-te, Espírito Imundo, que digas o teu nome...". A energúmena já devia saber de cor boa parte dos exorcismos, pois sempre era submetida a eles quando em companhia do padre Xota-Diabos. Diz ela que "lhe repetiu a dor e o acidente, com que caiu sem sentidos — e por isto não sabe, nem ao depois lhe disseram o que sucedeu".

Como acontece até hoje nos terreiros de candomblé e umbanda, quando o orixá toma conta dos filhos de santo, posteriormente estes são acometidos por uma espécie de amnésia, que os torna incapazes de se lembrar de seus atos, danças e palavras, durante o tempo em que estiveram incorporados. Os epilépticos são igualmente incapazes de reconstruir o que se passou durante o desenrolar da crise, o mesmo ocorrendo com os energúmenos e demonopatas.

Já descrevemos alhures outros ataques de Rosa: caía no chão com tremores pelo corpo, o rosto inchava, ela se pondo a falar com voz cavernosa imitando um espírito que praguejava das profundezas do inferno. Um mineiro que presenciou tais diabolismos, José Alvares Pereira da Fonseca, disse que, certa feita, não ousou entrar na igreja, permanecendo na porta "com grande temor, por nunca ter visto semelhante coisa".

Tais ataques convulsivos fizeram muitos doentes passar por endemoniados, e assim os descreve o psiquiatra dr. Antoine Porot:

As crises ou ataques mostram a brusquidão e as descargas rítmicas da epilepsia que consistem numa agitação desordenada, tumultuosa, de contorções, repulsões e atitudes extravagantes. A crise se entremeia muitas vezes com agitação verbal, gritos, risos, choros, lamentações e ataques.[2]

As muitas "visagens e trejeitos" praticados pela energúmena causaram viva impressão nos sacerdotes, que provavelmente só tinham notícia da courana de ouvir falar. Declara o padre Francisco que, depois dos exames de praxe, "viram que era verdadeira vexada". Rosa, em sua confissão, ratifica essa informação ao contar que, depois dos acidentes, "ela se restituiu e os exorcistas a animavam muito, dizendo-lhe que tivesse ânimo e os encomendasse a Deus".

O milagre começava a se realizar: de embusteira, Rosa se transforma em medianeira, sendo alvo de devoção até dos ilustres sacerdotes que recomendam incluir seus nomes em suas orações.

Temos dúvida se tal informação fornecida pelo padre Xota-Diabos e pela própria espiritada correspondeu mesmo à realidade, ou se se tratava de tentativa de dourar a pílula para engabelar os inquisidores. Tal suspeita se deve ao fato de terem os exorcistas repetido os mesmos exames passados alguns dias.

De acordo com o *Rituale Romanum* e a tradição cristã, três são as manifestações dos fenômenos diabólicos: as tentações, a obsessão e a possessão. A primeira, todos nós conhecemos por experiência própria: é quando a criatura sente desejos contrários ao ensinamento de Cristo, que podem ir desde os maus pensamentos, até à deleitação consentida em planejar atos pecaminosos. O próprio Cristo foi tentado pelo Diabo (Mateus 4:1).

A obsessão é mais perigosa que a tentação: "O Diabo fica como que assentado ao lado da vítima", embora sem tomar conta de seu corpo e de seus atos. A possessão é o pior estágio: a criatura se transforma em agente do Maligno, que impede o livre uso de suas faculdades, falando e agindo pelos órgãos do paciente como se fosse um motor. No "estado de crise", o corpo do energúmeno manifesta contrações, raiva, palavras blasfematórias e calúnia.

Quatro são os sinais de que alguém está, de fato, possuído por Belzebu, ou por algum espírito infernal, ou por todos eles:

- "falar língua estranha ou compreendê-la";
- "manifestar força que ultrapasse a capacidade natural";
- "descobrir coisas distantes ou ocultas";
- "revelar comportamento agressivo, furor e blasfemar contra objetos sacros, às vezes manifestando levitação".[3]

Rosa manifestou alguns desses espantosos sintomas, sobretudo os dois primeiros. Uma testemunha dos exorcismos, o já mencionado sr. Fonseca, diz textualmente: "Ela não falava latim, mas entendia". Convivendo com sacerdotes, frequentando com regularidade as cerimônias sacras, a preta do Inficcionado decerto tinha ouvido, por muitas horas, a língua litúrgica, sendo capaz, inclusive, de rezar de cor a *Ave Maris Stella*, o *Te Deum Laudamus* e certamente vários responsos da missa. Não seria tão difícil a uma beata do século XVIII entender algumas frases em latim dos exorcismos. Na prova de língua, portanto, dava para passar: não falava, mas entendia.

Manifestar força extraordinária era outro sintoma da possessão. Neste particular, a endemoniada convenceu até os mais incrédulos. Sugeriu aos sacerdotes que, "para ficar sem dúvida alguma na verdade de seu Espírito", iria submeter-se à prova do fogo. Perante

> inumerável povo que se ajuntou para ver o sucesso, Rosa lançou sua língua dois ou três dedos fora da boca e debaixo dela aplicaram uma vela acesa pelo tempo que se rezasse uma ladainha de nossa-senhora, uma salve-rainha e cinco credos — e durante todo esse tempo sua língua não experimentou dano algum.

Louvado seja Deus, aleluia, aleluia!

Na hora de executar a prova do fogo, Rosa Courana só aceitou que fosse seu padre Francisco quem segurasse a vela, recusando o empenho do vigário da Vara em executar tal suplício comprobatório. Alegou que "Deus determinou que fosse o padre Francisco o ministro daquela diligência".

Tive o cuidado de cronometrar o tempo que se gasta na recitação de uma ladainha, uma salve-rainha e cinco credos: por volta de cinco minutos. Portanto, nossa prodigiosa espiritada suportou a chama de uma vela queimando a parte inferior de sua língua por trezentos segundos! Um recorde a ser incluído no *Guinness*! Fiz a experiência com um pedaço de bife cru, e o resultado foi chocante: depois de um segundo, uma fumaça negra começou a se desprender da carne chamuscada; no segundo minuto, um cheiro de churrasco evoluiu, no terceiro, para nauseabunda catinga de carne queimada que invadiu toda a cozinha e copa; ao quarto, pingos de sangue caíam da carne, por pouco não apagando a chama da vela; no final dos cinco minutos, a parte central do bife se transformara numa superfície de carvão, ressequido e esturricado. Lembrei-me então do versículo 16 do Salmo XXI, geralmente associado à sede que Cristo padeceu em seus estertores na cruz: "Minha garganta está seca qual barro cozido; minha língua grudou no céu da boca; estou reduzido ao pó da morte".

Desde o século XVII, o teólogo Del Rio, muito lido e citado pelos inquisidores, observava que muitas feiticeiras aguentam os tormentos com grande obstinação, munidas do remédio da taciturnidade, um remédio composto do coração e de outros membros de uma criança batizada, assassinada cruel e violentamente, e depois reduzida a pó, o qual era espalhado sobre o corpo ou escondido secretamente, e dele recebiam a força e a virtude do silêncio.[4]

Talvez familiarizado com essa cabalística poção e acreditando em seu poder é que, alguns anos mais tarde, um tal padre Vicente Ferreira Noronha, morador do Rio de Janeiro, acusará Rosa, na ocasião da prisão desta, de envolvimento com feitiços usando o corpo de uma criança seca — acusação que voltaremos a examinar em outra ocasião.

Diz o Xota-Diabos que, depois da prova da vela, "ficaram todos capacitados de que não era fingimento, e ele teve um argumento certo de que era verdadeiramente vexada, acreditando nela".

A prova do fogo tanto podia ser interpretada como sintoma do poder de Satã quanto sinal de santidade: na mesma época em que Rosa se submetia a esse teste pirotécnico, no sul da Bahia, o nosso já conhecido padre Gabriel Malagrida, amigo particular daquele mesmo bispo que a mandara examinar por peritos em diabolismo, numa ocasião,

quando pregava sobre o inferno e suas chamas, às vezes punha a mão sobre um círio aceso e, após tempo considerável, a retirava ilesa. Certa vez, em Cairu, um incrédulo também pôs um dedo na chama, mas, com grande confusão sua, tirou-o rapidamente, tão queimado que até esteve a pique de perder o braço.[5]

Como não há outras testemunhas que tenham confirmado o milagre do fogo, aqui podemos conjecturar, mais uma vez, que a prova da vela foi uma invencionice do padre Francisco para justificar sua credulidade perante os inquisidores, pois, se de fato tal episódio aconteceu, o mais correto seria que tanto os exorcistas quanto o público presente na igreja de São José tivessem dado crédito à injustiçada energúmena que, além de entender latim, "manifestava força superior à capacidade natural". Porém, como também sucedera com Cristo, que, mesmo fazendo prodigiosos milagres e ressuscitando, nem assim deixou de ser perseguido, Rosa foi alvo de incompreensão por parte de seus contemporâneos.

Passado algum tempo, os emissários do bispo repetem os mesmos rituais. A preta espiritada manifesta então certa insegurança, tanto que advertiu seu confessor, dizendo: "Ministro: não vás assistir ao segundo exame e experiências que em mim se pretendem fazer, porquanto é este caviloso e contra a vontade de Deus e só a fim de ficar mal a criatura e o ministro. Poderiam prendê--lo se lá fosse". A frase, de redação trôpega para o leitor contemporâneo, que um escriba menos exigente no estilo foi, sem querer, excelente etnolinguista — reproduzindo às vezes ipsis verbis o que saiu da boca da energúmena —, pode ser explicada, de um lado, pela construção sintática barroca, diversa da nossa, de outro, pelo discurso embolado da pouco letrada africana. Vale ainda transcrever os sinônimos que o *Dicionário Morais* traz para o termo "caviloso", pois certamente a maioria de meus leitores, como eu, nunca ou pouquíssimas vezes o empregou. "Caviloso" vem de "cavilação", isto é, razão falsa, sofística, enganosa; astúcia para se induzir a erro ou a perigo; promessa dolosa. "Cavilar" pode ser igual a zombar sofisticamente, e ser caviloso também significa ser capcioso. Enfim, algo de fato a se temer, sobretudo perante o exorcista agregado do bispado de Mariana, doutor em cânones pela Universidade de Coimbra, membro do Cabido Diocesano etc.

Rosa antevê uma tempestade se aproximando e opta por uma estratégia sensata: afasta seu protetor do alcance dos inimigos, garantindo assim sua retaguarda, pois solto poderia batalhar por sua libertação, caso viesse a ser aprisionada novamente. Diz o padre Francisco: "Temendo ser preso, acreditou nela, como já acreditasse serem inspiradas por Deus todas as palavras de Rosa". Refugiou-se então na casa do alferes Francisco da Motta, o marido de d. Escolástica, a uma légua de Mariana. Acompanhou-o Pedro Rois Arvelos, seu protetor, que a salvara do pelourinho depois da sessão de açoites, e que "acreditava nela".

A documentação é contraditória quanto ao local onde se realizou o segundo exame da negra possessa. Segundo um morador das Minas naquela ocasião, padre Filipe de Sousa, lisboeta, então com 57 anos, a sessão aconteceu na própria catedral de Mariana. Por ordem de d. Manuel da Cruz, os sacerdotes mais doutos e virtuosos levaram a energúmena para a Sé, "estando os cônegos no Coro com deprecações a Deus para mostrar a verdade e desenganar o povo que andava iluso com as ficções de Rosa. E se assentou que tudo era embuste e fingimento".

Outros informantes relatam que o segundo exorcismo oficial foi realizado no mesmo local do primeiro, na igreja de São José. Somos inclinados a acatar essa versão; consideramos que uma africana escravizada não mereceria do cabido diocesano a honra de ser o centro das atenções na catedral-basílica, ainda mais tendo em conta que cerimônias solenes implicavam despesas, espórtulas extras e velas e incenso para a expulsar do Maligno.

Fazendo-lhe os exorcismos, não aconteceu mais do que uma leve perturbação no juízo que ela sentiu, pelo que o inumerável povo se confirmou no conceito em que estava do seu fingimento, não o fazendo assim o dito exorcista pelas experiências que tinha dito.

A moderação de seus acidentes foi decisão errada, pois literalmente o feitiço virou contra a feiticeira: "O povo que estava na capela começou a chamá-la de feiticeira". Se fosse na Idade Média, certamente a teriam agarrado e feito justiça no ato, queimando-a como bruxa.

A grande santa Teresa passou por vexame semelhante. Em seu livro *Castelo interior*, a mística contou que seus "acidentes" eram alvo de questionamento por parte dos fiéis. "Dizem uns aos outros: ela quer passar por santa. Usa desses exageros para enganar o mundo. São artifícios do Demônio. Ela traz enganados os confessores!"[6]

Rosa saiu incólume dessas provas, porém com o crédito diminuído por muitos que a tinham por espiritada. Entretanto, o já citado sr. Fonseca, que não esteve presente a essa sessão, mas dois dias depois ouviu os sacerdotes dizerem "ser tudo fingimento", nem por isso teve sua fé abalada, sobretudo ouvindo o clérigo Xota-Diabos afirmar que Rosa e sua colega Leandra eram mesmo "possessas e muito boas servas de Deus".

Talvez por acreditarem que, depois do segundo exame e da fraca reação do Anjo das Trevas, a energúmena se recolheria à sua vergonha, posto que fora oficialmente declarada embusteira e apupada pela multidão como feiticeira, os sacerdotes não castigaram novamente a escravizada de d. Ana Garcês, mandando-a ir em paz para sua casa. Isso deve ter ocorrido em meados de 1750, ano que ficou marcado na memória de todos pelo falecimento de d. João V, o Rei Beato, tendo sido declarado luto geral nas Minas pelo bispo de Mariana.

De Mariana ao Inficcionado é uma longa caminhada de quase um dia, por entre morros e capoeiras, subidas e descidas que não têm fim. Aqui e acolá há belíssimas quaresmeiras à beira dos riachos onde os faiscadores, até hoje, ainda arriscam a sorte com a bateia na mão.

"Recolhida para casa, cansada do caminho, se assentou a chorar." Pobre criatura! Sentindo dentro de si a força incontrolável de Lúcifer e o coração cheio de amor pelo Divino Esposo, ninguém acreditava nela, a não ser alguns poucos devotos. Talvez atribuísse todas essas tribulações ao castigo divino por seus pecados da juventude. Se até ao justo Jó e a seu próprio Filho Unigênito, Jesus Cristo, Javé permitiu que fossem tão castigados, quem diria as penas de que era merecedora pelos muitos anos que pecou contra a castidade?! Sentada na beira da estrada, chorando, teve uma visão:

Dando-lhe sono, se viu logo em um campo muito grande, em espírito, e ali apareceu um homem tão alto que dava com a cabeça nas nuvens, cabeça muito grande e alva, cara horrenda muito comprida, olhos e boca disformes, muito vermelho, braços, pernas e pés de extraordinária grandeza, vestido de trapos muito sujos.

Até são João, autor do Apocalipse, teria se apavorado com esse gigantesco espantalho tão medonho e horripilante!

Com o temor desta figura, se deitou a fugir, e, ainda que corresse quanto lhe era possível, sempre a figura a seguiu e, sem acelerar o passo, quando andava, lhe chegava com o pé à saia, até que, chegando a uma árvore, dela se levantou um sacerdote com o qual ela se animou a perguntar à dita figura o que queria dela. E esta não lhe respondeu. E o sacerdote lhe disse que se animasse, que aquela figura era o mundo que a perseguia porque ela o tinha deixado. E perguntando-lhe o sacerdote o que queria, respondeu-lhe que buscava o seu padre Francisco Gonçalves Lopes, e então se restituiu o corpo, que tinha ficado em casa, aos seus sentidos, e não viu mais nada.

O apóstolo Paulo chama a vida mundana de o "velho homem", e, nessa visão de Rosa, o mundo e sua aversão aos servos de Deus assumem o espectro de um medonho gigante de cabelos brancos, sequioso de destruir os filhos da Luz, uma representação antropomórfica do terrível Leviatã que tanto assustou o paciente Jó cinco séculos antes de Cristo (Jó, 41:10-25). Perante tais situações horripilantes, não resta ao crente senão recorrer ao Altíssimo, conforme ensina o Salmo 90, oração geralmente recitada pelos mais piedosos antes de realizar qualquer viagem:

[...] Deus te livrará do laço do caçador e da peste perniciosa. Não temerás os terrores noturnos, nem a flecha que voa à luz do dia, nem o mal que grassa ao meio-dia. Caiam mil homens à tua esquerda e dez mil à direita, e tu não serás atingido. Porque aos seus anjos ele mandou que te guardem em todos os teus caminhos [...]

Já por duas vezes o Altíssimo mandara um sacerdote consolar sua negra serva quando aperreada pela angústia e tirania de seus perseguidores. Em toda sua vida, Rosa demonstrará enorme respeito e veneração pelos ministros do altar. Aliás, este era o termo que preferia para referir-se ao seu querido Xota--Diabos: ministro.

Passados três dias desde que a preta beata vira o gigante cabeçudo,

estando com uma madorna que não era sono, porque estava acordada, foi levada em espírito a uma igreja nova, não sabe em que sítio, onde viu um altar e um sacerdote revestido e assentado em cima do mesmo, que lhe disse: "Rosa, minha filha, tu hás de comer o pão cotidiano espiritual e a pedido, da mão de Deus". E dito o referido, fechou o Evangelho e desapareceu da igreja o sacerdote, e ela se restituiu aos seus sentidos.

A visão e a revelação nos remetem à história de são Caetano, já anterior-mente mencionada. Sucede, porém, que Rosa a situou, na primeira confissão que fez no Rio de Janeiro, num tempo muito anterior ao exorcismo na capela de São José. Decidimos reproduzi-la na segunda versão, pois nela fica evidente, mais uma vez, o quão importante era no imaginário de Rosa a figura dos sacer-dotes, que sempre aparecem para salvá-la dos infortúnios, esclarecendo-lhe os mistérios, aconselhando-a nas tribulações. Essa visão se reveste também de particular interesse pelo fato de a mística descrever com precisão o seu estado de semiconsciência anterior a tal revelação sobrenatural. Provavelmente tais detalhes foram declarados a partir de perguntas específicas dos inquisidores, sempre ávidos em distinguir os raptos celestiais dos embustes do Pai da Mentira. Novamente é o dicionarista Morais quem nos ensina que madorna ou modorra "é um estado de sonolência em que caem certos doentes, menos pesado e perigoso que o letargo". Segundo Rosa, a visão não fora sonho "porque estava acordada" — semiacordada, para ser mais preciso.

Deus Nosso Senhor não escolhe hora nem situação para manifestar-se a seus eleitos: Maria Virgem rezava quando lhe apareceu o Anjo Gabriel; são José dormia quando, em sonhos, lhe foi revelado que sua esposa, Maria, ficara grávida por obra do Espírito Santo; são Paulo estava sobre um cavalo quando uma luz resplandecente o cegou e uma voz celestial o questionou: "Saulo, Saulo, por que me persegues?" (Atos dos Apóstolos, 9:4).

Várias das visões de Rosa até aqui reveladas ocorreram seja à tardinha quando rezava no quintal ou nas escadas da casa, seja na cama, na escuridão de seu quarto, ou ainda nas igrejas, quando o Espírito lhe provocava algum acidente ou desmaio. Todos esses flashes sobrenaturais tinham em comum o fato de serem vistos ou percebidos tão somente pela privilegiada africana, que, ao voltar ao mundo dos mortais, revelava as maravilhas do céu que só ela tinha o privilégio de conhecer.

> Disse mais: que na noite seguinte ao sucedido, estando ela rezando o Credo, de joelhos, voltada para um Cristo crucificado, sem luz na casa, ouviu uma voz que saía de mesma imagem e dizia: "Eu sou o médico! Venho curar os enfermos, mas hei de curar aos que guardarem o Regimento". E ficando ela atemorizada com a dita voz, que era respeitosa, disse no seu interior: "Que cousa seria o Regimento?". E logo a mesma voz repetiu que o Regimento era guardar os Dez Mandamentos. E a casa que estava alumiada ao proferir a dita voz tornou a ficar às escuras como estava.

Com grande frequência a negra courana retomará essa imagem, associando Jesus Cristo à cura dos enfermos. Em outra revelação, Nossa Senhora se apresentará como enfermeira: em seu imaginário, o céu, portanto, era um grande hospital, onde a principal medicina seria o próprio corpo de Cristo transubstanciado na hóstia consagrada. De acordo com os Evangelhos, Jesus, em sua vida terrena, curou muitos enfermos: cegos, aleijados, até uma hemorroíssa, que bastou tocar na túnica do Nazareno para o fluxo de sangue estancar-se. Nas Minas Gerais do século XVIII, as doenças e sua cura estavam intrinsecamente ligadas ao céu e ao inferno na mentalidade supersticiosa e mística da população, que, crédula e acrítica, acatava tudo que tivesse a aura do sobrenatural. Muitos foram os falsos profetas que exploraram esse rico filão da boa-fé popular, como um tal clérigo João Rois de Morais, de 21 anos, filho de um alfaiate de Miranda e morador em Ouro Preto. Preso em 1734, confessou ter percorrido as minas de Serro Frio e a comarca de Vila Rica vendendo relíquias do Santo Lenho, verônicas de são Bento, uns papelotes com um pozinho branco que dizia ser o verdadeiro leite em pó da Virgem Maria e muitas outras relíquias supostamente *made in* Jerusalém, mas que ele próprio fabricava secretamente. A vários negros e negras, além de vender tais preciosidades divinas, prescreveu açoites e disciplinas para penitência de seus pecados: só no preto Faustino aplicou duzentos açoites de bacalhau, enquanto recitava o *Miserere*.[7] *São Sado-Masoch, ora pro nobis!*

Nas Minas, a medicina de Galeno, com suas teorias baseadas na oposição entre o frio e o calor e nos quatro humores, devia ter poucos adeptos entre os milhares de negros e brancos que faziam mais fé nos exorcismos ou nas mandingas para evitar ou curar os achaques. Os pecados e a irreligiosidade seriam as causas de tantas doenças, daí a procura de remédios espirituais e de seus ministros, posto que o próprio Cristo se apresentava como médico.

Outras visões aconteceram por essa época, entre 1748 e 1750, sem que em suas confissões a negra lunática especificasse onde e quando ocorreram.

Certa feita, estando ela ouvindo missa na Igreja de São João Batista do Rio das Mortes, numa Quinta-feira Santa, ao levantar o sacerdote a hóstia, [Rosa] a viu toda negra. E, ficando assustada com isto, perguntou a uma sua companheira se tinha visto o mesmo. Respondendo-lhe que não, ficou ela mais cuidadosa, pensando se seria descuido do sacerdote em consagrar alguma hóstia daquela cor. E, estando com este pensamento, teve uma voz que lhe falava no entendimento, e lhe disse: "O sacerdote consagrou a hóstia perfeita, porém os pecados dos homens me têm eclipsado". E mandou a mesma voz a ela, falando-lhe da mesma sorte no entendimento, com clareza e certeza, que em todos os dias, pela manhã, rezasse ela a oração seguinte: Verdadeiro Comissário, Eterno Deus Todo-Poderoso, concedei-me a vossa graça para que hoje, neste dia, possa ganhar todas as indulgências que se concederem em Roma, em Jerusalém e em Santiago de Galiza, seja em nome de Deus Padre, Deus Filho e Deus Espírito Santo.

No século XVIII, uma das maiores obsessões dos católicos era garantir que suas almas fossem, depois da morte, o mais rapidamente possível para o céu, permanecendo o menor tempo no purgatório. O que é o purgatório? "É um lugar de sofrimento onde as almas dos justos expiam seus pecados antes de entrar no paraíso", diz o "Catecismo". Nesse lugar medonho, as almas penam primeiro a privação da felicidade de ver Deus e, segundo, sofrem as labaredas de um fogo verdadeiro, semelhante ao das profundezas do inferno, que as queima sem consumir.[8] Para evitar a permanência nesse lugar horrendo, a Igreja instituiu as indulgências, uma espécie de salvo-conduto que os fiéis podiam adquirir através de certas práticas religiosas, ou doando esmolas para a Igreja, sendo possível até mesmo aplicá-las em intenção de pessoas já falecidas. As missas de defunto em intenção das almas foram dos principais meios que os fiéis utilizavam para garantir a redução do tempo da alma no purgatório, recurso piedoso, grandemente estimulado pela hierarquia eclesiástica, que obtinha polpudas esmolas com a celebração de tais atos litúrgicos. Do mesmo modo como hoje se garante o futuro depositando na caderneta de poupança, nos séculos passados todo cristão deixava expresso em seu testamento que boa parte de seus bens devia ser aplicada na celebração de avultado número de missas pelo repouso eterno de sua alma. Vimos que d. frei Manuel da Cruz ordenou que, em sua intenção, fossem rezadas 2900 missas depois de sua morte; d. João V, o Fidelíssimo, pagou, a preço de ouro, a celebração de 700 mil missas com o mesmo fim. Nas Minas, muitas foram as ex-escravizadas, enriquecidas com o comércio ou com a mineração, que deixaram em seus testamentos grandes somas para o sufrágio de suas almas. Eis apenas dois exemplos, já citados, do Arquivo da Cúria de Mariana, ambos contemporâneos a Rosa: a negra forra Maria do Ó, natural da Costa da Mina, de nação courá, exigiu em seu testamento que ao morrer fosse amortalhada no hábito de são Francisco e que houvesse missa de corpo presente oficiada por quatro sacerdotes, deixando uma oitava de ouro para cinquenta missas que se lhe oferecessem na matriz da freguesia de São Caetano, onde era moradora, e mais 120 réis para cada uma das 840 missas a serem celebradas nas igrejas do Reino. Outra africana, Maria da Costa, de nação ardra, moradora na mesma freguesia, deixou encomendadas cem missas, a meia oitava de ouro, pelo descanso de sua alma, e mais cinquenta mil-réis de esmola para um ofício dos mortos a ser realizado no convento de Santo Antônio do Rio de Janeiro — coincidentemente o mesmo local onde Rosa recebeu orientação espiritual quando de sua chegada àquela capitania.[9]

Tais exemplos servem para ilustrar o quão importante era para os nossos antepassados obter sufrágios e indulgências que lhes garantissem o eterno descanso na morada celeste; daí a grandeza e a magnitude da oração que Rosa disse ter aprendido nessa última visão, através da qual assegurava receber diariamente "todas as indulgências que se concederem em Roma, em Jerusalém e em Santiago de Galiza", os santuários mais valorizados pelos fiéis, dadas as incontáveis indulgências a eles conferidas pelos sumos pontífices. Deus fazia grandes dons à sua serva, que, sem sair da cama, obtinha os mesmos privilégios espirituais dos quais os romeiros só se beneficiavam depois de longa caminhada e muitos gastos para atingir aquelas cidades santas.

Pouco a pouco, talvez pressionada pelos sacerdotes que ouviram suas confissões no Rio de Janeiro e em Lisboa, a mística africana dá os mínimos detalhes sobre as condições em que se processaram seus contatos com o mundo extraterrestre. Tais detalhes eram de crucial importância para os inquisidores distinguirem se tais raptos eram divinos, como os de Santa Teresa d'Ávila, tão bem descritos no *Castelo interior*, ou eflúvios demoníacos. Alhures a negra narrara estar numa madorna quando foi levada em espírito para o Além, sendo depois restituída aos sentidos. Em outra ocasião disse que "foi levada de sua casa para a igreja em espírito, ficando em casa só os sentidos de ouvir, porque os outros quatro (visão, tato, palato e olfato) acompanharam o espírito". Agora conta que ouvira uma misteriosa voz "em seu entendimento, com clareza e certeza". Todas essas sensações místicas são perfeitamente conhecidas e teorizadas pelos teólogos que estudaram os caminhos da vida interior — e, mais adiante, quando Rosa manifestar outros sintomas ainda mais sublimes, recorreremos aos mesmos teólogos para analisar tais mimos celestiais. Por ora, dois reparos merecem ser feitos a esta última visão: como muitas das futuras revelações, sobretudo no Rio de Janeiro, os céus abrirão suas portas à beata nos dias de grandes festas litúrgicas. Quinta-feira Santa, também chamada Quinta-feira Maior, era um dos dias mais festivos do catolicismo: a missa era mais solene, e ao som do "Glória" os sinos dentro e fora da igreja tocavam freneticamente, depois emudeciam até a meia-noite do Sábado Santo.

Poucas passagens há, no ano eclesiástico, tão impressionantes e comovedoras para o coração do crente quanto esta missa, em que se mesclam alegria imensa e profunda tristeza. Consagram-se aí duas hóstias grandes, das quais se conserva uma que depois da missa é levada procissionalmente ao altar da exposição, ornado de flores e luzes.[10]

Não poderia haver dia mais propício para uma visão eucarística do que a Quinta-feira Maior, a única ocasião em que os fiéis podem ver sobre o altar não apenas uma, mas duas grandes partículas consagradas, o mesmo dia em que se comemora a instituição desse inefável manjar angelical.

Rosa já tivera outra visão com a mesma partícula:

> Por duas vezes ouvindo missa a diversos sacerdotes, ao levantar a sagrada hóstia, a viu cheia de sangue e cercada de luzes mui brilhantes. Outra ocasião viu a imagem de Cristo Senhor Nosso na sagrada hóstia, derramando sangue das suas sacratíssimas chagas e um anjo com uns vasos recebendo o mesmo sangue e tudo se lhe representou na circunferência da hóstia, representando-se esta de muito maior extensão.[11]

Milagres associados às hóstias abundam na hagiografia católica: em 1263, o padre Pedro de Praga, na cidade toscana de Bolsena, duvidando do milagre da transubstanciação enquanto celebrava o Santo Sacrifício da Missa, ao partir a hóstia, esta se transformou em carne viva, fazendo pingar sangue abundantemente no altar, episódio milagroso que inspirou o papa Urbano IV a promulgar a festa de Corpus Christi, até hoje comemorada em toda catolicidade com portentosa procissão. No século seguinte, outro famoso milagre da hóstia: santa Juliana Falconieri, canonizada somente em 1737, grande devota da Eucaristia, estando em seu leito de morte, incapacitada de comungar, posto que vomitava sangue sem parar, foi meio para que,

> Deus então, para comprazer-se de sua serva, fez um milagre que ficou célebre nos anais da Eucaristia: rogou a santa ao sacerdote que aproximasse de seu peito a Sagrada Forma, e todos os presentes puderam ver como a hóstia ficou primeiro grudada no peito de Juliana e logo desapareceu, como se se tivesse aberto uma porta para aquele coração tão cheio de Cristo.[12]

No século XVII, durante o reinado de Filipe II, as beatas espanholas Madalena da Cruz e Maria da Visitação recebiam a comunhão miraculosamente, voando a sagrada partícula do altar até à mesa da comunhão, repetindo a mesma façanha ocorrida séculos antes com santa Catarina de Siena. Várias beatas e santos disseram ter recebido o viático das mãos do próprio Cristo, ou dos anjos, entre os quais Elizabeth von Reute (1420), Domenica dell Paradiso (1553), Prudenciana Zagnoni (1608), Maria Francisca das Cinco Chagas (1857) etc. etc.[13] Na Santa Casa de Misericórdia do Rio de Janeiro, ainda podemos admirar, hoje, no altar do Bom Sucesso, um belíssimo quadro ex-voto alusivo ao milagre ali ocorrido em 1639: "Estando o Senhor exposto, foi vista por três veneráveis sacerdotes a imagem de Nossa Senhora na hóstia consagrada".[14] Mais recentemente, a beata Maria de Araújo, a controvertida santinha protegida do Padre Cícero do Juazeiro, ao comungar, a hóstia consagrada se enchia de escuro sangue, fato que o taumaturgo cearense proclamou como sobrenatural. Entretanto, pesquisas levadas a cabo por um sacerdote da mesma região comprovaram tratar-se não de milagre, mas de simplória farsa.[15]

Não há notícia de outra região do Brasil, como as Minas, onde a Sagrada Eucaristia tenha tantos devotos. Para trasladar Jesus Sacramentado da igreja do Rosário para a matriz do Pilar de Vila Rica, os mineiros realizaram, em 1733, o célebre "Triunfo Eucarístico", procissão tão solene "que não há lembrança que visse o Brasil, nem consta que se fizesse na América ato maior de grandeza".[16] Especialmente a partir de meados do setecentos, quase todas as vilas e freguesias mineiras abrigavam irmandades e confrarias do Santíssimo Sacramento: a de São João del-Rei data de 1711, dois anos antes da elevação do arraial a vila, tendo existido nas Minas, no século XVIII, 43 irmandades dedicadas a essa devoção.[17] Vulgariza-se então grandemente a devoção às "Bênçãos do Santíssimo Sacramento", em que riquíssimas custódias e ostensórios, alguns tão pesados que impossibilitavam o sacerdote de sustentá-los para a bênção aos fiéis, constituíam as joias mais preciosas zelosamente conservadas nas Gerais. As famosas "capas de asperges", igualmente bordadas com profusão de fios de ouro e pedraria preciosa, alfaia indispensável em tais cerimônias, são o que de mais rico se teceu em toda a cristandade, tudo produzido com um só fim: dar glória ao Santíssimo Sacramento. Deslumbrados com tanto ouro, profusão de velas acesas, incenso do mais puro, genuflexos na maior contrição, os fiéis, até hoje, entoam devotos o hino *Tantum ergo Sacramentum, Veneremur Cernui,* cujos dois primeiros versos querem dizer: "Este grande Sacramento, humildemente adoremos!".

Reflexo de tal devoção é a quantidade de freguesias e vilas dessa capitania que a adotaram como topônimo: Santíssimo Sacramento da Barra do Jequitibá, Santíssimo Sacramento do Taquaraçu, Sacramento do Ribeirão do Borá etc.

A veneração a Jesus Eucarístico é vista também no extremo respeito com que nossos antepassados se aproximavam da mesa sagrada, só podendo comungar nos dias autorizados pelo confessor, posto que não se recomendava então, como nos dias atuais, a comunhão diária.

> Os fiéis que chegam a comungar dignamente saem da sagrada comunhão como leões que respiram chamas de fogo, fazendo-se terríveis a todo o inferno. Pela sagrada comunhão se reprimem todas as paixões e dá-se remédio a todas as misérias espirituais. A alma que dignamente comunga fica santificada com toda a santidade de Jesus Cristo, fica unida e incorporada com Deus, ela fica com Jesus e Jesus fica habitando nela.[18]

Se são tantas as graças advindas da comunhão piedosa, aproximar-se do Pão dos Anjos em estado de pecado mortal redunda nas maiores desgraças. Já são Paulo previa: "Quem comer indignamente o corpo e sangue de Jesus Cristo, come e bebe sua eterna condenação" (1 Coríntios, 11:29). E o autor da *Missão abreviada*, livro dos mais divulgados entre os devotos de antanho, completava: "Quem comunga indignamente comete maior crime do que os judeus que mataram Cristo".

Creio que o leitor há de entender melhor agora a fúria com que Rosa atacava os pecadores públicos na mesa da comunhão, pois recebera como missão ser a "zeladora dos templos, sobretudo quando o Santíssimo Sacramento estava exposto": proclamando os pecados dos hipócritas que se aproximavam de tão augusto mistério com a alma impura, Rosa simplesmente obedecia ao ensinamento oficial da Igreja e zelava para que o Autor da vida não fosse insultado por almas inescrupulosas.

De acordo com as *Constituições*, a Santíssima e Augustíssima Eucaristia representa o sacramento, excelente e perfeito, cabendo aos fiéis, portanto, para recebê-lo, o cumprimento rigoroso das seguintes condições: ser batizado, ter confessado e estar em estado de graça sem pecado mortal, estar em jejum natural desde a meia-noite. Todo cristão, com mais de catorze anos no caso dos meninos, e mais de doze anos no caso das meninas, era obrigado a comungar ao menos uma vez por ano, na Páscoa, sendo igualmente aconselhado receber Jesus-Hóstia nas seguintes situações: quando moribundo ou em risco de vida, às vésperas de largas navegações e antes de batalhas; as mulheres prenhes próximas do parto e os condenados à morte às vésperas da execução. Aos pecadores públicos, proibia-se administrar a comunhão: excomungados, feiticeiros, mágicos, blasfemos, usurários, meretrizes, inimigos públicos. Por determinação do Concílio de Trento (1545-1553), só os sacerdotes podiam comungar sob as duas espécies — pão e vinho —, os fiéis recebendo apenas a hóstia, que devia ser feita com pura farinha de trigo e água. Os títulos xxvii e xxviii do Livro Primeiro das *Constituições* discorrem minuciosamente sobre os aspectos materiais do Sacramento do Altar: em que igrejas há de haver o sacrário, como deve ser, quem deve guardar a chave do tabernáculo, assim como sobre a forma de administrar a Eucaristia. Naqueles tempos antigos, além de conservar consigo o recibo anual da "desobriga" do dever pascal, todo cristão, no próprio ato da comunhão, devia permanecer de joelhos, junto às grades do cruzeiro, enquanto o ministro confiava a cada um, por sua vez, uma toalha branca, de bom tecido, para ser mantida diante do peito, a fim de evitar o sacrilégio de alguma partícula cair no chão. Hoje, a toalha foi substituída pela patena, pequeno pratinho dourado que o acólito segura debaixo do queixo dos comungantes. Ainda em 1762, foi motivo de denúncia ao Santo Ofício o sacrilégio cometido por padre Luiz Cardoso Teixeira Magalhães, da Bahia, que dissera: "Isto não importa", quando um crioulinho lhe entregou uma hóstia que havia caído, na hora da comunhão. Só os diáconos e presbíteros podiam, sem sacrilégio, tocar no Santíssimo Sacramento.[19]

Ao oferecer a hóstia consagrada, o sacerdote dizia em latim: "*Ecce Agnus Dei, ecce qui tollit peccata mundi*". E imediatamente em vernáculo:

> Irmãos, este é o corpo de Nosso Senhor Jesus Cristo, tão verdadeira e realmente como está no céu: adorai-o, pedi-lhe devotamente vos perdoe vossos pecados pela morte e paixão que por nós padeceu e dizei comigo três vezes batendo no peito: Senhor, eu não sou digno de que vós entreis em minha morada tão pecadora, mas dita a vossa santa palavra minha alma será salva.

Só então o fiel recebia o preciosíssimo corpo de Deus, devendo engolir a hóstia sem mastigá-la, evitando-se mesmo lhe tocar os dentes. Aí tinha vez uma devota prática havia muito abolida pelo ritual: o acólito oferecia aos comungantes um vaso de prata com água para cumprir o lavatório, devendo cada qual tomar um trago a fim de engolir qualquer resíduo da hóstia. Só então cada um se recolhia a seu lugar, os homens de um lado, as mulheres, cobertas com véu, do outro, e de joelhos, em profundo recolhimento, rezavam-se os atos de agradecimento e a "piedosa inspiração" de santo Inácio:

Alma de Cristo, santifícai-me; corpo de Cristo, salvai-me; sangue de Cristo, inebriai-me; paixão de Cristo, confortai-me; ó bom Jesus, ouvi-me; dentro de vossas chagas, escondei-me; não permitais que eu de vós me afaste; do Inimigo Maligno, defendei-me; na hora de minha morte, chamai-me e mandai-me ir para vós, para que vos louve com os vossos santos por todos os séculos dos séculos, amém!

Muitos foram os mineiros e devotos deste mundo de meu Deus, tão atraídos e encantados pelo Mistério Eucarístico que, não contentes em adorar Jesus nos riquíssimos ostensórios, não satisfeitos em comungar o preciosíssimo corpo de Deus, queriam trazê-lo sempre fisicamente perto do coração. Daí os constantes e sacrílegos roubos de hóstias consagradas e demais objetos onde Jesus-Pão e seu preciosíssimo Sangue estiveram presentes, como os sanguíneos (espécie de guardanapo de tecido finíssimo, que o sacerdote usava para limpar o cálice depois de consumir o sangue de Cristo), as pedras d'ara (pedaço de mármore com relicário embutido no centro do altar, sobre o qual o sacerdote celebrava os augustos mistérios), e até a chave do sacrário e o óleo da lâmpada do Santíssimo, utilizados supersticiosamente como panaceia. Tais objetos, sobretudo as hóstias consagradas, pedaços do sanguíneo ou da pedra d'ara, eram guardados em pequenos relicários de metal, ou nas cobiçadas bolsas de mandinga e patuás, geralmente misturados com outros elementos cabalísticos, de inspiração ibérica ou africana, e dependurados no pescoço junto a medalhas, rosários, escapulários e águnus-dei, reputados como a maior garantia e proteção contra tiro, facadas, flechas e demais investidas dos inimigos.

Dezenas e dezenas de colonos do Brasil foram denunciados junto à Inquisição de Lisboa, alguns chegando a ser transportados para os cárceres do Santo Ofício, inculpados deste abominável sacrilégio: roubo de hóstias e demais objetos eucarísticos. Um desses infelizes foi um contemporâneo conterrâneo de Rosa, morador por algum tempo, como ela, em São João del-Rei, o nigeriano natural de Uidá José Francisco Pereira, de 25 anos, escravizado do capitão-mor João Francisco Pedrosa, construtor da ponte "que vai para a outra banda para as casas do reverendo vigário de São João del-Rei"[20] e possuidor de 38 cativos nas Gerais. Diz o negro que, morando no Rio das Mortes, meteu uma oração do Justo Juiz Divinal debaixo da pedra d'ara de um altar, confeccionando com ela um patuá "para o livrar de ladrões e inimigos".[21] Se ficou protegido contra tiros e facadas, não podemos saber; o certo, porém, é que foi ineficaz para defendê-lo das garras do Santo Ofício, que, em Lisboa, o sentenciou com açoites, hábito penitencial perpétuo e cinco anos de galés.

Também das Minas foram enviados para a Inquisição de Lisboa dois irmãos envolvidos em um rocambolesco roubo de hóstias: Salvador Carvalho Serra e Antonio Carvalho Serra eram dois rapazes pardos, netos de uma escravizada angolana que, certa feita, "conversando em Congonhas com várias pessoas sobre relíquias, uma delas disse possuir uma que era melhor que o Santo Lenho": tratava-se de um conjunto de três hóstias que um pintor roubara de dentro do sacrário e com as quais os irmãos beatos fizeram seus patuás. Não havia cristão, antigamente, que não carregasse no pescoço algum bentinho, medalha, rosário ou patuá. Denunciados por terem hóstias consagradas em seus amuletos, foram detidos por ordem do pároco de Vila do Príncipe e, depois de exame do vigário-geral da comarca, ficaram quinze meses encarcerados até serem embarcados para Lisboa. Na Inquisição, o primeiro sacrílego confessou que, "ainda que sabia ser grave pecado pegar nas partículas consagradas, ignorava que trazê-las consigo fosse tão grave delito". Teve como sentença abjurar seus erros no auto de fé, sendo degredado para Castro Mearim, no Algarve, por dois anos.[22] Seu irmão mais velho, Antonio, teve destino melancólico: no cárcere, sofreu um estupor, ficando paralítico, daí ter sido diagnosticado pelo médico da Inquisição como "formalmente doido". Magérrimo, era pele e osso, pois se recusava a comer com medo de ser envenenado; nos últimos meses de prisão, recusava-se a vestir roupa, sendo trancafiado numa solitária por não permitir companheiros em sua cela. Quando gritava ou cantava alto à noite, era surrado pelos guardas do Santo Ofício com grossas correias. Examinado seu processo pela Mesa Inquisitorial, escreveram: "Após a paralisia, o réu ficou com embaraço na perna e braço e total loucura frenética, nascida da desesperação em que o pôs seu gênio áspero e ardente, vendo-se preso e doente". Morreu quatro anos depois de detido, no Hospital Real de Todos os Santos, em Lisboa, em 10 de junho de 1762 — mesmo ano em que Rosa e seu padre protetor chegam à Inquisição —, terminando seu processo com o seguinte registro hospitalar: "Homem doido de que se ignoram seu estado, pais, pátria e ocupação".[23] Toda essa dor, tristeza e tragédia familiar foram causadas simplesmente pela má orientação da piedade eucarística: Jesus-Hóstia deve ser adorado, comungado e agradecido humildemente. Tocar na hóstia, carregá-la em patuá, redunda na condenação paulina levada às últimas consequências pelos senhores inquisidores. Tratar a comunhão indignamente passa a equivaler a uma busca pela própria condenação.

Esta longa digressão sobre a Eucaristia teve como escopo familiarizar o leitor com o clima de respeito, mistério, devoção, superstição e fanatismo com que os contemporâneos de nossa beata, e ela própria, se relacionavam com o Pão dos Anjos. Na Espanha quinhentista, registra-se o episódio extremo da ilusa Madalena da Cruz, que, ao ser presa pelo Santo Ofício de Toledo, constou em seu processo que, certa feita, "ao passar o Santíssimo Sacramento pela rua, abriu um buraco na parede com um ferro para que pudesse adorá-lo".[24] E o próprio d. Manuel da Cruz, o mesmo bispo que mandara açoitar nossa espiritada, tinha em sua cama, esculpido na cabeceira, o cálice sagrado coroado com a Santa Eucaristia, envolto em raios de luz, com dois anjos compondo o piedoso décor, em posição de adoração a esse augusto mistério. Essa cama se encontra no Museu de Arte Sacra da Bahia, e foi com viva emoção que o autor destas páginas e a dra. Laura de Mello e Souza, ambos admiradores do bispo de Mariana, descobrimos juntos o referido leito eucarístico.

Repetidas vezes a hóstia aparece no processo de nossa biografada. Em três visões distintas, viu a Santa Partícula, seja derramando sangue e cercada de luzes brilhantes, seja eclipsada e enegrecida pelos pecados da humanidade; na intolerância mística com que descompunha os comungantes que julgava impropriamente preparados para receber o augusto mistério; na revelação recebida nos primeiros tempos de sua conversão, quando lhe é ensinado que este "altíssimo mistério se nos comunica íntegro na mais breve partícula". Será no Rio de Janeiro, porém, que a beata desenvolverá ainda mais seu misticismo eucarístico, recebendo todo o estímulo dos franciscanos para frequentar com maior assiduidade a mesa da comunhão.

Se, por um lado, estas últimas visões das hóstias negras ou ensanguentadas revelam certa influência da escatologia apocalíptica no imaginário da madalena courana, visões, aliás, perfeitamente de acordo com as que tiveram outros santos reconhecidos por Roma, por outro notamos que alguns de seus delírios preternaturais são tão pueris quanto as historietas conservadas nos *Evangelhos apócrifos*, que, por sua inverossimilhança, foram considerados inautênticos pela Igreja católica. Eis um exemplo que surpreende tanto pela tolice quanto, sobretudo, pela conivência do padre Xota-Diabos na legitimação da estultícia. Certa feita, quando hospedados em casa de d. Escolástica, rezando o terço comunitariamente, de súbito "apareceu uma borboleta fazendo várias visagens". Incontinenti, o padre viu nas piruetas desse inseto o dedo de Deus e proclamou que era o Espírito Santo que aparecia graças à intercessão de Rosa. Aleluia, aleluia! Santa Borboleta, *ora pro nobis*!

Conta a história sagrada que esta terceira pessoa da Trindade Santíssima, também chamada de Paráclito, apareceu aos apóstolos como múltiplas línguas de fogo (Atos, 2:3), a Cristo em forma de pomba e, outras vezes, como vento impetuoso. Travestido de frenética borboleta, é a primeira vez que tenho notícia, embora tal metamorfose não seja completamente contraditória à tradição bíblica, na qual o Diabo apareceu a nossos primeiros pais em forma de serpente, uma baleia engoliu o profeta Jonas por vários dias e um dragão vermelho de sete cabeças e dez chifres se manifestou a são João em sua velhice. Portanto, a lépida borboleta confrontada com a paquidérmica besta do Apocalipse nos faz lembrar o pequenino Davi derrubando o gigantesco Golias. Do mesmo modo como o altíssimo mistério da transubstanciação se esconde dentro da minúscula hóstia, assim também Deus pode usar uma borboletinha dançante ou uma negra espiritada para revelar sua Onipotência. Não está escrito no Evangelho que os Céus escolheram os pequenos e pobres para confundir os ricos e poderosos?!

Provavelmente foi depois desses episódios, já convalescida dos açoites no pelourinho de Mariana, que Rosa conseguirá sua alforria. Havia anos aspirava ser resgatada do cativeiro, seguindo a mesma trilha de milhares de negros e negras das Minas que alcançaram a emancipação. Como muito bem pondera um especialista na história demográfica regional, "a atividade mineratória possibilitava aos escravizados maior mobilidade social *vis-à-vis* às demais economias do Brasil colônia. A forma como se realizava a exploração do ouro e diamantes possibilitava mais liberdade e iniciativa aos cativos".[25] Segundo cálculos de Russell-Wood, entre os anos 1735 e 1749, o número de forros em Minas Gerais representava por volta de 1,4% das pessoas de origem africana, subindo para 41,4% em 1786.[26] Como no resto da Colônia, também aí as escravizadas, apesar de serem em número bem inferior aos cativos do sexo masculino, ultrapassavam os homens na obtenção da alforria, numa proporção de duas escravizadas para um negro.[27] Enquanto muitos cativos conseguiam a liberdade como gratidão de seus senhores por terem descoberto quantidade avultada de ouro ou diamantes de bons quilates, as escravizadas, via de regra, obtinham sua liberdade através da prestação de serviços sexuais a seus proprietários ou a clientes eventuais, ou ainda se dedicando ao comércio de todo gênero de mercadorias de primeira necessidade. Tentando controlar o descaminho do ouro e de pedras preciosas que das mãos dos negros faiscadores iam diretamente para as bolsas das negras do tabuleiro, a Coroa promulgou uma série de bandos reprimindo o comércio e andanças dessas vendedeiras pela área de mineração,[28] da mesma forma como tolheu, através das visitas pastorais, o exercício do comércio venéreo, outra fonte significativa de acumulação de capital para muitas negras sequiosas de comprar sua liberdade.

Algumas tantas mulheres escravizadas recorriam a feitiços a fim de acelerar o processo de sua alforria, ou amansar a violência de senhores mais cruéis. Este episódio, ocorrido em Mariana, na freguesia dos Prados, revela muito a respeito do clima de sortilégios e feitiçarias dominante nas Gerais naqueles tempos: a mulata Florência e seu irmão Simão, sabendo que seu senhor, o alferes Domingos Rois Dantas, pretendia se casar, enterraram dentro e fora de sua porta, secretamente, uma panela de feitiços "cheia de monstruosidades diabólicas". Passados cinco anos da mandinga, nada de o alferes conseguir acertar casamento. Descoberto o feitiço, Florência é chamada à presença de seu senhor, que lhe diz:

> "Vem cá, porca feiticeira, para que tu enterraste esta porcada aqui em minha porta?" Disse ela: "Vossa mercê há de casar e eu ficar cativa toda minha vida? Ainda que eu vá para o inferno, com os mesmos remédios hei de tirar a vida!". Disse o alferes: "Tira-me já isto daqui que eu já vou para a Casa [da Câmara] para te passar a carta de alforria". Tirou a denunciada a panela e os feitiços e foi com ele para lhe passar a carta de alforria e, antes de se pôr o sol, estava Florência com sua carta na mão. Tinha quinze para dezesseis anos.[29]

Exercendo durante quinze anos "vida desonesta e meretriz", Rosa acumulou certo pecúlio, representado por roupas e joias, conforme declarou em sua confissão. Por que não utilizou este capital para comprar sua alforria, ela não nos informa. O mais provável é que fosse mulher gastadeira, que consumisse em guloseimas, bugigangas e superfluidades o ouro obtido na alcova ou pelos morros circundantes do Inficcionado. Quem sabe seus encantos fossem limitados, reduzidos os clientes e parcos os rendimentos? Não deve ter sido a única mulher do fandango das Minas que não enricou com o comércio lascivo.

Como já dissemos alhures, se tomarmos como parâmetro o valor das duas negras minas, Maria do Ó e Maria da Costa, há pouco citadas, e a cujos testamentos nos referimos, podemos avaliar o valor de uma escravizada adulta oscilando entre 190 e 256 oitavas de ouro — a variação devendo ser interpretada em função de idade, aptidões ou habilidades profissionais, por razões imponderáveis, como a generosidade do senhor em subestimar o preço da manumissão de sua cativa etc. Antonil, em sua lista de preços dos escravizados e cavalgaduras em Minas Gerais no início deste mesmo século, indicava, por uma negra ladina e cozinheira, 350 oitavas; por um moleque, 120 oitavas, enquanto um boi custava cem, uma galinha ou uma caixinha de marmelada três ou quatro oitavas.[30] Com a consolidação da economia mineira e a maior regularização das comunicações com o litoral, esses valores tenderam a baixar. Uma missa valia de duas oitavas a 120 réis, custando, em 1744, vinte oitavas de ouro a confecção de uma corrente de ferro com quatro colares e quatro algemas usados "para irem os presos criminosos que se achavam na cadeia de São João del-Rei para o Rio de Janeiro".[31]

Foi em sua primeira visão, em março de 1748, que Rosa recebeu a seguinte ordem divina:

Se queria seguir a Deus, não se enfeitasse mais, que o seguisse despida… e ela, confundida deste acontecimento, distribuiu pelas pessoas mais necessitadas o ouro que tinha e os vestidos de seu uso adquirido tudo pela culpa e ganhado com uma vida lasciva, porque sua senhora não lhe dava todos os enfeites que ela queria, e por isso os aceitava dos sujeitos com que se comunicava, em prêmio da sua sensualidade.

Já o padre Antonil chamava a atenção quanto ao fato de, nas Minas, as negras se afeiçoarem às joias, roupas engalanadas e "mil bugiarias de França". O cineasta Cacá Diegues soube, com maestria, revelar esse aspecto exuberante e espalhafatoso da negra esposa do Contratador de Diamantes, a lendária Chica da Silva, que, para negar e se desforrar de sua condição original de cativa, excedia em luxo e ostentação às próprias brancas, com seus vestidos cheios de fitas e rendas, suas perucas multicoloridas, joias em profusão, cadeirinhas e seges almofadadas com tecidos de Holanda. O barroco das igrejas tinha sua contrapartida nos figurinos, joias e toucados dos habitantes endinheirados da suntuosa Minas Gerais, capitania na qual, em meados de seu primeiro século, todos pareciam repetir as proezas douradas do frígio Rei Midas.

Voltando aos testamentos das duas negras minas há pouco citadas, ambas contemporâneas, quem sabe até conhecidas, de nossa beata, visto terem vivido todas em São Caetano, podemos visualizar quão barrocos eram os hábitos de consumo e quão ostentatórios os pertences dessas deusas de ébano. A liberta Maria do Ó preferiu investir seu capital em bens imóveis e semoventes: possuía uma rocinha com rancho, bananal, datas de mineirar, outro rancho no arraial, uma morada de casas na sede da freguesia de São Caetano, dois cavalos selados, duas novilhas, quatro tachos de cobre, doze escravizados, sendo sete machos. Devia ser um misto de mineradora e comerciante, pois era dona de "uma venda com seus pesos de libra e mais preparos". Tantos tachos de cobre também sugerem o fabrico de marmeladas, indústria caseira muito comum aquém da Mantiqueira.

Maria da Costa, a outra liberta mina bem-sucedida materialmente, de nação ardra, além de nove escravizados e uma casa de telhas em São Caetano, possuía vários apetrechos domésticos, o que nos permitia supor que mantinha uma sofisticada casa de pasto, ou algo do gênero, talvez uma das muitas casas de alcouce que, além de bebida e comida, ofereciam parceiras a quantos homens quisessem dançar o fandango. Deixou em seu testamento um tacho de cobre de catorze libras, seis pratos de estanho, sete colheres de prata, um garfo, seis toalhas de renda e três de linho. Esta africana vivia com muita gala, e seu corpo negro era insuficiente para carregar todas as suas joias de ouro, compradas só Deus sabe com que meios. Eis sua coleção de enfeites corporais:

JOIAS DE OURO	VALOR EM OITAVAS DE OURO
2 cordões	61
1 cruz	22
1 anel de filigrana	9
6 pares de botões filigrana	15
1 Espírito Santo	13
braceletes, corais engravados	32
4 pares de brincos	?
1 menino Jesus	5
TOTAL	**157**

Nos dias de festa religiosa, ou, quem sabe, ao receber algum visitante mais ilustre em sua casa, ao qual servia o repasto em pratos de estanho, colheres de prata e toalhas de linho rendadas, Maria da Costa usaria ou sua "saia de veludo preto", ou o "conjunto de veludo azul-claro", nos pés calçados — privilégio dos livres — "um par de fivelas de sapato de prata", pertences que guardava numa "caixa e baú de moscóvia". Tudo constante em seu testamento. Além de "trastes de casa", possuía também "toda roupa branca e quatro lençóis de linho" — usados provavelmente em situações especialíssimas. Maria da Costa morreu solteira, deixando seu ex-senhor, Belchior da Costa Soares, como seu testamenteiro. Mandou celebrar 2 mil missas na cidade do Porto, confiando, sem dúvida, que no Reino tal liturgia seria mais eficaz. Devia sentir-se muito culpada para investir tanto no descanso de sua alma: que descanse em paz! *Requiescat in pace.*

Tudo nos leva a crer que Rosa acumulou uma quantidade bem menor de roupas e joias do que sua contemporânea Maria da Costa, cujo montante de ouro, 157 oitavas, não seria suficiente sequer para comprar sua alforria, avaliada em 190 oitavas. Apesar de todos os seus bens terem provavelmente valor inferior à sua manumissão, Rosa teria podido utilizá-los como parte do pagamento, ou guardado o ouro até completar o montante. Preferiu, contudo, seguir o conselho divino, mesmo desobedecendo ao seu padre confessor, que, ouvindo seu relato, "lhe disse que deitasse fora semelhantes visões".

Passados alguns meses, talvez um ano, de seu gesto magnânimo, Rosa começa a investir de novo em sua libertação, só que agora utilizando estratégia mais virtuosa e tendo objetivos também cristãos. Como em Mariana e arredores "o povo a perseguia chamando-a feiticeira", foi à procura de seu protetor no Rio das Mortes, "para que este a favorecesse e lhe tirasse esmolas para se forrar".

"Por caridade" ou "por amor de Deus" são expressões que, com frequência, aparecem como justificativas da concessão da liberdade nas cartas de alforria, e há muitos exemplos de escravizados que conseguiram comover seus contemporâneos filantropos que individualmente ou em grupo deram alforria a seus protegidos.[32]

> E vendo o dito padre Francisco e outras pessoas o vexame que o Espírito Maligno fazia a ela, entraram por caridade a falar à dita sua dona Ana para a libertar, o que ela não quis, só lhe dando pela liberdade da depoente um escravizado, com o que entrou o padre Francisco e Pedro Rodrigues Arvelos a pedir suas esmolas e concorreram também com as suas para comprarem um escravizado que deram à dita dona Ana e liberou-a ela, depoente.

Em outra ocasião Rosa nos diz que foi trocada por um moleque — o que nos permite inferir que não tinha muito valor aos olhos de sua proprietária, posto que Antonil dizia que uma negra ladina valia três vezes mais do que um moleque. Ou então, quem sabe, d. Ana subavaliara a negra espiritada também "por caridade", facilitando assim a emancipação da beata. Diz o padre Francisco que, nessa empreitada, contou com o auxílio de um tal Antonio de Barros, cidadão cuja identidade não é revelada nesse processo inquisitorial. Também não se declara com precisão em que ano Rosa foi alforriada. Tudo nos leva a crer que fora "liberada" depois de ter sido flagelada no pelourinho, e talvez seu baixo preço tenha explicação exatamente pelo deplorável estado físico pós-açoites, "quase morta" e com incurável semiparalisia em seu lado direito. Temendo sua morte, d. Ana talvez tenha considerado mais seguro negociar Rosa por um terço de seu valor do que vir a perder todo seu capital. Foi, portanto, um bom negócio para vendedores e compradores; melhor ainda para a cativa africana, que, depois de 25 anos de escravidão, recupera sua liberdade. Liberdade relativa, a bem da verdade, pois o que ocorreu foi uma troca de proprietários: d. Ana Durão recebeu o moleque e entregou Rosa ao padre Francisco e ao sr. Arvelos, os quais, a partir dali, passam a ser os proprietários da negra courana. Tanto que nos dois processos, no do padre e no da espiritada, Rosa é referida como "escravizada que foi de Pedro Rois Arvelos e dele a comprou o padre Francisco Gonçalves Lopes". Só alguns anos mais tarde, quando a courana se transformou em madre no Recolhimento de Nossa Senhora do Parto, é que recebeu em mãos sua carta de alforria.

Apesar de continuar escravizada depois de ter sido comprada pelo seu devoto Arvelos, Rosa gozará de toda regalia como se fosse livre. Era liberta de fato. Tanto que, no Rio das Mortes, "nesse tempo passava ela com o comer que o padre lhe dava".

É nessa época, provavelmente retornando à fazenda dos Arvelos, que Rosa arquiteta seu plano de voltar ao Rio de Janeiro:

> pedindo ao padre que não a desamparasse, porque sem a sua companhia passaria as maiores necessidades e arriscaria a salvação de sua alma, e que fazia um grande serviço a Deus se a levasse para o Rio de Janeiro, onde acharia alívio para seus trabalhos, porque naquela cidade havia pessoas doutas e religiosas que melhor poderiam conhecer a verdade de seu espírito, pois nas Minas não poderia viver porque já a tinham por velhaca e fingida. (Velhaca: pessoa enganadora, esperta, traiçoeira, patife, lasciva e devassa.)

Rosa vivera no Rio de Janeiro dos seis aos catorze anos, entre 1725 e 1733. Agora, com 32, que lembranças teria conservado da Cidade Maravilhosa? Passados dezoito anos nas Gerais em sua época de maior pujança aurífera, o que teria levado essa africana a desejar abandonar as Minas? Tudo leva a crer que a beata espiritada e seu confessor buscaram o litoral a fim de escapar do cerco policialesco das autoridades religiosas, atentas e preocupadas que estavam com os desatinos e estripulias que o Xota-Diabos e seus energúmenos andavam praticando pelas comarcas do Rio das Mortes e de Vila Rica. Essa ilação é confirmada pelo testemunho do padre Filipe de Sousa, então morador na freguesia de São João del-Rei, que perante o Juízo Eclesiástico fluminense declarou: "Capacitando-se o padre Francisco que queriam tirar devassa contra o procedimento de Rosa, fugiram das Minas para o Rio de Janeiro". Devassas que poderiam ser acionadas tanto pelo bispo quanto por ordem dos inquisidores, mas que, na verdade, nunca chegaram a consumar-se, posto inexistir no Arquivo de Mariana qualquer documento relativo à nossa espiritada.

Em São João del-Rei, encruzilhada do Caminho Novo onde obrigatoriamente vinham passar milhares de andarilhos e viageiros provenientes do litoral, as notícias da capitania vizinha deviam chegar diariamente, de modo que o Xota-Diabos e sua dirigida se mantinham bem informados sobre a situação socioeconômica do bispado limítrofe. O sr. Arvelos, ele próprio, tinha algumas pendências judiciárias no foro do Rio de Janeiro, e tanto ele quanto seu compadre sacerdote contavam com amigos lá residentes que poderiam albergá-los nos primeiros dias, como de fato sucedeu.

7. Mudança de nome:
Rosa Maria Egipcíaca da Vera Cruz

No início de 1751, nossa biografada vai dar novo rumo à sua negra vida:

> dispondo-se para fazer a jornada para o Rio de Janeiro com o padre Francisco Gonçalves Lopes, seu senhor, em uma noite que estava dormindo, acordou-a uma voz que dizia: "Segue-me!". E logo tornou a ouvir: "ROSA MARIA EGIPCÍACA DA VERA CRUZ é o teu nome, segue-me!". Com o que ficou ela muito rendida, porque a dita voz saía do Cristo Crucificado.

Essa alteração de nome merece toda nossa atenção, não só pelo que representa simbolicamente, mas também em seu significado como estratagema com vistas à construção de uma nova identidade. Aportando em terra desconhecida com nome diferente, seria mais fácil esconder-se da justiça secular ou eclesiástica. Adotando nome tão pomposo e esdrúxulo, a africana certamente confiava no poder mágico desse seu novo onomástico — quem sabe um resquício da tradição de seus ancestrais nigerianos cujos nomes rituais são sentenças ou augúrios revelados no dia do *orukó*, o dia do nome.[1] Apresentando-se como Rosa Maria Egipcíaca da Vera Cruz — quem estava até então acostumada a ser chamada simplesmente Rosa, ou Rosa Courana, ou ainda "Rosa, escravizada de d. Ana" — certamente contava causar viva impressão nos interlocutores que jamais teriam deparado com uma negra tão importante, daí esperar que, com a grandiloquência de seu patronímico, todos os espaços e portas se abririam a ela, sobretudo entre "as pessoas doutas e religiosas que melhor poderiam conhecer a verdade de seu espírito".

Mudando seu nome, Rosa se insere decididamente na tradição judaico-cristã, na qual diversos personagens bíblicos e santos católicos praticaram o mesmo ritual iniciático, muitas vezes seguindo determinação celestial, significando sempre a metanoia — a mudança de vida, tal qual bem a descreve o Apóstolo dos Gentios. Abrão se transforma em Abraão, Jacó em Israel, Simão em Pedro, Saulo em Paulo. Os papas ainda hoje adotam o mesmo ritual: nos anos em que Rosa viveu, verbi gratia, o cardeal Próspero Lambertini foi coroado com o nome de Bento XIV (1740-1758), sendo substituído por Carlo Rezzonico, que na Sede Pontifícia chamou-se Clemente XIII (1758-1769). Também nas ordens religiosas havia igual costume: na tomada de hábito, os noviços recebiam novo nome. Eu próprio, em 1963, quando recebi a batina branca da Ordem de São Domingos, tive meu nome batismal Luiz mudado para "frei Paulino".

Nomen est omnen, já dizia Cícero. O nome é o destino ou augúrio da pessoa que o porta, e todas essas alterações de onomástico descritas acima almejam simbolizar a mudança de destino com que os convertidos, noviços, papas e santos quiseram marcar suas vidas, "enterrando o velho homem", como escreveu o fariseu convertido em apóstolo das gentes, Saulo-Paulo. Mudança e augúrio, ao mesmo tempo vaticínio de nova conversão no caminho estreito da salvação.

Alguns religiosos e religiosas mantinham o prenome, mas incorporavam um sobrenome retirado da história sagrada, da teologia ou da liturgia católica. Exemplifico com alguns franciscanos da província do Rio de Janeiro, do mesmo convento em que Rosa receberá orientação espiritual, e que se destacaram pelas virtudes ou pelos dotes literários: frei Agostinho da Conceição, frei Caetano de Belém, frei Cristóvão de Jesus Maria, frei Inácio de Santa Rosa, frei Manuel do Desterro, frei Miguel de São Francisco, frei Patrício de Santa Maria etc. Os bispos que Rosa teve a ventura — e desventura — de encontrar pessoalmente também herdaram a mesma tradição conventual dos sobrenomes sacros ou hagiográficos: d. frei Manuel da Cruz e d. frei Antônio do Desterro; o primeiro, religioso da Ordem Cisterciense, o segundo, beneditino.

Foi nas ordens religiosas femininas, porém, que mais se cultuou a adoção de longos sobrenomes de inspiração devota. Eis quatro exemplos retirados de algumas freiras escritoras de livros piedosos, todas contemporâneas de Rosa, em mosteiros de Portugal: soror Arcângela Maria da Assunção, soror Josefa Maria da Madre de Deus, soror Josefa Teresa do Monte Carmelo, soror Maria Micaela do Santíssimo Sacramento. Nossa negra courana é a religiosa que ostentou o maior nome de que até agora tenho notícia: cinco apelativos — Rosa Maria Egipcíaca da Vera Cruz. Só mesmo às famílias reais se permitia tamanha prolixidade onomástica, considerando que boa parte dos mortais de língua portuguesa, pertencentes às camadas mais humildes da sociedade, não possuía sequer um nome de família, só o primeiro e único nome. Com a cabeça coroada, contudo, a regra era exagerar: d. Maria i, contemporânea de Rosa e, como a africana, devotíssima dos Sagrados Corações, recebeu na pia batismal oito nomes: Maria Francisca Isabel Josefa Antonia Gertrudes Rita Joana; o povo, porém, preferiu chamá-la simplesmente, e com razão, de Maria, a Louca. Seu neto, nosso d. Pedro i, foi o campeão dos supernomeados: teve dezesseis nomes, enquanto Pedro ii foi batizado apenas com catorze.

Algumas santas mudaram igualmente de nome por determinação divina: xará de nossa espiritada, santa Rosa de Lima (1586-1617) foi a primeira santa a ser canonizada nas Américas, chamada, na pia, de Isabel de Flores y del Oliva; mas, por ordem expressa de Nosso Senhor e confirmação de Nossa Senhora, passou a se apresentar como Rosa de Santa Maria.[2] Outra freira santa, Ana Maria Redi, carmelita descalça de Florença, contemporânea de Rosa, numa visão ocorrida em 1765, recebeu seu nome iniciático, soror Teresa Margarida do Coração de Jesus, servindo-lhe este como programa de vida claustral, uma vez que era grande devota e propagandista dos Sagrados Corações.[3]

A adoção de um nome tão pomposo e inusitado nos transporta à Palestina de 1500 anos atrás, quando viveu a nova padroeira de Rosa, Santa Maria Egipcíaca. Atribui-se a são Sofrônio (560-638), bispo de Damasco, a autoria da primeira biografia dela. Em sua *Legenda áurea*, de 1260, frei dominicano Jacob Voragine reproduz o que afirma serem as palavras da própria Maria Egipcíaca:

Nasci no Egito, e nos meus doze anos, dirigi-me para Alexandria onde [por] durante dezessete anos me entreguei à pública depravação, e a toda a gente me prestava. E como alguns homens dessa terra se preparavam para fazer a viagem de Jerusalém para ir adorar a Vera Cruz, eu pedi aos marinheiros que os transportavam para me deixarem ir com eles. Quando me exigiram o frete da passagem, logo lhes disse: "Irmãos, nada tenho que vos dar, mas aqui está o meu corpo para pagamento da minha passagem". Nestas condições me levaram e dispuseram-se do meu corpo para se pagarem. Chegamos todos a Jerusalém e tendo-me apresentado com essa gente às portas da igreja para adorar a Vera Cruz, eu senti-me repelida por uma força invisível. Tornei-me muitas vezes, debalde, até às portas da igreja, e sempre me sentia retida, ao passo que os demais entravam desembaraçados. Então me recolhi em mim mesma, e pensei que meus numerosos e imundos pecados eram a causa de minha repulsão. Comecei a suspirar intimamente, a soltar lágrimas amargas e a castigar o meu corpo com as próprias mãos. Ao reparar no ádito eu vi uma imagem da bem-aventurada Maria Virgem e comecei então a rogar-lhe humildemente que meus pecados perdoasse e me permitisse entrar para adorar a santa cruz, e eu lhe prometi abandonar o mundo e para o futuro fazer voto de castidade. Possuída de confiança na Virgem Bendita, entrei desta vez sem obstáculo na igreja. Depois de ter adorado bem devotamente a Santa Cruz, um homem me deu três dinheiros, com que comprei três pães. Ouvi então uma voz que me dizia: "Se transpuseres o rio Jordão, tu serás salva". Atravessei então o Jordão e vim para este deserto, onde durante 47 anos não vi vivalma; os três pães que trouxe endureceram e me bastaram até o dia de hoje. Os meus vestidos caíram em frangalhos e, durante os dezessete primeiros anos de minha vida solitária, tive de sofrer as tentações da carne, mas com a divina graça foram todas vencidas. Até aqui narrei a minha história.

Foi, portanto, depois de 47 anos de solitária penitência da santa, no deserto palestino, que a Divina Providência mandou Zózimo, eremita do mosteiro de São João Batista, para as margens do Jordão. Ao santo monge, Maria Egipcíaca pareceu uma visão diabólica: estava nua dos pés à cabeça, escondendo parte de seu corpo escurecido pelo sol, com sua branca cabeleira de anciã de 76 anos de idade. Assustadíssimo, pensando se tratar de um dos diabos que tentaram Cristo nesses mesmos desertos, Zózimo enfrentou a criatura, que ao vê-lo fugiu apavorada e só depois de prolongada perseguição e insistência se dispôs a abrir seu coração e lhe contar a história que acabamos de transcrever. No final do relato, Zózimo não conteve as lágrimas, emocionado e maravilhado com tão exemplar arrependimento. Acertaram outro colóquio para o ano seguinte, para a véspera da Quinta-feira Santa, dia da Instituição da Sagrada Eucaristia, comprometendo-se o monge a lhe ministrar a santa comunhão. Retira-se a anacoreta para o deserto, atravessando duas vezes as águas do rio Jordão sem molhar os pés, por cima da torrente, repetindo o mesmo milagre de Jesus no lago Tiberíades, situado a poucos dias de caminhada desse local. Passado o ano, padre Zózimo retorna ao mesmo lugar, encontrando a penitente, que, com muita piedade e alabanças, recebe o Pão dos Anjos. Marcam um terceiro encontro na próxima Semana Santa. Retornando ao local aprazado, Zózimo vê um clarão — era o corpo de Egipcíaca já sem vida. Querendo enterrá-la entre lágrimas de tristeza, eis que vê surgir um leão ferocíssimo ao qual diz: "Esta santa me encarregou de a sepultar e eu não posso cavar a terra porque sou velho e não tenho aprestos. Cava pois a terra com as unhas, para que possamos sepultar o santo corpo". E o leão, de imediato, se pôs a cavar e fez uma cova suficiente, partindo a seguir, manso como um cordeiro, e Zózimo voltou para seu mosteiro glorificando a Deus. (Os leões outrora gostavam particularmente dos eremitas: são Jerônimo (342-420) sempre é retratado na companhia de um leão, que se tornou seu bichinho de estimação em gratidão por ter-lhe arrancado um espinho de uma das patas. Desde que o profeta Daniel saiu incólume da cova dos leões, onde "um anjo de Deus fechou a boca destes animais e não lhe fizeram mal algum" [Daniel, 6:23], o rei dos animais ficou submisso aos protegidos do Rei dos Reis.)

Além das Marias de Magdala e do Egito, outras meretrizes arrependidas mereceram a devoção popular e a glória dos altares nos primeiros séculos do cristianismo. A partir do século iv, o símbolo de todas as "etairas" foi Santa Taís, bela cortesã da Síria: convertida pelo anacoreta Pafúncio dentro de seu próprio bordel, ficou tão perturbada com a luz de Cristo que, em praça pública, queimou toda sua vil riqueza, passando o resto de sua vida em penitência, presa num cubículo. Outras beatas purgaram com áspero ascetismo os desvarios de sua lasciva mocidade: Santa Pelágia da Síria, bailarina das mais famosas do Oriente (devia ser exímia na interpretação da dança do ventre), arrependida, recebe o batismo em Jerusalém, distribui todas as suas joias aos pobres, se traveste de homem, muda o nome para Pelágio e passa o resto de sua vida numa gruta no monte das Oliveiras, até que, ao morrer, descobrem que o piedoso ermitão era mulher. Uma versão sacra do mito de Diadorim, perpetuada por outras dançarinas convertidas em santas: Marina, Margarida, Eufrosina e Eugênia, todas referidas no *Dicionário dos santos*, de Donald Attwater.

Santa Teoctista de Paros teve vida tão semelhante à de Maria Egipcíaca que, segundo o jesuíta Francisco Vizmanos, autor da monografia *Las virgenes cristianas de la Iglesia primitiva* [As virgens cristãs da Igreja primitiva], especialista nas pecadoras penitentes, "o anedotário de sua vida se reduzia a um plágio literal, mudando-se tão somente certas circunstâncias de colorido local".[4] Aliás, esse padre-historiador é bastante realista ao salientar que todas as vidas dessas santas pecadoras foram "profusamente adornadas pela fantasia novelesca", tratando-se, na maioria dos casos, de hagiografia legendária com poucas chances de comprovação histórica. Santa Taís nem sequer chegou a ter seu nome incluído no Martirológio Romano, e várias delas foram "cassadas" na reforma do calendário litúrgico empreendido por Paulo vi. Prova da nebulosidade da vida de Santa Maria Egipcíaca é que não se tem certeza nem em que século teria vivido: o dominicano Verogine diz que a santa penitente chegou ao deserto no ano de 280, sob o governo do imperador Cláudio; os eglandistas, aqueles incansáveis estudiosos jesuítas que a partir do século xvii se propuseram como tarefa rever e depurar a vida de todos os santos católicos, afirmaram ter sido em 421 o ano de sua morte — data que o jesuíta Vizmanos contesta; para o escritor Cirilo de Escitópolis, Egipcíaca foi levada aos céus por dois anjos no reinado de Justino em 520, sendo esta a versão aceita pelo Martirológio Romano, que a festeja no dia 2 de abril, enquanto a Igreja oriental transfere sua comemoração para o dia 9 do mesmo mês.[5]

Que caminhos teria seguido a lenda de Santa Maria Egipcíaca desde a Palestina até chegar às Minas Gerais, levando Rosa a adotar-lhe o nome como patrona e sua vida como paradigma?

Um século antes de são Sofrônio escrever, no século vii, a biografia *Vita Mariae Aegyptiae*,[6] já se venerava o túmulo da santa "etaira" situado a quase vinte dias de caminhada deserto adentro a partir do rio Jordão. Como Madalena, a penitente copta gozou de muita popularidade na Idade Média, marcando profundamente o folclore cristão.

Em 1260 a *Legenda áurea* já circulava pela Europa Ocidental, alcançando no século xiii o apogeu de sua devoção e divulgação. Na França, além do citado livro do frei Jacob Voragine, da Ordem dos Pregadores dominicanos, foi composto um poema sacro consagrado a ela, assinado por Hildebert de Lavardin; na Inglaterra, o bispo de Lincoln, Robert Grosseteste, lhe dedica outro poema, enquanto, na Espanha, aparece "La vida de Santa Maria Egipcíaca", o mais longo desses poemas religiosos, com 1451 versos, conservado no Arquivo do Escorial, uma peça-chave no estudo da formação da língua castelhana. Em Portugal, já existia, desde o século xiv, importante manuscrito — "Vida de Maria Egípcia" —, guardado na antiga biblioteca do Mosteiro de Alcobaça, da Ordem Cisterciense, a mais poderosa abadia de Portugal e onde funcionou a primeira escola pública do Reino.[7] No século seguinte, Francisco Sá e Miranda (1495-1558), autor de importantes comédias e modernizador de nossa língua máter, compõe o poema "A Egipcíaca Santa Maria", conservado inédito até o século xix, quando Teófilo Braga o traz à luz.[8] No século xvii, um companheiro de santo Inácio de Loiola, o padre Pedro de Ribadaneira (1526-1611), escreve *História das vidas de Santa Maria Egipcíaca, Santa Taís e Santa Teodora*, cuja primeira edição em Portugal, traduzida pelo oratoriano Diogo Vaz Carrilho, é de 1673, recebendo diversas edições ao longo do século xviii. Foi esse folhetim, cujas primeiras doze páginas são dedicadas à penitente do Jordão, que mais divulgou sua devoção na Lusitânia, trazendo estampada na capa uma bela xilogravura na qual uma abundante cabeleira envolve, como uma túnica, o corpo desnudo da santa.[9]

Além dessa versão renascentista, a *Biblioteca lusitana*, o principal guia da antiga literatura portuguesa, arrola mais duas vidas de Santa Egipcíaca escritas em nossa língua, de autoria dos freis Eloi Ferreira e Hilário de Lourinhã, ambos cistercienses moradores no Real Mosteiro de Alcobaça, provavelmente revisões setecentistas do manuscrito do século xiv.

Quanto às representações iconográficas e estatutárias da penitente, por mais que tenhamos pesquisado, dispomos de pouquíssimas imagens e estampas a ela consagradas. Na riquíssima "Coleção de Registros de Santos" da Biblioteca Nacional de Lisboa, só encontrei duas reproduções; na coleção da nossa Biblioteca Nacional, organizada por Augusto Lima Jr., nenhum santinho da anacoreta. Até hoje só vi uma imagem da santa: uma escultura em madeira, de sessenta centímetros, do século xviii, conservada no Museu da Ordem Terceira do Carmo de Salvador.

No entanto, datam do século xiii os belos vitrais de Bourges e Auxerre, em que a penitente é estampada em pose de oração; para o século xiv, dispomos ao menos da pintura do Mestre de Tebaida, que a retrata recebendo a comunhão das mãos de Zózimo: jamais se viu uma mulher tão feiosa quanto a velha penitente! Alguns pintores renascentistas a tomaram igualmente como inspiração artística: Lorenzo de Credi, Tintoreto e Ribera, todos dando ênfase à exuberante cabeleira da ex-mulher pública.

Suas supostas relíquias foram veneradas em templos de Roma, Nápoles, Cremona e na igreja de São Salvador de Antuérpia. Não encontrei seu nome em nenhuma vila, capela ou freguesia de Portugal ou do Brasil, embora fosse a protetora da Irmandade da Guarda Real de Lisboa. Também na Espanha, segundo o autor do livro *Santoral diabólico*, não se conhece nenhum povoado ou localidade que a tenha como patrona.[10] Em Cachoeira, a segunda mais importante cidade histórica da Bahia, junto ao altar-mor da igreja da Ordem Terceira do Carmo, localizei um belíssimo quadro no qual se lê: "Santa Maria Egipcíaca", com a figura de uma simpática jovem branca, pele cor-de-rosa, longa cabeleira castanho-clara, mostrando seios exuberantes que mais evocam uma bela amazona de Rubens do que a horripilante penitente pele e osso vista pelo eremita Zózimo e realisticamente pintada pelo Mestre de Tebaida. Seios à mostra nunca escandalizaram nem mesmo os mais piegas moralistas luso-brasileiros, sendo motivo de escárnio, por parte dos viajantes estrangeiros, o pudor com que nossas donzelas e matronas escondiam os tornozelos, mas deixavam bem à mostra, com decotes ousadíssimos, parte de seus rechonchudos bustos. Afinal, se até a Virgem Maria, invocada sob o título de Nossa Senhora do Leite, deixava à mostra seus sacratíssimos peitos quando aleitava o Divino Infante, por que esconder o que Deus não teve vergonha de em público mamar?

Tive vaga notícia de que haveria uma imagem dessa santa no Museu dos Aflitos, na cidade de Santo Amaro da Purificação. Consultando dois especialistas em história do catolicismo brasileiro, os professores Pedro Moacir Maia e Cândido da Costa e Silva, da Universidade Federal da Bahia, nenhum se recordava de ter visto sequer uma representação dessa santa no Brasil; apenas o último se referiu a uma pintura cusquenha vendida na Bahia, por ele identificada como da santa copta. Nas Minas Gerais, pesquisando inúmeras igrejas e museus, nada encontrei da penitente.

Não resta dúvida de que, apesar de o nome de Maria Egipcíaca constar no calendário litúrgico, nunca teve grande devoção no mundo luso-brasileiro, sendo Maria Madalena a preferida e quase exclusiva patrona das pecadoras arrependidas presente no imaginário de nossos antepassados. Até a simples pronunciação do nome Egipcíaca constitui dificuldade para pessoas menos letradas, tanto que a própria Rosa assinava "Egyciaca", sem que possamos afirmar se pronunciava seu nome com o acento no "i" ou no primeiro "a", pois, embora o correto fosse a primeira forma, não é de todo improvável que preferisse a segunda, "Egiciáca", tal qual ocorre ainda hoje na Bahia, por exemplo, com o nome Ciríaco, que popularmente é pronunciado "Ciriáco".

Confrontando a biografia da santa com a de Rosa, encontramos entre ambas tantas recorrências e similitudes que podemos afirmar, sem medo de equívoco, que a negra courana conhecia perfeitamente a história de sua padroeira, e tal qual já acontecera com santa Teoctista de Paros, no século x, cujo anedotário se reduzia a um plágio literal da vida da penitente copta, também Rosa moldou pari passu sua autobiografia à de sua patrona. Eis as principais semelhanças entre a vida de Rosa Maria Egipcíaca da Vera Cruz com a de Santa Maria Egipcíaca: ambas nasceram na África; entre doze e catorze anos perderam a virgindade; viveram longos anos como mulheres públicas; sentiram as duas a mesma força sobrenatural que as impedia de entrar na casa de Deus; no momento da conversão, fazem voto de castidade, abandonando a vida sensual; ambas manifestam grande devoção à Sagrada Eucaristia e aos ministros do altar. Outros detalhes reforçam as similitudes entre a vida dessas madalenas arrependidas: ambas sentiram uma força invisível que as obrigava a rezar voltadas para o Oriente no caso da santa, e para o morro do Fraga no caso da courana; ambas foram agraciadas com visões de Maria Virgem entremeadas de tentações do Demônio; ambas abandonaram suas roupas e enfeites para, despojadas, seguir o Divino Esposo. Dois detalhes da biografia de Rosa foram apropriados da vida de outras penitentes orientais: como Madalena, também a ex-escravizada de d. Ana foi possuída por sete demônios, e como Tais, abrasada pelo amor de Deus, tomou a generosa resolução de se desfazer "de tudo quanto tinha granjeado em seu torpe ofício", bens que foram avaliados em trezentas libras de ouro, encerrando-se santa Taís então num mosteiro de freiras.[11] Tudo nos leva a crer que tais analogias, ou a maior parte delas ao menos, foram moldadas ex post facto, numa tentativa inteligente de sacralizar pelo decalque a vida da espiritada na biografia das santas penitentes. A inclusão, em seu passado, de trechos da vida de outras bem-aventuradas, como Taís e Madalena, revela que o sincretismo hagiográfico, já nessa época, fazia parte da estratégia da ex-escravizada para convencer as pessoas mais próximas da excelência e da predestinação de sua santidade. No Rio de Janeiro, conforme veremos a seguir, tal mecanismo será acionado muitas vezes, aliás, como recorrentemente fizeram vários dos santos que hoje estão nos altares.

Alguns versos do poema "A Egipcíaca Santa Maria", de Sá e Miranda (século XVI), parecem ter sido encomendados para descrever aspectos da vida de nossa negra: a perda de sua virgindade, a devassidão de seus costumes, suas vaidades e piedosa conversão ajoelhada aos pés do padre Zózimo.

Farei que da Egipcíaca bela
Leiam honradas e erradas
Que tomando exemplo nela
Sejam para o céu guindadas
Guiadas por esta estrela

De doze anos pouco mais
Idade inda tenra e verde
Engolfada em vícios tais
Perdeu o que se se perde
Nunca se cobrará mais

Não há canto que não a veja
Não há homem que a não fale
Tudo quanto vê deseja
Se lhe mandam que se cale
Fala importuna e sobeja

Passatempos e deleites
Busca para recrear-se
Joias mil para enfeitar-se
Que quer com estes enfeites
Fazer dos homens amar-se

Músicas, danças, saraus
Tratar de noite de amores
Favores e desfavores
Se ela tinha vícios maus
Isto lh'os fazia piores

Era tão livre e devassa
Naquele vício infernal
Que um só aceno a trespassa
E com graça e liberal
A muitos se dá de graça

Assim passa a triste vida
Quem teve tão triste sorte
Porque a alma mais perdida
É a que vive esquecida
Do juízo, inferno e morte

Mas se nos primeiros anos
Mundanos a perseguiam
Depois que os anos corriam
Ela seguia aos mundanos
Por que eles a não seguiam

Como o viver estragado
Estraga o corpo mortal
Este fermoso animal
Já não era tão presado
Por se presar de sensual

Bate-lhe a enfermidade
Às portas do coração
Toca-lhe a necessidade
Ela a todos diz que não
Senão à sensualidade

No coração Deus lhe toca
Lá do céu com sua mão
Que em toque desta feição
Faz que manifeste a boca
Que está aberto o coração

Aberto desta mulher
Aquele coração puro
Acerta os olhos erguer
E vê o retrato puro
De quem Jesus quis nascer

Como não se determina
Do que há de fazer não sabe
Quer a vontade divina
Que uma voz serena e grave
O que há de fazer lhe ensina

E já que ofendeis aos céus
Com tão duro coração
Peço-vos, padre e irmão
Que com a bênção de Deus
Me deite a vossa bênção...

Três são nossas hipóteses explicativas de como Rosa, escravizada analfabeta, chegou ao conhecimento da biografia e consequente adoção de Santa Egipcíaca como sua estrela-guia e irmã gêmea na vida espiritual:

- Através de informações pias prestadas pelo padre Francisco Gonçalves Lopes, seu primeiro confessor, o qual, perante os inquisidores, declarou ser homem de poucas luzes e reduzidos estudos teológicos, mal e mal conhecendo "seu Breviário e o Livro dos Santos e seus Milagres". Certamente se referia ao *Flos Sanctorum*, a principal coletânea da vida de santos, obra que, segundo o bibliófilo Inocêncio Silva, teve oito edições em língua portuguesa entre 1513 e 1741, e que reproduz a vida de Santa Maria Egipcíaca no dia 2 de abril. Aluno dos carmelitas em Braga, o padre Francisco talvez tenha tomado conhecimento da biografia dessa santa através desses religiosos, grandes devotos da eremita do Jordão;
- Através de d. frei Manuel da Cruz, primeiro bispo de Mariana, que antes de vir para a América fora mestre dos noviços na abadia cisterciense de Alcobaça, o mesmo mosteiro em cuja biblioteca se conser-

vava, desde o século XIV, a biografia da santa penitente e onde, no século XVIII, dois monges ali residentes — freis Hilário de Lourinhã e Eloi Ferreira — autografaram novas biografias da mesma eremita. Pode ser que, além da introdução nas Minas do culto dos Sagrados Corações de Jesus, Maria e José, o piedoso prelado bernardino tenha divulgado, através de sermões e novenários, a devoção à ex-prostituta de Alexandria, oferecendo-a como modelo de santidade para converter as muitas mulheres do fandango que, nas pontas das ruas e arraiais, faziam de Mariana e Vila Rica diabólicos antros de perdição;

- Através dos frades carmelitas, igualmente, Rosa pode ter recebido informações sobre a sua santa patronímica. A Ordem de Nossa Senhora do Monte Carmelo pretende ser a continuadora da tradição eremítica do Oriente, remontando sua fundação mítica aos tempos do profeta Elias (875 a.C.). Sendo a Palestina o lugar de sua origem (o monte Carmelo se situa próximo à atual cidade de Haifa), coube aos carmelitanos a divulgação, no Ocidente, a partir do século XII, do culto de diversos santos eremitas orientais, como o próprio santo Elias, patrono da província carmelitana do Rio de Janeiro; santo Elói, cuja imagem será cultuada na igreja do Recolhimento do Parto, onde Rosa será a madre regente; santo Antão, santa Pelágia etc. Não deixa de ser sintomático, como disse há pouco, que as duas únicas representações que encontrei de Santa Egipcíaca estivessem exatamente em templos da Ordem do Carmo, a meu ver, a principal divulgadora de sua devoção, ao menos no mundo ibero-americano. Daí ser plausível que Rosa tenha conhecido, através dos frades carmelitanos, a vida de sua santa inspiradora. Chegados ao Brasil em 1580, em fins do século XVII já existiam aqui 246 religiosos desta ordem mariana, distribuídos em doze casas professas.[12] Nas Minas, embora fosse proibida a construção de conventos, os religiosos sempre percorreram toda a região, dando assistência às numerosas irmandades e ordens terceiras, recolhendo esmolas ou pregando missões. A Virgem do Carmo foi particularmente venerada além da Mantiqueira, tanto que a primeira capela erguida na região aurífera foi a ela consagrada (1698), assim como suas primeiras freguesia, vila e cidade: Nossa Senhora da Conceição do Ribeirão do Carmo, somente em 1745 mudando o topônimo para Leal Cidade de Mariana. Em 1732, fundava-se em São João del-Rei a igreja de Nossa Senhora do Carmo, sendo rara a vila mineira setecentista em que não houvesse ao menos uma capela dedicada a tão querido título mariano. Sua popularidade se deve, sobretudo, à devoção aos poderosos "escapulários do Carmo", dois pedacinhos de lã marrons dependurados em cordão, trazidos um no peito e outro nas costas, que protegiam os portadores das tentações do Diabo e garantiam a seus devotos a assistência de um sacerdote *in extremis mortis*. Como dissemos, não havia colono antigamente que não carregasse proteção dependurada no pescoço, podendo ser uma medalhinha, escapulário do Carmo ou das Mercês, bolsa de mandinga, patuá, bula da cruzada, ágnus-dei, o rosário — ou todos juntos. O pintor setecentista José Joaquim da Rocha retratou, com perfeição, quão forte era a devoção a esses amuletos na época do Barroco, mostrando, num painel de Nossa Senhora da Palma, um anjo com uma espécie de cornucópia mística, de onde escapam bentinhos, rosários, escapulários e cruzinhas de cores e formatos variados.[13] Prova da devoção dos mineiros pela Virgem do Carmo é que, no *Dicionário histórico-geográfico de Minas Gerais*, localizamos catorze vilas e cidades com esse nome, entre elas Nossa Senhora do Carmo da Bagagem, da Escaramuça, das Luminárias, do Arraial Novo, do Cajuru, do Campestre, do Campo Grande, do Frutal, dos Morrinhos, dos Pains — quase todas datando do período em que o ouro corria a granel na capitania. Para dar assistência às suas irmandades, frequentemente os carmelitas percorriam a região, mas nem sempre dando bons exemplos de virtude, como aconteceu com frei João de São José e santa Teresa, que, apesar de nome tão piedoso e de pertencer à ala mais austera desta ordem — era carmelita descalço —, nem por isso deixou de ser despachado preso para o Rio de Janeiro em 1715, acusado de "apóstata e malprocedido".[14] Na década de 1730, mais dois escândalos envolvem os carmelitas: em 1733, frei Luis Coelho, do Carmo de São Paulo, é acusado em Minas Gerais de ser "muito namorador e lascivo, cobiçando Domingas de tal, espreitando-a pela gelosia, gastando com mulheres as esmolas que lhe dão com santinhos...".[15] Em 1738, outro episódio pouco edificante, já citado alhures, envolve frei Pedro Antonio, religioso do Carmo, que tocava viola publicamente, acompanhado por um frade dominicano, um cônego e mais uma crioula forra vestida de homem, todos cantando debochadamente uma canção que, pelo título, "Arromba", sugere que a pregação deste carmelita se centrava mais na vida airosa da santa prostituta do que em suas ásperas penitências.[16] Em 1748, percorre as Minas o irmão frei Vicente de São Bernardo, esmoler descalço, recebendo da Câmara de São João del-Rei trinta oitavas de ouro para seu convento *mater*.[17] Conjecturamos que tenha sido da boca deste religioso que Rosa ouviu a história de Santa Maria Egipcíaca, pois foi no ano seguinte à sua passagem pelo Rio das Mortes que a negra a adotou como padroeira.

Difícil saber quais dessas três possibilidades influenciaram Rosa na escolha de seu onomástico; o certo é que, a partir de 1751, ela se apresentará sempre como Rosa Maria Egipcíaca da Vera Cruz.

Imitando a santa do Egito depois de sua conversão, também ela vai empreender importante viagem, início de uma nova fase em sua atribulada existência: se a primeira Egipcíaca atravessou o rio Jordão, Rosa, por sua vez, irá para o Rio de Janeiro. Ambas seguindo a inspiração divina à procura da perfeição espiritual, tendo como modelo e estrela-guia a Vera Cruz.

8. Viagem para o litoral

A viagem de Minas para o Rio de Janeiro é das passagens mais bem documentadas no processo de Rosa, pois, além do depoimento do padre Xota-Diabos e da própria espiritada, duas outras testemunhas acompanharam os viajantes Mantiqueira abaixo.

Narra o sacerdote que sua filha espiritual implorara para que se transferissem para o Rio de Janeiro, pois ficando nas Minas "arriscaria a salvação de sua alma". De início, resistiu à ideia "pelos muitos gastos e trabalho da jornada", tanto que aceitara o oferecimento de Francisco de Sousa, agregado à família do alferes Francisco Motta, para ir em seu lugar acompanhando-a. Mas mudou de ideia e, "por caridade, alugou dois cavalos, um para a preta e outro para os trastes", e, montado em seu cavalo próprio, começaram a viagem. Rosa tem importante visão logo no início da caminhada:

Estando mais o padre esperando por Pedro Rois Arvelos, que também os queria acompanhar e havia de trazer o dinheiro para os gastos da jornada, em um dia pela manhã, que era o de São José, estando ela, ré, ainda na cama, mas acordada, rezando à Nossa Senhora, ouviu com seus ouvidos uma voz clara e distinta que lhe dizia rezasse uma Estação, e no fim dela se achou em um lugar junto de umas casas que nunca viu, nem sabe em que parte fosse, e aí se achou junto com o dito padre na presença de um homem venerando de barbas compridas mas muito especioso, o qual tinha uma vara branca na mão e com ela bateu na porta de suas casas, que apareceram no mesmo lugar. E logo se abriram e saiu outro homem todo vestido de branco, de formoso aspecto, ao qual disse o outro se tinha cômodo naquela casa para ele, para o dito padre e para ela, ré. E perguntando-lhe este que apareceu vestido de branco e mostrava ser o senhor das casas quem ele era, respondeu que era Deus Verdadeiro, que se retirava das Minas pelas culpas e ofensas que contra ele faziam os homens. E dito isto, desapareceu tudo e se achou ela, ré, na cama das casas em que estava, no caminho das Minas para ir à cidade do Rio de Janeiro.

Foi, portanto, exatamente a 19 de março de 1751 que, de São João del-Rei, partiu essa pequena comitiva em três montarias, provavelmente incorporando-se a uma caravana mais numerosa, das muitas que desciam para o litoral, posto que, à época, era temerário e bastante arriscado viajar isoladamente, tantos eram os assaltantes e quilombolas que infestavam o Caminho Novo, ou o Velho. Devem ter escolhido essa data exatamente para pôr tão importante jornada sob a proteção do pai putativo de Jesus Cristo, ele próprio acostumado a proteger a Sagrada Família quando fugiam de Belém para o Egito devido à perseguição de Herodes (Mateus, 2:13). Segundo o autor do *Año Cristiano*, "a festa de são José é uma das mais doces para toda a alma devota e cristã", e até hoje há o costume de se semear, exatamente nesse dia, os grãos de milho cujas espigas serão colhidas no Dia de São João — 24 de junho —, sendo voz do povo que, havendo chuva no dia do plantio, estará garantida a abundância da produção. São José mereceu particular carinho e devoção por parte de nossa africana — seguindo também, nesse particular, o exemplo de Santa Teresa d'Ávila, modelo de pureza e abnegação ao Menino Deus.

Na confissão feita aos inquisidores, a ré floreia um pouco mais essa visão há pouco referida:

Principiando a jornada, em dia de São José, pela madrugada, acordou-a uma voz que lhe dizia: "Reza uma Estação — isto é, seis Padre-nossos, seis Ave-marias e seis *Gloria Patri*, em intenção das almas do purgatório". E obedecendo à ordem, no último Padre-nosso, às palavras "santificado seja o vosso nome", se achou em um campo onde viu que também se achava o dito padre Francisco e um homem de rosto venerando, barba branca comprida, com casaca de saragoça (pano grosseiro de lã escura), com uma vara muito delgada e cândida nas mãos. E batendo com esta mesma vara na porta de uma casa, que era a única que havia no dito lugar, acudiu um moço e, perguntando-lhe o que queria, respondeu o dito velho que queria agasalho. E com a vara assinalou o lugar em que haviam de fazer três camas, uma para ele e duas para ela, ré, e para o padre Francisco. E, perguntando-lhe mais o dito moço quem era, lhe disse o velho que era Nosso Senhor que vinha fugido das Minas, pelas muitas ofensas que lá lhe fizeram e que vinha fugindo para o Rio de Janeiro para ver se achava quem lhe desse agasalho. E passado o referido, se achou outra vez assentada sobre a cama, e na casa em que tinha dormido, com a lembrança perfeita do que se tinha passado, e dali a tempos a referiu ao dito padre Francisco que se calou e não fez caso de tal narrativa.

É clara a analogia entre Deus — o velho barbudo vestido de saragoça — e a própria vidente, ambos fugindo e dando as costas à impiedade dos mineiros, ambos pedindo abrigo nas estalagens e pousadas do Caminho Novo. A imagem de Cristo, travestido de caminhante maltrapilho, percorre há milênios o imaginário cristão, tanto que, antigamente, um dos mais beneméritos atos de caridade cristã era acolher os peregrinos, sendo a desobediência a esse preceito — e não a sensualidade — a principal causa da suposta destruição de Sodoma e Gomorra, tal qual hoje interpretam os mais ilustres exegetas.[1]

Caminhando as montarias no máximo quatro léguas por dia, em estrada não muito acidentada, o trajeto do Rio das Mortes para o litoral devia representar por volta de uma semana de viagem a cavalo: de São João del-Rei, passava-se por Registro, Borda do Campo, Rocinha, Sítio do Bispo, Sítio do Alcaide-Mor e do Juiz de Fora, atravessando-se, depois do Sítio do Araújo, as corredeiras do rio Paraibuna, passando a seguir pelos sítios e pousadas de dona Maria, Cavuru Açu e Mirim, Pau Grande, Taquaruçu, Couto, tomando-se então a canoa rio abaixo até o sítio do Pilar, e na maré alta, em lancha, descia-se pelo rio Aguaçu, alcançando-se a cidade de São Sebastião do Rio de Janeiro.[2] Serraria brava e abismos horripilantes ao cruzar a interminável Mantiqueira, cerração espessa e úmida a entrar pelos ossos ao descer a serra, sol escaldante nas baixadas cheias de brejo: eis o panorama sucessivo dessa jornada. Nossos viajantes deviam avançar em marcha lenta para não desatar os "trastes": certamente dois baús ou canastras de couro atados em cada lado da montaria. Rosa e o padre deviam carregar a tiracolo, cada qual, seu embornal com matalotagem e água para o refrigério.

Rosa Egipcíaca já caminhara por essa mesma estrada, no sentido do litoral para o interior, havia dezoito anos, e o padre Francisco havia 21, ao chegar do Reino. A negra deve ter notado muita diferença no trajeto, pois nessas duas décadas o Caminho Novo passara a ser nossa principal estrada real, agora muito mais povoada e oferecendo melhores recursos para os andarilhos. Não obstante, ainda na primeira metade do século seguinte, Saint-Hilaire não há de poupar críticas acerbas à precariedade e à falta de conforto das pousadas da região.

O caminho de São João del-Rei ao Rio de Janeiro é muito frequentado; entretanto são poucas as habitações que se veem nos campos margeantes, onde apenas se notam traços de culturas. Imensas solidões fatigam os olhos por sua monotonia. É inconcebível a falta de recursos nesta estrada. Inutilmente procurei adquirir um pouco de milho e não pude conseguir farinha, embora tivesse parado em um lugar onde as caravanas costumavam pousar. Logo após deixar Barbacena começa-se a perceber a aproximação das florestas, com vales mais profundos e tufos de matas mais numerosos. As longas chuvas haviam arruinado inteiramente a estrada. Animais de carga haviam morrido atolados na lama. Meu tropeiro dirigiu preces à Virgem e a Santo Antonio para obter a graça de atravessar sem dificuldades as florestas.

As matas virgens têm uma majestade que me causa sempre profunda impressão: no silêncio dessas matas ouvia continuamente o eco das vozes dos tropeiros e o ruído dos guizos da madrinha da tropa.

No dia em que cheguei a Paraibuna, o calor era tanto que apesar de irmos a passo, montados, o suor corria-me a grande. Passei uma noite muito má à margem do Paraíba, no meio de cães e de porcos que rondavam minhas malas, dando-me grande preocupação por minha bagagem. No dia seguinte, de manhã, houve dificuldade em encontrar os animais...[3]

Do alto de seu cavalo alugado, confortavelmente instalada, Rosa, agora com 32 anos, contemplava de privilegiada perspectiva a mesma estrada que, aos catorze anos, percorrera a pé, peça anônima num lote de escravizados. Quem poderia imaginar que Rosinha, insignificante escravizada mina, já deflorada por seu patrão, sem lenço nem documento, desceria, mulher-feita, a mesma serra, agora forra, rezando e entendendo latim, nomeada pelos céus "zeladora dos templos", intitulada, por ordem também divina, de a nova Maria Egipcíaca da Vera Cruz?! Cumpria-se a profecia do Salmo 125:

> *Quando o Senhor reconduzia os cativos, estávamos*
> *sonhando...*
> *... na ida caminhavam chorando, carregando as sementes,*
> *na volta, cantando com alegria, carregando as espigas.*

Tal qual sucedera com o povo eleito em seu êxodo para a terra prometida, Deus permitiu ao Diabo que também tentasse sua serva. No deserto do Sinai, o Demônio levou os judeus à idolatria do bezerro de ouro; na Mantiqueira, Satanás atacou em duas frentes: primeiro tentou matar sua espiritada precipitando-a nos abismos. Sem êxito, pois Rosa tinha a seu lado o protetor Xota-Diabos, o Cão apelou para a parte mais fraca dos mortais: a carne, e por muito pouco não conseguiu seu intento de levar Rosa ao pecado mortal contra a castidade. Novamente, o poder do exorcista foi mais forte.

Um dos viajantes que acompanhavam a caravana de Rosa pelo Caminho Novo foi quem relatou o primeiro episódio. Caetano Fernandes Pena tinha então 31 anos, era português natural de Nossa Senhora das Neves de Tomega, sabia ler e escrever. Morava nas proximidades da Capela de São Sebastião, próximo à fazenda dos Arvelos. Conhecia o padre Francisco Gonçalves Lopes apenas de vista e de ouvir falar. Foi este informante quem revelou, anos mais tarde, ao comissário do Santo Ofício do Rio de Janeiro, que o exorcista da negra endemoniada "era chamado por antonomásia o Xota-Diabos". Disse mais:

> que em toda a viagem, a negra fazia suas visagens como quem queria cair, proferindo palavras que ele não entendia, e, ainda onde o caminho tinha risco, ela se punha firme sobre o pé esquerdo e, deixando a rédea do cavalo, se punha de forma que ia caindo toda de fora da sela; se fosse outra qualquer pessoa, naturalmente cairia, sem dúvida.

Fazer malabarismos equestres à beira de precipícios era uma temeridade, mesmo para cavaleiros experimentados; imagine para uma cativa, que, em toda sua vida, devia ter montado pouquíssimas vezes num ginete! Caetano ficou deveras impressionado com as estripulias da africana, sobretudo ouvindo o padre dizer para outro viajante, Domingos Francisco Carneiro, quando embarcaram no porto da Estrela, que "a negra Rosa tinha Nosso Senhor Sacramentado no seu peito e que era comparada à Trindade Santíssima". Qualquer um concluiria convicto que aquela exibição de equilíbrio equestre só podia ser coisa sobrenatural, sem qualquer relação, portanto, com as peripécias dos artistas dos circos de cavalinhos. Se Jesus Sacramentado saltara do altar para a boca de vários santos e santas, se a própria Maria Egipcíaca levitara duas vezes para atravessar o rio Jordão, se são José Cupertino fora visto em "prolongados voos" por inúmeros devotos, por que duvidar da sobrenaturalidade das cabriolas da negra sobre o ginete?

Se dermos crédito ao pioneiro dos estudos afro-brasileiros, Nina Rodrigues, as acrobacias fantásticas são consideradas pelos povos animistas-fetichistas como sinais diacríticos da incorporação dos espíritos dos ancestrais. Ele próprio, em fins do século XIX, presenciou "uma filha de santo do terreiro do Gantois subir numa árvore muito alta, e, trançando as pernas em torno de forte galho, começou a balançar-se como se fosse um símio, lançando-se da árvore ilesa".[4] Para os orixás, também, nada é impossível!

O padre Xota-Diabos diz, contudo, que era o Anjo das Trevas que assim atacava sua dirigida: "Na estrada, o Demônio a tomava e a deitava do cavalo abaixo, ficando algum tempo sem acorde, dando a ele muito trabalho para pôr-lhe preceitos".

O viageiro Caetano ficara tão impressionado com tais diabruras que, catorze anos depois, em 1764, ainda se lembrava das palavras que o reverendo exorcista dizia do alto de sua montaria. Todas as vezes que o padre via isso, imediatamente dizia para o Diabo: "Maldito! Se descompuseres a criatura, hei de rezar à Senhora Santana tantos Credos, tantos Padre-nossos, tantas Ave--marias, tantos *Gloria Patri*, terços e ladainhas à Senhora Santana, para te consumir" — aumentando cada vez o número das tais rezas. E completou: "O padre rezava muitas Salve-rainhas e Santana Socorre-nos! E assim ia um quarto de légua, repetindo o mesmo várias vezes nos dias da viagem".

Na monotonia do toque-toque dos cavalos no passo lento descendo a serra, sob o sol a pino, lá ia a caravana sonolenta, só despertada pelos frequentes acidentes e exorcismos do Xota-Diabos, que, embora fugindo do figurino do *Rituale Romanum*, surtiam efeito na espiritada, a qual, depois de tantas e tantas dezenas de orações e litanias, sossegava finalmente na montaria. Com o breviário em punho, o sacerdote devia rezar o Salmo 90, oportuníssimo para viagens tão atribuladas:

> Quem habita na proteção do Altíssimo [...] Não temerá o terror da noite [...] nem a epidemia que devasta ao meio-dia [...] Caiam mil ao teu lado/ e dez mil a tua direita,/ a ti nada atingirá. [...] pois em teu favor ele ordenou aos seus anjos/ que te guardem em teus caminhos todos.// Eles te levarão em suas mãos,/ para que teus pés não tropecem numa pedra;/ poderás caminhar sobre o leão e a víbora/ pisarás o leãozinho e o dragão.// Porque a mim se apegou, eu o livrarei.

Apaziguado Satanás, à custa dos exorcismos e da proteção de Santana, avó de Cristo, eis que, numa das noites desta viagem, o Maligno arquiteta libidinosa cilada, revelando o quão astuta e capciosa se tornava a inteligência da africana quando atacada pelo Pai da Mentira. É o próprio padre Francisco quem narra esse sensual episódio, tendo ele, na ocasião, 57 anos, e sua ex-escravizada, 32.

> Numa estalagem, dormindo em casas separadas, deitado em sua cama, a negra pretendeu pôr-se sobre ele, como com efeito se pôs, pretendendo que a desonestasse, o que ele percebeu pelas ações desonestas que fazia, mas, embrulhando-se com uma roupa, recusou-se, e ela, fingindo estar vexada do Espírito, disse-lhe: "Ministro, por que não tens cópula com esta preta, pois já que muitos se metem no inferno por dizerem falsamente que andas com ela amancebado, faze esses ditos verdadeiros, para que se não condenem".

Por pouco o sacerdote não se deixava engabelar por enredo tão silogístico e pelas carícias tão sedutoras da liberta, como se um pecado mortal contra a castidade pudesse eximir os caluniadores de suas culpas de murmuração. Calejado que estava o velho exorcista com as artimanhas do Enganador — que, às vezes, chegou a se travestir de Jesus Crucificado para burlar alguns santos, conforme sucedeu com um discípulo do Poverello de Assis[5] —, o padre Francisco "fez o sinal da cruz e mandou o Espírito embora e que se metesse no inferno".

O Espírito de Rosa nos fornece importante informação nesse episódio lúbrico: que havia murmuração nas Minas de que o padre e sua filha espiritual eram amancebados. Se dermos crédito aos ditados populares quando dizem:

"Onde há fumaça há fogo" e que "o povo aumenta, mas não inventa", ou ainda *"vox populi, vox Dei"*, somos levados à ilação de que não seria excesso de malícia de nossa parte conjecturar que algo mais íntimo devia existir entre o padre e a negra mina além de mera relação exorcista/energúmena.

Apesar da obrigação dos padres seculares de manterem o celibato canônico — diferente dos religiosos que optam livremente pelo voto de castidade —, dispomos de enorme acervo documental comprobatório de quão libidinosos eram muitos e muitos ministros do altar no Brasil colonial. As *Constituições do arcebispado da Bahia*, em muitos artigos, tratam das interdições e penalidades contra os clérigos imorais, prescrevendo, por exemplo, que não tivessem em seu serviço doméstico mulher com menos de cinquenta anos, "nem outra alguma mulher de que haja ruim suspeita", mesmo que fosse serviçal de suas parentas próximas, proibindo-se também que as mulheres fossem ensinadas a ler, cantar ou tanger instrumentos, ou que frequentassem os mosteiros de freiras (§§ 484, 486). Severos castigos, como prisão, degredo, multas e destituição das ordens sacras, pesavam contra os clérigos culpados de crimes de bestialidade, molície, sodomia, adultério, incesto, estupro e rapto (§§ 961-978). O título xxiv do Livro v trata precipuamente "Dos clérigos amancebados", dizendo: "Indigna coisa é nos clérigos o torpe estado de concubinato, pois sendo pessoas dedicadas a Deus, é ainda maior neles a obrigação de serem puros e castos e de vida e costumes mais reformados". Sempre de acordo com as *Constituições*, primeiro se multava o presbítero infrator, que chegava até a perder todos os seus benefícios e rendimentos para sempre. A excomunhão era outro recurso para os refratários e impenitentes; um mês no aljube para os que não tinham benefícios e, no caso de reincidência, degredo para fora do bispado ou até para a África. "E sendo amancebado com filha espiritual, será castigado com mais graves penas."

Já o mencionado Antonil chamava a atenção para a imoralidade do clero regular e secular quando cruzava a Mantiqueira, e a historiadora Laura de Mello e Souza dedica um subcapítulo dos *Desclassificados do ouro* aos padres infratores, no qual enumera todo tipo de incontinência ética e sexual entre os ministros do altar. Arrola uma meia dúzia de sacerdotes concubinados, entre os quais o padre Felipe Teixeira Pinto, culpado em 1730 por andar amancebado com Ana, escravizada negra.[6] No mesmo ano em que Rosa andava por São João del-Rei, saiu denunciado na devassa de 1749 o padre João C. de Mello, "concubinado com a parda filha do Papudo".[7]

À Inquisição não interessava a mancebia em geral, nem mesmo envolvendo os tonsurados. Era, porém, de seu conhecimento e alçada o chamado "crime de solicitação *ad turpia*", quando o sacerdote convidava, no confessionário, suas ou seus penitentes para atos pecaminosos.[8] No volumoso Repertório dos Solicitantes, só no tocante ao século XVIII encontramos 425 denúncias contra padres namoradores nos confessionários do Brasil, dos quais 62 praticaram tais patifarias nas paróquias de Minas Gerais.[9] Citarei a seguir alguns exemplos dessa conduta imoral, contemporâneos a Rosa, a fim de que o leitor disponha de elementos elucidativos suficientes que nos ajudem a desvendar mais adiante o que apenas esboçamos neste momento: afinal, o padre Francisco e Rosa Egipcíaca foram ou não amantes?

Em 1746, na vila de São José del-Rei (hoje Tiradentes), o vigário João Ferreira Ribeiro era acusado de ter "tratos ilícitos" com a parda Violante Maria, e certa feita, recebendo em sua casa um bilhete da amante, desconfiou de que era dirigido a um hóspede seu e não a si, ficando muito inquieto até que, mandando à amante um recado através de um mulato de sua confiança para que ela viesse à igreja, desfez no confessionário sua dúvida atroz, indo ambos para a alcova render preitos à deusa do amor.[10]

No morro de Santana, no perímetro urbano de Mariana, ao confessar-se Vitória, donzela parda de vinte anos, ao padre Paulo Mascarenhas Coutinho, que tivera um sonho com outro sacerdote, este lhe disse: "Tem-no antes comigo e não com ele!". E em outra ocasião lhe falou: "Pagas com ingratidão o amor que lhe tenho?!". Tal declaração amatória se deu no dia da festa de Corpus Christi![11] Também em Mariana, outra sacrílega declaração de amor proferida atrás das grades do confessionário: "O padre Antonio Ribeiro disse a Josefa Morais, mulher casada, que andava perdido por ela...".[12]

Mais outro episódio de paixão clerical, descrito pela donzela, com suas próprias palavras de moça semialfabetizada, cuja denúncia, enviada à Inquisição, foi escrita de seu próprio punho, no ano do Senhor de 1748:

> Hido eu me confecar dia deano bom com o pader João Carneiro, medice me queria mt⁰ eu lhe dice que sim. elleme dice setinha na camarinha jinella. eu lhe dice que não. elle me perguntou onde dormia, eu dice emcasa de minha irmã. Em huma cestafera, a terceria da coresma me fui meconfeçar com o elle: medice que tinha hido em minha casa, porque lhe não falei? eu dice que estavadoente. elle medice

que não çabia ce não mevisitava. eu olhei pa ele e rime. Perguntou cemefiava de algua mulata. eu lhe dice que não. Assinou: ANastácia Mª deiSus, vila de S. José.[13]

Sendo poucas as mulheres brancas nas Minas, era mais arriscado para os sacerdotes seduzi-las, posto serem muito vigiadas por seus familiares, e suas eventuais denúncias aos comissários do Santo Ofício serem mais acreditadas, devido à sua condição de "raça limpa". Por isso, muitos sacerdotes, talvez menos por preferência erótica e mais por tentação da facilidade do acesso a mulheres "desclassificadas", dirigem para as confessandas negras, e sobretudo às escravizadas, suas investidas pornossacramentais.

Outro exemplo: o padre João Nunes da Gama, capelão da freguesia de Nossa Senhora do Pilar, ao deparar, no secreto do confessionário das mulheres, com Maria, negra mina, escravizada do sargento-mor, lhe declarou "que queria ser seu filho e tomar uns amores com ela, ao que a negra respondeu que não era capaz de ser sua mãe, retrucando o padre: 'Eu sempre tenho gosto de que você seja minha mãe. Você é bem capaz e sempre há de ser minha mãe'". A partir desse edipiano diálogo, viveram se desonestando por espaço de dois anos, confessando-se a negra sempre com seu próprio amante, tornando-se publicamente conhecida como manceba do clérigo, até que o sargento-mor destruiu tão sacro idílio, isolando sua escravizada numa camarinha. Enciumado, o capelão mandava um moleque seu inspecionar "se ela falava com algum homem". O caso mostra o quanto um sacerdote podia se deixar envolver por uma paixão tão exótica e desigual, comprovando que não só Minerva é cega, como Eros também. Isso corrobora, mais uma vez, a opinião abalizada do viajante francês Charles Expilly, ele próprio grande entusiasta das negras minas, que declarou sem rodeios:

Essa predileção que parecerá certamente extravagante às pessoas que nunca viveram nas colônias não se explica unicamente pela superioridade física das mulheres de cor. Isso resulta de uma outra causa, ainda mais essencialmente física, e que se refere a emanações particulares que exalam os poros dessas belas criaturas. Antes de tudo, o esplendor das suas linhas atrai-nos, e a gente se sente ferida pelas flamas ardentes que lançam as suas pupilas. O orgulho inutilmente tenta opor-se. Apesar dos vivos protestos do sangue azul, fica-se definitivamente seduzido, quando elas marcham com um movimento intermitente das ancas, cheias de misteriosas confidências, que nos conduzem à perturbação dos sentidos. A atração nos domina; é necessário ceder. É então que a influência desse odor sui generis age profundamente no adorador da forma. Um contato passageiro produz, de ordinário, o aborrecimento. Se o delírio se prolonga, a sorte do branco estará para sempre fixada: não lhe será mais permitido renunciar à frequência das mulheres bronzeadas; ainda mais, desdenhará de queimar incenso aos pés das pálidas nativas... Há um axioma português que encerra a explicação natural do fenômeno de que se trata. Eis o texto da sentença: "Aquele que sentiu duas vezes o cheiro acre, mas embriagador da catinga da negra achará desde então muito desenxabido o cheiro que exala a pele da mulher branca". Sem querer rebaixar as mulheres de cor ao nível das sacerdotisas do antigo continente, não será lícito notar que essas produzem fisicamente efeitos análogos sobre o seu meio?[14]

Tantos foram os sacerdotes nas Minas e demais capitanias do Novo Mundo que não resistiram ao feitiço das sacerdotisas de ébano...

Tal era o clima de fascínio recíproco que brancos e negras despertavam uns nos outros, fascinação luxuriosa da qual nem os presbíteros donzelões estavam imunes. Paixão recíproca, repetimos, pois também do lado das gentes de cor havia muita curiosidade, desejo e interesse em usufruir das intimidades eróticas com os membros da "raça dominante".

Rosa vivera sôfrega e libertina dos catorze aos 29 anos, entregando-se a qualquer homem secular que procurasse seus serviços sexuais. Convertendo-se, diz ter abandonado a vida luxuriosa,

não tornando mais a cair em culpas graves de sensualidade, tendo seu corpo como morto, porque lhe parece que, ainda que dormisse com algum homem, não sentiria estímulos, nem nunca mais os teve, sendo até o tempo de sua conversão sumamente vexada deles.

Tenho sérias dúvidas quanto à veracidade desse trecho da confissão de nossa ex-meretriz, pois, além do episódio ocorrido na estalagem entre as Gerais e a cidade do Rio, um pouco mais adiante mostraremos outras situações em que fica patente que, apesar de Rosa possuir forte espírito e força de vontade, sua carne continuava fraca. Mais ainda: todos esses exemplos de sacerdotes contemporâneos do padre Francisco, que solicitaram e se amancebaram com negras minas, muitas delas escravizadas como a Egipcíaca, vivendo pelas pontas da rua como ela, nos permitem suspeitar que o padre e sua negra viveram de fato grandes emoções carnais, e que o murmúrio de que eram amantes tinha sua razão de ser. A insistência com que a ex-prostituta relata sua angelical sexofobia depois da conversão diverge, nesse particular, com a experiência de sua patrona do Egito, que confessou ter padecido nos dezessete primeiros anos de penitência "tantas batalhas e tentações porque o Demônio lhe trazia à memória os deleites e gostos sensuais, os regalos, manjares e especialmente o vinho, as palavras amorosas e canções lascivas que costumava cantar para provocar os homens para que a desejassem".[15] Sem desmerecer a força de vontade das pecadoras arrependidas, não estaria sendo por demais fantasioso supor que tiveram algumas "recaídas". Afinal, errar é humano, e a carne é sempre fraca…

Também de sua parte, o depoimento do padre Xota-Diabos aos inquisidores, enfatizando sua repulsa à diabólica investida erótica de sua ex-escravizada, pode ser interpretado da mesma forma como a sexofobia da africana: um inteligente artifício para mostrar aos delegados do Santo Ofício que a prolongada união entre ambos, malgrado a murmuração popular, era virtuosa e livre de qualquer suspeita de mundanismo. Preocupação, diga-se en passant, infundada, pois ao casuísmo inquisitorial era irrelevante se fossem ou não fornicários contumazes. Deixemos a alcova e voltemos à estrada.

A aproximação do local de destino — Rio de Janeiro — sempre causava grande emoção nos viajantes depois de tantos dias de viagem.

Chegado à parte mais alta da serra da Boa Vista, reconheci — diz Saint-Hilaire — que seu nome era justo. Por entre troncos das árvores, avistei um trecho da baía do Rio de Janeiro e algumas ilhas nela existentes, e apesar de não distinguir a cidade junto ao Pão de Açúcar, reconhecia sem dificuldade o ponto onde se achava situada. Não pude, confesso, contemplá-la sem profunda emoção![16]

9. No Rio de Janeiro em 1751

Entre visões celestiais, como a do ancião vestido de saragoça, tentações sensuais e importunações diabólicas enquanto cavalgavam, arribam o padre e sua negra sãos e salvos na muito heroica e leal cidade de São Sebastião do Rio de Janeiro. Tal como Nosso Senhor, vinham fugindo dos pecados das Minas Gerais para ver se achavam, à beira-mar, quem lhes desse agasalho. Como todo forasteiro, tiveram como primeiro cuidado procurar hospedagem. Contavam para tanto com alguns endereços de conhecidos e a proteção da Senhora Santana, que, como toda avó, estava sempre atenta às necessidades de seus dependentes.

Para quem viveu quase duas décadas num arraial mineiro com menos de mil almas, como era o Inficcionado, o Rio de Janeiro devia representar para o recém-chegado uma espécie de visão preternatural, pois, de fato, era uma cidade maravilhosa. O primeiro comentário feito pelo abade De La Caille quando visitou esta localidade, exatamente no mesmo ano em que Rosa chegava à Baixada Fluminense (1751), foi: "O Rio de Janeiro é uma cidade bastante considerável!". Para um autor de várias obras de geografia e astronomia, vindo de Paris, a observação não deixa de ser significativa. Lendo a narrativa desse ilustrado viajante, temos a impressão de que ficara vivamente impressionado com a beleza arquitetônica da cidade, tanto que o adjetivo que mais repete ao descrever seus diferentes espaços urbanos é *joli*.

Depois de Salvador, a capital da Colônia, que na época possuía quase 7 mil fogos com 40 263 habitantes,[1] era o Rio de Janeiro nossa segunda e principal aglomeração populacional, tão grandiosa, que o citado geógrafo francês avaliou sua população em 50 mil almas, impressionado pelo burburinho humano que via nas ruas e praças centrais da cidade.[2] Parece ter superdimensionado o número real de seus moradores, uma vez que, de acordo com recentes pesquisas de demografia histórica, em 1750 a cidade devia contar com pouco mais de 24 mil habitantes — aí incluídos os escravizados, distribuídos em 3723 fogos —, subindo para 30 mil o número de seus moradores em 1760.[3]

Todos conhecemos a topografia acidentada e o décor paradisíaco da Cidade Maravilhosa, que no século XVIII era ainda mais exuberantemente tropical, chegando o mar até bem mais perto do centro histórico do que hoje. Três imponentes morros cercavam o centro urbano do Rio de Janeiro, sem falar no Pão de Açúcar, no Cara de Cão, no Outeiro da Glória e em Santa Teresa, então situados fora do coração da urbe. O principal e primeiro logradouro escolhido para fundar a povoação foi o morro do Castelo, onde os jesuítas construíram, em 1565, a igreja de São Sebastião, patrono e defensor da cidade; em 1589, os monges beneditinos ocupam o morro de São Bento, dando as encostas do mosteiro para a Prainha; mais para o interior da urbe, próximo à lagoa do Boqueirão, em cima do largo da Carioca, está o morro de Santo Antônio, onde os franciscanos construíram, em 1608, seu convento, ainda hoje sobranceiro dominando o acme do outeiro. Entre São Bento e o Castelo ficavam o principal porto da cidade, o convento e terreiro do Carmo, a Câmara e a cadeia, a casa dos governadores, o paço, o pelourinho e a forca — esta última fincada na referida Prainha, próximo à igreja de São Francisco.[4]

A opinião dos estrangeiros que visitaram a cidade em meados do século XVIII vai dos mais rasgados elogios até irascíveis impropérios. O citado abade De La Caille nos dá uma visão de conjunto assaz favorável: diz que suas ruas eram bastante belas, a maior parte das casas bem construídas, com pedra e tijolos, ostentando portas e janelas cobertas com venezianas, a maioria com dois andares, algumas até com três pavimentos, todas cobertas de telhas. As igrejas, ele também as achou bastante formosas, vastas, mesmo que pouco elevadas; ainda que quase todo o interior delas fosse esculpido com frisos de ouro, eram, porém, muito escuras. Viu nichos e oratórios em quase todas as encruzilhadas das ruas centrais, cujas lanternas eram iluminadas à noite enquanto o povo reunido rezava o rosário e cantava louvores à Mãe de Deus. Face ao porto, chama de bela a praça ou "largo do Carmo" — a sala de visitas da cidade —, também rotulando de belos a fonte e o aqueduto em arcos romanos que abastecia de água o município. Relata o entusiasmado visitante que eram abundantes as plantações situadas no vasto recôncavo fluminense, predominando nos pomares as laranjeiras, os limoeiros, as bananeiras, os pés de caju, as goiabeiras, as mangueiras e os lindos coqueirais. Chamou a atenção do abade a maneira de trajar da população branca: cobriam-se com amplos mantos e grandes chapéus de tecido que dificultavam aos transeuntes se reconhecerem uns aos outros. Traje pouco adequado ao calor tropical, convenhamos. Os oficiais da justiça e os doutores em teologia, direito ou medicina usavam como distintivo uma vara branca, no caso dos primeiros, enquanto os letrados traziam ordinariamente óculos sobre o nariz. Os escravizados, em sua maioria, trajavam apenas calção ou mesmo uma tanga sumária; raros os que se cobriam com camisa ou casaco. Quando livres, os negros e mestiços se vestiam como os brancos, tendo calçados nos pés. As mulheres usavam saia e camisa aberta no alto, abotoadas ou atacadas pela frente. Era raro ousarem aparecer nas ruas. Diz o abade que iam à missa às três ou quatro horas da manhã aos domingos e feriados. Poucas conseguiam permissão de seus maridos ou progenitores para ir rezar o rosário à noite em alguma das igrejas ou capelas. Quando saíam, um grande manto de lã cobrindo a cabeça as fazia parecer carmelitas ou agostinianas. Nas ruas, os maridos estavam sempre à frente, e as mulheres eram acompanhadas por escravizadas e domésticas.

Nos poucos dias que o abade-geógrafo passou no Rio, presenciou uma cena deplorável que revela quão misógina e repressora era a sociedade carioca nos meados do Século das Luzes: uma das passageiras do navio em que viajava o abade resolveu conhecer a terra. Mal desembarcou, foi tão perseguida e vaiada pelo populacho, sobretudo pelos negros e negras, que, correndo, teve de retornar à embarcação. Escandalizou-se também o sacerdote com a vida debochada dos monges e eclesiásticos do Brasil, reprovando-os pelos maus exemplos de desregramento e superstição que praticavam. Reclamou contra os gritos e lamentações dos penitentes que, às altas horas da noite, percorriam em procissão as ruas da cidade, em exercícios pios de flagelação, carregando pesadas correntes que, do pescoço, arrastavam pelo chão: "Várias vezes meu sono foi interrompido por estas cadeias e gritos que soltavam, pedindo misericórdia". Completa sua narrativa dizendo que os assassinatos eram bastante comuns no Rio de Janeiro, ficando muitos delinquentes impunes, pela distância onde eram julgados — na Bahia —, coincidindo, contudo, sua estada nesse porto com a chegada dos novos ministros que vinham para fundar outra Casa da Relação, prenúncio da reforma dos costumes dessa capitania que, em menos de duas décadas, há de se tornar a nova capital do Brasil português.

Outros autores pintaram quadro diametralmente diverso desse francês, como o comerciante inglês John Luccock, que no início do século XIX descreverá o Rio como "a mais imunda associação humana vivendo sob a curva dos céus". Aliás, essa é a impressão que nos transmite o autor do livro *O Rio de Janeiro no tempo dos vice-reis*, Luiz Edmundo, que retrata a cidade como "pobre, beata e suja",[5] com suas ruas lamacentas, valas de esgoto ao ar livre cortando suas principais artérias, bandos de escravizados sarnentos e seminus recém-desembarcados dos tumbeiros a percorrer e emporcalhar as ruas e praças da cidade.

Tornado o Rio de Janeiro, no início do século XVIII, porto obrigatório por onde entravam mercadorias e escravizados para a efervescente região aurífera, escoadouro de metais e pedras preciosas provenientes das Minas, conhecerá, nessa época, grande desenvolvimento econômico, acabando por eclipsar a velha Salvador e se tornar, em 1763, a capital e principal cidade do Brasil. Já em 1676, a velha São Salvador recebia o primeiro golpe à sua hegemonia nacional, quando Inocêncio XI eleva a cidade de São Sebastião à sede do bispado das capitanias do Sul, tomando posse efetivamente, em 1681, seu primeiro bispo, d. José de Barros Alarcão. Em 1710-1711, os cariocas vivenciam seriíssima calamidade, com a invasão dos franceses capitaneados pelo general Duguay-Trouin, que só decidiram interromper o saque à cidade e foram finalmente expulsos graças à intervenção miraculosa da imagem de santo Antônio do convento dos franciscanos, que, em reconhecimento ao seu poderoso patrocínio, é elevado nesse ano à patente de capitão de Infantaria. No século XVI, são Sebastião protegera e liderara o exército cristão contra os tupinambás — agora, no princípio do século XVIII, santo Antônio de Pádua capitaneia de novo a vitória, daí o carinho com que os cariocas sempre trataram esses dois poderosos oragos.

Refletindo a opulência de porto exportador de ouro, a sociedade fluminense se torna mais complexa a cada década, comportando uma pequena elite mercantil e agrária predominantemente branca, numeroso clero regular e secular, alguns milhares de oficiais mecânicos, em grande parte já miscigenados com índigenas e africanos, um número menor de brancos e libertos pobres e ampla escravaria proveniente, sobretudo, do Congo e de Angola. Com o incremento da riqueza, grande número de judeus e cristãos-novos se dirige para esse litoral, dezenas deles sendo recambiados para os cárceres do Santo Ofício, acusados de práticas judaizantes. No século XVIII, o maior número de judeus extraditados do Brasil era proveniente não mais do Nordeste, mas do Rio de Janeiro: entre 1703-1748, cerca de 192 moradores desta capitania foram sentenciados por praticar a Lei de Moisés e ultrajar o catolicismo, entre eles o famoso escritor carioca Antonio José da Silva, o Judeu, queimado no auto de fé de 1739, realizado na igreja de São Domingos em Lisboa.[6]

Como para o resto da Colônia, a primeira metade do século XVIII representa também para o Rio de Janeiro período de intensa expansão e institucionalização do catolicismo, materializadas, sobretudo, na instalação de numerosas confrarias e construção de muitas igrejas, capelas e casas religiosas, tanto masculinas quanto femininas. Não esqueçamos que, de 1707 a 1750, ocupou o trono português o fidelíssimo e magnânimo d. João V, o mais beato, supersticioso e galanteador dos soberanos lusitanos, que, em pagamento de uma promessa para que sua real esposa parisse, construiu o esplendoroso e gigantesco convento de Mafra, criando o Patriarcado de Lisboa, cuja pompa cerimonial se equiparava à da Cúria Pontifícia, gastando fortunas incalculáveis na celebração de 700 mil missas fúnebres que foram pagas à custa do ouro proveniente das Minas Gerais. Nas colônias, essa primeira metade do século é marcada pela mesma beatice, superstição e fausto barroco, gozando o clero, cada vez mais, de poder e influência nos destinos da nação em geral e dos cidadãos em particular.

No caso do Rio de Janeiro, é patente o grande crescimento institucional do catolicismo no período, que pode ser avaliado por alguns fatos e construções arquitetônicas, tomando como ponto inicial o ano de 1700 e final o de 1759, quando os jesuítas são expulsos da América portuguesa:

- 1700 — fundação da Irmandade de Nossa Senhora da Conceição dos Homens Pardos;
- 1705 — autorização real para a fundação do convento de religiosas franciscanas; reconstrução da igreja da Misericórdia;
- 1709 — doação de terras para a construção de um cemitério para cativos ao sopé do morro de Santo Antônio;

- 1714 — início da construção da igreja de Nossa Senhora da Glória, no outeiro;
- 1720 — instalação dos capuchinhos italianos na ermida do Desterro;
- 1729 — compra da capela do Rosário pela Irmandade da Conceição dos Pardos;
- 1730 — início da construção do Hospício da Terra Santa dos Franciscanos;
- 1732 — restauração da ermida de Nossa Senhora de Copacabana;
- 1735 — início da construção da igreja de Nossa Senhora da Conceição e da Boa Morte; inauguração da igreja de Santana; transferência da catedral para a igreja do Rosário dos Pretos;
- 1739 — fundação do Seminário São José;
- 1740 — fundação da Irmandade de Santa Efigênia e inauguração de sua igreja; fundação das igrejas de São Francisco na Prainha e São Pedro e Nossa Senhora da Saúde;
- 1742 — início das obras da nova catedral; reconstrução do Hospício dos Barbadinhos do Desterro;
- 1743 — inauguração da ermida do Menino Deus;
- 1746 — construção da casa dos romeiros adjunta à ermida de Copacabana;
- 1748 — doação das terras para a construção da igreja de Nossa Senhora da Lampadosa; conclusão das obras do convento da Ajuda e da igreja da Ordem Terceira Franciscana;
- 1749 — lançamento da primeira pedra da nova catedral;
- 1750 — início das obras do convento do Desterro e da igreja de Nossa Senhora da Lapa dos Mercadores; inauguração da clausura do convento da Ajuda e reconstrução de parte do convento de Santo Antônio dos franciscanos;
- 1751 — criação das freguesias de São José e Santa Rita;
- 1752 — construção da igreja de Santa Luzia e da capela de Santana dos Barbadinhos;
- 1753 — doação das terras para a construção da igreja de São Jorge;
- 1754 — início da construção do Recolhimento de Nossa Senhora do Parto;
- 1755 — início da construção da igreja da Ordem Terceira do Carmo;

- 1756 — fundação da Irmandade de São Francisco de Paula;
- 1757 — início da construção da igreja da Conceição do Cônego;
- 1758 — fundação da Irmandade de Nossa Senhora Mãe dos Homens; construção da igreja de São Gonçalo Garcia; inauguração da capela de São Joaquim do Valongo;
- 1759 — eleição de Santana como padroeira principal do Rio de Janeiro e expulsão dos jesuítas.

Ao chegar, portanto, ao Rio de Janeiro em 1751, a beata Rosa Egipcíaca da Vera Cruz encontrou na cidade uma riquíssima infraestrutura religiosa, muito mais complexa e diversificada do que a existente nas suas Minas Gerais. Para quem buscava se aperfeiçoar na via mística, encontrou ali um prato cheio, tantos eram os conventos, mosteiros e ermidas em que se rezavam diariamente o Ofício Divino e outros exercícios espirituais inexistentes além da Mantiqueira, onde, por ordem régia, era proibida a instalação das ordens religiosas.

Era então prelado da diocese o beneditino d. Antônio do Desterro, cujo pontificado exerceu por 28 anos seguidos, de 1745 a 1773. Mais adiante voltaremos a tratar desse bispo, uma vez que interferiu pelo menos duas vezes na atividade religiosa de nossa africana: primeiro a expulsando do recolhimento, depois ordenando sua prisão no aljube e seu envio para os cárceres inquisitoriais de Lisboa.

É através de um relatório, assinado por esse mesmo prelado, datado de 29 de julho de 1752, conservado no Arquivo Secreto do Vaticano,[7] que somos inteirados com precisão a respeito da infraestrutura religiosa e eclesiástica da cidade de São Sebastião do Rio de Janeiro. Segundo avaliação de d. Antônio do Desterro, a cidade portuária possuía um total de 24374 "homens de comunhão", distribuídos em 3703 famílias. Dispunha então de quatro paróquias: a de São José, com 1870 fogos e 7440 paroquianos, que englobava cinco capelas filiais e seis confrarias; a paróquia da Catedral, com 1350 famílias, 6449 paroquianos, quatro capelas sufragâneas e nove confrarias; a paróquia de Santa Rita, com 4930 fregueses, cinco capelas e duas confrarias; e, finalmente, a maior de todas as freguesias urbanas, a de Nossa Senhora da Candelária, com 10238 paroquianos, 1295 famílias, quatro capelas e quatro confrarias. Portanto, à época em que Rosa Egipcíaca volta ao Rio de Janeiro, existiam ali 23 templos, entre igrejas, matrizes e capelas, a saber: São Sebastião do Castelo, Bom

Jesus, São Clemente, São Domingos, São Francisco da Prainha, São Diogo, Santa Cruz dos Militares, São Pedro, São José, Santa Rita, sendo mais da metade dos templos dedicada a diferentes títulos de Nossa Senhora: da Candelária, de Copacabana, da Cabeça, da Glória, duas da Imaculada Conceição, da Lampadosa, do Rosário, da Mãe dos Homens. (O viajante Daniel Kidder, em 1837, avaliará em mais de cinquenta o total das igrejas e capelas existentes no centro e nos subúrbios do Rio de Janeiro.)

Nas ruas e esquinas, mais de setenta oratórios dedicados aos mais populares oragos da corte celeste, muitos deles encomendados por estímulo do padre Angelo Sequeira, "que com grande espírito e zelo singular promoveu que em todos os cantos da cidade se edificassem oratórios a Nossa Senhora, belos e dourados, onde se colocam as suas imagens, diante dos quais todas as noites se recitam as Ave-marias".[8]

Um total de 26 confrarias reunia milhares de devotos, além de duas ordens terceiras — de São Francisco e de Nossa Senhora do Carmo —, sendo que só nesta última estavam inscritos 3397 confrades e confreiras. Viviam no centro da cidade nada menos do que 380 religiosos conventuais, distribuídos em seis comunidades: no mosteiro de São Bento, 69 monges; no Colégio dos Jesuítas, oitenta professos; no convento de Nossa Senhora do Carmo, 83 carmelitas calçados; no convento de Santo Antônio, oitenta frades menores; no Hospício do Desterro, catorze capuchinhos e mais quatro franciscanos observantes que esmolavam pelo bispado, arrecadando para os santos lugares de Jerusalém.

O clero secular — chamado à época de "presbíteros de São Pedro" — devia ultrapassar a centena, pois só na catedral assistiam trinta sacerdotes, doze na Santa Casa de Misericórdia e catorze na Candelária. Em síntese: para quem estava imbuído no caminho da perfeição evangélica, havia 1001 instituições religiosas de portas abertas para os contritos de coração.

Chegando à cidade de São Sebastião, diz o padre Xota-Diabos que primeiro se hospedam em casa de Antonio de Oliveira, seu conhecido. Não devem ter encontrado dificuldade em alojar-se, pois acolher um sacerdote em casa era uma grande honra. São João Maria Vianei (1786-1859), o patrono do clero, costumava dizer que, "depois de Deus, o sacerdote é tudo!".

Além disso, contava o Xota-Diabos com um trunfo precioso: procurando construir nova rede de relações sociais, logo conduz sua dirigida Rosa Maria à casa de um velho amigo, o lisboeta João Pedroso, informando que a preta "era serva de Deus, que nela se ocultava um grande mistério, que nela falavam os anjos e santos e que tinha Lúcifer para a perturbar...". Quem não acolheria prenda tão preciosa em sua residência?!

Beata como era, Rosa, logo ao chegar ao Rio, procurou seu pasto espiritual. Em seu processo assim declarou: "Tanto que cheguei ao Rio de Janeiro, fui à Nossa Senhora da Lapa, ao seu seminário, e na Igreja dele me pus a ouvir missa".

Coincidentemente, instalou-se junto a uma das igrejas mais veneradas da cidade, cujo prestígio advinha dos milagrosos poderes da imagem de Nossa Senhora da Lapa, que ali se venerava e que mereceu grande divulgação do já citado clérigo Angelo Sequeira — o mesmo que patrocinara a construção de oratórios, pelas ruas e vielas cariocas —, através de vários livros, dos quais se destaca a *Pedra iman da novena da milagrosíssima Senhora da Lapa que se venera nos seus seminários do Rio de Janeiro*, editada em Lisboa em 1755.

A mesma igreja ainda hoje se mantém de pé, no boêmio bairro da Lapa, e, através da aquarela de Thomas Ender (1817), podemos constatar que sua fachada permanece inalterada desde a construção, faltando-lhe sempre uma das torres. Provavelmente, essa primeira residência onde se hospedaram o padre e a vexada ficava nas imediações desse templo, no caminho da ermida do Desterro, próximo à lagoa do Boqueirão, lagoa que, mais tarde, será drenada, dando lugar ao atual bairro da Lapa em sua parte baixa. Já naquela época, lá se encontravam os gigantescos Arcos da Carioca, inaugurados no ano de 1750 pelo governador Gomes Freire de Andrade, que levavam água fresca do morro do Desterro para o chafariz do largo da Carioca, ao pé dos franciscanos. A coincidência parece ter sido providencial: Rosa Egipcíaca terá sua primeira visão nessa cidade exatamente no distrito do Desterro — título da devoção a Nossa Senhora que, desterrada de Belém, com medo de Herodes, foge para o Egito, a mesma terra onde nasceu a santa padroeira da ex-prostituta. Nossa beata, por certo, se considerava também uma desterrada, posto ter fugido das Gerais para escapar às perseguições e impiedade ali dominantes. Em sua confissão perante o Juízo Eclesiástico fluminense, onze anos depois dessa visão, a retirante das Minas assim descreveu seu primeiro delírio místico ocorrido ao nível do mar: estava assistindo à missa, celebrada por seu protetor, o padre Francisco Gonçalves Lopes, na dita igreja da Lapa, quando ao levantar-se a Sagrada Hóstia viu nela um menino muito especioso, vestido de azul-celeste, e na cabeça tinha uma tiara pontifícia mui rica, e na mão esquerda uma cruz pontifícia, e na direita um cetro, com cuja vista ficou ela, ré, fora dos seus sentidos, como amortecida, e caiu em terra, estando de joelhos, e assim esteve. Quando tornou a si, já tinha acabado a missa, porém nesse tempo estava sem sentidos e como morta.

Rosa desenvolverá no Rio intensa e particular devoção ao Menino Jesus, seguindo, nesse particular, o mesmo trilho de tantas outras santas e santos, sobretudo o lisboeta tornado taumaturgo de Pádua, santo Antônio, o campeão do culto ao Divino Infante. A iconografia dedicada aos primeiros anos da infância de Cristo é bastante rica, representando-o no presépio, no colo de sua virginal mãe — às vezes sugando seu impoluto seio ("Nossa Senhora do Leite") —, no altar da circuncisão, ou aos doze anos, no templo entre os doutores etc. Criancinha, Jesus Menino é representado, via de regra, nu, às vezes enrolado em faixas, com túnicas brancas ou ricamente bordadas em ouro e pedras preciosas, como o célebre Menino Jesus de Praga, cujo guarda-roupa faz inveja à mais rica das crianças reais. Em Portugal, o culto ao Divino Infante sempre gozou de grande voga, existindo em Lisboa dois grandes altares a ele dedicados: na igreja do Loreto, na Cidade Alta, sob o título de Menino Jesus dos Atribulados, e na igreja do Menino Deus, próxima ao Beco do Funil, encomendada pelo magnânimo d. João v, em 1711, em ação de graças pelo nascimento do príncipe herdeiro. No Brasil, foram os jesuítas, em particular, os grandes propagandistas dessa pueril devoção, espalhando por muitas vilas e cidades do Novo Mundo confrarias do Menino Jesus.

Temos visto Jesus Menino representado com coroa, manto e cetro reais, uma espécie de miniatura de como é venerado na pose de Cristo Rei, às vezes segurando o globo terrestre na mão, outro símbolo de sua realeza. Com os símbolos papais — a tiara, a cruz e cetro pontifícios —, salvo engano, é uma invenção mística da negra courana. Percorrendo as igrejas do Velho Rio, provavelmente Rosa deve ter ido, logo nos primeiros dias de sua chegada, ao mosteiro dos beneditinos, onde, até hoje, podemos observar, em meio a riquíssimas talhas em ouro, nada menos que oito santos beneditinos, entre papas e cardeais, todos identificados com cruz, tiara e capas pontifícias. Deve ter sido a partir dessas imagens esculpidas na nave da igreja abacial de são Bento que a vidente associou o Menino Jesus à parafernália papal.

Mais uma vez, é no clímax do Santo Sacrifício da Missa, quando o sacerdote mostra Jesus-Hóstia aos fiéis, que a vidente "recebe o santo", vendo o Filho de Deus em sua glória pontifícia, caindo ipso facto "como morta" no chão. Estando ela de joelhos, a queda oferecia menos riscos ortopédicos, e já ia longe o tempo em que a energúmena, inexperiente, se jogava no chão de forma descuidada, como ocorrera numa de suas primeiras sessões de exorcismo, quebrando a cabeça debaixo da estátua de são Benedito, na distante freguesia do Inficcionado. A emoção acumulada durante a missa explode no instante da elevação do Corpo de Cristo, e Rosa diz não se lembrar de mais nada, ficando literalmente "sem sentidos", a mesma sensação experimentada pelos místicos e epilépticos quando retornam ao mundo sensível. Que a doutora em êxtases beatíficos Santa Teresa d'Ávila, também ela devota do Menino Jesus, nos explique melhor tal fenômeno: "A alma virtuosa que Deus suspendeu totalmente o intelecto e os sentidos, deixando-a abobada a fim de lhe imprimir a verdadeira sabedoria, durante o tempo que dura este estado, não vê, não ouve, nada entende".[9] Ó doce sensação jamais experimentada pela maioria dos mortais! Houve ainda outras místicas, ou pseudomísticas, como a espanhola Juana la Embustera, presa pela Inquisição de Toledo em 1634, que, no momento em que o sacerdote elevava a Sagrada Partícula, apontava para a mesma com grande alvoroço, admirada de que os demais fiéis não vissem, como ela, o Menino Jesus com uma cruzinha às costas entrar miraculosamente dentro da hóstia, tirando dela incontroláveis gritos: "Que lindo! Que lindo!", caindo em seguida, sem sentidos, com o braço direito e o dedo estendidos em riste, tão rijos e tesos que só seu confessor conseguia dobrá-los, assim ficando até o momento em que recebia Jesus Sacramentado da mão do sacerdote.[10] Os êxtases da Egipcíaca courana nesse início de vida na nova cidade serão menos espalhafatosos: prudente, fugindo das justiças eclesiásticas mineiras, não era de bom alvitre chamar muita atenção. Com o tempo, contudo, a tentação da grandiloquência mística desbancará sua prudência.

Se consultarmos a belíssima gravura que Leandro Joaquim pintou em fins do setecentos — em que se veem a igreja da Lapa, o aqueduto e a lagoa do Boqueirão —, constatamos que esse subúrbio carioca, além de ser ainda bastante rural em sua estrutura arquitetônica e composição demográfica, devia possuir baixa densidade populacional, sendo vastas as áreas ocupadas por vegetação e numeroso o gado vacum e equino ali estacionado. Inúmeras negras com trouxas de roupa na cabeça sugerem que as águas debaixo dos Arcos da Carioca eram usadas pelas lavadeiras, vendo-se que, ainda nessa época, alguns transeuntes atravessavam essa lagoa a vau, ou no cangote de negros brutamontes que, como são Cristóvão, faziam dessa prestação de serviço seu ganha-pão. Portanto, não devia ser muito sofisticada a população que frequentava a igreja da Lapa onde Rosa teve seu primeiro ataque místico. Em terra estranha, era melhor começar devagar, na periferia, conseguindo adeptos e devotos pouco a pouco, e só depois de contar com o reconhecimento e a confiança pública partir para o centro da cidade, local onde deviam estar as pessoas mais doutas e virtuosas que a negra esperava encontrar quando deixou as montanhas do Rio das Mortes.

Foi, portanto, na igreja de Nossa Senhora da Lapa que nossa liberta fez seus primeiros contatos na cidade, que deixara havia duas décadas, aos catorze anos, ao ser vendida para as Minas. Nesse templo,

> se encontrou com uma beata chamada Páscoa, e esta lhe disse que para lhe governar o espírito a levaria ao seu confessor. E indo ela falar com o mesmo, chamado frei Agostinho de São José, religioso franciscano do Convento de Santo Antônio, natural do Reino e morador no seu convento, em que era provincial na sua religião, este com muito gosto tomou conta dela para a dirigir.

Há evidências comprobatórias de que os conventuais de Santo Antônio gozavam, havia séculos, da reputação de serem bons confessores de beatas e espiritadas, tanto que, já em 1660, a embusteira Joana da Cruz, ao ser degredada pela Inquisição lisboeta para o Rio de Janeiro, declarou em carta escrita ao Santo Ofício que havia tomado confessor nesse convento franciscano.[11]

Páscoa devia ser uma das muitas beatas "dadas à vida ascética, espiritual, com grandes mostras de devoção, geralmente vivendo em celibato e hábito de freira" (*Dicionário Morais*), que frequentavam as igrejas do Rio. Rosa não alimentou amizade particular com essa beata, pois em sua confissão declarou que dela "não sabia mais confrontação", ou seja, nem de onde era, nem onde morava. Páscoa deve ter presenciado um ataque da negra recém-chegada das Minas, e, conhecedora dos méritos de seu confessor franciscano, talvez sendo também ela própria uma energúmena, receitou à espiritada que o tomasse como governador de seu espírito rebelde.

Em seu processo, o padre Xota-Diabos dá outra versão para o episódio: diz que foi seu primeiro anfitrião, Antonio Oliveira, quem procurou um confessor para Rosa, apresentando-a ao frei Agostinho de São José. Talvez gozasse este frade de reconhecida capacidade para apaziguar endemoniadas e orientá-las para o bom caminho, sendo, por isso, seu nome duplamente lembrado, pela beata Páscoa e pelo sr. Oliveira. A primeira, solidária e penalizada com a negra tão perseguida pelos acidentes diabólicos; o segundo, certamente incomodado com as estripulias místicas de sua hóspede, que, quando atacada, devia provocar grandes rebuliços em sua residência. Começa, portanto, a se cumprir parte da profecia de sua última visão nas Minas Gerais: o próprio superior geral da província de Nossa Senhora da Conceição da Ordem do Venerável Doutor Seráfico São Francisco do Rio de Janeiro aceitava, "com muito gosto", a ex-prostituta como sua filha espiritual. Deus seja louvado!

Deve ter sido por essa época, passadas algumas semanas na Lapa do Desterro, que a negra muda de residência, passando a viver em casa de d. Maria de Pinho, moradora defronte à igreja de Santa Rita, muito mais próximo do centro comercial e administrativo do Rio de Janeiro, a meio caminho entre a igreja da Candelária e o convento de seu confessor franciscano.

A igreja de Santa Rita — construída no primeiro quartel do século XVIII — tem em sua portada um medalhão com a figura da santa protetora trazendo a data de 1728. É um templo pequeno, de uma só torre, situado numa esquina da rua dos Ourives, defronte a uma pracinha onde, até a visita de J. Luccock ao Rio de Janeiro em 1816, se conservava um cruzeiro de mármore, depois substituído por um chafariz, hoje também desaparecido. O templo fora construído por iniciativa da família Nascentes Pinto, abastados comerciantes, funcionando anexo o primeiro cemitério de pretos novos — os que morriam logo ao desembarcar —, até que o Morgado do Lavradio ordenou que fosse transferido para o Valongo. Não muito distante da igreja estavam a chácara dos beneditinos e o aljube dos padres — prisão especial para os eclesiásticos faltosos. Era na soleira de mármore dessa igreja, dedicada à santa das causas impossíveis, que os condenados à forca vinham se ajoelhar para ouvir a última missa antes da execução — sendo Tiradentes o condenado mais famoso a cumprir tal ritual, em fins do século XVIII. A festa de Santa Rita de Cássia ainda é comemorada todos os anos, em 22 de maio, havendo época, sobretudo a partir de 1759, em que toda a nobreza carioca ali se reunia para festejar o Divino Espírito Santo, sendo então vigário colado o padre João Correia de Araújo, o mesmo da época em que Rosa se mudou para "defronte" ao dito templo. Apesar de sua aparência de "capela de roça", segundo expressão do ilustrado cronista carioca dr. José Vieira Fazenda, em seu interior existiam quase duas dezenas de imagens ricamente ornadas — várias delas ainda hoje conservadas em seus nichos e que pessoalmente tive oportunidade de admirar. Dentre todas, destaca-se a belíssima imagem de santa Rita, com rico esplendor de prata, palma e crucifixo em cada uma das mãos. Possuía então mais de 40 000$000 réis em joias, incluindo três coroas de ouro representando seus três estados: solteira, casada e viúva. Outros santos dividiam espaço com a padroeira: Santo Agostinho, santo André Avelino, o Divino Espírito Santo, além das demais imagens geralmente existentes em todas as igrejas coloniais: santo Antônio, Santana, são Miguel Arcanjo, são José. No pátio interno da igreja, adjunto à sacristia, existia um poço cuja água era tida como muito milagrosa, procuradíssima por seus devotos, para curar todo tipo de incômodos.[12] No mesmo ano de 1751 em que Rosa se muda para a casa defronte à igreja de Santa Rita, esta é elevada à condição de matriz da freguesia, cujo território se adentrava em direção ao Campo de Santana, nos limites da região suburbana.

Através de duas gravuras de Edward Hildebrand (1844), podemos ter uma boa noção de como deviam ser os arredores da igreja de Santa Rita nos "tempos do Onça", a mesma época em que nossa Rosa Negra percorria suas imediações. Em frente à pracinha do templo havia um chafariz onde dezenas de negros e negras se acotovelavam para pegar água. Nos fundos da igreja, outro tanto de gente de cor, uns vendendo em barracas e tabuleiros, outros refestelados gostosamente no chão, dormindo à sombra do casario. Da porta da casa onde Rosa morou, na época, dava para distinguir claramente as torres de três igrejas — e certamente ouvir o repique dos sinos —, uns toques que comunicavam que a missa ia começar, outros indicando que ali se sufragava a alma de algum defunto, ou então que o viático estava prestes a percorrer as ruas para ungir com os santos óleos um moribundo.

Nada sabemos sobre essa d. Maria de Pinho (também chamada, em algumas partes do processo, de Maria de Pina). Devia ser viúva ou solteirona, quem sabe beata como Páscoa, talvez também dirigida do frei Agostinho. Como a maioria dos fogos dessa humilde freguesia, a casa de d. Maria de Pinho devia ser humilde, só porta e janela, quando muito porta e duas janelas de frente, com extenso quintal nos fundos. Ainda hoje lá está, defronte à igreja Santa Rita, uma meia dúzia de casinhas reformadas no século XIX, agora assobradadas, mas que certamente reproduzem a mesma ocupação do solo do século anterior. Numa dessas moradias viveu Rosa, nos primeiros anos, até a fundação do seu recolhimento.

A moradia de d. Maria de Pinho era casa virtuosa, tanto que, nas palavras do sacerdote, "Rosa ficou aí recolhida". Recolher-se, segundo o dicionarista Morais, significa "encerrar-se no mais interior da casa, sem conversações, saída, passeios e outras diversões". Talvez outras recolhidas compartilhassem do mesmo espaço sob a direção dessa senhora, prática, aliás, bastante corrente no Brasil antigo. Nada dizem os documentos sobre sua vida nessa moradia. Devia compartilhar os serviços domésticos, embora sua condição de espiritada e predestinada à vida mística decerto a liberasse dos afazeres materiais para dedicar-se mais à contemplação e aos exercícios espirituais. Foi ali que, segundo a ex-prostituta de Minas Gerais, se deu uma de suas primeiras visões na freguesia de Santa Rita: "Uma noite a acordaram estando ela dormindo, sem saber quem. E, acordando, viu uma luz brilhante e um menino pequenino como recém-nascido e disse a ela que louvasse o Santíssimo Sacramento. E desapareceu tal visão". O imaginário místico da africana se rejuvenesce no litoral: em vez de velhos carrancudos e ameaçadores, ou anciãos barbados, é o Deus Menino quem lhe comunica agora as mensagens do Além.

10. Sob a orientação espiritual dos franciscanos

Para Rosa ir da casa onde estava recolhida, no largo de Santa Rita, até o convento dos franciscanos, onde vivia seu novo confessor, bastava seguir alguns passos pela rua dos Ourives, quebrar à rua do Curtume e, depois de mais ou menos quinze minutos de caminhada pela rua da Vala (atual Uruguaiana), logo chegava ao largo da Carioca. Como toda beata autêntica, Rosa devia ir contrita, cabisbaixa, rosário na mão, coberta da cabeça aos pés com aquelas capas referidas pelo abade De La Caille, que mal permitiam aos transeuntes distinguir a cor e a feição das caminhantes. No chafariz da Carioca, inaugurado em 1723, que com suas dezesseis bicas abastecia boa parte das residências do centro da cidade, Rosa devia passar ao largo, evitando a balbúrdia dos muitos negros aguadeiros e lavadeiras acocoradas no tanque anexo que ali faziam ponto, procurando não ouvir os mesmos cantares provocativos, insultos e gracejos tão familiares, que faziam a ex-prostituta se lembrar dos muitos anos que foi, nas Minas, mulher de ponta de rua. A cada mau pensamento, um sinal da cruz; a cada tentação, uma ave-maria, "que, rezada com atenção e modéstia, é o inimigo número um do Diabo, pondo-o logo em fuga: é o martelo que o esmaga!".[1]

Sã e salva dos embustes do Maligno, a beata courana subia então o morro de Santo Antônio por uma ladeira ao lado, onde hoje se encontra a escadaria que leva à igreja dos franciscanos. Lindo pomar e horta cobriam a banda esquerda desse caminho. A bela vista do adro dessa igreja, descortinando a praia e dela recebendo a refrescante brisa, contrastava com o burburinho, o calor e o mau cheiro da vala que escoava da antiga lagoa existente no sopé do convento franciscano, em direção à Prainha, não muito longe do local onde estava armada a terrível forca.

Desse privilegiado mirante, tão belamente retratado por Nicolas-Antoine Taunay, vislumbravam-se os telhados do casario até chegar à igreja do Carmo e ao porto, sempre coalhado de embarcações de variado calado; à direita, o morro do Castelo e, em seu cocuruto, a igreja de São Sebastião, em nível mais alto que o mirante dos franciscanos.

Nesse belvedere, Rosa devia se refazer da caminhada, secando com a brisa seu corpo suado, limpando a poeira ou a lama dos pés calçados de liberta, antes de entrar no Santo dos Santos. Os seguintes Salmos de Davi (121 e 83) parecem ter sido encomendados especialmente para descrever seu estado de espírito em tais ocasiões:

Que alegria quando me vieram dizer: vamos subir à casa do Senhor!... Como são amáveis as vossas moradas, Senhor dos Exércitos! Minha alma desfalecida se consome suspirando pelos átrios do Senhor. Meu coração e minha carne exultam pelo Deus vivo... Um dia em vossos átrios vale mais que milhares fora deles. Prefiro deter-me no limiar da casa de meus Deus, a morar na casa dos pecadores!

Os pecadores estavam bem próximos, turba de negros aguadeiros sequiosa de prazeres sensuais, que entulhava o sopé do morro de Santo Antônio. A ex-meretriz agora só se ocupava em buscar o Divino Esposo. Seu corpo "estava morto porque lhe parece que, ainda que dormisse com algum homem, não sentiria estímulos, nem nunca mais os teve, sendo antigamente muito vexada deles".

Refeita da caminhada, a negra beata tocava então a sineta do convento, solicitando ao irmão porteiro que anunciasse ao provincial que ela, Rosa Maria Egipcíaca da Vera Cruz, queria ser atendida pelo frei Agostinho.

Na deslumbrante e toda dourada igreja conventual, ficava aguardando seu confessor, fazendo suas orações nos muitos altares que ladeiam esse maravilhoso templo barroco, o mais antigo que ainda hoje se conserva na Cidade Maravilhosa. No altar-mor, lá estava a milagrosa imagem de santo Antônio, orago da igreja e convento:

Escritos antigos e pessoas dignas de fé e a tradição constante confirmam que, ao esculpir-se a imagem de Santo Antônio, a cabeça ficara sempre de tamanho disforme em relação ao corpo, até que na portaria do convento apareceu miraculosamente a cabeça do santo que perfeitamente se uniu ao corpo, como obra fabricada por mãos sobrenaturais.[2]

Através das grades de ferro do lado direito da nave, Rosa podia espiar a maviosa igreja da Ordem Terceira da Penitência, concluída apenas três anos antes de sua volta à cidade. No teto, deslumbrantes painéis com a vida e os milagres de vários santos franciscanos, inclusive uma série com as visões de santa Clara, sempre tendo a custódia nas mãos.

Foi, portanto, depois de seis meses de permanência no Rio de Janeiro que nossa beata começou a receber orientação sistemática do provincial franciscano.

Como todo bom diretor de almas,

ensinou-lhe frei Agostinho de São José vários exercícios espirituais, que ela praticou, e passados dois meses, estando ela, ré, em oração, ouviu uma voz que saía de um Senhor Crucificado que trazia consigo e lhe disse: "Dize ao teu confessor que nos confessionários se assentam duas castas de confessores: um revestido com autoridade de Jesus Cristo, e outro, de Satanás. Uns dirigem as almas para o céu, outros mandam-nas para o abismo". Ficando ela, ré, confusa e medrosa, deu parte do dito sucesso ao padre.

Bastaram oito semanas de orientação espiritual para nossa vidente se sentir suficientemente à vontade e segura para transmitir ao provincial dos franciscanos uma revelação do próprio Senhor Crucificado: que nem todo confessor era necessariamente representante de Cristo; portanto, subjacente à mensagem, estava o augúrio de que seu orientador se acautelasse para não a levar às profundezas do inferno; antes, que se pautasse pelo exemplo do Divino Mestre.

Todos os grandes místicos católicos falam da dificuldade de se escolher um bom diretor espiritual. São João da Cruz (1542-1591), o austero e piedoso orientador de Santa Teresa d'Ávila, costumava dizer: "Escolhei um entre mil", enquanto são Francisco de Salles (1567-1622), o místico confessor de santa Joana de Chantal, era ainda mais exigente: "Eu digo, escolhei um entre 10 mil, posto que o diretor deve ser cheio de caridade, ciência e prudência, pois, faltando uma das partes, corre a alma muito perigo, pois muitos diretores espirituais fazem muito mal às almas".[3]

Mais adiante veremos quão numerosos foram os confessores na capitania do Rio de Janeiro que, abusando sacrilegamente da tribuna sacramental, em vez de dirigirem suas penitentes para o caminho do arrependimento e da salvação, usavam o recôndito dos confessionários para estimulá-las a atos torpes, sendo, em função de tão execrando delito, denunciados ao Santo Ofício.

Preocupado com tal parábola revelada pelo crucifixo de Rosa, frei Agostinho "lhe disse que, se soubesse que aquela voz falava dele, lhe daria outro confessor e que se humilhasse ao Senhor rezando sempre o Credo".

Este último conselho era o melhor antídoto sugerido pelos exorcistas contra as ciladas do Demônio, que tinha o costume habitual de se travestir de anjo, ou falar como se fosse o próprio Cristo, mas que, no momento em que a alma vidente rezava "Creio em Deus Pai Todo-poderoso...", o Pai da Mentira revelava sua insídia, retirando-se *incontinenti* para o reino das trevas, geralmente deixando atrás de si repulsiva catinga de enxofre queimado. Até hoje pode ser admirado na mesa de Lutero outro sinal diabólico: uma mancha negra, interpretada pelos protestantes como decorrência da tinta derramada por Satanás revoltado com os escritos denunciatórios do reformador do cristianismo.

A humildade do provincial se dispondo a transferir a orientação dessa sua nova filha a outro confessor mais virtuoso, caso a vidente "soubesse que aquela voz falava dele", incluindo-se, portanto, no rol dos operários de Satanás, revela quão fascinado e confiante ficou o velho franciscano com a santidade de Rosa: ou a africana realmente impressionava por suas virtudes, visões e revelações sobrenaturais, ou frei Agostinho não passava de um frade simplório, propenso a dar crédito fácil aos delírios místicos e "acidentes" de suas orientandas. A evolução dos fatos há de mostrar que ambas as hipóteses concorreram para propalar a santidade da ex-escravizada da mãe do frei Santa Rita Durão. O carisma de Rosa era forte; a ignorância e o fanatismo do clero — do seu primeiro exorcista, depois do provincial e de outros sacerdotes —, mais fortes ainda.

Deve ter sido nesses primeiros meses de aprendizado espiritual junto ao superior dos franciscanos que Rosa mística teve sua terceira visão na cidade de São Sebastião: tanto sua performance extática quanto o conteúdo da mensagem revelada repetem experiências anteriormente sucedidas quando ainda residia em Mariana. Eis sua narrativa:

Indo um dia à Igreja da Candelária e estando ouvindo missa no altar de Nossa Senhora do Rosário, quando o sacerdote principiou a dizer *Sanctus, Sanctus, Sanctus*, ela, ré, percebeu claramente uma voz que dizia: "Eu sou médico e minha Santíssima Mãe é enfermeira". E continuando a missa, ao levantar-se a Sagrada Hóstia, tornou a mesma voz repetindo o mesmo, com o que ficou ela, ré, atônita, pedindo a Nossa Senhora, se era enfermeira, que tratasse da alma dela e dos demais pecadores.

A igreja de Nossa Senhora da Candelária, onde se deu essa visão eucarístico-hospitalar, ocupa um lugar todo especial tanto na história do Rio de Janeiro quanto na vida de nossa vidente. Foi a segunda freguesia a ser criada na cidade, provavelmente no ano de 1634. Em 1723, quando da edição da obra *Santuário mariano*, informa seu autor, frei Agostinho de Santa Maria, que se tratava do mais venerado santuário da cidade, situado no coração dela, tendo servido como Sé episcopal. Possuía então muitos e ricos retábulos dourados, em que diversas confrarias homenageavam seus oragos. No altar-mor, bela imagem da santa padroeira em roca (armação de madeira revestida com rica túnica branca), com o Menino Jesus no braço esquerdo e, na mão direita, uma enorme vela ou candeia com cinco palmos de altura, da qual lhe vem o nome: Virgem das Candeias ou da Candelária, devoção espanhola cuja festa ainda é celebrada todo dia 2 de fevereiro — na Bahia —, associada, no sincretismo, a Iemanjá, a deusa das águas.

Foi nesse mesmo templo que a negrinha Rosa, conforme já vimos, por volta de 1725, recém-chegada da Costa de Uidá, foi lavada do pecado original, entrando, pelas águas do batismo, no grêmio da Santa Madre Igreja Romana. Embora não tenhamos localizado nos Livros de Batismo da Candelária o registro de Rosa, chamou-nos a atenção o fato de que, de 1725 até 1762, portanto por mais de trinta anos, foi vigário desse templo varzeano o padre Inácio Manuel da Costa Mascarenhas, o mesmo que deve ter batizado nossa negrinha e que continuava respondendo pela matriz quando de sua visão em 1751. Deve ter sido esse o primeiro sacerdote de quem Rosa se aproximou, inaugurando uma lista de quase duas dezenas de padres, incluindo bispos e cônegos, com quem a africana manterá diálogo, excluindo-se dessa conta outro tanto de aterradores sacerdotes, os inquisidores, que em Lisboa, por anos seguidos, hão de devassar toda a vida passada da nativa courana.

Outro detalhe digno de nota é que se tomarmos como referência estas duas datas, a do batizado e a da primeira revelação ocorrida na Candelária, notaremos que durante tal período era mais frequente ali o batismo de pessoas de cor e escravizados, na comparação com brancos: em 1725, segundo o livro de batismo, foram 169 brancos para um total de 275 escravizados e demais categorias de gente de cor, enquanto, em 1751, foram 168 registros de brancos para 249 de escravizados. Devemos entender e interpretar a predominância de batizandos de cor na igreja de Nossa Senhora da Candelária, por ser a única freguesia alternativa do Rio de Janeiro além da Sé, especializando-se a catedral no atendimento de clientela mais diferenciada, enquanto a Candelária se ocupava do populacho, inclusive da numerosa escravaria que, ano a ano, aumentava às vésperas da elevação da cidade a capital da América portuguesa.

Essa visão no altar de Nossa Senhora do Rosário, na igreja da Candelária, repete a mesma temática de outra revelação de dois anos anteriores: apresentando-se como médico, Deus mandava os mineiros guardarem os Dez Mandamentos. No Rio, Jesus não dá maiores explicações nem indica a medicina adequada; como nos Evangelhos, Cristo dissera: "Os sãos não precisam de médico, mas sim os enfermos" (Mateus, 9:12; Marcos, 2:17; Lucas, 5:31); portanto, o diagnóstico estava implícito na mensagem. Os cariocas também precisavam curar-se de suas doenças espirituais. De lambugem, o Bom Pastor introduz importante ingrediente para a saúde espiritual dos cristãos: "Minha santíssima mãe é a enfermeira". A reação de Rosa não poderia ser mais acertada: pede à enfermeira, e não ao médico, que trate de sua alma e da dos demais pecadores. Antecede-se, portanto, à moderna corrente da teologia mariológica, que somente no século xx atribuirá oficialmente à Mãe de Deus o papel fundamental no caminho salvífico como "Medianeira de todas as graças". O lema tão grato aos marianistas, *ad Jesum per Mariam*, tem em nossa visionária uma versão mais científica: "Ao médico através da enfermeira", considerando que um pedido de Maria equivale a uma ordem para seu divino Filho. Mais astuta, a negra vai interferir na vontade divina através de canais ainda mais seguros: acionará todos os laços familiares que deram origem ao Verbo Encarnado. Como veremos mais adiante, sua grande devoção a Santana e são Joaquim, pais de Maria Santíssima e avós do Menino Jesus, foi sua estratégia para, através de toda a parentela divina, conseguir do Divino Esposo tudo de que necessitava. Rosa será grande devota e a maior propagandista no Novo Mundo da devoção à família extensa de Deus, tema de que voltaremos a tratar quando das visões dos cinco corações.

"Nossa Senhora Enfermeira" não consta no hagiológio mariano, mas outras denominações se referem a essa mesma função sanitária de Maria: em sua ladainha, a Mãe de Jesus é invocada como "saúde dos enfermos" e cultuada sob o título de Nossa Senhora dos Remédios e Virgem da Saúde. No próprio território da freguesia de Santa Rita, havia a capela de Nossa Senhora da Saúde, templo que certamente Rosa deve ter visitado dada a proximidade de onde residia. O populoso bairro da Saúde, em São Paulo, se refere igualmente à mesma devoção. A ação da Virgem como enfermeira percorre toda a história cristã, seja curando os enfermos com suas fontes milagrosas, como em Lourdes, seja dando bom sucesso às mulheres paridas que a invocam sob os títulos de Nossa Senhora do Parto, do Ó ou da Boa Hora. Coincidentemente, o recolhimento que Rosa fundará será dedicado à Virgem do Parto, uma das mais queridas devoções das mulheres casadas naqueles tempos pré-malthusianos, em que a gravidez era a triste e inevitável herança deixada por Eva a suas filhas nesse vale de lágrimas.

Nove meses depois de sua partida do Rio das Mortes, o padre Xota-Diabos escreve à família Arvelos dando notícia de como iam as coisas ao nível do mar. Ao todo, encontramos na Torre do Tombo 55 cartas, sendo 26 de Rosa, 22 assinadas pelo padre Francisco e sete atribuídas às duas filhas da família Arvelos.[4] Tivemos a alegria de encontrar tais documentos somente na segunda vez que pesquisamos os arquivos da Inquisição lisboeta, enriquecendo sobremaneira a árdua tarefa de reconstituir a biografia dos dois protagonistas deste livro. Muitas dessas cartas são de dificílima leitura, oferecendo também sérios problemas na identificação dos autores. Os biógrafos de Santa Teresa d'Ávila tiveram sorte muito maior, pois a reformadora do Carmelo deixou mais de quatrocentas epístolas, "as quais são por assim dizer a melodia que acompanha sua biografia".

Talvez o padre Francisco tenha mandado anteriormente outras cartas que se extraviaram, pois consideramos haver espaço de tempo demasiado longo de silêncio, para quem mantinha laços tão sólidos de amizade e compadrio. Da coleção de 48 cartas trocadas entre o padre Francisco e Rosa e a família Arvelos, esta é a que traz data mais recuada: 15 de dezembro de 1751. Nela vemos que nossa beata ia de vento em popa no caminho da santidade e reconhecimento social:

Sr. compadre Pedro Rodrigues Arvelos:

Que o senhor Menino Jesus, Nossa Senhora de Brotas e a Sagrada Família aumentem a fé, esperança e caridade em todos. Me recomende vossa mercê muito a Leandra e que não se esqueça de mim, que eu me não esqueço dela. Ao escrever esta carta Rosinha não estava presente: ela anda sempre suspirando por vossas mercês e por sua companheira Leandra e pelo pobre Antonio Tavares. Asseguro que vocês têm em Rosa uma boa oradora, pois cada vez mais cresce no amor de Deus e lhes asseguro, pelo mesmo Deus, que afortunados são aqueles que a têm favorecido, e vossas mercês são os escolhidos dos bens dela, e nesta América suponho que não há pessoa mais rica do que ela. Rosa comunga todas as terças, sextas e domingos e também dias de festas e santos, ainda que sejam juntos, porque assim lhe determina o seu confessor, o provincial de Santo Antônio. Todos os religiosos a tratam nas palmas [da mão] e lhe fazem muitos carinhos e muitos mimos e me dizem ser a flor desta cidade e lhe dão de comer e sabem muito bem quem ela é. Tenho fé que na boca dela muitas vezes fala o Espírito Santo, de que faz admiradas muitas pessoas nesta cidade, que a querem em sua companhia. Mas eu não a deixo ir para onde a querem, nem os padres consentem e dizem: "Largue a mão dela!". Ela se mortifica muito com cilícios e disciplinas e tanto fogo tem no amor de Jesus, que, se a não impedisse, já teria acabado a vida, mas ela não sai do preceito que põem os seus padres espirituais.

O compadre muito obrigado,

Padre Francisco Gonçalves Lopes.

P.S. Esta não mostre a ninguém, só ao padre João Ferreira.

O padre Xota-Diabos foi o primeiro e principal propagandista da santidade da negra courana, e nessa sua primeira carta, como fará em muitas outras, não poupa elogios à sua beata — elevada agora pelos franciscanos à privilegiadíssima condição de Flor do Rio de Janeiro, tratada pelos mesmos frades nas palmas da mão e deles recebendo seu próprio sustento material. Desde que alforriada, Rosa viveu às expensas sacerdotais: primeiro, foi sustentada pelo padre Francisco; agora, pelos frades do opulento convento de Santo Antônio. O zelo com que a mimam, impedindo até que aceitasse os convites de seus novos devotos, demonstra que os frades menores encamparam rapidamente a dirigida do "Provincial Velho", como costumeiramente era chamado frei Agostinho de São José. Ficaram deveras impressionados com suas palavras inspiradas, mortificações extremadas e estrita obediência às ordens de seu diretor espiritual — homem de reconhecido poder em lidar com pessoas espiritadas.

Por que teria o provincial dos frades menores aceitado "com muito gosto" ser o guia d'alma dessa africana ex-prostituta? Por que teriam os franciscanos assumido o sustento material de Rosa e impedido zelosamente que outros devotos tentassem desviá-la do convento de Santo Antônio, dizendo a quem a queria: "Largue a mão dela!"?

É a própria beata quem conta, em carta datada dos primeiros meses de 1752, enviada à família Arvelos:

> Estou muito bem aceita na Igreja de Santo Antônio, do Provincial Velho, homem virtuoso e justo, frequentando o Sacramento três vezes na semana. Mais tempo houvera eu cá estar nestas partes! Frei Agostinho me quer muito e mais todos os religiosos desta sagrada Companhia.

Considerando a importância fundamental que vai desempenhar a Ordem Franciscana na vida de Rosa, quer na figura do frei Agostinho, o diretor espiritual que irá introduzi-la nos patamares superiores da vida mística, estimulando-a na fundação do Recolhimento do Parto, quer lhe fornecendo espaço para transes e revelações, muitos dos quais ocorridos na igreja do mesmo convento, cremos ser de interesse do leitor penetrar no claustro do convento dos franciscanos do Rio de Janeiro, a fim de se familiarizar um pouco com sua história, seu misticismo e seus escândalos — ingredientes, aliás, que refletem de maneira cristalina o clima de fanatismo religioso do nosso período barroco. Rosa é uma típica mística franciscana, igual a muitas outras consideradas embusteiras da mesma ordem, processadas pela Inquisição tanto em Portugal quanto na Espanha.

> Aprouve à Providência Divina distinguir a Ordem Franciscana, escolhendo filhos seus para primeiros porta-bandeiras do Evangelho no Brasil: um grupo de oito missionários vinha com Pedro Álvares Cabral, quando este descobriu a terra que denominou de Vera Cruz.[5]

O estabelecimento definitivo da Ordem dos Frades Menores no Brasil se dá em 1585, com a fundação do convento de Olinda, dois anos depois sendo iniciadas as obras do convento franciscano em Salvador, na Bahia. Em 1591, abrem casa no Espírito Santo, e, já em 1592, as autoridades do Rio de Janeiro faziam doação de um terreno para construção de uma casa conventual cujas obras têm início somente em 1607, estando entre os quatro fundadores frei Vicente do Salvador, o autor da primeira história do Brasil. Nos primórdios residiram os frades na capela de Santa Luzia, próxima à orla, optando depois por construir seu convento em local mais seguro e recuado, no morro que já era dedicado ao segundo mais famoso santo da ordem de São Francisco: o milagroso santo Antônio. Foi o próprio Mem de Sá quem assinou a escritura de doação aos frades menores, que incluía o outeiro, seu sopé, pedreiras e águas que nele se achavam. Comprometeu-se a Câmara do Rio de Janeiro a abrir uma rua reta, de trinta palmos de largura, que conectasse esse convento com o mar, sendo tal rua depois denominada de São José — a mesma em que, século e meio depois, será construído o recolhimento do qual Rosa há de ser a "abelha-mestra".

Inaugurado em 1615, já em 1619 se instalava no convento de Santo Antônio a Ordem Terceira Franciscana, também chamada Ordem Terceira da Penitência, cuja belíssima igreja, adjunta à moradia dos frades, só foi concluída no primeiro ano do século XVIII. Com o correr do tempo, tal convento passou a ser a principal casa da circunscrição sul da Ordem Franciscana, ali residindo, desde 1677, o primeiro custódio e o prelado maior da província da Imaculada Conceição. Três séculos antes de Roma decretar ser dogma de fé que Maria Virgem fora concebida sem pecado original, os franciscanos cariocas já punham sob a proteção da Imaculada Conceição sua província meridional. Os filhos de são Francisco sempre se destacaram pelo caráter extremamente popular e simplório de sua espiritualidade, estimulando certas devoções, consideradas depois pelo papado como suspeitas ou mesmo supersticiosas, divulgando o culto a certos santos e suas relíquias cuja historicidade hoje é questionada pela própria Sagrada Congregação dos Ritos. Não devemos nos esquecer de que foi com o *poverello* de Assis que se inaugurou na Igreja um dos capítulos mais polêmicos — e sangrentos — de sua história mística: em 1224, em seu retiro no monte Alverne, em meio a um êxtase beatífico, às vésperas da festa da Exaltação da Santa Cruz, chegou são Francisco à máxima união com

Cristo, recebendo em seu corpo a impressão das cinco chagas e tornando-se assim uma verdadeira relíquia viva.[6] Mais chocante ainda do que os sagrados estigmas é a dúbia figura que feriu o coração, as mãos e os pés do fundador da Ordem dos Frades Menores:

> rezando as orações da manhã, de repente viu São Francisco um ser que era ao mesmo tempo um homem e um serafim. Tinha os braços estendidos e os pés juntos, e seu corpo estava fixo numa cruz. Duas asas se alçavam sobre a cabeça; outras duas se estendiam como para voar e outras duas cobriam o corpo. A cara era de uma beleza superior à da terra, embora tivesse marcas de sofrimento.[7]

Maravilhosa reprodução dessa cena, o "Cristo alado de São Francisco", com deslumbrante esplendor, pode ser vista no altar-mor da igreja da Ordem Terceira de São Francisco, repetindo-se no forro do mesmo templo impressionante pintura da estigmatização do patriarca seráfico.

Seguindo as mesmas pegadas de são Francisco, muitos santos, sobretudo santas, dirão igualmente ter recebido as chagas de Cristo, inclusive nossa negra courana — salvo engano, a única africana que teria merecido tamanha deferência celestial. Segundo levantamento do dr. Imbert-Gourbeyère, da Faculdade de Medicina de Clermond, dos 312 casos de estigmatizados que descobriu na hagiografia católica, 102 pertenciam à Ordem Franciscana — 31,7% —, número que, por si só, revela a força do exemplo místico do Doutor Seráfico, fundando a escola dos chagásicos e servindo de modelo para seus correligionários.[8]

No Brasil, sobretudo na época em que os milagres ainda aconteciam de forma corriqueira, centenas de franciscanos se distinguiram pela santidade e muitos eram venerados pelos seus contemporâneos como poderosos milagreiros. O leitor interessado em delírios místicos ocorridos em nosso país de antanho encontrará os mais incríveis e fantásticos exemplos em dois autores em particular: frei Antônio de Santa Maria Jaboatão, *Crônica dos frades menores da província do Brasil*, de 1761, obra comumente chamada de *Orbe seráfico*; e frei Apolinário da Conceição, morador do convento do Rio de Janeiro e cronista de sua ordem, autor, entre outros títulos, de: *Epítome do que em breve suma contém esta província de Nossa Senhora da Conceição da cidade do Rio de Janeiro*, de 1730, *Pequenos na terra, grandes no céu*, de 1732, e *Claustro franciscano ereto no domínio da Coroa portuguesa*, de 1740.

Embora até agora nenhum religioso franciscano do Brasil tenha sido canonizado oficialmente, "avultado é o número dos que, abaixo do Cruzeiro do Sul, se guindaram a um grau elevado de virtude e no seu tempo foram aclamados santos".[9] Entre eles, citarei apenas três nomes constantes na obra *Brasileiros heróis da fé*:[10] frei Francisco de Santo Antônio (nascido em 1695), chamado "o Pretinho", irmão leigo, natural de Pernambuco, notável pela humildade e pelas muitas horas que de joelhos ficava em oração. Certa vez, contam seus biógrafos, o frade sacristão viu

> que a imagem do Menino Jesus se desprendera miraculosamente dos braços da Santíssima Virgem e fora colocar-se nas mãos do servo de Deus. Depois, acariciado com santa ternura por frei Francisco, lá voltava para os braços da Divina Mãe o seu Bendito Filho.

Trata-se de uma versão crioula do milagre de são Benedito, como ele, também negro e irmão leigo num convento da Sicília, cujo túmulo tive a felicidade de visitar. Outro destacado pelas virtudes foi frei José, "o Santinho" (nascido em 1686), porteiro do convento do largo São Francisco de São Paulo: tinha hábito de distribuir comida de seu próprio prato entre os pobres do planalto piratiningano. Certa feita um paulista foi pedir suas orações para recuperar um escravizado seu que havia pouco fugira; mal virou as costas, encontrou o fugitivo. Como agradecimento por tão caridosa graça, mandou o negro fiar incontáveis arrobas de algodão para os frades. Inúmeros são os santos franciscanos nessa época que tomam claramente o partido dos senhores, executando o desumano papel de "capitães do mato".[11] Seu maior milagre, contudo, foi recuperar a vista de uma menina cega, curando também muitos enfermos de graves doenças, entre eles um recifense atacado da terrível "bicha", a mortífera peste que dizimou incontáveis moradores do Nordeste entre 1685-
-1686, o qual, comendo apenas um pedacinho de pão dado pelo beato franciscano, recuperou imediatamente a saúde. Outro religioso da mesma ordem apontado como santo foi frei Gregório da Conceição (nascido em 1704): primeiro tinha sido soldado, lutando nas guerras contra os holandeses. Convertido, tomou o hábito de irmão leigo no mesmo convento do Rio de Janeiro, passando, porém, o resto da vida em duras penitências no convento de Santos, nunca deixando de castigar seu corpo com cruéis cilícios e flagelações. Possuía

o dom da profecia, prognosticando o futuro de muitos devotos que o consultavam. Certa vez, recebeu um boi muito bravio como esmola para seu convento: "Chamou-o em nome de santo Antônio, e o boi veio mansamente e sem relutância seguir para o convento". Chegou a ressuscitar uma criancinha no convento de São Paulo, e, graças a seu patrocínio, os pescadores de Santos fizeram grandiosa pescaria num dia em que o mar não estava para peixe e, em gratidão, lhe deram dois cestos cheios para seus confrades.

Na casa franciscana do Rio de Janeiro, *hortus minorum fertilis*, o jardim dos frades menores ornados com a santidade também foi bastante fértil, produzindo mimosas flores de virtude. Entre os servos de Deus que nesse convento morreram com odor de santidade, o cronista da ordem frei Basílio Rower[12] destaca notadamente quatro frades: frei Antonio de Jesus (1680), encontrado, depois de longa vida ascética, morto, de joelhos, com as mãos levantadas para os céus em adoração; frei Estêvão de Jesus (1687), enfermeiro do convento, que curava tanto com as poções de botica quanto com fantásticos milagres: quando morreu, suas relíquias foram tão disputadas que tiveram os frades de vesti-lo com um segundo hábito, sendo assim mesmo enterrado com a batina pelos joelhos; frei Cristóvão da Conceição (1704), que se distinguiu pela penitência: comia uma única vez ao dia, jogando água sobre seu alimento para tirar-lhe o sabor, e se flagelava todas as noites, deixando no chão uma poça de sangue. Quando morreu, também suas relíquias foram disputadíssimas a bofetões pelos muitos devotos. Foi, contudo, frei Fabiano de Cristo o mais santo e popular dos servos de Deus do convento do Rio de Janeiro, merecendo sua biografia a atenção de vários autores, cujo processo de beatificação inclui uma relação de 1925 milagres "confirmados". A veneração do frei Fabiano "perdura até hoje [1937] e cresce cada vez mais. É raro o dia em que não chegue ao convento uma comunicação de graças obtidas, como é rara a hora do dia em que não se encontrem devotos diante da urna que encerra seus ossos".[13] Para manterem acesa a chama de sua memória e na esperança de vê-lo reconhecido como santo também por Roma, os franciscanos distribuem ainda hoje santinhos com uma gravura antiga deste frade, em que se lê uma oração pedindo graças por seu intermédio, e, no final do texto, um importante lembrete: "Aos devotos de frei Fabiano pede-se o obséquio de comunicar as graças por ele alcançadas ao revmo. padre superior do Convento de Santo Antônio do Rio de Janeiro". Possuo dois desses santinhos: um de

1938, com o *Imprimatur* do arcebispo de São Paulo; o outro, impresso na década de 1980, traz uma pintura moderna, rejuvenescida e embelezada do servo de Deus. Tive oportunidade de visitar sua tumba no claustro do dito convento: parece ter diminuído sua popularidade, pois nenhum devoto encontrei nos momentos em que admirava seu ossuário.

Morto em 1747, já no ano seguinte o citado frei Apolinário da Conceição, cronista da Ordem, mandava imprimir em Lisboa sua vida, obras e milagres: *Eco sonoro da clamorosa voz que deu a cidade do Rio de Janeiro no dia 18 de outubro de 1747, na saudosa despedida do irmão frei Fabiano de Cristo.* Certamente seus confrades de hábito esperavam que se repetisse a mesma façanha de são Francisco, reconhecido como santo pelo papa Gregório IX, em tempo recorde: apenas dois anos depois de sua morte. O pobrezinho frei Fabiano teve ventura menor, pois até hoje Roma nem sequer o reconhece como venerável.

Nascido em 1676, na Comarca de Guimarães, encontramos Fabiano na vila de Parati, aos 28 anos, como muitos outros reinóis, dedicando-se ao comércio de fazendas secas. Então sucede uma reviravolta determinante em sua vida: vendo seu sócio comercial ser assassinado, "sentiu grande comoção em sua alma: começou a desprezar a opulência deste mundo e, despido, pobre e obediente, propôs servir a Cristo no estado religioso". Em 1704, recebeu o hábito de irmão leigo no convento de São Bernardo, em Angra dos Reis, passando em seguida para a cidade do Rio de Janeiro. Sua piedade era exemplar: estragava sempre o sabor das comidas, acrescentando-lhes água, cinza ou sal em demasia; nunca comia peixe nem bebia vinho; carne, nem pensar; trazia ásperos cilícios a vida toda; dormia poucas horas por noite, sempre se flagelando copiosamente antes de repousar; ajudava em muitas missas diariamente. Era grande devoto das almas do purgatório e praticante da oração mental, tendo fundado, ainda em Parati, uma confraria dedicada às almas sofredoras. Profetizou a morte de vários religiosos distantes e, para cada óbito de um confrade, rezava oitocentos padre-nossos e outro tanto de ave-marias. Na qualidade de enfermeiro de seu convento, durante 41 anos de vida religiosa, fez incontáveis curas, muitas delas reconhecidas como miraculosas. Entre os beneficiados de seus poderes curativos celestiais se incluía ninguém menos que o governador do Rio de Janeiro, o piedoso Gomes Freire de Andrade, que por catorze anos privou do conhecimento e da intimidade desse santo varão.

Se em vida Fabiano foi agraciado com formidáveis poderes divinais, no dia de sua morte e depois, os céus brindaram os cariocas com abundantíssimos milagres ainda mais edificantes e fantásticos. Logo ao passar desta vida para a melhor, começaram os prodígios: quanto mais passavam as horas, mais ficavam róseos seus lábios e faces, "sendo antes macilentos". Fazia já trinta e tantas horas que exalara seu último suspiro, e o corpo se conservava flexível, os olhos sem névoa, os dedos estalando como qualquer vivo quando se lhes destroncavam. Feito um pequeno talho em seu braço, à noite, para testar também se a corrente sanguínea dava mostras de vida, na manhã seguinte o braço ainda sangrava, diferentemente do que ocorre com os mortais comuns. Ao amanhecer do outro dia,

> principiou clamorosa voz do devoto povo do Rio de Janeiro a proclamar: Vamos ver o santo que morreu em Santo Antônio! Todos queremos ver e beijar seus pés! Tal foi o concurso do povo, que a cidade parecia estar na maior e mais plausível festa.

A aglomeração dos devotos e curiosos foi tamanha que, por pouco, não arrombaram as portas do convento, obrigando os frades a transferir seu caixão e velório para a igreja conventual — o mesmo templo onde Rosa há de ter diversas visões e onde se confessará com o provincial desta ordem.

Nos séculos passados, quando milagres, aparições e santos faziam parte integrante do dia a dia da comunidade, até mesmo o populacho sabia reconhecer alguns sinais de santidade no cadáver dos falecidos: manter o corpo flexível e incorrupto além do tempo usual, sangrar quando cortado, exalar perfumes, estalar as juntas dos dedos. Todos esses sinais fantásticos foram presenciados no franzino corpo do santo enfermeiro.

Na tarde seguinte de seu passamento, o próprio bispo, d. Antônio do Desterro, subiu o morro de Santo Antônio para de visu presenciar o "exame de flexibilidade" no corpo do servo de Deus. Lá já estava desconsolado o governador e toda sua guarda, além de destacadas autoridades civis e militares. Não era para menos: nunca a cidade tivera um santo tão agraciado pelo poder divino! Uma equipe de médicos e cirurgiões procedeu à vistoria: no local infeccionado das chagas do cilício (ventre) e no fétido tumor que frei Fabiano tinha numa das pernas, em vez de mau cheiro e pus exalava sangue líquido e cheiroso como bálsamo odorífero que os exímios doutores constataram como sobrenaturais, assim também como o rubicundo e aprazível rosto, reconhecendo por verdadeiro o que a voz do povo publicava como maravilha de Deus em seu servo.

Convencido da sobrenaturalidade de tais sinais, o bispo beneditino, ele próprio grande colecionador de relíquias e cujo riquíssimo acervo, o maior das Américas, pode ainda hoje ser admirado no mosteiro de São Bento, "mandou tirar um pedaço do hábito de frei Fabiano, tocou na chaga ensanguentada" e se recolheu para seu palácio. Antes, porém, deixou por escrito o seguinte registro:

> Atesto que, esfregando as antigas e asquerosas chagas de frei Fabiano com um retalho do hábito do mesmo servo de Deus e molhando-o no mesmo sangue, reparamos depois que o tal pedaço do hábito lançava de si um cheiro mui suave que recreava o olfato, mostrando cor natural e os olhos cristalinos como se ele estivesse vivo.

O piegas governador, descrito por seus biógrafos como exemplar no zelo religioso, castidade, justiça e amor dos povos,[14] também não perdeu oportunidade de aumentar o número de seus fetiches sacros: "Beijou os pés do santo homem e levou algumas relíquias". Eis seu depoimento:

> Certifico e atesto que o frade morreu de hidropisia, e as chagas que tinha estavam rosadas e naturais, vertendo sangue líquido. Tinha as mãos, braços e mais partes do corpo flexíveis, as cores do rosto como se estivera vivo, o que tudo me pareceu e às mais pessoas presentes serem efeitos sobrenaturais e prodigiosos.[15]

Retirando-se o bispo, o povo dançou e rolou em seus arroubos devocionais. Os franciscanos tiveram de recobrir com três novos hábitos sucessivos o corpo do santinho enfermeiro, tamanha a avidez de todos em lhe tirar retalhos como relíquia. Vários de seus cordões e capelos foram piedosamente surrupiados, não sobrando sequer um fio de cabelo de sua cabeça, havendo mesmo um devoto mais voraz que arrancou disputadíssima relíquia do corpo do servo de Deus: um dedo do pé!

Na hora do cortejo fúnebre — da igreja de Santo Antônio para o cemitério no interior do claustro —, o governador Gomes Freire de Andrade, ao ver-se empurrado pelo tropel do povo, que, choroso, rezava o *De profundis*, disputando um lugar próximo ao ataúde do santinho, disse compungido: "Façam hoje do governador o que quiserem! Não atendendo neste dia mais que honrar com obséquios ao servo de Deus a quem se reconhecia obrigado".[16] Governador ultrapopulista, não há como negar!

Depois de sepultado, novos e marcantes prodígios se deram: de sua campa, tão delicioso e inebriante perfume se exalou que o claustro do convento ficou cheirando bem por dias seguidos, repetindo o milagre ocorrido com vários outros santos biografados pelos bolandistas, de cujos corpos evaporou odor de flores: o português são João de Deus (nascido em 1550), cujo perfume foi sentido até vinte anos depois de sua morte; são Vicente de Paula (nascido em 1660), por 77 anos depois; e são João Câncio (1473), por 130 anos. Acredite quem quiser!

Tamanha era a crença na santidade desse frade que, na noite seguinte ao enterro, um dos muitos escravizados desse convento franciscano, ao rezar o terço, se lembrou de oferecer um pai-nosso em intenção da alma do frei Fabiano. "A isto reclamaram os mais negros, impugnando o oferecimento, dizendo: 'Pedi outra tenção, porque o santo está no céu e não lhe são necessárias orações'". Glória Jesus! Louvado seja Deus que escreve direito por linhas tortas e usa a boca dos pobres e humildes para revelar seus inefáveis mistérios! *Vox populi, vox Dei...*

Entre seus milagres post mortem, registrados meticulosamente no "Instrumento Judicial e Autêntico dos Privilégios e Maravilhas que Deus Tem Obrado por Intercessão de seu Servo de Deus", cito alguns, escolhidos aleatoriamente — sempre tendo como objetivo familiarizar o leitor com o clima de misticismo e devoção acrítica, reinantes no Brasil, na época em que Rosa foi acolhida pelos franciscanos como a Flor do Rio de Janeiro. Registram essas crônicas que o capelão da igreja de Nossa Senhora dos Pretos, o padre Pedro Nolasco, declarou sob juramento que havia oito dias lhe fugira um escravizado crioulo seu, Narciso, assim pedindo ao servo de Deus: "Se o meu escravizado que anda fugido, lá onde está, serve a Deus, não permitais que me apareça. Se porém o ofende, sede servido de que brevemente me venha para casa". Chegando à sua residência, encontrou-o espontaneamente retornado, sendo que nas outras fugas vinha manietado. Frei Fabiano, como vários outros santos franciscanos do Brasil, apesar de também ter exercido a repulsiva função de "perseguidor de negros", era muito venerado pelos afrodescendentes, conforme se constata através de vários depoimentos de devotos negros registrados no "Instrumento Judicial". A preta Catarina, por exemplo, escravizada de d. Caetana Maria da Conceição, estava com retenção de urina por dias seguidos, sem remédio que a aliviasse. Tinha até sido sacramentada, esperando a morte, quando lhe ministraram um pouco de água da moringa pertencente ao servo de Deus. "Em um quarto de hora conseguiu melhoras, urinando copiosamente." Manuel de Sousa Lobo, residente na rua da Ópera, estava tísico e à beira da morte. O licenciado Boaventura de Deus Lopes trouxe ao doente "um lenço rubricado com o sangue da chaga da perna de frei Fabiano", cingindo o ventre do enfermo com tal relíquia; em pouco tempo ficou completamente são e salvo, dando polpuda esmola para o convento em agradecimento.

Numerosos são os registros de curas de sezões, flatos, retenções de urina, pedras vesicais, prisão de ventre, todas obtidas graças à intercessão do santo enfermeiro, colocando-se um retalho de seu hábito num copo d'água, segurando-se em seu cajado ou mesmo aplicando tais relíquias no corpo dos enfermos, inclusive em suas partes íntimas.

Por anos seguidos, os frades desse convento brindaram os devotos que subiam o morro de Santo Antônio com um frasquinho da água da moringa pertencente ao santo enfermeiro, cujos efeitos curativos só se equiparavam às "Lágrimas da Piedade", a fonte curativa que Rosa encontrou no morro do Fraga, no caminho do Infficcionado para Mariana.

Além de todos esses santos religiosos, dos quais frei Fabiano de Cristo foi o mais celebrado, destacou-se também o convento dos Frades Menores do Rio de Janeiro como local privilegiado onde se celebravam as mais devotas e barrocas cerimônias do devocionário popular. O próprio cronista da ordem, o impoluto frei Basílio Rower, é quem chama a atenção para o grande sincretismo dominante na religião católica de antanho, diluindo na licenciosidade e na superstição generalizadas na época a conduta pouco ortodoxa e o fanatismo de seus confrades dos séculos passados. Diz o escritor:

> Era sintoma característico do tempo colonial o profano andar de mistura com o sacro. Haja vista as célebres festas do Divino Espírito Santo nos impérios da Lapa, de Mata-Porcos e Santana, e os mascarados e outras mundanidades nas procissões que o bispo d. Antonio de Guadalupe (1725-1740) proibiu severamente.[17]

Mundanidades que não eram apanágio do Rio de Janeiro, pois no vizinho bispado de São Paulo ocorria de o profano sobrepujar o sagrado nas festas religiosas, como bem mostrou a historiadora Mary del Priore, no magnífico trabalho "Deus dá licença ao Diabo: a contravenção nas festas religiosas e igrejas paulistas no século XVIII".[18] Mons. Pizarro, o mais arguto historiador da Igreja carioca, se refere igualmente, em suas *Memórias históricas do Rio de Janeiro* (1820), à devassa irreligiosidade observada nos templos cariocas,[19] havendo no arquivo da cúria desse bispado um escabroso livro dedicado aos "delitos do clero", em que são registradas as mais chocantes ações, até agressões físicas, com objetos sagrados, perpetradas dentro do próprio espaço sagrado, envolvendo sacerdotes. Tive esse manuscrito em minhas mãos; hoje, infelizmente, se encontra inacessível aos pesquisadores, censura abominável de quantos querem esconder o sol com a peneira...

Tempo de muita ignorância, como de muito pouca religião; tempo em que o homem se confessa todos os dias, reza o terço quase de hora em hora, e vive a pecar de cinco em cinco minutos...

O movimento de entrada e saída nos templos é sempre extraordinário. Não vai ninguém à rua sem penetrar, no mínimo, a nave de uma igreja, para tomar água benta, para fazer sua prece, para afetar uma religião que, no fundo, mal professa. As damas de sociedade, quando começam pelo fim do século a deixar a clausura da casa colonial, indo às igrejas no bioco das serpentinas e cadeirinhas, não saltam dos seus veículos à porta, mas no interior das naves ou sacristias, levando consigo os seus micos de estimação, os seus tapetes, as suas esteiras ou almofadas com que forram as anfractuosidades dos lajedos, nelas se acomodando. Por ocasião das cerimônias da Semana Santa ou de outras cerimônias mais prolongadas, os escravizados trazem, em samburás de palha, viandas, pão, farinha, doce e outras gulodices.

Come-se regaladamente, limpando com estudada elegância os dedos nos lenços molhados em água de Córdoba, entre conversinhas e risotas amáveis, de pé, de cócoras, deitado. Alguns cochilam, outros meditam, muitos pensam em negócios, em amores, em vinganças. Há ainda quem cabeceie e cochile, e mesmo quem durma e sonhe.

Quando o sol lá fora esbraseia, a nave, que devia ter a frescura de um pátio e a doçura de uma sombra amiga, sob o fulgor de centenas de tochas que crepitam, arde, sufoca, queima. A atmosfera pesa, impregnada da estranha fragrância de corolas e incenso, olor suave ao qual, entretanto, insolitamente se mistura o mau cheiro que vem das frinchas do solo, das paredes e dos lugares onde repousam, sepultados, os defuntos, muitos deles mal entrados na morte, ainda no prefácio do drama pungente da decomposição...[20]

Se nos templos o clima era de feira, nas procissões a turba galhofava como se estivesse numa quermesse, quiçá mesmo numa tourada. Ou então, em vez de risos, namoricos e apalpadelas, predominava nesses cortejos sacros o mais barroco e sanguinolento melodrama. De todas as muitas procissões que anualmente se realizavam na cidade de São Sebastião, a mais concorrida e aparatosa era a Procissão das Cinzas, na quarta-feira subsequente ao Carnaval. Instituída em 1647 pelos terceiros da Ordem de São Francisco, de cujo templo partia, o cortejo percorria as principais ruas do centro, fazendo prolongadas estações nas maiores igrejas da cidade. Era composta de vinte andores ricamente ornados, destacando-se o andor da "Estigmatização de são Francisco", que mostrava esse santo ajoelhado diante de cruz tão gigantesca, que ultrapassava a altura do segundo pavimento das casas por onde passava. "Doze homens robustos tornavam-se precisos para, com esforço, carregar esta almanjarra, honra disputada entre os irmãos terceiros que no dia seguinte exibiam aos conhecidos, com orgulho, os ombros machucados e chagados."[21] Profusão de crianças travestidas de anjos com asas de penas de pato e magotes de meninos vestidos com hábito de capucho ou representando os apóstolos se misturava com autoflageladores encapuzados, oferecendo macabro espetáculo aos fiéis. No frenesi de que se achavam tomados,

> cada um procurava exceder o vizinho no rigor com que lacerava as próprias carnes ou as alheias, em demoníaca competição. Sangrentos, aos gritos, aos saltos, ululando, a estimular-se mutuamente em torvelinho macabro à luz fumarenta dos archotes, os penitentes ofereciam um espetáculo dantesco aos olhos dilatados da multidão que em torno do préstito alucinante, meio contaminada por aquele delírio, bradava e clamava, incitando-os ainda mais, apontando a dedo os mais ensanguentados e os que mais se destacavam pelo furor. Espetáculo de histeria coletiva.[22]

Tal era o clima de exacerbação religiosa dominante quando Rosa chega ao Rio de Janeiro: o rei piegas dava o exemplo patrocinando canonizações de santos esquecidos pelos devotos, como ocorreu com a italiana santa Margarida de Cortona;[23] o bispo e o governador disputavam avidamente relíquias do santo frade milagreiro; penitentes flageladores percorriam as ruas do centro não apenas nas procissões das Cinzas e do Senhor dos Passos, como também nas altas horas da madrugada, perturbando com suas piedosas lamúrias e correntes o sono do citado abade De La Caille. Irmandades, confrarias e capelas são erigidas umas atrás das outras, homenageando toda a corte celeste: o Menino Jesus, sua virgem genitora, seu pai putativo, sua poderosa avó, seu virtuoso avô e até sua bisavó materna, santa Emerenciana, cuja milagrosa e rica imagem ainda lá perdura num nicho destacado na igreja dos carmelitas cariocas.

Rosa surge nesse sacro décor como se fosse a andorinha da Arca de Noé: aos olhos do provincial dos franciscanos e de seus correligionários, a negra iluminada representava o que faltava nessa cidade tão carente, até hoje, do sobrenatural. A América espanhola já tinha encontrado sua pérola preciosa: a dominicana Rosa de Lima fora reconhecida santa por Roma desde 1671. A Divina Providência, tão justa e magnânima com as ordens religiosas, escolhia agora os franciscanos da América portuguesa para revelar ao mundo a sua Flor do Rio de Janeiro — Rosa Maria Egipcíaca da Vera Cruz.

Como o padre Francisco Gonçalves Lopes fora ao Rio de Janeiro com a única intenção de acompanhar Rosa em sua fuga das justiças eclesiásticas e voltara às Minas, a partir de 1752 a visionária courana fica sob a tutela integral do Provincial Velho, que se torna o responsável não só por sua vida espiritual, como também por seu sustento material.

Ter uma santa em casa era honra das mais cobiçadas e vantajosas para quantos dependiam materialmente da fé e da caridade do povo cristão. Há vários episódios na história da Igreja, também no Brasil, onde os corpos de devotos que morreram com fama de santidade foram avidamente disputados por diferentes igrejas ou agremiações religiosas. No próprio Rio de Janeiro, em 1748, na ocasião do falecimento da irmã Francisca de Jesus Maria, irmã carnal da fundadora do convento de Santa Teresa,

os terceiros franciscanos, cientes das maravilhas que Deus obrava no corpo da irmã Francisca, vieram buscar o cadáver para sepultá-lo na igreja da ordem, alegando ser ela terceira franciscana. Soror Jacinta, sua irmã, sendo contrária, não quis privar-se de tal tesouro, sepultando-o mesmo com o hábito de carmelita na Capela do Menino Jesus.[24]

Se já no século xix o viajante inglês R. Walsh[25] contou, na igreja de Santo Antônio dos franciscanos do Rio de Janeiro, nada menos que 1590 grandes velas acesas nos altares — "velas grandes", ratifica o arguto observador —, imaginemos as despesas faraônicas destinadas ao culto, no século anterior, quando partia do próprio monarca, d. João v, a iniciativa de tornar o culto religioso tão pomposo e grandiloquente quanto o praticado na capital do papado. Portanto, ter um santo ou uma santa em casa, fosse vivo, fosse no além, era garantia de multidões de devotos a pedir graças e milagres, enchendo com boas moedas de ouro e prata os cofres, que, abundantes, se espalhavam pelo templo, desde sua entrada, passando por todos os altares laterais até o genuflexório, ao pé do altar-mor. Daí o vivo interesse despertado por Rosa Egipcíaca nos frades menores, naquela quadra, endividados com as reformas do convento de Santo Antônio, certamente contando com menores espórtulas dos fiéis, alguns já esquecidos das virtudes sobrenaturais do santinho enfermeiro, morto na década anterior. Valia a pena investir na negra beata, não só para que viesse a servir como modelo de santidade para as gentes de cor do Brasil — a maioria da população da América portuguesa —, como também, e sobretudo, para se transformar no centro de atração de futuras romarias que garantissem polpudas esmolas para essa instituição mendicante.

Acreditamos ser este o momento adequado para tecer algumas considerações a respeito da santidade negra, pois Rosa Courana deve ter provocado na imaginação dos frades menores do Rio de Janeiro a viva esperança de que pudesse tornar-se a versão moderna, brasileira, de santa Efigênia, único modelo de santidade feminina da cor de ébano que com a escravizadaria daqui só tinha em comum a cor da pele, pois em vida pertencera à nobreza núbia, terminando seus dias num mosteiro carmelitano — realidade muito distante da dos africanos e crioulos do Brasil escravista. Se desse certo, Rosa Egipcíaca tinha tudo para se transformar em modelo universal dos cativos de todo o mundo católico colonial, pois, como a maior parte dos escravizados, vivenciara os terrores de um tumbeiro, sofrera a violência dos açoites e abuso sexual, mas, arrependida, se convertera em mulher virtuosa, praticante de um sem-número de sacrifícios e exercícios espirituais. Exatamente do que a padralhada carecia para oferecer como modelo aos milhares e milhares de negros descendentes de Cam — daí a "raça" camita, que, depois de tantos séculos de evangelização, insistia em praticar as gentilidades de seus antepassados africanos.

Seguindo sua vocação universalista, a Igreja católica, desde seus primórdios, elevou à glória dos altares alguns poucos representantes da raça negra, começando na alta Idade Média a venerar um dos reis magos do presépio, são Baltazar, geralmente caracterizado com traços negroides, representando o continente africano, muito embora não haja nenhuma menção nas Sagradas Escrituras quanto ao nome ou à cor dos três seguidores da estrela de Belém.

No mundo luso-brasileiro, quatro foram os negros a receber maior veneração entre os bem-aventurados: santo Elesbão, santa Efigênia, são Benedito e santo Antônio de Categeró. É sobre esses personagens que nos ocuparemos a seguir.

Sintomaticamente, o principal livro em nossa língua dedicado aos dois primeiros desses santos foi assinado pelo carioca frei José Pereira de Santana (1696-1759), carmelita observante, doutor em teologia, qualificador do Santo Ofício, provincial e cronista geral de sua província de Portugal. Seu livro traz bombástico título: *Dous atlantes da Etiópia: Santo Elesbão, imperador 47º da Abissínia, advogado dos perigos do mar, e Santa Efigênia, princesa da Núbia, advogada dos incêndios dos edifícios, ambos carmelitas* (Lisboa, 1735).

Segundo esse autor, Elesbão foi o 47º neto do rei Salomão e da rainha de Sabá, reinando no século VI e destacando-se pelos seguintes títulos: "Acérrimo vingador do sangue dos mártires, inocente homicida do ímpio rei Dunaan, príncipe cristianíssimo, vitorioso no mar e triunfante na terra, flagelo dos judeus, açoite dos hereges, varão fiel, vencedor dos inimigos de Cristo, zelador da Igreja Católica". Currículo de fazer inveja até a Sadam Hussein...

Santa Efigênia, por sua vez, viveu nos tempos imediatamente posteriores à ascensão de Cristo, sendo batizada pelo evangelista são Mateus quando missionava no Reino da Núbia. Ao entrar para o Carmelo, um rei ímpio, inimigo de sua nação, ateou fogo em seu convento — milagrosamente salvo por sua intercessão —, tornando-se, a partir daí, patrona dos bombeiros.

As imagens de ambos os santos eram alvo de grande veneração no convento dos carmelitas de Lisboa, sendo esses frades, sem dúvida, os introdutores de sua devoção na América portuguesa. Curiosa é a detalhada orientação dada pelo citado autor carmelitano de como se devia pintar ou esculpir a figura de santo Elesbão — em que alguns traços de seu fenótipo africano são mantidos, enquanto outros, "embranquecidos".

> Santo Elesbão deve ser pintado ou esculpido da seguinte forma: preto na cor do rosto e das mãos, que são as partes do corpo que se lhe divisam nuas; cabelo revolto, à semelhança daquele com que se ornam as cabeças dos homens de sua cor; as feições parecidas às dos europeus, nariz afilado, forma gentil, idade de varão, cercilho de religioso, coroa de sacerdote, hábito de carmelita, estará com a mão direita cravando uma lança no peito de um rei branco (Dunaan), estando este submetido de meio-corpo ao pé esquerdo do santo que o pisa, terá diadema aberto sobre cabelo anelado, rosto trigueiro, melancólico e feio, atado com cadeia de ouro no pescoço e mãos.[26]

De todos os santos negros, são Benedito sempre foi o mais querido no Brasil de antanho, invariavelmente representado com seu hábito marrom de irmão leigo franciscano, tendo nas mãos o Menino Jesus protegido por alva toalha de linho. É na obra *Flor peregrina por preta: Vida do beato Benedito de Filadelfo* (Lisboa, 1744), de autoria do nosso já conhecido frei Apolinário da Conceição, o mesmo biógrafo do santinho enfermeiro do Rio de Janeiro, frei Fabiano de Cristo, que fomos pinçar alguns dados sobre a vida do primeiro santo negro oficialmente canonizado por Roma — antes dele, os outros pretos foram santificados pela tradição popular, sem merecer processos regulares. Benedito viveu na Sicília, no século XVI, filho de escravizados etíopes. Muito piedoso, entrou para o convento capuchinho como irmão leigo, uma vez que provinha de raça infecta ipso facto excluída do presbiterato, o que não o impediu do prestigioso posto de mestre dos noviços. Entre seus prodígios, constam ter recebido o auxílio dos anjos quando trabalhava na cozinha do convento, ter multiplicado os peixes para alimentar seus confrades, fazer nascer cinco laranjas no jardim do claustro, ressuscitar dois meninos etc. Morto em 1587, já em 1612 possuíam os franciscanos do largo da Carioca uma imagem sua que, segundo documento firmado pelo bispo, nessa ocasião, teria realizado portentoso milagre, salvando um crioulinho de dois anos, mortalmente engasgado com a espinha de um peixe. Seu culto logo se espalhou Brasil afora, tendo imagens e altares também em Vila Rica, Recife, Salvador e Espírito Santo. Sua beatificação oficial se deu em 1743, sendo então sua imagem posta solenemente na igreja do Rosário dos Pretos do Rio de Janeiro, o mesmo templo que, a partir de 1735, funciona como sede do bispado fluminense. Foi aos pés da imagem de são Benedito que a escravizada Rosa lascou a cabeça, na igreja do Inficcionado, na ocasião de sua segunda sessão de exorcismos. Era muito comum se ouvir, pelas ruas e estradas, esmoleres cantarem este refrão: "São Benedito, meu lindo amor, dai-me sorte, de vossa cor...".[27] Embora frei Apolinário da Conceição garanta que o culto ao santo pretinho tinha como escopo provocar nos brancos humildade e nos pretos emulação, nem sempre tal intento era bem-sucedido, pois no ano de 1762, na freguesia de Cairu, no sul da Bahia, o lavrador Alexandre Fonseca, homem branco, foi delatado ao Santo Ofício por insulto à fé católica: durante as celebrações da festa de são Benedito, irritado com os louvores prestados a um santo de cor e feições idênticas às de seus escravizados, deu um tiro de bacamarte na bandeira do santinho, dizendo: "O que faz este pretinho à vista de Deus e de todo o mundo?!", realizando tal insulto, segundo quem o denunciou, "com desprezo, opróbrio e irreverência".[28]

O último santo negro venerado no Brasil, à época de nossa beata africana, também vestia o mesmo hábito de são Francisco, sendo hoje muito mais popular do que antigamente: santo Antônio de Noto ou de Categeró. Nascido em 1490 no vale de Noto, na Sicília, morreu na mesma localidade em 1550. Beneficiado por Deus com poderes sobrenaturais, o simples beijar de suas mãos curava a quantos padeciam de variadas enfermidades, ostentando maravilhosos brilho e resplendor, sinal incontestável de santidade peculiar apenas aos santos mais graduados da corte celeste. Não coadunando tanta santidade com o status de cativo, logo seus devotos lhe outorgaram a alforria, passando boa parte de sua vida se mortificando numa caverna distante do povoado. Depois de morto, os prodígios atribuídos à sua intercessão redobraram, sendo beatificado já em 1589.[29]

A divulgação do culto a esses quatro principais santos negros no Brasil escravista foi iniciativa dos carmelitas e franciscanos, correspondendo à preocupação crescente da Igreja no pastoreio espiritual das gentes de cor — o maior contingente demográfico da América portuguesa. Embora já no século XVII o padre Antônio Vieira denunciasse em diversos sermões a via-crúcis que era ser escravizado no Brasil, é sobretudo no setecentos que o clero demonstrará maior cuidado pastoral com os descendentes do lendário Prestes João. Essa atenção não só se manifesta entre os inacianos Antonil e Benci, que responsabilizavam os senhores pela vida espiritual de sua escravizadaria, como constituiu igualmente preocupação assídua do frei Agostinho de Santa Maria, que em seu célebre *Santuário mariano* (1722), ao arrolar todas as imagens de Nossa Senhora existentes nos bispados da Bahia e do Rio de Janeiro, inúmeras vezes se refere à devoção que os "pretinhos" manifestavam a diferentes títulos marianos: "Como os pretinhos sempre andam carregados com a cruz de seu trabalho, abrançando-a com paciência, agradarão muito à Senhora da Salvação e a seu Filho Santíssimo".[30] Portanto, é nesse contexto de valorização, por parte da Igreja, de modelos de santidade mais acessíveis e próximos dos negros que surge como por inspiração da Divina Providência, no Rio de Janeiro, esse mimo enviado pelos céus, Rosa Maria Egipcíaca da Vera Cruz. Certamente o provincial dos franciscanos esperava repetir com a beata recém-chegada das Minas Gerais o mesmo elogio atribuído a seu irmão de cor, Benedito de Filadelfo:

> Flores brancas nascem nas quatro partes do mundo, porém de cor propriamente negra, nem por milagre em todo o universo se achará uma só. No Jardim da Igreja a Divina Graça — que na fecundidade não conhece limites —, adornando-o com uma flor tão singular e peregrina em todo rigor negra, formoseia com ela o terreal paraíso da seráfica religião…[31]

Rosa Egipcíaca, Flor do Rio de Janeiro, *ora pro nobis*!

Deslocando agora a análise para a perspectiva individual, constatamos que, para o orientador espiritual de beata ou beato, ter filhos reputados como santos representava a certeza de duas coroas: tornar-se famoso às custas da santidade de seus dirigidos e garantir um bom lugar na corte celeste graças à intercessão de seus bem-aventurados discípulos. Todas as grandes santas católicas tiveram atrás de si um devotado padre orientador, vários deles as acompanhando na glória dos altares. Dentre muitos outros, nos lembramos de são Vicente de Paula, são Francisco de Sales e são João da Cruz, que foram, respectivamente, os confessores de santa Luiza de Marillac, santa Francisca de Chantal e Santa Teresa d'Ávila. Várias foram igualmente nossas beatas luso-brasileiras cujos diretores d'alma muito se empenharam na publicidade de suas vidas e virtudes: d. Sebastião Monteiro da Vide, o autor das monumentais *Constituições primeiras do arcebispado da Bahia* (1707), publicou em Roma, anos depois, a *História da vida e morte de madre Victória da Encarnação, religiosa professa do convento de Santa*

Clara do Desterro da cidade da Bahia (1720). Em 1747, mesmo ano em que Rosa tinha sua primeira visão beatífica, editava-se em Lisboa Ocidental a obra *Olivença ilustrada pela vida e morte da grande serva de Deus, Maria da Cruz, filha da Terceira Ordem Seráfica*, de autoria do frei Jerônimo de Belém. Para alguns sacerdotes, ter orientandas com sintomas de santidade e escrever suas vidas veneráveis era verdadeira obsessão: frei Mazeu de São Francisco, porteiro do convento dos Frades Menores de Lisboa, tinha 62 anos quando foi preso pela Santa Inquisição, acusado de ter exagerado nos supostos milagres da donzela Maria de Jesus, moradora no Nordeste do Brasil na segunda metade do século XVII. Em seu processo de mais de setecentas páginas, podemos apreciar várias versões, corrigidas e ampliadas, da biografia dessa serva de Deus completamente desconhecida por nossos historiadores, que, segundo suas próprias revelações, costumava receber inúmeros ósculos e amplexos do próprio Deus Pai.[32] Outro sacerdote, frei José do Espírito Santo, também preso pelo mesmo tribunal, dedicou toda sua vida à fabricação de santas, até que, aos setenta anos de idade, apesar da invejável patente de qualificador do Santo Ofício, foi processado pelo mesmo delito e confessou que havia 32 anos dirigia as almas de muitas mulheres seculares e religiosas, apelidando cada uma com nomes mitológicos, como Filotea, Benjamim, Aurora, Capela, Fênix, reputando-as por virtuosas e ilustradas, escrevendo suas vidas e confissões diárias, suas visões e dons celestiais. Visões, diga-se en passant, que causaram riso e reprovação por parte dos inquisidores, como a representação que teve uma de suas beatas, vendo o Menino Jesus "tremendo de frio pela indiferença dos cristãos", ou como a de Filotea, sua filha espiritual por 28 anos seguidos, possuidora de virtudes em graus heroicos e que constantemente era transportada, em êxtases místicos, para o seio do Pai Eterno, além de, como às demais dirigidas, ser frequentemente visitada pelo Menino Jesus, sempre ávido em mamar nos seus peitos... Nesse curioso processo de frei José do Espírito Santo, podemos folhear vários "livros" manuscritos pelo frade, morador no convento da Graça: o *Livro de Benjamim* acompanha, dia a dia, de 1717 a 1720, a evolução espiritual de uma donzela saloia dos arredores de Lisboa, comparando-a em virtude à santa Ângela, uma das fundadoras da Ordem das Ursulinas. Dois outros "livros" manuscritos por esse frade trazem títulos mais pomposos: *Retiro da esposa de Deus*, no qual ensina os degraus da humildade, e *Escada de nove degraus por onde o Divino Amor levanta as almas ao estado da perfeição*.[33] O castigo dado a esses devotos mistificadores era geralmente a suspensão de suas ordens sacras, proibição de confessar e orientar penitentes, às vezes reclusão num dos conventos mais afastados de sua ordem religiosa.

Frei Agostinho de São José, o franciscano orientador de Rosa a quem chamavam de Provincial Velho, seguirá a mesma tradição e tentação de milhares de outros confessores na história do catolicismo, estimulando sua dirigida não só a entrar na delicada via do misticismo, como também a deixar por escrito suas visões e revelações celestiais. Foi logo depois da mensagem recebida de "Nossa Senhora Enfermeira", em fins de 1751, que Rosa Egipcíaca inaugura nova fase em sua vida espiritual. Eis como ela própria narrou esse crucial episódio, quando ouvida no Juízo Eclesiástico do Rio de Janeiro: "Estando nesta cidade em casa de Maria de Pina, moradora defronte da igreja de Santa Rita, ouviu uma voz que lhe dizia que aprendesse a ler e escrever, a qual voz tinha já ouvido por duas vezes nas Minas, porque só sabia ler letra redonda". Perante os inquisidores, em Lisboa, deu versão ligeiramente modificada:

> Em uma ocasião, ao acabar de comungar, sentiu no interior uma voz que lhe disse que havia de aprender a ler e escrever, que o Espírito Santo lhe daria uma pena florida que havia de fazer um livro que se chamasse Sagrada Teologia do Amor de Deus Luz Brilhante das Almas Peregrinas. E dando parte ao dito confessor do que ouvira, este lhe disse que era necessário fazer o que se lhe mandava, e que queria ver a pena que se lhe prometia. E tomando mestre para o referido efeito, a ensinou por ano e meio.

Já nas Minas, o Espírito Santo, por duas vezes, mandara à africana que aprendesse os segredos da leitura, pois queria "fazer um ninho no seu peito". Rosa diz que, já nessa época, sabia ler "escrita redonda", isto é, letra de imprensa, embora não soubesse ainda escrever e entender letra "de mão".

Lastimavelmente, das centenas de páginas manuscritas por Rosa, sobreviveram apenas uma carta, datada de 15 de novembro de 1752, dirigida a seu ex-senhor, Pedro Rodrigues Arvelos, e duas páginas de uma visão ocorrida em abril de 1756, cujo conteúdo analisaremos oportunamente. A carta de 1752 fora redigida havia pouco mais de um ano depois de a negra mina começar a aprender a escrever. Ao longo das 124 folhas de seu processo e das 23 cartas que ditou no Rio de Janeiro, encontramos sete vezes sua assinatura. Só na car-

198

ta de 1752 escreveu seu nome completo: ROZA MARIA EGYCÍACA DA VERA CRUZ. Ao ser presa nessa cidade, em 1762, no processo abreviou seu nome para "Roza Maria Egcíaca", e nas cinco vezes que assinou o treslado de suas confissões no Santo Ofício de Lisboa, firmou tão somente "Roza Mª".

Conforme podemos deduzir a partir de sua escritura, Rosa nunca chegou a dominar de todo os segredos do alfabeto: possuía caligrafia irregular e infantil, tendo de fazer pautas a lápis, no papel, para não escrever torto. Até assinando seu nome perdia o prumo, escrevendo "Rosa" no alto, e "Maria" mais abaixo. Foi a lisboeta Maria Teresa do Sacramento, a regente do Recolhimento do Parto, quem ensinou a vidente a escrever, e, de fato, há muita semelhança entre a caligrafia, também primitiva, da portuguesa e a de sua pupila, tendo a mestra, da mesma forma, de pautar a lápis as folhas em que escrevia a fim de manter a linha reta. Malgrado o ano e meio de aprendizado, diz o padre Xota-Diabos que, "apesar de ter mestre, Rosa nunca pôde conseguir aprender e mal sabia escrever, dizendo que também Nossa Senhora aprendera a escrever sem mestre". Afirmação baseada por certo em alguma fonte apócrifa, quem sabe no livro da venerável soror Maria de Jesus, franciscana, *Maria Santíssima, mística cidade de Deus*, editado em 1668, em que se descreve, com os mais imaginativos e fictícios detalhes, toda a vida de Nossa Senhora, obra sem nenhum respaldo bíblico, pois os Evangelhos informam muito pouco sobre a biografia da mãe de Jesus. A irmã leiga Ana de São Bartolomeu, secretária de Santa Teresa d'Ávila, mereceu melhores atenções celestiais, pois, sendo analfabeta, tão logo foi escolhida pela santa carmelita para ocupar o cargo de escriba "desde o momento de sua nomeação soube subitamente escrever".[34]

O certo é que, apesar da feia caligrafia, escrevendo, supomos, bem devagar e em estilo rústico, a africana, já em fins de 1752, portanto há menos de um ano da alfabetização, consegue redigir uma carta de próprio punho. Transcrevêmo-la com as mesmas ortografia e pontuação, inclusive com as abreviações tão comuns nos séculos passados:

Meu Snr. P. Roiz Arvelos

Estas faço pª saber da saude de VMcê aql. estimarei seja perfeita em compª de minha Snrª Mª Thereza de Jesus e de minhas Snrªs mossas todas e de toda a mais obrigação de Casa, desejando que lhe asista aquella feliz saude e em compª do Snr. Menino Ds. da Prociunculla. A minha q me asiste, como hé do agrado de

Ds, he bõa e offereço ao Ds. por ter visso de VMcê e de minha Snr.ª Esta faço só pordar a VMcê o gosto dever as minhas letras p.ª VMcê se rir hu bucadinho e mais toda a casa. VMcê me mandou dizer q lá não faltavão novidades, mas q não fiava do papel não, pois eu rezeio saber que p.ª comédar a Ds os negocios tãm importantes não se desconfia do papel, ao sim podeme VMcê mandar dizer se ha q desconfia de mim q novidades são; pois me ofereço p.ª pedir aos Servos de Ds q peção q Ds porisso uns no sacrificio da Missa, outros naoração mental, p.ª a Ds ponha os olhos depiedade nesses negocios, a meu Snr. Pe. Fran.co Glz Lopes, se ovir q bote abenção a esta sua escrava q não lhe escreve porq já vejo q as minhas letras não tem efficacia no amor de Deus p.ª com elle, por isso antão ja deixo as cousas correr por conta de Ds, se ovir deilhe minhas lembrças, e não posso emcarecer as saud.es q delle tenho mais Ds se lember de nois todos e VMcê me dara tambés mtas sadades a minha Sr.ª e as Sras. mossas e minha companheira e ao Sñr. Ant.º Tavares; diga a todos q em commendem o negocio a Ds e não se esqueção de mim q eu nãome esqueço deles: com isto não serve demais.

Ds g.de a VMcê ms. annos.

Rio de Jan.ro Novidades que encomende o Reino de França a Ds p.ª q a heresia não dure nelle mto tempo, porq segundo as novas, o Rei está do seu Pallácio e os hereges estãm governando e asim sera grande perda de nos christãos veren ultrajarremse as imagens de Maria Santisima ainda o mesmo Santisimo Sacram.to no Sacrário e asim peção a Ds por isto. [R.º de Jan.ro, em 15 de Nov.bro de 1752 anos.

Desta sua escrava q mt.º lhe ama e quer.

Roza Maria Egyciaca da Vera Cruz.

Talvez Rosa tenha primeiro ditado a carta para sua mestra e escriba Maria Teresa, e, a partir desse primeiro escrito, copiou o texto com sua própria mão. Como já dissemos, Maria Teresa também escrevia mal, com muitos erros de concordância, e mesmo de caligrafia, usando, por exemplo, letras maiúsculas no meio das palavras, os mesmos erros também cometidos pela ex-escravizada dos Arvelos. A forma irônica com que Rosa se refere ao seu escrito, depreciando-o, confirma a afirmação do padre Francisco, de que "mal sabia escrever". Malgrado a rusticidade de sua caligrafia e estilo, não deixa de ser fantástico que uma africana, aos 33 anos, ex-escravizada, aprenda a escrever. Salvo engano, essa carta, de 1752, é o manuscrito mais antigo de autoria de uma africana no Brasil de que se tem conhecimento.

Rosa, a partir dessa data, se tornará grande escritora. Recebeu o sinal verde do frei Agostinho, seu diretor espiritual nos primeiros cinco anos de Rio de Janeiro, o qual "dizia que Rosa tinha cheiros de santidade e que escrevesse todos os sucessos que sentisse a respeito dos favores do céu". Mesmo sem nunca ter recebido a prometida "pena florida" da Terceira Pessoa da Santíssima Trindade, o velho franciscano alimentou a imaginação mística de sua filha espiritual, e ela tanto se dedicou a essa tarefa, que alguns anos mais tarde dirá dela o padre Xota-Diabos: "Rosa vive escrevendo e nem tem tempo de rezar — tudo permitido por seu pai espiritual". (Carta de 13 de janeiro de 1757 ao sr. Arvelos.) Dedicaremos um futuro capítulo aos escritos teológicos da visionária.

Observe o leitor que, já na primeira carta, há pouco mais de um ano e meio sob a orientação espiritual do provincial franciscano, nossa beata já se refere à oração mental, prática mística de que também nos ocuparemos mais adiante. Observe ainda a preocupação tão curiosa da africana pela integridade do rei Luís xv e da fé católica na França, seguramente tendo ouvido dos franciscanos do convento de Santo Antônio a informação de que, nos últimos anos, os protestantes franceses aumentavam seu poder, cometendo até mesmo desacatos aos templos católicos.

11. Fundação do Recolhimento do Parto

Aprender os segredos da escrita abriu novos horizontes para Rosa, levando-se em conta que provinha de uma sociedade ágrafa, sendo igualmente analfabeta a quase totalidade de seus contemporâneos no período colonial. A partir do momento em que se alfabetizou, encontrou enorme prazer, uma verdadeira compulsão em botar no papel suas visões, devaneios e profecias. E foi justo numa dessas ocasiões, em meados de 1752, quando narrava suas impressões místicas, que lhe ocorreu importante sucesso:

> Em uma ocasião em que ela escrevia sobre a Ave-maria, nas palavras "Santa Maria", se lhe suspendeu o braço da pena, e, levando os olhos a um quadro da Senhora da Piedade, saiu do mesmo uma voz que dizia: "Mandai pedir uma esmola nas Minas ao padre João Ferreira para comprar uma casa e morardes junto com as pecadoras que dizem ofender a Deus porque não têm uma casa para morarem". E dando parte do referido ao seu confessor, este lhe disse que escrevesse ao dito padre, porque se ele desse a esmola, era certo que a voz era da Senhora e que, se não desse, era engano.

Também aqui dispomos de versão diversa em alguns detalhes:

Estando a escrever a Ave-maria, ao chegar nas palavras "rogai por, nós pecadores", sentiu um impulso grande no braço da mão que tinha a pena, e lhe suspenderam com violência e com a mesma violência lhe viraram o rosto para um quadro de Nossa Senhora da Piedade que estava na mesma casa, e desta Senhora lhe saíram vozes que diziam escrevesse ao padre João Ferreira de Carvalho, morador nas Minas do Rio das Mortes, para que lhe mandasse uma esmola para comprar umas casas em que ela, ré, morasse com as pecadoras que nos confessionários diziam tinham ofendido a Deus por não terem casas para morar, com o que ficou ela suspensa e entrou a rezar o Credo, e, acabado, lhe veio da mesma Senhora outra voz, que repetisse o Credo e assim lhe mandou tanto que acabava, de sorte que rezou esta oração seis vezes, e sempre com o braço suspenso, sem o poder levantar, e lhe tornou a mesma Senhora a dizer que escrevesse ao padre e lhe dissesse o que ela tinha mandado, e que desse também parte disto a seu confessor, com cujas palavras ficou ela, ré, certificada de que era a mesma Senhora a que falava, e sem ter disto dúvida. Aí lhe pediu que deixasse ficar o seu braço no seu ser natural, e assim logo sucedeu, e foi dar parte ao dito seu confessor, o qual lhe disse que escrevesse ao padre João Ferreira da mesma sorte que a Senhora lhe mandava. E como ela, ré depoente, não sabia ainda bem escrever, rogou a José Gomes, que era seu mestre que a ensinava a ler, que escrevesse a carta, que com efeito escreveu, e mandou para as Minas ao mesmo padre.

Rosa teve, portanto, dois mestres: a já citada Maria Teresa do Sacramento, futura regente do Recolhimento do Parto, e esse José Gomes, cuja documentação não fornece outros detalhes sobre sua pessoa. Ensinou-a por ano e meio, confiando depois à citada regente a tarefa alfabetizadora. Alfabetização piedosa, diga-se de passagem, que se utilizava de orações, como a ave-maria, como tema para exercícios de caligrafia.

Na história bíblica e na hagiografia católica, há, com frequência, registro de manifestações físicas nos mortais como sintoma da interferência divina: são Paulo foi lançado do cavalo e ficou cego por três dias depois de ouvir a voz celestial (Atos, 9:4-9); Santa Maria Egipcíaca, quando ainda prostituta, "ao chegar à porta do templo da Santa Cruz em Jerusalém, de nenhum modo podia entrar, porque parecia que a detinham e lhe faziam resistência para que não entrasse". Rosa, ao ouvir a voz saindo do quadro da Piedade, teve seu rosto incontrolavelmente arrebatado para a pintura, sentindo um grande impulso que, com violência, suspendeu e manteve imóvel no ar sua mão e seu braço — arrebatamento que durou o espaço de seis credos (aproximadamente dois minutos). Como esse fenômeno — sua paralisação extática — permanecesse depois de rezar o Símbolo da Fé, afastando, portanto, qualquer suspeita de que fosse obra do Tinhoso, certificou-se de que o fenômeno era celestial "sem ter disto dúvida". Frei Agostinho foi mais prudente: se o padre do Rio das Mortes doasse a prometida esmola, então se tratava mesmo "da voz da Senhora; se não, era engano".

Até agora, mais de uma dezena de padres já teve seus nomes registrados nesta história: padre Francisco Gonçalves Lopes, exorcista e senhor de Rosa; padre Luiz Jaime de Magalhães, vigário do Inficcionado; padre Matias Antonio Salgado, vigário da matriz de São João del-Rei na ocasião em que a espiritada aparteou o sermão de frei Luiz de Perúgia; padre Filipe de Sousa, morador na mesma freguesia e testemunha das inconveniências da demonopata; os padres Amaro Gomes de Oliveira e Manuel Pinto Freire, que a exorcizaram em Mariana; frei Agostinho de São José, seu novo orientador no Rio de Janeiro etc. etc. Outra dezena de sacerdotes ainda aparecerá ao longo destas páginas, personagens basilares na biografia da visionária. Como já dissemos, Rosa adorava os clérigos, venerando-os como verdadeiros representantes de Deus na terra, porteiros das moradas celestes e medianeiros indispensáveis na obtenção do perdão dos pecados e do pão dos anjos, a Sagrada Eucaristia.

Rosa Egipcíaca teve o dom de impressionar vivamente alguns sacerdotes, tornando-se objeto de piedosa veneração por parte desses ministros do altar. Além do Xota-Diabos e do provincial dos frades menores do Rio de Janeiro, mais dois sacerdotes se incluíram no séquito dos devotos da negra mina: o capuchinho frei João Batista da Capo Fiume, de quem trataremos mais adiante, e o recém-citado padre João Ferreira de Carvalho, a quem Nossa Senhora mandou que desse uma esmola para comprar uma casa onde fossem recolhidas as madalenas arrependidas. Quem era esse sacerdote?

Quando o bispo d. frei Manuel da Cruz tomou posse da diocese de Mariana, em 1748, o padre João Ferreira de Carvalho era um dos 435 presbíteros residentes nas Minas Gerais, referido no rol clerical como "em uso das ordens", isto é, atuando no ministério sacerdotal. Vivia em São João del-Rei, cura da igreja de São João Batista, o mesmo templo que Rosa, no início de sua conversão, e sua companheira Leandra costumavam varrer e onde, numa visão, o

Divino Espírito Santo lhe ordenara que aprendesse os segredos da escrita. No Arquivo da Cúria de Mariana, encontramos o processo *De Genere et Moribus* de um seminarista homônimo, ordenado quando o padre amigo de Rosa já havia falecido. Este padre fora confessor de Rosa,

> fazendo-lhe várias vezes os exorcismos, sendo seu devoto, porquanto, tendo contradição de algumas pessoas, que diziam não era ela vexada do Demônio, sempre o padre João Ferreira a defendeu que o era, e por isto era reputado por alguns como homem mentecapto e ignorante.

(Segundo o dicionarista Morais, *mentecapto* significa "pessoa com falta de entendimento, louco, idiota, tolo".)

Como Rosa, também este clérigo era dado a visões beatíficas, porém em menor grau. Certa feita revelara ao patriarca da família Arvelos ter visto na hóstia consagrada uma circunferência vermelha, e em outra ocasião uma sombra dentro dela — provavelmente a mesma visão já referida por Rosa, só que mais realística, pois, em vez de auréola encarnada, ela declarou tê-la visto "toda cheia de sangue". O padre Ferreira era grande devoto da courana. Um tal de Domingos Francisco Carvalho, que conheceu ambos quando residentes no Rio das Mortes, conta ter ouvido este padre dizer que Rosa "parecia ser uma santa", convicção adquirida provavelmente quando daquele episódio do exorcismo com a prova do fogo, pois "este padre punha a vela debaixo da língua de Rosa, por muito tempo, não a queimando nem a molestando, persuadindo-se assim de sua santidade". Foi qualificado pelo sr. Arvelos como sendo "o maior sectário da santidade da negra", proclamando que a mesma "tinha Nosso Senhor Sacramentado no seu peito e era comparada à Santíssima Trindade".

Malgrado tanta devoção — verdadeira idolatria —, o padre Ferreira custou a atender ao pedido de ajuda para a construção do recolhimento:

> escrevendo por três vezes ao dito padre, respondeu a ela, ré, que era um clérigo pobre e que, se ela cuidava que tinha riquezas, se enganava. Tornou-lhe a escrever dizendo que não sabia se tinha ou não cabedais, e que só fazia o que lhe mandava Nossa Senhora da Piedade, e que, se ela fosse servida, lhe moveria o coração para que ele desse aquela esmola, a qual a não queria ela na sua mão, e que a remetesse a frei Agostinho de São José, seu confessor. E passado algum tempo, na terceira

vez que pedia a dita esmola, o padre lhe respondeu que visto Nossa Senhora o escolher para a dita esmola, sendo sacerdote indigno, lhe mandaria quatro vinténs, e com efeito, dali a três anos, remeteu ao seu confessor 4 mil cruzados de esmolas, com o que o mesmo frade, vendo aquele efeito, se capacitou de que a voz tinha sido da Senhora.

A fundação do recolhimento tinha, portanto, o aval divino e um sacerdote das Minas como patrocinador.

Entre a promessa de ajuda financeira por parte do padre Ferreira Carvalho e a fundação do recolhimento, portanto entre meados de 1752 e agosto de 1754, data da bênção da pedra inaugural do mesmo, pouca coisa informam os documentos a respeito de nossa biografada. Dividia ela seu tempo entre o aprendizado da leitura e escrita e em frequentar seu orientador espiritual, além dos muitos exercícios pios, missas solenes, vias-sacras, procissões, tríduos e novenas, que consumiam várias horas diárias das beatas barrocas.

A todas as horas do dia o som dos sinos e mesmo, às vezes, a detonação de foguetes anunciam a celebração de alguma solenidade religiosa. Procissões enchem as ruas do centro do Rio de Janeiro, sobretudo após o pôr do sol. Em todas as esquinas, em nichos envidraçados, veem-se imagens da Virgem Maria, a quem os transeuntes nunca deixam de testemunhar veneração.[1]

É através de cinco cartas de Rosa e de duas do padre Francisco, todas dirigidas a seus compadres Arvelos de São João del-Rei, que podemos pinçar algumas informações e acontecimentos ocorridos entre 1752 e 1754. Já transcrevemos a primeira carta do padre Xota-Diabos, datada de 15 de dezembro de 1751, na qual relatava os primeiros contatos de Rosa quando recém-chegados ao Rio de Janeiro. Em sua segunda missiva, de 29 de junho do ano seguinte, Dia de São Pedro, o sacerdote, então com 58 anos, começa informando estar melhor de uma grande enfermidade e livre de perigo, porém "ainda com minhas queixas causadas das almorreimas". Virtuoso, interpreta as muitas doenças que o afligem como "provas de Deus para sua paciência". Declara agora estar bem descansado "porque tenho quem trate da criatura com todo o bom trato de comer e de vestir, um bom amigo que muito a quer em sua casa". Tudo nos leva a crer que esse bom amigo era frei Agostinho, e a casa acolhedora, o convento de

Santo Antônio. Diz, outrossim, que "me governo com a esmola das missas que não me faltam, Deus seja louvado!". A espórtula de uma missa oscilava na época de duzentos a 320 réis, o suficiente para se comprar uma arroba de farinha de mandioca ou aproximadamente quatro quilos de carne de sertão, quer dizer, com a esmola de duas ou três missas, era possível adquirir alimentos para uma pessoa passar um mês inteiro. Celebrando diariamente, o sacerdote podia levantar de 6$000 a 9$600 réis por mês, sem falar em outros rendimentos cobrados pelos demais ofícios litúrgicos, como batizados, casamentos, enterros etc. O Xota-Diabos não podia reclamar de passar dificuldades de subsistência, pois, mesmo sem receber a côngrua destinada aos capelães e vigários, tinha com o que viver nesses meses que passou na cidade de São Sebastião.

Ainda nesta mesma carta, tece o sacerdote alguns comentários relativos à sua ex-escravizada:

> Tenho fé de que tudo há de ser certo o quanto Rosinha diz ou ditou. Muitos a desejam em sua casa. Ela cá vive com mais sossego, vai à missa e se confessa com muito sossego a cada vez mais. Deus lhe está fazendo favores conhecidos a muitos e ela tudo oferece a Deus pelos benfeitores e inimigos. Quanto mais padece, mais se alegra.

A fé desse clérigo na santidade e na predestinação da africana aumenta dia a dia, e decerto por essa época já estava ciente da correspondência que ela mantinha com seu amigo de São João del-Rei, o padre Ferreira, também ciente da promessa de Nossa Senhora da próxima fundação do recolhimento, daí dizer que "tudo há de ser certo" o quanto Rosinha profetizava. Não seríamos temerários em suspeitar que ele próprio, o padre Xota-Diabos, como eminência parda que foi na construção da santidade de sua dirigida, tivesse, direta ou indiretamente, sugerido a fundação do tal recolhimento e indicado seu amigo e colega de sacerdócio, o padre Ferreira, como futuro mecenas dessa instituição nascente. Para ele, a boa acolhida com que ambos eram premiados nessa cidade podia ser interpretada como aval divino, tanto que se oferece ao sr. Arvelos, dizendo: "Se vossa mercê precisar de algo nesta cidade, mande! Inclusive com o sr. Bispo, que é muito meu camarada para tudo o que quero. Vejo que me quer bem: e todos os bens e tudo isto atribuo à Divina Providência e à Criatura", a sua Rosinha.

Além de privar da camaradagem de d. Antônio do Desterro, ambos minhotos e da mesma idade, o padre Francisco criou, nesses primeiros meses à beira-mar, importantes redes sociais: conta ser o confessor de um licenciado da justiça e amigo de Manuel da Silva Braga, "homem muito rico e muito meu amigo", residente à rua dos Pescadores, a cujo endereço diz ser melhor enviar as próximas correspondências advindas das Minas.

Deve ter sido em outubro de 1752 que o padre Francisco resolveu voltar para a capitania das Gerais: viera para o Rio de Janeiro com a intenção de livrar sua dirigida da intolerância e da perseguição das autoridades eclesiásticas da diocese de Minas. Entregue Rosa às boas e acolhedoras mãos do provincial dos frades menores, urgia que retornasse à sua casa e freguesia, pois já vivia na terra do ouro havia 21 anos, julgando-se, sem dúvida, velho demais para começar vida nova em terra estranha. Aproveitando a viagem de tão querido portador, Rosa dita uma carta a seus amigos do Rio das Mortes, sendo o escriba provavelmente o seu primeiro mestre, José Gomes, que revela, além de boa redação, estilo razoavelmente erudito, até afrancesando o sobrenome de seu destinatário para "Anvers", em vez de Arvelos, como era o correto. Nesta missiva, depois das saudações e invocações à proteção celeste, Rosa diz que "minha saúde é boa, inda que com a costumada moléstia que não me larga". Refere-se, claramente, às vexações do Malvado, "moléstia" bem conhecida dos Arvelos desde quando a viram pela primeira vez estrebuchar na capela de Santa Rita, no Rio das Mortes. "Tivera vontade de ir matar as saudades, acompanhando o padre para as Minas", diz a negra, "mas não foi esta a vontade de Deus." De fato, teria sido uma temeridade voltar à cova dos leões, sobretudo considerando os novos desígnios celestiais que a predestinavam a ser a mais fragrante Flor do Rio de Janeiro. Revela então, feliz da vida, sua alegria espiritual nesta cidade:

> Estou muito bem aceita no Convento de Santo Antônio, do Provincial Velho, cujo mandato terminou este ano, homem virtuoso e justo. Frequento os sacramentos três vezes na semana, porque estes moradores de Santa Rita murmuravam quando eu frequentava o sacramento de oito em oito dias; agora, para avivar a fé dos escolhidos, frequento na terça, na sexta e no domingo, e quando são dois dias festivos, frequento junto, sem haver quem murmure desta ação, porque o confessor é douto e prudente. Mais tempo houvera eu cá estar nestas partes! E frei Agostinho me quer muito e mais todos os religiosos desta sagrada compa-

nhia. Agora vejo que é certo: quando estava naquela boa cidade [Mariana?] e que dizia Santo Antônio houvera de ser meu exorcismador, e que na Igreja tinha homens doutos, como Santo Agostinho — e logo achei certo que o meu padre espiritual tem o nome de Agostinho! Bendito e louvado seja Deus que me tirou desta terra que tanta confusão causava aos moradores. Assim mesmo houvera de ser. Também o Cristo foi perseguido. Queira Deus que seja para sua salvação tanta crueldade.

Rosa conservava frescas na lembrança as humilhações e violências que sofrera em Minas Gerais: as feias cicatrizes nas costas e seu lado direito lesado pelas chicotadas não a deixavam esquecer tanta crueldade, daí bendizer o dom de Deus tirando-a daquela terra que não soube distinguir e reconhecer os grandes desígnios que a Providência lhe tinha destinado.

O final da carta é todo dedicado a rememorar seus entes queridos que ficaram além da Mantiqueira. Abandonada agora pelo seu protetor e amigo inseparável nesses últimos quatro anos de tribulação, o padre Xota-Diabos, o sentimentalismo da africana dilacera seu coração:

> Tenho muita saudade de minha mãe e companheira [Leandra], que não sei quando me hei de encontrar com ela. Só sei que Deus me afastou dela por meus pecados e incapacidade; que ela não cesse de pedir a Deus por mim. Que o padre José Fernandes não se esqueça do ajuste que fizemos. Lembranças ao companheiro Antonio Tavares e principalmente a Leandra Maria do Sacramento. Adeus! Adeus, adeus! Meu padre lá vai. Tratem bem dele!

A terceira carta, datada de 15 de novembro de 1752, Dia de Santo Alberto Magno, é a única missiva manuscrita pela própria vidente, carta que já transcrevemos alhures, e onde Rosa, há pouco mais de um mês sozinha, sem o seu padre Francisco, lastima sua ausência: "Não posso encarecer as saudades que dele tenho!". Por duas vezes nesse escrito, ela pede a seus devotos de São João del-Rei que "encomendem o negócio a Deus" — certamente se referindo à fundação do recolhimento, o "negócio" mais importante na vida dessa conversa, desde que tivera a visão da ave-maria.

A quarta carta de Egipcíaca é datada de 31 de janeiro de 1753: a mais longa de suas epístolas, duas folhas inteiras, com letra miúda, escrita por sua mestra,

Maria Teresa. Tudo nos leva a crer que, por essa época, ambas moravam no recolhimento de d. Maria de Pinho, e deve ter sido sempre ali, na sala desse beatério, que a negra ditava suas cartas e visões à portuguesa. Como nas demais missivas, uma dezena das linhas iniciais é dedicada a orações, votos de saúde física e espiritual, augúrios e pedidos de proteção celeste aos destinatários: "Que o Senhor Menino Jesus da Porciúncula [devoção divulgada por são Francisco de Assis], que Nossa Senhora das Brotas, a Sagrada Família aumentem a fé, esperança e caridade de todos!". A introdução dessa nova denominação do Deus Infante revela a influência de frei Agostinho, que, como todo franciscano, espalhava tal devoção tão cara ao fundador e membros da ordem seráfica. Nesta carta, Rosa se refere a já ter mandado "uma carta feita por sua letra" e que, malgrado a lentidão dos portadores, certamente devia ter chegado ao Rio das Mortes, posto que fora despachada havia cinquenta dias. Diz ter enviado outra carta ao padre Ferreira Carvalho, assim como já ter escrito a frei Agostinho e ao padre Francisco, documentos que lastimavelmente se perderam. É provável que tratava nessas cartas da fundação do recolhimento, pois enfatiza que "o padre Francisco leia com atenção e observe o que nela diz, pelo amor de Deus! Porque sei que é proveito para sua alma". Reclama da falta de notícias e respostas a seus escritos:

> Parece-me que é certo aquele ditado: quem não aparece, esquece... Eu, por vossas mercês, posso dizer isto, vossas mercês por mim, não! Não há hora em minhas fracas orações e limitadas obras que de vossas mercês me não lembre, e se eu andara tanto como o meu pensamento anda, sempre estaria lá junto com vossas mercês!

Pobre negrinha! Primeiro apartada de sua tribo natal ainda menina; adolescente, é arrancada da casa onde a criavam e vendida para as Minas Gerais; depois de quase vinte anos no Inficcionado, tem de fugir às pressas para o Rio de Janeiro, com medo das justiças eclesiásticas; agora, depois de quatro anos de convívio diuturno com o bondoso padre Xota-Diabos, ei-los separados pela serra da Mantiqueira, a muitos dias de caminhada no lombo de animal. Não é para menos que seu pensamento viva nas Minas, onde, malgrado a ingratidão de seus inimigos, a africana criara fortes laços de amizade e parentesco ritual, tendo afilhados, compadres e muitos devotos e filhos espirituais. Em toda carta, repete as saudades e lembranças a seus amigos mineiros: Leandra, Antonio Tavares, os padres seus devotos, Antonio Alvares Maciel, d. Escolástica etc. Esta carta é particularmente informativa sobre o estado da alma e da situação existencial da convertida nesses dois primeiros anos de Rio de Janeiro — seu progresso espiritual e ideal de vida são maravilhosos:

Cá fico pensando que Nosso Senhor e Nossa Senhora, embora ricos, viveram pobres, e eu alegro-me em tudo: com os trabalhos me alegro, com a pobreza me alegro, e assim, no meu ver, sou tão rica porque nada me falta! Quando estou mais necessitada, estou mais rica; quando estou mais atormentada, estou mais favorecida! Então já posso me gabar, com ajuda de sua Divina Misericórdia, pois escolheu para mim um religioso no Convento de São Francisco que não tenho língua com que explicar o amor com que me ama, porque reparte comigo tanto da riqueza espiritual e temporal, que nada me falta! Se houver dez dias de festas contínuas, em comparação, todos dez dias hei de frequentar o Divino Sacramento, e vejam vossas mercês então que riqueza é esta minha, sendo eu uma criatura frágil, em tudo pobre, em tudo vil, que me confundo ver estas grandezas!

E conclui parafraseando a Primeira Epístola aos Coríntios: "Deus escolhe as pessoas mais pequenas para confusão dos maiores...". Compare-se com o texto de são Paulo: "Deus escolheu os fracos do mundo para confundir os fortes" (1 Coríntios, 1:27).

Em menos de dois anos de orientação espiritual, a vexada africana revela estar instruída não só em teologia e nas Sagradas Escrituras, como também sobre a vida dos santos:

Não se admirem de Deus ter-me escolhido, sendo criatura tão bruta. Deus escolheu grandes pecadores, como São Pedro que o negou três vezes, São Paulo que perseguiu sua cristandade, Santo Agostinho que fez muitos livros contra a Santíssima Trindade, Santa Maria Madalena que foi grande pecadora, Santa Maria Egipcíaca que foi mulher lasciva! Não que eu seja igual a eles, mas confio nos divinos favores e que o Demônio está debaixo dos pés de todos os infernos! Pois a glória acidental de Deus é uma glória que ele estima sobre a glória essencial de um pecador arrependido...

Quão inefáveis são, e incompreensíveis, os desígnios do Senhor, que põe na boca de uma negra, havia poucas décadas retirada das selvas africanas, palavras e conceitos tão edificantes e de tamanha profundidade teológica! Cumprem-se as escrituras: "Bendito sois, Pai, Senhor dos Céus e da Terra, que escondestes estas coisas aos sábios e inteligentes, e as revelastes aos pequeninos" (Mateus, 11:25). A sofisticação mística da ex-prostituta inclui conceitos extraídos da Suma Teológica de São Tomás de Aquino, como essa distinção entre "glória acidental e glória essencial", só compreensível aos iniciados na teologia escolástica. Certamente Rosa ouvira tais distinções, seja de seu confessor franciscano, seja em algum sermão.

Tranquila na sua nova vida, regalada frequentemente com o banquete eucarístico, apoiada e venerada por pessoas de destaque, acreditada e muito amada por seu novo orientador espiritual, Rosa gozará entre 1752 e 1754 o auge de sua felicidade. Vivendo como recolhida em casa de d. Maria de Pinho, sua rotina era assistir à missa e a cerimônias litúrgicas, quer na vizinha igreja de Santa Rita, de Santo Antônio ou da Candelária, dedicando o tempo que lhe restava, em casa, a escrever ou ditar cartas e visões que frequentemente lhe ocorriam.

Voltemos então ao final daquela visão em que Nossa Senhora da Piedade inspirou à alfabetizanda Rosa, no ato de escrever a saudação angélica, para que fundasse uma casa para convertidas. Corria o ano de 1754 quando o benfeitor dessa obra, o padre João Ferreira Carvalho, envia os "quatro vinténs", ou seja, 4 mil cruzados, conforme mandara a Mãe de Deus. Num outro documento consta ter sido de 550 mil-réis o valor enviado pelo benfeitor mineiro. Tratava-se de quantia assaz significativa, pois, por essa mesma época, o rendimento anual da igreja de Nossa Senhora da Conceição do Mato Dentro atingia por volta de 6 mil cruzados.

> Assim, em posse do tal dinheiro e outras muitas esmolas que concorreram, determinou frei Agostinho de São José ela, ré, que se fizesse um recolhimento para as ditas pessoas que tinham vida lasciva e diziam que ofendiam a Deus porque não tinham casa para morar, e com efeito, no ano de 1754, juntou uma grande soma e se principiou o dito recolhimento junto à Igreja de Nossa Senhora do Parto no Rio de Janeiro.

Este é o momento de introduzir o leitor num outro capítulo de nossa história religiosa, imprescindível para a compreensão desses fatos: a fundação dos recolhimentos no Brasil colonial.

Semelhantes na estrutura interna aos conventos e mosteiros de freiras, que se recolhiam do mundo para dedicar-se à vida religiosa, nos recolhimentos as internas não faziam profissão ou votos religiosos, como as freiras regulares, embora vivessem também sob regime de reclusão, total ou parcial, dependendo da instituição. Enquanto nos conventos, mosteiros e abadias predominavam as virgens e donzelas, excepcionalmente se aceitando viúvas honestas, desde os primórdios da cristandade os recolhimentos foram procurados por mulheres convertidas, muitas buscando, na vida comunitária e reclusa, a penitência, o amparo e a negação do passado errado. Santa Maria Madalena é considerada pela hagiografia a fundadora do primeiro recolhimento de arrependidas: depois de milagrosa travessia do Mediterrâneo, numa barca sem leme que da Palestina ancorou no sul da França, fundou com suas companheiras de viagem, nas cavernas da Sainte-Baume, o primeiro eremitério de mulheres da Europa. Em Portugal, ermitoas e beatas se reuniam em pequenas comunidades isoladas do mundo, desde a Idade Média, sendo, contudo, apenas no século XVI fundadas as primeiras casas pias do gênero: a Casa da Piedade das Penitentes, o Recolhimento de Santa Marta (1569), o Recolhimento da Natividade ou de Santa Madalena (1587), o Recolhimento de Nossa Senhora do Amparo (1598), o de São Pedro de Alcântara (1594). No final do século XVII, em Coimbra, é erguido o Recolhimento do Anjo. Em 1704 é a vez da criação da Casa Pia de Nossa Senhora da Encarnação e Carmo, no lugar de Rilhafolles em Lisboa, e, em 1746, a do Outeiro da Saúde, em Coimbra. Na colônia indiana de Goa, em fins do século XVI, são fundados os Recolhimentos de Santa Maria Madalena e de Nossa Senhora da Serra ou do Monte.[2] Na América espanhola, data de 1526 a construção do primeiro recolhimento de mulheres, na ilha de São Domingos.

Segundo nosso principal estudioso da vida religiosa feminina, Riolando Azzi, no Brasil, os primeiros ensaios de criação de recolhimentos de tipo conventual aparecem no século XVI, quando o padre Manuel da Nóbrega, da Companhia de Jesus, demonstrou intenção de organizar "casas de recolhimento como de freiras para abrigar meninas indígenas".[3] Mas é em Olinda onde se funda nossa primeira casa de recolhidas, já funcionando em 1576 e referida no *Livro das denunciações de Pernambuco* em 1593 como Recolhimento de Maria Rosa.[4]

De acordo com Azzi, sob o termo recolhimento existiram quatro tipos de instituições diversas, destinados à educação de meninas; à reabilitação de madalenas arrependidas; à observação por piedosas mulheres, sem votos, das regras das ordens terceiras; e, finalmente, uma espécie de convento com votos particulares e clausura, mas sem autorização real. Como é sabido, até o Império, qualquer fundação de casa religiosa conventual, até mesmo os recolhimentos sem votos, carecia, para seu funcionamento, de autorização da Mesa de Consciência e Ordens.

Havendo, desde o início da colonização e ao longo dos primeiros séculos de nossa história, grande falta de mulheres brancas no Brasil, não interessava à Coroa o enclausuramento religioso das filhas da terra, daí as dificuldades que sempre foram impostas para a institucionalização da vida religiosa feminina na Terra de Santa Cruz. Não obstante, nas principais capitanias, diversas vezes os colonos manifestaram vivo interesse na fundação dessas casas pias, seja para enclausurar donzelas, seja para reformar mulheres de vida errada. Segundo frei Antônio de Santa Maria Jaboatão, data de 1644 o primeiro pedido dos residentes de Salvador para a fundação de um "mosteiro de religiosas" nessa cidade,[5] autorizado somente em 1665 pelo rei e em 1669 pelo papa, chegando, porém, as quatro primeiras fundadoras do convento do Desterro da Bahia, em 1677, provenientes do mosteiro das clarissas de Évora, tendo como abadessa a madre Margarida da Coluna.[6] Depois de dez anos de seu nascimento, o convento do Desterro completava as vagas de sua clausura: cinquenta religiosas de véu preto, embora fosse muito maior o número das candidatas ao noviciado, ou melhor, o número das famílias que desejavam enclausurar suas filhas, seja por não encontrarem no Brasil cônjuges à sua altura, seja para excluí-las do rol dos herdeiros, de forma a evitar dividir o patrimônio familiar.

Ainda em fins do século XVII, conhecemos duas tentativas frustradas de fundação conventual e a existência de outras duas casas religiosas femininas que conseguem sobreviver por algumas décadas: em São Paulo, em 1685, seus moradores constroem o Recolhimento de Santa Teresa, destinado às filhas da elite local, passando a convento carmelitano somente em 1748; em 1687 é a vez da viúva d. Cecília Barbalho, que se recolheu com três filhas e duas meninas nobres numa casinha adrede construída ao lado da ermida da Ajuda, na cidade do Rio de Janeiro. Chegando a licença régia para a criação de um convento no mesmo local em 1705, as obras só foram concluídas em 1748, quando foram enclausuradas as primeiras clarissas, vindas do Desterro da Bahia, em 1750.[7] Também no século XVII, nesta mesma cidade, há notícia de que, em 1695, a Câmara tinha deliberado "a ereção, contígua à Igreja de Santa Rita, de um recolhimento para trinta órfãs e mulheres pobres, onde viveriam em clausura até tomarem seu estado, tendo o beneplácito do bispo, por quem deviam ser dirigidas".[8] Além da casa da já citada d. Maria de Pinho, onde Rosa Egipcíaca viveu com outras recolhidas, situada em frente à dita igreja, não temos notícia da existência de outra instituição congênere nesta freguesia, o que nos permite duvidar se, de fato, aquele recolhimento de 1695 chegou a ser construído. Ainda em fins desse mesmo século, os agostinianos descalços da Bahia, apoiados pelo padre Alexandre de Gusmão, solicitaram permissão para fundar outro recolhimento na Bahia, mas o projeto não foi adiante.[9]

No século XVIII, quando a sociedade brasileira apresentava maior equilíbrio demográfico e a Igreja atingia o apogeu de sua riqueza e poderio, malgrado as restrições da metrópole, uma dezena de conventos e recolhimentos é fundada de norte a sul do país.

Em 1716, em Minas Gerais, o ermitão alagoano Felix da Costa funda, no lugar de Macaúbas, um recolhimento, recebendo para tanto provisão do bispo do Rio de Janeiro. Doze moças inauguram essa casa pia, sete das quais eram irmãs e sobrinhas do ermitão. Em 1725, são 32 as recolhidas, e, em 1743, é concluída a construção do novo edifício, seguindo as enclausuradas a mesma regra das franciscanas concepcionistas, tal qual lhes conferiu o capuchinho frei Jerônimo do Monte Real quando ali esteve em 1733, mesmo ano em que nossa Rosa chegava às Minas Gerais.[10] De 1744 a 1749 foi regente nesse Recolhimento das Macaúbas a irmã Rosa do Coração de Jesus e Santo Antônio, sendo que, em 1757, solicitam as recolhidas, a El-Rei, autorização para ampliação das instalações, abrigando então 63 mulheres intramuros.[11] O amontoado das recolhidas era tanto que quatro religiosas chegavam a compartilhar uma única cela, "algumas dormindo juntas umas com as outras na mesma cama",[12] prática, aliás, proibida desde os tempos de Santo Agostinho, a fim de afastar dos beatérios o perigo do "mais torpe, sujo e desonesto pecado": a homossexualidade![13]

Ainda nas Minas Gerais, nas chamadas Minas do Fanado, a três léguas de Araçuaí, Isabel Maria Guimarães funda, em 1734, a Casa de Oração do Vale das Lágrimas, abrigando as filhas dos mineiros quando estes se ausentavam da capitania.[14]

Alguns anos depois da criação do primeiro bispado mineiro em Mariana, d. Manuel da Cruz tentou instalar em Vila Rica "um convento das Gloriosas Onze Mil Virgens", que devia seguir a regra das ursulinas (também chamadas de jesuitinas), projeto que não teve o aval real.[15]

É na cidade de Salvador, capital da América portuguesa, sede do único arcebispado do período colonial, que foi construído o maior número de conventos e recolhimentos femininos: além do primeiro mosteiro das clarissas do Brasil, o Desterro (1677), no século XVIII são erigidas mais seis casas pias congêneres, existindo, à época, mais oito conventos masculinos só no perímetro urbano. Em 1725, concluem-se as obras do Recolhimento da Santa Casa da Misericórdia, onde, além de filhas donzelas dos irmãos benfeitores, enclausuravam também mulheres casadas "por ausência ou discórdias com seus maridos".[16] Já em 1723 fora fundado o Recolhimento do Senhor Bom Jesus dos Perdões das beatas da Ordem Franciscana, contando com 35 "recolhidas exemplares". Ainda nas primeiras décadas desse século, funcionou em Salvador o Recolhimento do Santíssimo Nome de Jesus, embora desativado em 1755.[17] Em 1735 é a vez da inauguração do convento das Ursulinas de Nossa Senhora das Mercês, o primeiro mosteiro brasileiro dessa ordem, fundado por santa Ângela de Mérici em 1535: na Bahia teve em cinquenta o número máximo permitido de professas.[18] Data de 1738 o início das obras do segundo mosteiro das ursulinas de Salvador, chamado convento do Santíssimo Coração de Jesus da Soledade, localizado no Sítio do Queimado, nos subúrbios dessa cidade.[19] Seu fundador foi o controvertido padre jesuíta italiano Gabriel Malagrida (1689-1761), o maior taumaturgo da América lusitana, queimado pela Inquisição, acusado de heresia, blasfêmia e abuso da palavra de Deus.[20] Chegando ao Maranhão em 1721, o padre Malagrida percorreu o Norte e o Nordeste, sempre pregando as santas missões, fazendo penitências públicas e inúmeros milagres, como o já citado da vela que não lhe queimava a mão, e aquele outro que tornou sua barba repentinamente branca, graças à interferência de uma alma do purgatório.[21] Grande devoto do Coração de Jesus, por onde passava instituía seu culto. Ao chegar a Salvador, em 1736, logo erigiu uma confraria do Sagrado Coração na capela do Bom Jesus, e, em 1739, funda o citado convento do Santíssimo Coração de Jesus da Soledade, graças às esmolas de muitos fiéis e à proteção do vice-rei, conde de Galveas, aprovado por provisão de d. João V em 1741, passando à categoria de convento de religiosas em 1751, por breve de

Bento xiv. Em 1764, possuía 81 celas, sendo servido por 35 escravizadas.[22] Em 1744 é fundado, junto à capela da Lapa, o convento de Nossa Senhora da Conceição da Lapa, tornado célebre pelo heroísmo de sua abadessa, madre Joana Angélica. Segundo o professor Vilhena, em fins do século xviii viviam ali 21 religiosas "a quem eram permitidas doze servas, regendo-se pela regra franciscana concepcionista".[23] A última casa pia a ser erguida em Salvador nesse século foi o Recolhimento de São Raimundo: em 1755, a pedra inaugural foi lançada pelo conde dos Arcos, tendo autorização para abrigar

> vinte mulheres convertidas que querem largar o mundo e viver com honestidade, por cuja sustentação têm bastantes propriedades. É sujeito à disposição dos exmos. governadores capitães generais, que muitas vezes se servem dele como cadeia política em que mandam recolher algumas mulheres dissolutas...[24]

De acordo com o "Mapa Geral de Todos os Conventos de Religiosos e Religiosas da Cidade da Bahia", de 1775, Salvador abrigava quatro conventos de freiras e três recolhimentos, perfazendo um total de 186 religiosas professas, 24 educandas seculares, 67 recolhidas seculares, 23 hóspedes e agregadas, 97 servas forras, 35 escravizadas da comunidade, 423 escravizadas e escravizados particulares (!), população que representava 6% a mais do que a abrigada nos conventos e mosteiros masculinos.[25]

Ainda no Nordeste existiram mais alguns recolhimentos: o mesmo padre Malagrida, incansável propagandista do Sagrado Coração, funda em Igaraçu, na capitania de Pernambuco, o Recolhimento do Coração de Jesus (1744), e em São Luís do Maranhão, onde lecionou diversas disciplinas no seminário jesuítico, erige em 1752 o Recolhimento das Ursulinas do Coração de Jesus, que em anexo mantinha um educandário onde logo em sua inauguração assistiam treze donzelas. Apesar de o alvará real de 2 de março de 1751 ter autorizado padre Gabriel Malagrida a abrir livremente casas pias Brasil afora, "onde se criasse a mocidade com bons costumes, educação e doutrina", suas tentativas de fundar recolhimento para moças no Pará não foram adiante, esbarrando na má vontade do bispo diocesano.[26]

É, pois, nesse contexto histórico, pipocando novas fundações de recolhimentos e casas pias de norte a sul da Colônia, que Rosa Egipcíaca acabava de receber de Nossa Senhora a missão de pedir ao seu ex-exorcista, o citado padre

João Ferreira Carvalho, que desse uma esmola "para que se fizesse um recolhimento para mulheres que tinham vida lasciva e diziam que ofendiam a Deus porque não tinham casa para morarem". Essa visão ocorreu, conforme já dissemos, em fins de 1751 ou princípios de 1752 — na mesma quadra em que outras instituições femininas congêneres eram fundadas no Nordeste brasileiro.

Como teria se originado na cabeça de Rosa a ideia dessa fundação? Embora já existissem em Minas Gerais os Recolhimentos de Macaúbas e do Vale das Lágrimas quando nossa vidente lá residia, tudo nos leva a crer que Rosa jamais tenha visitado tais casas de oração, uma vez que se situavam a muitas dezenas de léguas do Infficcionado. Foi, portanto, no Rio de Janeiro que, pela primeira vez, teve oportunidade de entrar em contato com tais instituições. Conforme relatamos há pouco, quando Rosa chegou a essa cidade, em 1751, fazia apenas um ano da abertura do convento da Ajuda, situado a meio caminho entre o convento dos Franciscanos e a igreja da Lapa do Desterro, no mesmo local onde hoje se encontra a Cinelândia. Rosa, beata como era, certamente deve ter visitado a igreja do convento da Ajuda, quem sabe chegando, inclusive, a falar com alguma religiosa, no parlatório ou na portaria, como gostavam de fazer as pessoas piedosas nos séculos de antanho, que procuravam as enclausuradas para pedir que incluíssem seus nomes em suas orações. Além do convento da Ajuda, existia no Rio de Janeiro, desde 1742, um pequeno recolhimento na Chácara da Bica, nas encostas do morro do Desterro, onde viviam duas irmãs, Jacinta de São José e Francisca de Jesus Maria, recolhimento que se tornou o embrião do primeiro convento carmelitano do Brasil. Adjunto à humilde capela dedicada ao Menino Deus, este eremitério se revelara pequeno para abrigar as novas candidatas, tanto que, sob a proteção inicial de d. Antônio do Desterro e sobretudo do piedoso governador Gomes Freire de Andrade, em 24 de junho de 1750, procedeu-se ao lançamento da primeira pedra do futuro convento de Santa Teresa, localizado no mesmo morro do Desterro, um pouco acima de onde se iniciavam os Arcos da Lapa, ambas as construções devidas ao empenho do governador conde de Bobadela.[27] As obras do convento avançavam devagar, tanto que, passado um ano, no Dia de São João, em 1751, se fez a transferência das religiosas da Chácara da Bica para um convento provisório, na antiga residência dos capuchinhos do Desterro. Tal mudança foi alvo de solene liturgia:

Aí esperavam-nas o exmo. sr. bispo e o general Gomes Freire de Andrade, o principal benfeitor desta fundação. Na mesma manhã o prelado esteve demoradamente conversando com as religiosas, mandando-lhes que se houvessem como recolhidas e clausuradas na nova residência, e aí tivessem o noviciado enquanto se ia acabando o convento.[28]

Rosa já estava havia três meses no Rio, morando exatamente no Desterro, quando madre Jacinta de São José e suas companheiras são transferidas para esse convento provisório. Nada mais provável que nossa beata courana, que jamais vira freira alguma em sua vida, fosse espiar, com o povo, tão insólito espetáculo: uma dezena de moçoilas, todas vestidas de hábito marrom, a mesma indumentária de uma de suas devoções prediletas — Nossa Senhora do Monte Carmelo.

Morando aqui e acolá, sempre às custas do favor e da caridade alheia, Rosa, ao se recolher na casa de d. Maria de Pinho, defronte à igreja de Santa Rita, teve oportunidade de experimentar um pouco da disciplina, dos horários e do modus vivendi de um recolhimento particular. Talvez já nessa época, percorrendo igrejas, conventos e logradouros públicos dessa cidade, a Egipcíaca das Minas Gerais tivesse encontrado outras mulheres arrependidas do passado desvairado semelhante que, como ela, enfrentavam as mesmas dificuldades e discriminações; daí idealizar a fundação de uma casa pia para quantas alegavam permanecer no pecado por não terem lugar decente, nem condições materiais de se afastarem do mundo imundo. Talvez, vendo as freirinhas do Desterro, se tenha entusiasmado ainda mais com a ideia de também se transformar numa esposa do Bem-Amado; porém, devido à sua baixa condição de negra e ex-meretriz — predicados inaceitáveis num convento de virgens donzelas, puras no sangue e nos costumes —, a solução seria inventar uma instituição específica para mulheres de sua mesma igualha.

"E com efeito, no ano de 1754, juntou uma grande soma e se principiou o dito recolhimento junto à igreja de Nossa Senhora do Parto." Essa é a versão de Rosa, idealizadora e primeira escolhida por Maria Santíssima para a referida fundação. A historiografia oficial, contudo, além de omitir o nome da negra africana, dá versão diferente dessa fundação. A verdade, porém, está com Rosa.

Na obra *Templos históricos do Rio de Janeiro*, lemos que, em 1742, d. Antônio do Desterro resolveu construir o dito recolhimento ao lado da capela do

Parto. Como o referido bispo só chegou a essa diocese em 1745, cai por terra tal afirmação.[29] Baseando-se na volumosa obra de mons. Pizarro, tanto Vieira Fazenda, autor das *Antiqualhas e memórias do Rio de Janeiro*, quanto Vivaldo Coaracy e outros autores que se ocuparam da história dessa cidade informam que fora através da doação testamentária de um tal Estevão Dias de Oliveira, morto, este sim, em 1742, no valor de 40 mil cruzados, que o citado bispo, dez anos mais tarde, deu início às obras. Nenhuma referência à doação dos 4 mil cruzados do padre João Ferreira Carvalho, nem à influência de Rosa e de frei Agostinho na cristalização da ideia. Em documento existente no Instituto Histórico e Geográfico Brasileiro, localizado hoje nas imediações da igreja da Lapa do Desterro, encontramos uma carta de d. Antonio de 21 de julho de 1756, na qual justifica a fundação dessa entidade para mulheres:

> Entre os grandes males que não tenho acudido com oportuno remédio, por me não ser possível, tem o primeiro lugar a continuação do pecado destas depravadas mulheres de que abunda sobremaneira esta terra. As visitas ordinárias não as corrigem, porque alegam a pobreza para continuarem nesta vida, por não terem condições de subsistir.

Narra então o prelado o caso recente de um marido reinol que, ultrajado pelo adultério de sua esposa, matou tanto ela quanto seu amante, crime que poderia ter sido evitado caso houvesse uma casa onde pudessem recolher-se também as casadas que dessem mau passo "e que quisessem livrar-se dos maridos". Pede então ao rei licença para fundar um recolhimento adjunto à ermida do Parto, contando já com doze recolhidas "com honestidade e virtude".[30]

A nosso ver, a omissão do nome de Rosa Egipcíaca como fundadora desse recolhimento se deve por duplo preconceito: por tratar-se de uma negra e, sobretudo, por ter sido presa pela Inquisição, considerando que o estigma de um penitenciado pelo Santo Ofício devia permanecer por três gerações consecutivas, não interessando às regentes, sucessoras da desafortunada fundadora, manter viva memória tão vergonhosa. Conjecturamos que foi exatamente depois da visão na qual Nossa Senhora da Piedade ordenou a Rosa que escrevesse a seu antigo exorcista nas Minas, pedindo esmola para essa fundação, que frei Agostinho de São José se dirigiu ao bispo, oferecendo-lhe os 4 mil cruzados vindos do Rio das Mortes, sugerindo a dita fundação. Como a Mitra já dispunha de avultada soma destinada ao mesmo fim, 40 mil cruzados deixados em testamento por um devoto, empenhando-se agora o próprio provincial dos franciscanos na concretização do projeto, decerto pressionado pela existência incômoda de muitas madalenas arrependidas a entulharem a cidade, inclusive as igrejas e capelas conventuais, decide-se d. Antônio do Desterro a realizar tal fundação. Exatamente como ocorreu com a maioria das demais casas religiosas no Brasil colonial, aproveitou-se uma capela secundária, já existente, para, em seu anexo, construir as instalações da nova casa pia. O local escolhido foi a capela de Nossa Senhora do Parto.

No Rio antigo, os três principais morros do perímetro urbano eram coroados pelas igrejas e conventos das mais importantes ordens religiosas: beneditinos, franciscanos e jesuítas que, no morro do Castelo, eram vizinhos da igreja *mater* de São Sebastião. Ao sopé dessas elevações, na então chamada Várzea, situam-se igrejas de menor grandeza, como Candelária, Santa Rita, Santa Luzia, São Benedito e Nossa Senhora do Rosário, e ermida do Parto. O terreno plano situado entre o Castelo e os dois morros (São Bento e Santo Antônio) tinha o nome de várzea de Nossa Senhora, denominação advinda da pequena capela mariana, berço do recolhimento cuja história estamos resgatando.

Ensina Vieira Fazenda que data de 1589 a construção inicial dessa capela, tendo sido primeiro moradia dos monges de São Bento, depois dos carmelitas, antes que eles se transferissem definitivamente para seus conventos onde até hoje se conservam. Com a mudança desses frades da várzea de Nossa Senhora, a capelinha, também chamada de Nossa Senhora da Expectação, ficou em relativo abandono, até que um certo mulato, João Fernandes, natural da ilha da Madeira, resolveu restaurá-la a fim de abrigar uma imagem da mesma Senhora que trouxera de Portugal. Comprou alguns chãos de terra compreendidos entre as antigas ruas dos Ourives, de São Francisco, da Cadeia, de São José e do largo da Carioca, e no local onde hoje se localizam as ruas da Assembleia e de São José, em frente ao caminho de Nossa Senhora da Ajuda, levantou a nova capela. Corria então o ano do Senhor de 1653. Eis como o autor do *Santuário mariano*, frei Agostinho de Santa Maria, baseado em manuscritos de frei Miguel de São Francisco, descreve esta capela, tal qual a viu no primeiro quartel do século XVIII:

> Da mesma casa e santuário de Nossa Senhora da Ajuda, corre uma rua, que vai para a cidade, toda povoada de casas nobres e sempre frequentada de pretos e

brancos. Os pretos vão e vêm a buscar e a trazer água da Carioca, que é uma ribeira que desce da serra, de excelente água. E no fim desta rua, entrando no corpo da cidade, se vê a Casa e Santuário de Nossa Senhora do Parto, onde se venera uma milagrosa imagem da Soberana Rainha dos Anjos, com muita grande devoção, mais principalmente das mulheres, que a buscam continuamente e lhe fazem novenas e romarias para que lhes conceda em seus partos muito felizes sucessos, e a Senhora lhos concede, como continuamente o estão experimentando. E os homens, que são bem casados, têm também muita devoção com a Senhora, para que às suas mulheres dê bom sucesso e para que os conserve em uma grande paz. Hoje se vê este Santuário da Senhora do Parto reedificado de pedra e cal, e com muito maior culto, por se haver passado a ele a Irmandade dos Clérigos de São Pedro, que é irmandade nobilíssima e tem provedor e tumba particular, em que levam à sepultura os clérigos, que não são irmãos da Misericórdia. Esta Casa fundou pelos anos de 1653 João Fernandes, mulato e natural da ilha da Madeira. Era rico e muito devoto de Nossa Senhora, e assim lhe dedicou esta casa, pela grande devoção que tinha à Senhora. E esta santíssima imagem de roca e de vestidos está com as mãos levantadas; a sua estatura parece que não chega a quatro palmos. Com esta santíssima imagem têm maior e particular devoção todos aqueles moradores circunvizinhos, porque lhe cantam em todos os sábados a sua ladainha, com muita devoção, e a Salve-rainha, aonde concorrem muitos. Tem ermitão que pede esmolas para os gastos de seu culto e fábrica.[31]

Nossa Senhora do Parto, ou do Bom Parto, também chamada da Expectação ou Nossa Senhora do Ó, é cultuada na península Ibérica desde a Idade Média, sendo atribuída a santo Ildefonso (século VII) a instituição de sua devoção, cuja imagem é sempre representada com o ventre avolumado, típico das parturientes. Teve grande devoção no Brasil, sobretudo no século XVII, quando na Sé da Bahia, em 1633, "por diligência das casadas", foi entronizada sua bela imagem de madeira estofada, num altar privilegiado de nossa igreja *mater*. Sua festa era comemorada em 18 de dezembro, sendo muito comum, quando uma mulher grávida apresentava maiores dificuldades na hora de "descansar", emprestar-se o manto da mesma Senhora, que, colocado sobre a barriga da aflita devota, logo terminavam seus apertos, alcançando então a desejada "boa hora".[32] Em São Paulo e Maceió também tinha seus altares.

Construída, portanto, em 1653, na várzea de Nossa Senhora, a ermida do Parto, em 1699, abriga a Irmandade de Nossa Senhora das Mercês, dos homens pardos e pretos, sendo que alguns anos antes, em 1693, os irmãos de Nossa Senhora do Rosário dos Pretos já haviam, em vão, tentado se transferir da Sé do Castelo para o mesmo templo, tendo sido impedidos pelos mestiços. A devoção, por conseguinte, das gentes de cor do Rio de Janeiro por essa capela tem sido uma constante em sua longa história, sendo descendentes de africanos seu fundador, a primeira irmandade que aí se instalou e a Egipcíaca courana que, com uma dezena de pretas e mulatas, em breve ocuparão essas instalações.

Como já nos informara frei Agostinho de Santa Maria, também funcionou nesse templo a Irmandade dos Clérigos de São Pedro, entre 1705 e 1732, sendo nessa época, à custa dos endinheirados presbíteros seculares dessa confraria, reedificada a primitiva construção. Tudo feito com o aval do bispo de então, d. frei Francisco de São Jerônimo, e a dotação de 200$000 réis que um tal padre José Carvalho Dias legara para a dita reforma. Outras irmandades utilizaram igualmente essa igreja para suas cerimônias litúrgicas: a de São José dos Barbeiros, a de Santa Cecília dos Músicos e a de Santo Elói dos Ourives.[33] Foi por essa época, mais exatamente em 1719, que o cristão-novo Felipe Mendes Leite vendeu sua morada de casas situada à rua de Nossa Senhora do Parto, imóvel que foi sequestrado pelo Santo Ofício, quando de sua prisão.[34] Rosa, portanto, será a segunda moradora dessa fatídica rua a cair nas malhas do monstro inquisitorial.

D. Antônio do Desterro, o bispo beneditino de maior importância no Rio de Janeiro setecentista, governou a diocese de 1745 a 1773, sendo, portanto, o responsável não só pela fundação do recolhimento de Rosa como também por sua prisão e envio para a Inquisição de Lisboa. Pelo tanto que representou na fundação desse recolhimento, assim como pelo seu significado como corolário sacro desse período barroco, acreditamos ser de utilidade para o leitor conhecer alguns dados biográficos desse eminente antístite.

Ilustre desde o nascimento, pois descendia de fidalgos da cidade de Viana do Lima, da família de Reimão Malheiro, nasceu em 1694, coincidentemente a poucas léguas do nosso conhecido padre Xota-Diabos e no mesmo ano em que este vinha ao mundo. Teve d. Antonio dezessete irmãos. Em 1711, fez votos na Ordem de São Bento, recebendo o doutorado em Coimbra, logo em seguida sendo eleito abade no mosteiro da Estrela. Aos 44 anos, é nomeado bispo de Angola, tendo, nessa ocasião, aportado no Brasil, quando, em 1740, se dirigia para São Paulo de Luanda, onde permaneceu por seis anos à testa daquela diocese. Com a vacância do bispado do Rio de Janeiro, é nomeado, em 1745, o sexto titular desta cidade, tomando posse no primeiro dia do ano de 1747. Gomes Freire de Andrade, o beato governador das capitanias do Rio de Janeiro, de São Paulo e de Minas Gerais, o mesmo devoto das relíquias do santinho frei Fabiano de Cristo, benfeitor da madre Jacinta de São José na fundação do Carmelo de Santa Teresa e descrito por mons. Pizarro como possuidor de excelsas virtudes — como desinteresse, castidade e justiça, amor dos povos e zelo pela religião —, foi quem capitaneou a recepção ao novo bispo, mandando imprimir, inclusive, o opúsculo *Apolíneo feudo da magnífica e pomposa entrada do exmo. e revmo. dom frei Antônio do Desterro Malheiro, meritíssimo bispo do Rio de Janeiro*,[35] no qual, através de sonetos, com forte inspiração na mitologia grega, saúda as virtudes do novo prelado. Também o juiz de fora e provedor dos degredos desta cidade de São Sebastião, dr. Luiz Antonio Rosado da Cunha, usou sua erudição para registrar os faustos com que o pontífice foi recebido em sua novel diocese: mandou imprimir em Lisboa a *Relação da entrada que fez dom Antônio do Desterro Malheiro, bispo do Rio de Janeiro, em 1º de janeiro de 1747.*[36] Através desta obra, tomamos conhecimento das festividades com que os cariocas homenagearam o prelado vindo de Angola, valendo deter-nos sumariamente em sua descrição, pois esse barroco espetáculo nos ajuda a perceber o clima de respeito e devoção dispensados pela nobreza, pelo clero e pelo povo às suas autoridades eclesiásticas. Chegando ao Rio de Janeiro em 1º de dezembro de 1746, d. Antonio se hospedou primeiro no mosteiro de São Bento, entre seus irmãos de hábito. No dia 11, foi homenageado com a apresentação da ópera *Felinto exaltado*, estando presentes à sessão as principais autoridades civis, militares e eclesiásticas, que muito aplaudiram "a excelente música e o muito brilho". Para a solenidade de sua posse, foram construídos sete arcos de madeira, a partir da ladeira de São Bento, tendo oitenta palmos de altura e quarenta de largura (mais de dezesseis metros do chão ao topo!), arcos revestidos com sedas, galões de prata, flores, e até louça da Índia, "cujo guarnecimento lustroso realçava a luzida soldadesca". Tais arcos, "sete maravilhas", se distribuíam pelo caminho, até a Sé, então funcionando no Rosário, sendo o novo pastor acompanhado por uma multidão e orquestra retumbante.

D. Antônio do Desterro é qualificado por mons. Pizarro como possuidor de "zelo vigilantíssimo, generoso em premiar os beneméritos, pouco severo em castigar os delinquentes, porque, como pai e menos como juiz, deu mais lugar à misericórdia que à justiça".[37] Foi exemplar no modo de vida. Dizem seus contemporâneos que nunca abandonou o hábito e a tonsura da sua Ordem Beneditina, tendo sido responsável por importantes realizações em sua diocese. Durante seu governo foram reconstruídas as igrejas da Ajuda e da Ordem Terceira dos Franciscanos; iniciadas as obras do convento do Desterro e inaugurada a clausura de Nossa Senhora da Ajuda; criadas as freguesias de São José e Santa Rita; construídas as igrejas de Santa Luzia, da Ordem Terceira do Carmo, da Conceição do Cônego e de São Gonçalo Garcia, além de restaurar a torre da catedral e presenteá-la com preciosas alfaias. Pastor zeloso, visitou as freguesias do recôncavo em 1754, pregando edificantemente nas quaresmas de 1756 e 1757. Grande devoto das sagradas relíquias dos santos, possuía uma centena de pedacinhos de ossos, cabelos e outros despojos dos mais importantes luminares da corte celeste, inclusive de todos os apóstolos, dos principais mártires, do Santo Lenho onde Cristo morreu, de sua cruel coroa de espinhos e uma lasquinha da coluna na qual o Redentor foi açoitado. Os "atestados de autenticidade" dessa preciosa coleção se encontram na Biblioteca Nacional do Rio de Janeiro, enquanto as próprias relíquias e seus ricos relicários podem ser, até hoje, admirados na capela de Nossa Senhora da Conceição, construída às suas expensas no interior do mosteiro de São Bento. Durante seu governo, intensificou a devoção ao Santíssimo Sacramento através da instituição do lausperene, sobretudo durante a Quaresma, consistindo tal cerimônia na adoração ininterrupta da Eucaristia, exposta 48 horas seguidas, por fiéis que se sucediam, aos grupos, percorrendo as principais igrejas centrais da cidade.

Dentre suas preocupações pastorais, cuidou com carinho especial do fortalecimento da vida religiosa feminina em seu território, tanto que, logo depois de sua chegada a essa cidade, foram enclausuradas as clarissas na Ajuda, lançada a primeira pedra do convento de Santa Teresa, e erigidos o Recolhimento de Nossa Senhora do Parto e o Recolhimento de Itaipu, em 1764, na freguesia de São Sebastião.

Nem todos os seus contemporâneos, contudo, têm a mesma opinião sobre as virtudes de d. Antonio. Segundo o jesuíta José Caeiro, o principal cronista da expulsão dos inacianos do Brasil, o prelado beneditino, entre outras imperfeições, instituíra em Palácio um negócio muito rendoso aonde acudiam os vigários que queriam melhorar de posto no governo das almas; sendo bispo de Angola, costumava comprar grande número de escravizados para serem, com lucro seu, enviados ao Brasil; apossou-se, por vil fraude, da fazenda de uma viúva; morava numa quinta onde não corava de, por suas mãos, vender as hortaliças, frutas, galinhas e outras coisas do amanho dela.

E conclui seu rol de denúncias: "Calo, de propósito, outras não menos feias".[38] Eis como Rosa descreve, em seu depoimento ao Juízo Eclesiástico do Rio de Janeiro, a fundação de "seu" recolhimento:

> Mandou então o padre João Ferreira Carvalho certa quantia de dinheiro a frei Agostinho, o qual disse a ela, depoente, que era melhor com este dinheiro principiar um recolhimento, aproveitando-se da Igreja de Nossa Senhora do Parto e casas dela, e que pediria ao senhor bispo, e não deixariam de concorrer alguns devotos mais para esta obra pia, o que assim sucedeu e se principiou o recolhimento.

Não deve ter sido difícil obter a autorização de d. Antonio, pois todas as circunstâncias favoreciam a concretização desse sonho. Na ocasião, provavelmente frei Agostinho falou à sua eminência sobre as virtudes de sua dirigida Rosa e talvez tenha sugerido o nome do padre Francisco Gonçalves Lopes, então nas Minas, para ser o capelão da nova casa. Como a Irmandade das Mercês era zeladora da ermida do Parto, primeiro obteve o bispo autorização expressa da mesa diretora da mesma para a dita fundação, iniciando-se então as obras.

Manda então frei Agostinho que o próprio ermitão do Parto vá às Minas entregar uma carta, em mãos, ao padre Xota-Diabos, que, segundo uma testemunha, andava, à época, na serra do Ibitiruna (Rio das Mortes), em entendimentos para se tornar capelão de uma nova ermida. Seu plano, portanto, era permanecer na região. Na carta, o frade dizia, "por ser do agrado de Deus tornar-se o capelão do novo recolhimento onde já haviam algumas recolhidas e Rosa por mestra...", que viesse tomar posse do cargo. O mesmo ermitão diz também ter levado recado verbal do bispo para que "fosse reger o dito recolhimento". Como era o hábito, ao retornar para o litoral, o dito ermitão deve ter trazido boas oitavas de ouro que os devotos mineiros ofereceram para sua ermida.

Volta então o padre Francisco para o Rio de Janeiro, a tempo de assistir ao lançamento da primeira pedra da nova fundação.

Como já vimos, ao lado da igrejinha do Parto, havia uma pequena casa onde vivia o ermitão, carecendo, porém, de ampliação para transformar-se em beatério. Mais do que hoje em dia, no século XVIII parece ter havido grande gosto, moda e pompa nas ocasiões de lançamento da pedra fundamental das construções civis ou eclesiásticas. Havia pouco tempo, d. Antônio do Desterro participara de uma dessas cerimônias, o início das obras do convento de Santa Teresa:

> aos 24 de junho de 1750, às três horas da tarde, procedeu o senhor bispo à bênção solene e ao lançamento da primeira pedra do dito convento. Ao ato imponentíssimo acharam-se presentes, além do exmo. governador, o Senado da Câmara por ele convidado, as pessoas principais da cidade, numeroso povo e a madre Jacinta com suas companheiras radiantes de santo júbilo. Para dar maior brilho à solenidade, Gomes Freire de Andrade mandou formar grande parada no morro do Desterro, a qual deu numerosas salvas de regozijo na hora do ato.[39]

Eis alguns versinhos com que o pregador da solenidade, frei Manuel de Nossa Senhora do Monte Carmelo, brindou os presentes:

> *Esta pedra que vemos sepultada*
> *Por vossa pia mão com sacro auspício*
> *Para Deus é eterno sacrifício*
> *Para vós é estátua respeitada*
> *Nessa pedra imortal, sagrada e pura*
> *Dará o mundo a ler a vossa história...*[40]

As solenidades do lançamento da primeira pedra do Recolhimento do Parto pouco deixaram a desejar se comparadas com as do Carmelo. O cronista deste episódio foi o próprio padre Francisco, seu primeiro capelão, que em carta datada de 5 de setembro de 1754, vinte dias depois deste evento, descrevia a seus compadres de Minas os inícios gloriosos do recolhimento de sua ex-escravizada. Começa por dizer que a oferta do padre João Ferreira foi muito bem aceita pela Santíssima Trindade, tanto que no dia da Assunção de Nossa Senhora se botou a primeira pedra do recolhimento, a que assistiram ao botar dela o governador e todos os religiosos de Santo Antônio, dos barbônios [capuchinhos], do Carmo, de São Bento e da Companhia de Jesus, e a melhor parte dos cônegos da Sé. Pelo bispo estar doente, veio o chantre da Sé. Pregou frei João Batista, dos barbônios, que fez grande sermão, que hei de remeter a vossa mercê para ver o grande mistério que nele contém. Assim se fez tudo com a grandeza bem aceita por todos os homens bons. O sr. bispo está com grande ânimo, de que se faça tudo com a grandeza que for necessária, pois os Sagrados Corações são muito ricos, a quem é dedicado o Recolhimento com Nossa Senhora do Parto.

Se faltaram nesta inauguração os soldados do governador, sobejaram os clérigos, pois estavam presentes "todos os religiosos" das principais ordens e cabido diocesano — mais de uma centena de sacerdotes, portanto. O dia não podia ter sido mais lindo: o da gloriosa subida de Maria Santíssima aos céus. Salve Maria!

Repare o leitor um detalhe significativo: diz este padre que o recolhimento é dedicado aos "Sagrados Corações". Situa-se, portanto, às vésperas do lançamento dessa pedra fundamental a visão mais importante de nossa mística negra — a revelação dos Sagrados Corações. No momento, limitamo-nos a situar aqui esta visão — no segundo semestre de 1754 —, pois, dadas sua enorme complexidade e importância no desdobramento da vida mística da madre Rosa Maria Egipcíaca da Vera Cruz, a principal vidente e propagandista no Brasil dessa devoção tão cara ao catolicismo, deixaremos para entrar nas artérias e profundezas do culto cordícola num capítulo vindouro.

Tinha razão o padre Xota-Diabos em declarar que o Recolhimento do Parto pertencia aos Sagrados Corações. Rosa lhe contara que,

ouvindo missa na Igreja de Santo Antônio, vira no altar os três corações, de Jesus, Maria e José, e na mesma ocasião lhe disse Nosso Senhor que era do seu agrado que se fabricasse um recolhimento em louvor dos três corações, tanto que na primeira pedra do recolhimento se esculpiram os três corações e, mais tarde, mais outros dois, de São Joaquim e Santana, por ordem de frei Agostinho, após outra visão de Rosa.

Repito: retomaremos esse assunto mais adiante, com mais vagar.

Lançada a primeira pedra, iniciam-se as obras.

Vinte dias depois dessa solenidade, na mesma carta há pouco referida, dá o padre Francisco outras informações sobre a evolução do projeto: diz que o bispo tem despendido nele muito dinheiro "por querer fazer uma obra real, e mais do que real, porque os donos são muito ricos". Obviamente, referia-se aos Sagrados Corações. Diz mais: que d. Antonio "comprou sete moradas de casas, fora a que já tinha a Senhora, e quer fazer por ora onze celas. Por agora são só sete recolhidas, por não haver cômodos".

Segundo Vieira Fazenda, o principal historiador desse recolhimento, e em cujas anotações todos os demais estudiosos se basearam, mediante autorização da Irmandade das Mercês, grandes alterações foram realizadas no primitivo templo e em sua casa anexa: alargou-se a igreja pelo lado direito e deitou-se abaixo a frente do templo para correr com o recolhimento pela frente do corpo da mesma igreja, a fim de que as recolhidas melhor assistissem aos atos religiosos. Além dessas alterações, mudou-se a porta principal para o lado da rua do Parto, e, para que a irmandade das Mercês não perdesse o direito que tinha à sua primitiva igreja, foi-lhe passada uma provisão obrigando-se a Mitra, a todo e qualquer momento, a conservar seu direito de posse, inclusive a recolocar a porta principal do templo na rua dos Ourives, caso a irmandade assim o exigisse. Tudo registrado no cartório do tabelião Antonio Teixeira de Carvalho.[41]

Enquanto se executavam as obras, foi utilizada provisoriamente a casa já existente ao lado da ermida para abrigar as primeiras recolhidas: sete, segundo o padre Francisco, o capelão; doze, de acordo com a já citada carta do bispo a El-Rei, datada de 1756, na qual informava ter mandado recolher tais mulheres

de quem, por seguras informações, tinha a certeza de que verdadeiramente se querem livrar da recordação das suas culpas, em uma casa contígua à igreja de Nossa Senhora do Parto, onde se acham doze vivendo com grande recolhimento, honestidade e virtude, dando com o seu bom exemplo, que edifica, um grande estímulo, porque outras muitas pretendem fazer-lhe companhia, mas não podem ser admitidas por ser a casa pequena e sem cômodos para mais, e vivem de esmolas, saindo para a confissão com o hábito de terceiras.

Parece ter sido como este o início de outros recolhimentos coloniais, pois também em São Paulo, no Recolhimento de Nossa Senhora da Conceição da Divina Providência, fundado pela soror Helena Maria do Espírito Santo e pelo frei Antonio Santana Galvão, canonizado santo em 2007 pelo papa Bento xvi, as primeiras religiosas foram instaladas nos estreitos corredores da capela de Nossa Senhora da Luz, onde "se formaram as celas para morada daquela pobre comunidade, ficando elas totalmente desacomodadas, sendo os corredores de poucos palmos de largo e as celas igualmente".[42]

Com os 40 mil cruzados deixados em testamento por Estevão Dias de Oliveira, mais os 4 mil do padre Carvalho, e ainda contando com "piedosa esmola de algumas pessoas ricas que contribuíram com grossas esmolas", tinha razão o Xota-Diabos em considerar o recolhimento de Rosa como "obra real", pois tal valor, mais de 44 mil cruzados, equivalia a 12:200$000 (doze contos e duzentos mil-réis), uma pequena fortuna! Por exemplo: um escravizado ou escravizada regular valia no Rio de Janeiro, nessa época, entre 50 mil e 70 mil--réis; a Chácara da Bica, onde a madre Jacinta se recolheu primeiramente com sua irmã em 1742, foi paga pelo conde de Bobadela com 2:100$000 réis; a ermida que d. Antônio do Desterro mandou construir em honra de são Francisco de Sales custou 1:685$536 réis; o Recolhimento de Nossa Senhora da Luz, há pouco referido, em São Paulo, com 22 celas, teve seu valor total calculado em 13 mil cruzados; a côngrua dos sacerdotes (salário anual) em meados do século xviii oscilava entre 150$000 e 200$000 réis, valendo uma missa, conforme já dissemos, de duzentos a 320 réis. Portanto, 12:200$000 réis representavam soma bastante considerável, capaz de comprar por volta de duzentos escravizados ou pagar a côngrua de sessenta sacerdotes por um ano inteiro de ministério. Se o Recolhimento da Luz custou 13 mil cruzados, podemos imaginar a grandeza e a riqueza da casa de Nossa Senhora do Parto, que dispôs de mais de 44 mil cruzados para sua instalação!

Tudo nos leva a crer que a inauguração oficial desse recolhimento ocorreu em 7 de outubro de 1757, festa de Nossa Senhora do Rosário, dia em que cinco donzelas tomaram o hábito de noviças e toda a comunidade foi transferida para a clausura do novo edifício. Destarte, por três anos, de sete a doze recolhidas viveram no "consistório" e casa anexa à dita igreja, aguardando a conclusão das obras.

12. As primeiras recolhidas

Tarefa das mais difíceis é tentar reconstituir como eram as instalações do recolhimento de Rosa, pois a documentação é omissa a esse respeito. Tendo sido demolido o velho edifício em 1906, para alargamento da rua da Assembleia, e construindo a Mitra em seu lugar majestoso arranha-céu em cujos últimos andares vive hoje uma comunidade jesuítica, não restou nenhuma planta que nos informe sobre como era seu espaço interno. Dispomos, contudo, de algumas gravuras que o retrataram depois de sua primeira reforma, em 1789, quando um incêndio destruiu seu interior e telhado no dia 23 de agosto desse mesmo ano. Pelas duas pinturas a óleo de João Francisco Muzzi,[1] equivocadamente atribuídas a Joaquim Leandro, assim como pelas litografias do Ludwig & Briggs, publicadas no *Ostensor brazileiro* (1845-1846), podemos vislumbrar como era esse recolhimento, três décadas depois de sua fundação.

Um grande casarão em forma retangular, com dois andares acima do térreo, duas fileiras de dezessete janelas no primeiro piso e oito no segundo. Uma grande porta de duas bandas no meio do edifício, tudo voltado para a rua dos Ourives. Do lado da atual rua da Assembleia, mais cinco grandes janelas em cada andar. Nesse maciço conjunto arquitetônico, olhando-se pelo exterior, não é possível distinguir o espaço ocupado pela igreja, embora uma segunda porta, voltada para a rua São José, sugira que por ali se entrava na nave do templo.

Era um edifício avantajado, o mais imponente e grandioso em suas imediações, podendo facilmente ser distinguido no conjunto do casario por quem olhasse em direção ao mar situando-se no mirante do convento dos franciscanos do largo da Carioca. Um belo quadro de Taunay, conservado no Museu de Belas Artes do Rio de Janeiro, pintado exatamente do alto do referido mirante, mostra o Recolhimento do Parto pelas bandas do fundo, do lado oposto ao que o Mestre Muzzi o representou em fins do século XVIII.

Devia possuir mais de quarenta metros de fachada e aproximadamente uns 25 metros de altura. As estreitas janelas do térreo, gradeadas, que ficavam a quase três metros do solo, e os janelões do primeiro piso, a aproximadamente oito ou dez metros do chão, ofereciam clausura segura e isolamento garantido das recolhidas ante o mundo exterior. Tudo muito semelhante, na estrutura arquitetônica e na ferragem das janelas e postigos, ao que ainda hoje pode ser observado no Recolhimento de São Raimundo, construído no mesmo ano e com a mesma finalidade que o Parto, na cidade de Salvador, a cuja paróquia coincidentemente pertence o autor destas linhas.

Quem entrava na antiga igreja logo via, à direita, três pavimentos: um térreo, frouxamente iluminado por três mezaninos, guarnecidos de grades de ferro, atrás das quais as recolhidas assistiam às funções religiosas. No primeiro e no segundo andares, abriam-se para a igreja dois coros, apresentando, em toda a sua extensão, grades de madeira ou rótulas.[2]

O escritor carioca Joaquim Manuel de Macedo, em seu célebre *Passeio pela cidade do Rio de Janeiro*, datado de 1862, assim descreve essa igreja:

> A Capela do Parto tem duas faces. Uma que se levanta na extrema da rua dos Ourives, com edifício de três pavimentos e cinco janelas; outra, que se estende em direção à rua do Parto, que é rasgada por duas portas, uma abrindo-se para o corpo da igreja e outra com grades para a sacristia. O aspecto exterior da capela é triste e sem majestade.[3]

No começo do século XIX, o inglês John Luccock assim vira essa construção:

Na ponta do Recolhimento do Parto, no fim da rua dos Ourives, já na rua de São José, fica a capela, que em geral é bem frequentada, porém mal iluminada e escassamente ornamentada. O altar não se distingue senão pela sua inferioridade e a localidade destinada às recolhidas ou senhoras reclusas, por detrás de cujas grades estas participam do serviço divino, baixo e pesado.[4]

Tudo nos sugere que, quando as primeiras sete mulheres se transferem para o recolhimento, havia apenas o térreo e o primeiro andar, ficando no rés do chão o coro gradeado com rótulas de ferro e cortinas espessas, só abertas quando as recolhidas assistiam aos ofícios sacros, recebendo a comunhão através de uma portinhola existente no meio do gradeado, igual ao que se pode observar no convento de Santa Teresa, a trinta minutos de caminhada desse local. No térreo, além do coro, deviam ficar a cozinha, o refeitório, o corredor e o claustro, talvez um pequeno jardim, áreas de serviço e sanitários, se é que existiam. No andar de cima estavam as celas, o coro gradeado, de onde podiam assistir aos atos litúrgicos sem serem vistas pelo público de dentro da igreja, talvez alguma sala maior, onde realizavam em comunidade alguns trabalhos, reuniões etc.

Data fundamental na história dessa instituição é o dia 18 de novembro, quando o bispo nomeia, através de portaria, a primeira regente desse recolhimento, documento que encontramos no Arquivo da Cúria do Rio de Janeiro, dos poucos que, além do processo de Rosa, guardado na Torre do Tombo de Lisboa, descrevem os primeiros anos da associação.

D. frei Antônio do Desterro, por mercê de Deus e da Santa Sé, bispo do Rio de Janeiro, do Conselho de Sua Majestade Fidelíssima etc. Porquanto tenho dado princípio ao recolhimento das convertidas na Igreja de Nossa Senhora do Parto e nele se acham já algumas vivendo por nossa ordem abstraídas do século e livres da comunicação popular, exercitando-se nas virtudes em mostras de que irão em aumento e crescerão em número em havendo princípio de uma pequena comunidade em que necessariamente deve haver uma superiora a quem as demais obedeçam para o bom regímen e união da comunidade; portanto, por termos toda informação da capacidade e direção de Maria Teresa do Sacramento, e que concorrem nela os requisitos necessários para o referido emprego, houvemos por bem elegê-la e nomeá-la regente do recolhimento e lhe encarregamos o seu bom regímen, confiados de que terá a sua obrigação com aquele zelo e diligência que da eleita esperamos para o exercício da maior perfeição das virtudes e costumes, e mandamos a todas que se achem no recolhimento e forem admitidas, venerem e reconheçam a dita Maria Teresa do Sacramento por sua regente superiora, obedecendo-lhe e cumprindo em tudo o que lhes mandar para perpétua conservação do mesmo, maior glória e honra de Deus e consolação nossa.[5]

Rosa nunca foi oficialmente regente do Parto. Negra, ex-prostituta, tropegamente alfabetizada, vexada por espírito irrequieto, não oferecia as condições mínimas para merecer nomeação por parte do bispo. Não obstante recair em outra beata a direção oficial dessa casa recém-fundada, segredava o capelão do recolhimento a seu compadre Arvelos: "Nada se faz sem a ordem da regente, e o que ela diz, se faz, sem pôr em dúvida, e vossa mercê bem sabe quem é a regente... Vossa mercê e o padre João Ferreira e todos os mais têm nela uma grande protetora. Por ora não posso dizer mais nada".

No papel, e à vista do bispo, Maria Teresa do Sacramento era a regente; na prática, contudo, era a negra quem mandava, tanto que, a partir dessa época, passa a ser chamada por todos de madre: a madre Rosa Maria Egipcíaca da Vera Cruz. Tinha, então, 36 anos.

Pouco nos dizem os documentos sobre suas primeiras companheiras. Assim mesmo, pinçando aqui e acolá, conseguimos reconstituir fragmentos identificadores dessas mulheres, faltando, porém, para a maior parte delas, informação sobre a data em que abandonaram o mundo para recolher-se.

A primeira regente, como vimos, foi Maria Teresa do Sacramento, natural de Lisboa, da freguesia do Santíssimo Sacramento, de onde tirou o sobrenome. Tinha 28 anos quando escolhida para o cargo. Vivia em casa de sua irmã, que era casada com um "requerente de causas", Manuel Barbosa, originário de Guimarães. Seu pai, João Pedroso, era amigo do padre Xota-Diabos, tanto que, em 1751, quando esse sacerdote chegou ao Rio de Janeiro, levou sua negra espiritada para a casa do mesmo, "dizendo que era uma grande serva de Deus, que nela se ocultava um grande mistério e que nela falavam os anjos e santos, mas que vinha um tal Lúcifer para impedir e atrapalhar".

Talvez Maria Teresa fosse uma beata dirigida pelo frei Agostinho, pois, além de ensinar a africana a escrever, era quem anotava suas revelações e lhe fazia as cartas, daí algumas testemunhas a chamarem de "secretária de Rosa".

Suspeitamos que tenha sido o mesmo frade quem sugeriu seu nome ao bispo para reger a nova fundação, considerando reunir "os requisitos necessários e capacidade para a direção". Pusilânime e vaidosa, Maria Teresa, com o tempo, vai considerar-se injuriada por darem a "madre" Rosa o respeito e a obediência que, por ordem episcopal, só pertenciam a ela, criando uma danosa trama de enredos e calúnias que levará à expulsão da visionária do próprio recolhimento que os céus a incumbiram de fundar.

Outra lusitana, filha do mesmo João Pedroso, também se fez recolhida no Parto: Ana Joaquina do Sacramento, ao ingressar na vida religiosa, teve seu sobrenome substituído de Sacramento para São José; tinha 24 anos. Tanto Rosa quanto seu padre capelão terão importante presença na vida espiritual dessa família, ora revelando a situação de seus finados parentes, ora profetizando o futuro de seus membros. Todos eram devotos incondicionais da africana, cujo espírito tiveram oportunidade de ver se manifestar por diversas vezes quando a hospedaram recém-chegada das Minas Gerais.

Outras duas portuguesas, estas naturais dos Açores, da ilha do Faial: Ana Maria de Jesus, moradora da rua Nova de São Francisco, contava dezoito anos quando entrou no recolhimento. Disse ter vindo pequenina para o Brasil. Seu primeiro contato com Rosa foi marcado pela violência: num Dia da Ascensão, provavelmente em 1754, estando a portuguesinha em conversa frívola com uma vizinha dentro da igreja de Santo Antônio, avançou a negra espiritada contra ela, possuída então pelo Espírito Zelador dos Templos, e "arrancando violentamente o cordão de irmã terceira de são Francisco que ela trazia, deu-lhe pancadas que lhe feriram a cabeça nas grades da igreja". Sem dúvida, Ana Maria tomou a violência como castigo celeste contra sua conduta irreverente, tanto que se decidiu por entrar para a mesma casa de oração onde a africana reinava soberana.

Teresa de Jesus provinha da mesma ilha e tinha os mesmos dezoito anos quando se recolheu. Analfabeta, foi uma das cozinheiras do Parto, exercendo tal função por quatro anos seguidos.

Das brasileiras brancas que primeiramente entraram nessa instituição temos as seguintes informações: Joana Maria do Rosário, 33 anos, nascida e batizada na freguesia de Campo Grande, morou primeiro na rua da Prainha e depois "viveu junto com Rosa quando esteve no consistório da igreja do Parto, antes de fazer-se o recolhimento". Ficando doente e entrevada, voltou para sua casa sem ter-se recolhido no novo edifício.

Também carioca era Francisca Xavier dos Serafins, batizada na Sé do Rio de Janeiro. Tinha 33 anos quando entrou na comunidade de Rosa.

Sobre as recolhidas Maria do Rosário e Luciana Maria de Jesus, só sabemos que ambas eram brancas, sendo de Pernambuco a derradeira. Quatro recolhidas, ingressadas a partir de 1757, eram irmãs entre si: Faustina, Francisca Tomásia, Maria Jacinta e Genoveva, todas as quatro filhas de Pedro Rodrigues Arvelos, ex-dono de Rosa, compadre seu e do padre Xota-Diabos. Sobre estas moças trataremos mais adiante, dada a condição de parentesco ritual existente entre aquela família e a negra courana.

Ao todo viviam, portanto, no Recolhimento do Parto doze recolhidas brancas, entre cariocas, lusitanas e mineiras. Nove religiosas eram de cor, sendo três mulatas: Leandra Maria do Sacramento, a já referida principal amiga e companheira de Rosa, natural de Pernambuco e, como ela, exorcizada pelo padre Francisco desde os tempos do Rio das Mortes; Páscoa Maria de São José, natural da freguesia de São Gonçalo, viúva, 41 anos, também cozinheira da comunidade; e Ana Clara Maria dos Anjos, cuja aparência deixou algumas testemunhas em dúvida se era mesmo mulata ou negra.

Eram sete as pretas: Ana do Santíssimo Coração de Jesus, natural de Vila Rica, do arraial do Padre Faria, tinha 25 anos, sabendo ler e escrever; Ana do Santíssimo Coração de Maria, conhecida no mundo como "Ana Bela", crioula nascida na ilha do Bom Jesus, no recôncavo do Rio de Janeiro, 28 anos; Maria Antonia do Coração de São Joaquim, Maria Rosa do Coração de São José, Maria Joaquina do Coração de Santo Agostinho e Justa de Brito, sobre cujas identidades nada informam os documentos salvo especificarem que tinham a mesma cor negra da madre Rosa Egipcíaca. Pelo visto, com exceção da fundadora, que era natural da costa africana, todas as demais eram já crioulas, nascidas quer nas Minas, quer no Rio de Janeiro.

A heterogeneidade social, racial e etária das ocupantes do recolhimento sempre foi a tônica dessa comunidade, talvez o mesmo ocorrendo em outras instituições congêneres do Brasil colonial. Nos conventos reais, como o Desterro da Bahia, o de Santa Teresa e o da Ajuda do Rio de Janeiro, a "limpeza de sangue" era uma das condições essenciais para a aceitação de noviças, havendo mesmo casos de brasileiras levemente mestiças que, tendo sido recusadas nos conventos daqui, foram aceitas como enclausuradas nos do Reino.[6] Nos recolhimentos, contudo, parece que sempre houve maior tolerância para as mestiças.

Já em Portugal, no século XVI, a negra Violante da Conceição, amiga pessoal da rainha d. Catarina, deixara sua fortuna para a fundação do Recolhimento de Santana, no qual seriam aceitas mulheres de tez escura, o mesmo ocorrendo em Goa, onde tanto no Recolhimento de Santa Maria Madalena quanto no Real Convento de Nossa Senhora do Monte era marcante a presença de filhas de indianos, muçulmanos e mesmo de africanos.[7] Como o Recolhimento de Nossa Senhora do Parto, contudo, não há semelhante no Império lusitano, pois, ao menos em sua fundação e na primeira década de sua existência, as mulheres de cor representavam quase a metade das reclusas: doze brancas e dez negras e mestiças amulatadas.

Se na origem dessa casa pia seu objetivo era abrigar mulheres arrependidas, ou "convertidas", como a elas se referia o bispo, na portaria de nomeação da primeira regente, desde seu início, porém, donzelas e viúvas honestas, inclusive mulheres casadas virtuosas, também aí encontraram espaço para fugir do mundo. Além de Rosa, que vivera lascivamente dos catorze aos 29 anos, a preta Ana Bela, antes de se converter na irmã Ana do Coração de Maria, é igualmente apontada pelo comissário do Santo Ofício frei Bernardo de Vasconcelos, carmelita, como "bem conhecida pelas suas escandalosas dissoluções...", provavelmente mulher da vida, como tinha sido nossa biografada. Só destas duas há referência explícita ao passado pecaminoso. Das demais, ao menos seis delas eram filhas de família, donzelas; as restantes, solteironas, beatas ou, quem sabe, mulheres que deram um mau passo na vida, sem, contudo, poderem ser enquadradas na laia das dissolutas Rosa e Ana Bela. Sobre esta questão ensina o historiador Vieira Fazenda: "Esse recolhimento serviria não só para receber mulheres convertidas, como também as casadas, a que estivesse obrigado a acudir, ou para as livrar da morte, ou para seus maridos as livrarem de que continuem a ofendê-los".[8] A própria Egipcíaca, em carta provavelmente escrita em 1760, dirá a este propósito: "Dizem os Santíssimos Corações que o Senhor tinha feito este recolhimento para mulheres publicanas, para depois fazê-las almas justas, mas, faltando estas, para donzelas honestas". Da mesma forma como ocorreu com o Recolhimento de São Raimundo, na Bahia, fundado um ano depois do Parto, em 1755, ambos vão, com o tempo, se tornar uma espécie de prisão feminina, em que maridos tiranos enclausuravam suas mulheres ou filhas, seja para eles próprios viverem com mais licença, seja para castigá-las pelos excessos de liberdade, verdadeiros ou não. Assim, o Recolhimento do Parto se transformou, como o de São Raimundo, numa terrível ameaça contra o belo sexo, passando a significar, no dizer de Joaquim Manuel de Macedo,

> uma espécie de cadeia que fazia medo, não só às más esposas, como às esposas de maus maridos, e também às moças solteiras, filhas de pais enfezados, cabeçudos e prepotentes. Bastava um marido tirano querer livrar-se da esposa, para logo interná-la no Parto. Não havia briga entre marido e mulher que não arrefecesse imediatamente ao pronunciar das terríveis palavras: "Olha o Recolhimento do Parto!".[9] O próprio incêndio desta casa, em 1789, foi atribuído, na época, à vingança de uma recolhida revoltada com sua indesejada reclusão.

Não é difícil imaginarmos quão problemática e atribulada devia ser a convivência, dentro dessa instituição fechada, de mulheres e moças provenientes de classes sociais, nichos culturais e com idades tão desencontradas. Beatas solteiras empedernidas, lado a lado com madalenas havia pouco saídas dos lupanares; donzelas enclausuradas à força compartilhando o mesmo dormitório e espaços coletivos com ex-escravizadas criadas na promiscuidade das senzalas; cristãs-velhas brancas, de "sangue puro", sentando-se à mesma mesa do refeitório com africanas e crioulas de primeira geração. O Parto foi, na origem, uma típica Babel, e com o correr dos anos se tornará um pandemônio de fazer inveja ao Apocalipse.

Rosa não devia caber em si de alegria com a fundação do recolhimento: além de ter garantido um lugar para viver e dormir, comida na mesa na hora certa, tinha espaço e tempo para seus voos místicos. Mais ainda: era amada e respeitada por uma dezena de mulheres, brancas e negras, que a tratavam por madre e a veneravam como a preferida do Divino Mestre e Esposa da Santíssima Trindade. Em carta de 16 de setembro de 1755, Dia de São Cipriano, a madre Egipcíaca revela que o recolhimento representava uma poderosa arma na guerra contra o Espírito Maligno. Eis suas palavras:

> Já vêm em campo os Santíssimos Corações, com o estandarte do seu divino braço aberto, afugentando os nossos inimigos contrários da nossa alma, que são o mundo, o Diabo, a carne e seus sequazes incrédulos, pois já está posta a primeira pedra da fundação do recolhimento no dia da Assunção de Nossa Senhora. Creio que está a pedra posta na porta do inferno, na cabeça de todos

os demônios! Que Jesus seja o fogo, e Maria, a pólvora para quebrantar nossos corações de pedra!

É nessa carta que a ex-escravizada dos Arvelos manifesta pela primeira vez delicado desejo: convida a filha de seu ex-senhor, Maria Faustina, a se tornar "esposa do Menino Jesus no Recolhimento dos Santíssimos Corações". Desde cedo, Rosa percebe que melhor seria que sua casa não se limitasse a abrigar "publicanas" e negras como ela: quer também donzelas, brancas, quer as filhas de seu ex-senhor, todas sob sua tutela e direção. O zelo espiritual e a ambição da beata não conheciam limites: tinha esperança e convicção de que o Recolhimento do Parto se transformaria no principal convento real do Império português. Daí querer diversificar racialmente as componentes dessa comunidade mística.

Como viviam as recolhidas nesses primeiros anos pós-fundação do Parto? Também aqui, infelizmente, a documentação deixa a desejar. Há poucas referências sobre a existência de uma regra escrita que governasse a comunidade. Rosa, em carta de 12 de setembro de 1760, dirigida à sua ex-patroa, d. Maria Teresa Arvelos, diz que "nosso estatuto manda que as religiosas que forem rebeldes, que se metam no cárcere e se penitenciem...". E completa respaldando-se na tradição monástica: "Pergunte ao meu compadre [Pedro Arvelos] como é que se faz nas Ordens Terceiras quando algum irmão tem rebelião de espírito". Em outra missiva, destinada à mesma família, de 5 de fevereiro de 1762, escreve assim: "Nosso instatuto [sic] são os três votos: pobreza voluntária, obediência inteira e castidade perpétua". E diz ainda:

> Os livros espirituais por onde me governo e dirijo estão cheios de espirituais lições de como devem as mestras e mestres de Espírito ligar as almas com Deus, livrando-as de todo trato familiar do século, fazendo que tenham só os espíritos recolhidos em Deus, sem distrações...

Se algum dia o recolhimento de Rosa chegou a ter estatuto escrito, infelizmente este se perdeu, pois em nenhum dos arquivos onde poderia estar guardado foi achado. Encontramos, na verdade, estatutos de outros recolhimentos e conventos de religiosas contemporâneos ao Parto, o que nos permite supor que nossas recolhidas deviam organizar seu dia e suas vidas por ditames semelhantes. Para nos familiarizarmos com o universo dessas instituições femininas, vejamos sumariamente como funcionavam, de acordo com os estatutos, os recolhimentos de Macaúbas, de Nossa Senhora da Glória e da Ajuda.

Supomos que o mais provável é ter o Recolhimento do Parto seguido a orientação dos franciscanos na escolha de sua disciplina interna, pois, além do frei Agostinho de São José, o nosso já conhecido diretor espiritual de Rosa entre 1751 e 1758, que se autoproclamou "fundador do recolhimento", outros franciscanos continuaram a dar assistência espiritual às recolhidas por anos seguidos, dada a proximidade entre essa casa recoleta e o convento de Santo Antônio. Os próprios franciscanos observavam, no Rio de Janeiro, o seguinte cronograma diário:

4h: Levantar
5h: Ofício Divino e Missa Conventual
7h: Classes
11h: Jantar
14h: Classes
17h: Ofício Divino
19h: Ceia
21h: Ofício Divino, oração mental, repouso.[10]

No Recolhimento das Macaúbas, em Minas Gerais, era seguida a regra franciscana desde 1733, levantando-se também as religiosas às quatro da manhã, iniciando suas orações matutinas com o Bendito ao Santíssimo Sacramento e à Imaculada Conceição:

Bendita seja a luz do dia, bendito seja quem a cria
O Filho da Virgem Maria, o Santo deste dia.
Vamos à Prima louvar a Deus e a sua Mãe Santíssima,
Cobri-nos com vosso manto, Esposa do Espírito Santo![11]

Os estatutos do Recolhimento de Nossa Senhora da Glória, situado no lugar da Boa Vista, em Recife, apesar de ser destinado a donzelas brancas, com mais de dezesseis anos, provenientes de boas famílias, nos dão uma ideia de como funcionavam tais instituições no Brasil colonial. Eis seu cronograma diário:

240

5h: Despertar

5h30: Coro: "após o sinal da cruz e adoração do Santíssimo Sacramento, dirão o hino do Espírito Santo, leitura dos pontos da meditação e um quarto de hora de oração mental"

6h: Ofício Parvo de Nossa Senhora e volta para a cela

8h: Missa e Ofício Divino

9h: Empregos e ocupações

12h: Jantar e recreio "onde falarão umas com as outras de cousas agradáveis e santamente alegres, com muita paz e cortesia, nunca jamais dirão palavras incivis, nem de murmuração"

14h: Ofício Divino e trabalho

18h: Rosário e Ladainha de Nossa Senhora

19h: Ceia e meia hora de recreio, "acompanhando a seguir a regente cada recolhida à porta de sua cela para ocupar o tempo com orações e exames de consciência"

21h: Toque de recolher

22h15: Apagar as luzes.[12]

O governo interior das recolhidas era confiado a um padre espiritual ou confessor, que devia morar perto do recolhimento e "tomar a si o cuidado de confessar, dirigir e encaminhar para a virtude as pessoas que habitarem dentro dele". A regente, eleita pelo bispo, devia ter toda a superioridade no governo da casa, secundada pela vigária do coro, procuradora, porteira, sacristã, rodeira, enfermeira, despenseira, refeitoreira, todas nomeadas pela regente. Os estatutos do Recolhimento da Glória especificam ainda as qualidades dos principais dirigentes desta instituição de donzelas: o confessor devia ser de idade madura e conhecida probidade, exercendo a capelania da igreja e administração dos sacramentos, recebendo 120$000 réis por ano, tendo como obrigações celebrar missa diariamente — sendo cantada nos dias de festa solene —, ouvir confissão, administrar os sacramentos, pregar aos domingos e autorizar a entrada de serviçais no recolhimento para as obras necessárias. Quanto à regente, também se requeria idade madura, "trabalhando com caridade para que todas fiquem unidas em um só espírito, não permitindo que as súditas façam a Deus promessas ou votos inconsiderados, repreendendo sempre em particular como boa mãe". Constavam ainda alguns encarregados dos ofícios exteriores: sacristão, serventes para compras, hortelão, procurador para cuidar das rendas e o médico.[13]

D. Antônio do Desterro, o bispo fundador do Recolhimento do Parto, quando do enclausuramento das franciscanas no convento de Nossa Senhora da Ajuda, em 1750, também baixou portaria especificando, em detalhes, como deviam viver tais religiosas. Embora se trate de um convento de votos solenes, em princípio mais rigoroso e estrito, por se tratar de uma "regra carioca" e da mesma década em que o Recolhimento do Parto foi instituído, certamente muitos desses detalhes foram incorporados aos estatutos de nossas recoletas; daí o interesse em sua divulgação.

Começam as "Regras das Freiras da Ajuda" determinando que não se aceitassem na clausura meninas com menos de doze anos, nem mulheres muito velhas, pelos inconvenientes resultantes dessas idades. Que o hábito das religiosas fosse uma túnica com escapulário branco e manto azul, com a Virgem Nossa Senhora da Ajuda bordada no ombro esquerdo, cingindo-se a cintura com uma corda de linho à moda franciscana, cobrindo-se a cabeça das noviças com uma toalha branca de linho, e as professas com véu preto, escondendo-se a testa, a face e a garganta com pano branco. Os cabelos deviam estar sempre cortados. Nos pés, podiam escolher: alpargatas, calçado ou pantufas. O dormitório era comum: "Durmam todas com seus hábitos vestidas, cingidas com cordões, estando uma lâmpada acesa. Que cada uma durma só em sua cama". Preocupação puritana documentada desde os tempos de Santo Agostinho (século V) e ratificada pelos padres da Igreja, prevenindo a tentação das amizades carnais entre as religiosas, sendo que já no Concílio de Paris (1212) é oficialmente proibido a duas freiras compartilharem a mesma cama,[14] decerto para evitar que a homossexualidade, popularmente chamada de "vício dos clérigos", também passasse a ser rotulada de "vício das freiras"...

Eis o cronograma do convento da Ajuda, situado então a menos de quinze minutos de caminhada do Recolhimento do Parto:

> 5h: Levantar (entre a Páscoa e a festa da Santa Cruz, às 6 horas), oração mental, Ofício Divino e trabalho nas oficinas
> 9h: Missa conventual, em seguida permanecem as religiosas na "casa de lavor"
> 10h: Exame de consciência (meia hora)
> 11h: Jantar e graças a Deus no coro até 12h30

12h30: Silêncio até 14 horas
14h: Ofício Divino
15h45: Recreação
17h30: Oração no coro
18h30: Ceia e recreação
21h15: Exame de consciência
22h: Recolher.[15]

Quanto aos exercícios espirituais, deviam as enclausuradas tomar disciplina todas as sextas-feiras, flagelando-se em comunidade durante o tempo do salmo *Miserere*; na Semana Santa, nos seus três dias mais solenes, a flagelação devia ter seu tempo triplicado, durante todo o período em que se cantava o mesmo Salmo 50, tudo oferecido "para aumento da santa fé católica, por El-Rei, pelas almas, pelos aflitos, cativos e por quantos estavam em pecado mortal". Só a prelada ou o confessor podiam autorizar disciplinas ou penitências extraordinárias, devendo as religiosas comungar todos os domingos e festas solenes, fazendo quinze minutos de atos de agradecimento depois da Eucaristia. No refeitório deviam permanecer em silêncio, ouvindo a leitura das constituições religiosas ou dos livros sacros. A recreação não devia ultrapassar duas horas por dia, obedecendo à orientação dos santos padres, de que não fossem proferidas

> palavras de murmuração, leviandades ou frases picantes, proibindo-se falar de gerações e de suas terras, vetando-se as porfias e contendas. Caso houvesse desobediência, que se prive a religiosa de uma hora de recreação, fazendo adoração ao Santíssimo Sacramento no altar.[16]

Em outra portaria, d. Antonio Malheiro trata da disciplina e da circunspecção que as enclausuradas deviam ter no contato entre si e com o mundo exterior: que as noviças ficassem proibidas de falar com seus pais durante o Advento e a Quaresma, que se interditassem os bailes e descantes no convento "por serem totalmente alheios ao estado religioso e serem ocasiões de ruínas espirituais"; que a porteira fosse vigilante com a porta do mosteiro, não abrindo as duas bandas a não ser para o general da capitania ou pessoas de primeira classe, médicos, cirurgiões e confessores.[17]

Tais regras de recolhimentos e conventos de freiras do século xviii nos permitem vislumbrar como funcionaria o Recolhimento de Nossa Senhora do Parto, cujo estatuto devia repetir, mutatis mutandis, os mesmos princípios organizacionais das demais casas religiosas. Talvez com um pouco mais de improvisação e menos rigor nos horários e na disciplina, dadas a inexperiência da regente oficial, Maria Teresa do Sacramento, então com 28 anos, e a heterogeneidade das mulheres e donzelas ali reclusas. Conseguimos levantar o nome das primeiras ocupantes de alguns cargos dessa comunidade: como dirigentes, conforme acabamos de referir, além da regente Maria Teresa, lá estava o padre Francisco Gonçalves Lopes, capelão e confessor das recoletas, o qual possuía residência adjunta ao recolhimento, celebrando diariamente a santa missa no altar-mor da dita igreja. Um ermitão, o irmão João das Barbas, fazia os serviços de sacristão externo, também esmolando em benefício dessa casa santa. Em vez de hortelão e servente para compras, o próprio capelão possuía um escravizado, o cabra Brás, sugerindo a documentação que, vez por outra, contratavam outros cativos, como alugados, para serviços extras dentro do edifício. Em 21 de novembro de 1754, o bispo nomeia dois procuradores para "requerer e alegar toda a justiça que se oferecer em qualquer causa pertencente ao recolhimento das convertidas e abstraídas do século, administrando as obras e fazendo todo o dispêndio necessário: Miguel Rois Batalha e Manoel Costa Cardoso".[18] Da cozinha do recolhimento se ocupavam as irmãs Páscoa Maria e Teresa de Jesus. Certamente deviam outras enclausuradas ocupar as funções de porteira, sacristã, refeitoreira etc., embora os documentos não registrem seus nomes. Na hierarquia interna dessa comunidade, apesar de a regente ser por direito a autoridade máxima, cabendo-lhe, inclusive, a nomeação das demais recolhidas para ocupar os cargos previstos para seu funcionamento, na prática, como veremos, as coisas se passavam de maneira diferente: Rosa era a madre superiora, e quatro de suas mais devotas filhas comandavam esse pequeno rebanho recolhido na várzea de Nossa Senhora.

Sendo um franciscano o fundador dessa casa e contando tais mulheres com a orientação constante dos frades menores do convento de Santo Antônio, distante dez minutos de caminhada dali, nada mais possível que, como Rosa, também as demais recolhidas usassem o hábito marrom da Ordem Seráfica. Nenhum documento informa cabalmente como era o hábito dessas beatas. D. Antonio diz apenas que, ao saírem na rua, quando ainda viviam no consistório, antes do término das obras do novo prédio, para irem confessar-se, usavam "hábito de terceiras" — quer dizer, terceiras franciscanas. Uma testemunha declarou textualmente que Rosa andava de "burel de capucho", isto é, hábito franciscano. Parece que, dentro da clausura, algumas recolhidas vestiam longos vestidos brancos, pois é assim que dez delas foram retratadas por Muzzi quando, às pressas, abandonavam o edifício do Parto por ocasião do citado incêndio de 1789: sete delas, contudo, na mesma pintura, aparecem vestidas com o burel marrom de franciscanas. Vemos algumas negras igualmente estampadas no quadro, sem dúvida escravizadas do recolhimento ou de alguma das internas, trazendo saiões escuros, algumas com blusas vermelhas decotadas. Como, porém, o incêndio ocorreu à noite, talvez os saiões brancos das ditas mulheres fossem roupa de dormir, pois Rosa, certa vez, declarou que dormia "com túnica e saia branca de estopa". Para as cerimônias no coro, no refeitório e nos demais atos comunitários, as recolhidas deviam vestir o hábito marrom, cingindo a cintura com o cordão branco, tendo a cabeça coberta com véu branco e provavelmente o rosário dependurado ao lado da cintura.

Deixemos essa dezena de mulheres e moças em seu recolhimento, rezando o Ofício de Nossa Senhora, ladainhas e novenas, cuidando dos afazeres materiais, aprendendo devagarinho como viver piedosamente em comunidade, e voltemos a Rosa Egipcíaca, cujas visões beatíficas se mostram cada vez mais espantosas, desde que se transferiu para o litoral e começou a frequentar o convento dos franciscanos.

13. Visão dos Sagrados Corações

Foi logo depois da revelação de Nossa Senhora, incumbindo-a de fundar o recolhimento, que Rosa tem uma série de visões de crucial importância para sua vida mística. Estamos na Páscoa de 1754: indo à igreja de Santo Antônio, seu local predileto de orações e raptos beatíficos, depois de se confessar,

se pôs a ouvir missa no altar de Nossa Senhora da Conceição, e tanto que o sacerdote disse *Sanctus, Sanctus, Sanctus*, beijou ela, ré, o chão e, levantando-se, viu o nicho em que estava Nossa Senhora coberto como com espelho, mas muito luzido e claro, trêmulo assim como de águas cristalinas quando nelas reverbera o sol, e, no meio disto, viu três corações, um cercado com uma coisa verde como coroa de espinhos e, em cima, uma chama como que lançava fogo, no meio do qual estava uma cruz pequena; e do lado direito deste coração estava outro, atravessado com uma espada, que o passava de parte a parte, e, ao lado esquerdo, outro coração também atravessado com uma flor. E todos estes corações eram de cor sanguínea e se moviam juntos com a mesma ordem dentro daquele cristal onde estiveram até o sacerdote consumir a sagrada hóstia, e então desapareceram. E teve ela, ré, com uma certeza que se lhe pôs no entendimento, de que o coração do meio era de Jesus, o da parte direita de Maria, o da esquerda de José, e que era a Trindade na Terra, cuja visita assim da mesma sorte se lhe repetiu na missa por três dias ou mais, do que deu parte ao seu confessor. E estando ela mesma, depoente, contemplando uma vez neste prodígio, se lhe disse no entendimento que estes Sagrados Corações queriam casa para assistirem na Terra.

Já nas Minas, essa africana tivera uma outra visão na qual lhe apareceu o Sagrado Coração: no Inficcionado, uma de suas primeiras manifestações espirituais foi ver no céu, claramente, uma figura de "um coração de cor vermelha, cheio de luz, cercado com uma coroa de penetrantes espinhos", recebendo em Mariana a revelação de que "se preparasse para sofrer por Jesus Cristo, lembrando-se do Amante Coração com que o mesmo Senhor se dispôs a padecer pelos filhos de Adão".

As visões do Sagrado Coração de Jesus remontam à Idade Média. Já no século XIII, a beneditina santa Gertrudes Magna, intrigada com o silêncio dos santos que a precederam não divulgando tal culto, recebeu de Cristo esta resposta: "Deus reservou revelar os segredos de seu coração mais tarde, em tempos de grande tibieza espiritual, guardando estas maravilhas para atear a chama da caridade quando ela revelasse luz fraca e perigo de se extinguir".[1]

Embora desde o tempo de são Cipriano (século III), santo Ambrósio (século IV), Santo Agostinho e são Gregório (século V) o coração de Cristo Crucificado, trespassado pela lança, fosse representado como símbolo da Igreja e de seus santos, batizados pela água e alguns pelo sangue do martírio, tema, aliás, retomado na Idade Média por são Bernardo, São Tomás de Aquino, são Boaventura, santa Gertrudes e santa Catarina de Sena, entre muitos outros,[2] foi através das espetaculares visões de santa Margarida Maria Alacoque, no século XVII, que o culto ao Sagrado Coração alcançou seu apogeu e expansão em toda Igreja universal, inserindo-se Rosa perfeitamente no rol dos luminares dessa espiritualidade.

Margarida Maria, nascida na Borgonha em 1647, entrou para o mosteiro das Visitacionistas de Paray-le-Monial em 1671. Tal congregação, fundada em 1610 por são Francisco de Salles e santa Joana de Chantal, já tinha em seu brasão um coração atravessado por duas setas e rodeado por uma coroa de espinhos. Mas foi em 1673, diante do Santíssimo Sacramento, no dia da festa de são João Evangelista, que santa Margarida Maria, então com 26 anos, mereceu o privilégio de adentrar no peito do Deus Homem, descobrindo os segredos de seu Sagrado Coração, "todo radioso e mais brilhante que o sol e transparente como um cristal", ostentando setas semelhantes aos símbolos de sua agremiação religiosa. Numa segunda visão, ocorrida depois de ter ficado sessenta dias com febre alta, *soeur* Marguerite Marie viu de novo o coração de Cristo, agora numa fornalha cheia de chamas, "lançando seus raios ardentíssimos como sol brilhante de luz".[3] Apesar da forte oposição de muitos teólogos e bispos e da resistência de diversos papas, a devoção ao Coração de Jesus se alastra pela cristandade: passados oito anos da morte dessa serva de Deus, em 1698, a Confraria do Sagrado Coração já contava com 13 mil sócios; em 1719, o arcebispo de Lyon autoriza sua festa em todas as igrejas da diocese; em 1728, no convento das franciscanas de Sacavém, nos arredores de Lisboa, é festejada pela primeira vez em Portugal tal devoção,[4] datando de 1731 o primeiro livro publicado em português sobre essa novidade devocional: *Coração de Jesus comunicado aos corações dos fiéis. Dá-se notícia de uma prodigiosa visão em que Cristo manifestou-se à venerável madre Margarida Maria Alacoque, religiosa da Ordem da Visitação de Santa Maria — o culto de seu Santíssimo Coração. Trata-se de muitas excelências suas; regras para sua confraria; devoções utilíssimas; uma devota novena e, no fim, uma sumária notícia da portentosa vida daquela serva de Deus*, escrito por frei Jerônimo de Belém, franciscano do Algarve.

Dois anos depois, outra obra, esta assinada pelo padre Manuel Consciência, introduz em nossa antiga metrópole o culto aos três corações: *Aljava de sagrados atos, os Santíssimos Corações dos soberanos senhores Jesus, Maria e José* (1733); no ano seguinte, frei Francisco Brandão, agostiniano, publica sua *Devoção do Santíssimo Coração de Jesus* (1734); em 1736, é a vez de frei José de Nossa Senhora, OFM, que manda imprimir seu *Sermão panegírico do Coração de Jesus, manifesto no santíssimo sacramento no seu dia oitavo*; em 1740, outro *Sermão do Santíssimo Coração de Jesus pregado no Dia do Batista, estando o santíssimo exposto no convento de São Francisco de Xabregas*, de autoria de frei Pedro da Encarnação, franciscano; em 1746, é a vez do *Sermão do Santíssimo Coração de Jesus*, do agostiniano frei Manuel da Ascensão; e, em 1749, novamente frei Francisco Brandão assina outra obra: *Escola do Coração de Jesus*.

Tal listagem está longe de ser exaustiva, e com ela pretendemos realçar o quanto essa nova devoção atraiu a atenção de escritores, místicos e religiosos de todas as ordens e do povo em geral. No Brasil, conquanto já em fins do século XVII o jesuíta Conrado Pfeil incluísse numa carta a outro confrade a expressão "Coração Santíssimo de Jesus",[5] foi outro jesuíta, o nosso já bem conhecido padre Gabriel Malagrida, quem, a justo título, deve ser proclamado como o maior divulgador dessa barroca devoção na Terra de Santa Cruz. Foi ele quem instituiu, em Salvador, em 1736, nossa primeira Confraria do Coração de Jesus, na capela do Bom Jesus, fundando, em 1739, o primeiro convento dedicado a tal orago: o mosteiro das Ursulinas do Santíssimo Coração de Jesus da Soledade, repetindo o mesmo título em 1744, na vila de Igaraçu, Pernambuco, no Recolhimento do Coração de Jesus, e em 1752, em São Luís do Maranhão, no convento das Ursulinas do Coração de Jesus. Por pouco Rosa não encontrou este devoto sacerdote cordícola em Minas Gerais, pois seu primeiro prelado, d. frei Manuel da Cruz, ao chegar a Mariana, escreveu ao padre Malagrida pedindo que viesse pregar missões em sua novel diocese, não se consumando, porém, seu desiderato pelas muitas viagens missionárias que o jesuíta italiano fazia Brasil afora.[6] D. Manuel da Cruz disputa com o padre Malagrida a preeminência na divulgação desse culto: chegando a Mariana, logo quis instituir sua devoção, mandando esculpir um coração em madeira, circundado por coroa de espinhos e rodeado por um esplendor em chamas, apoiado sobre a cabeça de um querubim. Tão insólito objeto se encontra exposto no Museu de Arte Sacra de Mariana. Essa novidade devocional provocou repulsa dos cônegos capitulares, que, sub-repticiamente, retiram a imagem do altar, escondendo-a no quarto de despejos da catedral marianense. Acharam que o novo culto não merecia a veneração pública. Resoluto, d. Manuel introduz, em 1752, nova imagem, não mais com um único coração, mas com três, lado a lado, Jesus-Maria-José, que, dispostos numa espécie de custódia ardente, ganham lugar no altar da catedral. O cabido agora não teve como reagir, e a devoção se instituiu pelas Minas Gerais: fundam-se irmandades dos Sagrados Corações em Vila Rica, sendo erigida, em 1760, no lugar da Passagem, a primeira capela que deu origem à cidade de Três Corações, celebrizada a partir do século xx por ser a terra natal do mais famoso descendente de africanos do Brasil contemporâneo: Pelé.

A primeira visão cordícola de Rosa ocorreu por volta de 1750, quando d. frei Manuel da Cruz, havia mais de um ano, tomara posse de sua diocese. Já fazia vinte anos que, em Portugal, se venerava o Sagrado Coração, existindo desde 1752, no Rio de Janeiro, uma confraria a ele dedicada. Portanto, pode ter sido através das pregações devotas deste bispo que a escravizada courana tenha ouvido falar, pela primeira vez, no Coração de Cristo; é possível mesmo que tenha visto alguma estampa ou aquela polêmica imagem introduzida na Sé de Mariana e recusada pelos cônegos. Foi nessa mesma igreja que, em 1750, a negra fora examinada por uma junta de exorcistas, os mesmos cônegos que esconderam tal escultura. Será, no entanto, no Rio de Janeiro, em 1754, que Rosa Egipcíaca vai incorporar-se ao séquito de Malagrida e de d. Manuel da Cruz, tornando-se a principal vidente e propagandista desse excelso culto: Rosa é nossa Margarida Maria afro-brasileira.

Acompanhemos a evolução de suas visões: nas Minas, a ex-meretriz vira tão somente um coração vermelho cheio de luz, cercado com uma coroa de penetrantes espinhos. No Rio, serão inicialmente três corações envoltos em uma auréola que brilhava como sol, fogo e cristal refletidos num espelho. Atente o leitor que, nos séculos passados, quando a luz artificial mais brilhante era a chama de uma vela, o reflexo do sol incandescente espelhado em águas cristalinas, "reverberando" (isto é, brilhando, resplandecendo), representava o máximo de luz e brilho imagináveis pelos cidadãos no "Século das Luzes". Portanto, o brilho que Rosa viu circundando os corações representava a luminosidade mais ofuscante que os sentidos podiam então perceber.

Provavelmente já nessa época a visionária tinha ouvido a descrição das visões de santa Margarida Maria, aparições ocorridas na França oitenta anos antes e que, desde 1731, eram descritas em português no livrinho do capucho frei Jerônimo de Belém. Sem dúvida, os franciscanos do Rio de Janeiro possuíam tal opúsculo e outros do gênero em sua biblioteca, pois temos notícias de que, já em 1742, no sertão do Piauí, um sacerdote secular, o padre Francisco Xavier Rosa, conservava em seu poder *O Coração de Jesus comunicado aos corações dos fiéis*, comprovando a rapidez com que essa obra se expandiu Brasil afora logo depois de sua publicação.[7]

A descrição da fornalha ardente e do brilho indescritível com que a Egipcíaca pinta tal aparição repete as mesmas imagens da vidente de Paray-le-Monial, constando, inclusive, o detalhe da pequena cruz sobre a aorta do Coração de Cristo. O imaginário místico da africana, porém, é ainda mais barroco do que o da visitacionista francesa: não apenas Cristo, mas toda a Trindade na Terra a brindam com a intimidade de seus preciosos corações.

Conforme relatamos, as primeiras videntes desse inefável mistério, as santas Lutgarda, Gertrudes, Catarina de Sena, Margarida Maria, viram tão somente o Coração de Jesus, coração isolado, separado do corpo, rodeado de esplendores cristalinos e chamas ardentes. Foi só mais tarde, já no século XVIII, que novas visionárias dirão ter visto, além do coração de Jesus, o coração de Maria. É certo que são João Eudes (1601-1680), já à época de Margarida Maria, fundara a Sociedade do Coração da Mãe Admirável, sendo considerado pelos historiadores "pai, doutor e apóstolo do culto litúrgico dos Sagrados Corações".[8] Contudo, a devoção ao Imaculado Coração de Maria só mais tardiamente se espalhará pela Igreja universal, estando sempre atrelado ao culto primeiro: o *Cor Christi*. Em Portugal, já em 1731, o jesuíta Hipólito Moreira publica *A devoção e culto ao Sagrado Coração de Maria*, e, em 1747, Alexandre Antonio de Lima, grande poeta lisboeta, edita *Novena do Santíssimo Coração de Jesus, na qual se inclui o Obséquio do Precioso Coração de Maria Santíssima Nossa Senhora*.

O culto aos três corações, Jesus-Maria-José, salvo engano, teve sua primeira divulgação em língua portuguesa em 1733, através da já citada obra *Aljava de sagrados atos, os Santíssimos Corações dos soberanos senhores Jesus, Maria e José*, de autoria do padre Manuel Consciência, seguida em 1738 pela *Saudação angélica aos Santíssimos Corações de Jesus, Maria e José*, assinada pelo padre Bernardo Fernandes Gaioso.

Enquanto o padre Malagrida propagava no Brasil tão somente o culto ao coração de Jesus, d. Manuel da Cruz se revela apaixonado pelos três corações, sendo ele, portanto, quem primeiro divulgou tal devoção entre nós, a partir de 1752. Dois anos depois, no Rio de Janeiro, Rosa Egipcíaca se torna a grande mensageira dos soberanos corações, que, em visão há pouco relatada, "se lhe disse no entendimento que estes corações queriam casa para assistirem na Terra".

Essa visão ocorreu no dia da Páscoa "e se lhe repetiu na missa por três dias ou mais, do que deu parte ao seu confessor, e ele, frei Agostinho, cuidou em fabricar três corações com a semelhança do que ela via, e os colocou em uma capela". A mesma informação é corroborada pelo capelão do recolhimento, que acrescenta:

> Enquanto fazia oração no altar de Nossa Senhora da Conceição, apareceram a Rosa, na mesma Senhora, três corações, e teve inteligência dada por Deus que eram os corações de Jesus, Maria e José, pois estavam com as insígnias: um com a coroa de espinhos e com uma cruz em cima; o outro atravessado com uma espada, e o outro com uma seta. E, com a aprovação do bispo, fundou frei Agostinho uma capela dos três corações no dormitório do Convento de Santo Antônio.

Diz frei Basílio Rower, autor de *O convento de Santo Antônio do Rio de Janeiro* (1937), que em seu claustro, no século XVIII, existiam cinco capelas: do Menino Jesus da Porciúncula, de Nossa Senhora das Dores, do Ecce Homo, de São Joaquim e dos Três Corações. Nada mais informam os tratados a respeito dessa capela conventual.

Que o leitor imagine a minha emoção quando, depois de conseguir dobrar a má vontade do frade porteiro desse convento, que me levou ao corredor do dormitório no primeiro andar, ao abrir-se a porta da dita capela, deparei exatamente com a representação fidelíssima dessa barroca visão da nossa biografada. Lá estava, guardado havia mais de 230 anos, um segredo que só agora temos a alegria de divulgar, e do qual só eu tinha conhecimento: a inspiradora dessa rica capela, única no Brasil, quiçá no mundo, foi ninguém menos que nossa negra africana, na sua época considerada pelos mesmos frades ocupantes do convento a Flor do Rio de Janeiro, mas que, anos depois, caiu em desgraça, sendo presa pela Inquisição de Lisboa e tendo sua memória apagada, até agora, de qualquer lembrança.

A foto em preto e branco de Vieira, reproduzida em 1937 no citado livro de frei Basílio Rower, e a fotografia que fiz, em 1985, em cores, coincidem com a descrição existente nos manuscritos da Torre do Tombo: frei Agostinho mandara fabricar a escultura dos três corações exatamente da forma como sua filha espiritual descrevera tê-los visto aos pés do altar de Nossa Senhora da Conceição, também ela, ainda hoje, conservada na igreja do convento.

Sobre um altar recostado na parede, no centro dele, um rico resplendor de madeira ostenta, formando um triângulo, os três corações: no lado direito, transpassado por uma seta, o de são José, saindo-lhe da aorta um lírio branco; no lado esquerdo, o lado do coração, está o de Maria, também vermelho, cravado com uma espada de ouro, encimado por uma rosa; no vértice desse triângulo imaginário, o coração de Cristo, circundado por uma coroa verde de espinhos, tendo em cima uma cruzinha dourada.

Tal representação não poderia ser mais barroca: as asas de um querubim rechonchudo servem de base para o ostensório, sendo secundado por dois roliços serafins que, com suas mãozinhas, suspendem uma auréola de nuvens onde mais meia dúzia de querubins presta culto reverente à "Trindade na Terra". Dentro dessa auréola de nuvens, sobre o coração de Cristo, vê-se o Divino Espírito Santo, dardejando setas de luz. No topo dessa representação fantástica, lá está o velho Deus Pai, barbudo e com vasta cabeleira, tendo na mão o globo terrestre. Como se não bastassem tantas divindades reunidas numa única peça sacra, no ápice do altar há outro resplendor, com a mesma auréola etérea e outros três corações com os mesmos símbolos, só que com a ausência das figuras aladas.[9]

Nas primeiras décadas depois das revelações feitas a *soeur* Marguerite Marie Alacoque, Roma titubeou em aprovar oficialmente tal devoção, com o receio de que, com o tempo, outras partes do corpo de Jesus se tornassem igualmente objeto de veneração. Bento xiv (1740-1758) reprovava a devoção ao Coração de Jesus, alegando a ilegitimidade dessa festa, sua novidade, origem suspeita fundada em visão particular de uma mulher e não provada, assim como pelas consequências perigosas e errôneas que dela poderiam seguir.[10]

Malgrado esses justos e poderosos argumentos, em 1765, Clemente xiii aprova oficialmente o culto cordícola, decerto levando em conta sua incontrolável expansão por toda a cristandade. Aprova, porém, apenas e exclusivamente, a veneração aos Sagrados Corações de Jesus e Maria, proibindo cultuar outros corações.

Ao tempo em que Rosa teve essas visões, a Santa Sé tolerava a devoção cordícola, apesar de não tê-la oficializado. Portanto, se até bispos, como o de Mariana, há pouco referido, e teólogos, como os citados padres Consciência e Gaioso, propagavam a veneração aos três corações, incluindo o de são José, não causou espécie ao bispo do Rio de Janeiro autorizar o ex-provincial dos franciscanos que iniciasse em seu convento carioca o culto à "Trindade na Terra". Talvez frei Agostinho até tenha relatado ao bispo d. Antonio a visão de sua dirigida, ficando ambos admirados com a semelhança e a recorrência entre o que ela vira e as visões da beata francesa, sem falar dos então recentes escritos teológicos e litúrgicos sobre essa nova devoção. D. Antônio do Desterro, malgrado sua particular amizade com o marquês de Pombal, ambos declarados inimigos dos jesuítas e defensores do novo catecismo dos jansenistas de Monpellier,[11] todos opositores ferrenhos das devoções sentimentalistas de cunho passional, como era o culto aos Sagrados Corações, e malgrado tais antecedentes, o velho bispo se revelava, ele próprio, devoto cordícola. Data de sua chegada a essa diocese a construção, na igreja de São José, da primeira Irmandade do Coração de Jesus no Rio de Janeiro, antes de 1752; numa pastoral dirigida às religiosas da Ajuda, posterior a 1761, implorava o antístite, "pelo Coração Santíssimo de Nosso Senhor Jesus Cristo e pelo Coração Puríssimo de Maria Santíssima", que as freiras se mantivessem fiéis ao cumprimento de sua santa regra,[12] demonstrando ser discípulo de santa Gertrudes no devocionário, ambos pertencentes à Ordem do Patriarca São Bento.

Os Sagrados Corações se transformaram, nesses meados do século XVII, na grande moda devocional, irmanando bispos e beatas de toda a cristandade. Madre Rosa Egipcíaca se tornará sua principal propagandista entre nós.

Vimos que esta sua última viagem mística ocorreu na Páscoa, por volta de março-abril de 1754.

> Passados alguns dias, estando ela, ré, ouvindo missa no dito altar de Nossa Senhora da Conceição, se lhe tornou a apresentar a mesma visão, porém com mais corações, porque, além daqueles três, viu mais outros três: um da parte do que lhe dizia ser de Maria Santíssima, e abaixo deste, no meio do qual estava uma chama ardendo, e da outra parte, por baixo do de São José, estava outro coração atravessado de uma flor roxa, e por baixo de todos estes, estava outro que não tinha divisa alguma, do que deu parte ao dito seu confessor.

Dirigida prudente, Rosa sempre corria a transmitir tudo o que via ou ouvia, mercê dos céus, a seu pai espiritual: a dependência das santas e visionárias em face de seus confessores era um dos fundamentos da ascese mística e recurso inteligentemente imposto por frades e presbíteros para não perder o controle total e supervisão de suas dirigidas. Também na igreja, as mulheres, mesmo as esposas do Divino Mestre, deviam estar sujeitas ao varão, submetendo a seus pais espirituais a aprovação ou não de todas as suas revelações celestiais. O leitor ou a leitora, interessados em aprofundar tal questão, consultarão com proveito o livro de frei Francisco da Conceição, OFM, *Diretor místico instruído ou breve resumo da mística teológica para instrução dos diretores que carecerem da necessária, e principalmente dos párocos que de justiça e obrigação do ministério devem ser e saber ser diretores* (1789).

O próprio d. Antônio do Desterro, na já citada portaria de instituição da clausura das freiras da Ajuda, em 1750, à folha 22, advertia:

> Mandamos estreitamente a todas as religiosas, pelo mérito da santa obediência, que nas visitas canônicas, ou fora delas, quando ocorrer, deem parte de qualquer

espírito particular que em alguma religiosa houver, como revelações, visões, êxtases e arrebatamentos ou de outra maneira fora dos comuns e ordinários caminhos, comunicando ao prelado ou aos padres visitadores.

Obediente, mas ansiosa, Rosa relata essa nova visão cujos corações formavam agora verdadeira constelação: seis ao todo. Frei Agostinho

lhe manda então que pedisse a Deus lhe declarasse de quem eram aqueles três corações que acresceram, ao que obedeceu ela, ré, e, confessando-se, pôs-se em oração, pedindo aquilo a Deus, porém se lhe não disse coisa alguma, do que deu também parte ao mesmo seu confessor, que tornou a mandar-lhe instasse a Deus que declarasse isto, o que ela fez e teve uma voz no entendimento que lhe disse: De que te admiras de veres os corações? O coração que tinha a chama no meio era o de Santana; o que estava atravessado com a flor roxa era o de São Joaquim, e sobre o último, lhe disse tal voz, que lhe não importasse o saber de quem era, porque podia ser ou do Papa, ou de El-Rei, d. José, ou do seu confessor, frei Agostinho, ou o dela, depoente.

E conclui a misteriosa voz dando-lhe um pito: "'Não queiras saber mais do que eu te queria dizer!' Com o que ela, ré, ficou aterrorizada, pedindo perdão a Deus de sua curiosidade".

A são João Evangelista, o discípulo que Jesus amava, o Divino Mestre permitiu que na última ceia ficasse gostosamente recostado em seu imaculado peito; santa Margarida Maria abriu a chaga do lado e lhe revelou seu Sagrado Coração; são João Eudes recebe a graça de contemplar o brilho dos divinos corações de Jesus e Maria; a madre Rosa Egipcíaca é, de todos, a mais afortunada: viu os Sagrados Corações não só da "Trindade na Terra", mas de toda a Sagrada Família — Jesus, sua mãe, Maria, seu pai, José, sua avó, Ana, e seu avô, Joaquim.

Diz o padre Xota-Diabos que tais visões ocorreram às vésperas de se lançar a primeira pedra do recolhimento, e que, nessa mesma pedra fundamental, "frei Agostinho mandou esculpir os três corações, e mais dois", tudo conforme a visão que a madre fundadora recebera dos céus. Destarte, o Parto passou a ser a primeira casa pia não só do Rio de Janeiro, mas do universo, a ter como patronos os cinco corações: Jesus, Maria, José, Santana e são Joaquim. Em nossas pesquisas cordícolas, não encontramos outra referência a essa devoção quíntupla. Desde a Idade Média, cultua-se o coração de Santo Agostinho (daí uma das recolhidas dessa comunidade ter sido chamada de irmã Maria Joaquina do Coração de Santo Agostinho), e santa Catarina Labouré, em 1830, conta ter visto, por três dias seguidos, o coração de são Vicente de Paulo, branco, anunciando a paz; vermelho-claro para renovar a caridade, e vermelho-escuro "referindo-se à mudança de governo na França...". Quanto aos cinco corações, é invenção devocional de nossa visionária africana. Também é sua a identificação de alguns símbolos com alguns desses santos, tanto que nem seu confessor soube decifrar o segredo desta segunda visão. Os corações de Maria e de Cristo, trespassados respectivamente por uma espada e pela coroa de espinhos, são símbolos antiquíssimos da iconografia cristã. São José também sempre foi identificado com o ramo de lírio branco, pois, segundo a tradição dos evangelhos apócrifos, seu bastão teria florido como garantia celestial de que sua esposa, Maria, havia engravidado por intermédio do Espírito Santo. Quanto a Santana e são Joaquim serem representados, respectivamente, por uma chama e por uma flor roxa, é novidade inventada pela beata negra, posto que nem sequer o ex-provincial dos frades menores solucionara tal charada. Na lista dos emblemas dos santos, não há referência a tais símbolos nem no *Dictionary of Saints*, de Donald Attwater (1965), nem no *Oxford Dictionary of Saints*. Mistério!

Quanto ao sexto coração, situado na base desse conjunto, desprovido de símbolos identificadores, os céus o deixaram em aberto, conforme fora revelado à vidente: poderia ser o do soberano pontífice, na época Bento xiv; o do rei d. José i; o de seu frade confessor; ou o dela própria. Deus ainda não tinha decidido a quem premiar e considerou impertinente tal curiosidade. "Quão grandes e impenetráveis são vossos juízos, Senhor! Por isso as almas grosseiras caíram no erro!" (Livro da Sabedoria, 17:1).

Refletimos longamente sobre as motivações, conscientes ou inconscientes, que teriam levado nossa beata a inventar o culto aos corações da Sagrada Família. Inicialmente suspeitamos que Rosinha, a desafortunada menina africana, roubada por cruéis caçadores de gado humano e separada de sua família tribal, jogada num tumbeiro e criada como escravizada em casas alheias, teria se apegado à Sagrada Família como ersatz, uma substituição compensadora de sua infeliz orfandade. Mais ainda: proveniente de uma sociedade tribal fortemente marcada pela matrilinearidade, cuja função organizativa da família matricentral se redefinirá, ampliando-se, na diáspora no Novo Mundo,[13] Rosa teria então encontrado na Sagrada Família, pela descendência matrilinear, a reprodução na esfera celestial do seu protótipo familiar jamais realizado na esfera terrestre. Com o tempo, nossa vidente ampliará suas veleidades místicas: dirá ser, ela própria, ora a esposa da Santíssima Trindade, ora filha de são Joaquim e Santana, irmã, portanto, da Virgem Maria, e, como ela, também mãe do Menino Jesus. Por ora é importante atentar para sua devoção aos avós de Cristo. Não há indicação, na história da Igreja, de outra referência de culto aos corações de Santana e são Joaquim. Até que ponto, indagamos a princípio, não seria também esta uma influência da ideologia parental africana, repetindo e refletindo Rosa, em seu panteão místico, a mesma importância que na maioria das tribos da África Ocidental se dá à família extensa e ao avunculado? Eis uma pista que deixo aos antropólogos e etno-historiadores africanistas aprofundarem. Embora sem descartar as influências africanas em sua invenção de culto aos corações dos avós de Cristo, cumpre informar que foi exatamente nas primeiras décadas do século XVIII que se aviva no Ocidente cristão, *y compris* a América portuguesa, a devoção a Santana e a são Joaquim. A vidente courana se insere de todo dentro da corrente mística do barroco latino, não apenas ibérico, mas latino mesmo, pois foi através dos capuchinhos e franciscanos italianos que se espalha mundo afora a devoção à avó de Cristo, cabendo igualmente a um italiano jesuíta papel primordial na expansão do culto cordícola em nossa terra, o já citado padre Malagrida, ele próprio devotíssimo de Santana e autor de uma biografia desta santa matrona. Portanto, a madre Rosa Egipcíaca se revela típica iluminada desse século barroco, inaugurando o culto aos corações dos cinco membros da Sagrada Família e divulgando, entre seus devotos de Minas e do Rio, a devoção privilegiada à avó de Jesus, inventando, inclusive, um rosário especialmente a ela dedicado, conforme veremos mais adiante. Considerando a importância que Santana desempenhou na espiritualidade de nossa beata e no imaginário de nossos antepassados, transferimos para o capítulo dedicado à mística de Rosa a análise e a interpretação dessa devoção, cujo significado sociológico para a história da família brasileira não foi até agora explorado.

Observemos, contudo, que, malgrado ter frei Agostinho mandado esculpir os cinco corações na pedra angular do Recolhimento do Parto, se limitou, na capela que mandou construir no corredor do dormitório de seu convento, aos corações da "Trindade na Terra". Se o culto aos três já era novidade, seria temerário pôr no retábulo do altar uma constelação de cinco corações, demonstrando, destarte, a insegurança do frade em adotar tal inovação devocional publicamente. Fez bem em assim proceder, pois, se não pusesse freio nos devaneios místicos, sua dirigida em pouco tempo exigiria que se cultuasse nova galáxia de sagrados corações. Barreira, diga-se de passagem, que parece ter sido inspirada pelo Além, pois, por aquela mesma ocasião,

> estando Rosa no recolhimento com dez companheiras mais, e querendo com as mesmas fazer uma novena aos ditos corações, por mais diligência que fez para rezar as estações, sempre a voz e o seu interior se inclinavam para proferir o *Miserere*, até que, vencida esta inclinação, se deixou levar dela, e logo no seu interior sentiu que se rezava o *Miserere* até o fim, sem que ela o soubesse.

No ano seguinte, 1755,

> quando ela, ré, está já com algumas recolhidas nas casas da Igreja do Parto, estando fazendo a oração mental, chegando àquele ponto em que se faz o Ato de Fé, crendo-se que se está na presença de Deus, prostrando-se todas e ela, ré, viu uma iluminação muito clara no entendimento com que viu distintamente e lhe figurou uma árvore muito grossa de cor branca com folhas miúdas, por uma parte verdes e pela outra brancas, em cuja árvore estavam os cinco corações que ela, depoente, tinha visto na missa, e em cima desta árvore estava uma figura coberta com um véu branco, mas muito rico e luzido, que a encobria, e andava pela tal árvore tocando nesses corações, e no fim dela estava aquele sexto coração que se lhe representou a ela, ré, no altar de Nossa Senhora na Igreja de Santo Antônio, porém com a diferença de que, nesta ocasião e nas mais em que viu, não tinha divisa alguma, porém desta vez se lhe representou no pé daquela árvore e estava com três cravos nele pregados, e com uma seta trespassado, e deste coração brotava aquela árvore em que estavam os cinco corações.

Quando presa pelo Santo Ofício, em Lisboa, a vidente dá versão um pouco distinta desta revelação, situando-a em outro ambiente, o que nos sugere que tenham sido dois êxtases diferentes.

Disse mais, que em um dia, em 1755, estando ela, ré, em oração diante de um oratório que tinha na cela do dito recolhimento, viu uma árvore branca e sobre ela um vulto como de menino de seis meses, coberto com um pano branco, muito cândido, e, nos ramos da mesma, cinco corações e um abaixo nos pés, com os quais o dito vulto brincava ficando muito mais cândido quando os largava da mão e se punha em cima de um deles, que era grande, com coroa de espinhos.

A árvore, figura tão rica de significados simbólicos na história humana, resgatada, inclusive, pela moderna psicologia através do teste de Koch,[14] sempre gozou de lugar destacado na mitologia bíblica, desde que o Criador plantou no meio do paraíso terrestre "a árvore da vida e da ciência do bem e do mal" (Gênesis, 2:9). Também alguns profetas hebreus, como Daniel, deportado, como Rosa, de sua terra natal, utilizaram a mesma simbologia vegetal:

Tais eram as visões do meu espírito que tive em sonhos: eu via uma árvore de alto porte. Esta árvore cresceu, era vigorosa. O cimo tocava o céu, era avistada até nos confins da terra. A folhagem era bela, e seus abundantes frutos forneciam a todos o que comer (Dan. 4:7-9).

Rosa descreve mais árvores em suas visões, embora esta última seja das mais prenhes de simbologia, pois é a árvore dos Sagrados Corações, cuja raiz brota exatamente daquele sexto misterioso coração que poderia ser do papa, do rei, de seu confessor ou dela própria. Essa imagem, uma árvore carregada de frutos místicos, foi muito cara à iconografia cristã, existindo, inclusive, representação sua na entrada do mosteiro de São Bento do Rio de Janeiro, local seguramente visitado diversas vezes por nossa beata. John Luccock, que admirou essa pintura na primeira década do oitocentos, diz que representava "a árvore da vida, redonda e frondosa, com raízes sólidas, tronco vigoroso e galhos cobertos de folhagem. Contém, a um tempo, flores e frutos, mostrando um monge sentado no meio de uma flor".[15] A mais importante árvore da tradição cristã — além do Santo Lenho em que o pecado de nossos primeiros pais foi lavado com o sangue de Cristo — é a árvore de Jessé, que mostra no chão, servindo de base, o velho Jessé, o pai de Davi, e dele brotando os antepassados da família de Maria e José, até chegar a Cristo, saudado, desde a Idade Média, como "*Flos de radice Jesse*".

Rosa encurtou a genealogia divina: deste coração incógnito brotavam os sagrados corações dos avós, dos pais, e o próprio coração de Jesus. Coração privilegiado este, pois, além de fazer brotar e sustentar a família extensa de Jesus Cristo, ostentava os símbolos de sua paixão, os três cravos e a seta. Aliás, como é sabido, foi são Luís, rei de França (1214-1270), quem trouxe para a Sainte-Chapelle que construiu em Paris, entre outras relíquias, os cravos usados na crucificação do Messias; daí sua imagem, muitas vezes, ser representada segurando um coração perfurado pelos três cravos, o mesmo símbolo também utilizado por são Paulo da Cruz (1694-1775) no hábito da Ordem Passionista. Como terceiro franciscano que era, provavelmente Rosa devia ter visto a imagem do santo rei na capela carioca da Ordem Franciscana da Penitência, adjunta ao templo de santo Antônio, daí incluir mais este símbolo iconográfico à sua constelação cordícola. Tal visão causou profunda impressão na beata africana: "Esta vista trouxe ela firmemente na lembrança, com clareza de entendimento, por três dias e três noites, de tal sorte que sempre lhe parecia que a estava vendo, e neste tempo foi dar parte disto ao seu confessor". Quem sabe não teria Rosa visto alguma estampa do coração de Jesus de autoria do famoso gravador Joaquim Carneiro da Silva, que viveu no Rio de Janeiro de 1739 a 1756, e em cuja coleção iconográfica se incluem os sagrados corações cercados com os símbolos da Paixão?[16]

Frei Agostinho se entusiasmara com as duas visões anteriores, mandando, inclusive, esculpir na pedra e no ostensório os sacros corações. Agora, contudo, reage negativamente contra esta nova ilusão: percebeu que algo estava errado, pois se o sexto coração era de um mortal, mesmo que fosse o do papa, não era possível, dentro da lógica divina, que os corações da sagrada família brotassem de um coração pecador. De Maria Santíssima, concebida imaculada, virgem mantida antes, durante e depois do parto, sim, tanto que é saudada com o hino "Flor da raiz de Jessé", mas de nenhum outro mortal seria possível atribuir tal geração cordícola, muito menos de humanos pertencentes a genealogias contemporâneas a d. José I.

Em seu íntimo, Rosa não tinha dúvida, e somente por humildade, ou melhor, por cautela, não proclamava claramente o que era óbvio: aquele incógnito coração era o dela própria, escolhida por Jesus para ser sua nova mãe e futura redentora da humanidade. O que para ela era pacífico: recebia tal privilégio divino não por merecimento, mas por livre escolha de Deus, para o padre Xota-Diabos era uma verdade inquestionável; para frei Agostinho, menos crédulo, era uma tentação diabólica, tanto que, ouvindo esta última revelação, "a mandou para a igreja de seu convento e ali lhe fez a protestação de fé e a exorcizou, pondo muitos preceitos ao Demônio para que, se aquilo era ilusão sua, a desvanecesse, e lhe disse que não desse ascensão ao que via". Por essa época, Rosa já perdera o controle sobre seu imaginário, tanto que "sempre se lhe conservava no entendimento aquela visão muito clara e só se ocultou passados três dias e três noites, e nunca mais lhe apareceram os tais corações". Segundo declarou uma devota sua, Maria Tecla de Jesus, "o sexto coração era de uma criatura arrependida" — para bom entendedor, meia palavra basta!

Não obstante tal declaração final, o certo é que, por diversas vezes, os sagrados corações vão interferir na vida dessa recolhida, que, a partir de 1754, se torna arauto e comandante-chefe de uma cruzada cujo objetivo era preparar a vinda desses riquíssimos visitantes: "Já em campo vêm os Santíssimos Corações, com o estandarte de seu divino braço aberto, afugentando os nossos inimigos contrários à alma", dizia em carta de 16 de setembro de 1755, pouco depois, portanto, da referida visão arbórea.

14. Reflexos do terremoto de Lisboa na América portuguesa

Uma catástrofe meteorológica ocorrida a dois meses de caravela do Brasil teve consequências cruciais não só na vida de Rosa Egipcíaca como de toda a América portuguesa. Refiro-me ao terremoto de Lisboa. Deixemos por uns tempos a América portuguesa e vejamos o que sucedia na capital do Reino.

Na manhã de 1º de novembro de 1755, Dia de Todos os Santos, os lisboetas se acotovelavam dentro das igrejas, dia de missa obrigatória e dos mais festivos do calendário litúrgico. No introito da missa, o celebrante rezava: "Alegremo-nos todos no Senhor festejando este dia em honra de todos os santos; por sua solenidade se regozijam os anjos e glorificam o Filho de Deus". À Epístola, temerosos, os fiéis ouviam o capítulo sétimo do Apocalipse: "Naqueles dias, eu, João, vi outro anjo que subia do Oriente tendo na mão o selo de Deus vivo e clamando em alta voz aos quatro anjos, dizendo: 'Não façais mal à terra, nem ao mar, nem às árvores'". Desobedientes à ordem divina, nesse dia, 1º de novembro de 1755, os anjos que volateavam sobre Lisboa agiram como demônios:

> De repente, a terra bruscamente moveu-se. Os marinheiros que estavam no estuário do Tejo viram Lisboa com os seus palácios, as suas torres, as suas flechas, as suas cúpulas, mover-se como uma seara agitada pelo vento. Nas ruas, as parelhas, os telheiros, as bancas voltaram-se de pernas ao ar. As pessoas eram atiradas

para o chão. Nas casas, partiam-se os candeeiros, caíam os móveis, as paredes rachavam, os tetos se abatiam. E nas igrejas, os púlpitos cediam sob o peso dos órgãos despedaçados, os vitrais estilhaçavam-se, os portões de grades abatiam. Do solo estalado esfuziavam feixes de vapor e enxofre. Durante seis minutos, a cidade oscilou nos seus alicerces, dilacerou-se e vacilou. Lá fora a multidão não conseguia dispersar, prisioneira do entulho que bloqueava as ruas. Subitamente levantou-se um vento furioso que agitou os turbilhões de poeira acre, dobrou e avivou as chamas. As pessoas correram para o Tejo: o mar de Palha, ainda havia pouco tão liso e calmo, parecia ferver como chumbo derretido. Transbordava, lançava os barcos contra os marcos de pedra do Terreiro do Paço, subia e assaltava as ruas baixas. Depois pareceu aspirado por um sorvedouro gigantesco que lhe secava as margens, e esta estranha ressaca punha a descoberto os fundos de vasa infecta, um betume onde gorgolejavam espessos turbilhões e derramavam fatos sulfurosos, línguas de uma chama azulada. Os barcos chocavam-se uns contra os outros e rebentavam como nozes. Este sorvedouro negro, aberto como uma chaga infecta, foi visível durante um instante que ninguém pôde contar, tal era seu fascinante horror. Mas já a água, erguida com um prolongado sibilo de asfixia, voltava a cair e rebentar na mesma vaga gigantesca. Avançou com a velocidade dum cavalo a galope, rebentou os cais, minou as fachadas, rolou na sua torrente de destroços afogados, vindo a cobrir com a sua espuma o Rossio onde tudo estava em chamas.[1]

Lisboa se tornara o Apocalipse.

Quarenta mil mortos! O terremoto foi tão forte que se fez sentir até na Suíça. Como se disse à época, "o que não ruiu ardeu", pois um incêndio devorador destruiu o que restara de pé. O padre Francisco Pina de Mello, em sermão pregado na capela do Hospital Real de Monte Mor, O Velho, no ano seguinte a esse sinistro comparava Lisboa à Babilônia, e, como todos, estava perplexo e atônito com a violência do castigo divino que, aos olhos dos mortais, se mostrava ilógico:

Era preciso que a vingança correspondesse à culpa, pois assim procede a justiça de Deus, e como Lisboa se jactava de suas mesmas dissoluções, o que podia esperar-se da equidade suprema senão luto e tormento? Em Lisboa duplicavam-se os delitos: estava cheia de delícias e obscenidades, roubos, violências, soberba, ambição, por isto lhe foram também duplicados os castigos. Oh! Babilônia de Portugal! Quantas vezes se avisou a Misericórdia Divina nos clamores do púlpito e dos confessionários! Bem pouco tempo há que uma alma profética anunciou e te deu o aviso [dos castigos] no Convento do Louriçal... E tu não quiseste crer a uma serva de Deus, que em tudo se informava com a sua divina vontade. Duas coisas são para se notar nas relações do terremoto: uma, que não ficasse templo nem tribunal inteiro, outra, que não caísse nenhuma casa daquela rua que antes se chamava das meretrizes. É possível, Senhor, que se compadeça a vossa justiça de uns lupanares tão sórdidos e que se irrite contra aqueles edifícios que se instituíram para vosso louvor e para o governo público, ficando em pé as casas da dissolução e do escândalo? Não foram as lascívias de Lisboa as primeiras que se representaram à vossa cólera para se lhe fulminar o raio? Quanto mais me dilato neste pensamento, mais me confundo e pode aqui menos a consideração que o assombro.[2]

Tal sinistro, assim como a contraditória irradiação da destruição, poupando os templos do pecado e arrasando os da virtude, serviu de inspiração até ao agnóstico Voltaire, que, em seu pouco conhecido *Poème sur le désastre de Lisbonne, ou Examen de cet axiome: tout est bien*, mais uma vez descarta o dogma da Divina Providência: "*Comment concevoir un Dieu, la bonté même, qui prodigua ses biens à ses enfants qu'il aime, et qui versa sur eux les maux à pleines mains?*" [Como podemos conceber um Deus, que é a própria bondade, que prodigaliza seus bens a seus filhos, e que de mãos cheias derrama os males sobre eles?].[3]

O terrível sismo de Lisboa dividiu os espíritos, atiçando a imaginação dos místicos. De início, o próprio rei d. José I interpretou essa desgraça como a maioria da população: castigo divino! Tanto que, na primeira carta que el-rei enviou a todos os governadores da América, datada de 11 de fevereiro de 1756, cem dias, portanto, depois da destruição da capital do Reino, dizia:

Havendo a Onipotência Divina avisado a estes reinos no dia 1º de novembro de 1755 com um terremoto tão funesto que em cinco minutos de tempo arruinou templos, palácios, tribunais, alfândegas e a maior parte dos edifícios de Lisboa, perecendo um grande número de pessoas de todos os estados...

comunica a todos os fiéis vassalos que, além do grande sentimento, louvem à Divindade "por ter suspendido o castigo com que pudera ter-nos aniquilado", em tempo que pede subsídios aos colonos para a reedificação da capital do Reino.[4]

Vários escritores, sacros e leigos, dão suas interpretações para esse terrível sismo, considerado pelos estudiosos como dos piores de que se tem notícia na história humana. O frei Francisco de Santo Alberto, OFM, no opúsculo *Estragos do terremoto* (1757), analisa as causas naturais e morais desse acidente; João Antonio Bezerra e Lima, na *Declamação sagrada na ruína de Lisboa* (1757), se detém mais na interpretação religiosa do fenômeno. Dentre esses autores, destacou-se uma filha espiritual do padre Gabriel Malagrida, irmã Mariana Inácia de São Miguel, religiosa franciscana do convento de Santana de Lisboa, então com cinquenta anos de idade. Na Torre do Tombo, localizamos as oitenta folhas de seu manuscrito:

> Vozes da verdade que manifestam aos portugueses os motivos do terremoto que destruiu sua corte, declarando-lhes os meios mais convincentes e sólidos que se devem tomar para a sua reedificação, escrito pelo vil instrumento da mais indigna criatura, a madre soror Joana Maria Angélica Medugis, religiosa professa da Ordem Seráfica, dedicados à Rainha dos Anjos em sua Conceição Imaculada.[5]

Discípula do padre Malagrida, essa freirinha capucha, dizendo-se inspirada por são João Batista, atribuiu a ruína de Lisboa à ambição de seus moradores, especialmente ao comércio com os estrangeiros, "pestilento veneno", culpando também o luxo, sobretudo das mulheres, que atiçaram a ira divina, deixando de usar os antigos mantos que as cobriam, cabendo também às óperas e bailes ter provocado o terrível chicote de Deus.[6]

O manuscrito dessa freira seguia a mesma inspiração de seu pai espiritual, o cordícola Malagrida, amigo e protegido de d. João V e de d. Mariana de Áustria, mas olhado com reserva e suspeita pelo poderoso primeiro-ministro de d. José I, o marquês de Pombal. Malagrida assina, logo em 1756, o opúsculo *Juízo da verdadeira causa do terremoto que padeceu a Corte de Lisboa*,[7] obra que, embora contando com as devidas licenças do rei e do Santo Ofício, causou a maior irritação no marquês racionalista, que desterrou o velho jesuíta para Setúbal, a 82 quilômetros da Corte, em castigo por acusar sua nova política de modernização do Reino como a principal responsável pelo terrível castigo divinal.

Quando el-rei oficiou aos governadores do Brasil o trágico cataclismo, essa aterradora notícia já se espalhara pela Colônia, tanto que, em 20 de março de 1756, Rosa escrevia ao Rio das Mortes dizendo:

> Eu bem vejo e ouço aquela trombeta divina que pelas Minas andava, umas vezes tocando, outras falando. Já vai chegando agora a nova e se cumprir a profecia: o Rio das Mortes e Mariana serão castigados pelo Visitador! O Reino de Portugal, que é nossa cabeça, já está castigado, e a batalha vai da Turquia até Lisboa e às partes da América.

E completa citando uma das lições de seu confessor: "Como diz frei Agostinho, quando vires as barbas de teu vizinho arder, bota as tuas de molho! Que tenhamos o santo temor de não suceder aqui na América o mesmo que na Corte!".

Três dias depois dessa carta, certamente para aproveitar o mesmo portador, o padre Xota-Diabos escreve à mesma família Arvelos descrevendo o clima de pavor criado pelo terremoto na população do Rio de Janeiro:

> Nesta cidade está toda a gente com muito susto, temendo o castigo. Se fizeram muitas procissões, preces e penitências. Os sinais do castigo já têm aparecido de noite e de dia. O castigo é certo e se Deus não ouvir alguns justos... O Rio das Mortes e as Gerais estão muito ameaçados do grande castigo, com certeza certa do que foi em Lisboa. Até o rei e todas as pessoas reais estão abarracados no campo porque em Lisboa só ficou ruína. Isto tudo pelos nossos pecados. E nós, muito mais, pelos avisos que já temos tido de Deus. Esta hora é de penitência e não de regalo. Depois não me digam que eu os enganei!

De fato, tanto nas Minas quanto no Rio e nas demais capitanias, o pavor tomou conta dos colonos. Passageiros chegados recentemente do Reino, testemunhas da tragédia sísmica, davam notícia pormenorizada da desolação em que ficou a bela Lisboa. Dentre os brasileiros que sofreram o terremoto estava a nossa já conhecida madre Jacinta de São José, a carioca fundadora do convento carmelita de Santa Teresa, que, sã e salva, retornou ao Rio de Janeiro no dia 17 de abril de 1756, sábado de Aleluia.[8] Os bispos foram os primeiros a mobilizar os fiéis para aplacar a ira divina e inspirar sincero arrependimento nos pecadores. De Mariana, escrevia d. Manuel da Cruz a seu amigo Malagrida, botando mais fogo na fogueira: "O terremoto é justo castigo de Deus, sobretudo por causa das dissipações da Corte!".[9] Baixando três pastorais, a partir de 22 de fevereiro de 1756, mobilizou seus diocesanos para que, através de preces públicas e privadas, pedissem aos céus que tratassem a Terra mais com misericórdia do que com justiça, imitando todos os súditos a família real que fazia exercícios espirituais em penitência pela "Babilônia de vícios" em que o Reino se transformara.

No Rio de Janeiro, d. Antônio do Desterro, através de edital, ordena a realização de procissões e preces públicas durante três dias seguidos, em todas as igrejas da cidade, concedendo quarenta dias de indulgências a quem delas participasse, cerimônias que se repetiram anos seguidos, sempre em 1º de novembro, data da fatídica catástrofe. Eis suas palavras:

> Estando próxima a lembrança do dia em que Nosso Senhor, desembainhando a espada de sua divina justiça, descarregou o golpe sobre Lisboa, cabeça do Reino, lançando-a por terra com aquele lamentável terremoto que todos souberam, e de cujos estragos funestos só a lembrança nos faz ainda tremer e recear que volte também sobre nós aquela mesma espada... que com repetidas deprecações nossas, a ira de Deus, e pela intercessão de todos os santos, suspenda qualquer castigo que pelos nossos tão execrandos e abomináveis pecados nos queria dar.[10]

Nesse mesmo ano, 1756, mais três cartas de Rosa e do capelão do recolhimento fornecem informações sobre o clima de tensão e as atividades desenvolvidas por ambos na instalação do Parto.

"Não há nada de bom que não venha de Deus!", escrevia o padre Francisco, a 1º de junho de 1756, afiançando que, "se não houver reforma nas vidas, há de haver muitos castigos, e não há de tardar muito tempo. Estejamos como quem está com a ovelha na mão para dar contas a Deus!". E completa:

> Não escrevo mais aos amigos porque não tenho tempo. Não me deixam nenhum instante descansar, nem de noite, assistindo doentes, porque nesta cidade há muitos que os médicos os não conhecem e assim vão morrendo sem saber de quê. E com esta lida, sempre ando doente.

O Xota-Diabos se referia, sem dúvida, aos doentes do espírito, os endiabrados ou sofredores de encosto do Maligno. Em outras cartas, confirmará que até às altas horas da madrugada era chamado para enxotar o Coisa-Ruim, tarefa árdua e por demais estafante para um velho de 62 anos, agravado de diversos achaques. Humilde, conclui a carta dizendo: "Se Deus por misericórdia não me perdoar, temo o inferno. Deus nos defenda e guarde!".

Por que um sacerdote devotado dia e noite ao serviço dos necessitados, exímio na difícil arte de expulsar Lúcifer, confessava temer o inferno, caso Deus não o perdoasse? Que pecados ocultos teria cometido que o deixavam tão inseguro? Em outra carta, dois meses passados, novamente padre Francisco relembra as sequelas do terremoto: "A espada da justiça está embainhada e, depois dela, há ainda cinco anos de prazo, se não houver reforma. Em tudo seja o Senhor servido".

Rosa, de sua parte, sempre utilizando a regente Maria Teresa como escriba, assim se expressava:

Que os Sagrados Corações de Jesus, Maria, José, Santana e são Joaquim sejam conosco! Eu vou passando como Deus quer. Deus mandou o seu Menino para nos salvar e se fez homem, daí nada lhe será dificultoso afugentar estes três bichos [o mundo, o Diabo e a carne] de sua fazenda [o recolhimento]. Cobro confiança com os divinos auxílios de meu Senhor.

Repete então o mesmo recado já anunciado em carta do ano anterior: que não só Faustina Maria, a segunda filha do casal Arvelos, como também Francisca Tomásia do Sacramento, a mais caçula, eram chamadas pelo frei Agostinho para ingressar no Recolhimento do Parto.

Particularmente rico para Rosa em visões beatíficas foi o ano de 1756. O generalizado terror causado pelo terremoto de Lisboa e o medo da cólera divina devem ter atiçado sua imaginação delirante. Em seus depoimentos prestados na Câmara Eclesiástica do Rio de Janeiro, ratificados posteriormente em Lisboa, encontramos referência a alucinações ocorridas nas seguintes festas litúrgicas:

- 28 de maio: Ascensão de Jesus Cristo
- 6 de agosto: Transfiguração do Senhor
- 12 de agosto: Santa Clara de Assis

- 4 de setembro: Santa Rosa de Viterbo
- 6 de outubro: São Pedro de Alcântara

A primeira dessas revelações ocorreu no dia em que a Santa Madre Igreja comemora a subida de Cristo aos céus, quarenta dias depois de sua ressurreição. Foi no dia 28 de maio. Disse Rosa que

> em várias ocasiões em que comungava, sentia a hóstia como fogo que lhe queimava a boca, especialmente no dia da Ascensão do Senhor, quando, recebendo a mesma hóstia, lhe parecia uma brasa, deixando-lhe a garganta e boca escaldadas, como ela, ré, mostrou ao seu confessor. E, estando na hora da oração deste dia, ouviu uma voz no entendimento ou no coração que lhe dizia que fizessem um pacto. E, repugnando ela, ré, por entender ser coisa do Demônio, a voz lhe disse que também com Deus se fazia pacto, e logo lhe ensinou o modo como era, e se contém nas seguintes palavras: "Eu, como criatura remida com o sangue de meu Senhor Jesus Cristo, vos entrego a minha alma com suas três potências, e o meu corpo com seus cinco sentidos, minha vida e meus desejos e afetos, minha fé e esperança, minha vontade para que nela se cumpra a de meu Senhor Jesus Cristo. Enquanto viva for neste mundo, não quero outros amores mais que o de meu Deus, para que a minha alma expire e respire em vós. Livrai-me do Demônio e de todas as suas tragédias. Amém". Esta prática lhe ficou impressa na memória, e foi logo participar ao dito seu padre para que ele lhe permitisse fazer o pacto que a dita voz lhe pedia. E o mesmo padre, para experimentar a verdade do sucesso, tomando a estola a exorcismou dizendo que, se a voz, sem embargo do exorcismo, tornasse a falar, era verdadeira, e que ele, padre, como ela, ré, faria o dito pacto. E, como a voz continuasse, o padre capacitou [ser verdade], ainda que não ouvia, e só por ela, ré, lho dizer. E ambos fizeram o pacto na forma referida, tomando por testemunha Nossa Senhora e os mais santos.

Pelo visto, além de Rosa, outras beatas brasileiras no século XVIII também vincularam seu itinerário místico através de pactos espirituais. A fundadora do Recolhimento de Nossa Senhora da Luz, de São Paulo, onde funciona atualmente o Museu de Arte Sacra da avenida Tiradentes, manuscreveu uma "cédula irrevogável", na qual declarava: "De todo coração, de minha própria e livre vontade, dou por meu Deus, ao padre confessor frei Antonio de Santana, todos os atos das virtudes interiores e todo o fruto interior e união de minha alma com Deus, neste Dia de São Miguel de 1772". Por sua vez, o confessor agraciado com tão inefáveis dons repetia o mesmo pacto, prometendo à irmã Helena do Espírito Santo, "minha filha espiritual, lembrar-me dela no Santo Sacrifício da Missa até a minha morte".[11] Já em pleno século XX, nosso mais forte candidato à canonização, o padre João Batista Reus, jesuíta residente no Rio Grande do Sul, retoma essa tradição ascética, redigindo o seguinte pacto: "Cada pulsação de meu coração, cada respiração, todo movimento mínimo da vista ou de outra parte do corpo, sirvam para vos louvar, meu Redentor Jesus Cristo...".[12]

A sofisticação teológica e a criatividade mística de nossa convertida crescem dia a dia. Como santa Margarida Maria e outros santos, também Rosa sentirá dentro de si fagulhas do fogo divino a queimando, ao receber a sagrada Eucaristia. Os primeiros discípulos de Cristo receberam o Espírito Santo no Dia de Pentecostes sob a forma de línguas de fogo; a negra courana ficará com sua língua e entranhas incendiadas pela hóstia divina, sentindo a mesma sensação de quando, para provar ser realmente espiritada, nas Gerais, suportara por cinco minutos a chama de uma vela sob sua língua. Também trilhando o mesmo caminho místico de outros bem-aventurados, Rosa Egipcíaca, em vez de realizar o casamento místico com o Divino Esposo, tal qual fizeram santa Catarina de Sena, Verônica Giuliani, Rosa de Lima, entre muitas outras, será agraciada com o pacto. De início, a visionária suspeitou tratar-se de uma cilada a mais do Tentador, pois, naquela época, muitas pessoas acreditavam que, fazendo "pacto com o Demônio", conseguiriam sucesso em suas vidas. Nos arquivos da Inquisição são conservados vários exemplares desses documentos diabólicos, e, para que o leitor sinta melhor o espanto de nossa visionária, transcrevemos o texto de um desses pactos satânicos:

Por este documento, por mim feito e assinado, digo eu, Geraldo Nobre Ferreira, que é verdade que darei o que me pedir o Diabo, se me quiser servir, com a condição de que hoje há de estar em meu poder, pronto para me servir com que eu quiser e ir buscar o que eu lhe pedir, e há de andar em figura de um negro por toda a parte, e isto há de ser até o jantar, quando ele há de vir.[13]

Escusado dizer que o Diabo não apareceu.

Tanto Rosa quanto seu confessor duvidaram do insólito pedido ouvido na revelação, mas como a misteriosa voz, só ouvida pela negra, insistisse na ideia, mesmo depois do chuvisco de água benta e o latinório dos exorcismos, consentiram no contrato. O texto do pacto revela os progressos da cultura teológica de Rosa, que já sabe classificar as três potências da alma, que, segundo o Doutor Angélico, São Tomás de Aquino, são o entendimento, a vontade e a memória. Sabe também que o corpo ostenta cinco sentidos e já conhece as virtudes teologais — fé, esperança e caridade. O convívio, anos a fio, com sacerdotes, a orientação espiritual quase diária com seu Provincial Velho, os milhares de sermões ouvidos em Minas Gerais e na cidade de São Sebastião, as leituras devocionais ouvidas no coro do recolhimento, os livros de mestres espirituais pelos quais disse, em carta já citada, que se orientava, tudo armazenado no entendimento e na memória da recolhida, afloravam quando a luz divina a arrebatava pelos domínios do inconsciente. A cultura, a erudição e a memória religiosas da ex-escravizada são fantásticas!

Passados pouco mais de dois meses, outra visão, cuja semelhança com a anterior nos permite suspeitar que Rosa se confundira nas datas e nos detalhes ao confessar, no Rio e em Lisboa, passados dois anos entre a primeira e a segunda sessão de perguntas. Essa revelação, segundo depôs no Juízo Eclesiástico ordenado por d. Antônio do Desterro, teria ocorrido no dia em que a Igreja comemora a Transfiguração do Senhor. Conforme ensinam os Evangelhos, foi no monte Tabor, a 602 metros acima do vale de Nazaré, que Cristo, perante seus quatro discípulos mais íntimos, se transfigurou:

Seu rosto brilhou como o sol, suas vestes se tornaram resplandecentes de brancura. E eis que apareceram Moisés e Elias, conversando com Ele... E uma nuvem luminosa os envolveu, fazendo-se ouvir uma voz que dizia: Eis o meu filho muito amado, em quem pus toda minha afeição: ouvi-o! (Mateus, 17:2-3,5)

Foi nesse dia tão prenhe de sobrenaturalidade que,

indo Rosa para a Igreja de Santo Antônio e não havendo pessoa alguma no caminho, ouviu junto de si uma voz que lhe disse: "Adeus, amiga, companheira! Dás-me a vida para eu viver em ti e tu em mim, para eu participar destas tuas infâmias e tu participares dos frutos de minha sagrada morte e paixão". Ficou ela, ré, toda perturbada e assustada e, chegando defronte de uma cruz, repetiu a dita voz o mesmo, e por todo o caminho ouvia a dita voz, que também lhe pediu a vida para dar a muitos mortos e para fazer justiça a muitos réus de delitos. Chegando à igreja, para se defender da dita voz, a que não dava assenso, aspergiu água benta sobre si, e, comunicando o referido a seu confessor, este lhe disse que era o Demônio que a tentava, e, pedindo a estola, a exorcismou; porém, acabado o exorcismo, tornou a sobredita voz a repetir as mesmas palavras acima referidas, e ela, ré, posta de joelhos com o dito seu confessor, e, rezando Salve-rainhas, uma ladainha a Nossa Senhora para que lhe inspirasse que voz era aquela que lhe fazia a dita petição, às palavras "nos mostrai Jesus", caiu ela com desacordo, e restituindo-se se achou em que o dito padre seu confessor lhe disse que fizesse um contrato espiritual, que era participarem um do outro nas orações que cada um fizesse, obedecendo àquela voz no que pedia.

Também no Rio nossa africana carregava o estigma de ser feiticeira. Endemoniada, falsa ou verdadeira, disso, sim, podia ser chamada. De feiticeira, contudo, nada podia incriminá-la, pois nenhuma testemunha referiu tê-la visto fazer qualquer sortilégio que disso pudesse inculpá-la formal ou indiretamente. Talvez por ser negra e endiabrada, os cariocas logo a identificaram com as artes diabólicas, afinal, no imaginário popular, negra é a cor do Diabo. Associação, diga-se de passagem, que não isentava nem mesmo seu diretor espiritual, que por mais de uma vez, como ocorreu há pouco, suspeitou que as revelações que Rosa lhe confiava podiam perfeitamente ser artimanhas do Manhoso. Nesta visão, o mais importante a realçar são os dois contratos espirituais firmados entre a beata e Cristo, e entre ela e seu confessor. A madre Egipcíaca, como o apóstolo Paulo, poderá dizer, depois desse Dia da Transfiguração, que "não sou eu quem vive, mas é o Cristo que vive em mim" (Epístola aos Gálatas, 2:20), pois trocou sua vida com a de Cristo, "para eu viver em ti e tu em mim". Mais ainda: doando sua alma a Jesus, Rosa resgatava para a vida muitos mortos, dom especioso que com o tempo ainda crescerá nela. Perante tamanha grandeza mística, qualquer confessor prudente teria agido como o velho franciscano: essa troca parecia mais coisa do Maligno do que de Deus, pois só a Jesus foi conferido o poder de resgatar os mortos do poder das trevas e guindá-los para o reino da luz: ao descer aos infernos, o Ressuscitado libertou quantos penavam sob o poder de Satanás. Com esse contrato d'alma, a beata africana repete a façanha do Filho de Deus. Feitos os exorcismos, em vez de calar-se a revelação, repetiu as mesmas palavras, caindo a visionária desacordada enquanto pedia a proteção da Rainha dos Anjos. Uma vez restabelecida, foi informada pelo frei Agostinho que tinham selado um "contrato espiritual", incluindo o nome um do outro em todas as orações que doravante fizessem. Embora tal contrato tenha sido o mais solene, a vidente já tinha firmado semelhante intercâmbio de orações com outros devotos: com o padre José Ferreira Carvalho, com o seu padre Xota-Diabos, com seu companheiro Antonio Tavares, lá do Rio das Mortes, tendo em várias de suas cartas lembrado a tais compadres o compromisso assumido.

Mal transcorre uma semana dessa revelação, a 12 de agosto, Dia de Santa Clara, fundadora, com são Francisco, da Ordem das Irmãs Menores, outro colóquio espiritual transporta Rosa para o Além:

> estando ela, depoente, no Recolhimento do Parto, a horas da madrugada, estando ainda na cama, mas acordada e com perfeita advertência, viu uma luz junto dela e ouviu uma voz que lhe dizia, desse ela, depoente, a sua vontade e que também se lhe daria a sua, sem declarar a tal voz de quem era. E logo ela entrou a rezar o Credo e fazer a protestação de fé, mas a mesma voz insistindo nessa pretensão. Levantou então a ré e foi fazer oração no seu oratório, onde lhe tornou a repetir a mesma coisa aquela voz, com o que foi ela, depoente, dar parte a seu confessor, o qual a fez confessar, e, ao depois disto fazer, outra vez rezou a protestação de fé, e, não obstante isto, a importunava aquela voz mesma lhe pedindo da mesma sorte que lhe desse ela, ré, a sua vontade, até que o seu confessor fez com que ela oferecesse a Deus a sua vontade, resignadamente, para tudo o que o mesmo Senhor quisesse, implorando o patrocínio de Nossa Senhora e de Santo Antônio, para que Deus lhe recebesse a vontade, que sacrificava. E com isto cessou aquela voz.

Muitos santos e santas, antes e depois desse episódio, seguiram igual convite do Divino Mestre, consagrando-lhe corpo, alma e vontade. Santa Margarida Maria, a mais respeitada das videntes do Coração de Jesus, em cuja vida mística Rosa certamente se inspirou, fez por escrito, com seu próprio sangue, vários atos de consagração a Nosso Senhor, elaborando uma fórmula em 1686 que até hoje continua sendo divulgada nos manuais de piedade. Eis seu texto:

Consagração ao Coração de Jesus: Eu vos dou e consagro, ó Sagrado Coração de Jesus, minha pessoa e minha vida, minhas ações, penas e sofrimentos, para não querer mais servir de nenhuma parte de meu ser, senão para vos louvar, honrar e glorificar. Esta é minha vontade irrevogável. Quero fazer consistir toda minha felicidade e toda a minha glória em viver e morrer como vossa escravizada. Amém.[14]

A semelhança entre esse "ato de consagração" e o "pacto" de Rosa salta à vista, malgrado a distância de quase um século entre um e outro. Tudo nos leva a crer, como mostraremos logo a seguir, que Rosa conhecia e se inspirava na biografia de santa Margarida Maria de Alacoque, imitando sua espiritualidade.

Já lá decorriam quase dez anos que a ex-prostituta obedecera à vontade de Deus distribuindo seus bens, amealhados no pecado, para os pobres. Jesus lhe exigia agora algo mais: além dos pertences materiais, queria sua própria vontade, tornando-se, com tal entrega, literalmente escravizada do Senhor.

Ainda em 1756, no dia 4 de setembro, outro mimo do Divino Mestre faz de Rosa a primeira negra a quem Jesus permitiu penetrar nas intimidades do seu coração. No Dia de Santa Rosa de Viterbo,

de madrugada, estando acordada dentro de sua cela, no Recolhimento do Parto, e querendo ela, ré, pôr-se em oração, e não tendo luz na sua casa, nem as mais companheiras nas suas celas, viu entrar por uma fresta uma luz que parecia do sol, e dentro dela uma cruz muito grossa e comprida, com madeiro redondo e vermelho, e, sem ver quem a trazia, bateu na porta de sua cela e logo uma voz perceptivelmente lhe disse: "Ajuda-me a levar minha cruz". Ela, com grande temor, lhe respondeu e disse que não queria cruz porque não queria trabalhos e entrou a dizer o Credo. Tornando a dizer a voz as mesmas palavras e que também queria visitar outra sua companheira, chamada Páscoa, que estava muito doente. E desapareceu a dita visão. E levantando-se ela, depoente, foi-se confessar e dar parte disto a frei Agostinho. Principiando a ouvir missa, viu no ar, suspensa, aquela mesma cruz e, pela continuação da missa, foi descendo essa cruz até que se pôs junto dela, depoente, quando o sacerdote levantou a sagrada hóstia, continuando a mesma voz a dizer que o ajudasse a levar a sua cruz, do que tornou a dar parte ao seu confessor, que lhe disse consentisse ela no que a voz lhe pedia, oferecendo-se para levar tal cruz, o que repugnou ela, depoente, dizendo não podia porque era muito grande. E sobre isto lhe respondeu o mesmo seu confessor que se sujeitasse a sustentar essa cruz que ele a ajudaria e levariam ambos. No que conveio, oferecendo-se a isso, e tanto que o fez, veio a dita cruz correndo com grande força e caiu sobre seu ombro esquerdo, que com o peso da mesma caiu por terra desacordada e desde então ficou sempre, em todos os dias de festividades solenes da igreja, sentindo sobre o ombro o dito peso, especialmente na Semana Santa, em que não pode estar senão deitada, pelo peso que sente naquela parte. Estando suprimida sem poder mover-se, e assim esteve um pouco de tempo até que se lhe aliviou aquele peso e se levantou, cuja cruz lhe tornou a aparecer na sagrada hóstia quando o sacerdote a levantou em uma missa no altar de Nossa Senhora do Parto, estando na mesma hóstia a figura de um cordeiro branco.

Estamos convencidos de que, por essa época, Rosa Egipcíaca andava lendo *O coração de Jesus comunicado aos corações dos fiéis* (1733), no qual o frei Jerônimo de Belém, da mesma ordem que seu confessor, resumia "a portentosa vida da venerável madre Margarida Maria". As semelhanças entre os fenômenos místicos ocorridos com essas duas beatas são notórias. Eis como a monja francesa descreveu sua visão da Santa Cruz:

> Durante um desmaio, as três pessoas da Santíssima Trindade apareceram-me e me fizeram sentir grandes consolações. Apareceu-me o Pai Eterno apresentando-me uma grossíssima cruz, toda coberta de espinhos, com todos os instrumentos da paixão, e me disse: "Toma, minha filha, faço-te o mesmo presente que fiz a meu muito amado Filho".[15]

Digna de destaque nessa visão de Rosa é a solidariedade de seu velho confessor em auxiliar a visionária a carregar sua cruz, ratificando, mais uma vez, a fé que depositava na predestinação sobrenatural de sua dirigida. Se outros virtuosos confessores, como o beato La Colombière, fizeram fé nas revelações de suas orientandas, o frei Agostinho lhes imitava o exemplo. Santa ingenuidade, *ora pro nobis!*

Aqui, mais uma vez, Rosa tem visões no momento em que o sacerdote levanta a hóstia consagrada. Só que agora, em vez de bolas de fogo ou sangue pingando, viu na circunferência de Jesus-Hóstia um cordeirinho, o símbolo do próprio Cristo, nosso cordeiro Pascal. Percorrendo as igrejas em Minas e no

Rio, Rosa deparou inúmeras vezes com gravuras e esculturas do cordeirinho branco, quase sempre estampado nas portas dos tabernáculos ou nos tímpanos dos altares. Em cada missa e ladainha que rezava, repetia várias vezes o Agnus Dei, cordeiro de Deus. Também o evangelista João, autor do Apocalipse, vira por diversas vezes a figura desse mimoso animal, seja de pé no monte Sião, seja travestido em espantosa figura, "imolado sobre um trono, com sete chifres e sete olhos" (Apocalipse, 5:6).

Os carneirinhos sempre encantaram as santas mulheres: santa Inês, martirizada ainda adolescente nos primeiros anos do cristianismo, é invariavelmente representada com um cordeirinho no braço, símbolo de sua virginal pureza; no Brasil, a serva de Deus madre Helena, fundadora do Recolhimento de Nossa Senhora da Luz de São Paulo, teve uma visão na qual o Divino Esposo aparecia cercado de muitas ovelhas que tentavam subir em seu corpo pelos braços e ombros. Então o Senhor disse à sua serva: "Eis aqui minhas ovelhas que procuram um aprisco para se abrigarem e não encontram, pois não quereis subministrar-lhes, fundando um convento, conforme minha vontade...".[16] Dois belos quadros do século XVIII representam essa visão e podem ser admirados no citado recolhimento paulistano.

Seis anos antes de Rosa se transferir para o Rio de Janeiro, a fundadora do convento de Santa Teresa dessa cidade, a madre Jacinta de São José, também fora agraciada não só com a visão, mas ainda com os afagos do carneirinho místico. Deixemos que seu biógrafo e confessor, o frei João dos Santos, descreva tão delicado milagre:

> Numa festa de São João Batista, descendo o morro do Desterro, viu a seus pés cordeirinho misterioso, muito bonito e cândido, como a neve. Jubilosa, a serva de Deus lhe disse: oh quanto te amo! Saltou-lhe então o cordeirinho ao ombro e começou a afagá-la. Vendo que se lhe metia no peito, queria acariciá-lo e cobri-lo com sua capa, mas ele sumiu inteiramente. De noite, estando na cela, sentada, tornou a aparecer-lhe o cordeirinho, saindo-lhe do peito e deitando-se a dormir em seu regaço. Pondo-se ela a afagá-lo, acordou e, saltando, se lhe pôs nos braços. Nisto ficou Jacinta arrebatada em êxtase e viu sair-lhe do coração o Menino Jesus, cordeiro imaculado.[17]

Viva Jesus!

As últimas visões de Rosa, em 1756, ocorreram três meses depois da festa da Transfiguração:

> Estando ela, ré, deitada em sua cama, pelas três horas da noite, sentiu que a acordavam, abanando-a. E com pleno conhecimento do que se dizia, ouviu uma voz que lhe disse que fosse devota de São Pedro de Alcântara, e lhe rezasse um Padre-nosso e uma Ave-maria e lhe pedisse que fosse seu confessor na vida e na morte. No mesmo dia, dando conta ao dito frei Agostinho do referido, lhe disse que aquele dia era o da invocação do mesmo santo, e lhe aprovou a devoção que a voz lhe tinha recomendado.

São Pedro de Alcântara (1499-1562) tem sua festa celebrada no dia 19 de outubro. Foi dos maiores místicos da península Ibérica, estimulando, inclusive, Santa Teresa d'Ávila na reforma da Ordem Carmelitana. Autor do *Tratado da oração e meditação*, fez grandes missões em Portugal, onde deixou muitos devotos. Poucos santos o igualaram na penitência: nunca provou vinho, dormia apenas uma hora e meia por noite, andava descalço e sem chapéu, mesmo no inverno. Quando rezava, dava gritos que aterrorizavam os que o ouviam. Foi visto várias vezes levitando nos ares quando celebrava a missa, saindo-lhe dos olhos raios resplandecentes como o sol. Tinha o dom de desvendar pensamentos ocultos e os pecados escondidos por seus confessantes.[18] Canonizado em 1669, teve seu culto popularizado no Brasil, sobretudo no século XIX, quando nosso segundo imperador foi batizado com o nome e sobrenome desse taumaturgo franciscano.

Depois dessa visão, ao voltar Rosa para casa,

> passando por um presépio que fica no adro da igreja de Santo Antônio, ficou imóvel e logo lhe perguntou uma voz: "Quantas almas nasceram no dia em que ela nasceu?". Fazendo-lhe mais diferentes perguntas a que ela respondia. E lhe disse a dita voz que tinha duas potências: uma de misericórdia e outra de justiça, que a ela, ré, lhe concedia uma, mas lhe negava a outra, de justiça, e que ambas tinha guardado neste mundo para um alto fim de sua providência. E, acabada a dita prática, lhe disse que se fosse embora, o que ela fez, recolhendo-se para casa muito atemorizada.

Justitia et misericordia não só era o lema da Santa Inquisição, como um dos pressupostos cruciais do pensamento religioso cristão em relação a Deus Nosso Senhor: se o Onipotente agisse apenas como justo juiz, o mundo já estaria arrasado. É através de sua paciência como Pai Misericordioso que a Divina Providência impede que a espada de são Miguel esmague os ingratos filhos de Eva. Dando a madre Rosa a potência da misericórdia, os céus a equiparavam a Maria Santíssima, saudada na salve-rainha com o título de *Mater Misericordiae*. De fato, grandes eram os desígnios que Deus planejava para a ex-escravizada de d. Ana do Infficionado!

Algumas visões ou revelações incluem certas imagens ou diálogos cujo significado não podemos decifrar, talvez prejudicados pela má redação dos notários encarregados de reproduzir as rocambolescas declarações da africana. Várias delas, contudo, terminam com a indicação, por parte da depoente, de que ficara "muito atemorizada" com o visto ou ouvido. Temor virtuoso, pois, como ensinam as Escrituras, "o temor de Deus é o início da sabedoria" (Provérbios, 1:7). Temor também de que seus delírios fossem comédias do Capeta, sempre ávido em enganar e desviar os fiéis do caminho da salvação.

Como filha obediente de seu pai espiritual, madre Egipcíaca só fazia e acreditava no que frei Agostinho lhe autorizava, pois, como ensinou a grande mestra d'alma, santa Teresa, "sempre que o Senhor me mandava alguma coisa na oração, se o confessor me dizia outra, eu me tornava ao Senhor a dizer que obedecesse ao confessor".[19] É sempre o sacerdote quem tem a última palavra no tocante às revelações, devendo a visionária acatar sua palavra, mesmo que o Todo-Poderoso tenha mandado diversamente. A palavra e o julgamento do sacerdote, nestes casos, valem mais do que as próprias palavras de Deus.

Rosa era duplamente controlada: por seu confessor franciscano e pelo capelão do recolhimento, o padre Xota-Diabos, que havia oito anos cicereneava a negra, primeiro como energúmena, depois como sua escravizada, agora como liberta travestida em "madre regente" da casa pia onde ele ministrava os sacramentos.

Em 28 de dezembro de 1756, dois meses depois, portanto, da última visão de são Pedro de Alcântara, o capelão escreve a seu sobrinho e afilhado Arvelos. Como em quase todas as cartas, começa com piedosas saudações aos Santíssimos Corações e a outros santos de seu devocionário. Em seguida, reclama da saúde: "Fiquei doente de reumatismo maligno e juntamente erisipela em ambas as pernas". Diz que, apesar de convalescente, muito lhe custava sair para a rua devido à dor nas pernas. Também o velho frei Agostinho andava adoentado das pernas — doença de anciãos europeus alquebrados pelas intempéries e endemias tropicais. Mesmo doente,

> tenho sido muito perseguido com a impertinência dos enfermos, mas Deus assim o permite. Agora entendo as coisas que estão acontecendo, pois já se vai mostrando, mas não posso explicar o mistério, porquanto Deus não quer, e só Deus o quer mostrar oculto até ser o tempo em que todos ficarão com os olhos abertos. Só alguns religiosos do Convento de Santo Antônio e o senhor bispo (por serem bons e sábios) lhe deu mercê de mostrar-lhes aquelas coisas...

Sem dúvida, o tal mistério tão enigmaticamente referido pelo missivista era a revelação dos cinco corações, prenúncio de novos castigos semelhantes ou piores aos sofridos pelos lisboetas no ano anterior. Portanto, só poucos eleitos "bons e sábios" estavam inteirados desses desígnios cujo epicentro era o sexto coração daquela árvore mística: madre Rosa Maria Egipcíaca da Vera Cruz, a "Rosinha" do padre Francisco.

Nessa mesma carta, diz esse padre que a própria vidente "ia escrever contando sobre este mistério, mas seus olhos ficaram tão cheios de lágrimas que não pôde escrever". Termina lembrando a pouca devoção tributada ao Menino Jesus e à Nossa Senhora da Piedade, intercedendo que Santana e sua Filha Maria Santíssima protegessem a todos nós.

15. Formação de noviças

O ano de 1757 é muito importante para o Recolhimento dos Santíssimos Corações e de Nossa Senhora do Parto, pois marca não só a transferência das beatas das casas anexas à igreja para dentro da clausura da nova fundação como a tomada de hábito das primeiras noviças, tornando-se essa casa pia não apenas reformatório de mulheres erradas, como também celeiro de virgens impolutas, solteiras ou casadoiras.

Uma carta, provavelmente da lavra da regente Maria Teresa, datada de 8 de janeiro desse ano, registra o clima de como viviam as pessoas no Rio de Janeiro à época, ainda assustadas com o terremoto, assim como demonstrando a crescente veneração que dedicavam à beata negra, "nossa protetora":

A notícia que mando é que cá anda muita justiça, e está despejando todo o inferno para destruir a cristandade. Alembre-se vossa mercê do que aconteceu em Lisboa no Dia de Todos os Santos. A execução deve vir quando não sei. Nem que o povo torne a negar, ela há de vir. Rogue a Deus que conserve a nossa protetora, que sem ela, se não fosse ela, já tínhamos padecido a ruína, porque por ela todo o bem ao mundo se fará. Só sei que Deus está para castigar.

E termina mandando um recado de Rosa para "meu irmão Pedro Rois Arvelos": "Que a Virgem Maria o queira guiar, pois ela o mandou chamar como pomba debaixo de seu muito grande pombal, sua irmã e serva, Rosa".

Passa-se um mês. Em 11 de fevereiro, nova carta da madre Rosa para os Arvelos. Ela se desculpa pela demora em escrever, alegando: "Quem é escrava [dos Santíssimos Corações] não pode satisfazer o seu apetite como deseja. Por mim, escreveria todos os dias, mas tenho muitos afazeres. Meu Divino Menino me diz, quando estou com as criaturas, que é tempo furtado". Comenta então sobre a vinda de Faustina Arvelos para seu recolhimento: que a jovem "não se envergonhe de vir para nossa companhia, pois o Senhor não se envergonhou de estar na cruz, nu, despido no meio de dois ladrões". Diz ainda que o frei Agostinho ficou contente com a decisão de recolherem a mocinha e manda que enviem também Francisca, pois "os Santíssimos Corações querem-nas como vítimas", e que fosse logo, pois, quando se mudassem para o recolhimento, as novas ingressas teriam de trazer dote, exceto as convertidas, pois Rosa sabia que os Arvelos não teriam condições de ingressar as filhas num convento de freiras, onde o dote exigido era altíssimo.

No mês seguinte, a 13 de março de 1757, outra carta do capelão Francisco, ratificando a ordem do senhor bispo e do Provincial Velho para que Faustina viesse prontamente tornar-se "recolhida do Coração de Jesus".

Todo esse empenho em trazer das Minas as donzelas da família Arvelos pode ser interpretado como o desejo, por parte dos fundadores, de "purificar" o Recolhimento do Parto, contrabalançando com virgens e castas moçoilas a esmagadora presença de mulheres extraídas do meretrício.

Deve ter sido pelo mês de junho de 1757 que chegam ao Rio de Janeiro, vindas do Rio das Mortes, as novas recolhidas. Na caravana que desceu a Mantiqueira vieram: sr. Arvelos, suas filhas Faustina Maria de Jesus, quinze anos, e Francisca Tomásia do Sacramento, com nove para dez anos; a pretinha Maria Antonia, seu tio José Alvares, amigo e fiel devoto de Rosa, e finalmente a amiga do coração de Rosa, Leandra, mulata de Pernambuco que, desde 1749, vivia com os Arvelos em sua propriedade de Santa Rita.

Essa Maria Antonia era sobrinha do português José Alvares Pereira, sessenta anos, morador na freguesia do Pilar de São João del-Rei. Amigo íntimo do padre Xota-Diabos, devoto incondicional de Rosa, era um dos que fizeram pacto com a beata de incluir sempre o nome um do outro em todas as suas orações. Tendo-lhe morrido um irmão, este deixou em sua companhia uma filha natural nascida de uma escravizada, Maria Antonia, "moça que sempre repudiou ser casada". Conseguiu então José Alvares que seu amigo padre garantisse um lugar no novo recolhimento para sua sobrinha, fazendo parte da comitiva que, em meados de 1757, desceu para o litoral fluminense. Numa carta do ano anterior, Rosa já dissera: "Se a moça das Minas [Maria Antonia], que quer vir, for sincera, e não fingida, que venha, pois já há licença para as recolher. Se a minha companheira Leandra quiser se recolher a esta Arca, já pode vir". O próprio capelão do recolhimento demonstrava certo interesse na reclusão de Leandra, embora ponderasse, desde outubro de 1756, que,

> se Leandra tiver tempo, pode vir, pois por muito tempo espero por ela e por Antonio Tavares. Leandra pode estar onde estão as recolhidas, se ela quiser [abandonar] os negócios do mundo, pois ainda é mulher de negócios [que] com muita pretensão o Demônio lhe introduz. Se disto se ofender, pior será para ela, pois quem não é humilde, não segue a Deus.

Que negócios seriam esses? A documentação não informa.

Pedro Rois Arvelos e José Alvares Pereira passaram três semanas no Rio de Janeiro, desenfadando-se da caminhada e decerto aproveitando para realizar alguns negócios na principal cidade portuária da Colônia.

O depoimento do tio de Maria Antonia não poderia ser mais favorável à nova fundação: "No dito recolhimento estivemos vinte dias, com muito gosto, por vermos o muito que naquela casa se louvava a Deus e a sua Santíssima Mãe". Diz que, "com as que chegaram, eram dezessete as recolhidas". O pequeno rebanho crescia em número e dava sinais de santidade.

Poucos dias depois de regressarem para as Minas, madre Rosa dá notícia aos Arvelos sobre as recém-chegadas, informando a respeito da má vontade de Faustina, internada contra seu desejo, que resistia tenazmente às suas superioras:

> Faustina confessou-se na véspera do Corpo de Deus, mas fez confissão nula, porque, em vez de entregar-se aos Santíssimos Corações, tinha em seu coração desobediência e rebeldia de vontade, ficando toda negra como tição, causando grande admiração a quem a viu, pois ela considerava vil a casa do recolhimento e con-

servava em seu coração ódio a seus pais por a terem trazido para cá: é o mesmo pecado de Lúcifer. Como ela não escreve nada disto a vossa mercê, nem pede perdão, é sinal de que ainda está pertinaz.

Não obstante tal situação, informa a madre que Faustina se preparava para fazer uma confissão geral, prática comum aconselhada a quem entrava para o convento, declarando, de uma só vez, todos os pecados do presente e do passado, inclusive os já previamente absolvidos. Depois de ter assinado a carta, Rosa acrescenta um postscriptum dizendo ter visto a mensagem que Faustina escrevera para os pais, em que declarava sua enorme saudade, sobretudo da irmã que ficou nas Minas, dizendo que "não podia tirar o sentido do mundo, dando a entender que ama mais a ela que a Deus". Pobre Faustina, a mineirinha de quinze anos que tanto vai sofrer longe dos seus, enclausurada contra sua vontade, obrigada a viver lado a lado com mulheres completamente diferentes de si na classe, na idade e nos costumes.

Padre Francisco, compadre dos Arvelos, lhes manda notícias mais tranquilizadoras. Logo no segundo dia de julho escreve: "Faustina antes quer morrer do que sair desta casa…". Uma óbvia mentirinha, pois a resistência que manifestou ao vir para o Rio de Janeiro, o desagrado, talvez até o choro e a manha com que deve ter se despedido de seu velho pai quando este retornou para o Rio das Mortes, comprovam que Rosa estava sendo mais verdadeira do que o capelão, ao revelar a repulsa dessa mocinha em se tornar recolhida. Na mesma carta diz ainda o padre Francisco: "Quando uma recolhida tem um defeito, logo é corrigido, porque Deus não quer nesta casa santa coisa alguma que não seja sua. Devem vossas mercês dar graças a Deus de ter escolhido suas duas filhas para esposas". Nenhuma notícia sobre Francisca Tomásia, a caçula dos Arvelos, que com dez anos incompletos parece ter, essa pobre menininha, se adaptado à nova vida sem maiores resistências, sobretudo tendo o amparo da irmã mais velha como substituta de sua mãe Maria Teresa de Jesus, na época com 35 anos.

É através de outra carta do padre Francisco, de 26 de outubro desse mesmo ano do Senhor de 1757, que temos notícia da primeira tomada de hábito no Recolhimento dos Santíssimos Corações e de Nossa Senhora do Parto.

O dia escolhido não podia ter sido melhor: 7 de outubro, festa de Nossa Senhora do Rosário, incontestavelmente, a mais querida de todas as devoções de brancos e pretos no Brasil colonial.

Na igreja do Parto, diante do altar, lá estavam cinco postulantes: Faustina, Francisca Tomásia, a pretinha Maria Antonia e mais duas moças cujos nomes e cores desconhecemos. Depois das ladainhas, sermão e outras orações, retiraram-se as mocinhas para a sacristia, onde seus trajes seculares foram substituídos, provavelmente, por vestidos brancos, os cabelos, cortados, cobrindo-se então com véu e hábito marrom de terceiras franciscanas. Prostradas no chão, de braços abertos, as novas recolhidas pedem a proteção do Espírito Santo, enquanto a comunidade cantava o *Veni Sancte Spiritus*:

> *Vinde Santo Espírito, emiti um raio da celeste luz:*
> *Ao sujo lavai, ao seco regai, curai o doente,*
> *Envergai o rígido, aquecei o frígido, conduzi o errante...*

Celebrada a missa por frei Agostinho, dizem os documentos que este conferiu ao capelão padre Francisco o privilégio de dar a comunhão às noviças, que em procissão foram encaminhadas à clausura. Fechada a porta, a chave é confiada à regente Maria Teresa, que a carregará doravante sempre dependurada no cordão franciscano que lhe cinge a cintura. Tem início, então, a vida reclusa no novo recolhimento.

Cerimônia comovente, solenizada pela presença de "todos os religiosos de autoridade" do vizinho convento de Santo Antônio, embora estando muito aquém das tomadas de hábito e profissões solenes dos conventos reais, onde não faltavam eruditos oradores que chegavam a ter seus sermões impressos, como o de autoria de frei Inácio de Jesus Maria, carmelita, que assinou o *Sermão no dia de São Francisco, na profissão da soror Maria de Santa Rosa, do Convento de Santa Clara do Desterro da Bahia*, publicado em Lisboa em 1697, ou ainda a *Oblação métrica à abadessa do Convento da Castanheira*, de autoria do carioca Manuel José Cherem (1753).

Informa o capelão que, a partir desse dia, as recolhidas passaram a se confessar e a receber a Eucaristia atrás das grades, através de uma portinhola fechada também por dentro, e que tão somente o médico-cirurgião, quando necessário, tinha entrada em seu interior. O padre Francisco diz ainda que

> Nada lhes falta: têm cozinha, refeitório... Faustina andou uns dias doente mas tem só sentimento de servir a Deus e não descura da obediência à mãe Rosa. Esta

casa é reservada para esposas de Jesus Cristo. Rosa não tem tempo para nada, nem para dizer uma Ave-maria: sua vida é escrever o que Deus permite. Posso afirmar com juramento que Deus disse que toda pessoa que concorrer para sustento de suas esposas alcançará a bênção do Padre Eterno.

Termina dizendo que Faustina não tem licença de escrever a ninguém: "É a regra das noviças!", recomendando que dissessem a ela que, antes de lhes enviar as cartas, as mostrasse para suas superioras, "para não escrever nada que não seja do agrado de Deus". Em breve postscriptum, dá a mesma ordem repetida em muitas outras cartas: que não mostrassem esta carta a ninguém, só à comadre Arvelos, ao padre João Ferreira Carvalho e a José Alvares. Tais receio e cautela, como veremos mais adiante, comprometem em parte a honestidade, a boa-fé e a credibilidade deste sacerdote e de sua espiritada, pois certamente temiam que a divulgação dos supostos prodígios e discutíveis poderes da madre Rosa chegasse ao conhecimento do Santo Ofício e viesse a prejudicá-los, aliás, como vai ocorrer em poucos anos.

Enquanto as recolhidas engatinhavam no caminho da perfeição, aprendendo o bê-á-bá da vida mística, Rosa avançava a todo galope, escrevendo páginas e páginas de suas visões quase diárias.

No segundo semestre desse mesmo ano, 1757, a madre Egipcíaca tem, quando menos, três importantes revelações beatíficas: a primeira ocorreu na noite de 8 de julho, festa de Santa Isabel, rainha de Portugal (1271-1336), como Rosa, também fundadora de uma casa pia de mulheres, o mosteiro das Clarissas de Coimbra.

Estando ela, ré, rezando em sua cela, viu junto de si um vulto da altura de um côvado e meio [um metro], vestido de branco, bem figurado. Com temor, rezou dois Credos. Então lhe disse o dito vulto, com voz que percebia com os ouvidos corpóreos, que rezasse mais um Credo. Entre outras perguntas e respostas, lhe pediu o dito vulto que lhe desse ela, depoente, o seu coração como anel por prenda do seu desposório, e que lhe daria o seu, porque, no consórcio que as criaturas faziam, costumavam prender-se reciprocamente, porém ela, ré, insistiu que não dava o coração sem tomar obediência ao seu confessor, a quem logo participou o referido. E ele lhe disse que Deus costumava pedir os corações dos pecadores e que lho desse juntamente com o seu, pois também queria acabar como verdadeiro religioso. E indo ela, ré, ouvir missa na Capela da Rainha Santa Isabel, ao levantar a hóstia, lhe falou a mesma santa, repreendendo-a que sendo cadáver ressuscitado, por que não [acreditava]? E para que tinha Deus neste mundo? Cujas palavras se intimidou ela tanto, que, além das lágrimas, sentiu outros efeitos naturais e próprios da fragilidade de sua natureza. Disse mais que, na noite do referido dia, estando ela, ré, em oração, tornou a dita voz a pedir-lhe o seu coração, e respondendo ela: o dito, dito e o dado, dado, e desapareceu a visão.

Não faltam na história católica exemplos de santos que trocaram seus corações com o do Cristo: as santas Catarina, de Siena e de Ricci, santa Lutgarda, santa Gertrudes, Beata Doroteia, são Miguel de Sanctis, o Venerável João Batista Reus, jesuíta alemão falecido no Rio Grande do Sul com odores de santidade (1947) e cujo processo de beatificação se encontra em andamento. Eis como santa Margarida Maria descreve em sua autobiografia como se deu sua troca de corações:

> Estava diante do Santíssimo Sacramento: encontrava-me tão fortemente possuída pela presença divina que me esqueci de mim mesma. Entreguei-me, então, ao Divino Esposo. Ele me disse: "O meu divino coração está abrasado de amor para com os homens, e em particular para contigo". Pediu, então, o meu coração. Eu roguei--lhe que o tomasse, o que ele fez, e o colocou em seu admirável coração e tirou o seu coração, como chama viva, e o recolocou no lugar de onde tinha tirado.[1]

Rosa descreve com menor brilho literário essa mesma troca mística. Em seu negro peito, desde o dia 8 de julho de 1757, pulsava o próprio coração de Jesus. Maravilha das maravilhas: Deus Nosso Senhor confirmava o *Sermão do glorioso lusitano Santo Antonio, pregado no Convento do Rio de Janeiro a 13 de junho de 1674*, pelo frei Agostinho da Conceição, OFM, ao afirmar que o mesmo Senhor "escolheu particularmente Portugal [e suas colônias] para seu império e sua morada na Terra". O coração de Jesus vivo e flamejante batia agora no peito da Flor do Rio de Janeiro.

Nessa mesma noite, ó noite verdadeiramente ditosa,

> estando ela, ré, em oração mental junto com as recolhidas, vendo-se o ponto do Juízo, para meditar nele, caiu ela, depoente, no chão e se achou não sabe em que

paragem foi, nem será neste mundo, ou no outro, onde a mesma voz lhe tomou uma estreita conta de todos os seus pecados, referindo-lhe miudamente todos os pensamentos, palavras e obras de que ela se achava ré, e dos benefícios que lhe tinha feito da criação, da redenção, da vocação, dos auxílios e graças que lhe tinha feito e, calando-se por espaço de três Ave-marias, lhe tornou a dizer que avisasse às filhas da cidade do Rio de Janeiro que tinha vindo fazer uma casa na sua terra para as recolher do dilúvio da culpa de que todas zombavam, mas que, no dia do Juízo, havia de vir assentado no teatro de seu amor julgar elas, e as filhas de outras cidades. E logo ela, ré, se achou em um campo junto do qual estava um monte altíssimo, e sobre ele a Senhora da Piedade em carne, com o Senhor Morto nos braços também em corpo e carnes, e estavam muitos santos na sua mesma figura, em carne, uns com báculos pastorais e mitras na cabeça, outros com estolas brancas, e outros que as tinham roxas, outros vermelhas, outros verdes, e outros azuis. E muita gente mais, vestidos uns em véstias, outros com casacas e outros de capotes. E não conheceu pessoa nenhuma. E a Senhora disse àquela multidão: "*Ite maledicti* — Ide malditos —, que até agora fui Mãe de misericórdia, e agora o sou de justiça". E cada um dos santos referia o que tinha passado para ganhar o céu. E São Francisco de Assis, que também estava no mesmo monte, e o viu ela, depoente, com a divisa das chagas, e disse o mesmo santo: "Ide, malditos!". E cada um dos santos acabava a prática mostrando à gente as poucas obras que faziam por eles, da mesma sorte que a Senhora, dizendo: "*Ite maledicti*". E, cobrindo-se o dito monte com um véu preto, se achou cada pessoa dos que ali estavam, com meia folha de papel nas mãos, escrita de letras muito grandes, grossas e negras, que não sabe o que diziam, e só ela, ré, tinha um quarto do mesmo papel muito branco. E logo desapareceu aquela visão, e, restituída aos sentidos de seu corpo, achou que se tinha passado uma hora naquelas visões, e se achou no mesmo coro do recolhimento. Querendo perguntar às companheiras se se tinha acabado a oração, lhe disse uma voz: "Adeus, fica-te, embora eu me vou embora". E perguntando ela, ré, quem falava, tornou a dizer a dita voz que ia para o céu, revestido das asas do merecimento da Paixão de Jesus Cristo, depositar-se no seu cofre. E neste tempo saiu junto dela um facho de fogo e, ao tempo, que ia subindo, foi ela, ré, perdendo os sentidos e estava amortecida, de sorte que, aplicando-se-lhe fumaças e espíritos, nada sentia, e assim esteve por espaço de quatro horas, no fim das quais sentiu três apertos no seu interior e logo se restituiu, e as mais recolhidas lhe contaram que, no tempo do desacordo, dizia ela, ré, à Senhora: "O meu coração já veio, viva o amor de Deus!". E dando ela, depoente, parte ao dito padre seu confessor da referida visão do Juízo, o padre lhe disse que se confessasse e comungasse e pedisse ao Senhor que inspirasse que campo era aquele. E fazendo ela assim, estando nessa súplica, ouviu uma voz que lhe disse que aquele campo se tinha comprado com o dinheiro que se tinha vendido o mais justo homem que houve no mundo. Que aquele campo havia de vir a julgar e se chamava Campo de Josaphat, como a Igreja ensinava.

O dia 8 de julho de 1757, festa da rainha Santa Isabel de Portugal, foi, sem dúvida, dos mais ricos de sobrenaturalidade em toda a história sacra do Rio de Janeiro, quiçá do Brasil. Do dia para a noite, a madre Rosa Maria teve duas importantíssimas visões: a troca dos corações, através da qual Deus escolheu o negro peito de sua serva para aqui fazer a morada, e o Juízo Final, através do qual a ex-escravizada ganha o passaporte para a glória celeste. Nesse dia, Rosa recebe ainda maravilhosos sinais da santidade: viu um "vulto bem figurado" de aproximadamente um metro de altura, decerto o Menino Jesus; ouviu a voz de Deus saindo da hóstia consagrada; permaneceu em êxtase beatífico por mais de quatro horas seguidas, e, para corolário de tantos prodígios, irradiou de seu corpo um facho de fogo — privilégio só conferido por Deus a poucos eleitos, como o profeta Eliseu e Santo Antônio do Categeró.

Essas quatro horas em que Rosa passou desacordada participando do Juízo Final foram interpretadas por ela própria e pelo padre Francisco como tendo morrido, passado pelo julgamento e, por graça especiosíssima de Deus, ressuscitado. Faustina Arvelos foi uma das recolhidas que estavam presentes quando desse acidente, tendo-o assim descrito:

Uma noite Rosa lançou-se no chão do coro como morta, por muito tempo, e o padre começou a fazer muitas exclamações junto dela, dizendo que Nosso Senhor tirava aquela prenda do mundo, que era para castigá-lo, e, levantando-se depois Rosa, disse ter estado num campo onde se via uma imensidade de almas com seus papéis na mão, com muitos borrões.

E contou então detalhadamente a mesma visão há pouco relatada. Lado a lado com os santos maiorais da corte celeste, a negra era a única dos mortais a ter a folha de sua vida perfeitamente impoluta, sem borrões, "branca como a neve"; daí ter sido escolhida por Deus para voltar ao mundo, ressuscitada, e cumprir missão crucial nesse vale de lágrimas.

Rosa diz ter ficado particularmente atemorizada depois deste arrebatamento místico. Não era para menos, pois a visão do Juízo Final, tal qual descreviam os manuais de piedade, era a situação mais terrível e assustadora que um mortal podia imaginar.

Considera, pecador, que no instante em que a tua alma se apartar do teu corpo, há de comparecer perante o tribunal de Jesus Cristo para ser julgada. Que confusão e que horror será o teu, pecador, se quando compareceres em juízo ainda estiveres em pecado mortal? Oh! Quão grande será o teu susto e assombro quando os teus olhos pela primeira vez se encontrarem com aquela divina face em que descarregaste tantas e tão grandes bofetadas, isto todas as vezes que cometias as culpas?... Como poderás suportar a face de um Deus irado contra ti, se um Santo Jó, sendo inocente, antes queria esconder-se no fundo do inferno, do que aparecer em juízo? O juiz que há de julgar-te é um Deus Onipotente, um Deus por ti ofendido e maltratado, por ti desprezado e até crucificado. Oh! Quanto Ele estará irritado contra ti, pecador! Os seus divinos olhos estarão lançando faíscas de fogo contra ti. As suas mãos estarão cheias de raio contra ti. O seu semblante estará cintilando furor contra ti. Só a sua vista irada é bastante para reduzir-te a cinzas. E quanto mais se aumentará o teu susto, e crescerá a tua aflição, quando o Juiz Supremo te pedir estreita conta de toda a tua vida, e te for mostrando todo o horror dos teus pecados, em que tantas vezes tens caído?! Que será então de ti, pecador, quando te vires nesses apertos os mais terríveis? Os demônios acusando todas as tuas malvadezas; o Anjo da tua guarda confirmando estas acusações; Maria Santíssima apresentando o seu coração rasgado por esses punhais dos teus pecados, que sobre ela descarregaste; seu filho Jesus Cristo, o mesmo Juiz, coberto de chagas, também te estará mostrando o sangue, ainda escorrendo das feridas que há pouco agravaste com as tuas culpas... Lá o processo são as tuas culpas, a sentença é sem apelação, a pena é um inferno de fogo o mais devorante, são tormentos eternos. Não há lá companheiros, nem advogados em teu favor, ninguém lá responderá por ti, ninguém falará por ti, porque o tempo das misericórdias de todo se acabou para ti. Então conhecerás, pecador, a gravidade dos teus crimes, e o seu grande número, e não poderás desculpá-los, ou negá-los...[2]

Que Deus nos livre desse momento terrível: *Dies irae, dies illa, calamitatis et miseriae!*

Deixemos um pouco de lado as visões de nossa santa e nos adentremos no Recolhimento do Parto, para ver como viviam, quais os problemas, angústias e alegrias compartilhados por essas dezessete mulheres afastadas do mundo para seguir em comunidade o ideal religioso proposto pelo Divino Mestre. Embora pela portaria do bispo, datada de 18 de novembro de 1755, a irmã Maria Teresa do Sacramento, então com 31 anos, fosse a regente, devendo ser venerada e reconhecida como a superiora, "obedecendo-lhe e cumprindo em tudo o que mandar", era Rosa, de fato, quem liderava a comunidade, mandando e desmandando a seu bel-prazer, ou melhor, conforme os ditames celestiais. Oito anos mais velha que a regente, muito mais experimentada na vida mundana e espiritual, dotada de personalidade forte e agraciada com inúmeros poderes extraordinários, venerada como milagrosa, profetisa e vidente, não só pelas demais recolhidas, como por distinguidos sacerdotes e por crescente número de devotos seculares tanto nas Minas quanto na cidade de São Sebastião, a negra courana, além de inspirar sua fundação, é a regente plenipotenciária dessa casa pia, cujo próprio nome fora por Deus a ela revelado: Recolhimento dos Santíssimos Corações. As próprias recoletas diziam assim: "Rosa é a fundadora e mestra do Recolhimento, e esses títulos foram dados pelo próprio Deus". E como ela já dissera certa vez: "O dito, dito; o dado, dado!".

Para manter a paz e a concórdia nessa dúzia e meia de mulheres e moças, tão díspares em idade, origem social e experiência de vida, em que meninas impúberes repartiam o espaço com negras recém-egressas do meretrício, a obediência cega e total às ordens e desejos da mestra e fundadora se tornou a primeira regra do funcionamento da comunidade. Regra, aliás, comum às associações religiosas, tanto que, até hoje, podemos ler, no frontão do coro do convento de Nossa Senhora da Lapa, onde viveu a baiana Joana Angélica, as seguintes instruções: "Obedecer, orar e trabalhar", sempre aparecendo a obediência em primeiro lugar.

Dentre todas as recolhidas, parece ter sido exatamente Faustina Arvelos quem mais tenazmente resistiu a curvar-se perante a autoridade daquela que, alguns anos antes, em casa de seus pais, não passava de uma escravizada africana endiabrada. "A rebeldia foi o que fechou as portas do céu e abriu a porta do inferno", dizia Rosa, numa carta enviada ao Rio das Mortes, na qual pedia aos pais da rebelde noviça que a ajudassem, através de conselhos, "a domar suas filhas e metê-las debaixo do jugo da obediência, porque não sou eu que as domo, é a Virgem Nossa Senhora do Parto e seu Santíssimo Filho: eu sou só instrumento do Senhor e da Senhora".

Não nos admiremos da dureza dos termos "jugo", "domar" — usados hoje mais para o trato com animais do que com humanos. O próprio Cristo já dissera que "meu jugo é suave", apesar de os mestres da vida espiritual terem endurecido tal suavidade com uma série de condicionamentos disciplinares que tornaram a ascese uma verdadeira via-crúcis. O mesmo Senhor também dissera: "Se alguém quer vir após mim, renegue-se a si mesmo, tome cada dia sua cruz e siga-me" (Lucas 9:23).

Sobretudo para quem entra na vida religiosa, domar a vontade era o primeiro passo. *Obbedire perinde ac cadaver*, isto é, obedecer como um cadáver, é um dos lemas atribuídos à Companhia de Jesus, e, no *Espelho de disciplina para criação dos noviços e novos professos*, frei Manuel da Cruz, OFM, já em 1735, ensinava: "Há de se deixar o homem velho e revestir-se do novo. Se a cera não amolece, não recebe a forma, assim também, o homem não se dobra à fôrma da virtude se não for humilhado por humildade de toda a dureza da soberba e contradição". E termina com o seguinte conselho aos que entram no noviciado: "Nunca julguem a sentença dos superiores. Se porventura alguma coisa grave ou impossível lhes é mandada, recebam com toda mansidão".

Também são Bento (480-547), o patriarca da vida monacal no Ocidente, em sua famosa Regra, no capítulo v, ao tratar da obediência assim ensinou: "O primeiro grau da humildade é a obediência sem tardança", mandando que, tão logo o religioso receba uma ordem superior, imediatamente deve abandonar a vontade própria, largar o que tem entre as mãos, deixando por acabar o que se estava fazendo. E conclui: "Se o discípulo obedecer de má vontade e murmurar, não já de boca, mas tão somente no seu coração, ainda que faça o que lhe mandam, já não será aceite a Deus, que lhe vê o coração murmurar".[3] Obediência total, como a do próprio Cristo, que, segundo as palavras de são Paulo, "foi obediente até a morte, e morte de cruz!" (Epístola aos Filipenses, 2:8).

Rosa, ao exigir obediência total das recolhidas, notadamente das noviças, se pautava pela tradição conventual, autoritária e humilhante. Eis suas palavras:

Os livros espirituais por onde eu me governo e dirijo estão cheios de espirituais lições de como devem as mestras e mestres de espírito ligar as almas a Deus, livrando-as de todo trato familiar do século, fazendo que tenham só os espíritos recolhidos em Deus, sem distrações.

E mais adiante, completa, justificando o rigor de sua conduta: "Nosso estatuto manda que as religiosas que forem rebeldes, que se metam no cárcere e se penitenciem".

Estaria falando figurativamente, ou também no Parto, como nos demais conventos de freiras e frades, existiria de fato uma cela forte onde eram encerradas as mais recalcitrantes? Pelo rigor das penitências aí praticadas, como veremos a seguir, tudo nos leva a responder afirmativamente.

Outros artifícios nem sempre tão piedosos eram igualmente acionados para domar a liberdade ou a rebeldia das enclausuradas. Mal receberam o hábito, contam as duas irmãs Arvelos que, "passados alguns dias, reuniu o padre Francisco a comunidade dizendo que, comungando muitas das irmãs, se viram três com as almas negras como carvão, e que cada uma olhasse para si". E, em outra ocasião, "pegou Rosa uma caveira e a pôs nas mãos de Faustina e na de outras duas recolhidas, dizendo que eram aquelas as três almas negras". Tal caveira diziam ter pertencido a um terceiro franciscano que, segundo a vidente, teria sido condenado ao inferno — o que tornava a correção ainda mais macabra e alegórica. O longo depoimento de uma das acusadas de sacrílega, irmã Teresa Maria de Jesus, 21 anos, natural da ilha do Faial, revela vivamente as estratégias utilizadas por Rosa, pelo capelão e pelas demais recolhidas mais antigas e fiéis à madre, a fim de, pelo terror, subjugar as mais resolutas e independentes. Primeiro se impingia às recém-enclausuradas toda uma devoção compulsória à negra regente: "Após o terço, pedia-se no coro que se rezasse uma estação (cinco padre-nossos e cinco ave-marias) ao Santíssimo Sacramento e se oferecia pelos irmãos vivos e defuntos, religiosos do seráfico são Francisco, depositada no tesouro riquíssimo do coração de Rosa Maria Egipcíaca da Vera Cruz". Oração ensinada por ela própria e repetida todas as noites antes do toque de recolher. Conta mais a freirinha portuguesa que, estando certa feita na cozinha, às cinco horas, ouviu no teto um grande estrondo, e, correndo para cima, achou no coro duas recolhidas com uma vela acesa na mão, que de joelhos ouviam o capelão dizer que, se alguma falasse para fora o que se passava dentro do recolhimento, "seriam como velas apagadas", causando tal advertência grande medo na cozinheira. Disse ainda que, confessando-se com o mesmo padre no Dia da Assunção, ficou cheia de escrúpulos de não ter revelado uma circunstância grave de um pecado, voltando a confessá-lo passados alguns dias. Chamou-a então em particular a irmã Ana do Santíssimo Coração de Maria — uma das mais fiéis discípulas de Rosa, preta como ela, igualmente egressa do meretrício — e começou a lhe revelar vários episódios de sua vida e vizinhança, inclusive que roupas usava antigamente, dizendo-lhe também que escondera um pecado grave, comungando sacrilegamente, o que de fato aconteceu, pois, "naquele dia, tivera uma espécie de desmaio em que esteve adormecida, e a dita irmã disse que a vira cercada de demônios e a alma preta como carvão", apontando como solução ir confessar-se aos pés da mãe Rosa, ensinando-lhe como declarar suas faltas. Voltando para a cozinha, novamente ficou aterrorizada por outro grande estrondo e gritos espantosos vindos do coro, aparecendo então a dita irmã do Coração de Maria e, "lhe pegando com os dentes em um dos braços, assim a levou para cima", onde estavam o capelão, Rosa e outras recolhidas. Aí a madre Egipcíaca começou a chorar, dizendo querer um remédio para uma de suas filhas. Cheia de temor, Teresa Maria, em particular, ajoelhou-se aos pés da negra, abrindo sem reservas seu coração, recebendo absolvição "em nome da Santíssima Trindade", tendo sido encaminhada em seguida ao padre Francisco para ser absolvida sacramentalmente. Esse sacerdote a despacha mais uma vez para os pés da negra, mandando-a "obedecer em tudo, porque Rosa é a fonte da graça".

Pobre portuguesinha, emigrada dos Açores e obrigada a se sujeitar aos caprichos de uma congregação de negras espiritadas cujos poder e santidade eram afiançados por um velho capelão minhoto! Teresa Maria obedeceu, mas os escrúpulos não cessaram aí, tanto que, perseguida novamente por irmã Ana do Coração de Maria, sempre "atônita", foi confessar-se outra vez com o Xota-Diabos, e estava tão atormentada e ansiosa que não conseguiu articular palavra alguma, porém sua língua destravou quando abriu o coração perante mãe Rosa, que lhe disse que sua incredulidade tinha escandalizado a Deus "e que obedecesse a ela, porque o que mandava era do agrado de Deus". Para quebrar-lhe a resistência e o orgulho, a negra do Coração de Maria mandava que a cozinheira beijasse os pés da madre Egipcíaca, pois assim ganhava muitas indulgências.

Tamanha lavagem cerebral causou os efeitos esperados, pois a amedrontada freirinha, "atônita e atormentada", começou a ter visões, ou melhor, alucinações. Relata que,

> certa vez, na cozinha, viu três figuras horríveis assentadas sobre uma caixa, que tinham a representação de homens muito altos e de espantoso aspecto. Ficou assombrada. Pouco depois desapareceram. A seguir lhe davam uns assobios horrorosos nos ouvidos e viu suspensos no ar dois ramos de flores, e, estando neste tempo ansiada, rompeu em vozes, a que acudiram as irmãs que a acharam ansiada e assim ficou por muito tempo padecendo aflições e dores grandes que diziam que era o Demônio, e Rosa dizia que era o Demônio de uma irmã que se tinha confessado e descido para ela.

O ritual de aniquilamento do ego da pobre noviça comportou verdadeiras sessões de asquerosa tortura:

> No dormitório debaixo, estando a comunidade reunida, pegou a irmã Ana do Coração de Maria um prato com escarro de todas as recolhidas e o lançou sobre a cabeça dela, testemunha, e aparava o que caía com o mesmo prato, a qual bebia a mesma irmã e tornava a vomitar no dito prato e lançá-lo por cima da cabeça dela, testemunha, enquanto Rosa falava algumas palavras. Aí se foram desvanecendo aquelas dúvidas e capacitou-se que tudo de Rosa parecia certo.

Esse ritual, tão nojento dentro da ótica ocidental, nos sugere duas interpretações: podia ser um exercício de correção exemplar destinado a quebrar a vontade da noviça sacrílega e descrente, que, sendo obrigada a suportar um banho fétido de escarros, aprendia a humildade pelo exemplo da irmã Ana do Coração de Maria, que bebia e regurgitava aquela poção repugnante. Ou então, como veremos mais adiante, quem sabe tal cerimônia reproduzisse residualmente um antigo ritual da religião dos Orixás, o bori, através do qual, soprando a saliva na cabeça dos iniciados, se transmite o axé à pessoa. O certo é que tal ritual produziu os efeitos esperados.

Além dessas cerimônias e intimidações, certos exercícios espirituais praticados pela comunidade contribuíam na construção de uma nova personalidade nas recolhidas do Coração de Jesus. As meditações, chamadas na época de orações mentais, funcionavam como porta de entrada no universo sobrenatural. Eis como a mesma freirinha era, na cozinha, atormentada por barulhos e assovios infernais, visitas de duendes apavorantes, encontrando, na oração mental, em comunidade, o lenitivo para todos esses incômodos:

A partir daí, começou a ter algumas locuções sobretudo na oração mental, sempre lhe aparecendo vozes que diziam das virtudes de Rosa, inclusive lhe aparecendo Santa Teresa, confirmando que lhe desse crédito. Rosa sempre aparecia na oração mental, sem poder pensar em outra coisa senão na santidade de Rosa, de modo que, após a leitura do ponto que se devia meditar, se esquecia este totalmente, e todo o tempo da meditação se lhe apresentava no entendimento a Rosa, umas vezes vestida com aparatos riquíssimos, outras vezes cercada de luzes e coroada pelos anjos, e assim sucedia tanto que se recolhia interiormente para fazer aquela devoção, de sorte que nem o Rosário de Nossa Senhora podia rezar com advertência e sossego. E assim andou algum ano e meio e até que adoeceu e com a moléstia se lhe foi tirando aquilo do sentido, pois, como ela deixou de dar parte do que passava interiormente a Rosa e ao padre Francisco, não obstante persuadi-la estes por muitas vezes, a que lhes desse parte, mas ela se desculpava com a tal moléstia.

A santidade, o poder sobrenatural e a predestinação da madre Rosa se transformaram numa doentia obsessão dentro dessa casa recoleta. Por trás desse culto, verdadeira idolatria, lá estava sempre o padre Francisco Gonçalves Lopes, que, através de cartas, sermões e no confessionário, estimulava que todos se entregassem como filhos devotos a mãe Rosa, a sua Rosinha. Para a comadre Arvelos, sugeria em carta de 7 de outubro de 1758:

Ofereça à sua mãe Rosa suas filhas, e peça que as tome por filhas. Todas as orações e atos meritórios que fizer, sejam oferecidos por Rosa a Deus, e então tudo irá como Ele quer! Se sua filha Genoveva se oferecesse como filha de nossa Rosa Egipcíaca da Vera Cruz, já o Demônio não há de ter poder nela, porque sei decerto que quem for filho de Rosa se não há de perder. Mais não posso falar, mas o tempo mostrará que até os mortos hão de mostrar as grandezas dela e deste recolhimento. Que Rosa lhe dê Jesus, pois Jesus é de Rosa, e o que ela quer, quer Jesus! Todos os que forem de Rosa são de Jesus e assim todos os que forem de padecer e ter cruz, assim o levem com valor até o Calvário. Se vossa mercê cá viesse, saberia as grandezas desta Santa Casa, e que pessoas há nela, e de quem é Rosa. Faça tudo o que Rosa mandar vossa mercê obrar! E que Deus nos assista.

A própria espiritada se encarregava de incrementar entre seus amigos o culto à sua pessoa. Numa carta de três folhas, de 28 de setembro de 1758, manuscrita pela regente Maria Teresa e assinada pela visionária megalomaníaca, assim dizia a seu ex-senhor:

> Meu querido filho e senhor. Chamo-o de filho não por glória de meu coração, senão por glória do coração de meu Senhor Jesus Cristo e vossa mercê me chama de mãe pelos merecimentos de suas chagas santíssimas. Perguntando eu ao Senhor se antes todos não eram seus filhos, respondeu-me que sim, mas que, pelos pecados que exercitavam nos corações, ficaram longe desta graça, e aqueles que contritos e arrependidos me procurassem por mãe, que permitia fazê-los bem-aventurados na glória de seu coração. E desde esta hora que me fez esta promessa para cá, é tal o fervor e impulso que sente o meu coração e desejo ardente de ir para esse mundo todo, se me fora possível, dizer aos maiores pecadores do mundo todo que me tomassem por mãe e eu lhes permitia, de parte de Deus, fazer com eles uma eterna aliança do amor de Jesus, Maria, José, Santana e São Joaquim para assim, todos, lhe formarmos uma coroa de glória.

Nessa mesma carta, a madre Egipcíaca informa a quantas andavam as meninas Arvelos e sua fundação:

> Minha casa, onde estão os Sagrados Corações, está sempre sendo atacada pelo Demônio, que tem nos homens seus alcoviteiros e mensageiros. Parabéns ao sr. Arvelos e sua esposa por terem aqui na casa de Deus dois soldados como estrelas do céu, como duas flores do jardim de meu coração — que é a mesma coisa que dizer que são do Coração de Jesus. Todos que não derem ouvido aos demônios e continuarem na fé, e terem a mim por mãe, permanecendo nesta verdade, terão a glória, porque esta é a casa da verdade e sala do desengano. Quanto a mim, estou muito contente com este pequeno rebanho do Senhor, soldados em campanha.

Chamando seu recolhimento de "casa da verdade e sala do desengano", nossa santinha se insere na tradição encomiástica iniciada por são Paulo, que situa a vida religiosa no ápice do patamar do caminho para o céu. Eis como, no "Alfabeto dos louvores à vida religiosa", composto por um certo monge cartuxo, texto do século XVIII, é referido o espaço conventual:

Arca de Deus, Banho das Almas, Casa da Sabedoria, Deserto de Sião, Escola de Cristo, Fornalha do Espírito Santo, Horto de Delícias, Jardim Perpétuo, Lavatório de Ovelhas Mais Contritas, Margarida Preciosa, Navio do Instituidor, Oficina de Virtudes, Porta do Céu, Quinta de Perpétua Solenidade, Rio de Celestiais Delícias, Santuário de Deus, Terrestre Paraíso, Vinha do Amado, Zona da Celeste Pureza...[4]

Não é para menos que muitos católicos no Brasil antigo tenham sido denunciados ao Santo Ofício de Lisboa, por terem blasfemado dizendo que "a vida de casado era melhor do que a de religioso".[5]

16. Expulsão do recolhimento

Não apenas o padre Francisco, frei Agostinho, as recolhidas e uma dezena de moradores nas Minas Gerais conheciam e acreditavam nas virtudes, na santidade e na predestinação da negra que se dizia possuidora do Coração de Deus. Muitas pessoas na cidade do Rio de Janeiro também tinham sentido a fragrância de sua preternaturalidade, confirmando o dito de seu confessor: "Rosa tem odor de santidade".

Várias testemunhas arroladas em seu processo confirmam que a madre Rosa era bastante conhecida na cidade de São Sebastião. Morando defronte à igreja de Santa Rita por mais de dois anos, Rosa fez muitos conhecidos e devotos, residentes na mesma área, tendo amigos com casas à rua dos Pescadores (hoje Barão de Inhaúma), à Prainha, à rua da Viola (Teófilo Otoni), à rua da Cadeia (Assembleia), às ruas Nova de São Francisco, da Alfândega e do Rosário. Um desses moradores, o padre Filipe de Sousa, 57 anos, lisboeta, residente então à rua dos Pescadores, criticava a crendice popular na espiritada, dizendo que, "por suas ficções e embustes, fazia capacitar a muita gente que seguia os seus erros e a representava por santa". Conhecendo-a desde os tempos de Mariana, acusava também o padre Xota-Diabos de ser "nimiamente crédulo em seus embustes, respeitando-a por pessoa de grande virtude". Alguns desses moradores se tornaram seus devotos por presenciar suas diabruras quando possessa pelo Espírito Zelador dos Templos: falando grosso com voz cavernosa, caindo desacordada no chão, sempre com o rosário na mão rezando aos pés dos santos e altares, comungando várias vezes por semana, vestida de franciscana, avançando brutalmente contra os irreverentes nos ofícios divinos. Todo esse comportamento virtuoso e místico, além do apoio que recebia dos padres e até do bispo, contribuía para que mais e mais pessoas a reputassem como santa. Sua fama corria de boca em boca: Feliciano Joaquim de Sousa, quarenta anos, carioca da freguesia da Conceição, administrador do sabão, declarou ter conhecido muito bem a africana "que era tratada nesta cidade por madre Rosa". Contou que, quando vexada, fazia visagens estranhas e que fora o soldado Francisco Xavier, morador na rua do Hospício dos Capuchos, quem lhe dissera que

> Rosa era criatura de vida inculpável, pois fazia rigorosas penitências e padecia muitos vexames do Demônio, que falava em pontos da fé com muita inteligência, delicadeza e acerto, que escrevia matérias teológicas com suma profundidade, que tinha muitos e frequentes raptos e êxtases, que neles se participavam mistérios altíssimos e coisas grandes que se haviam de ver para o futuro.

Mais ainda, ao referir-se a seu recolhimento, assegurou que "as outras ordens religiosas do Rio de Janeiro em comparação com as recolhidas do Parto eram como corvos à vista das pombas...".

Sem dúvida, a imagem fora proposital: o recolhimento liderado pela negra se travestia em abrigo de pombinhas brancas, enquanto os tradicionais conventos de frades e freiras, ocupados tão somente por cristãos-velhos que provassem ter "sangue puro, sem mistura de negro, mulato, mouro ou judeu", nas palavras do citado devoto, eram rebaixados à reles condição de urubus...

Mais de uma dezena de devotos do Rio de Janeiro, admiradores do inigualável curriculum vitae de Rosa Egipcíaca, tem seus nomes arrolados nos processos da santa e de seu exorcista: os oito membros da família de João Pedroso, velho lisboeta, morador à rua do Rosário, cujas duas filhas, Maria Teresa do Sacramento e Ana Joaquina, viveram recolhidas no Parto, a primeira como regente; o negociante Domingos Lopes da Cunha; João Fernandes da Costa, 62 anos, morador à travessa da Alfândega; d. Maria Tecla de Jesus, em cuja casa Rosa também se hospedou, logo que chegou à cidade; etc. etc. Sua crescente popularidade, dentro e fora do recolhimento, causava inveja, mal-estar e revolta em muitas pessoas inconformadas em ver uma reles africana, alforriada havia pouco do cativeiro, prostituta, também havia pouco afastada do lupanar, recebendo provas de tanto respeito e veneração por parte de brancos e pretos, leigos e até religiosos. Era seguramente a primeira vez que se via, no Rio de Janeiro, uma negra vestida de terceira franciscana andando pelas ruas, hábito idêntico ao da imagem da rainha Santa Isabel, em cujos pés a negra mina havia pouco estrebuchara num de seus raptos místicos. Dois episódios ocorridos no segundo semestre de 1758 tornarão ainda mais pesada a cruz, que Rosa disse ter recebido, numa visão, redundando em sua trágica expulsão do recolhimento, a mesma "casa santa" que fundara com tanto entusiasmo e apoio celestial.

Este versinho de seu ex-patrão, o frei José de Santa Rita Durão, parece ter sido composto para descrever o episódio sobre o qual trataremos a seguir, muito embora a protagonista seja Catarina de Paraguaçu:

> *Amava nela o peito valoroso e o gênio*
> *dócil que a fé consente,*
> *Amor que ocasionou, como é costume*
> *Em algumas, inveja, e noutras ciúme,*
> *Todas à bela dama aborrecendo,*
> *Conspiram feras, em tirar-lhe a vida.*[1]

Repetindo também nesse detalhe a vida de Cristo, Rosa há de ser traída exatamente por duas pessoas de sua intimidade: primeiro, Maria Teresa do Sacramento, sua secretária, escriba e regente; depois, seu querido confessor, frei Agostinho de São José. Deixemos que a própria delatada nos conte como ocorreu tal episódio, cuja data deve se situar entre agosto e setembro de 1758, pouco antes do falecimento de seu orientador espiritual e pouco depois da visão do Juízo Final. Trata-se de uma visão profética cujos enigmas são decifrados pela mesma voz misteriosa que, desde os tempos do Inficcionado, a acompanha.

Estando em oração, viu diante de si um novelo de linhas de quatro quinas, das quais saíam quatro línguas de fogo. Querendo ela fugir daquela visão, lhe disse uma voz: "O que vês, naquele novelo de linhas, é o coração de teu padre confessor atado com aquelas linhas que são enredos, injustiças e mexericos. O fogo são dúvidas, incredulidades e contradições que se hão de levantar contra ti". Dali a um tempo veio ao Recolhimento do Parto um religioso chamado frei Caetano de Alfama, missionário de São Francisco, e, chamando todas as recolhidas, disse a ela, ré, da parte do bispo, que se não confessava bem, porque uma recolhida fora dizer ao bispo que ela, ré, de noite, se levantara em fralda e fora se meter com o capelão, padre Francisco Gonçalves Lopes, na sua cama, levando consigo uma menina que havia no recolhimento de oito anos de idade.

Grande escândalo! No recolhimento das madalenas arrependidas, o próprio capelão e a mais destacada das enclausuradas se entregando a devassidões infames, próprias de Sodoma e Gomorra, absolutamente inaceitáveis numa casa de penitência e correção. Em vez de seguirem a orientação do próprio bispo, de "dormir todas com seus hábitos vestidos e cingidos com cordões, em um dormitório onde esteja uma lâmpada acesa e cada uma só em sua cama", a denúncia dava conta de que havia no Parto uma religiosa que dormia só de fralda ("a parte do vestido abaixo da cintura"), e que, altas horas da noite, maculava a inocência de uma menina de oito anos no leito do próprio capelão.

A tentação de "imoralidades", dentro dos conventos de freiras, era um perigo constante nos séculos passados, e nem mesmo o decano dos mosteiros femininos do Brasil escapou à devassidão dos costumes: d. Manuel de Santa Inês, o 19º bispo da Bahia entre 1761 e 1771, escrevia à Corte que "o Convento do Desterro é o escândalo desta cidade!".[2] Se o próprio rei d. João v dava mau exemplo, tendo filhos bastardos com a irmã Paula, do convento de Odivelas, não seria de todo inusitado que, num recolhimento de ex-mulheres da vida, o Demônio da sensualidade se fizesse presente de quando em vez. Se até Santa Maria Egipcíaca, malgrado a forte presença de Deus em sua vida eremítica, confessou ter padecido violentas tentações carnais durante os dezessete primeiros anos depois de sua conversão, por pouco não voltando à vida alegre, não deve ter sido difícil convencer o bispo de que uma ex-meretriz continuasse, sob a capa da virtude, a dar vazão à sua antiga luxúria. Já em 1750, o zeloso prelado baixara uma portaria preventiva desses deslizes no domínio da sensualidade intraclaustros:

Os pastores eclesiásticos devem vigiar incessantemente pelo bem espiritual das religiosas suas súditas, para que de algum descuido não tenha ocasião o faminto lobo de inquietar estas puras ovelhas no desvelo que devem ter de agradar seu divino Esposo...[3]

A presença de uma menina de oito anos morando no recolhimento, juntamente com Tomásia Arvelos, que disse ter de nove para dez anos ao receber o hábito, já representava uma pequena irregularidade canônica, pois o mesmo bispo determinara que, em sua diocese, as casas pias femininas não aceitassem meninas com menos de doze anos, aliás, a mesma idade mínima autorizada pelas *Constituições* canônicas do Brasil para o casamento das donzelas. Na prática, porém, era costume das casas religiosas, fossem conventos, fossem recolhimentos, desde antigamente, acolher meninas de tenra idade. Santa Gertrudes Magna é um exemplo, pois entrou para o mosteiro beneditino de Rodardes, na Saxônia, quando tinha apenas cinco aninhos,[4] a mesma idade de Maria Joaquina do Coração de Jesus, uma interna no convento do Santíssimo Coração de Jesus da Soledade da Bahia.[5]

A versão de Rosa para essa grave denúncia é completamente diversa:

A causa do referido recado ao bispo foi que, em uma noite que o dito padre capelão estava exorcismando uma criatura possessa, com o empenho de não a deixar em toda a noite enquanto o Demônio não fosse para o inferno, vendo ela, ré, que eram duas horas depois da meia-noite, e que por aquela causa estavam abertas as portas do recolhimento, esperando pela possessa, se levantou ela, ré, da cama, vestida com uma túnica de estambre [tecido de baeta inferior], e com uma saia branca de estopa, porque sempre assim dormia, e, tomando uma capa, chegou à porta da casa onde o dito padre estava exorcismando, presentes um ermitão, uma mulher e dois moleques, e da porta disse ela, ré, ao dito padre, que deixasse recolher aquela mulher para se fecharem as portas do recolhimento, ao que ele não respondeu, nem se passou mais coisa alguma.

Essa versão, completamente diferente e inócua, inocenta os dois principais suspeitos: a negra e seu ex-senhor, o padre Xota-Diabos. Tal relato nos fornece, contudo, mais alguns detalhes sobre a vida do recolhimento e de sua fundadora que merecem ser realçados: a precisão com que Rosa fala do horário em que ocorreu tal episódio sugere que, naqueles meados do século XVIII, o relógio do Colégio dos Jesuítas era o marcador oficial das horas na cidade do Rio de Janeiro, e suas baladas sonoras e retumbantes eram ouvidas noite adentro pelos moradores das freguesias circunvizinhas.

As roupas de dormir da africana denotam a pobreza e a austeridade esperadas de mulheres convertidas: estambre e estopa, tecidos feitos com a parte mais grosseira e áspera da lã e do linho. A cerimônia do exorcismo realizada em plena madrugada — duas horas depois da meia-noite — não deve nos chocar, pois alguns atos litúrgicos nos séculos passados transcorriam nesses horários. O abade De La Caille, já citado, que esteve no Rio de Janeiro no mesmo ano em que Rosa aí chegara procedente das Minas, disse ter visto mulheres indo à missa nos domingos e dias santos às três ou quatro horas da manhã, com os penitentes também aproveitando para, em procissão, percorrerem as ruas centrais desta cidade, noite adentro, se disciplinando com rigorosas chicotadas. Mesmo a presença do capelão dentro do recolhimento não deve causar espanto, pois até em locais mais disciplinados, como na Itália, na mesma época, os confessores tinham entrada livre nesses beatérios para prestar serviços espirituais. Santa Maria Francisca das Cinco Chagas, da mesma Terceira Ordem Franciscana, de Nápoles, cuja biografia também ostenta muitos detalhes semelhantes à de nossa africana, foi igualmente acusada de ser feiticeira e possessa pelo Demônio, livrando-se, no entanto, da pecha de libidinosa, embora seu confessor também morasse dentro de sua casa, para melhor assisti-la quando raptada pelo esposo divino.[6]

Comparando diferentes peças do processo de Rosa, concluímos que, primeiramente, a regente Maria Teresa contou sobre o escândalo envolvendo a ex-prostituta e seu capelão a frei Agostinho, e este, juntamente com a delatora, os denunciou a d. Antônio do Desterro. Talvez a delatora tenha revelado outros episódios, seja de sensualidade, seja de culto à personalidade e à idolatria, praticados no recolhimento, ou mesmo algumas práticas ou atitudes que poderiam ser enquadradas na categoria de "suspeição de heresia", a matéria-prima com que se alimentava o *Terribile Monstrum* inquisitorial. Tais revelações devem ter aberto os olhos do Provincial Velho, até então grande admirador e propagandista de sua dirigida, a qual, em vez de mestra e Flor do Rio de Janeiro, como gostava de chamá-la, passa a ser considerada embusteira e agente do Diabo. O conhecimento desse lado pecaminoso e fingido de sua confessanda, a quem havia anos vinha assistindo material e espiritualmente, deve ter causado profunda tristeza no incauto sacerdote. A idade avançada e constantes doenças, agravadas agora pela desilusão de ter acreditado piamente e patrocinado uma fraude, o levaram, em poucos meses, à morte. Antes, porém, frei Agostinho materializou sua ruptura com a negra embusteira: queimou mais de duas resmas (mil folhas) das "coisas profundas" que Rosa escrevera, recusando-se, desde então, a recebê-la no confessionário. Rosa deve ter ficado profundamente abalada, embora, numa carta de 27 de setembro deste ano — 1758 —, demonstre o contrário:

> Eu me alegro com as calúnias e infâmias que se põem na minha vida, porque há duas castas de gente: uns que servem de Deus, outros de quem Deus se serve para perseguirem os seus. Eu bem sei que a mentira tem asas e voa muito longe e direto. A verdade é coxa. A mentira tem mais agasalho e entra nos corações humanos; a verdade tem menos lugar, ela vem devagar, mas, quando chega, a mentira desaparece e ela fica senhora do campo. Assim espero que suceda nas obras de meu Senhor, da infâmia e do veneno que nela se bota.

Concluiu a epístola, sempre conformada, seguindo o exemplo do justo Jó, de quem Deus permitiu ao Diabo destruir a casa, a família e a saúde, mas que, com o auxílio divino, permaneceu inabalável no temor do Todo-Poderoso:

> Tudo assim é necessário para a maior grandeza do seu amor. Reparem que são muitos cães que ladram e nenhum pode morder. As obras do Senhor sempre foram perseguidas e tentam [nelas] jogar cizânia e embustices. Deus escolheu seu pequeno rebanho, pequenos e ignorantes, pois os grandes do mundo são imitadores de Lúcifer na falsa ciência. Deus escolhe os pequenos para quebrantar a cabeça da soberba dos grandes.

Que bela lição de confiança na Divina Providência! Ou realmente a negra era virtuosa e vinha sendo alvo de maldosa calúnia, ou representava muito bem o papel de embusteira e falsa santa. No fundo de seu coração, Rosa esperava que, mais cedo ou mais tarde, Deus lhe faria justiça, e a verdade haveria de triunfar, desmascarando a mentira e mostrando de que lado estavam a virtude e o bem.

Além das acusações de imoralidade levadas ao bispo e da falsa santidade e idolatria constatadas por frei Agostinho, outro grave episódio contribuiu decisivamente para a derrota da visionária, logo no início da fundação do seu recolhimento.

O convento de Santo Antônio vivia, à época, em grande perturbação intestina. Os frades, em facções, lutavam acirradamente pelo poder: de um lado, os orgulhosos portugueses, até então detentores exclusivos dos cargos de custódio e provincial; do outro, os desprezados brasileiros, também desejosos de partilhar a direção da Província da Imaculada Conceição.[7] Adoecendo frei Agostinho, o Provincial Velho, adepto dos lusitanos, foram nomeados, como confessores de Rosa e das demais recoletas do Parto, dois frades do outro partido, frei Manuel da Encarnação, mestre de teologia e canonista, futuro provincial, e frei Caetano de Alfama. Este último, examinando os escritos da visionária, reprovou seu conteúdo, levando frei Agostinho a queimá-los. Mais ainda: segundo depoimento do tio de uma das recolhidas, sr. José Alvares, certa feita, quando frei Caetano exorcizava a madre Rosa,

> o Demônio não lhe quisera obedecer, pelo que [concluiu] era falso o estar Rosa possessa, porquanto o Diabo [devia] obedecer a qualquer sacerdote, pondo-lhe para isto preceitos. Por esta causa, lhe tomara o frade ódio, e junto com o que lhe tinha a regente Maria Teresa, nascido de as recolhidas lhe terem mais respeito do que a ela, fora esta a causa destes distúrbios.

Não bastassem esses problemas intraclaustros, a desafortunada madre Egipcíaca se envolveu em outra desgastante confusão. Devia estar fortemente abalada por tantas tragédias ocorridas umas atrás das outras, quando novamente o incansável Espírito Zelador dos Templos toma conta da courana, levando-a a cometer desatinos.

Estando por esses dias a rezar na igreja dos franciscanos, viu que uma mulher se comportava indevidamente, conversando com outra durante o ofício divino. Incontinente, Rosa, ou melhor, o Espírito Zelador dos Templos, avança contra a irrequieta criatura. Para sua infelicidade, tratava-se de d. Quitéria, esposa do dr. José Gomes, "importante letrado", e grande amiga do mestre de teologia frei Manuel da Encarnação, inimigo de frei Agostinho.

Houve entre Rosa e dona Quitéria uma grande contenda, caindo possuída a negra como morta e sem sentidos no chão. Tirada para fora da igreja aos rastos e empurrões, querendo o juiz do crime do Rio de Janeiro prendê-la, foi dissuadido pelo tenente Gaspar dos Reis, que lhe disse que ela não era culpada, mas sim um espírito que a impelia. E o novo provincial do convento disse que Rosa era uma cachorra e embusteira e andava amotinando o povo e que mandaria tirar-lhe o hábito de são Francisco e açoitá-la. E, por seu empenho e de dona Quitéria, foi Rosa expulsa do recolhimento por ordem do vigário-geral, com proibição de nunca mais entrar no dito Recolhimento do Parto.

A irritação extrema da mulher do ilustre escrivão e a reação não só do novo provincial dos frades menores como do juiz do crime e do vigário-geral do bispado revelam o enorme mal-estar provocado pela espiritada: onde já se viu tamanha ousadia, uma negra africana iniciar uma contenda (altercação, disputa, controvérsia) com uma representante da elite do poder, numa das igrejas mais nobres da cidade?! Como tolerar tamanho desrespeito, péssimo exemplo para a gentalha, sempre ameaçadora da tranquilidade pública? Justamente por desrespeitar a distância e a subserviência esperadas das classes inferiores, a negra foi acusada de demonopata e amotinadora do povo. A alguns pés-rapados, o espírito de Rosa descompusera sem maiores consequências, como sucedeu com um mulato, na igreja do Parto, contra o qual a endiabrada "arremessou a toalha que tinha para comungar e correu pela igreja abaixo para o acometer, fugindo o pardo", ou mesmo como acontecera com a portuguesinha Ana Maria de Jesus, já referida, que teve sua conversa interrompida, na mesma igreja dos franciscanos, por golpes do cordão da Ordem Terceira que Rosa lhe desferiu, chegando a machucar-lhe a cabeça nas grades do templo. D. Quitéria, contudo, não era qualquer uma: ultrajada em seu orgulho, lavou sua honra se vingando da negra descarada: "Cachorra, embusteira e amotinadora", segundo a opinião do novo superior desse mesmo convento. Por ele, a ousadia da negra forra era merecedora do maior e exemplar castigo, e por pouco não se repete a mesma cena de Mariana, onde, havia dez anos, o bispo mandara açoitar a negra espiritada, pela ousadia de interromper o sermão de um capuchinho, vociferando no meio da igreja como se fosse o Demônio em pessoa.

Deve ter sido depois e a partir da ameaça do frade franciscano, que prometeu mandar açoitá-la, que a espiritada, ou talvez o capelão, escreve a São

João del-Rei, solicitando ao sr. Pedro Rois Arvelos que mandasse a sua carta de alforria. Em missiva de 27 de setembro do mesmo ano, 1758, Rosa escreve:

> Minha muito amada e querida sra. Maria Teresa de Jesus: agradeço muito a vossas mercês o mandarem a carta de minha liberdade. Não porque eu queira ser liberta, porque sempre me conto do número dos meus parceiros [escravizados], e quero que vossas mercês também me contem. Os meus santíssimos e amabilíssimos corações, o Divino Menino Jesus da Porciúncula é que hão de pagar e remunerar tudo pelos merecimentos do seu santíssimo coração.

Tendo carta de alforriada, podia provar ser liberta e se livrar, em consequência, de eventuais açoites ordenados pela autoridade civil, o bispo, o vigário-geral ou da Vara. Lastimavelmente, não localizamos, no processo de Rosa, sua carta de alforria. Talvez haja cópia da mesma num Livro de Registro de Notas na comarca de São João del-Rei: se algum pesquisador localizá-la, não deixe de me comunicar!

Zeloso para que sua nova fundação não se tornasse um antro de perdição logo em seu nascedouro, d. Antônio do Desterro ratifica a decisão do vigário-geral: expulsa Rosa do recolhimento, evitando assim que o escândalo a ele revelado pela regente contaminasse as outras virtuosas recoletas. Eis como a beata africana descreveu o melancólico episódio:

> Disse mais, que a referida denúncia foi a causa de que o bispo expulsasse a ela, ré, do recolhimento, e, andando muito desconsolada, sucedeu que, estando uma vez em oração diante de um crucifixo, o Senhor lhe disse que dissesse a Maria Teresa do Sacramento que ela era uma adúltera, que, sendo casada com um homem, parira de outro, e que a mesma era a causa de ela, ré, andar assim como andava. E participando isto à mesma Maria Teresa, ela lhe negou, porém, em uma ocasião em que se tinha confessado, lhe veio pedir perdão depois de ter ido falar com o bispo que ela era quem lhe tinha levantado aquele [falso] testemunho por causa de que a sua inveja e malevolência tinham concebido para fazer que o dito padre frei Caetano fosse capelão e ela ficasse com sua liberdade, expulsando do recolhimento ela, ré, e o dito padre Francisco Gonçalves Lopes.

Em todo o processo, essa é a única vez que aparece a informação de que Maria Teresa assumiu ter caluniado sua aluna Rosa. Também só nessa parte há referência de que a regente já fora casada antes e tivera um filho adulterino, pois, ao ser inquirida posteriormente, a ex-regente declarou-se solteira.

Certamente o leitor, tanto quanto eu, deve se perguntar: afinal, quem dizia a verdade nesse cipoal de intrigas? Rosa ou a regente? Ou melhor: o tal episódio envolvendo a negra, seu padre exorcista e a menina de oito anos — todos os três, altas horas da noite, entregues a sensualidades na cama do próprio sacerdote — teria mesmo acontecido ou fora invencionice da despeitada regente? Alguns detalhes da biografia de nossa africana, fora e dentro do recolhimento, reunidos à devassidão dos costumes do clero no Brasil setecentista, nos permitem concluir, pela probabilidade, que Rosa e seu padre tinham de fato alguma culpa no cartório no tocante à luxúria.

Já vimos anteriormente, quando o Xota-Diabos e sua energúmena fogem das Minas, que, numa estalagem à beira do Caminho Novo, ao atravessar a Mantiqueira, a ex-mulher da vida, sob o pretexto de estar em transe místico, chegou a "pôr-se sobre o padre, pretendendo que a desonestasse, o que ele percebeu pelas ações desonestas que fazia…". Mostrando-se virtuoso perante os inquisidores, o padre Francisco disse ter resistido à tentação, percebendo que a negra "fingia estar vexada do espírito". É nesta parte que o manuscrito nos informa correr a fama nas Minas Gerais de que o padre e sua então escravizada viviam amancebados: ele, então com 57 anos, ela, com 32, portanto, 25 anos de diferença de idade um do outro. Já relatamos diversos casos de sacerdotes, nas Minas, à mesma época em que a escravizada de d. Ana Durão vivia no Inficcionado, que não resistiram à tentação de solicitar suas confessandas durante o Sacramento da Penitência, alguns mantendo relações duradouras e notórias com suas mancebas da cor de ébano ou de canela, muitas delas presas ao cativeiro, outras, forras ou libertas. Também no Rio de Janeiro, à época em que Rosa ali vivia, diversos sacerdotes seculares e regulares são igualmente denunciados à Inquisição por ter cedido às mesmas tentações carnais. Citarei apenas alguns casos, para que o leitor sinta o clima de licenciosidade reinante dentro dos confessionários, conventos e recolhimentos de outrora, ajudando-nos a esclarecer a questão em pauta: padre Francisco e Rosa Egipcíaca eram mesmo amantes e chegavam a incrementar seus encontros libidinosos, incluindo até ménage à trois, ou não passaram de calúnias tanto a fama de serem amancebados quanto a última denúncia feita pela regente?

Na capitania do Rio de Janeiro, um dos maiores escândalos do clero relacionados à luxúria envolveu o carmelita capixaba frei Manuel do Espírito Santo, do convento de Ilha Grande, preso pelo Santo Ofício em 1740, acusado de ter solicitado, bolinado, apalpado e feito outras intimidades mais com os peitos e as partes pudendas de meia dúzia de moças e mulheres, fazendo também apaixonadas declarações de amor a diversas de suas filhas espirituais. Sua sentença, depois de julgamento em Lisboa, incluiu a perda do direito de confessar e a reclusão, por nove anos, no convento mais remoto de sua província, sendo proibido de retornar aos lugares onde perpetrara tais incontinências.[8] No ano seguinte à prisão deste carmelita, na mesma igreja onde Rosa fora batizada, a Candelária, um de seus capelães, o padre José Rabelo Perdigão, é acusado

de ter tratado a escravizada Inácia com as palavras: Meu amor, minha vida, meu coração! e dito que melhor vos fora a vós estardes metida com um padre, do que com este homem com quem estais, porque nós, ainda que somos padres, e fazemos a figura de Deus, também somos homens![9]

Mais direto foi frei Manoel João dos Serafins, franciscano da mesma igreja onde Rosa ia miudamente se confessar: sugeriu à parda Eugênia morar nas senzalas de seu convento, pois lá já tinha a mulata Custódia, "que a assistia e tratava por seus amores".[10] O frade não se contentava, portanto, só com uma concubina; queria duas barregãs, aliás, costume arraigado no clero colonial, merecendo do poeta Gregório de Matos um soneto intitulado: "A um clérigo [o padre Baltasar Miranda] que se dizia estar amancebado de portas adentro com duas mulheres, uma negra e uma mulata".[11] Também do mesmo convento de Santo Antônio, em 1751, na época em que frei Agostinho terminava seu provincialato, outro frade, frei Antônio de Santa Maria, é denunciado por resvalar no mesmo pecado de solicitação *ad turpia*, mostrando que, nesse venerando jardim seráfico, conviviam, lado a lado, austeros observantes, como o referido santinho frei Fabiano de Cristo, e dissolutos "fodichões", como os dois solicitantes franciscanos ora citados.[12] Na residência do Carmo, em 1747, é a vez de ser acusado ao Santo Ofício o mestre jubilado de teologia frei João de Moura: mais pudico que os anteriores, gostava de tecer suspeitos elogios a suas penitentes ou lhes fazer indiscretas e maliciosas perguntinhas, convidando-as, inclusive, a irem à sua cela para fins pecaminosos.[13] Outro religioso ousado foi o padre Antonio Teixeira, jesuíta do Colégio do Rio de Janeiro, que viveu muitos anos amancebado com uma parda, Inácia,

> a qual introduzia à noite na clausura, ficando uma vez oito dias seguidos em seu cubículo, saindo à noite para fartar com outras mulheres seu apetite... O mais prostituto que jamais se viu, outrossim, foi o padre Luiz Cardoso, morador no Engenho Velho, a quem poucas escravizadas lhe escapavam... A Quinta de São Cristóvão tem sido uma Sodoma, principalmente nos tempos em que leram filosofia os padres Manuel de Araújo, Manuel Cardim e Francisco de Faria, cujos discípulos, sem temor de Deus, nem vergonha dos homens, pelas cercas, valadas e matas, gastavam o dia todo com as escravas e outras mulheres...

Tais informações foram prestadas ao próprio d. Antônio do Desterro por um ex-jesuíta, o padre Bento Pinheiro d'Horta da Silva Cepeda, por ocasião da expulsão da Companhia de Jesus do Brasil.[14]

Ainda na mesma Candelária, outro capelão, padre Fernando Alves Batista, perguntou a uma confitente "por qual porta da casa entrava seu amante à noite?", tendo como intenção seguir-lhe o mesmo itinerário até à cama da cobiçada mulher.[15] No ano seguinte a esta confissão, 1747, houve outra denúncia sobre as safadezas do padre Bartolomeu Vaz, presbítero secular, natural das Ilhas e morador na mesma paróquia que o precedente. Era notório no Rio de Janeiro que este padre e a escravizada mulata Quitéria, trinta anos, eram amancebados, tendo, inclusive, gerado um filho bastardo falecido logo depois do nascimento. Comentava-se, à boca pequena, que o padre proibira sua mulata de confessar-se com outros sacerdotes. Além disso, ensinou-lhe meios cabalísticos e suspeitos de "abrandar os ânimos das criaturas". Quitéria, antes tão dócil, a partir da convivência com o clérigo se tornara, no dizer de sua dona, "imprudente e absoluta, dando-lhe respostas". Cauteloso, padre Bartolomeu, quando queria comunicar-se com Quitéria, vinha à sua janela disfarçado com meias brancas e chapéu de abas caídas, disfarce que não lhe encobriu a paixão, tanto que suas peripécias eróticas foram registradas no mesmo Caderno nº 26 dos Solicitantes, à folha 390, no Arquivo da Torre do Tombo.

Durante os dez anos que Rosa viveu recolhida no Rio de Janeiro, pelo menos sete sacerdotes desse bispado foram denunciados à Inquisição por irregularidades tocantes à solicitação no confessionário: o já citado frei Antônio de Santa Maria, OFM; padre Bento de Sousa Alvares; o padre Bernardo Pereira; os jesuítas Inácio Antunes e José Nogueira; o padre Francisco Xavier Tavares de Morais e o frei Manuel do Sacramento Sequeira. Destes, os dois jesuítas foram denunciados pela soror Ana Luiza de Santa Clara, religiosa do convento da Ajuda. Portanto, nem mesmo as "esposas de Cristo" os confessores poupavam de suas investidas pornossacramentais. Além desta freira da Ajuda, soror Ana do Monte Carmelo, do convento de Santa Teresa, também denunciou ao Santo Ofício o fato de a terem namorado três de seus confessores: frei Antonio de São Vicente Ferreira, do mesmo convento do confessor de Rosa, e os padres Antonio José de Castro e Fernando Salgado. Soror Bernarda Tomásia do Nascimento, ursulina, denunciou, em 1748, as investidas imorais do padre Caetano Rois de Vasconcelos. Praticamente em todos os conventos e recolhimentos do Brasil, há registros dessas intimidades pecaminosas entre confessores e enclausuradas: no Recolhimento de Nossa Senhora da Conceição das Macaúbas, em Minas, o padre Manuel de Oliveira Rabelo, em 1759, confessou que duas religiosas tomaram a iniciativa de seduzi-lo, mandando-lhe bilhetinhos "com palavras afetuosas e pedindo-lhe ósculos".[16] No convento da Soledade, da Bahia, madre Maria Bernarda do Sacramento denunciou, em 1762, que o padre Anastácio Pereira mantinha com ela práticas e comunicações amorosas.[17]

Tal era o clima de licenciosidade e volúpia reinante no clero do Rio de Janeiro e alhures, não poupando sequer as esposas de Cristo, as quais, por voto ou opção, abandonaram o mundo para, na pureza e na castidade, se entregar imaculadas ao Bom Pastor. Que pensar, então, de uma ex-prostituta, na flor da idade, publicamente apontada como manceba do clérigo português, acompanhando-o por onde andava nos últimos dez anos de sua vida? Acrescentem-se à notória fama duas denúncias de tentativas de atos impuros: a primeira, formulada por seu próprio suposto amante; a segunda, pela regente do recolhimento, tentativas, quem sabe, bem-sucedidas, posto não nos informarem com precisão os documentos se tais atos chegaram a se consumar.

O depoimento de algumas recolhidas que conviveram com a madre Egipcíaca corrobora a suspeita de que "Rosinha" — como o capelão gostava de chamá-la — e seu "padre", "ministro", como a ele costumava se referir a courana, mantiveram, por anos seguidos, relações mais íntimas e dionisíacas do que a simples interação de exorcista e energúmena. As irmãs Francisca Tomásia e Maria Jacinta declararam que o padre Francisco, muitas vezes, de dia ou de noite, ia visitar Rosa dentro do recolhimento, permanecendo horas seguidas no interior de sua cela, sempre de porta fechada. Só quando comiam e bebiam juntos é que abriam a porta. Contaram mais: que o padre, muitas noites, ficava no cubículo da mãe Rosa até às duas ou três horas depois da meia-noite, "fechando-se ambos no cubículo, dizendo que lhe queria dar conta de seu Espírito". Intimidade suspeita demais e proibida pelo *Rituale Romanum*, que determinava que os exorcismos fossem realizados publicamente dentro da igreja, pois, mesmo sendo forte o espírito, a carne fraquejava. Às vezes era a própria espiritada quem "saía para a casa do padre, dizendo que era para dar conta de seu Espírito".

Deve ter sido a revelação de tais suspeitas intimidades, sobretudo do escandaloso *ménage à trois*, incluindo a menina menor de idade, que levou frei Agostinho ao bispo, e este a decidir-se pela expulsão da hipócrita recolhida, madalena, sim, arrependida, não! A confusão com d. Quitéria, a mulher do letrado na igreja dos franciscanos, foi a gota d'água nesse turbilhão de desencontros e infortúnios que tinha a negra endemoniada como epicentro.

Numa carta de Faustina a seus pais, escrita provavelmente poucos dias depois da expulsão da Abelha-Mestra de seu cortiço místico, a noviça mineira assim retrata tais episódios:

> Na segunda-feira veio o meirinho geral das igrejas para nos tirar do Sacro Colégio com uma excomunhão, proibindo o padre e Rosa de falarem com as recolhidas. O padre e minha mãe Rosa ficaram apaixonadíssimos e com muitas lágrimas, pois foram cinco anos de tantos trabalhos para receber tão bom pago! Estivemos fora treze dias para sermos perguntadas, porém Deus é todo-poderoso e confundiu a todas maquinações que queriam aniquilar a casa de Deus. Chamo por Jesus, meu capitão-general, e por minha mãe amada, mestra e madrinha, que está disposta a sustentar sua verdade a quantos forem os tormentos…

Impossível saber se, de fato, Faustina Arvelos dizia o que sentia, ou escrevia, com o próprio punho, o que lhe ditavam seus superiores. Neste caso, quem estaria ao pé de seu ouvido: a própria Rosa, o padre Francisco, Leandra ou alguma das evangelistas? Impossível responder a esse enigma.

Por sete meses seguidos, a Abelha-Rainha ficará proibida de entrar em sua colmeia, nessa "nobre casa", em cuja fundação tanto se empenhara. Nesse segundo semestre de 1758, desterrada do Parto, Rosa viveu primeiro em casa de sua fiel devota, d. Maria Tecla de Jesus, viúva de 48 anos, moradora à rua da Ajuda. Depois, foi viver na própria residência do padre Francisco, anexa ao recolhimento. Em carta de 26 de setembro do mesmo ano, assim escrevia o capelão a seu compadre do Rio das Mortes:

> Não tema! Entregue tudo a Deus, pois tudo o mais são estratagemas do Diabo. Eu e minhas filhas, com a ajuda de Deus, estamos prontos para brigar com todo o inferno e seus sequazes. Rosa está aqui comigo. Não está dentro do recolhimento porque eu não quero ainda, mas é ela que governa as suas filhas, e, no dizer de Faustina, é a regente. Ela está em todo o sentido boa, e Francisca o mesmo. Não tenha susto de nada porque Deus é conosco.

Dois dias depois é a própria expulsa quem escreve aos mesmos destinatários. Já transcrevemos alhures o início desta carta em que Rosa chama seu ex-senhor de filho, justificando tal familiaridade "não por glória de meu coração, senão por glória do Coração de meu Senhor Jesus Cristo". Mesmo humilhada, Rosa Maria não esmorece em sua convicção de que fora predestinada para grandes desígnios, promessa feita por Deus quando trocou seu coração com o da visionária. E completa a carta, às vezes mais mística, às vezes poeta:

> Minha casa, onde estão os Sagrados Corações, está sempre sendo atacada pelo Demônio, que tem nos homens seus alcoviteiros e mensageiros. Dou, contudo, parabéns a vossas mercês que têm aqui na Casa de Deus dois soldados como estrelas do céu, como duas flores do jardim de meu coração, que é a mesma coisa que dizer que são do jardim do Coração de Jesus...

Quem lê as cartas de Rosa desse período fica com a impressão dividida: ou a negra era mesmo virtuosa e estava segura de que a Divina Providência não a desampararia, mesmo quando insultada pelo novo provincial franciscano e expulsa do recolhimento, ou então, para não assustar a família Arvelos, cujas duas filhas continuavam recolhidas no Parto, procura transmitir, assim como fazia o capelão, imagem tranquilizadora dos dramáticos momentos:

Hei de relatar a vossa mercê que vou correndo minha vida como um navegante sobre mar com muitas tempestades no que respeita o mundo, porque já o tenho renunciado e a seus bens e respeitos. Vou com muita felicidade no que respeita ao Meu Jesus, [pois se] ele é por mim, ninguém é contra mim. Confio na Senhora Santana e chegar com vitória ao fim da navegação, com feliz sucesso, pois creio em Deus, espero em Deus e confio em Deus com toda a fé, por isto às vezes me rio deste louco mundo, das suas embustices, porque, apesar de Lúcifer e de todos seus sequazes, eu hei de lhes quebrar a castanha na boca e hão de confessar o poder de meus Santíssimos Corações, não só os demônios dos infernos, também os mortos. Sou uma alma peregrina solitária, acompanhada com o meu padre Francisco: agora estou morando com ele. Quanto às meninas, não foram vocês que as ofereceram, nem mandaram para o recolhimento, mas foi Deus que as chamou e há de suportá-las para sempre.

Na conclusão, mais uma vez a madre Rosa se refere a seus detratores:

Duas castas de gente me perseguem e ambas vão enganadas: uns que dizem que tenho pacto com o Demônio. Para estes, diz o Senhor que cairão no abismo de sua condenação e caminham com o sambenito da culpa. Outros dizem que sou enganada pelo Demônio.

Certamente Rosa incluiu frei Agostinho nesta última categoria, desde que ele desacreditou em sua santidade e queimou seus escritos espirituais. Deve ter sido em fins de agosto, começo de setembro de 1758, que o Provincial Velho veio a falecer. Teve papel fundamental na vida de nossa santa desde que chegara ao Rio de Janeiro: foi seu pai espiritual e a introduziu nas moradas internas da vida mística, sustentando-a materialmente, por anos seguidos, até se recolher. Frei Agostinho gostava de se autointitular "fundador do Recolhimento do Parto". Primeiro exercera o cargo de guardião, tendo sido eleito provincial para o triênio 1748-1751. Conserva-se, desse período, uma pastoral de sua iniciativa, em que revela o lastimoso estado da província franciscana, devido à inobservância das leis, sobretudo a da pobreza. Regulamenta minuciosamente o cardápio da comunidade, "não passando de quatro pratos diários, e nas festas seis pratos diferentes". Proíbe a realização de exorcismos fora do convento e à noite, restringindo-se às pessoas de distinção, benfeitores e devotos da Ordem, "nunca a negros e mulatos, a quem se dê a bênção, somente à tarde. Os religiosos que têm confessandas particulares, ouçam-nas até às dez horas, e não se dê a comunhão depois do meio-dia". Devemos a frei Agostinho de São José a construção do segundo andar do convento de Santo Antônio, empreendimento arquitetônico arrojado que, até hoje, podemos admirar.[18] Foi este frade que estimulou nossa beata a escrever suas visões, permitindo tão somente a frei José de Santa Maria Silva, guardião do convento, ouvi-la em confissão quando ele próprio estava impedido. Rosa, por sua vez, idolatrava seu benfeitor, qualificando-o em suas cartas como "virtuoso, justo, douto e prudente". Comparava-o ao doutor da Igreja, Santo Agostinho. Paixão recíproca, pois ela escrevera certa vez: "Não tenho língua para explicar o amor com que frei Agostinho me ama!". Amor exclusivamente espiritual ou também este velho português não teria resistido aos encantos carnais da sedutora negra mina, calejada na arte de dar prazer aos homens?

Quando tudo estava às mil maravilhas para a vidente, mandando e desmandando em "seu" recolhimento, eis que, estando em oração, viu diante de si o coração de seu confessor atado com um novelo de linhas "que são os enredos, injustiças e mexericos, dúvidas, incredulidade e contradições" que iam ser levantados contra si. Nessa mesma quadra, nossa beata tem outra revelação à moda de profecia complementar àquela outra:

> Estando ela, depoente, em uma noite dormindo, e tendo antes aviso de seu confessor frei Agostinho que se achava então enfermo, e mandando-lhe pedir rogasse a Deus por ele, acordou ela desse sono em que estava, e ouviu uma voz no seu interior, em que lhe dizia que havia de morrer e ser réprobo [pessoa má destinada por Deus às penas eternas]. Com isto se afligiu muito ela mesma, e entrou a conjurar aquela voz, que lhe disse que era o Menino Jesus de Nossa Senhora do Carmo, e que lhe certificava que o dito frei Agostinho havia de morrer daquela enfermidade em que estava e havia de ser réprobo pela ingratidão que tinha, e com isto desapareceu a tal voz e com efeito sucedeu a morrer nessa ocasião o dito padre.

A morte do confessor de Rosa deu motivo a muita especulação dentro do Recolhimento do Parto e por parte dos devotos da visionária. O próprio capelão escrevia aos Arvelos em outubro do mesmo ano:

Rezem em sufrágio de frei Agostinho para que Deus o livre das prisões em que está, para poder restaurar o crédito que [Rosa] tinha, para bem de muitas almas. Que [Deus] tenha compaixão dele, pois tudo o que se faz nesta Santa Casa é por Ele. E mais não posso explicar porque não permite Deus.

Foram, sobretudo, as amigas mais íntimas da madre Egipcíaca que divulgaram revelações envolvendo a figura do finado franciscano: no Parto, além de Rosa, várias outras recolhidas também eram espiritadas, possuindo o mesmo dom de visões e profecias. Entre elas, a amiga mais íntima da "regente", irmã Ana do Coração de Maria, que "viu a alma de frei Agostinho padecendo ao pé do inferno, onde ouvia as blasfêmias que os condenados diziam, e padecia muito porque, crendo na negra Rosa, depois duvidara". Leandra, sua fiel companheira desde o Inficcionado, "muitas vezes dizia estar encarnada em si a alma de frei Agostinho, gritando: 'Eu sou a alma de frei Agostinho!'". A própria Rosa divulgava que a alma de seu confessor estava na porta do inferno, de onde via os terríveis tormentos sofridos pelos réprobos, e que só sairia deste lugar tenebroso quando ela passasse deste vale de lágrimas para a glória celestial. Embora merecesse o inferno, ficou penando apenas em suas portas, pois Rosa garantira que todos que a tivessem tomado por mãe seriam salvos: "Frei Agostinho teve sua sentença embargada por Nossa Senhora, porque ele fora confessor de Rosa", comentava o padre Francisco numa de suas missivas. Aliás, este velho sacerdote, amigo íntimo de frei Agostinho, escolhido por ele próprio para ser o capelão dessa casa recoleta, jogava mais lenha na fogueira do finado franciscano, ora ratificando a visão de que o frade penava na porta da Geena, ora divulgando outra versão: a de que a alma de frei Agostinho estava presa na portaria do recolhimento e que só iria para o céu depois de Rosa lá entrar. Tal versão tinha como objetivo assustar as recolhidas que tivessem a tentação de deixar esse "santo colégio", pois encontrar a alma de um réprobo devia ser dos maiores temores que podiam assaltar a imaginação piegas de nossos antepassados do século XVIII.

Foi, contudo, a irmã Ana Clara quem teve a visão mais elaborada relativa ao imbróglio frei Agostinho:

Viu Rosa com muitas glórias no céu e, em cima dela, um buraco com uma árvore próxima, com muitas frutas, e quantos pegavam nelas, caíam no buraco, que era o inferno, e a tal árvore era frei Agostinho, as frutas eram as dúvidas que punham à santidade de Rosa, e os que caíam no buraco, os que duvidavam de sua virtude e santidade.

Quer dizer: ou se acredita na madre Rosa, ou se é condenado ao fogo do inferno. O próprio Cristo já não dissera "quem não é por mim, é contra mim"?

Até alguns devotos da injustiçada africana receberam revelações condenatórias do caluniador frei Agostinho: o sapateiro Inácio do Rosário, 37 anos, casado, morador à rua do Carmo, declarou ter recebido a visita da alma do Provincial Velho, dizendo "que era o Judas do Mistério que Rosa escrevia, por isto, estava em cárcere fechado com sete chaves, sendo carcereiro um Demônio". Cruz-credo!

"Mãe de misericórdia" como era, a madre Rosa, mesmo tendo sua reputação gravemente abalada por seu ex-confessor, não o desamparou em seu desafortunado post mortem. Assim sendo,

passados seis meses da morte de frei Agostinho, em uma noite, ouviu Rosa uns gemidos que, chegando-se para ela, ré, com eles, lhe disse uma voz que era a alma do dito padre, e que melhor lhe fora não ter sido seu confessor, que lhe vinha pedir perdão do mal que lhe tinha feito, porque a dita regente Maria Teresa o enganou, e que da parte de Deus lhe pedia que mandasse dizer uma capela de missas que se acabassem no Dia de São Miguel, ditas no altar do Coração de Jesus pelo padre Manuel Veloso. E com efeito, ela, ré, tirando esmolas, satisfez a referida petição.

Era costume, antigamente, pessoas piedosas pedirem esmolas aos fiéis para celebrar missas pelo sufrágio das almas do purgatório. Assim fazendo, Rosa cumpria duplo objetivo: demonstrava sua humildade e sentimento cristão, mendigando doações para o refrigério da alma do frade que fora o causador de sua expulsão do recolhimento e, de porta em porta, esmolando para o pagamento de uma capela de missas, tinha oportunidade de dar sua versão sobre esses polêmicos sucessos e divulgar as visões que ela e as demais recolhidas haviam tido sobre os infortúnios sofridos pela alma do frade detrator. Faustina Arvelos contou mesmo que a negra Ana do Coração de Maria afirmara ter recebido ordem divina para que mandasse a regente Maria Teresa falar com o bispo e lhe dissesse que vira a alma de frei Agostinho pedindo que lhe desse licença para ir pelas freguesias para restituir o crédito de Rosa, pois ele não podia fazê-lo por ser defunto, já que ele fora o motivo de desconfiança do bispo.

Não informam os documentos se a regente chegou de fato a cumprir tal missão itinerante; o que fica patente, contudo, é que os devotos de Rosa ultrapassavam os limites da cidade do Rio de Janeiro, espalhando-se por outras freguesias do recôncavo fluminense.

Pelo visto, a expulsão de Rosa de seu recolhimento não abalou a fé que seus devotos nela depositavam, tanto que teve êxito em arrecadar soma suficiente para pagar a espórtula de cinquenta missas, "uma capela", e ainda conseguiu que tais sufrágios fossem celebrados na própria capela que, através de suas visões, frei Agostinho mandara construir no altar do Coração de Jesus. O celebrante, padre Manuel Veloso, era, sem dúvida, o mesmo frei Manuel de Santa Teresa Veloso que exercera o cargo de guardião do convento franciscano entre 1757 e 1761, o período de maior riqueza e embelezamento dessa instituição multissecular. Para quem tinha sido chamada publicamente, havia menos de um ano, de "cachorra e embusteira", pelo futuro provincial franciscano, frei Manuel da Encarnação, conseguir que o próprio guardião do convento celebrasse uma capela de missas, no novo altar dos Sagrados Corações, representava enorme vitória, quem sabe até mesmo o reconhecimento, por parte de frei Veloso e de sua facção, de que a expulsão e o ostracismo da negra foram uma iniquidade.[19]

A celebração dessas missas reuniu em torno de Rosa uma dezena de fiéis devotos, inconformados com a injustiça praticada pelo bispo, expulsando-a do Parto, do "seu" recolhimento. Deve ter sido exatamente depois de tais cerimônias fúnebres, em sufrágio póstumo pela alma de seu confessor, que ocorre outro episódio importantíssimo na vida atribulada da vidente: a profecia do dilúvio do Rio de Janeiro.

17. A profecia do dilúvio

Depois do espantoso terremoto de Lisboa, de 1º de novembro de 1755, conforme já vimos, a população do Brasil entrou em verdadeiro pânico, receando que a ira divina atingisse também estas partes da América. Eis que cinco meses depois da destruição da capital do Reino, quando a notícia desse mal chegou ao Brasil, uma terrível tempestade assolou o Rio de Janeiro, levando seus habitantes a identificá-la como a manifestação do chicote de Deus contra a colônia luso-americana. Segundo informações do principal cronista do Rio setecentista, dr. Baltasar da Silva Lisboa,

> as trovoadas ocasionaram grandes inundações. No dia 4 de abril de 1756, depois de uma hora da tarde, choveu tão grossa e copiosa chuva, precedida de veementes concussões de ar e espantosos furacões, por três dias ininterruptos, que o temor e o susto apoderaram-se de tal sorte do ânimo dos habitantes, que desde a primeira noite muita gente desamparou as casas, as quais caíram, fugindo sem tino para as igrejas. Desde então, as águas cresceram por tal maneira que inundaram a rua dos Ourives e entraram pelas casas adentro, por não caberem na vala. No dia 5, saindo o Santíssimo da Sé, o sacerdote que levava o Senhor foi descalço e também assim os irmãos da Irmandade do Santíssimo. Todo o campo parecia um lagamar. Vadeavam-se as ruas de canoas, e no dia 6 uma canoa na-

vegou desde o Valongo até a Igreja do Rosário dos Pretos [Catedral] com sete pessoas dentro.[1]

As inundações e deslizamentos contemporâneos ocorridos nessa mesma cidade nos permitem visualizar a calamidade desse superalagamento de 1756. D. Antônio do Desterro, em carta escrita ao rei, três meses depois de tais intempéries, assim se referia a elas:

> Nesta terra escapamos do terremoto, mas não das inundações de chuvas tão violentas, que em pouco tempo se alagou parte desta cidade, arruinando-se bastantes casas e fugindo a gente para os altos. Repetiram as chuvas em mais duas ocasiões, abrigando-se a gente na capela do Palácio Episcopal, que fica no alto do Rio Comprido.

E terminava confiante: "Queira a misericórdia de Deus que estejamos livres de todo susto".[2]

Decerto foi esse desastroso e inédito alagamento, o maior de que até ali se teve notícia, na história da cidade de São Sebastião, que inspirou a madre Rosa, então expulsa do recolhimento, a se tornar a mensageira de uma aterradora profecia: o Rio de Janeiro seria submerso por um dilúvio muito mais destruidor do que as inundações de 1756. E, embora Rosa e seu recolhimento fossem o epicentro desse vaticínio, couberam a um sacerdote capuchinho, frei João Batista da Capo Fiume, a invenção e a primeira divulgação dessa falsa profecia.

Esta é a segunda vez que citamos o nome desse franciscano capuchinho: quando do lançamento da primeira pedra do Recolhimento do Parto, em 1754, escrevia o padre Xota-Diabos que, perante a melhor parte do clero fluminense, "pregou frei João Batista, dos barbônios, que fez grande sermão... e nele se contém grande mistério".

Barbônios, barbadinhos, capuchos e capuchinhos, assim eram chamados os frades seguidores da reforma franciscana iniciada pelo frei Matteo Baschi, em 1528, que pretendiam pautar suas vidas e ministérios por maior pobreza e simplicidade do que os frades menores, segundo eles, desviados do ideal primitivo ensinado pelo *poverello* de Assis.

Os primeiros missionários da Ordem dos Frades Menores Capuchinhos, ao chegarem ao Brasil vindos da França em 1612, se instalaram no Maranhão.

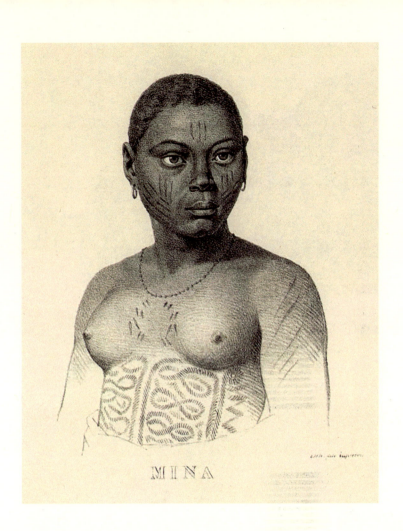

**Negra mina,
Rugendas (1835).**

(ACIMA) Rua principal da Freguesia do Inficcionado, hoje município de Santa Rita Durão (MG), onde Rosa Egipcíaca viveu entre 1733 e 1745, na Fazenda Cata Preta.

(À DIR.) Igreja de Nossa Senhora de Nazaré, matriz da Freguesia do Inficcionado, Bispado de Mariana (MG), local onde Rosa Egipcíaca recebeu seu segundo exorcismo.

(À ESQ.) Ruínas da casa da família de frei Santa Rita Durão, no Inficcionado (MG), na Fazenda Cata Preta, onde Rosa Egipcíaca viveu entre 1733 e 1745.

(ABAIXO) Capela de São Bento, no povoado de Bento Rodrigues, distante cinquenta quilômetros de Mariana (MG), onde Rosa Egipcíaca teve sua primeira visão beatífica, em 1748. A capela foi destruída com o rompimento da barragem de Mariana, em 2015.

(À ESQ.) Igreja de Nossa Senhora do Pilar, em São João del-Rei (MG), onde no ano de 1749 Rosa Egipcíaca, possuída pelo Afecto, um de seus sete demônios, interrompeu a pregação de um missionário capuchinho, tendo sido levada para a cadeia local e transferida dias depois para o aljube de Mariana.

(ABAIXO) Antiga cadeia de São João del-Rei (hoje Museu de Arte Sacra), onde Rosa Egipcíaca esteve presa em castigo por seu desacato ao pregador na igreja de Nossa Senhora do Pilar, em 1749.

Igreja de São Francisco de Assis, Mariana: nesse pelourinho, o mais conservado do Brasil, Rosa Egipcíaca foi severamente açoitada por ordem do bispo d. frei Manuel da Cruz, pelo delito de embusteira e falsa endemoniada.

Retrato de d. frei Manuel da Cruz, primeiro bispo de Mariana, que ordenou que Rosa Egipcíaca fosse examinada por uma junta de exorcistas. Como a junta a considerou embusteira, foi açoitada no pelourinho.

Largo de Santa Rita, centro histórico do Rio de Janeiro: numa dessas casas, em frente à igreja de Santa Rita, Rosa Egipcíaca viveu alguns meses quando chegou das Minas, em 1751.

(ACIMA) Convento de Santo Antônio, dos frades franciscanos, Rio de Janeiro, largo da Carioca. O segundo andar foi construído por frei Agostinho de São José, diretor espiritual de Rosa Egipcíaca. Seu interior conserva a capela original dos Sagrados Corações, mandada construir segundo os moldes revelados à santa africana numa visão beatífica.

(À DIR.) Página do processo de Rosa Egipcíaca (Torre do Tombo, IL, n. 9065), com sua assinatura, datada de 1764. É a única prova física de sua existência.

mais brando; e asim desta sorte tem vivido nesta
Cidade, pedem sempre de quando em quando a persegue o mesmo maligno Espirito, mo-
vendoa a falar principalmente nas Jgrejas
como ja declarado tem; e mais nas dittas per-
tas purguntas, as quaes asistirad tambem Dous
Escrivaens desta Juiz ecclesiastico, os Padres
Manoel do Espirito Santo e Lucas Antonio
de Araujo Neyva, na presença dos quaes fo-
rad feitas, e dadas, pela depoente as suas repos-
tas, e de tudo para constar mandou o muito
Reverendo Senhor Ministro fazer este Auto,
em que asignou com a depoente, e os ditos
Dous Reverendos Escrivaens deste Juizo ecclesiastico, e eu o Padre Comador de Santos, es-
crivad que o escrevi

                        Roza Maria Egciaca

Manoel do Espirito Santo

Lucas Antonio de Araujo Neyva

com ... Candido e
nos tamos da mysma sinco corre
em elu abaixo nojes como que
o ditto vulto brincava ficando
muito mai candidos quando o
largava damas eiqunta emsim
de tu delly que era grande com
ora despinro eparteiçando asp
confesor oditto Padre aditta Vi
zao exorsysmos epos preseitos ele
nuniou Medise que não Medise
a ßanto aoque lira eporser dada
alora foy mandada seu carcere
ßandose primiuro Lida estabeleß
que porella ouvida eentendida de
ße estava ejeujßta naverdade
easignou com oditto Senhor In
quiridor. Estevão Luiz de Mendoça
oeßereve

Rozia M.

(À ESQ.) Página do processo de Rosa Maria Egipcíaca, onde assina apenas "Rosa Mª".

(ABAIXO) Imagem dos Sagrados Corações, ostensório original em cedro mandado esculpir por d. frei Manuel da Cruz, bispo de Mariana. É a primeira representação desse culto no Brasil e serviu de inspiração para Rosa Egipcíaca elaborar sua devoção aos Corações da Sagrada Família.

(ABAIXO) Detalhe do altar da capela dos Sagrados Corações de Jesus, Maria e José no corredor do segundo andar do convento franciscano de Santo Antônio, no Rio de Janeiro, que reproduz visão tida por Rosa Egipcíaca em 1754.

(À DIR.) Reprodução do quadro de Santa Rosa Egipcíaca da Vera Cruz, mandado pintar pelo seu diretor, o padre Xota-Diabos, representando-a vestida como terceira franciscana com seus atributos de escritora e ama de leite do Menino Jesus.

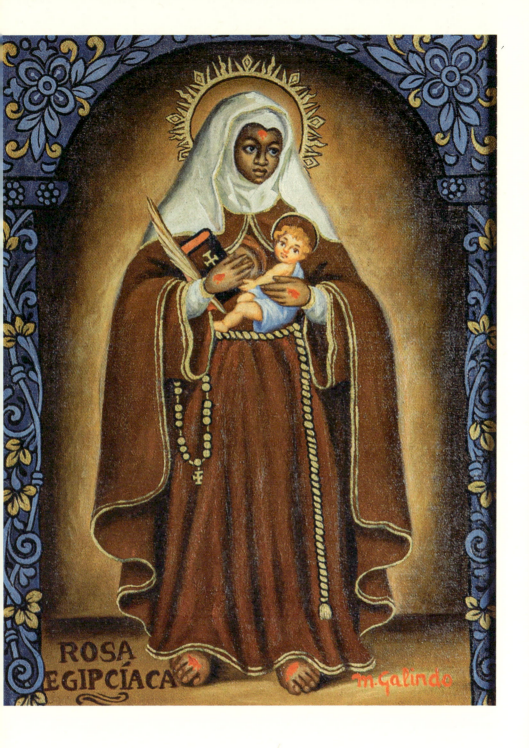

Auto de Falecimento

Anno do Nascimento de Nosso Senhor
Jezu Christo de mil sete centos setenta
e hum anno, aos doze dias do mes de Outubro no Palacio do Excelentissimo Deputa-
do da Meza e Lugar do despacho da Santa
Inquizição estando em Audiencia de manham os Senhores Inquizidores appareceo
ahi o Guarda Antonio Baptista que serve de Alcaide do carcere secreto desta mesma Inquizição e dixe que noticia de hoje
doze do prezente mes falecera da vida
prezente pelas cinco horas da manham a
preta Roza Maria Egipciaca que estava
no carcere da cozinha e que falecera de
sua morte natural tendo lhe assistido antecedente morte o Medico desta Inquizição Manoel de Abreu Rozado de que fis
este termo de mandado dos ditos Senhores Inquizidores Manoel Ferreira de Mesquita
o escrevi

"Auto de Falecimento
da preta Rosa Maria
Egipcíaca que estava no
cárcere da cozinha da
Inquisição e que falecera
de sua morte natural aos
12 de outubro de 1771."

Em 1659, a pedido da Câmara, abrem uma residência no Rio de Janeiro, anexa ao Recolhimento da Conceição, mas deixam a cidade em 1701. Em 1734, uma nova leva de barbadinhos aporta, vindos agora da Itália, fundando, em 1742, o seu hospício, dedicado a Nossa Senhora da Oliveira, situado no Caminho do Desterro, que então passou a chamar-se rua dos Barbonos, hoje rua Evaristo da Veiga.[3] Mesmo antes de oficialmente instalada a prefeitura capuchinha dessa cidade, alguns barbadinhos italianos percorreram o interior da capitania do Rio de Janeiro, pregando as santas missões, uma das especialidades catequéticas dessa agremiação religiosa. Já vimos que, em 1733, um tal frei Jerônimo de Monte Reale, ao visitar o Recolhimento em Macaúbas, ali instituiu a observância da Regra das franciscanas concepcionistas, e que, em 1748, na vila de São João del-Rei, outro capuchinho, o frei Luiz de Perúgia, ao pregar na matriz do Pilar, fora interrompido teatralmente por nossa Rosa Negra, que vociferava como se fosse o próprio Lúcifer.

Muito benquistos pelos bispos, diversos capuchinhos italianos acompanhavam os prelados em suas visitas pastorais, causando muitas conversões e avivamento da piedade popular, através de suas dramáticas pregações, entremeadas por autoflagelações e espantosas descrições do fogo do inferno. Quando da visita do bispo do Rio de Janeiro às Minas Gerais, d. João da Cruz, entre 1742 e 1744, acompanharam-no dois barbadinhos — frei Jerônimo de Monte Reale e frei Mariano —, colhendo abundantes frutos espirituais e polpudas esmolas para a fundação de seu hospício no Desterro.[4]

Frei Giovanni Battista, natural de Capo Fiume, pequeno vilarejo no bispado de Bolonha, membro da família Sarti, nascido em 29 de setembro de 1712, era sete anos mais novo do que Rosa Egipcíaca. Tomou hábito religioso em 1731, tendo sido enviado para o Reino do Congo em 1742 na qualidade de missionário apostólico pela Sagrada Congregação da Propaganda da Fé, na qual os barbadinhos possuíam uma importante prefeitura.[5] O missionário apostólico, segundo os decretos gerais de Roma, devia se distinguir "pela viva fé, probidade dos costumes, doutrina, observância regular e zelo na pregação do Evangelho, pondo todo empenho em alimentar a vida espiritual por meio da oração, do retiro anual de quinze dias e por outras práticas de piedade".[6]

Estranhando o clima africano, logo o frei João Batista adoeceu por longos meses, obtendo então licença para se transferir ao Rio de Janeiro, ali chegando em 1746. Os ares do Desterro lhe fizeram bem, tanto que, mal desembarcado, parte com o frei Jacinto de Foligno a missionar pelo interior da capitania, retornando ao Hospício de Nossa Senhora da Oliveira em 1748. A pedido do vigário capitular de São Paulo, parte de novo em missão em 1749, acompanhando agora o frei Francisco de Gubio, percorrendo zonas onde nunca haviam estado antes outros missionários e colhendo copiosos frutos espirituais de suas candentes pregações. Conforme relata um documento da época,

> todo capuchinho se empenha em cumprir fielmente seu ministério na assiduidade ao confessionário; na pregação da palavra de Deus e no ensino do catecismo dominical dialogado, com duração de oito meses por ano, com grande participação do povo e proveito das almas; na assistência aos moribundos; na visita aos enfermos; no exorcismo aos endemoniados; no auxílio aos pobres em suas necessidades espirituais e materiais, mediante a esmola que recebem dos ricos.[7]

Tanto elã missionário num sacerdote convalescente de doenças contraídas na África redundou em funestas consequências ao frade de Capo Fiume. Não foi por acaso que,

> certo dia, no púlpito, no auge de seu arrebatamento, frei João Batista enlouqueceu. A superexcitação de seu sistema nervoso o fez louco furioso. Interrompeu-se a missão e voltaram ambos para o Rio de Janeiro, indo amarrado e muito bem acompanhado o pobre religioso. No Rio tiveram que acorrentá-lo, sendo mantido fechado numa cela forte por cinco meses até recuperar a saúde. Embarcou a 22 de maio de 1758 para Lisboa — insistindo com sua particular ordem o Exmo. Prelado, e com obediência e consentimento de toda família [capuchinha] pelo iminente receio de recair na passada doidice.

Morreu em Bolonha a 5 de junho de 1786, com 74 anos.

O desafortunado frei João Batista, como muitos outros confrades seus da *Ordinis Capuccinorum* antes de desembarcar no Brasil, passara alguns anos nos Reinos do Congo e de Angola, já tendo, portanto, certa familiaridade com a evangelização dos negros e com a língua portuguesa, falada naqueles territórios pertencentes, como o Brasil, a Portugal. A África lhes servia como uma espécie de noviciado para o trabalho apostólico na América portuguesa. O nosso frei João Batista não foi o único frade nesse período a ter sérios proble-

322

mas mentais ao chegar ao Brasil: frei Francisco Antonio Novi, de Gênova, indo substituir seu colega enlouquecido, também foi atacado pela mesma demência, só que "manifestou loucura benigna, com perda de memória e sinais de alienação". Por recomendação médica, foi embarcado para Lisboa no ano de 1756. Por conta própria, porém, e à revelia de seus superiores, desembarcou na ouvidoria do Espírito Santo, "onde obrou muitas inconveniências". Só no ano seguinte foi localizado e preso na vila de Porto Seguro, muitas léguas distante de Vitória. Remetido para a Europa, morreu em 1758.[8]

Que circunstâncias, choques, poções, paixões ou emoções incontroláveis teriam causado a loucura nesses dois frades italianos, no período de menos de um ano, no mesmo interior da capitania de São Paulo? Que comportamentos exóticos, agressivos ou benignos teriam sido diagnosticados naquela época como loucura? Infelizmente, não temos a resposta, mas encontramos um documento, no *Livro das portarias*, de d. Antônio do Desterro, datado de 1759, portanto contemporâneo a esses endoidecimentos, que nos permite supor ser a loucura dos barbonos, em terras brasílicas, grave e frequente preocupação para a direção desse grêmio religioso. Trata-se de uma resolução da Sagrada Congregação de Propaganda da Fé autorizando o prefeito dos capuchinhos do Rio de Janeiro a remeter para suas províncias de origem os missionários "que enlouquecerem e curados que não melhorarem".[9] Por essa época, segundo informa o bispo do Rio de Janeiro, viviam nessa cidade catorze barbadinhos, "homens muito apostólicos, insignes na virtude e muito úteis ao bispado. Gozam do subsídio não pequeno das esmolas".[10] O próprio d. Antônio do Desterro, inspirado por piedoso elã religioso, recebeu, em 1756, das mãos do barbadinho frei Anselmo de Castelo Bertrand, o cordão de irmão da Ordem Terceira dos Mínimos de São Francisco de Paula, tornando-se vice-comissário da irmandade e revelando, por tal ato, a boa acolhida da população à espiritualidade capuchinha, ainda mais emotiva e barroca do que a de seus irmãos seráficos: a primeira esmola recebida para a instituição da ermida de São Francisco de Sales foi uma escravizada, que, vendida, rendeu 64$000 para a pia fundação.[11]

Ora, segundo rezam as crônicas, se frei João Batista, "no auge de seu arrebatamento, fez-se louco furioso" por volta de 1749, quando da bênção da primeira pedra do Recolhimento do Parto, em 1754, já devia estar curado, pois ele próprio fora encarregado de recitar o sermão inaugural dessa nova agremiação de madalenas arrependidas, sermão pregado diante da fina flor do clero fluminense e que, segundo comentava o padre Xota-Diabos em uma carta já citada, teria causado a melhor das impressões nos ouvintes, tanto que prometera enviar cópias do mesmo para seus compadres no Rio das Mortes. Lastimavelmente, até agora não conseguimos encontrá-la: quem sabe ainda se conserve entre os despojos deste missionário, no convento onde expirou, em sua Bolonha natal?

Como lembra o estudioso Lycurgo Santos Filho, em sua *História geral da medicina brasileira*, "considerados possessos, danados, os psicóticos, os dementes foram exorcizados e esconjurados, acorrentados e surrados. Não eram recolhidos a nosocômios, mas às prisões. A cadeia ainda há pouco tempo foi o hospital dos loucos".[12]

Não sabemos em que constitui "o rigoroso tratamento" a que o infeliz frade louco foi submetido em sua fúria: fez efeito parcial, pois, embora frei João Batista fosse reintegrado ao ministério sacerdotal, passou a ter alucinações místicas — entre elas, a de que o Rio de Janeiro seria destruído por um dilúvio. Voltemos à profecia.

Devia datar de alguns anos o relacionamento de Rosa com frei João Batista da Capo Fiume: tendo primeiro residido nas imediações do morro do Desterro, a negra recém-chegada das Minas provavelmente frequentou a igreja de Nossa Senhora da Oliveira, situada na mesma elevação. Sua devoção ao Menino Jesus da Porciúncula também pode ter sido inspirada pelos barbonos, mais ainda do que pelos frades menores, principais propagandistas dessa invocação. O conhecimento entre ambos, sem dúvida, é anterior a 1754, data em que frei João Batista recitou o impressionante sermão inaugural das obras do Parto, sermão revelador de um "grande mistério". Diz uma testemunha do processo de Rosa, José de Souza, natural de Mariana, 38 anos, "que vive de sua arte de música", morador à rua da Cadeia, que frei João Batista "confessava e dirigia Rosa" — provavelmente assumindo tal orientação com exclusividade, depois da morte de frei Agostinho de São José, muito embora já se conhecessem há mais tempo. Outra testemunha, José da Silva Lobato, 35 anos, também músico e natural de Ouro Preto, informou que o frade barbadinho "ia muitas vezes ao recolhimento falar com Rosa", corroborando a ilação de que era íntimo e intenso o colóquio espiritual entre ambos.

Tendo missionado na África, o jovem capuchinho deve ter ficado vivamente impressionado com a beata courana, tão devota e iluminada pela graça divina.

Frei João Batista dizia que Rosa era mulher de vida exemplar e inculpável, que tivera muitas visões, êxtases, e que Deus a escolhera para revelar mistérios altíssimos e do futuro, causando pasmo e confusão daqueles que não criam na virtude dela e nas grandes coisas que estavam destinadas àquele recolhimento.

O depoimento é de Feliciano Joaquim de Sousa, quarenta anos, "morador junto às freiras da Conceição". Foi, portanto, em consideração a tão sublimes desígnios que o frade a escolheu para ser o arauto do castigo divino contra o povo do dissoluto Rio de Janeiro. Escolha, diga-se de passagem, astuta e prudente, pois, caso a profecia não se cumprisse, o fiasco e o descrédito seriam da negra, não dele.

Embora algumas testemunhas tenham atribuído a Rosa a autoria desse vaticínio, não há dúvida de que frei João Batista foi seu inspirador. Padre Vicente Ferreira, carioca de 24 anos, morador na rua de São Pedro, freguesia da Candelária, depôs ter ele próprio ouvido o carmelita frei Domingos Lourenço afirmar ter denunciado ao comissário do Santo Ofício — padre Fernandes Simões — que frei João Batista profetizara a inundação da cidade por um dilúvio, usando Rosa como divulgadora do prognóstico. Tal profecia deve ter nascido na mente alucinada do frade aloucado em decorrência dos maus costumes e da impiedade dominantes na principal cidade portuária da América portuguesa. Para os intransigentes e fanáticos capuchinhos, o Rio de Janeiro lhes parecia ora uma Babel, ora Sodoma e Gomorra. Numa carta assinada por frei Antonio de Perúgia, a cidade era descrita como

uma mistura de judeus, gentios e pagãos, com poucos cristãos, cujos costumes estavam em manifesto contraste com os mandamentos da lei de Deus e com os preceitos da Igreja. No seio do clero regular e secular campeavam, de modo espantoso, a simonia e a corrupção.[13]

Dada a gravidade do esperado castigo divino, pois o dilúvio arrasaria toda a população do Rio de Janeiro, convinha que tal profecia fosse amplamente divulgada, para que o maior número possível de eleitos escapasse à destruição. Como Rosa estava vivendo extramuros, proibida até de entrar no recolhimento, foi sua fiel vassala, irmã Ana do Coração de Maria, quem se encarregou de divulgar, dentro da comunidade, o iminente castigo pluvial. Decerto o frade barbono estava por trás de tais episódios, estimulando e aprovando novas visões ratificadoras da profecia. Informa Feliciano Joaquim de Sousa, o músico há pouco citado, que

> no castigo ao Rio de Janeiro, o Recolhimento dos Santíssimos Corações seria como a arca de Noé, pois aí se guardava uma prenda preciosíssima, e a mais maravilhosa que ali se guardava fora trazida pelo Arcanjo São Miguel e entregue a madre Rosa, e, naquele momento da entrega, se enfureceram de tal sorte os demônios, que causaram nesta cidade a terrível trovoada ocorrida no dia dos Reis. Irmã Ana do Coração de Maria divulga amplamente dentro e fora da comunidade sua última visão: certa noite, estando as recolhidas em oração no coro, entrou em êxtase declarando "que o Arcanjo Gabriel falava por sua boca e que todos se concentrassem porque Deus havia de arrasar o Rio de Janeiro, que não ficaria pedra sobre pedra, só escapando os que estivessem na arca. Perguntou então o padre Francisco Gonçalves Lopes, que estava presente, como confirmava aquela embaixada? Respondeu ela que, por aquela [relíquia] do Santo Lenho que em si tinha, o confirmava; e aí o padre a confirmou e mandou que todos se pusessem bem com Deus".

Francisca Arvelos, presente no coro quando dessa revelação, disse que a data marcada para acontecer o dilúvio seria "no dia do *Missus est*, e se havia de arrasar a cidade, somente escapando as pessoas que estivessem no recolhimento. E quando se principiasse aquele estrago, deviam fechar as portas e janelas e que se avisassem os devotos de Rosa".

Há contradição entre as testemunhas quanto ao dia profetizado para ocorrer o dilúvio. A mesma informante ora citada disse assim: "Parece que foi em 1758, pelos meses de fevereiro ou março, logo depois da Páscoa"; o cirurgião Moreira citou o Dia de São Tomé, 21 de dezembro de 1758; um grande devoto de Rosa, Francisco Xavier, morador na ilha de Paquetá, afirmou que tal evento ocorreu dois anos depois do terremoto de Lisboa, e ele próprio presenciara um curioso diálogo da vidente com o frade italiano, quando então acertaram o dia fatídico: "Frei João Batista disse à Rosa: *Missus est*, e ela respondeu: *Tristis est anima mea*. E o frade disse então que em 25 de março o Recolhimento do Parto ia se tornar a arca do dilúvio". Infelizmente a documentação não permite concluir, de forma cabal, o ano desse episódio, parecendo-nos mais provável que tenha ocorrido em 1759.

Reunindo esse diálogo com a visão de Ana do Coração de Maria, encontramos a chave do enigma. No dia 24 de março, a Igreja comemora a festa de São Gabriel Arcanjo, o grande mensageiro da Encarnação do Verbo Divino. Daí a irmã do Coração de Maria se dizer possuída pelo dito arcanjo e ter anunciado que o dilúvio seria no dia do *Missus est*. Dia 25 de março é a festa da Anunciação de Nossa Senhora, lendo-se, no Evangelho da missa deste dia, que *in illo tempore, missus est Angelus Gabriel a Deo...* [naquele tempo, foi enviado o Anjo Gabriel por Deus...]. Dia duplamente significativo para um grande evento, por marcar os dois maiores acontecimentos da história cristã: a Encarnação de Deus e nossa redenção no Calvário. Conforme Rosa já ensinara numa de suas primeiras revelações, "25 de março era a verdadeira Sexta-Feira [Santa] em que o mundo foi remido". Por isso, a madre Egipcíaca respondeu à saudação *"Missus est"* com outro versículo do Evangelho, *"tristis est anima mea"*, a frase que Cristo disse no Horto das Oliveiras, na Sexta-Feira Santa, pouco antes de iniciar-se sua paixão.

A passagem do cometa Halley, em 12 de março de 1759, talvez tenha sido interpretada por nossos mistificadores como prenúncio de próximas catástrofes.

Acertado o dia fatídico, só faltava aguardar que as comportas dos céus fossem escancaradas, e a arca de Rosa flutuasse altaneira por sobre os muitos morros do dissoluto Rio de Janeiro.

O dia escolhido não podia ter sido melhor: além de evocar riquíssima simbologia religiosa, estava dentro do período das chuvas (a grande inundação de 1756 ocorrera exatamente na primeira semana de abril), daí sua escolha; se Deus não ajudasse, poderia cair alguma chuva típica dessa estação, cumprindo-se assim, indiretamente, o vaticínio.

Seguindo o conselho de frei João Batista, as revelações da irmã Ana do Coração de Maria e as admoestações de Rosa e de seu capelão, "a partir daí recolheram muitos mantimentos no Parto, e muita gente: homens, mulheres casadas com suas famílias, rapazes, todos levando seus bens, trastes, alfaias e mantimentos". Lá estavam dois sacerdotes: o capuchinho e o padre Xota-Diabos "e muita gente mais": cinquenta, cem, duzentas pessoas? Dentre os presentes, sem dúvida, confirmaram as testemunhas a presença dos principais e fiéis devotos de Rosa, entre eles toda a família da regente Maria Teresa do Sacramento. Uma das assustadas devotas da africana, a mulher de Lucas Pereira, viera de sua fazenda de farinha, no recôncavo da baía de Guanabara, temerosa de que as águas do dilúvio chegassem até sua propriedade. Essa informante declarou no processo que, diferentemente do esperado por todos, o dia 25 de março "foi um dia muito sereno, sem demonstração de castigo". Entre orações, ladainhas, atos de contrição e mais devoções propiciatórias, acotovelavam-se, com todos aqueles trastes, alfaias, alimentos, crianças e rapazes, certamente também alguns escravizados, animais domésticos e de estimação. De repente, "os refugiados ouviram por algum espaço de tempo um estrondo e movimento de águas". E com efeito, diz a mulher de Lucas Pereira, chegara mesmo a ver o chão coberto de água, porém ficou admirada de não ver vestígio de haver chovido nesse dia. Tais sinais foram ou fruto de alucinação coletiva, ou recurso teatral escuso dos corifeus da profecia, pois nenhuma gota de chuva caiu do céu nesse inesquecível Dia da Anunciação.

Frei João Batista e seus sequazes haviam planejado bem essa encenação mística: enquanto todos se achavam temerosos e compungidos no Recolhimento do Parto, Rosa permanecia na igreja de Santo Antônio, no alto do morro da Carioca. José de Souza, o tal devoto músico de Mariana, um dos que estavam refugiados na "arca", contou que,

> de quando em quando, algumas pessoas iam reparar na porta da igreja do recolhimento se Rosa saía da Igreja de Santo Antônio, [pois] diziam que, se ela saísse, não havia de haver coisa alguma e, se Rosa viesse para o Parto, havia de haver o dilúvio, e, se fosse para sua casa, então não haveria o castigo. E reparando que ela não veio para o recolhimento, ficaram satisfeitos, e, passando poucos instantes, disse frei João Batista que dessem graças a Deus porque já não haveria dilúvio algum, por estar aquela Pomba Rosa fora da arca e porque Deus tinha perdoado.

Ana do Coração de Maria reforçou no mesmo tom a explicação do fiasco: "Pelas orações de Rosa, Deus suspendera aquele castigo". Quando os sinos repicaram ao meio-dia, padre Francisco despachou as pessoas de volta para suas casas, mandando que agradecessem a misericórdia de Deus, explicando que "não ocorrera o dilúvio porque a Abelha-Mestra não viera para o cortiço". D. Maria Tecla de Jesus, a viúva em cuja casa Rosa se albergava à época, estava ao lado da vidente na igreja dos franciscanos nesse 25 de março e, ao voltarem para casa, Rosa lhe disse que "Nossa Senhora perdoara o castigo porque muitas pessoas haviam se sacramentado nesse dia e também porque ela não estava no

Recolhimento, porque era a rosa mais fragrante para o agrado de Deus". Aleluia, aleluia! A todos os refugiados, os dois sacerdotes presentes "pediram muito segredo e que não revelassem [o ocorrido] de modo algum!".

O fiasco do dilúvio não arrefeceu a fé dos devotos na beata africana. Entre o cumprimento da profecia do frei João Batista, que previa a destruição do Rio de Janeiro pelas águas, e o aplacamento da ira divina, pela intercessão de Rosa, voltando cada qual para sua casa e parentela, certamente os refugiados deram preferência à segunda solução, ficando reconhecidos à Abelha-Mestra por ter impedido que as águas submergissem a cidade. Deus seja louvado!

Embora tal episódio tivesse ficado conhecido apenas pelo pequeno restrito rebanho dos devotos da beata africana, aconselhados que foram a conservarem em segredo tudo o que viram e ouviram, o certo é que, a partir dessa data — 25 de março de 1759 —, bons ventos voltarão a alçar a madre Rosa Maria Egipcíaca da Vera Cruz ao apogeu de sua glória terrena.

Tudo nos leva a crer que as autoridades eclesiásticas perseguidoras de Rosa acreditaram em sua inocência ou, simplesmente, por inércia e esquecimento, a deixaram recuperar o espaço perdido: Rosa volta à sua querida fundação.

"Disse mais, que no ano de 1759, estando na igreja do Recolhimento do Parto para comungar, pediram as recolhidas ao capelão que a deixassem entrar para receber com elas o Sacramento, e assim lho permitiu."

Causa-nos admiração que o capelão tivesse autoridade para readmitir à comunidade uma recolhida expulsa por determinação do vigário-geral do bispado, com o beneplácito do próprio prelado. Talvez, como ele próprio, o padre Francisco, denunciado juntamente com a negra espiritada, de conduta imoral, sem, ainda assim, ter perdido a capelania do Parto, o desmentido da regente, que declarou não passar tudo de calúnia, tenha levado as autoridades religiosas fluminenses a perdoar o padre e a permitir o retorno da injustiçada Rosa ao mesmo recolhimento que tanto se empenhara em fundar. Afinal, errar é humano, e a história da Igreja registra vários episódios semelhantes, de erros de julgamento, como os ocorridos na Idade Média com santa Joana d'Arc e, na mesma época em que Rosa vivia, com o santo cardeal Afonso de Liguori (1696--1787), fundador dos redentoristas, que também fora expulso de sua própria congregação e acabou por receber as honras do altar.

Dois acontecimentos ocorridos em 1759 talvez tenham contribuído para que o retorno dessa madalena negra à Casa do Parto passasse despercebido:

1759 é o ano da expulsão dos jesuítas do Brasil, e d. Antônio do Desterro devia estar tão envolvido com tal quiproquó que não tinha tempo para ocupar-se de somenos questiúnculas envolvendo uma ex-escravizada. Outro fator, de ordem pessoal, não deve ser ignorado: como é sabido, o bispo do Rio de Janeiro sempre teve saúde muito frágil. Já em 1753, em carta enviada à Corte, dizia que, por onze meses, estivera quase morto, "não estando capaz de governar o bispado com minhas moléstias".[14] Em 1759, o mesmo ano da reassunção de Rosa ao Parto, o débil antístite por pouco não falecera, o que talvez tenha tirado o foco do retorno da vidente ao recolhimento. Ela própria se refere ao estado crítico da saúde de d. Antonio em uma de suas visões.

Rosa deve ter ficado radiante de alegria ao voltar à sua casa santa, se recolher novamente à sua cela, rever suas queridas filhas e poder continuar sua caminhada na busca da santidade. Depois de ela ficar quase um ano impedida de entrar em sua dileta morada e comunidade, humilhada e coberta de calúnias, a Divina Providência voltava a lhe abrir as portas da casa dos Sagrados Corações. Como ela sempre dizia: "As obras do Senhor sempre foram perseguidas e tentam jogar cizânia e embustices". Seus infortúnios agora tinham a desforra: seu retorno era a prova de que Deus não a desamparara, tanto que "o Soberano Médico das almas lhe disse que aconteceria com ela igual a José do Egito que, desprezado e vendido, depois foi adorado como rei".

Algumas cartas desse ano, endereçadas sempre à família Arvelos, nos permitem acompanhar a consolidação da fundação do Recolhimento do Parto, assim como conhecer os sentimentos e preocupações de nossa biografada, que, nesse ano do Senhor de 1759, completava quarenta anos de idade.

Numa carta de 20 de dezembro de 1758, Rosa manifestava, pela primeira vez, o desejo de que se tornassem igualmente recolhidas as outras duas filhas de seus compadres do Rio das Mortes: "É a vontade de Deus que mandem também as outras meninas, sem ficar especulando a vontade delas, porque ninguém as ama mais do que eu, que sou seu pai…". Da mesma forma, o capelão Xota-Diabos manifestava semelhante alvitre, dizendo ao compadre Pedro Rois Arvelos "que Maria Jacinta viesse junto com Genoveva, mas se vossa mercê puder sustentar as que vêm, é bom, pois eu cá dou conta das que já estão".

Deve ter sido em fins de fevereiro de 1759 que chegam ao Recolhimento dos Sagrados Corações mais duas filhas dos Arvelos, completando quatro irmãs carnais da mesma família a serem enclausuradas:

Cá chegaram nossas filhas Maria Jacinta, muito alegre, e a irmã Genoveva, mais triste, mas já está mais consolada e resolvida. O Menino Jesus tem feito mais atenção a elas do que às outras recolhidas, e elas já começam a aprender a humildade, que consiste na verdadeira vida espiritual. Que sejam como um tapete da cor da terra, que se devem pisar de todos, para depois se levantarem bem vistas aos olhos de Deus. Vossa mercê tenha-se por mãe ditosa e afortunada, pois Nosso Senhor lhe tira de casa as filhas para aliviá-la do trabalho de as andar vigiando e viver sem sobressalto. [Carta de Rosa para Maria Teresa Arvelos, de 13 de março de 1759]

Maria Jacinta tinha treze anos quando entrou para o recolhimento, e Genoveva, a mais velha e também a menos lúcida das quatro irmãs, completava dezenove. Portanto, relembrando as idades das quatro filhas dos Arvelos em 1759: Genoveva, dezenove anos; Faustina, dezesseis; Jacinta, treze, e Francisca Tomásia, onze.

Pelo visto, o casal Arvelos foi bastante prolífero, pois, além dessas quatro donzelas, são mencionados nas cartas os nomes de outros filhos, a saber: Ana Maria, Emerenciana, Félix, Paulo e Teodoro. Alguns destes eram afilhados do padre Francisco, outros, de Rosa.

Ao mandar suas quatro filhas mais velhas para o recolhimento dirigido por sua ex-escravizada, o sr. Arvelos se movia basicamente por três razões: garantir rígida educação religiosa às meninas; protegê-las dos riscos de sedução ou de namoros indesejados; obedecer aos desígnios celestes, que, através das mensagens do padre Xota-Diabos e da madre Rosa Egipcíaca, afiançavam que suas filhas haviam sido escolhidas para "esposas do Menino Jesus". Como veremos mais adiante, tanto Rosa quanto seus devotos acreditavam estar próximo o fim dos tempos e iminente a nova redenção do gênero humano; daí ser boa estratégia, na economia salvífica, abandonar o mundo e suas vaidades, abraçando a vida religiosa, caminho mais certo para a glória celeste.

A preocupação pela integridade moral dessas donzelas é referida várias vezes em diversas cartas. Tanto o padre quanto Rosa aconselhavam aos Arvelos, repetidamente, que tivessem cuidado, que fossem severos e vigilantes, impedindo, sobretudo, intimidade de seus filhos com a escravaria. Eis como a ex-escravizada madre Egipcíaca avaliava tal questão:

Não consintam que a escrava Maria Benguela tenha comunicação com as meninas, porque muitas casas estão perdidas com semelhantes escravas, pela pouca cautela que há nos pais e mães de família, porque se fiam nelas, por serem filhas, e nas escravas, por serem súditas, e, por tal confiança, há muita confusão no inferno, porque o pecado no tempo de se cometer, não há escolha, porque a tentação não dá lugar...

Que "tentação" seria esta: a do "amor que não ousa dizer o nome"?

E para reforçar a veracidade de seus conselhos — os mesmos que costumavam dar os jesuítas Antonil e Benci —, conta Rosa uma curiosa história que disse ter conhecido num livro de piedade:

um moço casou-se sete vezes, porque em todas as seis mulheres achou tudo desmanchado e bulido — aí elas morriam. Triste e sem saber a razão, casou-se, então, com a sétima, que tinha apenas sete anos. Mas esta lhe contou que o estribeiro de seu pai já tinha bulido com ela e, quando foi o tempo, fecundou-a Deus com uma barriga, parindo duas meninas, que, mal caíram aos pés da mãe, as meteu num saco e as levou a um convento para recolhê-las, tomando exemplo na mãe, que sendo de tão tenra idade, se tinha desmanchado. [Desmanchar pode aqui ser entendido como desregrar-se, quiçá perder a virgindade, e bulir como sinônimo de bolinar.]

Depois dessa incrível parábola, na qual o recolhimento é apontado como a melhor e mais segura solução para proteger intacta a pureza das donzelas, madre Rosa dá alguns conselhos práticos de como tratar os escravizados da casa para mantê-los inofensivos:

Tomem vossas mercês o exemplo nesta história para não fiarem as meninas. Me perdoem esta matraca, mas assim convém no que respeita a crioula e o mulato, e, para haver quietação, mande o mulato para a fazenda do gado, e ela, açoitem-na bem, e tragam bem supiada [?] diante dos olhos. Também não quero o mulato aí, por amor das meninas, nem quero que a crioula tenha com elas muita confiança, porque uma carne danada metida no meio de outra que está sã também a dana. Também não quero que os irmãos machos tenham cama junto com as fêmeas: quero que os criem com o santo hábito do temor de Deus e que vossas mercês se mostrem severos com eles, para que eles saibam temer a Deus, porque os filhos que não sabem respeitar e temer seus pais não sabem respeitar a Deus, nem temê-lo, nem sabem fugir do risco e perigo. Estes avisos e lições são da parte de meu Senhor, que é zeloso do bem e me alumina para que lhes diga.

Não deve o leitor se chocar com a autoridade e a violência dos ditames da ex-escravizada: fazia parte da pedagogia de nossos antepassados tal código repressor, pelo qual a palmatória, a vara de marmelo, o cipó-caboclo, mesmo as correias de couro, eram frequentemente usados por pais e mestres, a fim de corrigir e educar crianças e adolescentes. Nas sociedades escravistas, a violência física era ainda mais cruel, sendo praticada como condição sine qua non da manutenção da hegemonia da elite branca.[15]

Rosa, em outra carta, escrita no Dia de São Tomé, de 1760, ratifica sua postura autoritária e classista:

Quem perde o temor dos pais também perde o temor de Deus. Não deveriam vossas mercês dar tanta liberdade para os filhos, não deixá-los especular nem falar com os fâmulos da casa, pois eles são mensageiros, e aquele escravizado que morreu afogado era um dos diabos, e o crioulinho também tem o mesmo Diabo.

Da mesma forma, o padre Francisco defende igual pedagogia repressora e, em carta datada de 1759, assim recomendava a seus compadres sitiantes nas Minas Gerais:

Não consintam que minhas afilhadas estejam em companhia de negras e negros, nem moleques; os tragam sempre à sua vista, porque antes os quero brutos do que malcriados e mal-acostumados. Ana Maria não está mais em idade de fazer companhia com suas negras e negros. Antes levem castigo de mais, do que de menos.

Em outra carta, no ano seguinte, novas instruções do capelão a respeito da educação dos filhos de Pedro e Maria Teresa Arvelos:

Que minhas afilhadas sejam criadas com sua mãe, nunca as acompanhem os moleques, nem as carreguem, nem os negros; nem folguem, nem [...]. Antes sejam brutos e sem civilidades, do que más companhias. Só a virtude de sua mãe e pai os veja e sempre é bom que não tenham longe os açoites e tenham ao menos os sinais frescos [dos açoites] e antes mais do que menos, para que de pequenos tenham obediência e temor de Deus. E isto não é para me queixar das que cá estão, pois todas são humildes, e, se o não fossem, tenho muito boa palmatória para elas quando merecessem...

Não fora o próprio Javé quem ensinara que "quem ama, castiga!"?

Se para a família Arvelos era uma segurança moral e sobrenatural ter enclausuradas suas filhas no Recolhimento dos Santíssimos Corações, a presença das quatro donzelas brancas, filhas de pais lusitanos, cristãos-velhos, representava um importante fator de enobrecimento dessa instituição crioula, na qual predominavam até então mulheres negras e mulatas, várias delas egressas do meretrício. Não seria infundado conjecturar que as brancas do Rio de Janeiro, sobretudo as donzelas, resistissem obstinadamente à ideia de recolher-se no Parto, devendo existir igual preconceito por parte das famílias de "sangue puro" em mandar suas filhas e parentas para comunidade tão impura na mistura das raças e na idoneidade moral das recoletas. Daí a relutância e a tenaz rebeldia com que algumas jovens recolhidas resistiram a se curvar perante Rosa e os estatutos desse beatério. Dentre as mais rebeldes e resolutas, estava Faustina Arvelos.

Dois temas cruciais centralizam a atenção das recolhidas, de Rosa e do capelão depois do retorno de nossa biografada ao Recolhimento do Parto: a sujeição das noviças indisciplinadas e a consolidação do reconhecimento da santidade da Abelha-Mestra. Tais serão, por conseguinte, os temas que trataremos a seguir, começando pela segunda filha do casal Arvelos.

18. A vida no Sacro Colégio

Já descrevemos alhures a chegada ao Rio de Janeiro de Faustina e Francisca Tomásia, assim como a cerimônia de tomada de hábito das primeiras noviças no Recolhimento do Parto, ocorrida a 7 de outubro de 1757, festa de Nossa Senhora do Rosário. Quando as outras duas irmãs Arvelos são internadas no mesmo recolhimento, no início de 1759, já fazia quase ano e meio que as primeiras se achavam enclausuradas. Francisca Tomásia, coitadinha, com seus nove para dez anos, era cera ainda mole, adaptando-se sem maiores problemas e conflitos à nova vida ao lado da irmã mais velha. Foi doutrinada, desde que chegou, para não oferecer nenhuma sorte de resistência aos ditames da madre superiora. Sete anos depois de sua chegada ao Parto, ainda tinha vivos na memória a cena e o conteúdo aterrador de uma visão revelada pela madre regente, passados poucos dias de sua tomada de hábito:

> Deitando-se no chão do coro, disse Rosa ter visto um boqueiral ou buraco negro, que era o inferno, e por ele entrarem tantas almas, como chuva miúda, e que aquelas almas eram daqueles que não criam [nela]. E dizia que aquilo que se obrava no corpo dela, Rosa, era de Deus.

Como suas demais irmãs, Francisca Tomásia também já veio alfabetizada das Minas, provavelmente ensinada por sua mãe, Maria Teresa, que, por ser natural do Porto, devia ter aprendido a ler e escrever ainda naquela cidade. Francisquinha foi usada como escriba das visionárias analfabetas, sobretudo das irmãs Páscoa do Coração de São José e da parda Ana Clara, quem lhe ditou a visão, já reproduzida, da árvore cheia de frutas representando as dúvidas de frei Agostinho quanto à santidade da mãe Rosa. Disse que, por ordem da fundadora e da regente, "passou quase um ano escrevendo visões e cantigas compostas em louvor de Rosa".

Depois de três meses no recolhimento, contou Rosa numa carta que a menina Francisca Tomásia, agora chamada de irmã Francisca Josefa do Santíssimo Sacramento, ocupava seu tempo com piedosas distrações: "Minha filha Francisca é muito devota do Santíssimo Sacramento", escrevia a madre para a progenitora da donzela; "ela anda pregando seus rezetinhos [?] e cruzinhas pelas paredes, para rezar as estações [via-sacra] e, quando acha seu incenso, todo seu enleio é incensar…".

Tornando-se mais crescidinha, ao entrar na adolescência, Francisca também principiou a se rebelar contra as ordens de suas superioras, sofrendo os mesmos castigos que sua irmã mais velha, Faustina, punições sobre as quais trataremos logo a seguir. Numa carta de 1760, Rosa dizia: "As meninas vão como Deus ajuda, só a menor que tem uma dureza na barriga". Que doença estomacal ou intestinal estaria atacando a rapariga? Flato, ventosidade, fleuma do estômago ou opilação do fígado?[1]

Nada mais informam as testemunhas ou as cartas sobre essa alegre criaturinha que, na inocência dos seus dez anos, é arrancada de seu aprazível sítio em São João del-Rei e escolhida pelo padre Xota-Diabos como "esposa de Deus": casamento precoce e curto, pois só durou cinco anos.

Das quatro filhas dos Arvelos, Faustina foi a que mais resistência ofereceu à sua reclusão. Enquanto as três irmãs juntas aparecem citadas dezoito vezes nas cartas e demais documentos processuais, Faustina é referida 25 vezes! Quase sempre envolvida com desobediências, rebeldias e castigos.

Desde o início opôs resistência, pois não queria abandonar a família. Levada a contragosto para o Rio de Janeiro, manteve-se rebelde por anos a fio, recusando-se a aceitar de boa vontade e com humildade o determinado por seus pais e superiores. Tinha quinze anos quando desceu a Mantiqueira, permanecendo cinco anos interna no recolhimento. Mal tendo recebido o hábito marrom de noviça, começou a sofrer humilhações e castigos, tudo com vistas a lhe domar a rebeldia. Identificada por Rosa, numa visão, como uma das três recolhidas que ostentavam a "alma negra", por ter comungado sacrilegamente com o pecado do orgulho, a vidente pôs nas mãos de Faustina e das outras duas desobedientes uma caveira, "dizendo que eram aquelas as três almas negras", acusadas de terem omitido seus pecados e feito, portanto, confissão nula. Seu noviciado e primeiros anos de vida recoleta foram uma interminável via-crúcis.

Já transcrevemos, anteriormente, algumas cartas expedidas do recolhimento, nas quais o padre e a mestra dão notícia de Faustina a seus pais, ele geralmente mais superficial e tranquilizador, Rosa sempre chamando a noviça de pertinaz, convocando seus compadres a, através de conselhos epistolares, ajudarem a domar Faustina. Ambos, às vezes, inventavam pequenas mentiras a fim de não deixar o casal de compadres sobressaltado, inclusive obrigando a noviça a escrever falsamente, como se estivesse resignada e feliz com seu novo estado de recolhida.

O próprio padre Francisco, em carta de outubro de 1757, dizia claramente: "Faustina não tem licença de escrever a ninguém. É a regra das noviças. Digam a ela que mostre as cartas, para não escrever nada que não seja do agrado de Deus". A censura da correspondência e sua interdição no Advento e Quaresma sempre foram uma regra das ordens religiosas, instrumento de controle dos neófitos e treinamento da humildade cristã. Eu próprio, nos oito anos que vivi na Ordem Dominicana, tive toda a minha correspondência previamente aberta e lida por meus superiores, tanto a recebida quanto a que enviava. Regras medievais ainda praticadas em pleno século xx!

A carta que transcreveremos a seguir, escrita provavelmente em 1758, se situa logo depois do retorno do sr. Arvelos para as Minas, quando deixou, no Rio de Janeiro, suas duas filhas recolhidas sob a tutela da madre Rosa. Deve ter sido ditada por ela própria ou pela regente Maria Teresa, embora manuscrita por Faustina:

Meu querido pai e senhor:

Recebemos a carta de vossa mercê com muito contentamento, por saber de sua feliz chegada e tornada, como me contou minha mãe e mestra. Eu cá luto contra os três inimigos de minha alma: o mundo, o Diabo e a carne, por isto me ponho sob os corações de Jesus, Maria, José, Santana e São Joaquim, pedindo-lhes a sua bênção... Peço ao Coração de Jesus para ser transplantada para o jardim da contrição, pois ao se porem as contas no Tribunal do Supremo, depois da morte, não valem os desejos, e para isto está Jesus de braços abertos para os pecadores.

E termina com exemplar e inusitada humildade: "De sua filha, pecadora e ingrata aos benefícios de Deus, Faustina".

Os fatos, contudo, provavam exatamente o contrário: a segunda filha dos Arvelos continuará rebelde e indócil por mais de quatro anos seguidos. Só à custa de muito castigo e humilhações abrirá mão de sua altaneira liberdade e amor-próprio.

Rosa culpava em parte a sra. Arvelos pela resistência dessa donzela em se sujeitar aos estatutos do recolhimento. Ainda em 1760, depois da chegada das outras irmãs, Rosa reclamava de d. Maria Teresa Arvelos ter dado muita autoridade a Faustina: "Ela não quer ser governada porque vossa mercê lhe deu o título para governar as irmãs mais novas. Não é bom ter dado a responsabilidade das outras a Faustina, porque assim ficou dominadora". E conclui dogmática: "Entregue suas filhas aos cuidados do confessor, padre Francisco, e a mim, irmã mestra, que o céu me elegeu, porque assim se pratica nas outras religiões e eu quero seguir o que segue e ensina a Santa Madre Igreja Católica Romana".

Interessante e sociologicamente correta é a análise que fez padre Francisco, interpretando a rebeldia de Faustina num contexto mais amplo e característico do comportamento das brasileiras nesta parte da América portuguesa em meados do setecentos, influenciadas pela ideologia escravista que fazia dos brancos os senhores poderosos e arrogantes do populacho "de cor" ou de "sangue impuro":

Peçam a Deus, dizia o sacerdote, sobretudo pelas senhoras brancas deste recolhimento, para que Deus as faça filhas da obediência e lhes tire a presunção de fidalgas e nobres. E isto não cuidem que falo pelas suas filhas, mas falo em comum pelas filhas da América, e, como as suas são da mesma terra, sempre alguma coisa há de soberba.

338

É nessa mesma carta que, zombeteiro, o velho capelão lembrava possuir "muito boa palmatória" para disciplinar as que merecessem castigo.

Se chegou de fato a dar alguns bolos nas mãozinhas das meninas Arvelos, não sabemos. Provavelmente sim, como era costumeiro na época. Que foi conivente e autorizou castigos morais contra elas, não resta dúvida.

Além do orgulho próprio de sua condição de branca da terra, Faustina "considerava vil a casa do recolhimento e conservava ódio em seu coração por seus pais a terem trazido para cá: ela não fala nada disto a vossa mercê, nem pede perdão, sinal que ainda está pertinaz", escrevia Rosa.

Foi a pequena Francisca Tomásia quem revelou, anos mais tarde, que Leandra e Ana do Coração de Maria eram, em particular, agressivas em castigar Faustina. A primeira, certamente para se vingar de algum desafeto antigo, do tempo em que vivia agregada à casa dos pais da donzela, no Rio das Mortes; a segunda, ex-prostituta, negra retinta, quem sabe por se sentir desprezada pela moçoila branca, diferentemente dela, considerada pura na cor e no corpo. Relatou a irmãzinha mais nova que, certa feita, dizendo-se possuída por são Miguel e querendo castigar a incredulidade de Faustina, a mulata Leandra agarrou no pescoço da noviça rebelde como se quisesse sufocá-la. E logo depois da morte de frei Agostinho, "mandou que Faustina ficasse de joelhos no refeitório, de olhos baixos, só comendo o que sobrasse, ou nada, se a comida acabava". Tal penitência perdurou por meses seguidos e, "depois, fez o mesmo com Francisca, por mais de um ano, e tudo via o padre Francisco, pois sempre passava pelo refeitório quando ia visitar Rosa em seu cubículo". A pobre mineirinha tinha onze anos quando foi condenada a tão grave castigo. Castigo, aliás, que, embora nos pareça chocante, era perfeitamente aceito e corriqueiro nos conventos e mosteiros de ambos os sexos. No vizinho convento de Santo Antônio, os franciscanos, à mesma época, praticavam as seguintes penitências contra os frades faltosos: obrigação de confessar em voz alta perante a comunidade suas culpas; açoites com nove golpes nas costas desnudas; jejum a pão e água; comer no refeitório sentado debaixo da mesa; mendigar comida aos frades sentados à mesa; ficar com os olhos vendados e um pau na boca, andando no refeitório com uma peia nos pés ou carregando uma pedra para servir de travesseiro etc. etc.[2] Regras, aliás, legitimadas por são Pedro de Alcântara e praticadas comumente nas comunidades seráficas ainda em 1764. No também vizinho convento da Ajuda, das franciscanas clarissas, fora o próprio d. Antônio do Desterro quem, para as freiras revoltosas, "permitiu alguns sacrifícios: beijar os pés das demais religiosas; comer sentadas no chão ou de joelhos; ficar de joelhos com as mãos em cruz, proibindo-se, porém, arrastar-se pelo chão".[3]

Humilhada, ameaçada com as penas do inferno, esganada, obrigada a mendigar o alimento e comer, de joelhos, os restos da comunidade — depois de tão severa e prolongada provação, com a chegada das outras irmãs, quem sabe aconselhada por elas, finalmente Faustina capitula. Foi sua irmã Jacinta quem deu tão auspiciosa notícia a seu progenitor, em carta provavelmente de 1760:

> Meu pai e senhor do meu coração:
>
> por estas regras vou aos pés de vossa mercê pedindo-lhe a sua bênção, dando parabéns pelo bom parto e feliz sucesso que teve a minha mãe e mestra Rosa, com a sua nova convertida, que é a irmã Faustina Maria do Coração de Santana, que Deus a cubra com a sua graça! Que também nós, com santa inveja, cheguemos ao mar e jardim da contrição, por intercessão de minha mãe e capitoa, e nós, as soldadas [vamos] dançar e festejar o Divino Amor.

Estilo tão laudatório mais faz lembrar a regente Maria Teresa do que a signatária da missiva, na época com apenas treze ou catorze aninhos.

Em outra carta, provavelmente escrita depois de algumas semanas da anterior, a mesma Maria Jacinta dá mais detalhes sobre tão importante acontecimento:

> Tivemos um grande banquete no dia em que irmã Faustina se converteu, fazendo sua confissão. Céu e Terra festejaram, e o inferno todo chorou, por estar feita ela rainha e esposa de Lúcifer, a quem ele tanto estimava! Neste dia recebemos tanta alegria e tudo quanto Deus criou — as pedras, montes, aves e brutos — havia de ter alegria. De alegre, chorei em ver como Faustina andava, e como tinha ficado, e o desvelo como a Senhora anda com ela…

Parece que — ou por fingimento, ou por alienação mental, ou por sincera conversão mística — a antiga esposa de Lúcifer, depois de quase cinco anos de resistência, deu a mão à palmatória, conformando-se em viver como esposa do Menino Jesus. A confissão geral e o banquete festivo marcaram o enterro do "velho homem", e, a partir de então, Faustina se tornou outra criatura: nas duas cartas há pouco citadas, Jacinta conta que sua irmã "anda dançando e saltando pelo meio da casa, de amor por Deus, como são Pascoal Bailão". Esse santo, irmão leigo franciscano espanhol, canonizado em 1690, tinha por devoto costume bailar em frente à imagem da Virgem Maria, a qual, agradecida por tão espontânea devoção, sempre dava um belo sorriso para o santinho. Faustina imitava o santo Bailão em seus arroubos místicos, e mãe Rosa, sempre solícita na condução de seu pequeno rebanho, incluía entre suas joias espirituais a conversão dessa pertinaz noviça. Em carta de 5 de fevereiro de 1762, comentava com seus compadres de São João del-Rei:

> Parabéns! Porque lhes nasceu num feliz parto uma filha da contrição: Faustina Maria do Menino Jesus da Porciúncula, pois se curou da soberba, tendo Santana como sua madrinha e o Menino Jesus como seu caçador, que fez do meu coração o arco e flecha para flechá-la.

E completa revelando seu projeto em relação à jovem convertida: "Desejo que Faustina faça os três votos: pobreza voluntária, obediência inteira e castidade perpétua, que é esse o nosso instatuto (sic), porque esta é a regra que Deus me deu: comer e beber do amor de Deus, falar e conversar do amor de Deus".

Sobre as duas outras filhas dos Arvelos, que se recolheram em 1759, pouco informam os documentos processuais. Genoveva, dezenove anos, era a primogênita. Por sua caligrafia mal desenhada e laconismo constante, sugere ter sido pouco dotada intelectualmente, quiçá, como diagnostica o povo, "fraca da cabeça". Era naturalmente adoentada. Segundo o padre Xota-Diabos, seus achaques provinham do Espírito das Trevas: "O sentido que Genoveva tem no corpo não é seu; é o Demônio que tem no corpo, como tinha Faustina". E em outra carta do mesmo ano de 1758, quando ainda vivia nas Minas, repete o mesmo diagnóstico: "A inclinação que Genoveva tem é o Demônio e se ela se oferecer como filha de nossa Rosa Egipcíaca da Vera Cruz, já o Demônio não há de ter poder nela, porque sei decerto que quem for filha dela, se não há de perder!".

Depois de internada no recolhimento, suas doenças e conduta estranha persistiram. Eis o que informava Rosa a seus compadres em carta de 5 de fevereiro de 1762:

Genoveva anda sempre com umas feridas nos pés e não sei que feridas são, pois lhe tem feito inúmeros remédios e purgas. As feridas saram e tornam a rebentar. Não sei se será causado pelo Espírito. Quando está [no andar] de cima, come bem com as outras, quando está embaixo, não. Quando as criaturas estão atribuladas, o seu negócio desce e está rindo das aflições das criaturas. Mandei o padre a exorcismar, melhorou, surgiu outra ferida no braço.

Que feridas incuráveis seriam essas, pipocando ora nos braços, ora nas pernas, alterando seu humor? Talvez se tratasse da bouba (*framboesia tropica*), doença endêmica já existente no Brasil à época da descoberta, que provocava ulcerações muito semelhantes às da sífilis, embora não sendo congênita nem hereditária. Muito espalhada no Rio de Janeiro à época colonial, foi um carioca, o dr. Bernardino Antonio Gomes, que, em 1797, primeiro descreveu cientificamente tais feridas na sua obra *Memória sobre as boubas*.[4]

Suspeito que era oligofrênica, pois se comportava, via de regra, com passividade, sem reagir a seus infortúnios. Relata o capelão, em carta do mesmo ano (1762), que "Genoveva sempre anda doente de feridas no corpo e pernas, do que padece bastante moléstia, mas com tudo se acomoda e se conforta com tudo. Todos têm sua cruz e, sem ela, ninguém se pode salvar". Embora não fosse a mais velha das quatro, era Faustina, a segunda na ordem dos nascimentos, quem liderava as meninas Arvelos, inclusive recebendo de sua progenitora delegação para tanto — o que reforça nossa ilação de que a primogênita sofresse de alguma debilidade mental, além das incuráveis feridas.

Maria Jacinta, a terceira filha do casal, parece que foi a que menor resistência e problemas apresentou com sua reclusão. Nas 22 cartas que o capelão escreveu para seus compadres, não se refere a Jacinta nem uma vez sequer, e Rosa apenas diz, numa missiva de 13 de março de 1759: "Cá chegaram nossas filhas Maria Jacinta, muito alegre, e a irmã Genoveva, mais triste, mas já está mais consolada e resolvida". Apesar de menos citada, Maria Jacinta, por outro lado, foi quem mais cartas, e mais detalhadas, escreveu aos pais.

Como as demais, declarou também que "por obediência a seu pai fora levada ao recolhimento". Em tempos pretéritos, a vocação ou desejo dos filhos e filhas não contava, quando os progenitores, sobretudo o *pater familias*, consideravam boa e acertada a decisão de escolher o estado para seus descendentes, indicando os cônjuges para os mais afortunados, mandando ordenar alguns filhos varões, enclausurando quantas filhas achassem que maior bem fariam à família e à salvação de suas almas, se pronunciassem os votos religiosos.

Mal chegada ao Parto, o compadre de seu pai, capelão padre Francisco, logo lhe foi informando que "Rosa era a fundadora e mestra do recolhimento, título que dizia Deus ter-lhe dado". Foi Jacinta quem noticiou aos progenitores "o feliz sucesso" da conversão de sua irmã Faustina e de seus arroubos dançantes. Em três cartas conservadas por sua mãe, Maria Teresa, posteriormente incluídas no processo contra a negra Rosa, Jacinta revela alguns aspectos interessantes da vida dessa comunidade crioula. Sua tomada de hábito parece ter sido mais simples e frugal que a das outras noviças, o que deve ter lhe causado certo constrangimento: "Vamos tomar o hábito e não temos com que fazer a festa! Se, ao se casarem, as pessoas fazem tanta festa, quem dirá o que merece o Rei dos Reis!". Compreensiva, porém, recomenda que o pai "não faça dívida por isso".

Entrando para a clausura, a terceira filha dos Arvelos passou a ser chamada de irmã Maria Jacinta dos Anjos. Em todas as suas cartas, a jovem noviça, então com treze anos, além de grande humildade, se revela extremamente severa no julgamento que faz de sua vida presente e passada, o que nos permite, mais uma vez, suspeitar que, ao escrever aos pais, a madre Rosa ou a regente, quiçá mesmo o capelão, lhe inspirassem tais sentimentos e expressões tão depreciativos.

Minha mãe e senhora:

Deus seja louvado e ajude esta nobre casa. A saúde vai boa, com a graça de Deus. Prostrada a seus pés, peço perdão pelas desobediências e rebeldias, pois quem comete desobediências aos pais merece castigo eterno, mas espero perdão e confio na bondade de vossa mercê. Deus não despreza os pecadores, senão eu estaria sepultada nos abismos do inferno, penando para sempre. Por valia de minha mãe e sra. Rosa, estou me corrigindo de minha estragada vida. Depois de cá estar, queria sair. Ai, triste de mim se saísse outra vez, onde estaria já penando sem remédio?! As milhares de línguas que há no mundo não saberão explicar este mistério tão grande e tão inefáveis grandezas! Deus há de pagar o bem que fizeram trazendo-me para este sacro colégio!

Em outra carta, o mesmo discurso ultrassevero em autorreprovação, sobretudo lembrando o leitor que essa mineirinha, criada numa fazendola no interior de São João del-Rei, tinha apenas treze anos quando escreveu estas linhas:

Minha mãe e senhora muito do meu coração:

Muito estimaria que estas limitadas regras achem vossa mercê assistida de perfeita saúde em companhia de minhas irmãs e irmãos e de toda a casa. Deus tem muita misericórdia com esta ingrata e rebelde criatura, pois, se eu já estivera de todo rendida ao Senhor, ele não estivera tão agravado e queixoso como está.

E continua, masoquista:

Toda a minha vida fui soberba, desobediente e rebelde, fazendo grande garbo e parecendo-me que era rica prenda. Que o Senhor nunca mais permita tão infernais prendas, pois só Lúcifer as pode dar. Que o Senhor me queira, por intercessão de minha mãe e mestra Rosa, fazer de mim e minhas irmãs suas verdadeiras filhas pelo caminho da obediência e humildade... Ainda não sou sua filha e nem sei quando serei pela minha grande soberba e desobediência. [...] O padre Francisco, meu pai e minha mestra e mãe nos tratam com muito amor.

Foi logo depois do banquete comemorativo da conversão de irmã Faustina do Coração de Santana (às vezes também chamada de irmã Faustina do Menino Jesus da Porciúncula) que essa comunidade presenciou uma paraliturgia das mais simpáticas ocorrida no recolhimento. Foi no dia 6 de janeiro de 1760. Jacinta, uma das quatro protagonistas, relatou o episódio:

Minhas três companheiras [as outras três irmãs?] chamam-se "ninfas do amor", porque no Dia dos Reis, à noite, houve grande festa de amor, e o Senhor Menino não olhou para quem eu era e me deu os pandeirinhos do amor e, assim que ele toca, entro a dançar com as minhas companheiras, dizendo: "Viva o amor, o amor de Jesus! Ora viva, ora viva, ora viva o amor de Jesus!". E assim, ficamos todas tão arrebatadas e ficamos como mortas, mas logo tornamos a ficar em nós. Esta é a nossa vida e o nosso amor em que levamos o tempo — exceto eu, que não sei quando assim andarei, porque sou mui pobre e mui pecadora.

Superego ultrarrigoroso ou opinião de seus superiores?

Até hoje, no Dia dos Reis Magos, comemoram-se nas áreas mais tradicionais do Brasil os bailes pastoris, onde ciganinhas com pandeiros e pastorinhas engalanadas, dançando, prestam adoração ao Divino Infante, cantando versi-

nhos como este: "Somos as flores mais perfumosas; onde vem pousar o beija-
-flor; somos rainhas cheias de fragrâncias; desse risonho jardim do Senhor...".[5]

Consultando a obra *Bailes pastoris na Bahia*, do precursor Manoel Querino, encontramos um versinho do "Baile do pagodista", que lembra o recitado
pelas "ninfas do amor" — folclore mineiro, baiano, carioca ou lusitano? Diz o
pagodista: "Ora viva Deus Menino, que nascido é, viva a Virgem pura, viva São
José, ora viva o Deus Menino!".[6]

Depois de tais informações sobre a adaptação das quatro filhas da família
Arvelos à vida recolhida, cremos que seria agora a melhor ocasião para, mais
uma vez, entrarmos portas adentro dessa casa pia, a fim de reconstituir um importante aspecto de seu funcionamento: a manutenção material da comunidade.

Já vimos que, para sua fundação, o Recolhimento do Parto contou com
dois tipos de contribuições caritativas: doação testamentária e esmolas de particulares. Sendo das virtudes cristãs mais valorizadas socorrer os necessitados
e realizar obras de caridade, muitas instituições no Brasil antigo viviam de esmolas, tendo para tanto esmoleres oficiais que percorriam casas, freguesias e
interiores, arrecadando subsídios para tais associações. A igreja do Parto, mesmo, tinha um ermitão, o irmão José das Barbas, que serviu de emissário de frei
Agostinho para ir convidar o padre Xota-Diabos a vir das Minas e ocupar o
posto de capelão do novo recolhimento que se pretendia fundar. Certamente
agia como os esmoleres das demais casas pias: levava uma estampa ou registro
de Nossa Senhora do Parto, quem sabe mesmo um grande medalhão em prata
da santa protetora, e um cofre de madeira ou embornal de veludo vermelho em
que os fiéis, ao beijarem a figura de sua santa protetora, depositavam suas esmolas. Havia até uma fórmula padronizada para esses peditórios, dizendo o
beato: "Esmolas pelo amor de Deus!". A quem podia dar, o agradecimento era:
"Que Nossa Senhora do Parto [ou outro oráculo ao qual se esmolava] lhe
acrescente!". A quem não dava, dizia-se: "Deus o favoreça, irmão!".[7]

Além dos donativos arrecadados pelo esmoler e daqueles que os frequen-
tadores da igreja do Parto e devotos da madre Rosa espontaneamente ofereciam, contava o recolhimento com uma fonte regular de ingresso: as espórtulas
das missas e demais ofícios sacros celebrados pelo padre Francisco Gonçalves
Lopes. Recebendo 320 réis por missa celebrada, em cada mês, o sacerdote podia arrecadar por volta de 10 mil-réis, sem falar nas demais espórtulas ou doações recebidas pela celebração de batizados, casamentos etc. O próprio sacer-

dote já dizia em 1752, recém-chegado ao litoral: "Me governo com a esmola da missa, que não me falta, Deus seja louvado!". Como nenhum cristão deixava de incluir em seu testamento a celebração de várias capelas de missa, com muitos devotos chegando a encomendar até 10 mil missas de sufrágio por seu descanso eterno, tinha o clero, além das prebendas pagas pelo erário público, essa importante fonte de renda representada pela celebração diária do santo sacrifício da missa. Alguns sacerdotes mais gananciosos e inculpados de simonia foram denunciados ao Tribunal da Inquisição pela celebração de mais de uma missa num único dia, motivados não por excessiva piedade, mas pela cobiça de receber suas espórtulas.

Consoante informava o Xota-Diabos numa de suas primeiras cartas, as recolhidas egressas do meretrício, as madalenas arrependidas, entravam gratuitamente para a vida religiosa, dada a falta de patrimônio comum às mulheres de ponta de rua. As donzelas que primeiro entraram para o recolhimento gozaram de idêntico privilégio, porém, tão logo se construíram as instalações definitivas, o senhor bispo determinara que, como ocorria nos conventos de freiras, também aí se passaria a exigir dote das postulantes. No convento do Desterro, por exemplo, o dote requerido às noviças variava de 300$000 a 600$000 réis, o equivalente, mais ou menos, ao valor de um casal de escravizados de boa qualidade.[8]

Pode ser que algumas donzelas brancas, admitidas depois da primeira tomada de hábito, em 1758, tenham trazido dote ou alguma contribuição monetária ou material para a comunidade. O mais provável é que as famílias em melhor situação financeira contribuíssem de quando em quando para o sustento das religiosas. O próprio capelão, ao sugerir a seu compadre que mandasse Genoveva e Jacinta para o Parto, dizia: "Vivemos de esmola e aqui comem 29 pessoas, quase todas doentes! Veja como sustentar tanta gente com as patacas das minhas missas!". Entre esses 29 comensais, além de uma vintena de recolhidas, incluíam-se o ermitão, um escravizado do capelão e talvez alguns agregados e esmoleres que frequentavam a portaria do recolhimento em busca da sopa de caridade.

Um dos aspectos mais saborosos da correspondência entre o Recolhimento do Parto e a família Arvelos são os detalhes sobre o envio de mantimentos, guloseimas e presentes das Minas para a comunidade da várzea de Nossa Senhora, e vice-versa. Mesmo antes da mudança de Faustina e Francisca para o

Rio de Janeiro, já em 1752 o sr. Arvelos mandava alguma "esmola" para seu compadre, caridade que o padre Francisco considerava ser dispensável "porque vossa mercê sabe que não pode fazer esmola". Pelo visto, ao menos naquela quadra, os negócios lá em São João del-Rei não andavam a contento. É só indiretamente que podemos avaliar o cabedal de Pedro Rois Arvelos, pois a documentação é bastante lacunosa sobre esse particular: tratava-se de um pequeno proprietário, possuidor de quatro ou cinco escravizados, um sítio com engenhoca de açúcar, pasto de criatório com alguns bois e cavalos, além de uma data de mineração separada da fazendola. Devia viver remediadamente, inclusive às vezes com certa dificuldade material, sobretudo em fins de 1757, quando assaltantes lhe roubaram a cata de ouro que possuía no Rio das Mortes. Teve de enfrentar também, desde 1752, uma pendência judicial, cuja razão desconhecemos, e que lhe custou alguns bons mil-réis com gastos de tabelionato. Em junho de 1759, o padre Francisco dizia ter entregado "na repartição [no Rio de Janeiro] 30 mil-réis", quantia avultada, que o sr. Arvelos enviara através de portador de sua confiança, destinada a cobrir as citadas despesas burocráticas, e cuja sentença só há de ser pronunciada em 1761.

Deve-se, portanto, a tal quadro humilde a reserva com que o capelão aceitara, naquele início da fundação do recolhimento, a esmola de seu compadre sitiante. Não obstante tais limitações, com o passar do tempo, rara é a carta, sobretudo de Rosa, em que não se solicita alguma esmola à família Arvelos ou se agradece a alguma dela recebida. "Como nossa constituição é pobre", escrevia a ex-escravizada, "as esmolas que mandam são bem aceites, pois vivemos de esmolas [que neste princípio são poucas], pois temos sido alvo de desprezo e escárnio." Às vezes é a madre Egipcíaca quem toma a iniciativa de pedir dádivas para fins religiosos: "Peço uma esmola em louvor dos meus amantíssimos Corações que apareceram nas mãos da Conceição: que suas filhas ajudem na esmola". Outra vez, quando as meninas ainda moravam com seus pais, pediu: "Maria Jacinta, Genoveva e Maria Faustina, me mandem uma esmola em louvor do Bom Jesus dos Passos, fazendo uma toalha para o altar que está muito pobrezinho".

Premidos pela necessidade, o padre e sua energúmena pedem para o mesmo fim: "Vivemos tão pobrezinhos, que tudo cai nas costas do padre Francisco, que não tem nenhuma véstia, calções nem timão para vestir, que é uma vergonha vê-lo". O padre confirmava sua penúria no ano de 1758: "Já não tenho com que me possa vestir!". E, para comover ainda mais seus amigos, fala de seus incuráveis achaques: "Ando com feridas nas pernas e coceiras no corpo, com sarnas secas que não passam". Reclama, em carta de 23 de janeiro de 1760, da insensibilidade dos cariocas: "Nesta cidade não há caridade e há muita pobreza!". Coitado do Xota-Diabos, que deixara a opulenta Minas Gerais, seu sítio em São João del-Rei, para, maltrapilho, passar penúria na cidade de São Sebastião. Ingratidão da cristandade fluminense com o velho sacerdote, sempre tão prestativo com os energúmenos que, a altas horas da noite, vinham pedir-lhe o conforto dos exorcismos e agora se encontrava completamente abandonado pelos fiéis, em suas enfermidades e agruras. Nesse mesmo ano, revela ter ficado três semanas consecutivas imóvel na cama, muito doente, aumentando-lhe a penúria por não poder celebrar a missa, deixando, por conseguinte, de receber as espórtulas correspondentes.

"Quem dá aos pobres empresta a Deus", diz o brocardo popular. Padre Francisco vai mais longe, escrevendo a seus compadres: "Posso afirmar, com juramento, que Deus disse que toda pessoa que concorrer para o sustento de suas esposas alcançará a bênção do Padre Eterno!" — uma garantia e estímulo para que os devotos de sua visionária fizessem generosos donativos às carentes recolhidas.

Maria Jacinta ajuntava sua voz supervalorizando as oferendas que seus pais faziam à comunidade: "Que o Senhor lhes pague a esmola! Nosso Senhor dará a paga pela esmola que nos mandaram: se não for nesta, será na outra vida!". Faustina, por sua vez, se refere detalhadamente ao recebimento de certos presentes enviados das Minas:

Ficamos contentes com as dádivas: seis tostões para a compra de uma boceta [caixinha] e doze para a festa de Santana, mais uma oitava de ouro para cada uma de nós, uma arroba de açúcar e um capado. O capado, me disse o portador Manuel que custava meia dobla e uma pataca de o trazerem da roça. Gastou três dias de viagem. Perguntou como o queríamos, disse que vivo, para mor de aproveitarmos o sangue e as tripas para chouriços, que [aqui] não há, os [quais] não vemos nem comemos, especialmente por ser assim vontade de minha mãe e mestra. O capado é bom, porém chegou muito desfeito. Também recebemos os biscoitos. De tudo, Senhora Santana lhes dê o pago!

De sua "chácara e engenho no bairro da Glória no Rio das Mortes", a família Arvelos mandava, vez ou outra, alguns gêneros de primeira necessidade ou guloseimas regionais: em 1756, o padre Francisco agradecia a remessa de queijos — desde então uma das especialidades de Minas —, e em 1758 era Rosa a agradecer "pela esmola da farinha que mandaram, restando ainda um tanto"; no ano seguinte, o padre Francisco se refere "à lembrança do fumo: chegaram quinze rolos. Os toucinhos e lombos ficam para o Natal". Na mesma ocasião, em postscriptum, pesaroso, informava que "os barris dos lombos estavam cheirando mal — estavam podres". E recomendava que não mandassem mais semelhantes conservas, "que é dinheiro perdido e desgosto".

Em troca, e como agrado, Rosa eventualmente também retribuía enviando alguns presentinhos a seus inesquecíveis amigos do Rio das Mortes, sempre agradecida pelos muitos meses que a acolheram em seu sítio, quando fugida da perseguição do bispo de Mariana, e agora, constantemente a presenteando e à sua comunidade com gêneros variados. Como alma piedosa, Rosa os obsequiava, sobretudo, com pequenas lembranças devocionais: em 1755, mandou a d. Maria Teresa Arvelos "os olhos de Santa Luzia" — provavelmente um ex--voto feito em prata, quiçá em ouro baixo, reproduzindo, em tamanho natural ou reduzido, o par de olhos dessa mártir romana, muito usado antigamente para pagar promessas, sendo depositados aos pés ou cosidos no vestido da santa. Em 1758, enviou um "mimo de Santana", um rosário com contas cinza e vermelhas, cuja fórmula de rezar fora inventada pela negra para homenagear a avó de Cristo. Mais adiante foi a vez de presentear sua comadre com "uns papelinhos do sr. são Joaquim, que lhe coube [sic] por sorte neste ano de 1760 para 1761, que se lembre mais do santo que neste ano andou muito esquecido". No mesmo ano a presenteia "com uma coroa que são Francisco de Sales lhe deu na sua novena". Tais lembrancinhas paralitúrgicas eram devotamente guardadas por seus amigos, que as veneravam como verdadeiras e potentes relíquias.

Algumas poucas vezes Rosa obsequiou seus compadres e amigos com guloseimas do litoral, raridades muito custosas e cobiçadas no interior das Minas Gerais. Mal chegada ao Rio de Janeiro, em 1752, diz ter despachado para os Arvelos, através do portador Caetano, uma carta acompanhada de "miudezas que lhe fez mercê seu padre frei Agostinho. E manda agora umas poucas de nozes e quatro pares de ovas de tainha para [os compadres] comerem junto com o padre Francisco [que na ocasião tinha retornado para o Rio das Mortes]". E completa desolada: "Não mando mais porque estão em falta no Rio de Janeiro. Vai uma ova embrulhada solta à parte para minha companheira [Leandra], e também uns biscoitinhos brabos para ela. As nozes, se o portador quiser levar, são para vossas mercês e o padre".

Uma das delicatéssen mais cobiçadas no interior do Brasil eram os cocos da praia (*cocus nucifera*), ingrediente indispensável na confecção de inúmeras receitas mineiras antigas.[9] Rosa lastima não poder mandá-los como queria: "Os cocos apodreceram, e vão uns coquinhos para as moças se divertirem, que são desta terra".

Também as meninas Arvelos se referem em suas cartas ao envio de presentinhos para sua parentela: no mais das vezes, lastimam não ter o que enviar. Jacinta diz duas vezes: "Não tenho nada a mandar", e Faustina comenta em diversas cartas sobre o problema constante das dificuldades com os portadores, no vaivém do interior para o litoral: "Tememos que o portador não tivesse chegado a tempo, porque estava com a perna doente e talvez lhe tivesse ocorrido alguma grande dor que não pudesse andar pelo caminho". Em outra missiva, afirma: "Ia mandar-lhes um presente com autorização que liberalmente me deram madre Rosa e o padre, mas o preto portador está com o joelho molestado e Santana ajude que chegue bem!". Subir e descer a Mantiqueira, atravessando florestas, rios e riachos, era uma verdadeira odisseia!

Lançando mão da lista de gêneros alimentícios citados nas cartas trocadas pela família Arvelos com as recolhidas do Parto, e sobretudo através do "Livro de receitas e despesas do patrimônio da Igreja de Nossa Senhora do Parto", manuscrito que tivemos a alegria de encontrar no Arquivo da Cúria do Rio de Janeiro, podemos ter uma ideia bem próxima do que se comia no recolhimento de madre Rosa, na segunda metade do século XVIII. Apesar de o documento só ter sido iniciado em 1786, podemos, no entanto, ter uma ideia clara da cozinha e do refeitório das recolhidas, considerando que os padrões alimentares de uma região ou comunidade costumam se manter fixos ou variar pouco, ao longo das gerações, consoante informa Mestre Cascudo.

O gênero alimentício que mais frequentemente aparece na lista de compras do Recolhimento do Parto é a farinha, cujo consumo, em média, alcançava seis sacos por mês, pagando-se, à época, 1$200 réis por saco. Embora não se especifique de que farinha se tratava, acreditamos ser mesmo farinha de mandioca, tal qual ainda hoje se come popularmente no Rio de Janeiro, herança dos tamoios do litoral, diferente do costume do interior, seja das Minas, seja de São Paulo, onde prevaleceu o padrão guarani, perpetuado pelos caipiras, do consumo quase exclusivo da farinha de milho.[10]

Depois da farinha de mandioca, segue-se o arroz, cujo consumo do recolhimento atingia de um a três sacos por mês [sacos de sessenta quilos?]. Seu preço era duas vezes e meia mais alto que o da farinha. Geralmente já vinha sem casca, embora conste também "arroz com casca", certamente pilado dentro da área de serviço do recolhimento, quem sabe destinado à feitura de mingaus ou quirela para aves ou pássaros. O feijão era proporcionalmente bem menos consumido do que em nossos dias, embora já nessa época fosse dada preferência, no Rio, ao feijão-preto, valendo o mesmo preço que a farinha de mandioca. Durante todo um ano, registraram-se apenas "dois sacos de feijão-preto".

Fora das épocas de abstinência de carne — ao todo quase cem dias no ano interditava a Igreja o consumo de carnes, ovos e laticínios[11] —, consumia o recolhimento cerca de três arrobas de carne fresca por mês: a carne-seca ou carne do sertão, informam os documentos, se destinava à alimentação dos escravizados ou pedintes. Porcos e leitões aparecem raramente entre os gêneros arrolados no "Livro de despesas".

Situando-se o recolhimento próximo à ribeira do peixe e ao mercado e quitandas da Prainha, e sendo numerosíssimos os dias em que a Igreja proibia o consumo de carnes, o peixe devia aparecer com frequência no cardápio da comunidade: Rosa mandava ovas de tainha defumadas para as Minas, e, no rol de compras, consta também o consumo de peixe e bacalhau.

Toucinho e banha de porco eram as principais matérias gordurosas usadas no Brasil antigo e foram ainda mais consumidas desde que d. Antônio do Desterro permitiu sua utilização, assim como da manteiga e de laticínios, durante os quarenta dias da Quaresma e demais dias de jejum e abstinência.[12] Gastava-se, no Parto, de uma a duas arrobas de toucinho e banha por mês. Quanto aos condimentos para temperar o feijão, as viandas e os pescados, encontramos na lista de compras do Parto: alho, cebola, vinagre, "azeite doce" (azeite de oliva, até hoje assim chamado na Bahia), pimenta, azeitona. Em ocasiões festivas, talvez como tenha acontecido no citado banquete que fizeram, em 1759, para comemorar a relutante conversão da irmã Faustina, o cardápio chegava a ser pantagruélico: doze galinhas, quatro perus, seis paios "e mais miudezas", a saber, queijos, pastel, presunto, pão, aletria. Frangos e galinhas, além da presença obrigatória nos banquetes de antanho, eram alimentos básicos na dieta das pessoas doentes ou convalescentes. Numa carta de 7 de outubro de 1758, o padre Francisco contava que a irmã Maria Antonia, aquela pretinha das Minas Gerais que acompanhara as duas primeiras meninas Arvelos, se encontrava "muito doente" havia três meses, necessitando "de duas a três galinhas" (provavelmente por mês).

A lista dos gêneros consumidos pelas enclausuradas também incluía "misturas" para a refeição mais leve, pois, conforme já vimos, ao transcrevermos os horários diários de algumas comunidades religiosas do Brasil setecentista, os nomes das refeições e seus horários divergiam dos que atualmente seguimos. Mestre Cascudo, na sua antológica *História da alimentação no Brasil*, ensina que, "no Brasil velho, o café era às seis, o almoço às nove, jantar entre 15h30 e quatro horas, ceia às seis".[13]

Nas comunidades religiosas do Rio de Janeiro, o jantar acontecia das onze ao meio-dia, e a ceia, por volta das dezenove horas. Enquanto ao meio-dia eram consumidos carnes, peixes, cereais, farinha etc., na ceia se comia "merenda", composta de alimentos mais leves e de digestão mais rápida. Há referência explícita nos manuscritos a "dois sacos de milho branco para fazerem canjicas para as ceias", também devendo compor tais refeições vespertinas os outros alimentos constantes no rol de despesas: chá, pão, ovos, carimã (massa de mandioca azeda, destinada à confecção de bolos, biscoitos e mingaus, o mesmo que "massa puba"), além da farinha de trigo, açúcar, manteiga, cravo, canela e vinho, ingredientes talvez usados nas decantadas receitas de doces conventuais, como os tradicionais "jesuítas", "papos-de-anjo", "barrigas-de-freira" etc. Não há nenhuma referência ao consumo de café.

Frutas e verduras aparecem raramente: apenas é citada a compra de banana, melancia e alface. Decerto no interior do recolhimento devia haver um quintal onde cresciam temperos, ervas medicinais, flores para os altares, quiçá algumas fruteiras, tal qual era o costume no Brasil de nossos bisavós.

Cozinhava-se à lenha; o carvão costumava ser usado nos fogareiros, quando se desejava uma chama mais rápida e por menor tempo. Constavam na lista de pertences dessa cozinha: fogareiros e grelhas, frigideiras, panelas de barro e cobre, gamelas de madeira, tachos de cobre, bacias de arame (o mesmo metal com que se fazem os fios de arame), tigelas de cobre, pratos de cerâmica, peneiras e vassouras.

Outros objetos, fazendas e matérias-primas se incluíam no consumo da comunidade, seja para vestimentas das recolhidas, seja para seu uso como roupa de cama, de mesa ou para o altar: velas de cera e sebo, papel, baús, caixões para guardar roupas e mantimentos, tecido de algodão para as toalhas, cobertores, lençóis, tecido fino para amicto e purificador (usados pelo sacerdote na missa), rosários, estampas de Nossa Senhora do Parto; bocetas para se guardarem ramos de flores dos santos, "damasco, ouro e pregadura para o altar". Algumas roupas e tecidos eram destinados ao uso pessoal das recoletas: seriguilhas (lã grosseira para os hábitos), toalhinhas (para servir de véu para cobrir a cabeça), saias, camisas de linho. Tecidos grosseiros também aparecem no rol de consumo da casa: estamenha (a mesma tela com que Rosa disse fazer sua roupa de dormir), aniagem, estopa para saco, além de material para trabalhos de costura: "cordões de linha para as noviças", maços de linha crua, cadarço branco para as toalhas, "cordões de esparto para as professas", fios de linho, algodão para cordões.

Tais eram os bens, produtos e gêneros que, em geral, tinham entrada no Recolhimento de Nossa Senhora do Parto, alguns referidos semanalmente, outros apenas em poucas ocasiões festivas. Nos primeiros anos de fundação, sabemos que 29 pessoas ali se alimentavam, conforme já informou o capelão, ocupando-se da cozinha as irmãs Páscoa Maria de São José e Teresa de Jesus, a primeira, mulata fluminense, a segunda, portuguesa natural das ilhas do Atlântico.

A cozinha ficava no andar térreo, debaixo do coro de cima.

Penetremos na cozinha colonial já colocada, como hoje, no fundo das casas, em chão de terra batida. O ambiente é desagradável. As paredes acaliçadas estão negras pela fumaça e lustrosas pela gordura. Lá está o fogão, peça baixa, enorme, indo quase de parede a parede, tendo ao lado o forno, de proporções respeitáveis. A mesa de serviço, que se reduz a uma simples prancha, longa e larga, está colocada sobre dois cavaletes, e tão negra e tão destratada como a parede ou como o chão dessa cozinha imunda... Há sobre ela, em terrível mistura: aves mortas, peixes, carnes, legumes, adubos frescos, colheres de metal e madeira, espátulas, tenazes, tridentes. No chão e sobre a parede, tachos enormes, caldeirões, frigideiras, ralos. Ao centro o grande pilão de madeira com sua mão grande e a sua mão pequena. O poço fica do outro lado, com a sua corda...

A descrição é de Luiz Edmundo, em seu *O Rio de Janeiro no tempo dos vice-reis*.[14]

Devia predominar no recolhimento de Rosa o receituário sincrético luso-brasileiro, no qual ao feijão-preto (quem sabe, já preparado à moda de feijoada), à carimã, à canjica e a bananas e melancias, típicos da cozinha nacional dos séculos passados, se incluíam azeitonas, óleo de oliva, bacalhau, farinha do reino, vinho, manteiga, pastéis, cravo e canela, produtos básicos do receituário português.

"A cozinha do povo do Rio de Janeiro era, no fundo, a cozinha tamoia, que a colonização ia, embora aos poucos, transformando: paçocas, pirões, farófias, canjicas, angus, beijus, peixe e caça supriam a mesa do poviléu carioca."[15] A presença de várias negras e mulatas nessa casa pia, uma das quais, inclusive, cozinheira, talvez levasse a certa africanização do receituário, embora na cidade de São Sebastião a culinária negra não se tenha popularizado tanto quanto ocorreu no recôncavo da Bahia: salvo engano, o angu, tal qual bem o descreve Debret,[16] parece ter sido a receita afro-carioca mais popular na cidade, sendo ainda hoje vendido nas ruas centrais do Rio, só que agora apelidado de "angu à baiana", muito embora seja acepipe desconhecido na Bahia de Todos os Santos.

Para nos aproximarmos ainda mais da mesa do refeitório do Recolhimento do Parto, posto não terem seus fundadores estipulado a qualidade e a quantidade dos alimentos a serem aí consumidos, valemo-nos da portaria de d. Antônio do Desterro, regulamentando a ração diária das freiras do vizinho convento da Ajuda, fundado, aliás, na mesma década da casa pia das madalenas arrependidas. Cada religiosa tinha direito a receber

> uma libra de carne de vaca cozida, um prato de hortaliça, um prato de picado (guisado), tudo temperado com alguma carne de porco; um prato de arroz ao menos nos domingos. Na ceia: meia libra de carne assada ou cozida. Nos dias de peixe terá um prato de ervas ou feijões afogados ou cozidos, uma libra de peixe e arroz. À noite uma libra de peixe, sendo um quarto de farinha para oito dias.[17]

Malgrado tão reforçada dieta — quase um quilo de carne diária! —, exatamente na mesma época em que Rosa era readmitida ao seu recolhimento, o bispo beneditino baixava outra portaria determinando às franciscanas da Ajuda "não receberem comeres de fora: almoços, jantares e ceias, feitas com delicadezas". Proibia também que se servissem de utensílios contrários à santa pobreza, como toalhas de renda, trastes de prata, guardanapos da melhor moda, louça da Índia etc. Tais regalias d. Antonio apelidou de "louco e abominável costume...".[18] A tentação do luxo, da gula e da luxúria foi uma constante em nossas instituições religiosas femininas dos séculos passados, e, dentre todas, destacou-se pelo excesso o convento do Desterro da Bahia, cujas enclausuradas possuíam, particularmente, numeroso séquito de escravizadas, cozinheiras, quituteiras, as quais, dentro das celas de suas donas, mantinham fogareiros para fazer o que bem lhes apetecia.[19]

No refeitório do Parto, as internas, como era costume na época, comiam certamente "de mão", em pratos de madeira ou de cerâmica. Pouquíssimos eram os que já seguiam a novidade inglesa, introduzida em Portugal pelo marquês de Pombal, de usar garfo e faca nas refeições. As freiras desobedientes e rebeldes, em vez de se sentarem nos bancos que circundavam a mesa coletiva, comiam de joelhos num canto do refeitório, de olhos baixos, mendigando de prato em prato, de joelhos, um bocadinho pelo amor de Deus. Faustina foi uma das que, juntamente com Francisca Tomásia, tiveram de se submeter, durante mais de um ano, a tal humilhação.

Como, porém, "nem só de pão vive o homem", deixemos o refeitório, cozinha, almoços e jantares para voltar aos aspectos espirituais dessa comunidade, cuja fundadora e Abelha-Rainha acabava de voltar ao "sacro colégio", depois de sete meses de expulsão.

19. As quatro evangelistas e o Diabo

O retorno da fundadora ao recolhimento ocorreu logo depois da frustrada profecia do dilúvio, fracasso que, em vez de abalar ou destruir a fé dos devotos e das recolhidas na predestinação de Rosa Maria, fez aumentar a crença e a confiança deles, pois atribuíram a suas poderosas preces o aplacamento da ira divina, postergando o dilúvio para futuro imprevisível.

De novo dentro do recolhimento, a madre Rosa, em vez de moderar seus arroubos místicos e se acautelar para nunca mais dar motivo às autoridades eclesiásticas de repreendê-la, ou mesmo castigá-la, como já ocorrera duas vezes em menos de uma década, primeiro com d. Manuel da Cruz, bispo de Mariana, agora com d. Antônio do Desterro, prelado fluminense, fez exatamente o contrário. Entre 1760 e 1762, o padre Xota-Diabos e sua beata atingirão o clímax de seu delirante projeto místico de redenção da humanidade, construindo bizarra teologia e rústica liturgia não menos barroca, em que o epicentro de tudo e de todos era a ex-meretriz africana.

Estamos em fins de 1759. Faz oito anos que Rosa se transferiu para o Rio de Janeiro; dois que as primeiras noviças receberam o véu branco. Depois de sete meses fora da comunidade, madre Egipcíaca da Vera Cruz retorna à sagrada casa dos Santíssimos Corações de Jesus, Maria, José, Santana e são Joaquim.

Se dermos um crédito de confiança à visionária, de que sempre agira honestamente, ou seja, que tanto ela quanto o capelão e os demais sacerdotes que se ocuparam de sua orientação espiritual — sobretudo o Provincial Velho dos franciscanos e o capuchinho italiano frei João Batista da Capo Fiume — acreditavam piamente que "nesta América não havia pessoa mais santa do que ela", não lhes restava, portanto, outro caminho salvo tudo fazer para homenagear e divulgar tal santidade. Afinal, o próprio Cristo, Senhor Nosso, já tinha ensinado que ninguém acende uma luz para pô-la debaixo da cama, mas, sim, no alto do candeeiro, para alumiar todos os presentes: "Assim também brilhe a vossa luz diante dos homens, para que vejam as vossas boas obras e glorifiquem a vosso Pai que está nos céus" (Mateus, 5:16).

A construção da santidade da negra liberta tem no padre Francisco Gonçalves Lopes seu principal artífice. Caso seus caminhos nunca se tivessem cruzado, talvez Rosa jamais tivesse ficado na história, pois vexadas e energúmenas abundavam nas Minas Gerais, e ninguém se ocuparia em registrar as palavras e ações de uma devassa mulher do fandango, como era Rosa ao conhecer o Xota-Diabos. Sem dúvida, teria continuado no mesmo métier, caso seus exorcismos não tivessem revelado os sete demônios que a atribulavam. Coubera ao padre Francisco, portanto, a descoberta dessa pérola negra, em meio a tanta dissolução, violência e satanismo — o amálgama que cimentou a sociedade mineradora no primeiro século de sua formação. Fora ele quem domesticara e dera trela a seu Demônio familiar, rotulado pela vidente (ou pelo próprio exorcista, quem sabe?) de Afecto. Foi esse sacerdote quem praticamente a salvara de morrer, depois de rigorosos açoites sofridos no pelourinho de Mariana, quem lhe dera a carta de alforria, trazendo-a para o litoral, e agora, como capelão, não se cansava de afiançar, perante leigos e enclausuradas, que Rosa era mesmo a escolhida de Deus para uma grande missão salvífica.

Em suas cartas, o padre Francisco Gonçalves Lopes não poupa elogios à sua "Rosinha" — sobretudo depois de vê-la tão bem aceita e mesmo paparicada por ilustres religiosos, como os mais notáveis franciscanos do convento de Santo Antônio. Eis algumas opiniões desse clérigo minhoto a respeito de sua ex-escravizada, colhidas em diferentes cartas que enviou aos Arvelos:

"... na boca de Rosa muitas vezes fala o Espírito Santo!" (1752).

"... Rosa não é deste mundo: é o Menino Jesus que domina ela" (1757).

"... todas as orações e atos meritórios que fizerem, sejam oferecidos por Rosa a Deus, e então tudo irá como Ele quer " (1757).

"... que Rosa lhes dê Jesus [pois] Jesus é de Rosa, e o que ela quer, quer Jesus, e todos os que forem de Rosa, são de Jesus" (1758).

Se em cartas o capelão era tão explícito — apesar de sempre recomendar cautela máxima na circulação de suas missivas —, repetindo algumas vezes não poder revelar com detalhes alguns "mistérios" atinentes à vida de Rosa, ou às suas profecias, certamente com medo de chegar às autoridades eclesiásticas tais revelações, para devotos leigos ou dentro da clausura, em particular, a publicidade laudatória que fazia da mãe Rosa era uma verdadeira obsessão.

Para a irmã Ana do Coração de Jesus, mineira do arraial de Padre Faria, crioula, então beirando os trinta anos, o padre Francisco afiançou que "Rosa era uma grande serva de Deus, pois vivia com ela havia muitos anos e dava testemunho". Perante a comunidade recoleta, costumava dizer que

oferecessem as rezas ao coração privilegiado de sua mãe Rosa, para que Nosso Senhor despachasse as suas petições por intercessão dela, pois havia muitos santos que a Santa Madre Igreja venerava e que não tinham padecido tanto neste mundo como ela tinha padecido, e que tudo quanto se pedisse a Deus e Nossa Senhora fosse por intercessão dela.

Outra recolhida, a irmã Ana do Coração de Maria, nossa conhecida Ana Bela, também crioula, trintona como a precedente, só que natural da ilha do Bom Jesus, no recôncavo fluminense, dá o seguinte depoimento sobre quão exageradamente o padre capelão venerava sua energúmena: certa vez, a irmã Ana demonstrou a intenção de presentear Rosa com uma lasquinha do Santo Lenho que trazia consigo num caixilho de prata — uma das relíquias mais disputadas e prezadas pelos católicos de antanho — e que, na catedral do Rio de Janeiro, se venerava uma porção maior, em rico esplendor de ouro, presenteado alguns anos antes por d. Antonio de Guadalupe. A resposta do padre a tal oferta foi a seguinte: "Mais valia um pedacinho de qualquer roupa de Rosa do que quantos lenhos havia, porque nela existia o mesmo Deus!". E completava assegurando: "Quem beijar os cabelos de Rosa ganha muitas indulgências...".

358

Para as filhas do casal Arvelos, o padre Francisco transmitiu a mesma veneração à negra Egipcíaca: a Maria Jacinta, afiançou que mãe Rosa "era fundadora e mestra do recolhimento", título que, dizia, Deus lhe dera. Assegurou mais:

> que ela não era criatura viva, que tinha morrido, ido a juízo e que fora ao céu, e Deus, por piedade das criaturas, se infundira nela e a tornava a mandar ao mundo para o amparo do gênero humano; mais ainda: que Nossa Senhora era mãe de justiça, e Rosa, mãe de piedade, porque Nossa Senhora pedira a Deus que castigasse o mundo, e Rosa oferecia seu coração de amparo.

Irmã Faustina, por sua vez, ouviu o capelão divulgar que "Nossa Senhora concebera Jesus por obra do Espírito Santo, e Rosa o concebera sacramentado no seu peito, pois o Coração de Rosa estava no céu e o de Jesus no seu peito". À caçulinha irmã Francisca Arvelos, o compadre de seu pai mandou que, ao confessar-se, fosse rezar as penitências "no altar privilegiado do coração de Rosa, porque somente ali Nosso Senhor aceitava [as orações], pois a madre era uma santinha, e tudo que se obrava no corpo de Rosa era Deus que obrava". Irmã Genoveva, a mais velha e menos lúcida das quatro, se lembrava de ter ouvido o padre Francisco dizer que "o coração de Rosa estava no céu e que Nosso Senhor vinha falar com ela; que ela era superior a todos os santos, até aos patriarcas, os quais lhe tinham entregado todas as ordens religiosas, ficando mãe de todos seus filhos". E completa a simplória mineira: "O padre me afirmava pela Santíssima Trindade que ela era santa e me mandava que a venerasse por santa e eu cria nela, pois assim me obrigava o confessor".

Diversos fiéis leigos igualmente revelaram ter venerado a africana devido à garantia que o capelão dava de sua predestinação celestial. Depois do exorcista, quem mais contribuiu para a consolidação da santidade da negra foi o sr. Pedro Rois Arvelos. Em sua chácara, nas imediações da capela de Santa Rita, no bairro da Glória, em São João del-Rei, Rosa se hospedou por mais de um ano, quando acompanhou o padre Francisco no Rio das Mortes. Foi este senhor quem socorreu a energúmena no pelourinho de Mariana, tratando-lhe as feridas e comprando-a, juntamente com o padre, do cativeiro de d. Ana Garcês, passando-lhe carta de alforria, enviada ao Rio de Janeiro em 1758. O mesmo sr. Arvelos injetará sangue novo no recolhimento, ali internando suas quatro filhas donzelas e mandando frequentes donativos para sua manutenção. Depois do padre Francisco, era seu maior devoto, e foi pelo que viu, e sobretudo pelos conselhos do Xota-Diabos, que adotou sua ex-escravizada como mãe.

Tudo começou em 1749, na capela de São Sebastião, arredores de São João del-Rei, quando assistiu, pela primeira vez, Rosa ser possuída pelo Demônio: a partir daí, jamais teve dúvidas de sua sobrenaturalidade. O próprio sacerdote proclamava que "no corpo da negra estavam sete espíritos malignos e que Lúcifer tinha sido mandado para avisar o povo das Minas de que estava para vir grande castigo". Tais encômios eram pronunciados em público, em alto e bom som, e, "em particular, o padre afirmava que a negra era uma serva de Deus". Segredou-lhe ainda o Xota-Diabos que sua beata possuía especial poder no tocante às almas do purgatório — uma angustiante obsessão de nossos antepassados —, garantindo-lhe que, pelos benefícios de Rosa Maria, um conhecido comum, o finado coronel João Gonçalves Fraga, tivera sua alma julgada favoravelmente, embora tivesse mandado fazer uma morte. Em outra ocasião, quando já vivia no litoral, justificou as raras cartas que a negra escrevia para as Minas afirmando que ela estava proibida de escrever, "pois cada letra que Rosa escrevia tirava uma ou mais almas do fogo do purgatório, pois era uma santa tão grande que, depois da Sagrada Família, não havia outra tão santa quanto ela". E concluiu tal informação, o sr. Arvelos, lembrando ter ouvido tais ensinamentos "perante muitas pessoas" — quer dizer, em público.

Também perante quem quisesse ouvir, garantia o mesmo sacerdote que "São Francisco, no seu dia, dera as cinco chagas para Rosa", e Cristo, sua coroa de espinhos. Daí afirmar que Santa Teresa d'Ávila, a grande doutora da Igreja, "ficava a perder de vista da negra, pois, embora Deus tenha feito muitas mercês a Santa Teresa, estas não tinham comparação com as que fez e fazia a Rosa". Em outra oportunidade, reforçou a tal opinião, dizendo que a mesma Santa Teresa, a reformadora do Carmelo, não passava de "menina de recados" de Rosa... Uma nobre dama de Ávila a serviço de uma africana!

Tanto ao sr. Arvelos quanto à sua mulher, o compadre Xota-Diabos repetia que "Deus falava pela boca de Rosa", sendo por ele tratada como "mãe espiritual". Dezenas de testemunhas arroladas nesse processo confirmam ter ouvido o padre Francisco proclamar que "a negra Rosa tinha Nosso Senhor sacramentado no seu peito e que era comparada à Santíssima Trindade", ou ainda que "Rosa era coisa muito grande e havia de padecer o mesmo martírio de Nosso Senhor Jesus Cristo, porque havia de ser açoitada, presa, escarnecida e esbofeteada, porém que lhe haveriam de assistir dois anjos para a consolarem"; mais ainda, que "Rosa abrigava um profundíssimo mistério, e, depois da Encarnação, não havia outro [mistério] semelhante", afirmando que "não ocorreu o dilúvio no Rio de Janeiro porque a 'Abelha-Mestra' não viera para o cortiço" etc. etc.

Se por escritos e palavras o padre Francisco Gonçalves Lopes era tão entusiasta em proclamar a sobrenaturalidade de sua energúmena, situando-a, na corte celeste, em nível superior ao dos patriarcas e principais santos canonizados — "Rosa é a maior santa do céu!" —, dentro do recolhimento, longe dos olhos dos incrédulos, o Xota-Diabos desenvolveu rica liturgia para cultuar a Flor do Rio de Janeiro. Estimuladas pela crendice do sacerdote, as recolhidas deram trela solta à imaginação mística, passando a inventar uma série de rituais e devoções tendo a madre Rosa Egipcíaca como objeto central.

Desobedecendo gravemente aos ensinamentos da teologia dogmática, o capelão ordenava às recolhidas mais rebeldes "que fizessem confissão pública de seus pecados aos pés de Rosa, pois ela [representava] a pessoa de Jesus Cristo". Algumas professas declararam ficar admiradas quando Rosa as arguia das mesmas culpas que pouco antes tinham confessado ao sacerdote, suspeitando que o velho capelão quebrava o sigilo da confissão, contando para a vidente o que ouvira no confessionário. Ambas as condutas, ouvir confissão sem ser sacerdote e revelar o segredo da confissão, eram severamente punidas pelo Santo Ofício, que, por bula de Bento xiv (1745), determinava até a pena de morte na fogueira aos sacerdotes que não guardassem o sigilo sacramental da confissão.[1]

A irmã Ana Maria declarou que o capelão ordenava às recolhidas que tomassem a bênção de Rosa, de joelhos, dizendo a irmã Teresa de Jesus que "ela era fonte da graça e que lhe obedecessem em tudo". Incrédula, esta religiosa foi consultar a irmã Ana do Coração de Maria, a amiga mais íntima da mestra, a qual ratificou as palavras do confessor, "mandando-a beijar os pés de Rosa para ganhar indulgências".

Três atitudes do capelão demonstram cabalmente o grau de veneração que ele dedicava à serva de Deus. Crente, como dissera, de que "qualquer pedacinho da roupa de Rosa" valia mais que a própria santa cruz de Cristo, ele próprio dava exemplo, carregando em seu pescoço nada menos que um dente de sua santa negra! Se era um molar ou canino, se perfeito ou cariado, se encastoado em ouro ou prata, como o conseguira, infelizmente não informam os documentos. O certo é que o Xota-Diabos não se separava de tão insólita relíquia "ex-dentes".

Seguindo o exemplo dele, as recolhidas mais devotas disputavam avidamente relíquias de sua mestra e fundadora. A irmã Francisca Xavier dos Serafins, carioca, então com 36 anos, foi uma das que confirmaram ter acreditado ganhar copiosas indulgências plenárias ao beijar as mãos e os pés da negra courana, indulgências "que podiam se aplicar pelas almas dos parentes vivos e por quem quisessem", tendo visto várias vezes o próprio capelão se prostrar aos pés da beata para beijá-los. Contou ainda que, certa noite, ao rezar em comunidade o *Miserere* (Salmo 50), "Rosa açoitou-se de tal forma, que correu muito sangue, cuidando as mais recolhidas que ela morresse por aquele exercício, aí algumas recolhidas ensoparam panos no sangue e guardaram por relíquia. Também dos cabelos de Rosa guardavam, e do hábito também".

As relíquias fascinavam os cristãos desde a Idade Média, e, no Rio de Janeiro, já vimos que o governador e o bispo disputaram aos empurrões, com o populacho, pedacinhos do hábito do frei Fabiano de Cristo, do convento dos franciscanos, morto com "cheiro de santidade", às vésperas da chegada de Rosa à cidade. D. Antônio do Desterro, em particular, era grande devoto e o maior colecionador de relíquias de todos os tempos que jamais o Brasil possuiu. Ao descrever as igrejas de sua diocese, em 1752, enumerou cuidadosamente quais e quantas relíquias cada uma venerava, destacando na Sé

> a insigne relíquia do Santo Lenho; no Mosteiro de São Bento, as relíquias de São Vitorino, São Bento, Santa Gertrudes e do Santo Lenho; no Colégio dos Jesuítas, os restos mortais de Santo Amaro, São Brás e dos mártires Santo Antônio, Santa Tecla, São Fagúncio, São Damásio, São Paulino, São Primo, Santo Agapito, São Teodoro, Santa Úrsula e as Onze Mil Virgens, Santo Olímpio; os carmelitas, por seu turno, além do Santo Lenho e de outras relíquias de santos mártires cujos nomes se ignoram,

ostentavam grande trunfo: precioso relicário guardava nada menos que "três cabelos de Nossa Senhora e outro de Santana!". Acredite quem quiser.[2]

Se Maria era Mãe de Justiça, e Rosa, Mãe de Misericórdia, nada mais justo que a negra também tivesse sua carapinha venerada em forma de relíquia.

Além de ter seus fios de cabelo guardados, como revelou a irmã Francisca Xavier, eles também eram utilizados na preparação de milagrosa poção. Conta a irmã Ana do Coração de Jesus que o capelão mandou que se escrevessem nuns papelinhos os santíssimos nomes de Jesus e Maria, ajuntando um pouco de açúcar branco e uns cabelos de Rosa, "os quais, quando se lhes cortavam, o padre mandava guardar"; queimados esses três ingredientes e feitos cinzas, eram misturados numa calda com água benta e, toda manhã, por nove dias seguidos, eram dadas duas colheradas às recolhidas, funcionando como santo remédio para dor no peito! "São Placebo", *ora pro nobis*!

Papelinhos escritos com orações ou jaculatórias fazem parte, ainda hoje, do devocionário católico: o neossanto frei Galvão (1739-1822), fundador do recolhimento de Nossa Senhora da Luz, em São Paulo, curou certa vez um rapaz, com fortes dores estomacais, mandando-o engolir um pedacinho de papel no qual escrevera três vezes um versinho do Ofício de Nossa Senhora:

> desde então se tornaram célebres os papelinhos do Mosteiro da Luz, que têm curado muitas pessoas, sobretudo a favor das senhoras que estão para dar à luz. Quantas graças de cura maravilhosa são atribuídas a esses papelinhos, invenção engenhosa e compassiva caridade do servo de Deus! Milhares de pedidos chegam de todas as partes do Brasil e exterior, e mesmo os senhores médicos e enfermeiros os têm pedido para salvarem seus clientes em perigo de vida...[3]

Dente, sangue e cabelos não foram os únicos elementos corpóreos de Rosa piamente venerados como relíquias e matérias-primas para poções milagrosas. Também sua saliva e objetos por ela utilizados mereceram igual devoção, sempre tendo o padre Francisco como inspirador de seu uso e afiançador de suas virtudes curativas.

A irmã Ana do Coração de Maria ratificou ter o capelão mandado guardar a água da bacia na qual Rosa lavava as mãos e o rosto, misturando-a com um pouco de açúcar e um pingo de vinho "para disfarçar a cor e não saber que água era", para ser dada aos enfermos. Disse que o próprio sacerdote fazia uso de tal beberagem quando tinha algum incômodo, recomendando que "todos tivessem fé nesta mezinha [pois] haviam de sarar de enfermidades do corpo ou do espírito".

A saliva da madre Rosa, de todos os elementos de seu corpo, foi o que mereceu maior devoção. Informa a mesma religiosa ter sido a própria beata quem a persuadiu a lavar a testa, os ouvidos e o peito com sua saliva, "para que conservasse a graça de Deus". A irmã Faustina, por sua vez, dá outra versão sobre o episódio: eram as recolhidas mais íntimas da visionária que tomavam a iniciativa de guardar sua saliva, dizendo que "curava pancadas".

Foi, contudo, a preta crioula Ana do Coração de Jesus quem forneceu a informação mais completa referente à utilização da saliva da mãe Rosa para fins curativos. Ao ser inquirida perante o comissário do Santo Ofício do Rio de Janeiro, jurou, com as mãos sobre o Evangelho, que o capelão do recolhimento lhe ordenara, em certa ocasião,

> um pouco de farinha de trigo que havia de amassar com uma coisa que lhe havia dado a irmã Maria Teresa do Sacramento, que foi a regente. Sabendo que era saliva de Rosa, repugnou fazer a dita amassadura e bolinhos como lhe mandava o dito padre Francisco, e este lhe pôs preceitos dizendo que quem era filha obediente não repugnava o que lhe mandava fazer o seu confessor e que fizesse a amassadura e os tais bolinhos, que eram para bom fim.

Obediente, a religiosa

> fez os bolinhos e no forno os torrou como biscoito. Aí o padre comeu o pedaço de um e mandou guardar os outros para se darem às irmãs recolhidas quando tivessem alguma moléstia ou dor, dando-se a cada uma porção limitada em água comum ou com água benta, com fé, que se haviam de sarar porque Nosso Senhor, pelos merecimentos de sua serva Rosa, havia de dar saúde e virtude naquele remédio.

E a mesma depoente confirmou que, por muitas vezes, as recolhidas recorreram a tais biscoitos quando estavam vexadas pelo Demônio, "sempre achando alívio". Deus seja louvado! Aleluia!

Diga-se, en passant, que desde a instituição da Sagrada Eucaristia na Santa Ceia, pelo próprio Filho de Deus, o pão se tornou símbolo dos mais queridos para os cristãos. Ficou célebre, desde a Idade Média, o "pão de santo Antônio", um bocadinho do qual, até hoje, incontáveis famílias baianas conservam dentro da farinheira, para que nunca falte o alimento na casa do devoto. Igualmente famoso, na época de Rosa, no Rio de Janeiro, era o "pão de frei José Santi-

364

nho", espécie de remédio contra os males do corpo e do espírito, conforme depoimento do cronista da ordem franciscana frei Jaboatão.

Revela a irmã Jacinta que a saliva de Rosa era zelosamente guardada num pratinho de vidro ou "alguidar vidrado", sendo usada para lavar a cabeça das recolhidas mais rebeldes, assim como ingrediente dos tais biscoitos, panaceia contra dores e ataques do Demônio, ou ainda à moda de unguento, curando pancadas e aliviando dores.

A saliva humana recebe diferentes tratamentos ou significados de cultura para cultura. Cuspir em alguém representa grave insulto, enquanto a troca de saliva no beijo de enamorados, uma manifestação de paixão. Entre nossos aborígenes, além de sua utilização como remédio, ela não era objeto de repulsa, tanto que, para se fazer o melhor cauim, deviam as velhas da aldeia mastigar o milho e cuspi-lo num recipiente para fermentar. Costume, aliás, que nossos colonos assimilaram e ainda praticavam em meados do século XVIII: no famoso Códice Costa Mattoso (1749), em "Notícias das muitas comidas que se fazem de milho", somos informados de que da canjica

> se faz o célebre manjar "cantimpueira", que, mascada na boca e lançada no caldo da mesma canjica, no dia seguinte, tem seu azedo e está perfeita. Para ser mais saborosa, há de ser mascada por alguma velha, isto para aproveitar a baba. E assim dela gostam os de bom estômago, que os nojentos a levam e socam ao pilão. Nunca é tão saborosa e medicinal como a mascada aos dentes.[4]

Também as religiões usaram a saliva como matéria sacramental. O próprio Cristo curou um cego em Betsaida "pondo-lhe saliva nos olhos" (Marcos, 8:23), e, segundo acaba de me informar minha doméstica, d. Carlita Chaves, quando menina, lá pelos anos 1940, no bairro da Curva Grande, em Salvador, conheceu uma curandeira de nome Lôra, filha de Oxóssi, muito procurada para tratar feridas e chagas: sua técnica curativa consistia em lamber e cuspir nas ditas feridas, que rapidamente desapareciam sem outro remédio além de sua saliva. Santa Margarida Maria, são João de Deus e são Francisco Xavier, entre outros, incluíram em seus currículos de santidade ter limpado feridas, inclusive de leprosos, com suas línguas. São Francisco Solano (1549-1610), famoso por seu cuidado com os escravizados negros do Peru, "vendo um menino com as pernas cheias de chagas e de lepra, levado de grande compaixão, lhas chegou a lamber com a língua, e, aplicando-lhe conveniente remédio, logo as curou".[5]

Portanto, não foi invenção do capelão do Parto utilizar a saliva de sua beata para fins curativos e proteção contra as forças do mal: seguia tradição milenar e multicultural, havendo outrora menor asco em face de tal secreção do que hoje. Os nossos antepassados tinham, inclusive, o hábito de salivar muito mais do que nos tempos atuais, daí a presença obrigatória, nas casas de bem e nos lugares públicos, de escarradeiras de louça da Índia ou de porcelana europeia.

A saliva de Rosa, contudo, por possuir poderes preternaturais, merecia tratamento diferenciado: era guardada num pratinho de vidro, recipiente de alto luxo numa sociedade em que o barro, a madeira e o cobre eram os materiais mais constantes no serviço de mesa dos privilegiados, pois a maioria da população comia mesmo era no chão, com os dedos, em gamelas e cuias de madeira ou cabaças de porongo.

Também objetos utilizados por Rosa eram alvo de veneração especial por parte de seus fiéis. O padre João Ferreira de Carvalho, de São João del-Rei, aquele sacerdote que, por ordem de Nossa Senhora, ofertara grande soma de dinheiro para a fundação do recolhimento, "venerava as cartas de Rosa como se fossem relíquias e ditadas por Deus". Da mesma forma eram cultuadas as roupas da mestra Egipcíaca: irmã Francisca, a pequenina noviça Arvelos, contou que ouviu a própria Rosa dizer que deixava sua saia de lã ao padre Francisco como relíquia, e certa ocasião, quando trovejava fortemente, a irmã Ana do Coração de Maria disse que era castigo de Deus contra uma recolhida incrédula, anunciando que viria um anjo do céu para executar o castigo, "e, para evitar isso, cobriam-se algumas recolhidas com uma capa de Rosa". O próprio capelão também distribuíra "alguma roupa de Rosa para os de casa ou de fora, [dizendo] que tivessem fé que haviam de se curar". A irmã Faustina revelou que as recolhidas mais próximas da Abelha-Mestra davam bocadinhos de sua roupa e cabelo para que as demais religiosas trouxessem como proteção, guardados em saquinhos junto ao hábito.

Para administrar a constituição da santidade da madre Egipcíaca urgia lhe institucionalizar um séquito: a Abelha-Rainha requer suas operárias.

Sempre mancomunada com seu exorcista e orientador espiritual, mãe Rosa, assim que retornou ao recolhimento, teve a ideia de estruturar melhor seu pequeno rebanho, distribuindo ritualmente alguns poderes a suas mais fiéis vassalas. Em vez de doze apóstolos, nossa beata se contentará em eleger quatro "evangelistas", sendo este um dos episódios mais bem documentados em seu processo e que nos permite vislumbrar a estrutura de poder e hierarquia dessa comunidade crioula.

Dentro do recolhimento do Parto, o local preferido por Rosa para manifestar seus poderes e graças espirituais era o coro. Mais precisamente, o centro do coro, aquele espaço livre, uma espécie de arena, que fica no meio da fila de cadeiras ou bancos onde se assentam ou se ajoelham as recolhidas durante os ofícios litúrgicos. Era, sem dúvida, o lugar de maior visibilidade dentro do espaço comunitário, estando sempre todas as recolhidas presentes, quer em silenciosa oração mental, quer cantando ou rezando o Ofício de Nossa Senhora, ladainhas e demais preces devocionais. Para quem desejava ser vista e venerada, não havia espaço melhor! Foi ali que a madre Rosa Maria teve diversas de suas visões e êxtases, "estando a comunidade presente", chegando várias vezes a cair como morta no chão ou vociferando contra incrédulos, com voz gutural peculiar ao seu Espírito, o Afecto.

> Numa ocasião — conta irmã Ana do Coração de Jesus —, na noite da Visitação de Nossa Senhora a Santa Isabel, que era o dia das sortes da congregação, estando a comunidade rezando uma novena no coro, saiu Rosa de joelhos e, cantando o *Ave Maris Stella*, começou a dançar [em frente do altar], fazendo muitas visagens, até cair desmaiada no chão. [Levantou-se então] e de um balainho pequenino [tirou] quatro papelinhos trazidos à maneira de sorte e deu cada um a quatro irmãs, onde estavam escritos: São Mateus, São Lucas, São Marcos e São João, dizendo que elas eram evangelistas. E perguntando ela, testemunha, o que significava o nome de evangelistas, Rosa disse que era para dar conta de tudo que passasse no recolhimento a respeito dela e das mais irmãs em todo o tempo que fossem perguntadas, confirmando o padre o mesmo, que escrevessem tudo para se não esquecerem e que, se fossem perguntadas um dia, dessem conta.

Pelo visto, o padre Francisco de fato confiava e tinha sólida esperança de que Rosa, um dia, seria elevada à glória dos altares. Programando, com antecedência, diversas versões da biografia de Santa Rosa Maria Egipcíaca da Vera Cruz, com as anotações das quatro evangelistas, garantia material abundante e fidedigno para seu futuro processo de beatificação.

Outras religiosas presentes nessa curiosa cerimônia, na qual não faltaram dança, cantoria e êxtases beatíficos, dão mais detalhes sobre o significado da eleição: que a missão das quatro eleitas "era evangelizarem tudo quanto vissem no recolhimento", ordenando o capelão "que fossem tratadas com o respeito devido aos evangelistas", e chamadas de "Evangelistas do Novo Mistério da Redenção", obrigando-as a imitar os biógrafos de Cristo: "Do mesmo modo que os evangelistas escreveram a vida de Jesus quando andou por este mundo, assim também deviam escrever os prodígios que Rosa fazia". A partir de então, a comunidade passou a chamá-las de evangelistas.

Tal nomeação ocorreu, portanto, no dia 2 de julho de 1760, festa da Visitação, pouco tempo depois da chegada de Jacinta e Genoveva ao Rio. Foi a secretária de Rosa, Maria Teresa do Sacramento, quem escreveu os papelitos, com tal cerimônia, conforme relatou uma das eleitas, sendo realizada no mesmo dia em que se tiravam as "sortes da congregação" — isto é, quando, através de sorteio, deviam ser preenchidos alguns cargos da comunidade.

Tais foram as escolhidas e seus respectivos patronos:

Ana do Coração de Jesus . . . . São Mateus
Ana do Coração de Maria . . . . São Lucas
Maria Rosa . . . . São Marcos
Francisca Xavier . . . . São João

Em que medida tal imposição de nomes poderia evocar rituais congêneres praticados nos cultos afro-brasileiros, quando as *yaô* saem da camarinha e têm seus nomes revelados, passando, a partir de então, a ser identificadas com diferentes orixás? Fica aqui tão somente levantada a questão, deixando aos "orixazistas" a última palavra.

Entre as evangelistas, três negras e uma branca; três analfabetas e uma semialfabetizada. Se a missão delas era escrever os mistérios da nova redenção encabeçada por mãe Rosa, a escolha de três iletradas, havendo várias recolhidas que sabiam escrever, revela que a eleição se baseara em critérios outros que o mero conhecimento da grafia.

As duas Anas, a do Coração de Jesus e a do Coração de Maria, pertenciam ao grupo mais próximo de Rosa e já foram várias vezes citadas ao longo destas páginas, notadamente Ana Bela, que, no recolhimento, recebera o melífluo nome do Coração de Maria. As duas outras escolhidas são pouco mencionadas na documentação, escapando-nos os motivos que influenciaram mestra Egipcíaca a privilegiá-las. Decerto deviam ser as mais crédulas e devotas incondicionais da visionária courana.

Das quatro evangelistas, foi sem dúvida a irmã Ana do Coração de Maria, agora cognominada "São Lucas", a presença mais forte e carismática dentro do recolhimento, depois de Rosa. Fluminense da ilha do Bom Jesus, fora batizada pelos capuchos e talvez através deles tenha obtido sua prenda mais preciosa: a relíquia da Cruz de Cristo. Depois da mestra, foi a que mais teve visões celestiais, a que mais profetizou, algumas vezes até fornecendo, ela própria, a inspiração para as profecias que a fundadora incorporou em suas mensagens e escritos teológicos. Logo que se transferiram para o novo recolhimento,

> certa feita, quando uma recolhida confessava, se representou a irmã Ana do Coração de Maria que o fazia sacrilegamente, e levantando os olhos para ela, se lhe viu negra retinta, sendo branca, e, refletindo, viu que aquilo era como espelho de suas próprias culpas.

Em outro momento, teve outra revelação: ao notar a irmã Faustina de joelhos no confessionário, no lugar da casinha onde fica sentado o padre, viu uma forca, onde a confessanda iria morrer devido à sua incredulidade. Em dúvida se não se trataria a visão de um embuste do Demônio, afiançou-lhe o capelão que "o Diabo quereria que a criatura encobrisse o seu pecado, para nunca merecer a graça de Deus no sacramento que recebia", de forma que a revelação era virtuosa e legítima. Depois de tal confirmação por parte da autoridade eclesiástica, a ex-Ana Bela passou a profetizar frequentemente, costumando adivinhar o que as irmãs vinham lhe dizer, descobrindo se tinham escondido alguma palavra ou acontecimento: "Dizia que Nossa Senhora lhe dera o dom de conhecer os interiores e que no seu peito tinha o Coração de Nossa Senhora" — daí seu nome Coração de Maria —, obrigando primeiro Faustina, depois Francisca Arvelos, a escreverem as visões que lhe ocorriam, posto não saber, ela própria, os segredos da escrita.

Fora a mesma religiosa que, pela primeira vez, em 1758, profetizara no recolhimento, falando como se fosse o anjo Gabriel, que no dia do *Missus est* a cidade do Rio de Janeiro haveria de inundar, só escapando as pessoas que estivessem na "arca dos Santíssimos Corações". Também ela própria ajudou a consertar o fiasco de não ter ocorrido o temido dilúvio, proclamando "que, pelas orações de Rosa, se suspendera aquele castigo".

Suas visões, menos elaboradas que as da Abelha-Mestra, eram cuidadosamente anotadas por outras recolhidas, cumprindo, assim, a determinação de Rosa, e do capelão, de que registrassem tudo que envolvia a santidade da fundadora e o bom funcionamento de seu "sacro colégio". Eis uma de suas visões, conforme anotada por Francisquinha Arvelos: "Certa vez vi dois pães, um cru e outro cozido, este com um círculo negro que era a figura de Rosa pelo que padecia quando lhe diziam que se desdissesse do que fazia, e o pão cru era eu, Ana do Coração de Maria". Como interpretou essa alegoria ou qual o significado que lhe atribuiu, infelizmente a documentação não esclarece. Talvez pleiteasse, depois do desaparecimento da fundadora, se tornar ela, pão cru, o pão cozido que daria continuidade à sua obra.

Outra vez, conversando com algumas recolhidas, revelou ter sido levada por Deus até o inferno "e lá vira sua cama que lá tivera no mundo, e que o Demônio lhe estava abanando, e que também vira as camas de alguns homens que ela conhecia cá no mundo e que a alma de frei Agostinho estava padecendo ao pé do inferno...". Por vezes as alucinações místicas dessa ex-prostituta fluminense se prolongavam por dias seguidos. Numa mensagem enviada por Rosa a frei Agostinho, quando ainda era seu diretor espiritual, a 1º de abril de 1756, narrou o seguinte:

> Disse-me a minha filha Ana do Coração de Maria que andava havia quinze dias, pouco mais ou menos, acompanhada de um vulto que lhe parecia ser o Menino Jesus, [tendo] uma cestinha na mão, descalço, sem camisa, com uma túnica vestida, roxa. [...] Aí ouvi uma voz que me disse: "Deixai Ana, não façais bulha". Ontem parecia que ela [Ana] estava orando no meu coração, como de fato que assim era. Pedi-lhe conta, depois que acabamos a oração. Já era tarde e hoje, pela manhã, é que falou comigo e disse ela que ontem foi o dia em que o Menino mais a perseguia. E, indo para a oração, a acompanhou. E, assim que começou a oração, desapareceu. E em breve tempo tornou a aparecer em cima do altar, e, querendo ela meditar no ponto que se tinha lido, que era da Paixão, se viu posta em juízo, pedindo-lhe o Senhor conta. Além do horror das suas culpas, dos

grandes benefícios que lhe tinha feito principalmente em o tempo em que a tinha chamado e trazido à sua santa casa, e assim lhe dizia que em tantas horas, dias, semanas e meses — que era o que tinha aprendido nesta escola? — que qualquer escola do mundo, havendo muda, já as mães conheciam e cantavam aumentos, e ela não tinha tomado substância nem conhecimento das letras; e que o Senhor não achava aumento nenhum nela nem na sua mudança, e lhe pedia contas, além de outros benefícios que lhe tinha dado; que por ele haverá de ser jardim das flores humildes e a isso lhe propunha todos os pontos da soberba, porque o que havia de adquirir pela humildade, desperdiçava pelo pouco conhecimento que de si tinha. E, acabada esta presença do Juízo, tornava a ver o Menino em o mesmo lugar, chamando — diz ela — que chamava por mim e que eu me alevantava e ia...

Apesar do estilo claudicante e do barroquismo das imagens, podemos constatar, através dessa descrição ditada por Rosa, o quanto ela e sua dileta Ana Bela se queriam, a ponto de compartilharem as mesmas visões e regalos celestiais, decifrando os enigmas das revelações recebidas, uma da outra, quando individualmente não conseguiam fazê-lo. Não devemos ficar admirados com a presença do Menino Jesus, por quinze dias seguidos, perseguindo a devota freirinha. Como todo menino, também o Divino Infante costumava fazer suas presepadas: vários foram os santos e santas, desde santo Antônio de Lisboa, agraciados com o favor divino, transferindo-se o Menino Jesus do colo da Virgem Maria para os seus braços, entre eles são Caetano, santo Estanislau Kostka, são Benedito, santa Rosa de Lima, santa Verônica Giuliani e, mais recentemente, o padre jesuíta João Batista Reus, o taumaturgo do Rio Grande do Sul em cuja hóstia consagrada, ao elevá-la, aparecia a rechonchuda imagem do *Bambino Gesù*.[6]

Depois de Ana do Coração de Maria, foi sua xará irmã Ana do Coração de Jesus a evangelista que maior importância desempenhou no recolhimento, tendo recebido como guia de sua missão o apóstolo são Mateus. Beirava os trinta anos quando se recolhera ao Parto: era natural de Nossa Senhora da Conceição do arraial do Padre Faria, na saída da Vila Rica quando se desce para Mariana, e deve ter conhecido Rosa quando ainda viviam nas Minas. Era crioula forra, certamente nascida de mãe liberta, sabia ler e escrever, embora sofrivelmente. Fora ela quem, por ordem do capelão, assara os biscoitos com a saliva da mestra, recebendo dele a ordem para que "oferecesse as rezas que fizesse no coração privilegiado da mãe Rosa para que Nosso Senhor despachasse as suas petições por intercessão de Rosa". Também era dada a visões e êxtases, relatando que

> no Dia de Nossa Senhora do Rosário (1755?), de tarde, viu com os olhos fechados, representando-se-lhe no entendimento, como um relâmpago, uma carroça em que ia Nosso Senhor pelo ar acima das nuvens, como o andor das setas [da estigmatização de são Francisco]: com uma seta na mão direita, como que disparava, e duas na outra mão.

Embora não tenha explicado o significado dessa alegoria, tudo nos leva a crer que teve inspiração em episódio semelhante ocorrido com Santa Teresa d'Ávila, ao ter seu coração trespassado por um dardo incandescente atirado por um anjo — fenômeno místico que os teólogos denominaram de "transverberação" e cuja representação majestosa, esculpida em mármore por Lorenzo Bernini (1646), pode até hoje ser admirada na igreja de Santa Maria della Vitoria, em Roma.

No ano seguinte a essa visão, depois do terremoto de Lisboa, portanto em 1756, a evangelista São Mateus, estando em oração diante do Santíssimo Sacramento, sempre com os olhos fechados, narra que "viu Rosa num trono, rodeada de muitas luzes, trazendo uma custódia na mão direita, na qual se viam os Santíssimos Corações, e no Coração de Jesus estava o Santíssimo Sacramento assim como estava exposto no altar". Na iconografia católica, santa Clara, a parceira de são Francisco, é sempre representada com a custódia na mão, de modo que tanto a visão anterior, representando as chagas de são Francisco, quanto esta última confirmam a forte influência do franciscanismo na representação mística e na espiritualidade das recolhidas do Parto, que, embora não professassem formalmente a regra das clarissas, pautavam suas vidas e devoções pelos estatutos da Ordem Terceira Franciscana — aliás, como a maior parte dos recolhimentos de Portugal, e inclusive o de Macaúbas, em Minas Gerais.

A ligação de Ana do Coração de Jesus com Rosa tinha raízes profundas, demonstrando sempre sincera gratidão à Abelha-Mestra por tê-la curado de diversos achaques. Eis como a crioula mineira contou tais fatos:

Em uma ocasião, estando eu doente de uma queixa que me oprimia havia anos e por várias vezes estive muito mal das pedras, nesta ocasião, minha mãe Rosa Maria Egipcíaca fez um unguento de azeite da lâmpada de Nossa Senhora do Carmo, cera do forno e sumo de poejo, e mo deu no caldo de galinha. Logo fiquei boa, e não me tornou mais a dor até o dia presente! Seja Deus louvado para sempre!

Conta mais a enferma que esse mesmo unguento era fornecido a várias pessoas que iam buscar no recolhimento esse santo remédio e, quando acabava, ela própria o fazia, seguindo a fórmula inventada pela fundadora, "rezando-se uma Salve-rainha a Nossa Senhora quando se tomava o dito unguento". Outra vez, continua a crédula evangelista, estando oprimida de uma dor que a atacava todos os meses, tomou vários remédios de botica, sem resultado, até que Rosa, voltando certo dia da missa, "pediu a Nosso Senhor, pela sua imensa bondade, tirasse a dor ou a tornasse mais branda, e há quatro anos desapareceu. Deus seja por todo sempre louvado!".

Tanto a irmã do Coração de Maria quanto Ana do Coração de Jesus diziam estar possuídas por um anjo quando faziam suas profecias: a primeira por são Miguel, o príncipe dos anjos do céu, e a última por são Rafael, "a força de Deus". A primeira visão da devoção ao Rosário de Santana, uma das inovações litúrgicas divulgadas por Rosa entre seus devotos, tema sobre o qual trataremos a seu tempo, foi atribuída a Ana do Coração de Jesus.

Sobre as evangelistas São Marcos e São João fornecem os processos poucos detalhes. Mais discretas em seus arroubos místicos e maluquices demonológicas, deviam, como as precedentes, demonstrar inabaláveis confiança e fidelidade na Abelha-Mestra, daí sua eleição para cargo tão importante: como evangelistas da nova redenção, muito embora fossem analfabetas.

A irmã Francisca Xavier dos Serafins era a única branca desse sodalício. Carioca, nascera e fora criada na freguesia da Sé do Rio de Janeiro, na época situada no morro do Castelo, na igreja de São Sebastião: recebera como missão desempenhar o papel do evangelista São João, "o discípulo que Jesus amava". Também passava dos trinta anos quando se recolheu ao Parto. Foi uma das que divulgaram a crença de que sua mestra recebera os estigmas de Cristo:

como as mais recolhidas, via no corpo, nos pés e nas mãos de Rosa as chagas, ou se lhes representavam no interior de cada uma, como a ela, testemunha, se lhe fizeram representar as chagas, mas não que as visse com os olhos corporais, e por este princípio ia ela e as mais recolhidas limpar-lhe os pés, e outras as mãos, dizendo que se ganhavam indulgências plenárias.

Tão influenciada ficou a irmã Francisca Xavier pela santidade da mãe Egipcíaca que "não conseguia afastar estas representações de seu pensamento", repetindo o mesmo depoimento da já citada irmã cozinheira que, na oração mental, apenas Rosa lhe povoava o intelecto, sem poder meditar na paixão de Cristo e em outros mistérios sacros.

Rosa lhe dissera que "havia de substituir o lugar de são João para escrever o que sentisse a respeito dela". Era, contudo, Jacinta Arvelos quem lhe copiava as revelações, nas quais, algumas vezes, sua mestra aparecia falando com Deus ou com os anjos, e em outras a via por sobre um altar de igreja, com toda glória dedicada aos santos canonizados. "Certa vez, se lhe representou interiormente estar Nosso Senhor Sacramentado no peito de Rosa, assistido de muitas luzes: por isto a reverenciava."

Foi esta evangelista uma das primeiras recolhidas a fazer a confissão geral aos pés da fundadora, sendo ela a relatar o episódio da autoflagelação sanguinolenta e das relíquias *ex sanguinis* que as demais recoletas guardaram de sua mãe e mestra, tal qual citamos anteriormente.

Sobre a última evangelista, apaniguada por são Marcos, pouco dizem os documentos, pairando dúvida, inclusive, quanto à sua cor, pois ora é referida como preta, ora como "parda forra". Ao receber o hábito, teve seu nome acrescentado para irmã Maria Rosa do Coração de São José. Era amiga íntima da beata courana, sendo citada algumas vezes nas cartas que ela enviava para seus amigos de Minas Gerais, sobretudo por volta de 1760. Também Jacinta, ao escrever a seus pais, às vezes inclui o nome de irmã Maria Rosa entre as que lhes mandavam lembranças. De onde era, sua idade e mais particularidades biográficas, infelizmente, nada dizem os velhos papéis: tudo faz crer que também fosse oriunda das Minas Gerais.

Nomeadas solenemente, as quatro evangelistas passaram não apenas a ditar às escribas tudo o que os céus lhes revelavam sobre a santidade da mestra Rosa, mas também a auxiliá-la na árdua tarefa de conduzir seu pequeno rebanho pelos caminhos pedregosos da perfeição cristã. No mais das vezes, parece que, em vez de se comportarem com a candura dos quatro evangelistas, as eleitas agiam como se fossem os "quatro cavaleiros do Apocalipse", incluindo, em sua didática catequética, intimidações, anátemas e até violência física. O exemplo partia da própria mestra do beatério. Conta Jacinta Arvelos que, certa manhã,

> entrou Rosa no coro com uma vara de marmelo dando na cabeça das recolhidas, dizendo:
> "A B C com o que
> mataste o meu Iapê
> com uma vara da dimpê…",
> explicando que Iapê era Nosso Senhor e a vara de dimpê era a contradição que as recolhidas tinham.

Infelizmente, malgrado as explicações dadas pela protagonista desse ritual flagelador, elas são insuficientes para sua perfeita compreensão. "Iapê" e "dimpê" seriam palavras da língua courana? Salvo engano, só se tem notícia, na diáspora africana, de um ritual da Costa da Mina em que se utilizam varas e bordões como parte da liturgia: trata-se do culto aos Egun-gun, da ilha de Itaparica, tal qual tivemos oportunidade de constatar através do belo filme assinado por Juanita Helbein. Também aqui transfiro aos africanistas a interpretação de mais esse ritual flagelador praticado por Rosa Egipcíaca.

Além das quatro evangelistas, também Leandra, a fiel e mais antiga parceira de Rosa, se incorporava extraoficialmente a esse pequeno séquito cuja função era dar respaldo tático à Abelha-Mestra. Segundo afirmaram diversas recolhidas, as evangelistas eram encarregadas de castigar as incrédulas, primeiro profetizando sobre suas confissões incompletas e mentirosas, depois denunciando outras faltas de devoção e tibieza espiritual, e por fim as punindo corporalmente: "Quem dava sinal de não crer na santidade de Rosa era castigada", confirmou uma de suas vítimas, a irmã Francisca Tomásia. No Dia de São Miguel, as evangelistas agarraram irmã Faustina e bateram tanto com ela no chão que a deixaram quase morta. Outro corretivo, mais sutil e nem por isso menos violento, foi aplicado à irmã Teresa de Jesus, a cozinheira. A "evangelista" São Lucas a agarrou pelo braço e, às dentadas, a obrigou a se confessar aos pés da madre Rosa. Foram as evangelistas que, juntas, realizaram aquele asqueroso cerimonial, usando o escarro de todas as recolhidas para lavar a cabeça da freirinha incrédula.

Inventivas, além desses refinados castigos, da confecção de relíquias e poções milagrosas, e da divulgação de barrocas revelações celestiais, ou infernais, as evangelistas também se dedicaram a encenações místicas nem sempre integralmente de acordo com a ortodoxia litúrgica. Certa vez, conta Faustina, sempre no coro, quando a regente Maria Teresa lia uma visão que a madre fundadora tivera dias antes,

> onde o Senhor aparecia num trono muito desonesto, dizendo também palavras que ela, testemunha, não pode proferir por serem torpes, começou a dançar Francisca Xavier [são João] e com violência se despia, ficando descomposta, dizendo ao mesmo tempo: "Viva o amor de Jesus Cristo!" — e a estas palavras, mandou Rosa a comunidade repetir: "Viva o amor de Jesus Cristo!".

Novamente aqui, vemos outra influência do imaginário franciscano influenciando os arroubos místicos dessas recolhidas, fundadas e assistidas pelos frades menores: também o pobrezinho de Assis, logo no início de sua conversão, se despira de suas vestes burguesas, em praça pública, marcando com a nudez seu desligamento do mundo e das vaidades.[7] Certamente irmã Francisca, ao ficar descomposta perante a comunidade, arremedava o gesto simbólico do principal patrono de seu nome, conduta perdoável numa Lady Godiva, mas francamente inadequada numa esposa de Cristo! Contudo, como até o Santo Rei Davi, ao conduzir a Arca da Aliança para Jerusalém, também se despira para, com maior liberdade de movimentos, louvar o Senhor (II Samuel, 6:20), não se poderia condenar a evangelista São João por tais liberdades coreográficas. Viva o amor de Jesus Cristo!

Outra evangelista, irmã Maria Rosa, certa noite, no coro, fazendo-se acompanhar das irmãs do Coração de Maria e do Coração de Jesus — que, não satisfeitas em serem equiparadas a são Lucas e são Mateus, se autoproclamavam, respectivamente, são Miguel e são Rafael —, houveram por bem incorporar dois dos principais patriarcas da Ordem Carmelitana — santo Elias e santo Ivo —, cujas imagens existiam na igreja do Parto, segundo registram os documentos. As três evangelistas juntas, reunidas no coro, fizeram uma pequena procissão, carregando uma grande cruz às costas, e bateram com um martelo no lugar dos cravos, com tanta força, que a cruz se desfez. Descravram então a imagem de Cristo morto, levando-a para a cela de Rosa, dizendo

376

que seu gesto se equiparava à conduta das recolhidas ímpias, "que todos os dias assim pregavam na cruz Nosso Senhor, porque não criam nela e pelos muitos pecados das incrédulas".

Era em seu cubículo que a madre Rosa, muitas vezes, dava audiências, absolvendo suas filhas quando lhe faziam confissão geral, aconselhando ou acolhendo as mais carentes de sua orientação e proteção espiritual. Era aí também que, com grande frequência, recebia o seu querido exorcista e capelão do recolhimento: de porta aberta, quando comiam; fechando-a, "quando ia tratar de seu "Afecto". Além da cama, da mesa e de algumas cadeiras, existiam ainda na cela da fundadora um oratório com o Menino Jesus e uma lâmina de santo Antônio na parede. Papel, penas de escrever e tinta não deviam faltar na sua mesa, na qual, quase diariamente, escrevia ou ditava às escribas seus colóquios espirituais. Era também para sua cela que, às vezes, as evangelistas se dirigiam, comunicando-lhe as últimas visões ou buscando aprovação para alguma revelação ou profecia mais fantástica. Certa feita, ao levarem à cela de Rosa uma imagem do Menino Jesus, a mestra Egipcíaca a colocou no chão, como se fosse o presépio, dizendo que assim maltratavam os pecadores ao Deus Menino, em tempo que a irmã Ana do Coração de Maria proclamava que as evangelistas representavam ali as figuras do presépio, sendo ela própria a mula, e as duas outras, o boi e o galo. Convenhamos que a irrequieta imaginação da primeira evangelista não tinha limites, ostentando em seu currículo pelo menos seis diferentes personalidades: primeiro, conhecida como Ana Bela, no meretrício do Rio de Janeiro; depois, se traveste na irmã Ana do Coração de Maria; no recolhimento, se autoproclama são Miguel, agindo como se fosse o "cavalo" deste arcanjo; posteriormente, Rosa lhe atribui o nome e a função de são Mateus; às vezes, a encarnação de santo Elias e, agora, pretende ser a mula do presépio. Nem Dorian Gray ousou tanto!

A ligação entre mãe Rosa e suas evangelistas era de franca camaradagem: transferindo-lhes parte de seu poder, a fundadora recebia em troca culto, vassalagem e ajuda para quebrar a resistência das incrédulas, através de mitos, rituais e intimidação. Entre os mitos inventados pela beata e divulgados por suas vassalas, um dos mais curiosos foi relatado por Faustina: "Diziam as evangelistas que o Menino Jesus vinha pentear o cabelo de Rosa e ela lhe dava de mamar, mas depois ela deixou crescer o cabelo e o amarrava, e as evangelistas o penteavam, lavavam e o apolvilhavam".

No século XVIII, várias foram as servas de Deus que juraram ter dado de mamar em suas tetas ao Deus Infante. Dentre elas, a mais famosa foi santa Verônica Giuliani, falecida em 1727, na mesma década em que a escravinha Rosa aportava no Brasil. Verônica pertencia à Ordem Capuchinha e foi das santas mais barrocas que a Igreja canonizou: escreveu nada menos que cinco versões de sua autobiografia — 22 mil páginas! —, sendo frequentemente visitada e atormentada pelo Diabo, que deixava sempre, em sua cela, antes de voltar para o inferno, insuportável odor de gases intestinais.[8] Como boa franciscana, santa Verônica foi muito devota do *Bambino Gesù*, e ela própria nos conta como se tornou, numa visão, ama de leite do Deus feito homem:

> vi, certa manhã, Nossa Senhora dando de mamar ao menino Jesus. Então eu disse: "Meu Jesus, vinde a mim que também eu quero vos dar meu leite!". Aí o Menino começou a sorrir, primeiro olhando para mim, depois de novo se atacava na maminha de sua Mãe. Ó meu Deus! Eu não aguentava mais! Encostei-me então na Beata Virgem e lhe disse: "Eu quero aleitar este Menino! Dê-me-o!". Aí eu vi que Jesus me olhava e se movia. Eu não sabia o que fazer para dar-lhe de mamar. Então o Menino Jesus abaixou o meu "bustino" e começou a mamar em meu peito. Oh Deus! Não consigo revelar o que tal ato ocasionou em mim![9]

A imagem da mãe Rosa, divulgada pelas evangelistas — dando de mamar ao Menino Jesus —, era corriqueira no Brasil antigo: uma ama de leite negra tendo atracado em seu peito um nenenzinho branco. O insólito era a identidade do bebê: o próprio Deus Menino escolhera, dentre todas as mulheres da América portuguesa, ninguém menos que uma ex-prostituta, a preta Rosa, para ser sua ama de leite. Porém, deixando a fundadora do recolhimento crescer a cabeleira, certamente os tenros bracinhos do Divino Infante não tinham força suficiente para desembaraçar a carapinha da africana, daí assumirem suas evangelistas tal função. Talvez a visionária tenha optado pela cabeleira longa para acumular matéria-prima para a confecção das citadas relíquias e poções curativas. Não deixa de ser curioso, contudo, que uma recolhida que se vestia de burel franciscano, em vez de grosso véu lhe cobrindo a cabeça, cultivasse cabelo longo e amarrado. Se o apertava como um rabo de cavalo, em trancinhas à moda nagô, ou como as negras minas e congas que Debret, numerosas, retratou pelas ruas do Rio de Janeiro, não informam os documentos.

Segundo este artista, havia negras que cobriam a cabeça com turbante de baeta, outras armavam penteados com tiras de crina bordada, além de contas, pingentes e vidrilhos.[10] O certo é que a mãe Rosa tinha sua carapinha lavada e "apolvilhada" por suas evangelistas. Difícil seria besuntar com polvilho (de trigo ou de amido de mandioca) uma cabeleira negroide simplesmente lavada e penteada: só cabelo alisado se prestaria a tal cuidado, o que nos leva a suspeitar que Rosa talvez alisasse suas melenas, se não com ferro quente, ao menos com pente de osso ou de chifre untado em azeite de coco ou de mamona, técnica ainda utilizada nas zonas rurais mais afastadas. (Novamente devo a Carlita Chaves a informação desses detalhes sobre o toucado afro-brasileiro.)

A relação de Rosa com suas evangelistas incluía fortes doses de diabolismo, pois várias foram as recolhidas do Parto que, à imitação da fundadora, também foram possuídas por Belzebu. Aliás, o número de energúmenos de ambos os sexos era altíssimo no Brasil do século XVIII, posto que diversos estados mórbidos e a quase totalidade das doenças nervosas eram diagnosticados como causados pelo Espírito do Mal. Ainda em fins do século XIX, segundo depoimento do escritor carioca João do Rio,

> nesta cidade, mais do que qualquer outra terra, pela classe baixa, nas ruas escusas, as possessas abundam. De repente criaturas perfeitamente boas caem com ataques, escabujam, arquejam, cusparam [sic] uma baba espessa, com os cabelos tesos e os olhos ardentes... Tais criaturas só tornam à vida natural quando um sacerdote as exorcisma. São sem conta os casos de possessas.[11]

Nos processos inquisitoriais abundam os casos de beatas e visionárias que disseram ser possuídas pelo Rabudo. Joana Maria de Jesus, terceira franciscana como Rosa, presa em 1719, declarou

> que era perseguida constantemente por um Demônio arrimadiço [parasita], que a provocava para atos de poluição [masturbação], inchando-lhe os olhos e experimentando dores no pescoço e braços, e, quando terminava a poluição, mesmo à frente de outras pessoas, louvava a Deus.[12]

O diabolismo entrou no recolhimento desde sua fundação e se generalizou sobretudo devido à influência do padre Francisco Gonçalves Lopes. Desde quando nas Minas era chamado de Xota-Diabos, e tanto além quanto aquém da Mantiqueira, fazia dos exorcismos a principal arma de seu ministério sacerdotal. Em tudo o capelão via a presença de Satanás, sendo um típico paciente do que os estudiosos chamam de "demonomania".[13]

Foi o Xota-Diabos que fez se manifestarem os sete demônios que tomavam conta do corpo da escravizada de d. Ana Garcês, diagnosticando seus inchaços e dores como ação do Maligno. Foi ele quem viciou a energúmena nos exorcismos, continuando por anos seguidos a "botar preceitos" para acalmar o espírito que infernizava a vida de sua dirigida, ritual que se repetia quase diariamente, "algumas ocasiões, várias vezes no mesmo dia".

O Demônio era uma verdadeira obsessão na vida desse velho sacerdote minhoto nascido nos últimos anos do século XVII: em diversas cartas enviadas aos Arvelos, refere-se à ação maléfica do Pai das Trevas, seja contra algum membro dessa família mineira, seja contra a obra de sua dirigida mestra Rosa. Eis o que ele escrevia em carta de 26 de setembro de 1758: "O sentido que Genoveva [a filha mais velha] tem no corpo não é seu, é o Demônio que tem no corpo, assim como tinha Faustina". Certamente repetindo o que ouvira da boca do capelão, Jacinta Arvelos, ao escrever a seus pais sobre a conversão de sua irmã, dizia: "Faustina era rainha e esposa de Lúcifer, a quem ele tanto amava…".

Para o Xota-Diabos, era Deus quem autorizava as investidas dos Anjos do Mal contra a cristandade, interpretação, diga-se en passant, concorde com o ensinamento oficial da Igreja católica ainda em nossos dias.[14] A própria demonopatia que tanto atormentava Rosa, segundo ele, estava nos planos do Onipotente: "Lúcifer, o espírito diabólico que Rosa tinha, fora permitido por Deus para mais a purificar". Aliás, como acontecera com o justo Jó e muitos outros servos de Deus do Antigo Testamento e dos tempos depois de Cristo.

Numa carta desse mesmo ano, assim dizia o exorcista:

> Que Deus nos dê força para darmos batalha a todo inferno e seus sequazes. Nosso capitão general é Jesus, e o capitão comandante, são Miguel, e os soldados, seus nove coros de anjos. Assim, quem poderá nos vencer, se o mesmo Senhor está desafiando todo o inferno e [deu] licença a todos os demônios a que nos deem batalha?!

Discípula obediente e aplicada, madre Egipcíaca igualmente interpretará todos os infortúnios de sua vida e fundação como interferência direta do Rabudo, revoltado com a fundação do recolhimento e a retirada de circulação, dos cantos das ruas, daquela dezena de madalenas que, como a própria Maria Madalena dos Evangelhos, também eram cativas de sete sedutores demônios (Marcos, 16-9). Com o lançamento da primeira pedra dessa casa pia, diz Rosa em carta de 1755: "Na porta do inferno está posta a pedra na cabeça de todos os demônios, impedindo as ovelhas perdidas de cair na rede do Diabo". Para ela, eram demônios os autores das calúnias que levantavam contra si e sua pia fundação: "A casa dos Sagrados Corações está sempre sendo atacada pelo Demônio, que tem nos homens seus alcoviteiros e mensageiros". Como, porém, os embustes e ciladas diabólicas eram permitidos por Deus, no combate final, como sucedera com Jó, as forças do bem haveriam de sair vitoriosas: "Se Jesus é por mim", escrevia Rosa em setembro de 1758, "ninguém é contra mim... Apesar de Lúcifer e de todos os seus sequazes, eu hei de lhes quebrar a castanha na boca, e hão de confessar o poder de meus Santíssimos Corações, não só os demônios do inferno, mas [também] os mortos".

Desde que o Xota-Diabos fizera manifestar seus sete demônios, nunca mais o Maligno deixou de vexar nossa visionária. As dores e os inchaços que sentia no ventre e na cabeça, além da sonolência que a impedia, no início de sua conversão, de assistir, até o fim, o santo sacrifício da missa, foram os primeiros sintomas da presença do Cão em sua vida. Diz o padre numa de suas cartas: "Rosa padecia de muitos vexames do Demônio, que lhe causavam dores e aflições". Também Santa Teresa d'Ávila, em seus "Escritos espirituais", conta que, desde sua conversão até o fim da vida, nunca passou um único dia sem sofrer algum tipo de dor física ou doença corporal. Pobres santas barrocas!

Com os exorcismos, aquele "encosto" sentido pela escravizada da família Durão se transforma em possessão, tornando-se Rosa uma espiritada: quando atacada ou incorporada, fazia visagens, ações e gestos diabólicos, tais como caretas, contorções e movimentos que causavam medo, terror e piedade nos circunstantes. Em outras ocasiões, o Coisa-Ruim a obrigava a fazer estripulias, como na viagem do Rio das Mortes para o Rio de Janeiro, quando a negra realizou malabarismos arriscadíssimos em cima da montaria, bem à beira de profundos precipícios na serra da Mantiqueira. Em duas ocasiões, já no recolhimento, o Capeta interferiu diretamente em sua vida espiritual: em seu processo, encontramos um documento de duas folhas, sem data nem assinatura, no qual estão descritos vários milagres e prodígios ocorridos com nossa beata. Entre eles, a revelação de que várias recolhidas presenciaram a ação dos demônios "segurando a mão de Rosa para não se dar disciplina [açoites], provocando grandes tormentos". Em outro episódio, conta o mesmo padre Francisco, em seu depoimento perante os inquisidores, que, tendo sua energúmena uma visão de Jesus Cristo no altar do *Ecce Homo*, seguindo a constante orientação de seus diretores espirituais, prostrou-se no chão e começou a rezar o credo. Antes de terminar essa poderosa oração, "lhe virou as costas a figura e viu que tinha um rabo muito comprido e logo desapareceu". Que o leitor não se admire com essa macaquice do Rabudo, pois dentro da ótica judaico-cristã tal visão era perfeitamente possível, tanto que ensina são Paulo: "O próprio Satanás pode se transfigurar em anjo de luz!" (ii Cor. 11:14).

Não é por menos que um dos apelidos tradicionais de Satanás é "Rabudo", embora Santo Agostinho gostasse de chamá-lo de "Macaco de Deus", não só pela cauda simiesca, como também pela astúcia de, às vezes, querer imitar a Deus, "embora sempre faltando-lhe algo...".[15]

O Espírito que por mais de quinze anos seguidos vexou madre Egipcíaca foi alvo de várias interpretações por parte de seus confessores e dos muitos devotos que presenciaram sua manifestação. Ainda nas Minas, quando têm início os exorcismos, foram sete os diabos que proclamaram possuir o negro corpo da ex-prostituta. Com o tempo, em vez de Lúcifer e seus sequazes, Rosa e seu capelão identificam como autor de seus vexames preternaturais apenas um espírito: o Afecto.

Consultando vários dicionários latinos e portugueses, encontramos os seguintes sinônimos para afeto: afeição, fraqueza, doença, vício, amor, paixão. Quem melhor define esse verbete é o dicionarista Morais Silva, também ele vítima do Santo Ofício e, coincidentemente, crismado por d. Antônio do Desterro, nosso já bastante conhecido bispo do Rio de Janeiro. Segundo Morais, o substantivo "afeto" significava, no século xviii, "comoção violenta da vontade, amor, propensão ou aversão em razão de sensações fortes, agradáveis ou penosas". O padre Vieira, em fins do século xvii, contrapõe o afeto ao ódio.

Pelo visto, o travestismo do Diabo em Afecto fazia parte da ideologia satânica luso-brasileira de antanho, pois também no Piauí, em 1760, na cidade de Mocha (Oeiras), uma mameluca declarou ao comissário do Santo Ofício "que tinha um 'grão de Afecto' no corpo, e o tirara o missionário frei Manuel da Penha, com muito custo".[16]

Segundo depoimento de um contemporâneo da madre Rosa, o padre Filipe de Sousa, morador próximo a seu recolhimento, "permitia Deus que se lhe introduzisse (o Afeto) para a purificar com os vexames que sofria". Por sua vez, o já citado músico José de Souza, residente à rua da Cadeia, completava informando que

> seu Espírito nunca a movia ou incitava a coisas más e pecaminosas, só a inclinava a zelar e defender a honra de Deus e veneração de seus templos, porque tanto que a preta via neles algumas pessoas com menos devoção, principalmente estando o Santíssimo Sacramento exposto, se enfurece e entra a repreender publicamente na igreja; também quando há alguém de vida pecaminosa e desonesta: contra estas se altera o mesmo Espírito.

Outro documento, constante no processo de Rosa, informa que, "antes de agredir as pessoas, ela rezava a Deus pedindo por elas", e, depois de expulsar do templo os irreverentes, "seu espírito dizia que tinha limpado a casa de Deus de pessoas sujas". Para alguém que vivera tantos anos na impureza moral dos lupanares e na pocilga das senzalas, a ideia de sujar a casa de Deus com o pecado ou a irreverência possuía uma conotação simbólica ainda mais forte, daí a fúria com que desejava purificar o espaço sagrado de tais sujidades.

Apesar de aparentemente contraditório — um Demônio particular praticar o bem em vez do mal —, nos próprios Evangelhos há um episódio semelhante, quando um endemoniado de Geraza proclama à turba incrédula que "Jesus era Filho de Deus Altíssimo" (Marcos, 5:7). Aliás, não é apenas na Bíblia que aparece esse curioso sincretismo, travestindo-se o espírito do mal em anjo de luz ou mensageiro do bem: na tradição religiosa dos jeje da Nigéria — vizinhos próximos da região natal de Rosa Courana —, encontramos um exu cujo nome e poderes muito se assemelham ao Afecto: *Avrektu*, um misto de mensageiro e espírito protetor, preconceituosamente equiparado ao Diabo pelos mais desinformados da teogonia iorubá.[17] Em que medida o Afecto e o *Avrektu* são um só espírito é difícil responder, embora seguramente nossa africana tivesse informação e contato, sobretudo quando vivera nas Minas, com o panteão dos orixás da Costa da Mina. Ambos são mensageiros do Além e funcionam como espírito protetor; no caso de Rosa, protegendo o respeito e a santidade dos lugares sagrados. Mais ainda, seu Demônio familiar profetizava, em nome do próprio Todo-Poderoso:

> Por muitas vezes [no início de sua conversão], quando ela estava vexada, dizia o Espírito Maligno que o Altíssimo havia de castigar as Minas e que haviam de vir sobre elas rigorosos castigos se se não emendassem os seus moradores das muitas culpas que o ofendiam.

No entanto, não encontramos na documentação nenhum indício de que a espiritada fizesse qualquer tipo de oferenda a seu espírito familiar, conduta religiosamente seguida por quantos acreditam nos poderes de Exu ou de seus congêneres africanos.

Para tornar ainda mais complexa a análise desse espírito familiar da madre Egipcíaca, eis que também na psicanálise vamos encontrar menção ao "afecto". De acordo com o *Vocabulário de psicanálise*,

> afeto é um termo que a psicanálise foi buscar à terminologia psicológica alemã e que exprime qualquer estado afetivo, penoso ou agradável, vago ou qualificado, quer se apresente sob forma de uma descarga maciça, quer como tonalidade geral. Segundo Freud, toda pulsão se exprime nos dois registros do afeto e da representação. O afeto é a expressão qualitativa de energia pulsional e das suas variações.

Segundo o fundador da psicanálise, "os afetos seriam reproduções de acontecimentos antigos de importância vital e eventualmente pré-individuais, comparáveis a acessos histéricos universais, típicos e inatos". Mais ainda: "Conheço três mecanismos do afeto: o da conversão dos afetos (histeria de conversão), o do deslocamento do afeto (obsessões) e o da transformação do afeto (neurose de angústia, melancolia)".[18] Que o leitor observe a grande coincidência de certos quadros psíquicos e comportamentais de nossa energúmena quando possuída pelo seu Afecto, com o que Freud chama de melancolia, histeria de conversão (somatização de transtornos psíquicos em paralisias, dores localizadas etc.), obsessões. Um século antes do nascimento de Freud, nossa freirinha africana já tinha catalogado com precisão uma entidade comportamental que a psicanálise situará como um sintoma histérico, e que ela própria e seus confessores identificaram como um "Espírito que a inclinava a defender a honra de Deus".

Se o espírito diabólico de Rosa a induzia para o bem, o mesmo não ocorria com as outras recolhidas quando possuídas pelo Dragão Infernal. Várias madalenas arrependidas do Parto costumavam igualmente ser atormentadas pelo Coisa-Ruim, aliás, fenômeno bastante comum em comunidades enclausuradas, tendo sido documentado à exaustão no convento das Ursulinas de Loudun, conforme referimos anteriormente.

Segundo o lúcido depoimento da irmã Francisca Tomásia, a quarta filha do casal Arvelos,

> era muito ordinário, quase todos os dias, algumas vezes, muitas vezes no mesmo dia, algumas recolhidas ficarem endiabradas ou assombradas, e algumas se intitulavam justiça comandada por Deus para castigar as incrédulas, nas quais pegavam e apertavam a garganta para sufocar e lhes davam muitas pancadas, só se acalmando quando lhe punham uma saia velha de Rosa sobre suas cabeças, pondo preceitos.

Outro detalhe interessante, anotado no processo inquisitorial: quando o Espírito baixava na comunidade, "sempre ficava ao menos uma das espiritadas sem estar atacada", o que minimamente inibia esse exército diabólico de cometer maiores desatinos, como ocorrera diversas vezes, sobretudo com as evangelistas, que por pouco não sufocaram a irmã Faustina e a incrédula freirinha natural das ilhas portuguesas.

Também nas casas de culto afro-brasileiros tal costume foi institucionalizado através da figura da *ekédi*, "mulher auxiliar das filhas de santo em transe, amparando-as para que não caiam, enxugando-lhes o suor etc. A *ekédi* não entra em transe, e nos xangôs do Nordeste é chamada de *iabá* ou *ilais* e nos Candomblés Angola da Bahia, *makota*".[19]

Diz a mesma informante que o Diabo costumava ser mais ousado em seus ataques, sobretudo quando a mestra Rosa estava ausente, pois, se presente, a fundadora lhe punha logo o seguinte preceito: "Por Deus, mando que cesses!", e assim sucedia sem falência. Quando o padre Francisco se fazia presente, punha preceitos assim: "Em nome de Rosa Maria da Vera Cruz, mando que acomodes!", e assim sucedia.

Tais manifestações diabólicas ocorriam também extramuros. Um devoto de nossa santinha, Domingos Francisco Carneiro, descreve uma curiosa cerimônia, muito semelhante às manifestações mediúnicas observadas hodiernamente nos terreiros de umbanda, onde o sincretismo se manifesta com todo vigor. Tal episódio se passou em casas de Manoel Barbosa, compadre de Rosa, que morava atrás do convento do Carmo. Lá estavam cinco mulheres — duas cunhadas do dito, uma mulata filha das Minas, uma negra e Rosa — e "todas tinham 'Esprito" [sic], contou o assustado informante.

> E quando o Espírito as perseguia, ficavam sem sentido, e as mais [pessoas presentes] se punham de joelhos, pedindo misericórdia a Deus, dizendo o Credo e o Ato de Contrição e, depois que ficavam livres do Espírito, punham-se de joelhos diante de algumas imagens que estavam em um oratório, dando graças a Deus e fazendo novenas. Aí então Rosa vinha tocar as cabeças de todos os que ali estavam e pegava também a bandeira de São João e mandava que todos a pegassem com as mãos. Uma noite o espírito deu na dita mulata [Leandra?] e ela andava pela casa fazendo a mesma menção de Nosso Senhor com a cruz às costas pelas ruas da amargura...

Embora o recolhimento de Nossa Senhora do Parto tivesse como protetores, desde o lançamento de sua pedra fundamental, os Santíssimos Corações da Sagrada Família, uma verdadeira legião de demônios rondava a comunidade, causando aflições, ataques, doenças e discórdias entre as convertidas — todos sintomas do que Freud chamou de "histeria de conversão", consequência, na maioria dos casos, de frustrações sensuais reprimidas, seja de prostitutas arrependidas, seja de donzelas trancafiadas contra suas livres vontades.

Como era do conhecimento de toda a comunidade, a portaria do recolhimento — a única entrada e saída do edifício — era guardada ora por um medonho dragão, pronto para perseguir as que ousassem abandonar esse pio colégio, ora pela alma penada de frei Agostinho, o réprobo, indubitavelmente causando grande pavor nas freirinhas, temerosas de atravessar tão lúgubre espaço que as separava do mundo imundo. A própria fundadora, além de seu inseparável Demônio, o Afecto, era frequentemente atacada pelo Coisa-Ruim, ora caindo no chão como morta, ora falando e blasfemando como uma verdadeira possessa.

Madre Egipcíaca da Vera Cruz tinha um curioso costume, verdade seja dita, pouco piedoso para uma comunidade recoleta: apelidou suas mais diletas discípulas com nomes infernais: "Chamava as recolhidas não pelos seus nomes próprios, mas por demônios, chamando a uma Satanás, a outra Casa Forte, e assim com diferentes nomes às demais". (Acabo de perguntar a Carlita Chaves, minha fiel empregada, várias vezes citada, o que significa "Casa Forte": ensinou-me que é aquela pessoa que tem muito poder com os "encantados", a quem os orixás obedecem em tudo que lhes pede.) Decerto se aproveitando desse significado antigo, uma firma de caderneta de poupança de Salvador adotou exatamente esse poderoso cognome: "Casa Forte", situada não muito distante do Orixá's Center...

Desde sua fundação e durante todo o tempo em que nossa energúmena liderou essa irmandade, a presença perturbadora do Malvado foi uma constante obsessão de todas que entravam nesse buliçoso beatério. Ser molestada pelo Diabo passou mesmo a ser condição e sintoma de que a noviça avançava no caminho da perfeição, tal qual sucedia entre as ursulinas de Loudun. A portuguesinha irmã Ana Maria de Jesus tinha vinte e poucos anos quando se retirou do mundo. Declarou perante o comissário do Santo Ofício do Rio de Janeiro que, "ao entrar no recolhimento, a regente Maria Teresa lhe disse que, se quisesse perseverar no Parto, havia de dizer que tinha o Demônio e fingir-se vexada dele, o que ela, testemunha, nunca quis fazer, pelo que a desprezavam e maltratavam, até que foi expulsa". Por pouco não foi linchada pelas mais fanáticas, devido à sua incapacidade ou resistência de, como as demais, exteriorizar conduta diabólica:

> No dia da Exaltação da Santa Cruz, as recolhidas se ajuntaram às sete para oito horas e fizeram um círculo, estando no meio Francisca, e principiou a blasfemar dizendo: "Maldito fosse o pai que a gerou, a mãe que a pariu, e a hora em que nasceu". Aí o padre capelão e a regente disseram que aquelas palavras havia de dizer a alma dela, irmã Ana Maria de Jesus, porque às nove horas da mesma noite havia de estar condenada nos infernos. E acometeram logo a ela as demais recolhidas, porém pegou Rosa em uma cruz de pau e se pôs ao pé dela como defendendo-a e ficaram então assaz sossegadas.

Em outra ocasião, as mesmas endiabradas — geralmente tendo Ana Bela e Leandra como líderes — "queriam arrombar a porta da cela da dita irmã, dizendo que vinham fazer justiça, que o seu capitão [Lúcifer ou são Miguel?] lhes mandava". Tantas ameaças e perseguições tinham um único fim: castigar a incrédula incapaz de fingir-se de energúmena.

Mais espertas foram as irmãs Arvelos: numa carta de autodelação logo depois da prisão de Rosa, Maria Jacinta contou que ela e Francisca tinham o costume de imitar "por zombaria" uma cerimônia que era muito cara à mestra fundadora:

> nos vestimos de defunto, uma de branco e outra de preto, e entramos a andar pelo meio do coro e depois fomos pelo meio do refeitório, fazendo tudo como Rosa fazia, e o depois fomo-nos embora. E ao perguntarem as outras recolhidas por que haviam feito aquilo, respondemos que estava no nosso corpo o Espírito Maligno e que Deus lhes tinha mandado fazer aquilo para conversão delas — e eu dizia isto era para fazer zombaria de Rosa...

A presença, no recolhimento, da irmã Ana Maria de Jesus, donzela cética e resistente à possessão demoníaca, causou grande celeuma na comunidade, pois a regra geral implicava acreditar nas manifestações do Coisa-Ruim e deixar-se possuir por suas manhas e artimanhas. Em longa carta escrita na antevéspera de são Miguel — o valoroso arcanjo que, com sua espada de luz, projetou Lúcifer nas profundezas infernais —, Rosa conta para sua comadre Arvelos este diabólico episódio:

> Deus me disse: "Eu sou o capitão general de teu exército. Anda! Vamos! Eu quero ir tirar a lista daqueles que andam a habitar debaixo da bandeira de minha cruz, combater contra Lúcifer, porque quero corações contristados". Sucedeu, porém, que veio recolher-se no Parto uma moça ilhoa, indócil ao confessor e à irmã regente e à irmã mestra, aí eu ouvi uma voz que dizia: "Não quero neste rebanho amor fidalgo, senão amor maquaniquero [sic]". Fiquei toda confusa e não sabia por que se me dizia isto. Aí à noite fomos para nossa reza e nos vimos no inferno. Era tanto o susto e o temor entre nós! Todos procuravam a delinquente. As pequeninas gritavam: "Senhor Deus de Misericórdia". Os corpos das criaturas voavam e todas se vinham ter com o meu padre, porque nós é que as estávamos amparando. Minha senhora, foi tal a confusão que tivemos, que por espaço de cinco dias já tínhamos medo de rezar! As criaturas já não dormiam nem sossega-

vam, estavam sempre de pé, e algum bocadinho que se acostavam, estava-lhes o corpo tremendo e combatendo com fúria os demônios! Se o Juízo no corpo das criaturas é tão horrendo, que fará a senhora no dia do Juízo Final? Aí a recolhida se retirou e os demônios começaram a trabalhar fora do recolhimento contra mim e o capelão.

Mãe Rosa tinha razão: seus inimigos se mobilizavam para conseguir sua derrota. Deixemos, porém, que as más-línguas trabalhem contra nossa santinha; é chegado o momento de abandonarmos o Príncipe das Trevas e adentrarmos em seu mundo interior. A partir de agora, vamos analisar as diferentes maneiras como "a maior santa dos céus" entrava em contato com seu Esposo, Nosso Senhor Jesus Cristo.

20. Rosa mística

Meu Menino Jesus da Porciúncula:

Amo Jesus, adoro Jesus, bendigo Jesus, reverencio Jesus, agradeço a Jesus, exalto Jesus, santifico o nome Santíssimo de Jesus por agora e sempre e no último suspiro glorifico a Jesus no Santíssimo Sacramento da Eucaristia.

Peço ao céu e à terra, peço às flores do campo, e peço às estrelas do céu, peço ao sol nos seus raios, peço à lua na sua luz, peço às aves do céu: cantai! Peço aos peixes nas suas conchas, peço aos rios no seu curso e belo correr, peço aos anjos, peço aos santos, peço aos homens e peço às mulheres, peço a todas as línguas e nações remotas me ajudem a dar graças a meu Jesus Crucificado porque nos criou e nos remiu com o seu precioso sangue!

Peço à Sagrada Família, a são João Batista, a são João Evangelista, ao meu Anjo Custódio, à Santa de meu nome, que louvem por mim ao Senhor por tantos benefícios e tão grandes misericórdias que de suas liberantíssimas mãos tenho recebido e que me faça uma criatura tal qual ele quer que eu seja. Amém! Jesus, Maria, José, eu vos dou o meu coração e minha alma...

Rosa.

Em meio a duas dezenas de cartas que Rosa enviou do Rio de Janeiro para as Minas, cartas reverentemente conservadas por seus devotos e incorporadas depois ao seu processo, quando foi presa pela Inquisição, encontramos essa bela oração, datada de 24 de novembro de 1760, dia do místico são João da Cruz. Outras preces e colóquios espirituais da africana acompanham a oração, um desabafo apaixonado, muito semelhante ao último salmo da Bíblia, todo ele composto para louvar a grandeza e a bondade do Criador.

Já se iam doze anos desde que a meretriz do Inficcionado trocara a vida devassa de mulher do fandango pelo caminho estreito da perfeição cristã. Sendo a oração o alimento da alma, desde que se converteu, rezar passou a ser seu prato diário, consagrando cada vez mais horas e horas do dia e da noite ao diálogo piedoso com o Divino Esposo. Com o correr dos anos, Rosa conheceu e praticou três modalidades distintas de oração: a oração vocal, repetitiva, com fórmulas tradicionais aprovadas pela Igreja; a oração vocal, com textos a ela revelados ou por ela inventados; e, finalmente, a oração mental, a mais perfeita maneira de união da alma com a divindade.

Como todo católico de seu tempo, a escravizada de d. Ana, mesmo antes de sua conversão e abandono do meretrício, seguramente devia saber de cor algumas orações elementares: o padre-nosso, a ave-maria, a salve-rainha, o credo, o *Gloria Patri*, e alguns salmos, hinos e jaculatórias. Logo que abandona o meretrício, numa de suas primeiras visões, inspira-se a aprender a rezar os Ofícios de Nossa Senhora e de São José, já sabendo, por essa época, cantar os hinos "Ave Maria Stella" e "Glória das virgens", entre outras canções sacras. Ainda nas Minas, em outra visão, lhe são reveladas novas orações, algumas a serem cantadas, como o hino já reproduzido, "Vitória, vitória".

Foi sobretudo seu "douto" orientador espiritual, frei Agostinho, quem "ensinou-lhe vários exercícios espirituais", cumprindo o determinado pelo livro *Vida da insigne mestra de espírito a virtuosa madre Maria Perpétua da Luz, religiosa Carmelita Calçada* (1742), quando ensinava: "Digo que na verdade são os homens sem oração como barcos sem remo, caminhos sem saída, corpos sem alma, almas sem vida, vidas sem respiração".[1]

No recolhimento, irmã Rosa aprofunda e diversifica sua cultura devocional, já que as madalenas arrependidas e noviças deviam passar várias horas por dia no coro da igreja em exercícios espirituais. Além de rezarem ou cantarem nos dias festivos o Ofício Parvo de Nossa Senhora, recitavam também diariamente o Rosário, havendo referência, na documentação, à realização frequente de novenas, oitavários e tríduos preparatórios das principais festas litúrgicas ou das de maior devoção dessa comunidade recoleta: novenas de Santana, de são Miguel, dos Sagrados Corações, do Menino Jesus, de santa Isabel, de são Domingos, de são Francisco, de santo Antônio, do Natal, de Nossa Senhora do Parto e de várias outras festas da Virgem Maria, além do Oitavário dos Defuntos. Para estimular a prática de tais devoções, em particular das novenas, conferia a Igreja cinco anos de indulgência para cada dia de oração e, no final dos nove dias, indulgência plenária, o que significava que, se o devoto morresse imediatamente depois do término do novenário, sua alma escaparia ilesa das chamas do purgatório, voando lépida para os braços de Deus Pai. Cada novena tinha suas próprias orações, sempre louvando as qualidades do santo que se venerava, implorando-lhe no final a proteção, seguida geralmente de ladainha e outras orações propiciatórias. Por exemplo: a *Novena da Gloriosa Santana, Mãe de Deus, Avó de Cristo*, de autoria do padre Antônio José da Silva (Lisboa, 1770), devia ser iniciada no dia 17 de julho, para terminar exatamente na véspera da festa da santa, dia 25. Todos os dias, o devoto começava a novena com um Ato de Contrição, fazendo as saudações próprias à Santa Matrona: "Tronco Soberano, Terra Santa, Remate Eterno das Saudades de Todos os Fiéis, Felicíssima Consorte, Estéril mas Fecunda, Casa Santa etc. etc.". Para cada um dos nove dias, havia uma oração própria em que se enfatizavam as virtudes da avó de Cristo: no primeiro dia, a santidade e a pureza dos dois santos consortes, Ana e Joaquim; no segundo, a paciência de sua esterilidade durante vinte anos; no terceiro, o gozo de sua escolha para a avó de Cristo; no quarto, a alegria pelo nascimento de Maria Santíssima, e assim por diante.[2]

As novenas constituíam naquela época importante modismo devocional, sendo impressa então grande quantidade de livretos, orientando os fiéis sobre a forma de oferecê-las aos diferentes oragos da corte celeste. Citarei apenas três amostras, para familiarizar o leitor com a espiritualidade barroca dominante na época em que Rosa viveu: *Novena de Senhora Santana com o seu Ofício*, de autoria de frei Francisco da Natividade, Ordem Carmelitana (1708), *Novena de Santana, Avó de Cristo*, de frei Antonio de Santa Engrácia, franciscano (1720), e do nosso já conhecido frei Jerônimo de Belém, o primeiro autor a escrever sobre o Coração de Jesus em língua portuguesa, publicando, em 1733, *Excelência da mulher forte ou novena de Santana*. No livro *Biblioteca lusitana*, de Diogo Barbosa Machado (1741-1759), o leitor interessado encontrará grande variedade de novenas impressas nesse período.

Numa carta datada de 17 de abril de 1760, a mestra Egipcíaca ensina a seus "muito queridos filhos e compadres" a Novena de São Francisco de Paula, uma nova devoção incrementada no Rio de Janeiro pelos barbadinhos, que conseguiram fazer do próprio bispo o vice-comissário dessa confraria. Diz Rosa ter recebido desse santo, quando lhe fazia a novena, uma "coroa" que ensinava agora a seus compadres:

> Consta de cinco Padre-nossos e seis mistérios em memória dos seis anos que o santo esteve no deserto, encimando a novena com a jaculatória: Bem-aventurado São Francisco de Paula, abrasado Serafim, rogai a Jesus e Maria por mim, repetindo-se esta jaculatória setenta vezes.

No final da carta completava dizendo: "Afervorem mais esta devoção, sobretudo às sextas-feiras, sendo muito forte contra o Demônio".

Algumas novenas, contudo, parece que produziam ação contrária, atiçando o furor das possessas. Numa ocasião, conta a madre num manuscrito datado de 28 de junho do mesmo ano:

> Estando nós fazendo a Novena da Visitação de Nossa Senhora, no dia sétimo, à hora da meditação do ponto [sobre] a rara humildade com que a Santíssima Virgem servia a santa Isabel, e tendo-se acabado a novena, entrou-se a rezar às almas os versos de são Gregório. Acabou-se a reza e todas estando pedindo misericórdia, logo no primeiro "Senhor Deus, misericórdia!", entrou minha mãe Leandra a dar uns gritos muito sentidos, como que estava metida debaixo de alguma tormenta grande e pedia misericórdia com clamores enternecidos e chorosos, de maneira que parecia como quem estava metida em grandes aflições e procurava amparo e não achava. E nisto a vejo vindo de rastros, como pôde, para onde eu estava, como quem se vinha amparar em mim. E, procurando meter-se debaixo de minha capa, dizia gritando: "Santíssimos Corações, me valham!". E metendo-se toda comigo, gritando pelos Santíssimos Corações, eu lhe dizia: "Os Santíssimos Corações estão no altar...". E nós todas estávamos atônitas de ver os gritos.

Foi durante várias dessas novenas que Rosa teve muitas de suas visões e êxtases beatíficos, retirando às vezes dos exemplos das vidas e virtudes dos santos homenageados inspiração para suas mistificações. Outras vezes inventava curiosas encenações litúrgicas, como esta presenciada pela irmã Maria Jacinta: "Numa novena, estando a comunidade em oração, Rosa pegou o Menino Jesus com uma tocha, estando também as evangelistas com tochas acesas, e abaixando-se com a imagem de bruços, dizia: assim traziam as recolhidas a obediência arrastada...". Um lindo show pirotécnico!

A invenção de novas fórmulas devocionais tem marcado com frequência a vida espiritual dos "verdadeiros" santos e também dos "falsos". Em seu interessante livro *Monjas y beatas embaucadoras*, Jesus Imirizaldu (1977) relata que Juana la Embustera, presa pela Inquisição de Toledo em 1632, também proclamava ter recebido vários rosários das mãos de são João Evangelista, comercializando-os acompanhados de uma memória explicativa de como rezá-lo e se beneficiar de suas excelentes graças.[3]

Além das novenas e de outras formas de oração vocal — rosários, estações, coroas etc. —, geralmente compostas de certo número variável de padre-nossos, ave-marias e *Gloria Patri*, madre Rosa, seguindo o exemplo de outros santos, inventará novas modalidades de oração, notadamente o Rosário de Santana e a "Devoção aos Santíssimos Corações".

Disse Faustina, em seu depoimento, que fora a irmã Ana do Coração de Jesus quem primeiro recebera, numa revelação, os detalhes dessa devoção à avó do Cristo, transmitindo-a posteriormente a Rosa. A evangelista Francisca Xavier, de sua parte, deu outra versão: de que o próprio apóstolo são Tiago aparecera à fundadora lhe confiando essa joia da santa matriarca. O padre Francisco, por sua vez, explicou que o Rosário de Santana devia ser começado rezando-se o Ato de Contrição, tal qual estava estampado no livro *Mestre da vida*, o mesmo que se recitava na novena desta santa. Deixemos a própria Rosa, em longa carta enviada para as Minas, descrever pari passu sua invenção — o Rosário de Santana:

> Principia assim: postos de joelhos, rezarão o Ato de Contrição e dirão: *Deus in adjutorium meum intende*, e o *Gloria Patri*. Logo dirão: Ana, amparai-me, eu vos dou o meu coração, alma e vida. E farão logo a petição à santa por este modo: Santana, concedei-me memória viva, um entendimento reto, uma vontade abrasada no amor de Deus e na caridade de meu próximo. E rezarão um Padre-nosso e uma Ave-maria. Em seguida, em lugar das Ave-marias dirão: Santana, nobreza do amor de Deus, soberana avó de Jesus Cristo, socorrei os miseráveis.

E em todos os quinze mistérios farão a petição. E tendo rezado um terço, rezarão a Salve-rainha e oferecerão com o oferecimento da Senhora Santana, e rezarão um Padre-nosso, Ave-maria e *Gloria Patri* a são Joaquim. E o mesmo farão em cada terço.

Tal era a estrutura formal dessa devoção que, como o tradicional Rosário de Nossa Senhora, mesclava oração vocal com a meditação de quinze mistérios relativos à biografia da avó de Cristo. Alguns dos quinze mistérios induziam os fiéis a verdadeiros delírios da imaginação, como este segundo mistério do segundo terço:

> Considera no júbilo que a Senhora Santana teve quando entrou no limbo: ao ser reconhecida dos santos padres, patriarcas e profetas por mãe da mãe de Deus! Prostrados todos por terra, adoraram-na com suma reverência e acatamento por verem já na sua companhia aquela que entre todas as mulheres foi escolhida para ser a mãe da mãe de Deus, e todos alegres por verem já perto e junto consigo a que era cofre em que o Altíssimo depositou o tesouro da pureza suma, sem mistura nem mácula, a Virgem Intacta.

A novidade desse rosário, além de propor novos temas de reflexão espiritual, foi a substituição da ave-maria pela pequena prece "Santana, nobreza do amor de Deus...", que, por ser bem mais curta que a ave-maria, permitia rezar todo um rosário (três terços) no mesmo tempo que se gastava para desfiar apenas um terço tradicional. Outra novidade introduzida por Rosa foi a confecção material desse "Rosário da fé", que, segundo instrução de são Tomé, devia ter as contas das ave-marias em cor cinzenta e os padre-nossos em vermelho. Rosa mandou quantidades desses rosários e folhetos manuscritos explicativos para seus devotos adotarem e divulgarem nas Minas Gerais. Além da economia de tempo, grandes vantagens eram prometidas através da madre Egipcíaca para quem adotasse a nova piedade:

> Promete Santana grande adjutório a quem rezar este seu "Rosário da fidelidade", principalmente para a hora da morte. Diz a santa que os devotos que lhe rezarem este seu rosário, à hora da morte apartará deles todos os demônios e 7070 brasas assumirgira [sic] debaixo da terra, deixando o enfermo livre de tentações e que

lhe virá assistir o seu trânsito e trará consigo Jesus Cristo, seu neto, e Maria Santíssima, sua filha, e passará desta vida em paz e livre de seus inimigos. E, se a pessoa for espiritual, lhe alcançará de seu neto a graça para que se aumente mais e mais na virtude; se for mundana, alcançará de seu neto auxílios eficacíssimos até que venham a penitência e aborrecimento das culpas, até que alcance a contrição. Este rosário no céu prostra os anjos profundamente em adorações no Trono da Santíssima Trindade e no inferno causa terror, sustos, temor e tormento fortíssimo nos demônios, de maneira que no céu causa nos anjos e santos veneração e na terra sustos, e aos pecadores, socorro de seus males presentes e futuros. Diz mais a santa que as 7 mil [brasas] serão em louvor dos sete gozos de sua Santíssima Filha ou em vitória e vencimento dos sete inimigos capitais, e as setenta serão em louvor da glória do coração de São Joaquim, que viveu mortificado e penitente. Este é o efeito que faz este rosário pelos devotos. Chama-se "Rosário da fidelidade" para todos os que o rezarem com devoção e fé na proteção da santa. Ainda para os que o não rezarem com a devida reverência. É socorro geral para os vivos e mortos que estão no purgatório. Até o rezado por um moribundo que está na hora da morte, diz que lhe há de valer e apartar dele todos os inimigos. E diz que a invocação deste rosário causa três glórias no império: uma à Santíssima Trindade, outra à sua Santíssima Filha Virgem e Senhora Nossa, outra a ela mesma na invocação de dizerem Santana, nobreza do amor de Deus, soberana avó de Cristo, socorrei os miseráveis. Que o que causa no céu glória, causa no inferno temibilidade de pena aos demônios e causa no império alegria dos anjos. E peça o devoto à santa o que quiser: no primeiro terço, peçam à Senhora Santana a prudência do seu coração santíssimo; no segundo terço, peçam humildade, e no terceiro terço, peçam obediência para obedecer à vontade de Deus e a todos os que em nome de Deus mandarem. E peçam à santa que estas três petições sejam como guia ou norte das suas peregrinações e jornada desta vida. E peça mais que lhe infunda um ódio contra os sete vícios capitais. E eu peço uma Ave-maria pelo amor de Deus aos devotos. Rosa.

A santa Margarida Maria Alcoque o Sagrado Coração de Jesus prometera que todos os católicos que comungassem nas nove primeiras sextas-feiras do mês "não morreriam sem receber os sacramentos e, nesse transe extremo, receberão asilo seguro no meu coração". A Rosa Egipcíaca, através de santa Ana, maiores vantagens espirituais são garantidas, e isso com menores exigências purificatórias: até se rezado sem a devida reverência, o "Rosário da fidelidade" garantia a salvação aos pecadores e também às almas que penavam nas chamas do purgatório.

Ao longo da biografia de Rosa, por diversas vezes, é citado o nome de Santana, representando esse rosário o corolário de uma antiga e profunda devoção. Mais que qualquer outra época, o século XVIII representou, no mundo ibérico, o apogeu do culto à avó de Cristo, talvez uma das devoções mais queridas e divulgadas por nossos antepassados. E por mais incrível que possa parecer, nenhuma vez, na Bíblia Sagrada, é citado o nome da santa matrona, cabendo, portanto, a fontes apócrifas, sobretudo ao "Protoevangelho de São Tiago", as informações sobre sua vida e milagres. É no *Flos Sanctorum* que encontramos os mais completos — e imaginativos — detalhes sobre a suposta biografia dos avós de Jesus. Dada a importância que esses personagens, sobretudo Santana, desempenharam no imaginário de Rosa, acrescentamos mais alguns detalhes sobre o culto à avó de Cristo.

Reza a tradição que Hanna teria nascido em Belém, da estirpe familiar do rei Davi, filha de Estolano e Emerenciana — esta última, portanto, bisavó de Cristo, podendo ser admirada em bela imagem até hoje conservada no altar lateral direito da igreja dos Carmelitas do Rio de Janeiro. Eleita por Javé para ser a progenitora da Virgem Imaculada, Ana teve notícia infusa das sagradas escrituras, recebendo também, como sua filha, diversas visitas do anjo Gabriel. Casou-se com Joaquim, membro de rica estirpe de Nazaré, a quem foi revelado, em visão num sonho, que sua esposa era "prenda do céu" e destinada a grande missão: ser a avó do tão esperado Messias. Viveu esse santo casal por vinte anos sem procriar, pois Ana era estéril, até que o Arcanjo Gabriel, o "Mensageiro de Deus" — o mesmo que, séculos depois, aparecerá também a Maomé —, lhe anunciou que ia gerar uma filha, e desta donzela nasceria o filho de Deus. Apesar da velhice, Ana pariu e, privilegiada por Javé, não sentiu as dores do parto, encarregando-se ela própria de enfaixar sua predestinada filhinha, a única dos mortais merecedora da graça de nascer "imaculada", isto é, sem mácula do pecado original. É aí, então, que são Joaquim recebe a visita de doze anjos, ratificando que Maria seria a mãe do esperado Messias. Quando Maria completou três aninhos, os velhos progenitores, cumprindo um voto, a entregaram ao templo para ser criada no serviço de Javé. Morrendo Ana aos 56 anos de idade, deixa Maria órfã ao completar nove anos.

Como as escrituras sagradas nada contam sobre a avó de Cristo, muito se especulou sobre a vida da Senhora Santana. No século ix, o escritor Estrabão supôs que, morrendo são Joaquim, Santana teria se casado uma segunda vez com Cléofas e uma terceira com Salomé, ambos citados no Novo Testamento, vindo a parir outros filhos e filhas, como Maria, mãe de Tiago Menor, Judas Tadeu, e o próprio João Evangelista, todos seguidores de Jesus de Nazaré. Contesta o autor de *Flos Sanctorum* tal versão: "Não seria pudico casar-se a avó de Cristo outras vezes, portanto, em vez de filhos, os supracitados personagens bíblicos seriam sobrinhos da santa matrona", asserção, aliás, confirmada pelo beato Amadeu (+1482), fidalgo português reformador da Ordem Franciscana, a quem foi revelado, por meio de visões, serem aqueles suspeitos filhos da santa matrona, de fato, seus primos e sobrinhos.

Conta frei Francisco de Lizana, ofm, que, na hora da morte de Cristo, Ana foi uma das que ressuscitaram do limbo na Sexta-feira Santa, sendo guinada diretamente para o céu, justificando-se assim a inexistência de relíquias dessa poderosa matriarca. Versão que é contestada por fatos posteriores, pois "um braço de Santana é guardado com grande veneração na Santa Casa de Misericórdia de Lisboa, trazido de Chipre, e seu corpo se tem por certo que foi transladado à Igreja de Aptense, em França, e sua cabeça e braço são venerados em outros santuários". A fonte de todas essas informações continua sendo o *Flos Sanctorum*. Na coleção de relíquias dos carmelitas cariocas, segundo informação do próprio d. Antônio do Desterro, além de constarem três fios de cabelo de Nossa Senhora, havia um pedacinho do osso da santa matrona.

Embora na velha Espanha se tenha notícia de que os godos veneravam santa Ana desde o século v, foi sobretudo a partir do século xvi que, de Roma, vindo do Oriente, se alastra tal devoção: sua festa foi oficialmente instituída por Gregório xiii em 1584, encontrando nos franciscanos seus maiores propagandistas. Dentre os frades menores, destacou-se nesse mesmo século frei Inocêncio da Chiusa, siciliano, que costumava chamar a santa de a "Velhinha", dando sempre o nome de Ana a incontáveis recém-nascidas que batizava, instituindo-lhe altares e capelas por diversas cidades nas quais missionava, distribuindo inúmeras relíquias pelos conventos de sua ordem — relíquias, obviamente, de discutibilíssima autenticidade, apesar dos selos e assinaturas dos cardeais romanos que, em troca de polpudas esmolas, referendavam tais suspeitos objetos sacros. Em 1622, Gregório xv, em agradecimento a uma cura milagrosa de que fora beneficiário, estabeleceu sua festa, 26 de julho, como dia de guarda e preceito, tendo são Pio v retirado do Breviário os episódios mais pueris e inverossímeis de sua biografia apócrifa. Reza a tradição que prodigiosos milagres ocorreram naquela época, graças ao patrocínio dessa grande matriarca: frei Boaventura Colonella, OFM, afirmou ter curado mais de quinhentas mulheres estéreis por sua intercessão, entre elas a arquiduquesa da Áustria. A princesa de Palermo, ao contrário, teve sorte madrasta, pois, embora parindo três filhos, graças a seu patrocínio, como seu marido não cumprisse o voto de fundar-lhe uma capela, os mesmos três inocentes vieram a falecer "como castigo por não ter acreditado no milagre". A santa Brígida da Suécia apareceu a avó de Cristo lhe ensinando poderosa oração para manter a paz entre os casados.

Também na África portuguesa, a Senhora Santana teve incontáveis devotos, entre os quais se destaca a rainha Jinga (século XVII) que, na pia batismal, recebeu o nome da santa avozinha e, segundo depoimento dos capuchinhos italianos, costumava lhe prestar grandioso culto no dia de seu onomástico.[4] No caso dos negros e negras provenientes da Costa da Mina, praticantes da religião dos orixás, teriam eles associado Senhora Santana ao culto de Nanã Borocô, "a mãe primitiva, mãe de todos os orixás e a mais velha deusa das águas"? *Salubá Anamburuku!*[5]

Conforme dissemos, foi especialmente no século XVIII que o culto a Santana se tornou verdadeira coqueluche no Brasil. Só em Minas Gerais, encontramos hoje 56 localidades com o nome da esposa de são Joaquim, a maior parte fundada no tempo em que Rosa viveu nas comarcas de Ouro Preto e do Rio das Mortes. Dezenas de igrejas e capelas no Brasil setecentista tinham em Santana seu principal orago, e, segundo o professor Caio Boschi, onze irmandades mineiras eram consagradas ao culto dessa santa,[6] sendo costume no Brasil afora comemorar seu dia com muitas festas, fogueiras e foguetório, tal qual se faz ainda hoje para são João e santo Antônio. Nessas ocasiões, entre bailes e entremezes, podia-se ouvir o versinho registrado por Melo Moraes Filho em fins de século XIX:

Nossa Senhora da Glória tem grande merecimento,
Mas a Senhora Santana trago mais no pensamento![7]

No Rio de Janeiro, terra em que Rosa recebeu a revelação para divulgar o Rosário de Santana, o culto a essa santa também se afervora muito naquela centúria: em 1735, é erigida a igreja de Santana, patrimônio dos homens pardos, situada numa grande praça até hoje chamada de Campo de Santana; entre 1754 e 1755, frei José de Santa Maria constrói no próprio convento de Santo Antônio mais uma capela, também dedicada à Senhora Santana; próximo ao Campo de Santana, em 1758, constrói-se a igreja de São Joaquim. Em 1759, d. Antônio do Desterro obtém de Clemente XIII o decreto instituindo Santana como padroeira principal do Rio de Janeiro, o mesmo ocorrendo em 1782, com a cidade de São Paulo — ambas as urbes duplicando, assim, os oragos principais instituídos desde a época de suas fundações.[8] Diversos escritores sacros se encarregam por essa época de divulgar, em português, a vida e as virtudes dessa venerável avozinha; além das três novenas citadas há pouco, eis alguns exemplos mais: o padre Sebastião Azevedo, "grande devoto de Santana, lhe dedicava cotidianamente piedosos obséquios, pelos quais mereceu uma morte suave", tendo publicado em Lisboa, em 1725, o livro *Céu místico à gloriosíssima Senhora Santa Ana*; José Pereira Bayão (+1743), além da biografia de outros santos, é autor da *Vida, prerrogativas e excelências da ínclita matrona Santa Ana, em que se prova com eficácia não casar mais que uma só vez, traduzida e acrescentada com muitos milagres dela e do Senhor São Joaquim, seu único esposo*; frei José Pereira de Santana — atente-se para seu sobrenome —, carmelita natural do Rio de Janeiro, nosso já conhecido autor das vidas de santo Elesbão e santa Efigênia, escreveu *Notícia mística, representação métrica e verdadeira história dos avós de Maria e bisavós de Cristo* (Lisboa, 1730), em que trata dos pais de Santana, os já citados santo Estolano e santa Emerenciana. Concluo com um baiano, o padre João Alvares Soares, sócio da Academia dos Esquecidos, que, em 1733, editou *Sermão da Gloriosa Santa Ana, mãe de Maria Santíssima Senhora Nossa, na festa que lhe consagram os moedeiros na catedral da cidade da Bahia.*

Também o nosso já bem conhecido padre Gabriel Malagrida, SJ, quando no cárcere, perseguido pelo marquês de Pombal, redige um manuscrito curioso: "Heroica e admirável vida da Gloriosa Santana, mãe de Maria Santíssima, ditada pela mesma santa com assistência, aprovação e concurso da mesma soberaníssima senhora e de seu santíssimo filho". São 120 folhas manuscritas em português intercalado com italiano e latim, nas quais o injustiçado e decrépito taumaturgo dos sertões do Brasil — em avançado estado de demência, segundo avaliação do principal historiador da Companhia de Jesus[9] — inventa pitoresca e piedosa crônica sobre a avó de Cristo. Assegura, por exemplo, que Ana fundou, em Jerusalém, um recolhimento para mulheres convertidas; que Deus fez com que o ventre da Virgem Maria se tornasse translúcido como um cristal, através do qual Santana pôde ver e adorar seu soberano netinho; que Maria Santíssima, ainda no ventre de Santana, chorava e fazia chorar os querubins que a serviam, aí mesmo fazendo seu voto de virgindade; que a avó de Cristo, além da numerosa família, possuía vinte escravizados, sendo doze machos e oito fêmeas; que no dito recolhimento de Jerusalém viviam 53 religiosas, saindo algumas para se casarem, uma com são Mateus, outra com são Nicodemos e ainda uma terceira com são José de Arimateia, nascendo deste último casal o primeiro sucessor de são Pedro, o papa São Lino; que Santana teve outra irmã, Batistina, sendo a Senhora Matrona superior em dignidade aos anjos e todos os santos do céu etc. etc.

Há quem defenda terem sido os inimigos dos jesuítas os autores dessas pias invencionices, cavilosamente atribuídas ao padre Malagrida com o pérfido objetivo de condená-lo à fogueira por heresia. Asseverou-me, contudo, um jesuíta do Colégio Vieira da Bahia, que, feito o exame grafológico dessa biografia de Santana assinada por padre Malagrida, confirmou-se tratar de texto de sua própria lavra. Convém, entretanto, recordar que a maior parte dessas pueris historietas pertencia à tradição oral do catolicismo, alguns detalhes tendo sido extraídos dos antigos breviários canônicos.

A devoção a Santana se espalhava por todas as classes, inclusive entre a escravaria — sedenta de, no exílio americano, restaurar, pelo menos no Além, sua ancestralidade perdida. Eis uma bela prova dessa devoção encontrada na igreja de Santana de Mariana: trata-se de um quadro ex-voto no qual aparece a santa nas nuvens, ensinando Jesus a ler. Diz o texto: "Milagre que fez Santana a um preto, Luiz, escravizado de Luiz Pereira, que, quebrando uma perna pela coxa, e sendo encanada três vezes sem de nenhuma se soldar, lhe abriu o cirurgião a perna e, serrando-lhe as pontas dos ossos, por intercessão da milagrosa santa, se viu são em 20 de outubro de 1732 anos".[10] Provavelmente Rosa, nas muitas vezes que esteve em Mariana, admirou esse singelo ex-voto, aumentando sua confiança na avó de Cristo. Nas casas de família que frequentava, nos oratórios típicos feitos com pedra-sabão, as famosas "maquinetas", sempre podia admirar, ao lado dos principais santos do céu, a figura autoritária e avoenga da mãe de Maria, a um tempo magistral e compassiva.

Nesse clima de supervalorização da santa matrona, vivido por toda catolicidade, incluindo a da América portuguesa e, por extensão, se cultuando também seu virtuoso esposo, são Joaquim — que no Rio de Janeiro possuía igreja, rua e seminário com seu nome —, nossa africana se transforma em grande devota e uma das principais propagandistas de seu culto e poder. Em seu próprio recolhimento, dedicado aos cinco Corações Sagrados, entre eles o de Santana, várias religiosas traziam ou ali receberam o nome dos avós de Jesus: Ana do Coração de Jesus, Ana do Coração de Maria, Ana Clara dos Anjos, Ana Joaquina de São José, Ana Maria do Nascimento, Ana Francisca do Sacramento, Maria Antonia do Coração de São Joaquim, Maria Joaquina do Coração de Santo Agostinho etc.

Desde as Minas, Rosa Courana já era devota da santa avozinha: devoção, quem sabe, aprendida e estimulada por sua proprietária, d. Ana Garcês, que, seguindo o costume da época, provavelmente comemorava o seu onomástico com novena, tríduo e alguma festividade profana. Segundo informação do negociante lusitano João Fernandes da Costa, a negra, na ocasião em que por vários meses se refugiou na comarca do Rio das Mortes, em 1749, vendo um regato de água que corria ao lado das casas do padre Francisco Gonçalves Lopes, na sua chácara do Rio Abaixo, o batizou de "ribeirão de Santana, dizendo que seria remédio universal com as suas águas para todas as doenças". Da mesma forma, logo depois de se restabelecer dos açoites sentenciados pelo bispo de Mariana, a visionária profetizou que, no morro do Fraga, seria construído "um suntuoso templo dedicado à mesma santa". Sua primeira oração recebida num sonho místico começava assim: "Vitória, vitória, Senhora Santana...".

No Rio de Janeiro, logo depois da primeira visão dos Sagrados Corações de Jesus, Maria e José, os céus lhe revelaram mais dois personagens que deveriam igualmente ser venerados: os Corações Sagrados de Santana e de são Joaquim.

Na correspondência que do recolhimento era enviada para os Arvelos e demais devotos, a ínclita matrona e seu venerável esposo são frequentemente lembrados: dois anos depois de sua chegada à cidade, em carta de 24 de setembro de 1752, Rosa preceituava: "Os incrédulos um dia [vão chorar] por não confiarem no poder de Santana"; em 1756, em outra missiva, dizia: "Que Santana nos proteja e sua Filha da Piedade, e o mesmo santo Estolano, pai de Santana". Em outra ocasião, pede que mandem uma lembrança em nome de são Joaquim, "que andou muito esquecido este ano". Faustina Arvelos, de sua parte, também revela em suas cartas, várias vezes, quão importante era o lugar da avó de Cristo no imaginário dos católicos de antanho: depois de agradecer a esmola de doze tostões que os pais mandaram para a festa de Santana, implora sua proteção a fim de que sua encomenda para as Minas chegasse a bom termo, pois o preto portador estava com o joelho molesto. Foi também como agradecimento pela esmola de farinha que os compadres Arvelos mandaram para o recolhimento que Rosa lhes enviou "um mimo de Santana", ensinando em detalhes como rezar seu rosário e novena. O padre capelão, por sua vez, costumava usar uma imagem da mesma matriarca para acalmar os vexados quando urravam, presas de Satanás.

Que significado podemos atribuir e como interpretar essa supervalorização do culto aos avós de Cristo no devocionário católico de nossos antepassados? A princípio, imaginamos que Rosa Egipcíaca, por lhe faltar parentes na terra dos brancos, teria reconstituído com esses santos sua parentela perdida, substituindo o culto tradicional aos ancestrais — um dos pilares da cosmogonia na Costa da Mina — pela devoção à ancestralidade da sagrada família, fazendo de Maria e José seus pais, de Ana e Joaquim seus avós, de Emerenciana e Estolano, seus bisavós matrilineares.

Aprofundando, porém, a pesquisa, constatamos que a veneração a esses antepassados de Jesus não era peculiaridade dos africanos desterrados de seus ancestrais, mas geral a todos os católicos, daí buscarmos na ideologia da sociedade global a explicação para tal fenômeno devocional. A nosso ver, o culto aos avós e bisavós de Cristo representou a reação da Igreja contra as ameaças ao questionamento da tradicional autoridade dos mais velhos, autoridade contestada pelas novas ideologias dos livres-pensadores e iluministas, já nesses meados do "Século das Luzes". Os protestantes haviam minado o milenar imobilismo da hierarquia católica, negando a autoridade do sumo pontífice e a obediência aos príncipes da Igreja, elevando todo cristão à condição de leitor das Sagradas Escrituras, o que vale dizer, dispensando a tutoria das autoridades clericais. Nos planos social e político, começam a ser divulgadas nesse século novas ideias de igualdade, fraternidade, de questionamento da autoridade dos poderes constituídos, ideias que terão nos enciclopedistas seus teóricos e na

Inconfidência Mineira e na Revolução Francesa seus grandes momentos. Portanto, nada melhor que reforçar o poder dos avós e bisavós para garantir o pátrio poder e bombardear essas perigosas ideias questionadoras e ameaçadoras da manutenção do statu quo. O autoritarismo de Rosa e do capelão do recolhimento se manifesta, sobretudo, na rigidez com que mantinham as noviças na condição de súditas, devendo obedecer prontamente, e sem questionar, às ordens dadas pelos superiores, no caso, a negra e o padre minhoto. Supomos mesmo que os colonos na América portuguesa e na América espanhola dedicaram maior atenção à Santana, como mantenedora da hierarquia gerontocrática, do que no Reino, pois aqui havia maior necessidade de os donos do poder serem obedecidos sem questionamento, devido à constante ameaça da população escravizada e de cor, sempre pronta à desobediência e à rebelião. Também os "brancos da terra" aqui nascidos, vivendo em promiscuidade com a escravaria e se beneficiando da anomia própria das frentes pioneiras de colonização, tendiam a não acatar as regras familiares tradicionais de respeito absoluto aos pais, avós e superiores. Daí o culto tão espalhado no Brasil colonial a são José de Botas, representante da autoridade do *pater familias*, e a Santana Mestra, soberanamente assentada em sua cátedra, muitas vezes tendo Maria Virgem por entre as pernas e o Menino Jesus no colo — ambos símbolos do poder e da autoridade da elite branca vis-à-vis à "gentalha" e às novas gerações.[11]

Já transcrevemos, alhures, alguns trechos de cartas expedidas do recolhimento, nos quais padre Francisco e madre Rosa defendiam a importância crucial da obediência cega, por parte das noviças, particularmente das meninas Arvelos, em face do "instatuto" e da mestra desse pio colégio, usando-se até a palmatória para domar as noviças mais rebeldes. Nesta outra carta, de 1760, Rosa ratifica seu pensamento no tocante à submissão que as novas gerações devem manifestar aos mais velhos — repetindo a mesma conduta de Maria e do próprio Cristo, "que foi obediente até à morte" (Filipenses, 2:8).

"Quem perde o temor dos pais, também perde o temor de Deus. Os que tinham coração de bronze o tornarão de aço, depois em ferro e cera, para o Senhor imprimir neles os seus Santíssimos Corações." Nessa mesma carta, ao comentar a visita que um jovem parente da família fizera às meninas Arvelos recolhidas no Parto, temerosa e suspeitando que a mais velha tivesse sub-repticiamente passado "escritos de casamento" ao guapo visitante, Rosa declara:

"Os filhos não podem tomar estado de sua eleição sem consentimento dos pais: só depois de 33 anos para cima, porque não têm juízo para eleger por si sós sem sair-se do pátrio poder. Fazendo o contrário, são filhos da maldição!". E lembremo-nos de que não havia pior estigma antigamente, e isso desde que Noé instaurou este castigo supremo, do que ser amaldiçoado pelos pais. Deus livre tal desgraça! Cam, por causa desta maldição, herdou a escravidão para todos os seus descendentes negros, os camitas.

Na ladainha que madre Egipcíaca enviou a seus devotos das Minas Gerais, acompanhando seu "Rosário da fidelidade", diversos louvores à primeira das mestras enfatizam exatamente as virtudes ligadas à obediência, à resignação e à fidelidade, valores ameaçados pelos iluministas e livres-pensadores, assim como pelas novas gerações americanas, e que encontrariam no culto aos antepassados de Cristo sua restauração e medicina:

Santana, espelho de obediência, ora pro nobis!
Santana, espelho de paciência, ora pro nobis!
Santana, proteção das viúvas, ora pro nobis!
Santana, mulher forte, ora pro nobis!
Santana, avó de Cristo, ora pro nobis!
Santana, sogra de São José, ora pro nobis!
Santana, da prole dos patriarcas, ora pro nobis!

Além do "Rosário da fidelidade", carro-chefe de seu devocionário, Rosa divulgou entre seus admiradores a "Devoção aos Santíssimos Corações de Jesus, Maria, José, Ana e Joaquim". Depois do padre Malagrida, pioneiro e principal propagandista do culto aos Sagrados Corações no Brasil, é a beata africana quem mais há de espalhar no nosso meio tal piedade, divulgando mensagens cordícolas, mandando construir capela e altar em seu louvor, incluindo nos nomes de suas filhas espirituais tal denominação, enviando para as Minas e o recôncavo fluminense cópias de orações a ele consagradas etc. Atente o leitor para quão próxima estava a espiritualidade de nossa africana, formada no devocionário franciscano, da mística jesuítica do padre Malagrida, disputando um e outro a primazia, na América portuguesa, na devoção e na propaganda não só do culto cordícola, como da Senhora Santana. Tenho notícia recente de que os jesuítas da Bahia tentam resgatar a memória desse inaciano queimado pela Inquisição lisboeta, pleiteando a abertura de seu processo de beatificação. Quem sabe chegue o dia em que também Rosa Egipcíaca há de merecer tais honrarias.

Já analisamos anteriormente os principais aspectos, significado e influência do culto dos Sagrados Corações na espiritualidade e na vida mística de Rosa: o Recolhimento do Parto era "a casa onde estão os Sagrados Corações", e no peito da fundadora, como já acontecera com santa Margarida Maria e outras visionárias cordícolas, não mais se achava o seu, mas batia o próprio coração de Jesus.

Desde 1731, circulava em língua lusitana a "Ladainha e novena do Santíssimo Coração de Jesus", de autoria de frei Jerônimo de Belém. Rosa talvez tenha se inspirado nesse devocionário franciscano ao inventar seu próprio exercício espiritual, pois foi depois da fundação da capela dos Santíssimos Corações, no convento dos Frades Menores do Rio de Janeiro, que as recolhidas do Parto também passaram a fazer novenas dedicadas a essa novel devoção. Já vimos que, em 1752, noticiava o bispo do Rio de Janeiro a existência, na cidade, de uma confraria dedicada ao Coração de Jesus, o que comprova a popularização, à época, desse culto.

Tivemos a satisfação de encontrar, em meio a cartas enviadas por Rosa a seus devotos mineiros, uma pequenina brochura manuscrita, de oito por onze centímetros, composta de quatro folhinhas costuradas com linha, trazendo o título "Devoção aos Santíssimos Corações". Foi o único exemplar conservado, dos muitos, que nossa biografada enviou do Rio de Janeiro a seus numerosos devotos além da Mantiqueira: suas folhinhas gastas e ensebadas comprovam seu repetido manuseio por beatos e beatas que, de joelhos, à luz de vela, perante um oratório doméstico, pediam proteção aos Sagrados Corações pela intercessão da maior santa de todos os tempos, Rosa Maria Egipcíaca da Vera Cruz. O texto dessa devoção é simples, como simples eram os mineiros e fluminenses discípulos da negra courana:

> Ó Coração de Jesus: pelo amor que vós tendes ao Eterno Pai, concedei-me a graça, ao meu coração, para com ele vos amar e servir com perseverança. Padre-nosso, Ave-maria, *Gloria Patri*.
>
> Ó Coração de Maria, pelo amor que tivestes à Santíssima Trindade e à Sagrada Humanidade de meu Senhor Jesus Cristo, cobri o meu coração com o sagrado véu de vossa pureza, para que as minhas obras sejam dirigidas para a honra e glória do Senhor e bem do meu próximo. PN, AM, *GP*.

Ó Coração de José, pelo amor que tivestes a Jesus e a Maria, concedei-me ao meu coração tal pureza de vida que viva ajustado com Deus, perseverante na guarda de seus santos mandamentos; purificai-o com a pureza de todas as faltas e defeitos. PN, AM, *GP.*

Ó Coração beatíssimo de Santana, pelo socorro que destes ao mundo na ocasião de sua esterilidade, socorrei o meu coração na ocasião de minha maior miséria para que não perca o direito que tenho na herança do sangue de vosso santíssimo neto, com que me remiu, e o não perca por minha culpa. Valei-me e socorrei-me, amada matrona. PN, AM, *GP.*

Ó Coração de São Joaquim, conselho maduro do trono da Santíssima Trindade, avô da sagrada humanidade de meu Senhor Jesus Cristo, pelo amor que tivestes às virtudes da esperança e caridade no grau perfeito, servi de oráculo à minha pobre alma, de médico e medicina na viagem desta minha peregrinação. Amém, amém!

Jesus, Maria, José, Joaquim e Ana, a quem dou o meu coração, alma e vida e todo o meu ser. PN, AM, *GP.*

Não contente em homenagear os cinco corações da sagrada família extensa de Jesus, Rosa acrescenta mais alguns personagens celestiais à sua devoção:

Ó coração de São João Batista, ovelha inocente, depois tornado Bom Pastor: livrai minha alma da pena e da culpa mortal. PN, AM, *GP.*

Ó panegírico coração de São João Evangelista, por que se embebeu no divino orvalho na noite da ceia, recostado no lado de Jesus, alcançai-me graça para amar a Jesus, vosso divino mestre, e a Maria, vossa santíssima mãe.

Encerra essa devoção uma petição em louvor da paixão e da morte de Cristo:

Por todos os justos e pelos que estão em graça para que dela não caiam; por todos os que estão em pecado mortal, para que Nosso Senhor os converta, e em especial pelo povo eclesiástico; por todos os que padecem aflição espiritual e corporal, por todos os que estão em agonia de morte e por todos os infiéis, gentios, hereges, judeus e cismáticos de todo o mundo, para que Nosso Senhor os traga ao grêmio da Igreja Católica; pelas necessidades espirituais e temporais da Igreja, pelas almas do purgatório e pelos que navegam sobre as ondas do mar, para que Nosso Senhor os recolha a porto seguro. Padre-nosso, Ave-maria e *Gloria Patri*.

Além do Rosário de Santana e dessa devoção aos Sagrados Corações, a mística courana declarou perante o notário do Santo Ofício, quando já trancafiada no Santo Ofício de Lisboa, que, no sábado de Aleluia de 1761,

> ao dar parabéns a Nossa Senhora pela ressurreição de seu filho, no altar da mesma Senhora, lhe falou uma voz ensinando a rezar uma coroa, todos os sábados, em obséquio da gloriosa maternidade da Mãe de Deus, e, em lugar do Padre-nosso, rezarás a Salve-rainha [pois], assim fazendo, te prometo o meu adjutório.

A devoção à "coroa de Nossa Senhora" foi muito divulgada pelos capuchinhos italianos por todos os cantos onde missionavam, e quem sabe possa ter sido frei João Batista da Capo Fiume quem ensinou à nossa beata tal exercício pio.

Se no século XVIII notamos um grande incremento de certas práticas devocionais, como os já citados oitavários, ladainhas, novenas, tríduos, lausperene etc., todas manifestações da oração vocal nessa mesma época, vai se consolidar, saindo dos claustros e atingindo a população em geral, uma nova forma de contato espiritual do fiel com Deus Nosso Senhor: a oração mental.

Rosa, como autêntica e paradigmática beata desse período barroco, encontrará na oração mental o passaporte de que precisava para penetrar nos patamares mais elevados do castelo interior da vida mística. Cumprirá à risca, assim, o ensinamento da reformadora do Carmelo: "As almas sem oração são semelhantes a um corpo entrevado ou paralítico. A porta para se entrar no castelo é a oração, a meditação. Não chamo oração mexer com os lábios sem pensar no que dizemos. Para ser oração é necessária a reflexão".

Quid est oratio?

Est elevatio mentis ad Deum, ensinam os manuais de teologia.

"Oração vocal é um turbilhão de água que lava a terra superficialmente, sem chegar ao coração. A oração mental é como as garoas suaves: cai até o íntimo da terra." A frase é do frei Luiz de Granada, dominicano espanhol falecido em Lisboa, em 1588, um dos maiores oradores de seu tempo, autor do *Guia de pecadores*, confessor do el-rei d. João III, da rainha d. Catarina e do cardeal d. Henrique e que, apesar de toda ilustração e santidade, se deixou engabelar pela soror Maria da Visitação, do mosteiro da Anunciada, a qual, fingindo êxtases, falsos estigmas e levitações, foi finalmente desmascarada e presa até o final da vida num cárcere conventual.[12] Do livro desse dominicano, *Oração e meditação*, traduzido em nove diferentes idiomas, tiramos essa distinção entre oração vocal e mental.

Santa Teresa d'Ávila, por sua vez, a grande mestra do misticismo católico, doutora da Igreja, contemporânea do citado dominicano e, como ele, também envolvida em problemas apologéticos com o Santo Tribunal, nuançava tal distinção ao escrever:

> Não está a diferença, para ser ou não ser oração mental, em ter a boca fechada. Se, estando a falar, estou perfeitamente a entender e ver o que falo com Deus, pondo nisto mais advertência do que às palavras que digo, juntas estão aqui oração mental e vocal.[13]

Para a santa doutora, por conseguinte, a oração mental equivalia à união da alma com Deus, podendo, inclusive, ser praticada quando se rezavam orações costumeiras, como o *Pater* ou a saudação angélica. A maior parte dos místicos, entretanto, e ela própria em outros escritos, distingue claramente esses dois tipos de exercício espiritual, privilegiando o segundo por representar maior união da alma e intelecto com a fonte da graça.[14] Não é sem razão que as ordens religiosas contemplativas eram consideradas os "para-raios do Espírito Santo", pois é por intermédio da contemplação dos enclausurados e enclausuradas que a graça divina se derramava na cristandade.

O padre Manuel Bernardes (1644-1710), considerado um dos mais doutos e eloquentes pensadores sacros de seu tempo, no opúsculo *Pão partido em pequeninos para os pequeninos da casa de Deus* (1694), ensinava, por meio de um diálogo entre um secular e um religioso, como penetrar nos meandros da contemplação:

> Secular: Parece que sem a oração mental não há salvação? Eu tenho ouvido dizer alguns confessores que me não meta com esses exercícios, pois basta para me salvar que guarde a Lei de Deus.
>
> Religioso: Eu não digo que a oração mental é meio precisamente necessário para a salvação, mas digo que é de tanta importância e proveito que, sem ela, tem grandíssima dificuldade o conservar-se a alma na graça de Deus por muito tempo.

Continua, então, o neófito, indagando ao sacerdote:

Secular: Dizei-me já que coisa é esse santíssimo exercício de que inculcais tantas excelências.

Religioso: Que há de ser? Imaginais que é isto coisa nova e nunca vista na Igreja de Deus? Ou que não é para todo fiel cristão? Hoje está tão divulgado este exercício que o têm até os negros! Ter oração mental é resolvermos tomar uma meia hora cada dia, em que vos ponhais quieto diante de Deus a cuidar no que fostes, no que sois e no que haveis de ser; e quem é Deus, e que fez e padeceu por nosso amor. É abrir os olhos da alma para ver que coisa é ofender a este Senhor e quanto vos importa servi-lo. É renovar a fé que vos infundiu no batismo. É ser cristão e racional porque o homem que não costuma orar quase não se diferencia de um gentio, de um bruto.[15]

Tinha razão o douto padre Bernardes ao dizer, já em fins do seiscentos, que mesmo os negros, a camada mais abjeta do mundo luso-brasileiro, praticavam tal forma superior de oração. Até essa época, a oração mental era privativa do clero e das ordens monásticas, sobretudo das contemplativas, havendo mesmo confessores que desaconselhavam aos cidadãos comuns a sua prática, para evitar alucinações e falsas visões. Na virada do século XVII, porém, Roma incentivou ardorosamente que todo cristão aprendesse e praticasse tal exercício espiritual. No caso de Portugal, o papa Inocêncio XI (1676-1689) concede um breve ao introdutor da Congregação do Oratório no Reino, o padre Bartolomeu de Quental, conferindo muitas indulgências a quantos fiéis fizessem oração mental nas igrejas dessa congregação. É correta, por conseguinte, a afirmação de Bernardes de que até os negros tinham sido introduzidos nesse elevado patamar da ascese mística, tanto que, em seu depoimento na Câmara Eclesiástica do Rio de Janeiro, a preta Rosa declarou que, à época, quando ainda vivia nas Minas,

> não tinha oração mental, porque não sabia o que era, e só rezava o seu rosário de Nossa Senhora, e vindo para esta cidade, passando seis meses, teve por diretor frei Agostinho de São José, e este lhe ensinou fazer oração mental, e depois disto se recolheu para o Parto com outras companheiras e que fazia meia hora de oração mental de manhã e outro tanto à noite, por assim lhe ordenar o dito diretor.

Ao ensinar e "ordenar" a prática da oração mental à sua dirigida, o provincial dos franciscanos se adequava à tendência geral da Igreja no Brasil que, à época, investia ardorosamente nessa nova maneira de orar, sem dúvida para elevar o nível de piedade do povaréu que se contentava em recitar mecanicamente as orações costumeiras, sem se concentrar na meditação do significado das palavras ou se distraindo na hora de meditar os "mistérios" do rosário ou das novenas dos santos. Prova disso é que, dois anos antes de Rosa migrar para o Rio de Janeiro, em 1748, d. Antônio do Desterro, em consonância com a pragmática de Bento XIV (1740-1758) e reconhecendo o grande proveito inerente a essa prática contemplativa, determina que todo fiel, desde que confessado e comungado, que fizesse oração da concórdia dos Príncipes Cristãos e da extirpação das heresias receberia indulgência plenária, ordenando outrossim aos pais de família que ensinassem seus filhos a praticá-la, sobretudo nas horas em que tocavam os sinos das igrejas.[16] Em 1754 é a vez de o bispo de Mariana decretar uma pastoral estimuladora da oração mental, obrigando sua prática em todas as matrizes, depois da missa das almas, considerando-a "um dos meios mais eficazes para se conseguir a salvação eterna".[17]

Em que consiste exatamente a oração mental? Como teria explicado o provincial dos franciscanos à nossa convertida esse degrau superior da espiritualidade? Deixemos a outro franciscano, o frei Manuel da Madre de Deus, conventual do Varatojo, explicar o que vem a ser esta "garoa suave". É ele autor de vários best-sellers do devocionário lusitano naquele período: *Pecador convertido ao caminho da verdade* (1728), com nove edições no século XVIII; *Católico no templo exemplar e devoto* (1730), oferecido ao rei d. João V, com dezesseis edições; e *Luz e método fácil para todos os que quiserem ter o importante exercício da oração mental* (1735). Algumas dessas edições eram miniaturizadas, cabendo o livrinho na palma da mão, de forma a facilitar aos beatos trazê-lo sempre consigo, por exemplo, dentro do bolso da véstia ou mesmo na cintura do vestido. Provavelmente, o confessor de Rosa deve ter seguido a mesma receita de seu irmão de hábito e ensinado assim à sua filha espiritual recém-chegada das Minas do Rio das Mortes:

Diretório para a oração mental.

Postos de joelhos no lugar da oração, começará o que houver de ler: Pelo sinal da Santa Cruz, livrai-nos Deus, Nosso Senhor, dos nossos inimigos. Em nome do Pai, do Filho e do Espírito Santo.

E logo dirá em voz alta com muita pausa e devoção: Façamos atos de fé, crendo firmemente que estamos na presença de Deus nosso Senhor, que aqui está com a mesma majestade, grandeza e formosura com que está no Céu manifesto aos anjos e santos. Passado o espaço de sete Ave-marias, que se gastará fazendo os atos de fé, prosseguirá com a mesma pausa e devoção. Prostremo-nos todos por terra, adorando a um Senhor tão soberano, e desejemos adorá-lo com a mesma reverência com que o adoram todos os santos e anjos e Maria Santíssima Nossa Senhora. Prostrar-se-ão todos por terra por espaço de cinco Ave-marias, adorando ao Senhor, e, levantando-se os rostos da terra, ficarão de joelhos com muita modéstia e compostura, e dirá o que ler.

Façamos ato de contrição, dizendo do íntimo da alma: Pesa-nos, Senhor, de todo o coração, de vos haver ofendido, por serdes vós quem sois, sumamente bom e digno de ser amado e porque vos amamos sobre todas as coisas; propomos firmemente com vossa graça de nunca mais vos tornar a ofender, e esperamos o perdão de nossas culpas pelos merecimentos de Jesus Cristo Nosso Senhor.

Passado o espaço conveniente, para que cada um repita esse mesmo ato de contrição, se lerá o ponto pela ordem que vai adiante, e não se lerá mais de um de cada vez, e, lido, ficarão em silêncio, meditando aquele espaço, que com o antecedente baste para concluir ao menos meia hora, e no fim se dirá:

"Demos todos graças a Deus Nosso Senhor pelos benefícios que de sua misericórdia temos recebido, e peçamos-lhe auxílios para observar seus santos mandamentos. Assim se concluirá a oração, rezando a ladainha de Nossa Senhora".[18]

Embora o coro do recolhimento fosse considerado o melhor local para se fazer a oração mental, ensina o padre Bernardes que "em qualquer cantinho se acha Deus: na igreja, no campo, em casa, sendo as horas da noite e da madrugada as mais preciosas".[19] Por sua vez, outro mestre da oração, o jesuíta Tomás de Vila Castin, considerava que as posições mais adequadas para a oração mental eram: de joelhos, de pé ou prostrado na terra; se sentado, que o fosse com muita humildade, pois nunca se deve esquecer que todo respeito é pouco perante o Onipotente. "Deve-se falar com Deus com palavras interiores: gemidos, lágrimas, suspiros do coração, jamais dormindo, espreguiçando ou com distração do pensamento." As jaculatórias pias são aconselhadas para avivar a concentração das três potências da alma: memória, entendimento e vontade, que devem ser explicitadas em qualquer meditação.[20]

Além de todo esse preparo psicológico para a contemplação — concentração, atos de fé e de arrependimento dos pecados —, alguns gestos ajudavam o fiel a afervorar sua devoção e sentir sensivelmente a presença de Deus todo-poderoso: o sinal da cruz, sempre impregnado de água benta; as genuflexões e vênias no chão, em sinal de adoração da Majestade Divina; os olhos fechados; o cheiro de incenso e do fumo das velas na penumbra dos templos; as pinturas dos santos e os vitrais iluminados, tudo propiciando a união da alma com o Criador. "A oração mental é um maná tão escondido que ninguém sabe o que é...", dizia o citado padre Vila Castin.

Depois de toda essa preparação emocional e ambiental, o grande momento e combustível para a união da alma com o sobrenatural eram a leitura do "ponto" para se fornecer a quem rezava ideias e imagens destinadas a servir de reflexão durante os trinta minutos que geralmente dura a oração mental. Por essa época são escritos vários manuais ou diretórios com temas e pontos de meditação para todos os dias do ano — tendo como leitmotiv os dogmas do catolicismo, os mandamentos da lei de Deus e da Igreja, mas, sobretudo, os mistérios da vida, paixão, morte e ressurreição de Cristo e as virtudes de sua Mãe Santíssima. Uma boa amostra de alguns títulos dos 25 pontos pode ser encontrada no vade-mécum *Missão abreviada para despertar os descuidados, converter os pecadores e sustentar o fruto das missões*, livrinho, conforme dissemos alhures, que teve grande divulgação no Brasil de nossos antepassados. Eis alguns pontos: da vocação de Deus, sobre o último juízo particular e universal, sobre o pecado, sobre o último fim do homem, sobre a morte do justo e do pecador, sobre o inferno e o céu, sobre os açoites e espinhos de Cristo na Paixão, sobre a glória celestial etc. Elegemos, para brindar o leitor, a meditação do ponto "O inferno" tal qual consta no citado "Diretório" de frei Manuel de Deus, certamente o mesmo texto que o provincial dos frades menores do Rio de Janeiro entregou a Rosa para que meditasse e lesse em voz alta no coro do Recolhimento do Parto, estando de joelhos ou prostrada no chão toda a comunidade.

Transporte-se, caro leitor, para a penumbra da capela do Parto, numa noite quente de verão carioca, estando as recolhidas abafadas em seus hábitos de baeta grosseira, recendendo o ambiente a fumo de vela e, eventualmente, à catinga de defuntos recém-sepultados em cova rasa debaixo do tabuado dessa igreja. Depois de muitas genuflexões, vênias e orações, "crendo firmemente que estamos na presença de Deus nosso Senhor", lia-se compassadamente o primeiro ponto:

i Ponto:

Considera como, acabando o pecador a vida em pecado mortal, é condenado para sempre ao inferno, e no mesmo instante entra a alma por aquela escura região, onde tudo é desordem e horror sempiterno. Oh que pavor tão desconhecido, que ânsias tão mal consideradas por quem passou a vida em culpas! Que disformes figuras lhe sairão ao encontro para recebê-la naquele cárcere: que horríveis alaridos, quando virem entrar mais uma companheira, e que estranha, que confusa e pasmada estará a maldita alma neste ponto! Considera, considera bem, vê que o tens merecido e chora com ânsia o haver pecado! [Pausa]

ii Ponto:

Considera o tormento de um condenado, vendo-se naquele cárcere escuro, estreito, hediondo e pestilento, tendo por cadeira abrolhos, por cama fogo, por manjar cobras e todo o gênero de bichos, por bebida fel e chumbo derretido, por música blasfêmias, prantos e ranger de dentes, por companheiros os demônios, e condenados, todos juntos, todos em monte, sem cessarem de se despedaçar uns aos outros. Ai de quem vive vida larga, sem cuidar do que lhe há de suceder depois! Olha, pecador, para a tua vida cheia de pecados, e pede a Deus misericórdia! [Pausa]

iii Ponto:

Considera a voracidade do fogo infernal, em cuja comparação é como pintado o fogo da terra. Neste hão de arder sem interrupção todos os condenados. Oh que pasmo será ver tanta multidão como o ferro em brasa! Ver o negro e escuro do fumo que sairá daquela fornalha, misturando-se ao mesmo tempo com as chamas que entrarão aos condenados pelas bocas, narizes e olhos e sairão pelas mesmas partes! Quem poderia ver tal sem morrer de pavor? E que será padecê-lo! Ai de ti, se pecaste, e não choras arrependido, que já se está preparando a tua fogueira! Pede ao Senhor misericórdia! [Pausa]

iv Ponto:

Considera que toda aquela maldita canalha abrasada pelo fogo, mordida dos cães, devorada dos leões, consumida dos raios e atormentada dos demônios, romperá em terríveis blasfêmias contra o céu, contra os santos, contra os anjos, contra Maria Santíssima, contra a humanidade de Nosso Senhor Jesus Cristo e contra a Santíssima Trindade. Ai de ti, se fores um dos que blasfemam neste lugar! Ai que o tens merecido! Chora com tempo, para que não vás raivar sem remédio, abraça-te fortemente com os pés de Nosso Senhor Jesus Cristo, pede-lhe que te não percas! [Pausa]

v Ponto:

Considera sobre toda a pena dos condenados em conhecer o que perderam, perdendo Deus por um deleite falso, por uma vaidade enganosa, por um barro vil, e por coisas que passarão tão brevemente! Há de avivar-se o conhecimento da perda para que seja maior a mágoa. Ai de ti, se dirás ainda: Maldito sou para sempre, que perdi a Deus por um deleite, que perdi a Deus por uma imundícia, que perdi a Deus por um pensamento. Chora com ânsia, pede perdão com humildade, une a tua alma com Deus, para que não seja para sempre separada de Deus! [Pausa]

vi Ponto:

Considera, finalmente, que a todos os tormentos dos condenados se ajuntará para maior dor o vivo conhecimento de que hão de ser eternos, que hão de durar não cem anos, não mil, não mil milhões, mas para sempre, sempre: trevas sempre, companhia de demônios para sempre, blasfêmias para sempre, não ver a Deus para sempre. Estende os olhos da alma por esse sempre, vê quão caro compras o breve deleite de um pecado: chora os que tens cometido, e propõe nunca mais pecar![21]

Confesso, caro leitor, que mesmo eu, com meus cinquenta anos de opção racional pelo ateísmo, ao transcrever esses pontos, tive medo do inferno, da eternidade do castigo. Imaginemos, então, o pânico que devia dominar aquelas pobres criaturas, há dois séculos, convictas de que toda essa descrição era real e infimamente mais branda do que devia ser a realidade do fogo do inferno. Medo, pavor, lágrimas, pesadelos, punhadas de arrependimento no peito, beijos e abraços apertados nos pés do crucificado, angústias mil constituíam as emoções diárias dos praticantes da oração mental. Felizmente, entretanto, nem todos os pontos eram lúgubres. Cada tema de meditação levava o devoto a vivenciar, na memória, no entendimento e na vontade, além do medo do inferno, a alegria da conversão, o arrependimento do pecado, a esperança na salvação: "Ah! Como é formoso aquele palácio do Rei dos Reis! do Senhor dos Senhores!".

Dependendo do ponto, as emoções variavam: lágrimas, gemidos, autoflagelações, penitências atrozes, quando se meditava na paixão de Cristo; júbilo, dança, cantoria laudatória faziam parte da meditação dos mistérios gozosos que, se realizados em particular, podiam redundar em transes, alucinações, êxtases, desmaios, raptos, rigidez total ou parcial do corpo, manifestações psicopatológicas que, naqueles tempos de fanatismo, eram sintomas de união perfeita da alma com a fonte da vida, Deus Nosso Senhor.

Numa das poucas folhas manuscritas por Rosa que se conservaram intactas — pois centenas de seus escritos foram queimadas por seu confessor, frei Agostinho de São José, pouco antes de falecer —, datada de 1º de abril de 1756, ela nos revela o clima de emocionalismo de seu imaginário quando meditava sobre a paixão de Cristo:

> Considerava o Senhor Jesus orando no horto, cheio de tristeza e agonia, suando copioso rio de sangue. Depois recebendo o beijo fementido de Judas e abraçado com ele e com todos os ingratos do mundo. Depois preso, afligido e vituperado da fúria dos homens, apresentado de juízo em juízo, ouvindo blasfêmias de uns e outros. Assim [se deve] adorar o Senhor e acompanhá-lo nas suas penas, humilhada profundamente por terra e confundida no seu nada.

Manuais piedosos, como o de padre Bernardes, forneciam comoventes imagens da paixão de Cristo, predispondo o fiel às lágrimas e à conversão:

> Um exemplo: quereis cuidar em Cristo atado à coluna, ou qualquer outro passo da Paixão? Considerai quem padece, que é o Filho de Deus, santíssimo, inocentíssimo, nosso insigne benfeitor etc. O que padece: açoites, castigo de escravos e ladrões, muitos mil e mui cruéis com azorragues, cadeias de ferro, varas de espinhos etc. De quem padece: das mãos dos homens pecadores, ingratos, algozes, vilíssimos e instigados dos demônios etc. Como padece: com grande amor, com admirável silêncio, com invencível paciência e desejando padecer ainda mais. Para que padece: para nosso remédio e salvação, para serem perdoadas nossas culpas, para nos dar exemplo de paciência etc. A cada circunstância destas ide exercitando os efeitos a que sentirdes movido o coração, como agora: afeto de contrição dos pecados ou de compaixão das penas do Senhor ou de amor da sua bondade ou desejo de fazer penitência, ou desengano da vaidade do mundo ou louvor de Deus, pelas mercês que vos tem feito e outros semelhantes.[22]

Introduzida por seu confessor franciscano nesse patamar superior da vida ascética, a irmã Rosa e suas companheiras, desde que se recolheram ao Parto, passaram a praticar religiosamente, duas vezes por dia, a oração mental. Prática, aliás, prevista nas regras de outras casas pias femininas fundadas à mesma época, como o convento das Franciscanas da Ajuda, no mesmo Rio de Janeiro, e o Recolhimento de Nossa Senhora da Glória de Olinda, que assim determinavam: "Às 5h30 da manhã, no coro, após o sinal da cruz e adoração do Santíssimo Sacramento, se fará a leitura dos pontos de meditação e um quarto de hora de oração mental".

Vários místicos e escritores sacros alertaram os fiéis para o perigo que poderia representar essa modalidade devocional em almas propensas à melancolia, notadamente sendo do sexo frágil. O próprio d. Antônio do Desterro, na "Regra das Freiras da Ajuda", determinava que todos os dias houvesse uma hora de oração mental em comunidade no coro, meia hora de manhã e meia hora à tarde — "antes de se principiar se dirá a antífona *Veni Sancte Spiritus* e a prelada lerá um ponto que possa ser matéria de meditação". Ressaltava, porém, o prudente epíscopo: "A oração mental, quanto mais excelente, mais é sujeita de enganos e ilusões, principalmente em mulheres". E concluía, determinando que, nas visitas conventuais, se desse notícia aos prelados sobre "qualquer Espírito particular, revelações, visões, êxtases e arrebatamentos ou de outra maneira fora dos comuns caminhos e ordinários, para que o visitador evite os grandes danos que se podiam seguir com religiosas que tratam da oração mental".[23]

Assim se precavendo, o zeloso bispo repetia o mesmo lúcido ensinamento da mestra do misticismo, santa Teresa de Jesus, que no já citado *Castelo interior* admoestava suas carmelitas:

Quero precaver-vos, irmãs, de um perigo: como mulheres, somos mais fracas. Estamos mais sujeitas. As religiosas de fraca compleição, pela muita austeridade, oração frequente e vigílias, quando têm alguma satisfação espiritual, sujeita-lhes a própria natureza até desfalecerem, caindo no sono espiritual — e aí imaginam que é arroubamento. Quanto a mim, chamo abobamento. Não é outra coisa senão andar perdendo tempo e arruinando a saúde! Ficai atentas: quando sentirdes essas coisas, distraí-vos como puderdes. Dizei-o logo à superiora: tende menos horas de oração, dormi e comei bem até recobrar as forças naturais. Pode haver algumas tão fracas da cabeça e imaginação, como tenho conhecido, que vos parece ver tudo quanto imaginam. É grande perigo![24]

Em vez de seguir os sábios conselhos da doutora da Igreja e do zeloso antístite fluminense, o confessor de Rosa, assim como o capelão do recolhimento, não só permitia as visões, raptos e êxtases beatíficos da fundadora e de suas evangelistas, como estimulava ao extremo sua imaginação mística, dando-lhes crédito, papel e tinta para registrarem tudo o que viam ou ouviam procedente da corte celeste. Várias vezes encontramos a indicação no depoimento de Rosa, na Câmara Eclesiástica do Rio de Janeiro e no Tribunal do Santo Ofício de Lisboa, de que fora exatamente no meio da oração mental que lhe ocorreram muitas das visões e arrebatamentos místicos. Eis um exemplo: no Dia de Santa Isabel Rainha, como Rosa, Terceira Franciscana,

> estando no coro do recolhimento assistindo à oração mental que nesse dia faziam as recolhidas, vindo-se o ponto do Juízo Final, para se meditar nele, caiu ela, depoente, no chão e se viu em um campo comprido... onde estava Nossa Senhora da Piedade com Cristo morto nos braços...

Em outra ocasião, Rosa conta o seguinte:

> Hoje de madrugada, 1º de abril de 1757, estando eu em oração mental, no ponto de quando Pilatos mostrou o Senhor ao povo e o povo clamou que morresse Jesus e ficasse Barrabás, disse-me logo uma voz: "Escutai e considerai que os homens na minha paixão pediram que morresse a virtude e vivesse o pecado [...] e ainda hoje no mundo, os que me ofendem são favorecidos e os que me seguem são aborrecidos, aniquilados e perseguidos".

Como se nota, em ambos os "pontos" se enfatizavam situações trágicas, a injusta condenação do Rei dos Reis e o Juízo Final, cuja meditação favorecia fortes emoções propiciadoras de arrebatamentos e outras manifestações místico-patológicas.

Também aqui não se admire o leitor de estar nossa energúmena fazendo sua oração mental "de madrugada". Santa Teresa tinha o costume de despachar suas cartas entre duas e três horas da manhã, o mesmo horário em que, nos conventos e mosteiros, religiosos de ambos os sexos se dirigiam ao coro para rezar as matinas.

Eis como outra beata, também orientada dos franciscanos e igualmente processada pela Inquisição, Luiza de Jesus, 43 anos, portuguesa, um século antes de Rosa, descreve as sensações auferidas durante esses voos místicos:

Na oração mental, usava por muitos anos dos graus de meditação e contemplação, começando por meditar em algum passo da paixão de Cristo. Aí me suspendia de modo que não dava pé dos sentidos, nem discursava, antes ficava todo o entendimento todo absorto em Deus e sem ato algum de vontade. E outras vezes, sentia uns ardores no coração como que desejava que Deus fosse muito amado de todos e também algumas vezes ficava como fora de mim e se me representava que era levada para partes remotas e se me mostravam as desordens em falta de fé, martírios de santos etc.[25]

Santa Teresa d'Ávila foi quem sentiu o mais dolorido e candente "ardor no coração" de que se tem notícia na história dos santos:

Viu a presença de um anjo que parecia estar de pé, em chamas, e viu nas mãos do anjo um dardo de ouro: parecia-me que na ponta de ferro havia um pouco de fogo. Tive a impressão de que me transpassava algumas vezes com o dardo o coração até o mais íntimo e, quando o tirava, parecia-me estar arrancando também esta parte íntima do coração. E quando me deixava, sentia-me inteiramente inflamada de ardente amor de Deus. A dor dessa ferida era tão intensa que me arrancava os mencionados gemidos e queixas, mas também o enlevo que essa dor indizível produzia era tão efusivo que não me era possível ficar livre dele, nem me podia contentar com algo que não fosse menos que Deus![26]

Tal fenômeno místico, a transverberação do coração, é considerado uma das experiências espirituais mais grandiosas de todos os tempos,[27] e experimentada por poucos privilegiados no período barroco.

Outra beata, também seguidora da mística franciscana, Micaela de Jesus Sacramentado, 27 anos, moradora em Lisboa e igualmente encarcerada pela Santa Inquisição, quando se dedicava aos exercícios de lausperene e oração mental sentia que o Espírito de Cristo lhe dava um beijo e se unia a ela corporalmente, sentindo esta união em todas as partes do corpo. Outra vez, fazendo oração mental, apareceu-lhe Jesus vestido de roxo, cabelo comprido e anéis na mão, e o sentiu em cima de si, como marido e mulher, por espaço de um Credo [trinta segundos], sentindo que o Senhor a magoava em suas partes pudendas...[28]

Madre Egipcíaca não chegou a tamanha intimidade com o Divino Esposo: para a ex-prostituta, calejada na devassidão, as uniões carnais simbolizavam o pecado e sua antiga vida mundana. Daí ter optado por visões mais inocentes e até maternais: em vez de copular com Cristo, como várias beatas disseram tê-lo feito, Rosa o aconchegou inocentemente em seu colo, dando-lhe de mamar em suas negras tetas.

Além da fundadora, outras recolhidas do Parto declararam perante o comissário do Santo Ofício do Rio de Janeiro, em seus depoimentos, que também alçavam voos místicos quando a comunidade se reunia para a prática da oração mental. Irmã Ana do Coração de Maria, a evangelista predileta de Rosa, contou que, certo dia, em fins de março de 1756, fazendo oração mental,

viu aparecer em cima do altar o Menino Jesus e, querendo ela meditar no ponto que se tinha lido, que era o da Paixão, se viu posta em Juízo pedindo-lhe o Senhor conta do horror de suas culpas e dos grandes benefícios que lhe tinha feito. E, acabada esta presença do Juízo, tornava a ver o Menino em o mesmo lugar, chamando por Rosa.

Também a portuguesinha irmã Teresa de Jesus, 25 anos, nos quatro anos que viveu no Parto, praticou a oração contemplativa, e foi através dela que encontrou o caminho para o convívio com o preternatural:

Sobretudo quando eu fazia oração mental, comecei a ter algumas locuções, sempre aparecendo vozes que me diziam as virtudes de Rosa, inclusive me apareceu Santa Teresa confirmando que lhe desse crédito, sem poder pensar noutra coisa senão na santidade de Rosa, de modo que na oração mental, após a leitura do ponto que se devia meditar, me esquecia deste totalmente e todo o tempo de meditação se me representava no entendimento Rosa... cercada de luzes e coroada pelos anjos.

Tinham razão os diretores espirituais mais lúcidos em advertir sobre os perigos da oração mental nas almas melancólicas e nos corpos mal alimentados, em especial entre mulheres enclausuradas e com voto de castidade. Como dizia Santa Teresa — ela própria, campeã de arrebatamentos místicos, levitações, transverberação etc., diagnosticada hoje como portadora de histeria aguda[29] —, "a melancolia forma e fabrica suas fantasmagorias na imaginação. Pode haver algumas religiosas tão fracas de cabeça e imaginação, como tenho conhecido, que lhes parece ver tudo quanto imaginam...".[30] Era questão de repetirmos o ditado citado por Jesus no Evangelho: "Médico, cura-te a ti mesmo!". Uma histérica diagnosticando almas melancólicas...

Anos depois de suas visões, madre Egipcíaca, ao ser instigada pelos inquisidores para que declarasse "o fingimento de sua afetada virtude e visões celestiais", repetia convicta, sem titubear, que "nunca fingiu os sucessos referidos e que contou toda a verdade". De fato, parafraseando a reformadora do Carmelo, nossa biografada acreditava piamente ter visto e ouvido as revelações que imaginara em seu barroco bestunto, da mesma forma como mães, filhas de santo e "cavalos" dos terreiros de candomblé e umbanda garantem e juram com toda a honestidade que não se lembram de nada que obraram quando incorporados pelos orixás ou encantados. Fenômenos que a psicanálise ou a parapsicologia explicam sem necessidade de apelar para eflúvios sobrenaturais ou possessões demoníacas ou divinas.

Não deixam de nos fazer refletir as palavras de Nina Rodrigues, um dos precursores dos estudos africanistas no Brasil. Ensina o mestre:

> Sou levado a acreditar que os oráculos fetichistas ou possessão de santo não são mais do que estados de sonambulismo provocado, com desdobramento e substituição de personalidades. Banhos, fumigações, ingestão de substâncias dotadas de virtudes especiais, jejuns prolongados, abstinência sexual, mortificações diversas etc. são meios de que se socorrem sempre os feiticeiros de todos os tempos. Das mais poderosas pode-se considerar neste particular a influência da dança. É a música que provoca o estado de santo.[31]

Tão real e íntima era a relação de nossa "espiritada" com Jesus, que não titubeia em tratá-lo como se fosse seu consorte. Eis suas palavras registradas num manuscrito de 24 de novembro de 1760:

Meu querido Esposo de minha alma: pelo vosso divino decreto tenho chegado naquela era, muito certa e lembrada estou de vos ver no Santíssimo Sacramento [onde] eu vi cantar aquele hino do Divino Esposório, que louvores vos daremos, dia e noite, sempre. Bem conheço que para vós não são necessárias letras de mão, mas só sim, porque é costume entre os namorados cartear-se uns com os outros com afago de amor, e não sabendo eu como vos agradar, acudiram-me no entendimento estes versos, mas cheia de desconfiança acudiu-me Nossa Senhora da Penha da França, dizendo que vós viestes ao mundo buscar os pecadores e dar vista aos cegos, e eu como me vejo e me conheço como a maior cega do mundo — porque mais cego é quem conhece a razão e não a admite — agora com dor do meu coração já me volto para vós, contrita e arrependida, pois sou a maior de todos os pecadores do mundo…

Rosa, em seus escritos e conduta, manifesta flagrante contradição: por um lado, revela imaginário ultragrandiloquente e megalomaníaco, chegando não só a se proclamar mãe, esposa e ama de leite de Jesus, como proferindo blasfêmia máxima ao declarar: "Eu sou Deus!". Por outro lado, às vezes a ex-escravizada assume humildade total, verdadeiro aniquilamento, afirmando continuar escrava, ínfima criatura. Onde estaria a verdade: quando se pretende "a maior santa do céu" ou como "a maior de todos os pecadores do mundo"? Certamente Rosa não ocupa nenhum desses extremos, pois a hagiografia registra inúmeros santos que foram muito mais virtuosos e poderosos que ela, assim como pecadores bem mais diabólicos. Mesmo que, ao declarar-se a "supersanta" dos céus, estivesse sob efeito de transe místico, proferindo palavras que em estado normal evitaria, por revelarem orgulho, temeridade e heresia, podemos perfeitamente responsabilizá-la pelos devaneios de seu inconsciente megalomaníaco, reflexo de que, em seu íntimo, ela se julgava de fato escolhida pelos céus para ser a nova redentora do gênero humano.

"Enfim, como ela própria dizia, eu já não posso mais dizer, pois entendimento humano é fraco e não pode compreender as grandezas de Deus. Quem mais padece, mais merece — e antes morrer que tornar atrás!"

21. Rituais de adoração

Segundo depoimentos de várias testemunhas que conviveram com a ex-me-retriz do Inficcionado, sobretudo quando Lúcifer, os sete demônios ou, simples-mente, o Afecto dominavam o corpo da infeliz energúmena, suas reações, caretas e momices, acompanhadas de respiração arquejante ou palavras cavernosas, provocavam grande temor nos circunstantes, assustados com a presença sensível de Satanás tão perto de si. O primeiro sentimento, portanto, que Rosa provocava nos circunstantes era de santo temor perante o poder das forças infernais, que só se acalmavam sob a ação dos preceitos, bênção e água benta dos exorcistas — notadamente de seu "xota-diabos" privativo, padre Francisco Gonçalves Lopes. O temor perante o mistério da possessão diabólica cedia lugar, em muitos fiéis, a sentimentos mais positivos: alguns devotos revelaram possuir pena e compai-xão da pobre africana, prisioneira impotente, como Maria Madalena, de espíritos tão cruéis, que a jogavam no chão, a faziam sofrer tantas atribulações físicas e espirituais, enfurecendo-se como louca ao ser possuída pelo "Espírito Zelador dos Templos", avançando contra os fiéis irreverentes, retirando-os à força das igrejas quando supunha estarem comungando em estado pecaminoso. Pena e compaixão foram também os sentimentos dos devotos que presenciaram ou ti-veram notícia dos grandes sofrimentos e dores a que a negra espiritada foi sub-metida nos quinze anos posteriores à sua conversão: os cruéis açoites no pelourinho de Mariana, sua injusta expulsão do recolhimento que recém-fundara, o tratamento humilhante e os insultos recebidos por parte de quantos a julgavam embusteira e mistificadora. Não era à toa que seu capelão costumava dizer que Rosa sofrerá tanto quanto Nosso Senhor Jesus Cristo em sua paixão e muito mais do que vários santos beneficiados com a glória dos altares.

Além de temor e compaixão, outro sentimento inspirado pela Egipcíaca em muitos que privaram de sua convivência foi o de respeitosa devoção: tanto seu exorcista quanto outros sacerdotes que conviveram com Rosa atestavam que ela era pessoa virtuosa, verdadeira "serva de Deus". Mais ainda: "Uma santa tão grande, que, depois da Sagrada Família, não havia outra tão santa quanto ela". E o máximo da louvação: "A maior santa do céu!".

A excepcional bem-aventurança de Rosa, conforme já relatamos, se devia a uma constelação de dons com que, segundo proclamava, a Divina Providência a agraciara, entre eles: trazer em seu peito o próprio coração de Jesus, ter recebido as chagas de são Francisco e a coroa de espinhos do Crucificado, possuir o dom da profecia e de mandar para o céu as almas do purgatório, conceder indulgências a granel a quantos lhe beijassem a carapinha, curar os enfermos etc. etc. O maior dos dons, todavia, era o de ter morrido, ido a julgamento e ter ressuscitado, ganhando como missão salvífica se transformar na nova redentora do gênero humano.

Para tornar ainda mais públicas e reconhecidas virtudes tão portentosas, além do culto que muitos fiéis lhe prestavam, beijando-lhe as mãos e os pés, de joelhos, conservando respeitosamente suas relíquias etc., três elementos novos foram incorporados pelas recolhidas e pelo capelão à liturgia em louvor da madre fundadora: sua ladainha de títulos, alguns hinos laudatórios e seu quadro votivo. É sobre cada um desses itens que nos ocuparemos a seguir.

Data dos primórdios do cristianismo a prática das ladainhas ou litanias, um tipo de oração constituída por uma longa série de curtas invocações recitadas ou cantadas em honra de Jesus, de Maria Santíssima ou dos santos. A mais famosa das litanias, a Ladainha de Nossa Senhora, assim como a dedicada ao Santíssimo Nome de Jesus, já estava consolidada desde o século xv, e, para evitar a proliferação incontrolada desse modismo devocional, em 1601 o Santo Ofício romano proibiu a invenção de novas litanias, ratificando o interdito em 1727.

Rezadas diariamente pelos fiéis mais devotos e nas cerimônias públicas, como na Bênção do Santíssimo e na tomada de hábito nas casas religiosas, as ladainhas faziam parte integrante do devocionário das recolhidas do Parto, que, a partir do regresso da fundadora ao "sacro colégio", depois de sua expulsão em 1759, passaram a incluir, no final da Ladainha de Todos os Santos, o nome da africana: "Santa Rosa, *ora pro nobis!*".

De todas as litanias, a mais conhecida e praticada, já dissemos, é a dedicada a Nossa Senhora, saudada com preciosos e alguns não menos curiosos títulos, em geral extraídos da sagrada escritura, a saber: "Espelho de Justiça, Sede da Sabedoria, Vaso Espiritual, Rosa Mística, Torre de Davi, Torre de Marfim, Casa de Ouro, Arca da Aliança, Porta do Céu, Estrela da Manhã" etc.

São João Evangelista, o mais dileto discípulo de Jesus, também mereceu graciosa litania retirada dos títulos que vários doutores da Igreja lhe atribuíram: "Boca de Deus, Língua do Espírito Santo, Luz da Igreja, Formosura dos Anjos, Pedra Viva, Espelho da Luz, Arquiteto do Verdadeiro Tabernáculo, Cedro do Paraíso, Coluna do Céu, Esmeralda da Pureza, Amianto no Fogo, Raio do Céu, Secretário do Verbo Eterno" etc. O autor desse florilégio foi o nosso já conhecido frei Jerônimo de Belém, OFM, quem primeiro em Portugal escreveu sobre o Coração de Jesus, encontrando-se tal ladainha em seu livrinho, já citado, de 1731.

Santo Antônio, o mais querido santinho de nossos ancestrais, mereceu igualmente delicada litania, cuja transcrição, assim como a de são João, tem como escopo fornecer ao leitor parâmetros para aquilatar a grandiosidade dos títulos que as recolhidas e o capelão atribuíram à Flor do Rio de Janeiro, a maior santa do céu.

Ladainha de santo Antônio, extraída do *Sermão do glorioso lusitano, pregado no seu convento e mesmo dia na cidade do Rio de Janeiro, a 13 de junho de 1674, recitado por frei Agostinho da Conceição, OFM, Lente:* "Filho de Serafim, Gadelha de Portugal, Luz da Itália, Glória de Pádua, Resplendor da França, Admiração da Espanha, Arca do Testamento, Martelo dos Hereges, Trono de Deus, Maravilha dos Anjos, Assombro do Inferno, Sol de Todo o Mundo".[1]

Madre Rosa Egipcíaca mereceu 24 títulos laudatórios — alguns inspirados em outras litanias, outros inventados por seus devotos, vários refletindo o imaginário pueril e barroco daquelas negras e mulatas imitadoras de santa Maria de Magdala. Eis, portanto, os títulos atribuídos à Santa Rosa Maria Egipcíaca da Vera Cruz, "a maior santa do céu":

Menina dos olhos de Cristo

Teatro do amor divino

Arca do Testamento Novo e Velho

Nau da divindade

Irmã consorte de Nossa Senhora

Filha de Santana

Breve e arca do Pai Eterno

Relicário do peito de Deus Filho

Verdadeiro transauto [?] de Cristo

Arca e cofre de Santíssima Trindade

Judith gloriosa que haverá de cortar a cabeça do dragão infernal

Carta de guia de todas as almas para a Santíssima Trindade

Chave de ouro no peito de Nosso Senhor

Mãe de Nosso Senhor Jesus Cristo

Rosa do peito do Rei Salvador

Intercessora dos pecadores

Símbolo da obediência

Colar no pescoço de Jesus

Joia de seu peito

Jardim florido das convertidas

Paraíso dos bem-aventurados

Rainha dos vivos

Juíza dos mortos

Embargo dos descrentes — E muitos outros títulos de que não me lembro e que
Deus e Nossa Senhora deram a Rosa por mimo...,

informa irmã Justina Arvelos.

Vários desses títulos lembram, simbolicamente, a troca que a beata fez de seu coração, que foi para o céu, com o de Jesus, vivo no seu peito, daí ser referida como arca, nau, relicário, breve e cofre da própria divindade. Outros encômios a declaram predileta do Divino Esposo: sua menina dos olhos, sua rosa, enfeite e colar. Alguns títulos salientam a grandiosidade de seu poder junto aos mortos, pecadores e bem-aventurados, dado o parentesco que tinha com a Santíssima Trindade e a sagrada família. Irmã Justina, a recolhida que se lembrou, perante o comissário inquisitorial, do maior número desses títulos honoríficos, informou ter sido divulgado por Rosa "que o Senhor lhe tinha dito que era sua mãe, que o tinha concebido por amor e que seria a redentora do mundo". O sangue de Cristo, portanto, não tinha mais força suficiente para lavar os muitos pecados que se cometiam nas Minas e no litoral: caberia à Santa Egipcíaca, como segunda Judith (a antiga heroína que cortara a cabeça do general de Nabucodonosor), decepar agora a cabeça do dragão infernal, destruindo para sempre o mal do Reino de Deus.

Além dessa rica coleção de títulos honoríficos, alguns hinos foram inventados pelas recolhidas, reafirmando, didaticamente, as virtudes superiores da santa fundadora. Eram conhecidos tais hinos não só no recolhimento, mas também nas Minas, pois foi entre os papéis da família Arvelos que encontramos esses manuscritos.

O primeiro hino, segundo Rosa, fora composto por irmã Jacinta Arvelos, "que ensinou-lhe o Divino Menino Jesus da Porciúncula que na ocasião desta revelação passou a chamar a noviça de 'Vaso da Contrição' para curar as suas irmãs mais velhas". Eis suas estrofes, cujos pés quebrados e assimetria poética sugerem ou que o Menino Jesus não era muito bom na métrica, ou que Jacinta psicografava sofrivelmente...

Cheguemos a nossa Mãe
Cheguemos com devoção
Pois nela está encerrada
Toda a nossa salvação.

Vitória demos a nossa boa fortuna
Porque tivemos a dita
Que Rosa fosse mãe
De tão pecadoras filhas.

O amor de Rosa é tão firme
Porque nem um só instante
Dela se retira
Nem se pode retirar
Aquele amante divino
Porque todo o seu empenho
É abrasado de contínuo.

Quem seguir a minha Mãe
De todo o seu coração
Bem pode ter esperança
Da sua salvação.

Rosa é flor fragrante
Do peito de seu amante
Quem a amar com firmeza
Achará a contrição.

Rosa é palma ditosa
De eterno Rei sem fim
Quem a seguir com veras
A terá naquele último dia
Por sua grande valia.

Jesus é cravo
Rosa é a flor do seu amor
Cheguemos todos a ela
Pois que somos abelhinhas
Chupemos o mel da flor.

Algumas imagens utilizadas nesses versos já apareceram na "ladainha", outras, como a do mel e das abelhinhas, faziam parte do imaginário católico da época: são Vicente de Paula aconselhava sua filha espiritual, santa Luiza de Marillac, "a imitar a abelha que compõe o seu mel tanto com o orvalho que cai sobre o absinto, como com aquele que cai sobre a rosa".[2] O próprio padre Xota-Diabos se referia a madre Rosa como Abelha-Mestra, demonstrando a veneração que toda a sua colmeia de convertidas devia prestar à capitã desse sodalício. Numa visão sucedida quase às vésperas da prisão de Rosa pelo Santo Ofício, o próprio Senhor Jesus assim lhe revelara: "Tu serás a Abelha-Mestra recolhida no cortiço do amor; fabricarás doce favo de mel para pores na mesa dos celestiais banqueteados, para o sustento e alimento dos seus amigos e convidados".

O segundo hino, encontrado entre os papéis e cartas que os Arvelos entregaram à Inquisição, quando da prisão de sua ex-mãe espiritual, teve como autora, segundo atribuição da madre, a filha mais nova desse casal, irmã Francisca Tomásia do Sacramento, "que teve a dita de o Senhor lhe dar o título de Safira da Contrição para, com o fragrante cheiro dessa angélica flor, suavizar os entendimentos dos pecadores errados na culpa para que venham à contrição".

A poesia e a rima são de melhor qualidade que as do hino anterior, retomando algumas imagens já utilizadas na "Ladainha de Santa Rosa". Tente o leitor relembrar-se de alguma melodia sacra, das que aprendemos na infância, e, em vez de ler, cantarole os versinhos da mesma forma como o faziam as recolhidas aos pés de madre Egipcíaca.

Minha mãe, seu coração
Arde em chama abrasado
Por estar sempre unido
A Jesus sacramentado.

Espírito Santo Divino
Dai-me luz para tirar
Cantigas à vossa serva
Para mais a exaltar.

Minha mãe, seu coração
É cofre de amor divino
Secretária de Maria
Rosa de Jesus Menino.

Rosa, oráculo dos justos
Tesouro da contrição
Pureza é que veio ao mundo
Esta nova redenção.

Minha mãe tem em seu peito
A divina majestade
Porque é esposa amada
Da Santíssima Trindade.

Minha mãe é céu brilhante
Da Santíssima Trindade
Cofre do amor divino
Tesouro da divindade.

Pecadores, chegai todos
Ao colégio de Jesus
Que nele tereis entrada
Por Rosa da Vera Cruz.

Ai Deus, Deus de minha alma
Jesus do meu coração
Quero-vos amar, meu Deus,
Dai-me dor e contrição.

Povo, se quereis saber
A quem desprezais vós tanto
A Rosa da Vera Cruz
Que vos cobre com seu manto.

Além das ladainhas e hinos laudatórios, algumas orações também circularam no recolhimento e entre seus principais devotos, sempre tendo "a maior santa do céu" como protagonista. Esta prece foi escrita pela regente Maria Teresa e lida no coro, na presença do capelão: "Deus vos salve, Rosa Santa, esposa de Deus amada, pois em vós está o Divino Sol sacramentado; trono dessa mesma divindade, sede minha intercessão e advogada agora, sempre e na hora de minha morte, amém!".

Esta outra oração, enviada por Rosa a seus amigos de São João del-Rei, foi recebida diretamente dos céus, no dia dos Desponsórios de São José, e, embora se inicie louvando a Sagrada Família, finaliza prestando culto à ex-meretriz do Inficcionado:

Virgem Santíssima, mãe de obediência e humildade, esposa castíssima de José santíssimo, vinde, senhora minha, muito amada, e valei-me nesta tribulação em que me vejo, pois a vós me encosto para não cair, como fraca que sou. Vós, senhora, sois grande mestra da obediência e da humildade, infundi-me na minha alma e no meu coração uma obediência cega e humildade sincera. Meu Deus, eu vos ofereço o coração, a obediência e humildade de Rosa Maria Egipcíaca da Vera Cruz, por dita e valia de minha contrição.

Com o correr dos anos, contudo, arquitetaram o capelão e as recolhidas mais íntimas outro sacramental a fim de cultuar ainda mais a "Esposa da Santíssima Trindade": consideraram que não bastava proclamar verbalmente as qualidades preternaturais da Flor do Rio de Janeiro, pois a prece ou o canto só têm a duração do momento. Urgia que um símbolo visível a todo tempo perpetuasse nos olhos dos devotos a imagem de Rosa da Vera Cruz. E, como os hebreus no deserto, as recolhidas não resistem à tentação da idolatria do Bezerro de Ouro.

Segundo depoimento das recolhidas, fora irmã Ana do Coração de Maria, a dileta Ana Bela, quem teve a ideia, durante a oração mental, de mandar desenhar o retrato de Rosa para servir à veneração da comunidade. Não tendo capacidade para tal, ordenou a irmã Faustina que fizesse um debuxo da fundadora, respondendo a jovem freirinha que "não sabia se teria habilidade para tanto, mas que, por obediência, o faria". Pelo visto, Faustina, além de boa caligrafia e verve poética, tinha dons artísticos, tanto que o capelão levou seu "desenho em tinta preta" para sua casa, adjunta ao recolhimento, mostrando-o a alguns fiéis, inclusive ao sr. Arvelos, o qual resolveu, ou foi levado a, não sabemos ao certo, patrocinar um quadro mais sofisticado e caro de sua mãe espiritual. Ele próprio comprou certa quantidade de cobre e "levou à casa de um ourives para o polir e pôr em termos de ser pintado, mas não sabe quem foi o pintor que pintou o painel". Teria sido, quiçá, João de Souza, ou seu aluno, o pintor Leandro Joaquim, ou o mesmo que assinou as telas de Nossa Senhora da Boa Morte e o incêndio e restauração do Recolhimento do Parto?

Lastimavelmente, quando Rosa foi presa, o quadro pintado sobre cobre, como num mistério, desapareceu. Ninguém soube explicar seu paradeiro, por mais que os inquisidores insistissem em sua apreensão e envio para Lisboa. Ou foi muito bem escondido, ou destruído. Talvez ainda exista, sem identificação, em alguma igreja antiga, venerado como se fosse santa Efigênia, ou faça parte da coleção de algum antiquário daqui ou de além-mar. Qualquer pista sobre seu paradeiro será eternamente agradecida pelo autor destas linhas.

Desapareceu o painel, mas sua lembrança se conservou indelével e com todos os detalhes na mente dos devotos. Aquela especiosa pintura era verdadeiro catecismo no qual Santa Rosa Maria Egipcíaca da Vera Cruz era mostrada com todos os atributos da santidade, cheia de símbolos e mistérios identificadores de sua santidade. Eis como a autora do primeiro rascunho em tinta preta, irmã Faustina, o descreveu: o retrato de Rosa era uma lâmina de cobre pintada — semelhante aos ex-votos setecentistas que ainda hoje se conservam nos museus. Suspensa no ar, Rosa tinha debaixo dos pés a boca do inferno, com dois demônios, Lúcifer e Satanás, entre as chamas do fogo. Do braço esquerdo de Rosa pendia uma alma presa a uma corrente dourada. Tinha um pé sobre a cabeça de um dos diabos e o outro se mostrava preso no rosário que pendia de sua cintura, trazendo do lado oposto o cordão de são Francisco e a correia de Santo Agostinho a cingir-lhe a cintura. Mostrava as chagas nas mãos, nos pés e na testa. À mão direita, tinha o Menino Jesus encostado no seu peito e, à esquerda, uma pena entre os dedos. Vestia hábito franciscano, e na testa trazia uma coroa de espinhos.

Além de toda a parafernália religiosa, importante figura aparecia no fundo do painel: são Miguel Arcanjo, com uma cruz na mão direita e uma coroa de flores na esquerda, coroava a santa negra.

Como se deduz, nesse quadro de Santa Rosa Egipcíaca foram reunidos diversos símbolos identificadores de outros santos, com o intuito de representar a superioridade da madre fundadora vis-à-vis aos demais: sincretismo tão rico jamais fora visto em outra representação hagiológica. O hábito é o mesmo dos capuchos e clarissas; o cordão, igual ao da ordem seráfica franciscana; a pena de mestra a identifica com a doutora santa Teresa; o rosário simboliza a ordem de são Domingos, que com essa devoção mariana dominou a heresia; a correia na cintura é igual à usada por santa Rita de Cássia, da ordem agostiniana; o Menino Jesus no colo, mais que imitação de santo Antônio, sem dúvida identificaria Rosa com a própria Mãe de Deus, a primeira a ter nos braços o Divino Infante; a corrente de ouro a resgatar uma alma do purgatório talvez representasse a ordem de Nossa Senhora das Mercês, também chamada "do Resgate", cujo carisma era libertar os cristãos das mãos dos infiéis; as chagas podem evocar os estigmas do próprio Cristo ou de são Francisco, e a coroa de espinhos pode novamente ser ou a de Jesus, ou a que sua patrona, Rosa de Lima, costumava usar para macerar sua cabeça. Finalmente, são Miguel Arcanjo, "de quem Rosa era muito devota", aparece tanto em figura, num segundo plano, cobrindo sua cabeça com uma "capela de flores", quanto simbolizado pelo pé estigmatizado de madre Egipcíaca a esmagar a cabeça de um hediondo Diabo cercado por um turbilhão de chamas infernais, imagem que costuma representar o vencedor de Luzbel.

Recebido o quadro das mãos do pintor, encarregou-se o capelão de entronizá-lo no altar da capela interna do recolhimento, no coro. Afinal, como ensina o Evangelho, uma candeia não deve ser escondida debaixo da cama, mas brilhar no alto para iluminar toda a casa. Reunida a comunidade, rezaram a Ladainha de Nossa Senhora diante do painel e, no momento em que se recitava "Santa Maria, *ora pro nobis*", a evangelista Ana do Coração de Maria [a idealizadora dessa nova devoção] entoou: "'Santa Rosa Maria Egipcíaca da Vera Cruz, *ora pro nobis*' — ao que o padre Francisco repetiu três vezes, e Rosa neste tempo se voltou para a comunidade com os braços abertos, levando depois o quadro para seu cubículo". A africana devia estar radiante de alegria!

Além de servir como objeto de adoração-devoção — aliás, proibidíssimo pela Igreja e pelo Santo Ofício, pois só os santos oficialmente canonizados por Roma eram merecedores de ser estampados e venerados[3] —, o painel de Rosa também desempenhava função didática nessa sociedade tão pobre de gravuras e símbolos iconográficos. Não apenas a fundadora, como também o capelão e até frei João Batista, aquele capuchinho, grande devoto da negra e que tivera papel crucial na publicação do dilúvio que deveria inundar o Rio de Janeiro, todos utilizaram o dito retrato para transmitir ensinamentos virtuosos às recolhidas do Parto. Certa feita o referido barbadinho italiano ordenou à irmã Ana do Coração de Jesus que trouxesse a estampa,

> e, pondo-a em cima de um móvel no coro, mandou a todas as irmãs que reparassem naquela pintura e depois se pôs a explicá-la, dizendo que a figura que estava caindo [no inferno] pela culpa de desobediência era uma alma [de uma recolhida] e Rosa a estava suspendendo por uma corrente para a alma não cair.

Rosa, por sua vez, tirava lições mais sobrenaturais da pintura, ensinando: "A corrente significava a obediência, e por isto segurava a alma que não caísse, pois a desobediência a precipitava... e assim esteve fazendo uma prática sobre a obediência e a humildade e depois disto todas beijaram o painel".

Irmã Ana Bela confirma a mesma informação de outras recolhidas, assegurando que o padre capelão costumava incensar o dito retábulo e dissera certa feita à fundadora que o Diabo lhe haveria de armar alguma [cilada] por causa daquele retrato, ao que lhe respondeu Rosa que aquilo era para atormentar o Espírito que ela tinha, vendo ele que Rosa era sua inimiga e lhe haveria de pôr o pé no pescoço. E que ela, testemunha, beijava os pés do dito retrato por ato de humildade e por se lhe propor internamente que aquela alma precipitada era a dela, Ana Bela, e que as mais vezes que passava pelo retrato lhe inclinava a cabeça.

Disse ainda que, frequentemente, por ordem da própria retratada, ou do capelão, o painel era colocado no altar do coro, "mandando que o adorassem". Do mesmo modo, quando trovejava forte ou quando alguma das evangelistas ficava endemoniada, outra evangelista corria a pegar o retrato, mais uma saia, relíquia de Rosa, e somente assim a vexação era acalmada. Em outra ocasião, o padre Francisco pusera o tal retrato no altar de santo Antônio, do recolhimento, com o mesmo objetivo: afastar os diabos que ameaçavam as recolhidas.

Certamente alguns devotos mais íntimos de mãe Rosa tiveram o privilégio de receber a visita desse painel em suas próprias moradias, tal como sucedera com d. Maria Tecla, aquela viúva residente à rua da Ajuda, em cuja casa Egipcíaca se alojara durante seu desterro do Parto. Conta d. Tecla que, numa ocasião, levaram à sua casa

um caixão com molduras encarnadas, filetadas de ouro, fechado na parte anterior por uma vidraça, dentro com o retrato de Rosa com o mesmo hábito com que andava vestida, [tendo] uma cadeia que representava a obediência e que este retrato fora mandado fazer por Deus para altíssimos fins.

Esse caixão envidraçado era a forma usual como, nos séculos passados, se expunham à veneração gravuras e registros de santos, havendo ainda nos museus e antiquários de Portugal muitos exemplares dessa devoção popular. O vidro, além de dar um brilho misterioso à imagem, protegia a estampa dos muitos beijos com que os fiéis costumavam saudar tais registros sacros. A moldura vermelha e os filetes de ouro realçavam a mística figuração, até então nunca vista pelos cristãos: uma negra pairando nas nuvens, toda paramentada de santa, com o Filho de Deus no colo e o príncipe dos anjos coroando sua cabeça cheia de sangrentos espinhos. Louvado seja Deus! Vitória, vitória!

22. A grande viagem e casamento com d. Sebastião

Rosa havia sido expulsa do recolhimento entre fins de 1758 e meados de 1759. Foi na transição para 1760 que sucederam aqueles episódios tão prenhes de significação na biografia da madre fundadora: a escolha das evangelistas e, sobretudo, a sua divinização máxima através de hinos e ladainha, culminando com a entronização e a adoração de seu retrato no altar do coro.

Grandes reviravoltas ocorrem nesse período no mundo luso-brasileiro: a 3 de setembro de 1758, el-rei d. José é alvo de preocupante atentado, redundando na identificação dos jesuítas como supostos mentores intelectuais da tentativa de regicídio e na consequente expulsão desses religiosos de todos os domínios de Portugal. Em 29 de fevereiro de 1759, frei Santa Rita Durão, em cuja casa nossa biografada viveu por quase duas décadas, na vila do Inficcionado, prega famoso sermão, tendo como tema a incolumidade do rei, jogando mais lenha na fogueira dos proscritos inacianos. A 3 de novembro do mesmo ano, é cercado o Colégio dos Jesuítas do Rio de Janeiro, baixando d. Antônio do Desterro uma portaria pastoral proibindo ao povo qualquer comunicação com os supostos inconfidentes da Companhia de Jesus, dos quais 125 são degredados do Rio de Janeiro, em 15 de março de 1760. O clima local, portanto, era dos mais agitados e contraditórios, pois jamais passaria pela imaginação de qualquer cristão que os poderosos jesuítas, membros de uma das corporações religiosas mais numerosas e importantes da cristandade, cairiam do pedestal em que se encontravam, tornando-se alvo de humilhante infâmia e expulsão, acusados não apenas de atentar contra a vida do monarca, como de erros ímpios e revolta contra o jugo da monarquia lusitana.[1]

Em seu depoimento perante os inquisidores de Lisboa, mestra Egipcíaca situou no ano de 1760 várias de suas visões beatíficas, algumas ocorridas fora do seu claustro, revelando que a ex-prostituta gozava de plena liberdade para sair do recolhimento, privilégio de que, suspeitamos, não desfrutavam as demais recoletas. Continuava Rosinha a frequentar os templos e capelas de sua maior devoção: Santa Rita, Candelária e, em particular, a igreja dos franciscanos, no topo do largo da Carioca.

A grandiloquência de seu imaginário místico à época reflete a exaltada veneração de que era alvo depois de seu retorno ao seu "Sacro Colégio", adorada, ao vivo ou em estampa, como a nova redentora do gênero humano, incensada de joelhos pelo capelão que, orgulhoso, carregava dependurada no pescoço portentosa relíquia: um dente de sua ex-escravizada.

Estando ela, ré, na Igreja de Santa Rita ouvindo missa no altar de Santana, lhe disse uma voz que a ouvisse no altar de são Miguel, onde não havia [celebrante] e repentinamente deu seu corpo uma volta para o dito altar, para onde viu logo missa. Chegando ao ofertório, sentiu um grande abalo no seu interior e neste tempo se achou de joelhos às portas de uma grande sala ornada com um cortinado encarnado, e, no meio dela, uma mesa coberta com um pano verde à roda da qual estavam doze pessoas vestidas de túnicas rosa e, no topo das mesmas, outra [figura] com capa de asperges de seda branca bordada de ouro. E, sobre a mesa, uma salva e uma pessoa vestida de hábito franciscano que parecia ser mulher, porque tinha uma toalha na cabeça. E do alto da casa desceu um mancebo vestido de anjo e, tirando da salva um rosário, disse, benzendo-se: "*Deus in adjutorium meum intende*", e a dita mulher respondeu: "*Deus in adjutorium me festina, Gloria Patri*" [sic]. E no fim do que, continuou a dizer: Santíssima Trindade, Deus Trino em pessoa, eu vos dou o meu coração, vos dou a minha alma. E a dita mulher com o mancebo foram rezando pelas contas, alternadamente, o Credo no lugar dos Padre-nossos e das Ave-marias. E dizia ele: "*Pater de coelis Deus*", e ela respondia: "*Miserere mei*". E por este modo e com diferentes orações passaram as ditas contas, que, acabadas de rezar, as pôs o mancebo na cabeça e, pondo-as na salva, desapareceu com a mesma salva. E considerando ela, ré, que lugar seria aquele em que se achava, lhe disse uma voz que era o cenáculo do amor, e, cobrindo-se a cara com um pano branco, ela, ré, se achou na dita igreja a tempo que já se queriam fechar as portas, e se foi ela, ré, para casa.

Como explicou a própria vidente — que decerto sonhara com todo esse quadro místico enquanto tirava uma soneca na igreja de Santa Rita, tanto que foi acordada para que se retirasse do templo na hora de ser fechado —, essa visão representava a Santa Ceia, estando o Cristo na cabeceira da mesa, vestido com todo o esplendor da realeza, com capa de asperges bordada em fios de ouro. Quanto à franciscana partícipe desse grande mistério eucarístico, que trazia na ponta da língua os responsos sacros em perfeito latim, não resta dúvida de que se tratava dela própria, Santa Rosa do Rio de Janeiro, que, por humildade e para não escandalizar os inquisidores, omitiu a identificação. Não se admire o leitor de ver a presença de uma mortal num episódio sacro da vida de Cristo ocorrido dezessete séculos antes: sempre foi muito usual, na iconografia católica, incluir santos modernos nas cenas mais cruciais da história sacra. Lembro-me, entre muitos outros, do célebre afresco de Fra Angelico de Fiesole, representando a mesma ceia do Senhor, só que, além dos apóstolos e da Virgem, lá estava o fundador de sua ordem religiosa, são Domingos de Gusmão, santo, aliás, em cuja honra as recolhidas do Parto tinham o costume de fazer novenas anualmente.

Disse mais, que, na manhã do dia seguinte, lhe perguntou uma voz se cria [em] tudo o que crê e ensina a Santa Madre Igreja e se por ela protestava viver e morrer, e se tinha visto e entendido o Rosário que no dia antecedente ouvira rezar, e que era rogativo, e que ela o havia também de rezar oferecendo o primeiro terço a Deus Padre, dizendo: Rogo-vos, Senhor, em memória daqueles quarenta anos que trouxestes pelo deserto vosso povo amado, dando-lhe por sustento o maná, em memória do altíssimo mistério do Santíssimo Sacramento [da Eucaristia] que havíeis de instituir na lei da graça pela fonte perene de água de vossa misericórdia com que acompanhastes de dia e de noite com a ardente coluna de fogo da vossa caridade. Rogo-vos, Senhor, que desterreis [destruais?] do Egito os ídolos falsos, cismas, idolatria, todos os infiéis, gentios, mouros, turcos, judeus, e os tragais ao vosso verdadeiro conhecimento. O segundo terço [será] em memória dos quarenta dias em que Deus Filho jejuou no deserto, rogando em memória deste benefício pela conservação da piedade católica da cristandade e pela pureza do feliz estado eclesiástico. O terceiro terço [será] em memória dos quarenta dias em que Deus Nosso Senhor, depois de sua gloriosa ressurreição, esteve sobre a terra até a sua ascensão, que mandou o Espírito Santo. Rogo-vos, Senhor, pelo vosso ardente amor e caridade, que inflameis todos os corações dos pais de famílias e pastores, para que saibam dirigir as suas famílias na guarda dos mandamentos. E perguntando ela, ré, a significação das contas que vira e das pessoas que estavam na sobredita mesa, lhe respondeu a dita voz que eram os apóstolos e o sumo sacerdote, o Senhor da Divina Providência, e que a criatura que estava sobre a mesa com figura de mulher, a seu tempo, saberia quem era. Depois do que, se calou a dita voz. E ela, ré, ficou confundida, imaginando o que seria aquilo, metida no seu nada.

Essa visão, ocorrida no dia seguinte à anterior, confirma o elevado grau de cultura religiosa de nossa africana, referente tanto ao Antigo quanto ao Novo Testamento: todos esses três episódios relacionados com o número quarenta coincidem perfeitamente com a história sagrada. É também surpreendente a amplidão das categorias sociais abrangidas pela preocupação espiritual de madre Rosa: imaginando-se "mãe de misericórdia", encarregada pela Santíssima Trindade para julgar, glorificar, condenar ou embargar o futuro dos vivos e dos mortos, ela se arvora em ser a protetora do clero, dos pais de família e dos dirigentes, preocupando-se também com a incontável multidão de ovelhas que permanecia fora do aprisco do Senhor. Sua lista dos infiéis repete, mutatis mutandis, as mesmas categorias arroladas nas "orações solenes" tradicionalmente recitadas na Sexta-feira Santa, o que nos permite conjecturar que a visão anterior, a da Santa Ceia, ocorrera na Quinta-feira Maior do ano de 1760, e estoutra, no dia seguinte, na Sexta-feira da Paixão.

Deve ter sido, portanto, algumas semanas depois dessas duas visões que Rosinha ditou à sua escriba, irmã Maria Teresa, um longo texto, de quase cem linhas, com letra miúda, no qual descreve alguns sucessos místicos que ocorriam dentro de seu recolhimento. O estilo é sincopado, e o relato, pueril, permitindo-nos, assim, chegar bem perto do discurso e até da gestualidade da africana e de sua comunidade crioula, em que as ex-meretrizes não conseguiam desvencilhar-se das constantes ciladas dos Anjos do mal — ou, melhor dizendo, persistiam na autossugestão de que qualquer dor, infortúnio ou desgraça eram obra do Maligno, que castigava seus corpos possessos para purificar suas almas convertidas.

Eis como se inicia esse manuscrito, cuja transcrição fazemos ipsis litteris:

> Estando nos fazendo anovena davezitasaõ denoSa Snrã a 28 dejunho de 1760 e dia setimo eameditaSaõ hera oponto daRara humildade comq. aSnrã Servia aSanta Izabel etendose aCabado anovena eemtrose a Rezar asalmas os versos deSaõ gregorio aCabouse aReza toda estando pedindo mizeriCordia logo noprimeiro Snrº Deos mizeriCordia emtrou minha May Liandra adar huns gritos munto Sentidos Como q estava metida debaicho dealguma tromenta grande epedia mizeriCordia Com Clamores enterneSidos echorozos...

Não faz muito, transcrevemos essa parte inicial do relato das atribulações de Leandra pedindo misericórdia em nome dos Santíssimos Corações. Diz Rosa que tal ocorrera no domingo, pelas onze horas da noite. E continua sua narração voltando a ser porta-voz de um novo dilúvio, profecia que há de se tornar uma das causas próximas de sua prisão pelas autoridades eclesiásticas da cidade de São Sebastião. Que o leitor tenha paciência com o estilo claudicante.

> Na segunda-feira, oitavo dia da novena, estando esta minha filha rezando o Ofício Parvo [de Nossa Senhora] junto com a que estava presa na cela [irmã do Coração de Maria], que são companheiras, diz ela que estando considerando a rara humildade como a Senhora se prostrou quando o anjo anunciou a encarnação do Divino Verbo, que logo lhe comunicaram no entendimento dizendo: "Diz a sua Mãe e Mestra que aqueles brados que ouviu ontem em Leandra, que são os brados que há de dar o povo das Minas, e que aquele rio de justiça que está debaixo daquele monte de piedade é que os há de destruir, o qual rio está para se soltar e há de destruir e arrasar a maior parte das Minas. Todos os montes hão de cair. E que essa é a manga de água que lá viste vir das Minas, que o Senhor te mostrou dentro dela muitos corpos, porque há de ser um dilúvio que nunca se viu outro em todo o mundo, e que esta é a enchente que aquela criatura de palácio contou a teu padre confessor, que o Senhor lhe mostrou junto com o sonho que é porque esse dilúvio há de vir dar o mar derrubando todos esses montes e unir-se com esse mar salgado que vês defronte do palácio e que todos os rios se hão de soltar e o mar há de sair fora dos seus limites, ficando toda a cidade dentro das suas

entranhas. A coluna se há de ter retirado para a fazenda a qual o Senhor tem determinado que é a fazenda da Sagrada Família que desta cidade está desviada. A coluna é tua Mãe e Mestra. Dize-lhe que faça aviso a Pedro Rois e lhe mande dizer que quando ele vir dentro de sua casa a horas mortas alumiar o sol como dia, que se desterre das Minas e que venha para a seguir e fazer viagem e fazer-lhe companhia. E que mande dizer ao padre João Ferreira de Carvalho, que quando a horas mortas dentro da sua casa clarear a lua como dia, sem ser tempo de luar, que se prepare e disponha que a hora é chegada das destruições das Minas, e que Deus o manda avisar e que fará deste aviso diante ao padre Manuel Pinto e a seu companheiro. E que Pedro Rois [Arvelos] faça ciente a José Alves e a dona Escolástica para que se preparem. E diga a dona Escolástica que a paz do Senhor há de ser com ela. E que quando vir uma estrela aparecer no céu muito resplandecente, deitando de si muitos raios, e desta estrela hão de aparecer lanças do sol afora e vir a horas mortas um tropel grandioso como de besta, que todo o povo das Minas se prepare, porque está chegado o número dez, que são os dez mandamentos quebrantados e que mande dizer também a Pedro Rois que o Encoberto está para se descobrir e que ele cedo há de vir, que o mundo se há de reformar e que todos os maus se hão de destruir, e que este memorial o mandará dentro de uma carta fechada e que lhe mandará dizer que este aviso o poderá mostrar a várias pessoas, mas não dizendo quem lhe mandou. E se esta Coluna da cidade se ausentar, é porque o povo a palavra de Deus não quer aceitar e deste aviso não hão de dizer como costumam a dizerem: isto verão os meus netos, por sorte que este não o verão os pais e as mães e os filhos que dos pais são e moços de tenra idade verão e não contarão. E que assim que ouvira esta comunicação, entrara em tormenta a fazer várias protestações dos artigos de nossa santa fé católica e quanto mais protestava, mais lhe comunicavam e se lhe dizia que desse parte à sua Mãe e Mestra.

Data, portanto, de 28 de junho de 1760 a primeira divulgação, por escrito, da profecia de que um novo e definitivo dilúvio "que nunca se viu outro em todo o mundo" estava previsto para tempo não muito distante. A ideia de que Deus iria abrir as comportas do céu e fazer transbordar os rios era uma obsessão constante no discurso do padre Xota-Diabos. Numa carta enviada a seus compadres do Rio das Mortes, em 1756, prognosticava: "Ainda há cinco anos de prazo, se não houver reforma!". E, em outra missiva, de 1759, confirmava a previsão:

Rosa está muito fraca e sem forças, porque as preocupações e lágrimas são muitas, porque o Senhor, os santos e as almas lhe mostram os termos em que está a cristandade e o castigo que está por vir, sobretudo e principalmente pelo Reino de Portugal, e será daqui a três ou quatro anos, porque Deus não mente!

Em outra epístola, completava: "Portugal, Castela, Itália, América, França e Roma serão todas castigadas como Lima", referindo-se ao deletério terremoto que, em 1746, destruíra a capital do Peru e cujos tremores de terra foram sentidos até na América portuguesa.[2] Portanto, pelos cálculos e vaticínio do assustado capelão do Parto, seria por volta de 1762 a 1763 que o Justo Juiz haveria de descarregar sua santa cólera contra essa parte da cristandade: "Fique na certeza de que, se não houver reforma nas vidas, há de haver muitos castigos. Estejamos como quem está com a ovelha na mão para dar contas a Deus".

Rosinha, ela própria, numa carta de 19 de novembro de 1759, fazia eco a tal profecia, dando detalhes de como ficara aterrorizada com a sentença divina:

Não sabemos a hora em que Deus há de descarregar seu furioso golpe. Só sei que a sentença está dada. Ao terminar o Oitavário dos Defuntos, ouvi uma voz terrível que proferiu: "Digna é de morte toda a cristandade!". Fiquei tão submergida no meu nada e perguntei: "Quem falava?". E ouvi: "Nós somos os fiéis defuntos, somos professores da lei cristã católica, zeladores da santa honra de Deus, defensores do Santíssimo Nome de Jesus, muito observantes dos mandamentos e de seus preceitos". Fiquei, com esta explicação, sem sangue, sem coração, sem tripas, sem barriga, sem nada! Nem sabia de mim e não sabia donde me segurasse! Eram tantas as abundâncias de lágrimas que os mesmos soluços me sufocaram. Ando muito assustada. Comunguem e rezem o Rosário de Santa Ana!

Nossa negra espiritada tinha razão para estar tão apavorada e lacrimosa: a ira divina não tinha limites em sua imaginação apocalíptica quando se tratava de castigar os ingratos filhos de Eva. As dez pragas do Egito que o digam! Eis a horripilante visão que Rosa afirmou ter vislumbrado, dando prosseguimento à transcrição do mesmo documento ditado por Egipcíaca no dia 28 de junho de 1760, vigília da festa de são Pedro e são Paulo:

E quando lhe estavam comunicando essas coisas que estava vendo com os olhos da sua alma, um rio muitíssimo grande, que mais parecia mar do que rio, e que no mesmo tempo vira sair de dentro um bicho monstruoso e muito disforme de grande que era e [tinha] feitio de cavalo, com os pés muito monstruosos de grande e que os pés eram como de cavalo e que o casco dos pés eram da largura de uma gamela meã, e que a barriga dele era da largura da maior pipa e que a cor era castanho-escuro, e que lhe não vira a cabeça nem o focinho porque disse que, se tal vira, morreria pelo grande temor e medo que lhe causou aquele grande monstro, que logo ficara de tal sorte que não sabia dar parte de si, de susto, temor e medo desta vista e da comunicação.

E conclui o manuscrito dando conselho: "Veja se é tempo de se fazerem banquetes ou se é tempo de fazermos penitência?"!

Os dois últimos anos de Rosa e do capelão, antes de serem presos pela Inquisição, serão fortemente marcados pela obsessão de que o castigo divino desta vez não falharia e que, no ano de 1762, no mais tardar, se cumpriria a profecia do dilúvio universal.

Algumas de suas visões ocorridas no período, clara ou alegoricamente, se referem a tal prognóstico apocalíptico:

No mesmo ano de 1760, dispondo-se com as mais recolhidas do Parto a fazer a Novena do Menino Deus e sendo passados três dias depois de ela principiada, indo ela, ré, na noite do dito dia para o coro do mesmo recolhimento, estando a igreja às escuras, viu no altar-mor, no peito da imagem de Nossa Senhora, uma luz redonda e desmaiada, ouvindo ao mesmo tempo um sussurro como de gente que falava, e, perguntando ela, ré, quem era, lhe respondeu uma voz: "Eu sou o sol da meia-noite que ando visitando aqueles que andam no meu serviço nesta hora como és tu e tuas companheiras". E perguntando-lhe ela, ré, de onde vinha, disse-lhe que do Oriente, e, tornando-lhe a perguntar donde esta era, lhe respondeu que do Império, e que ia para o Ocidente. E, perguntando-lhe donde este era, lhe disse que no peito dela, ré, com o que estremeceu, ainda que com o corpo, porque acudindo as recolhidas lhes disse ela, ré, que se fossem embora porque estava com uma dor, sendo que na verdade não a tinha, e era só para as ditas se irem. Retirando-se as mesmas, continuou ela, ré, a perguntar que significavam os raios vermelhos que saíam de um resplendor que cercava a dita luz. Respondeu-

-lhe a dita voz que eram as ofensas que lhe faziam os filhos da Igreja, e logo desa-pareceu a dita luz e ficou a igreja na mesma escuridão em que estava. Disse mais, que no dito ano e véspera do Corpo de Deus em que ela, ré, lhe estava fazendo a novena de joelhos, junto a uma cruz, ouviu do alto da mesma uma voz que dizia: "Dize aos filhos da Igreja que, no ano de 1762, o meu coração é visitador geral e há de sair à visita por toda a província e prender os que estão soltos e soltar os que estão presos", com que ficou ela, ré, muito atemorizada.

Estava, portanto, confirmado: 1762 era a data fatídica em que o Justo Juiz viria a esta terra na qualidade de visitador — personagem dos mais temidos antigamente, pois tanto o visitador nomeado pelo bispo diocesano quanto os visitadores do Santo Ofício tinham amplos poderes de inquirir, sequestrar, mandar açoitar, degredar e enviar para os cárceres, fosse o aljube do bispo, fossem as enxovias secretas do Santo Ofício. Portanto, uma "visita" feita com fúria divina equivalia quase ao horripilante Juízo Final.

Inicia-se, pois, o ano de 1761 com madre Rosa cada vez mais envolvida em seus delírios místicos, estimulada, de um lado, pelas cerimônias e rituais que a ela dedicavam o capelão, suas filhas espirituais e devotos leigos, e, de outro, obcecada com a certeza de que no ano vindouro a espada da justiça entraria em ação.

Apesar de já ter caído, certa vez, na desgraça do bispo do Rio Janeiro, quando em 1758 fora expulsa do Recolhimento dos Santíssimos Corações, madre Rosa não resiste à tentação de entrar novamente em comunicação com a autoridade máxima da Igreja fluminense. Sua megalomania é travestida aqui em zelo apostólico e, por duas vezes, em 1761, d. Antônio do Desterro há de ser personagem principal das mensagens que dizia receber do Além. O primeiro depoimento foi colhido no próprio Juízo Eclesiástico da cidade:

Disse que, havendo notícia no Rio de Janeiro de que se ausentava para Portugal o Excelentíssimo e reverendíssimo prelado deste bispado, pediu ela, depoente, a seu confessor que rogasse a Deus e lhe declarasse se havia ou não de ir a Portugal o mesmo prelado e que pedisse a ela, depoente, ao mesmo Deus não permitisse que ele se ausentasse do bispado, porque era muito útil a sua assistência nele. E estando ela, ré, fazendo oração diante da imagem de um Santo Cristo que tinha no seu oratório, e pedindo-lhe o que lhe recomendou seu confessor, ouviu uma voz que saía do mesmo e lhe dizia perceptivelmente que não havia de ir para Portugal nem ausentar-se do seu bispado o dito prelado, e que lhe embaraçaria as pretensões de sua ida, o que assim sucedeu, porquanto ainda reside neste bispado.

Podemos acrescentar: o infeliz bispo nunca mais se afastou do Rio de Janeiro, tanto que veio a falecer nessa mesma cidade em 1773, estando sepultado no claustro do mosteiro de São Bento, onde sua lápide de mármore branco pode ser admirada.

De fato, contam os cronistas, sobretudo mons. Pizarro, que d. Antonio, devido à sua debilitada saúde — ataques de erisipela, perfuração do estômago e ventre, e provavelmente doença de são Guido, dada a maneira trêmula de sua assinatura, conforme pude observar em alguns documentos por ele firmados —, várias vezes planejara retornar a Lisboa para melhor se tratar. Em 1759, foi acometido de notável doença, tanto que data de 1760 sua última missão episcopal, no convento da Ajuda. Deve ter sido depois dessa convalescença que se espalhou a notícia de que o prelado beneditino pretendia cruzar o oceano, pretensão que, segundo Rosa, fora embargada por ela própria, pois autoridade para tanto é o que não lhe faltava, na qualidade de "rainha dos vivos e embargo dos crentes".

Obtida essa primeira vitória, nossa biografada volta à carga:

> Disse mais que no decurso de 1761, no dia em que acabava de fazer a Novena de São Domingos (4 de agosto), e se tinha confessado e comungado, estando pedindo ao santo que a livrasse das bocas do mundo, lhe disse o mesmo santo: "Diz ao bispo do Rio de Janeiro que assim como Maria Santíssima me deu o Rosário para extinguir as heresias, e a São Francisco as cinco chagas como fiador do gênero humano, assim o Senhor vos tem dado os cinco corações para venera da contrição, e assim como todos os que recorrem ao Rosário experimentam misericórdia, e os que recorrem a São Francisco alcançam a penitência, da mesma forma os que recorrerem aos Corações alcançarão a contrição e melhora de suas vidas.

A missão salvífica dos Sagrados Corações vinha sendo divulgada pela visionária e pelo capelão desde 1754, quando das visões cordícolas da africana se implantara, esculpida na pedra inaugural do Recolhimento do Parto, a figura dos cinco Corações da Sagrada Família. Nos seis anos posteriores a tais visões, essa nova devoção já se encontrava bem instituída e espalhada Brasil afora, graças ao empenho de Rosa, a justo título, merecedora da condição de principal mensageira dos Sagrados Corações no Novo Mundo. Existia no convento dos franciscanos esplendorosa capela dos Sagrados Corações; várias recolhidas traziam como apodo a seus nomes os corações de Jesus, de Maria, de são José, de Santana, de são Joaquim e até de Santo Agostinho, e muitos devotos de Rosa possuíam e multiplicavam o manuscrito "Devoção aos Sagrados Corações", cujo texto divulgamos em capítulo anterior. Passaram-se seis anos de admoestação à contrição, ao arrependimento, à conversão. Já uma vez, em 1758, Nosso Senhor ia descarregando sua divina ira, inundando o Rio de Janeiro. Por intercessão de nossa santinha, segundo interpretação do barbono frei João Batista, a misericórdia celestial postergara o castigo. Em vez de emenda, o povo do interior e do litoral persistia na devassidão: agora, a sentença era irrevogável e definitiva. Urgia, portanto, que a autoridade eclesiástica suprema da diocese tomasse providências. Somente por meio da devoção aos Sagrados Corações o povo evitaria o inferno.

Essa visão, ocorrida no Sábado de Aleluia de 1761, no altar de Nossa Senhora das Mercês, reflete a nova disposição dos céus em castigar a terra: "Vi um sol muito vermelho e, estando pasmada com aquela visão, ouvi uma voz que cantava: Pecador endurecido, tu não queres temer: teme! Teme! Se não temeres, ai de ti! Pois o manso cordeiro tornado leão, no fim derradeiro os maus sentirão!".

No imaginário da beata e de seu capelão, a justiça divina é identificada frequentemente com as Forças Armadas, bem no espírito do Antigo Testamento: Deus é invocado como "Deus dos exércitos"; São Miguel Arcanjo, capitão das milícias celestes, e Jesus Cristo, capitão-general. A própria comunidade recoleta é vista como uma praça de guerra: as conversas são chamadas de "soldados em campanha", Rosa é a capitã, e, numa carta de 1755, a mestra fundadora assim dizia: "Já vêm em campo os Santíssimos Corações com o estandarte do seu divino braço aberto, afugentando os nossos inimigos contrários à nossa alma". Em outra missiva, no ano seguinte, retomava a mesma figuração castrense: "Eu bem vejo e ouço aquela trombeta divina que pelas Minas andava umas vezes tocando, outras falando. Já vai chegando a hora de cumprir a profecia. Que Nossa Senhora da Piedade nos faça valorosos soldados".

Embora pertença à tradição judaico-cristã a associação simbólica entre a justiça divina e as Forças Armadas — a própria milícia celeste sendo imaginada como um esquadrão composto de diversos escalões de querubins, serafins, tronos, potestades etc. etc. —, não nos esqueçamos de que a América portuguesa, notadamente a capitania do Rio de Janeiro, vivia por essa época grande movimentação militar, motivada pelas prolongadas campanhas do capitão-general Gomes Freire de Andrade na defesa da Colônia do Sacramento contra as tentativas de usurpação por parte dos espanhóis e ibero-americanos. Portanto, Rosa deve ter visto, com certa frequência, tropas militares se movimentando dentro do perímetro urbano do Rio de Janeiro, daí a insistência em resgatar o imaginário bíblico castrense.

Outra visão teve lugar no segundo semestre desse mesmo ano do Senhor de 1761. A negra courana tinha confessado e comungado. Rezava de joelhos ao pé do esquife do Senhor morto, quando foi transportada milagrosamente para o mundo extrassensorial. Começa seu "rapto" descrevendo uma cena inspirada no Apocalipse de são João: do seio de um mar de águas ferventes, iluminado por um sol muito louro, "saiu um homem em um cavalo branco, movendo-se com grande pressa para chegar a um campo". Os movimentos do cavaleiro eram tão reais e violentos que Rosa disse tê-los sentido como se ela própria cavalgasse. Cai, então, desacordada no chão:

Neste desacordo, ouvi uma voz que dizia: "Artilheiros, artilheiros! Ataque certo! Defendam o meu Reino, ponham as pessoas em cruz, quero tontear as quatro partes do mundo, porque elas me hão de render vassalagens como rei, e obediência como senhor, senão, hei de destruir tudo!". E, calada a dita voz, ficou outra mais submissa repetindo: "Artilheiros, ataque! Artilheiros, ataque!". E perguntando eu quem era o cavaleiro que tinha visto, a dita voz me disse que era o mestre de campo general, e que os moços eram as entranhas da Virgem Maria onde o Verbo se encarnara; que o campo era a Igreja Católica, que nas entranhas daquele mar se tinha coberto de nuvens, e o sol era o seio daquela alma virginal concebida sem pecado original, e os artilheiros eram os doutores da Santa Madre Igreja, capitães de mar e guerra. E, acabado de ouvir o referido, lhe perguntou ela, ré, quem era que lhe vinha dar aquela doutrina? A dita voz lhe respondeu que era seu mestre, que sempre a ensinou: São Miguel Arcanjo, o capitão das milícias celestiais.

Não havia mais lugar para dúvidas: 1762 era a data fatídica. Repetidas vezes os céus confirmavam o cumprimento da profecia. A justiça divina prometia ser exemplar!

E a ré disse mais: que no Dia de São Miguel — 20 de setembro de 1761 —, estando ela para comungar, ao tempo em que o sacerdote lhe deitava a absolvição, quando estava com a hóstia na mão voltado para o povo, ouviu ela que donde estava a hóstia saiu uma voz que dizia: "No ano de 1762 se havia de correr a argolinha no mundo, e a vontade dos homens, reunida a seu livre-arbítrio, há de ser a corda; o coração dos homens há de ser as culpas de todos os mortais, e a lança há de lancear este coração". Com o que ficou ela tremendo e se humilhou, oferecendo a comunhão pelas culpas de todos os mortais.

Mestra Egipcíaca utiliza aqui nesta visão as imagens de um jogo tradicional de sua época, "o jogo da argolinha", disputa na qual vários cavaleiros correm à desfilada, vencendo o que consegue enfiar e levar na ponta da lança uma argolinha que pende de uma corda ou arame, segundo ensina o dicionarista Morais. Assim sendo, Deus, Justo Juiz, travestido em enfurecido cavaleiro, montado em seu corcel branco, corre, com a lança na mão, a perfurar os corações empedernidos dos pecadores que, com seu livre-arbítrio, preferiram o caminho fácil dos prazeres pecaminosos e da impiedade, e agora eram trespassados pela cólera divina. A ira do Justo Juiz tinha duas razões principais: primeiro, a falta de reforma dos colonos, preocupados tão somente nos prazeres terrenos, incrementados ainda mais com a febre do metal precioso; segundo, punir, sobretudo, os habitantes das Minas, culpados do sacrilégio de ter castigado, tão cruel e injustamente, a maior santa do céu, a própria esposa da Santíssima Trindade e receptora dessas revelações. Assegura uma testemunha: "O capelão pregava que Mariana, São João del-Rei e o Rio de Janeiro iam se soverter porque haviam açoitado Rosa Egipcíaca". (Soverter: destruir, arruinar, sumir, afundar.) O castigo divino seria, portanto, pior que a chuva de enxofre caída sobre Sodoma e Gomorra, pois a visionária garantia que "sobre esta terra haverá de vir um grande castigo, e não haverá de ficar pedra sobre pedra, pelas muitas culpas de seus moradores".

Segundo suas profecias, as desgraças começariam por Minas Gerais: irmã Ana Maria de Jesus declarou que sua mestra e o capelão escreviam cartas para seus devotos mineiros anunciando que um grande desastre ali ocorreria no Dia de Todos os Santos — 1º de novembro de 1761 —, "assustando muita gente". Numa dessas cartas endereçadas à sua velha amiga d. Escolástica e ao padre Carvalho, relatava os diversos sinais meteorológicos que deviam anteceder à prometida ruína — texto reproduzido há pouco. Aconselhava, outrossim, ao final dessa epístola, que, manifestando-se os prenúncios do cataclisma — "um grande brilho muito medonho" —, todos se dirigissem às pressas para junto dela, "pois só havia de escapar o lugar onde ela estivesse, porque Rosa era o patrocínio, sendo a maior valedora para com Deus e com a Virgem Maria". A inundação das Minas teria como epicentro o tal "regato de Santana", debaixo do morro do Fraga, no distrito do Inficcionado, avolumando-se as águas desse riozinho até submergir completamente os vales e montanhas de Minas Gerais, "derrubando todos esses montes e unindo-se com o mar que há de sair fora dos seus limites, ficando toda a cidade dentro de suas entranhas". Antes, porém, dessa inundação, no Rio de Janeiro, a justiça divina repetiria o mesmo castigo deflagrado contra Lisboa: um terremoto arrasador, seguido de incontrolável incêndio, destruiria tudo. Segundo depoimento da sra. Arvelos, Rosa e seu capelão garantiam que o terremoto seria universal, "arrasando tudo, só se salvando os que tinham dado esmola ao recolhimento". Afinal, se o papa garantia que comprando indulgências os católicos evitavam o purgatório, nada mais justo que, dando-se esmolas ao "sacro Colégio dos Santíssimos Corações", os generosos fiéis recebessem em paga a proteção divina quando do próximo dilúvio universal.

Se na primeira profecia do dilúvio, em 1759, coubera ao capuchinho frei João Batista da Capo Fiume papel primordial na divulgação do castigo, agora, nesta segunda catástrofe, prevista para 1762, foi padre Francisco quem desempenhou a função de orago. Além de escrever por diversas vezes a seus devotos mineiros, admoestando-os a que atentassem para os sinais dos tempos e fizessem penitência, de viva voz inculcava em seus ouvintes e dirigidos o temor pela próxima descarga da artilharia celeste. Segundo informação de Feliciano Joaquim de Sousa, administrador de sabão, já outras vezes citado neste livro, ele próprio ouviu o velho capelão pregar, ainda vestido com os paramentos sacros de uma sessão de exorcismo, que,

depois deste dilúvio, haveria no Rio de Janeiro gente mais reformada que o habitasse, e que esta reforma se havia de estender a todas as terras de Portugal, e que o Coração de Jesus é que a havia de vir fazer visivelmente... E pregando sobre o fim do Rio de Janeiro proximamente, [disse que] estava mui breve e, embora soubesse a data, não revelava, por temor dos homens, mas que, estando bem perto, ia revelar, mesmo que fosse tido por louco e o apedrejassem.

Tinha razão o velho sacerdote em manter sigilo sobre a data certa desse medonho apocalipse, pois, escaldado com o fiasco do primeiro dilúvio de 1759, não queria, mais uma vez, expor-se ao descrédito dos fiéis e à perigosa censura por parte das autoridades eclesiásticas. Mais ainda, devia temer imprevisíveis reações do próprio poder real, pois decerto o poderoso marquês de Pombal e seus fiéis espiões não haveriam de tolerar nem permitir que um decrépito cura de aldeia e uma reles africana forra tivessem a ousadia de vaticinar a destruição da principal fonte de renda da metrópole — as minas auríferas — e, de roldão, também o fim do reino de Portugal. Mensagem por demais perigosa e ameaçadora da estabilidade social exatamente numa quadra em que todos os portugueses e vassalos de Portugal estavam empenhados na reconstrução do coração do Reino: Lisboa, a fênix que renascia majestosa e moderna depois do terremoto de 1755. Daí a cautela de padre Francisco em evitar que sua profecia chegasse aos ouvidos das autoridades constituídas ou que o povo se inquietasse de maneira incontrolável, caso divulgasse a data certa da desgraça.

Os devotos filhos de Rosa, contudo, já estavam sobejamente prevenidos; a autoridade eclesiástica máxima do Rio de Janeiro, d. Antônio do Desterro, também tinha sido bastante admoestado. Numa carta, o capelão — que se dizia amigo particular de d. Antonio — declarava: "Só alguns religiosos de santo Antônio e o senhor bispo, como são sábios e bons, lhes fez Deus mercê de mostrar-lhes aquelas coisas...". Isto é, o mistério da nova redenção capitaneada pela negra forra Rosa Egipcíaca. Cumpridas tais determinações celestes, urgia agora que o pequeno exército, chefiado pela Abelha-Rainha, ultimasse os preparativos. Em vez de arcabuz, lanças e estandartes, um báculo e uma cruz servirão de proteção, sinal e guia desse rebanho de penitentes. Entramos agora numa das partes mais interessantes desta biografia, prenhe de imagens e simbolismos multicoloridos.

Narra irmã Faustina Arvelos que, numa certa ocasião, em meados de 1761, caindo mestra Egipcíaca desacordada no chão do coro, disse ao capelão, com aquela voz cavernosa típica de quando se manifestava o Afecto: "Capelão, hás de me dar um cajado de prata, feito à tua custa, com o dinheiro que ganhaste com tuas Ordens, sem que concorra outra alguma criatura". Ao que o padre respondeu que sim, "para a glória de Deus". Mandou então fazer um báculo, à imitação dos que utilizam os bispos nas cerimônias públicas, tomando como modelo o cajado de santo Eliseu, cuja imagem era venerada na mesma igreja do Recolhimento do Parto. O báculo, na tradição judaico-cristã, além de simbolizar a autoridade, é muito associado à imagem do Bom Pastor, e sobretudo do santo profeta Eliseu (também chamado de santo Elói), que, com seu cajado, realizou prodigiosos milagres.[3]

Na parte superior do báculo, na sua volta, uma inovação determinada pelos céus: lá estavam esculpidos os cinco corações da Sagrada Família. De sua parte, o padre Francisco, sem dúvida em agradecimento por ter recebido da vidente um símbolo tão destacado de sua autoridade — privativo dos bispos, abades e do sumo pontífice —, mandou confeccionar "uma muito curiosa cruz de jacarandá para Rosa usar quando fosse fazer a redenção do mundo". Pedro Rois Arvelos, o mais fiel e generoso devoto desses dois profetas, foi um dos que presenciaram essa impressionante liturgia, quando os dois encenaram como haveriam de utilizar os sacros instrumentos:

> Vira na igreja do recolhimento o capelão com o cajado de prata na mão e Rosa com uma grande cruz no ombro, com sua toalha branca pendente, dizendo que haviam de assim sair para conquistar o mundo, para grande confusão dos incrédulos e conversão do gentilismo.

Esforce-se, leitor, para reconstruir na imaginação esta incrível encenação: o sacerdote septuagenário, vestido com sua puída batina negra, tendo o báculo episcopal na mão, em pose de apóstolo dos gentios; ao seu lado, a imponente figura da negra Rosa, talvez mais alta do que o velho exorcista, vestida com o burel marrom de franciscana, carregando, às costas, vistosa cruz de madeira nobre, encimada com um dos símbolos da paixão — a toalha de linho branco. Tal quadro deve ter impressionado vivamente as freirinhas e os poucos eleitos que frequentavam as grades da capela do Parto: tal mise-en-scène, tão solene e prenhe de emoção, pode ter reforçado, no íntimo de Rosa e do capelão, a convicção de que o Apocalipse era iminente. Para tanto, Deus Nosso Senhor, em sua sabedoria, reservara prodigiosos desígnios para sua bem-amada mãe negra: nela e através dela se realizaria a nova redenção do gênero humano; daí um dos seus títulos encomiásticos de maior grandeza ser "a Redentora".

Tentemos reconstruir, por meio do depoimento de alguns de seus contemporâneos, os diferentes e complexos passos dessa prodigiosa profecia. Já vimos, ao transcrevermos a visão na qual nossa protagonista trocou seu coração com o de Jesus, ocorrida em 8 de julho de 1757, que a voz misteriosa que lhe antecipava o futuro ordenara

> que avisasse às filhas da cidade do Rio de Janeiro que Nosso Senhor tinha vindo fazer uma casa na sua terra, para as recolher do dilúvio da culpa de que todas zombavam, mas que no dia do Juízo, havia [de] vir assentado no teatro de seu amor julgá-las a elas e às filhas de outra cidade.

A vinda do Justo Juiz, portanto, se tomarmos como base os escritos rosianos, haveria de suceder sob múltiplas performances e secundada por variadas manifestações cataclísmicas: a "parusia" divina, isto é, sua manifestação gloriosa e visível, se daria sob as figuras de general, cavaleiro, visitador, comissário, ou ainda sob a forma dos cinco sagrados corações, que "visivelmente" viriam reformar a terra.

Quanto ao castigo divino, como já vimos, Rosa e seu exorcista profetizavam a ocorrência de terremotos, incêndios e dilúvio, não ficando pedra sobre pedra no Rio de Janeiro, chegando ao Reino de Portugal essa medonha destruição. Mesmo antevendo a deflagração de um dilúvio universal, alguns íntimos do capelão afirmaram tê-lo ouvido dizer que "os desertos se povoariam por estarem isentos de culpas", repetindo o mesmo leitmotiv de incontáveis mitos messiânicos e milenaristas nos quais se previa que "o mar vai virar sertão e o sertão vai virar mar".[4] Contraditório, teria ainda esse sacerdote segredado a um negociante da rua das Violas que, na sesmaria de terras que possuía (no interior?), mandara cultivar "e queria fazer casas para se recolher a elas quando o Rio de Janeiro se sovertesse". Ou o informante reproduziu mal a conversa com o velho presbítero, ou então só mais tarde tomou corpo a ideia de que o dilúvio previsto para 1762 seria mesmo universal, salvando-se apenas alguns poucos privilegiados que estivessem na "arca".

Mal fundado o recolhimento em 1754, já em 1756, numa carta a seu querido sr. Arvelos, mestra Rosa se referia a seu beatério como "arca", e, em 1759, quando do episódio do frustrado castigo da cidade de São Sebastião, seus muitos devotos ali se refugiaram exatamente por ter acreditado que, com a inundação da cidade, "só escapariam os que estivessem na arca". A analogia de uma casa religiosa com a arca de Noé é elementar, e sua evocação, frequentemente encontrada em toda a cristandade, seja na iconografia, seja na homilética. Em diversos templos mineiros e cariocas, Rosa deve ter visto, pintadas no teto, cenas da arca de Noé, como ainda podemos contemplar, por exemplo, no teto da nave da igreja de São Francisco, em Mariana, a poucos passos do local do pelourinho onde nossa africana espiritada foi cruelmente açoitada em 1750. Tais cenas povoavam tão fortemente o imaginário católico que sobreviveram até o século atual, e o nosso famigerado Padre Cícero do Juazeiro chegou a declarar, numa pregação, que "o fim do mundo não está longe e eu sei, porque sou um dos que ajudaram a construir a arca de Noé".[5] Acredite quem quiser!

Se na primeira profecia do dilúvio a "arca" do Parto não chegou a flutuar, por falta de inundação, neste segundo vaticínio a abertura das comportas celestes, a explosão das correntes fluviais subterrâneas e os maremotos provocariam a miraculosa metamorfose do edifício de dois andares em providencial tábua de salvação. Tudo fora revelado a Rosa, e os desígnios celestiais primavam pela criatividade e pela grandiloquência.

Eis a primeira revelação:

> Por se guardar no Recolhimento do Parto uma prenda preciosíssima — da sua mestra e fundadora — Deus destinara coisas grandes a este sacro colégio, havendo de ser venerado e ter as mesmas indulgências que as casas santas de Jerusalém e as igrejas de Roma e de Santiago de Compostela, e que em breve seria venerado por reis e imperadores, nele se recolhendo pessoas muito ilustres, tornando-se o maior e mais magnífico de todos os conventos do Reino de Portugal.

Tal profecia deve ter irritado profundamente os brios da hierarquia eclesiástica galego-lusitana, ultrajada com a desrespeitosa ambição de um pequenino, reles e insignificante beatério pretender sobrepujar os portentosos mosteiros femininos das Ordens Dominicanas, Carmelitas, Franciscanas, Agostinianas, Ursulinas e tantas outras riquíssimas instituições congêneres que havia séculos abrigavam, intraclaustros, infantas, rainhas e a fina flor da mocidade lusitana, algumas, inclusive, elevadas à glória dos altares por Roma. A ambição e a megalomania cegaram o juízo desse bando de mulherzinhas, sem eira nem beira, a maior parte de ex-prostitutas, recém-egressas da servidão. Onde já se viu pleitear que um beatério crioulo se intitulasse "Império de Cristo", transformando-se no próprio trono onde o Senhor Jesus se sentaria para julgar o mundo em seu Juízo Final?!

A segunda profecia, mais do que ofender as dignidades eclesiásticas, se configurava entre as piores heresias, atentatória ao dogma mais basilar do cristianismo: "Que no próximo dilúvio, o Recolhimento de Nossa Senhora do Parto seria a arca de Noé onde o Verbo Divino ia se encarnar numa criatura e estabelecer um mundo mais perfeito que o presente".

Há duas versões sobre essa nova encarnação do Filho de Deus: segundo padre Vicente Ferreira Noronha, morador próximo ao recolhimento e um dos delatores de Rosa, era pública e notória a sua profecia de que depois do dilúvio "iria encarnar o Divino Verbo... numa das recolhidas, para a nova redenção"; por sua vez, irmã Ana Joaquina proclamava que, "se Deus houvesse de se encarnar agora, só o faria na Rosa". Se considerarmos a crença generalizada, entre recolhidas e devotos, de que mestra Egipcíaca da Vera Cruz era esposa da Santíssima Trindade, irmã de Nossa Senhora e filha de Santana — tudo confirmado por ela própria, que costumava repetir: "Eu sou Deus!" —, não resta dúvida de que seria no próprio ventre da "maior santa do céu" que o Divino Infante escolheria para, de novo, tomar a forma humana. Em Belém nascera do seio virginal de Maria, agora, em vez da manjedoura do presépio, o Rei dos Reis dava prova ainda maior de humildade: escolhia como mãe uma mulher negra da raça mais abjeta do universo, e mais: ia ser filho de uma ex-mulher pública, a categoria mais desprezível das filhas de Eva. Esta nova história sacra ia dar muito o que falar!

A terceira parte da profecia é o corolário das anteriores:

> Que havia de sair Rosa com as quatro evangelistas, com o cajado e a cruz da piedade, para conquistar o mundo e que, para a reformação do século, já estavam feitas duas grandes naus: numa grande, viria d. Sebastião, e na outra nau, chamada dos Cinco Corações, ia Rosa com suas acompanhantes.

Dada a complexidade dessa profecia, para compreendermos melhor seu significado profundo, convém abordar aqui, sucintamente, "a mais persistente e extraordinária das mitologias europeias modernas: a morte duvidada e duvidosa do jovem d. Sebastião na batalha de Alcácer-Quibir". Nesse percurso histórico, tomaremos como guia os dois volumes de *Poesia e filosofia do mito sebastianista*, de António Quadros, obra definitiva sobre o assunto.[6]

D. Sebastião (1554-1578), décimo sexto rei de Portugal, mal completara 24 anos, comandou numerosa e mal aparelhada expedição com vistas a subjugar o império do Marrocos e reconquistar algumas praças da África perdidas por seu avô, d. João III, o instituidor do Tribunal do Santo Ofício. Em 4 de agosto de 1578, nas areias marroquinas, o exército português é vencido, e milhares de cristãos são exterminados pelos mouros, desaparecendo nesta ocasião o "Formoso" monarca. Nenhum dos sobreviventes testemunhou sua morte, e seus supostos restos mortais, trasladados para o mosteiro dos Jerônimos, carecem de autenticidade. A partir desse trágico e misterioso desaparecimento, não deixando ele herdeiros, em 1580, Portugal e suas colônias são incorporados à Coroa espanhola, sob a égide de Filipe I. Inconformados e desiludidos com tão acabrunhante tragédia nacional, os portugueses e luso-brasileiros se deixam fascinar por regeneradora esperança: cristaliza-se, então, o mito de que o Desejado d. Sebastião não morrera nem era prisioneiro dos xerifes islâmicos; estaria, sim, "Encoberto", escondido numa ilha remota e desconhecida, e brevemente retornaria ao Reino, envolto numa opaca neblina, a fim de recuperar seu trono usurpado pelos Habsburgo da Espanha, devolvendo a Portugal sua honra vilipendiada, e aos portugueses a felicidade de viver.

> O inconsciente coletivo português, recusando a derrota, criou o mito de um Encoberto que havia de regressar, havia de regressar sempre, *mesmo depois de passado o tempo histórico de vida possível do próprio rei*, mesmo passados um século, dois séculos, quatro séculos. Eternizou-se; deitou raízes profundas, sofreu mil metamorfoses, renovando-se em cada geração.[7]

Poucos anos depois desse trágico desaparecimento, quatro embusteiros se arvoraram em ser reconhecidos como o Encoberto, que retornava da África: desmascarados, foram exemplarmente castigados. Mais numerosos, contudo, foram os escritores e devotos, não só no Reino, como também no Brasil, que acreditaram e alimentaram o mito sebástico, seja através de prosa e verso, seja liderando um grupo de fanáticos, os "sebastianistas".

Cumpre notar ainda que, mesmo antes da catástrofe de Alcácer-Quibir, circulavam em Portugal obras literárias de forte cunho messiânico, cujas raízes históricas repousavam não apenas na mitologia judaica, fartamente divulgada na península Ibérica pelos cristãos-novos, como também nas próprias tradições céltico-bretãs, transmitidas secularmente pelas famílias de cristãos-velhos. *As profecias do Bandarra* (1545) são o melhor exemplo desta corrente.[8]

Dentre os autores lusitanos que mais se destacaram pela divulgação do sebastianismo, convém citar Diogo de Teive, Camões, Manuel Bocarro Francês, padre Antônio Vieira, e, mais recentemente, Almeida Garrett, Guerra Junqueiro, o próprio Fernando Pessoa, além do pernambucano Ariano Suassuna. De todos, o maior propagandista e quem mais elaborou a apologia do sebastianismo foi o jesuíta Antônio Vieira (1608-1697), notadamente nas seguintes obras: *Esperanças de Portugal, Quinto império do mundo, História do futuro* e *Clavis Prophetarum*, percebendo-se em seus escritos "um misto de visionarismo profético cristão, ardente patriotismo, imaginação mítica e um racionalismo demonstrativo de uma filosofia providencialista e numinosa da história".[9] Por causa dessas obras tão polêmicas, o grande Vieira teve de sofrer por dois anos seguidos as amarguras dos cárceres inquisitoriais, experiência tenebrosa que divulgou anonimamente no livrinho *Notícias recônditas*, obra fundamental para se conhecer o funcionamento interno do *Terribilem Tribunalem*.

Muitos são os registros comprovando que, aqui no Brasil, além de padre Vieira, também vicejou, entre colonos mazombos e crioulos, a crença sebastianista. Caberia ao nosso mais afamado taumaturgo, o venerável padre José de Anchieta (1534-1597), da Companhia de Jesus, a primazia em vaticinar a volta do "Formoso" monarca. Segundo um documento de 1710, "o padre José de Anchieta, estando ao tempo da batalha de Alcácer-Quibir no Brasil, disse na presença de seis religiosos: 'O Exército perdeu-se em África, mas o rei pôde pôr-se a salvo, mas há de andar muitos anos ausente do Reino e só tornará depois de muitos trabalhos'".[10] Em suas biografias oficiais omite-se tal profecia.[11]

Diversos viajantes estrangeiros e cronistas se referem à presença em nossa terra de numeroso séquito de sebastianistas: entre eles, Spix e Martius, Lucock, Ferdinand Denis Debadie.[12] O mais destacado profeta sebastianista brasileiro do início do século XIX foi Silvestre José dos Santos, que, em 1819, na serra do Rodeador, no sertão pernambucano, pregou a volta do Encoberto, sendo exterminado, juntamente com seus adeptos, por ordem do poder colonial. Segue-lhe o rastro místico, também em Pernambuco, o mameluco João Antonio dos Santos, morador em Vila Bela da Pedra Talhada, que, por volta de 1836, previu o retorno do Formoso e de seu reino encantado. Dois anos se passam e, em 1838, se inicia o mais importante movimento sebastianista do Império, chamado "Pedra Bonita", tendo como corifeu o profeta João Ferreira, cujos rituais de purificação incluíam sacrifícios humanos e oblações com sangue. Também em Canudos, nos primeiros anos da República, Antônio Conselheiro pregava o retorno de El-Rei Encantado: "Visita nos vem fazer, nosso rei d. Sebastião, coitado daquele pobre, que estava na lei do Cão!".[13]

Dos que escreveram sobre o tema no Brasil novecentista, Charles Expilly, em 1860, é quem analisa o fenômeno do sebastianismo com mais argúcia, tendo mantido longo diálogo com um fanático desse mito, o capitão-mor Pedro Pacheco de Carvalho, da vila de Ilhéus. Diz ele:

O jovem monarca d. Sebastião não está morto: passou simplesmente ao estado de mito. Como o rei Artur, vive errante pelo mundo, ou, talvez, se tenha retirado para um sítio ignorado, onde os seus inimigos jamais o descobrirão. Graças ao dom da imortalidade que lhe facultam suas virtudes, aguarda em paz o momento marcado pelos decretos divinos para vir, de um surto, reivindicar os seus direitos à herança de seus pais. Sempre a superstição popular acreditou que o rei d. Sebastião está vivo, e bem vivo. Os jesuítas ainda bordaram fantasias sobre este tema, já passavelmente assombroso. Segundo eles, Deus confiou o príncipe aos cuidados de um jovem eremita, que deve velar por ele até que, obedecendo às ordens do alto, d. Sebastião possa de novo subir ao trono de seus antepassados. A história era romanesca demais para não seguir o seu curso. Depois disso, os oráculos falaram. Predições espalharam-se, ambíguas, obscuras, dizendo, por consequência, tudo quanto se quer que elas digam, como as Centúrias de Nostradamus. As revelações que produziram mais efeito foram as de um profeta anão, designado de Pretinho do Japão. Foram também as da irmã Leonarda, religiosa do Porto, que anunciava a próxima vinda do monarca. A crença dos fiéis é tão viva em relação a d. Sebastião quanto a dos judeus em relação ao Messias. Seu número eleva-se a alguns milhares tanto na Europa como na América, embora, ao ouvi-los, a gente deva contá-los por centenas de milhares.[14]

Se passados três séculos do desaparecimento do Rei Formoso se contabilizavam aos milhares os fiéis que, no Brasil, acreditavam e esperavam seu regresso, em meados do século XVIII tal crendice devia despertar aceitação ainda maior entre o populacho, cuja propensão ao misticismo e às superstições encontrava nesse mito porta aberta para suas especulações e profecias. Deve ter sido através das pregações e conversas particulares com seu exorcista, o minhoto padre Francisco, que Rosinha aprendeu a história do Rei Encantado, não se desprezando igualmente a possível vertente franciscana de sua formação espiritual, pois os frades menores, desde que o italiano frei Joaquim de Flora, no século XII, escreveu sobre o futuro Império do Espírito Santo, passaram a incluir as profecias milenaristas no temário de suas pregações.

No Rio de Janeiro, provavelmente, o sebastianismo devia ser ainda mais arraigado que alhures, posto ter a cidade como patrono o próprio são Sebastião e dispor, no Palácio dos Vice-Reis, um belo quadro representando o Rei Encoberto.

Num documento datado de 28 de junho de 1760, véspera de São Pedro e São Paulo, mestra Egipcíaca dizia claramente: "O Encoberto está para se descobrir, e cedo ele há de vir e o mundo se há de reformar e todos os maus se hão de destruir...". Tal enunciado repete, mutatis mutandis, o mesmo prognóstico divulgado pelo "Sapateiro de Trancoso" em suas *Profecias do Bandarra* no canto LXXV:

Já o Leão é esperto, mui alerto,
Já acordou, anda caminho, tirará cedo do ninho o porco
E é muito certo. Fugirá para o deserto
Do Leão e seu bramido, demonstra que vai ferido,
Desse bom Rei Encoberto...

Em algumas visões beatíficas, sobretudo de cunho apocalíptico, o imaginário utilizado por nossa beata evoca em muitos aspectos a mesma simbologia, secularmente associada à volta do Rei Desejado, que, por seus atributos de bondade e reforma do gênero humano, se confunde com a própria figura de Nosso Senhor. Numa visão de 1761, referida anteriormente, Rosa afirma ter visto sair de um mar de águas salgadas e ferventes um homem montado num cavalo branco. Tal cavaleiro, que à primeira vista sugere a figura de Cristo, tal qual a viu primeiramente são João Evangelista (Apocalipse, 19:11), poderia da mesma forma evocar o Encoberto:

Este Rei, de grão primor
Com furor,
Passará o mar salgado
Em um cavalo enfreado
E não selado
Com gente de grão valor.[15]

Também a missão purificadora de Rosa, líder do "mistério da regeneração", pode ter encontrado na mitologia sebástica sua fonte inspiradora. Segundo testemunho de irmã Faustina Arvelos, Deus tirara as armas do Reino de Portugal — as cinco chagas milagrosamente recebidas por d. Afonso Henriques, na batalha que marcou o início da nacionalidade lusitana, e as dera a Rosa, para fundar o novo Império, reinar com d. Sebastião, converter todos os infiéis ("porcos") e acabar com o gentilismo:

Todos terão um amor
Gentios como pagãos
Os judeus serão cristãos
Sem jamais haver error...

A versão dada ao mito sebástico pela beata africana e suas recolhidas comporta certas inovações sincréticas: irmã Teresa de Jesus, natural das ilhas Atlânticas — local onde se expandiu grandemente o sebastianismo —, numa Quinta-feira Santa disse ter visto

as pajens del-rei d. Sebastião entrar pela igreja do recolhimento com bandejas, cortinas de tela e galacé ["galacé": espécie de tecido com bordadura de ouro, prata ou linho fino], com que prepararam o trono em que estava Rosa com o Senhor Morto no seu coração.

Irmã Ana do Coração de Maria, por sua vez, divulgava ter recebido de são Miguel Arcanjo a lista com o nome das recolhidas que, como soldados, tinham sido escolhidas para sair na nova Conquista. As incrédulas estavam excluídas de tão nobre missão salvífica.

Era voz corrente no beatério do Parto que, naquele dia tenebroso, quando "o dilúvio das Minas vier dar ao mar salgado, derrubando todos esses montes e quando todos os mais rios se hão de soltar e o mar há de sair fora dos seus limites, ficando toda a cidade do Rio de Janeiro dentro de suas entranhas...", nesse momento fatídico, o Recolhimento do Parto ia se transformar milagrosamente na "Arca dos Cinco Corações", começando então a flutuar, ocorrendo aí seu feliz encontro com a nau capitaneada pelo Desejado. Nesse momento, "Rosa ia se casar com d. Sebastião, e suas evangelistas também se casariam com seus vassalos ou criados, voltando para reformar o mundo e fundar o Império de Cristo". Cumpria-se assim a tão desejada profecia feita pelo Todo-Poderoso ao fundador do Reino portucalense: "Quero em ti e na tua descendência formar para mim um império!".

Esse novo império seria mestiço, mulato, pois três das evangelistas eram da mesma cor da ex-escravizada africana. Não contente em se autoproclamar "Esposa da Santíssima Trindade", Rosa Egipcíaca aspira enlaçar-se com a família real portuguesa, iniciando com suas evangelistas nova e reformada geração — mulata na cor, mas de alma e costumes tão alvos como a neve. *Nigra sum, sed formosa...*

A concretização final do mito sebástico, resgatado e adaptado por Rosa, era o corolário de toda a sua vida profética: seu casamento com d. Sebastião, depois do dilúvio universal, iniciaria o reinado visível dos Sagrados Corações. Em Rosa se cumpria o prometido, tão ardorosamente esperado por incontáveis gerações, desde Bandarra, Anchieta, Vieira e tantos outros sebastianistas: nenhum, contudo, ousara imaginar que o Encoberto ia fazer de uma africana sua esposa, a rainha do novo império e mãe de seus herdeiros. Afinal, para Deus nada é impossível, e o Onipotente costuma escrever certo por linhas tortas...

Não resta dúvida de que o terremoto de Lisboa e, sobretudo, a política secularizante do marquês de Pombal contribuíram significativamente para a cristalização desse mito dentro do Recolhimento de Nossa Senhora do Parto.

Em épocas de exceção, numa situação de catástrofe, por exemplo, quanto é vital que homens descubram dentro de si formas de resistência psicológica à adversidade, não é senão natural que os mitos, de raízes porventura profundas no inconsciente desta coletividade ameaçada, regressem ou ressurjam do seu adormecimento. É o que explica a subida irresistível de um mito como o sebástico. O Desejado passa a Encoberto, o jovem rei desaparecido há de voltar das brumas onde se esconde para ser a cabeça universal de novo império. Ele tirará toda a erronia, ele fará a paz em todo mundo, ele consubstanciará todas as aspirações ideais da época.[16]

Tudo isso graças a Rosa, tudo por intercessão e pelos merecimentos da Egipcíaca.

A versão final do mito, unindo matrimonialmente nossa demonopata a d. Sebastião, teve, quem sabe, sua inspiração próxima no festejado casamento da princesa do Brasil com o infante d. Pedro — cerimônia realizada a 3 de setembro de 1760 —, quando, por carta régia, todos os súditos foram estimulados "a manifestarem demonstrações de alegria".

23. Prisão e sumário no Auditório Eclesiástico do Rio de Janeiro

Inicia-se 1762, ano crucial na biografia de madre Rosa Maria Egipcíaca da Vera Cruz. Portugal e suas colônias se regozijam com o nascimento, em 24 de janeiro, do herdeiro real, o Sereníssimo Príncipe da Beira, o sr. d. José. Lisboa, qual fênix, reconstruía-se a toque de caixa do abominável terremoto de 1755, contando, para isso, com polpudos auxílios obrigatórios enviados do Brasil, através das câmaras municipais, acrescidos dos não menos desprezíveis cabedais advindos do sequestro dos bens da extinta Companhia de Jesus. O próprio bispo do Rio de Janeiro, useiro em bajular as autoridades da Corte, se irmana a essa corrente de solidariedade, enviando "um carregamento de pau-preto e outros" para a reedificação da capital do Reino.[1]

O Rio de Janeiro crescia e se sofisticava, consolidando sua condição de principal centro urbano do hemisfério Sul. Que o leitor tenha em conta que será no ano seguinte, 1763, que essa cidade de São Sebastião se tornará a capital da América portuguesa, desferindo na velha São Salvador da Bahia golpe tão deletério do qual jamais conseguirá se recuperar.

Crescera de importância política e econômica a seção meridional do Estado do Brasil, enquanto se mantinha estacionário o desenvolvimento das capitanias do Norte. A frequência de conflitos com as autoridades espanholas do Prata aconselhava que o governo da Colônia fosse situado mais próximo do teatro dessas ocorrências. Foi, porém, sobretudo a descoberta e exploração das minas, inaugurando o ciclo do ouro em substituição ao ciclo do açúcar, o que mais pesou na resolução da Coroa de transferir para o Rio de Janeiro a sede do governo central do Brasil, deslocando para as margens da Guanabara a capital da Colônia com todas as repartições nela estabelecidas. A mudança foi decidida em janeiro de 1763, mas só em outubro do mesmo ano chegou o primeiro vice-rei nomeado para a nova situação: o conde de Cunha.[2]

A vida no Recolhimento do Parto transcorria rotineira, apesar da crença generalizada de que grandes sucessos estavam por acontecer nesse ano do Senhor de 1762. Em 8 de janeiro, por exemplo, o capelão padre Francisco escreve à família Arvelos, em São João del-Rei, dando notícia dos probleminhas costumeiros de sua comunidade recoleta, especialmente das filhas do casal de compadres: diz que irmã Faustina continuava com suas "costumadas moléstias" — dando a entender que decorriam das funestas influências do Maligno; que irmã Genoveva também padecia com feridas pelo corpo, "mas com tudo se acomoda e se conforta". Manda lembranças a seus amigos mineiros, pedindo que respondessem logo à sua missiva. Termina com uma reflexão piedosa: "Todos têm sua cruz, e sem ela ninguém se pode salvar. Eu sou cativo de meus Senhores, os Santíssimos Corações".

Não imaginava o capelão que, na semana subsequente, antes até de a carta chegar a seus destinatários, se iniciaria seu doloroso calvário cujo gólgota haveria de ser o Tribunal do Santo Ofício da Inquisição. Suas profecias, mesmo que baralhadas, começavam a se cumprir: o ano de 1762 seria, de fato, crucial na história de sua vida, de Rosa e de dezenas de devotos dos Sagrados Corações. Enquanto no recolhimento as madalenas participavam de barrocas encenações paralitúrgicas comandadas pelo capelão, com seu cajado de prata, e pela preta Egipcíaca, com a impressionante cruz de jacarandá às costas, o destino desses corifeus sebastianistas e das recolhidas que dirigiam estava sendo secretamente decidido nos salões do Palácio Episcopal do Rio de Janeiro.

Em 22 de janeiro, d. Antônio do Desterro,

> por mercê de Deus e da Santa Sé Apostólica, bispo do Rio de Janeiro e do Conselho de sua majestade fidelíssima, é informado de que Rosa Maria Egipcíaca da

Vera Cruz, mulher preta courana, moradora nesta cidade, tem cometido culpas de heresia formal, as quais se devem indagar para se remeterem ao Sagrado Tribunal do Santo Ofício, a quem pertence o castigo delas, e considerando que as nossas queixas [moléstias] nos impedem a tomarmos pessoalmente conhecimento delas, pela presente portaria damos comissão ao reverendo padre doutor vigário-geral que possa proceder à denúncia de culpas de heresia e tomar delas cabal e legal conhecimento para se remeterem ao dito Tribunal, e para este procedimento lhe cometemos em todas mesmas vezes. Dado em nosso Palácio Episcopal desta cidade do Rio de Janeiro, sob o sinal e selo.

Apesar de constar no belo selo de d. Antonio a insígnia do Sagrado Coração de Jesus envolto em seu resplendor, devoção que teve em Rosa sua principal vidente e propagandista na cidade, os representantes oficiais de Cristo na terra desprezavam seu currículo místico; antes, pelo contrário, questionavam a ortodoxia de suas palavras e atos, dando início a uma acirrada guerra contra a vidente africana, acusada do mais grave delito da alçada inquisitorial: heresia formal. Dando ordem para que a suspeita de heresia fosse "cabal e legalmente" indagada pelo vigário-geral do bispado, o prelado cumpria os artigos 866 e 867 das *Constituições primeiras do arcebispado da Bahia*, que assim determinavam:

> Para que o crime de heresia se extinga e seja maior a glória de Deus Nosso Senhor e aumento de nossa Santa Fé Católica, e para que mais facilmente possa ser punido pelo Tribunal do Santo Ofício o delinquente, ordenamos e mandamos a todos nossos súditos que, tendo notícia de algum herege, apóstata de nossa Santa Fé ou quem seguir doutrina contrária àquela que ensina e professa a Santa Madre Igreja Romana, o denunciem logo ao Tribunal do Santo Ofício, e quando, por justa razão que o tenham, o não possam fazer, serão sem embargo disso obrigados a nos dar conta para que ordenemos o que for conveniente em ordem de ser delatado o tal delito e se proceder segundo a justiça pedir.

A portaria do bispo é datada de 22 de janeiro de 1762. Três dias depois, ocasião da festa da conversão de são Paulo, iniciam-se os trâmites judiciais. Coube ao promotor do juízo eclesiástico local, o reverendo sr. Antonio José Correia, formalizar o auto de denúncia: dirigiu-se, então, às casas do principal representante da Inquisição no Rio de Janeiro, o padre Antonio José dos Reis Pereira de Castro, entregando-lhe a dita portaria.

Desde 1754 que este sacerdote fora habilitado para o cargo de comissário do Santo Ofício no Rio de Janeiro. Era natural da vila do Conde, no bispado de Braga, tendo sido escolhido por d. Antonio como seu secretário particular, ocupando, na época, os principais postos de hierarquia eclesiástica local, a saber: cônego doutoral e mestre-escola na Sé; visitador geral; juiz dos resíduos, "de gênere" e dos órfãos; comissário da bula da Santa Cruzada; provisor, governador e vigário-geral da diocese. Depois do bispo, ele era, portanto, a principal autoridade da Igreja local. Fora ele que, já no ofício de vigário-geral, três anos antes, cumprira a ordem de d. Antonio, expulsando Rosa Egipcíaca do recolhimento, como castigo por sua suposta conduta indecente. A negra courana já era, por conseguinte, sua velha conhecida quando recebeu a comissão do reverendo bispo.

Na petição apresentada pelo promotor, informava-se ao comissário Pereira de Castro que

> tivera notícia de que a negra Rosa há muitos anos é, ou se finge, vexada do Demônio, e que o Espírito que fala por ela se chama Afecto, e lhe fora dado por Deus para purificar e zelar pelo seu culto nos templos, agredindo às pessoas na mesa da comunhão; que o padre Francisco Gonçalves Lopes é o principal pregoeiro de suas fingidas virtudes, e quem manda escrever em verso e trova suas profecias; que profetizou que um dilúvio inundará o Rio de Janeiro, e o Recolhimento de Nossa Senhora do Parto flutuaria como a arca de Noé; que o Verbo Divino ia se encarnar de novo numa criatura para estabelecer um mundo mais perfeito que o presente; que tais profecias têm provocado o escândalo e descaminho de pessoas idiotas e de fácil convenção, causando perniciosas confusões e escandalizando a toda esta cidade em geral, de sorte que uns ignorantes e materiais acreditam, e outros a condenam por herege e feiticeira; e para que não fique sem emenda e satisfação o escândalo e perturbação que ela tem causado com seus erros e culpas, que seja feito sumário.

Por esse minucioso rol de denúncias, evidencia-se que as autoridades eclesiásticas cariocas estavam bem informadas sobre a conduta mística e demais bizarrices da recolhida africana, inclusive sobre as recentes profecias cujo cumprimento estava previsto para o corrente ano. Faz-se, então, a indagação:

se havia vários anos Rosa, o capelão e as convertidas do Parto persistiam em tais "desvios", por que somente agora, no início de 1762, o bispo decidia acatar a denúncia e mandar proceder contra os supostos réus? Se o prelado, por sua doença constante, se omitia em castigar os delinquentes, então por que os representantes da Inquisição, moradores no Rio de Janeiro, não haviam até então procedido contra a acusada principal?

Apesar de a documentação não explicitar essa dúvida, encontramos algumas pistas que nos permitem detectar as causas próximas que levaram à prisão de nossa biografada. Tal qual sucedera nas Minas, quando de suas duas prisões em São João del-Rei e Mariana entre 1749 e 1750, também aqui no litoral serão alguns clérigos os responsáveis pela desgraça da negra espiritada. Mestra Egipcíaca incorreu em dois grandes pecados no seu relacionamento com o clero carioca: criticou abertamente o indigno proceder dos "operários da vinha do Senhor" e, mais do que isso, ousou agredir fisicamente alguns desses maus presbíteros, ferindo o artigo 915 das mesmas *Constituições*, que previam as penas de excomunhão, degredo ou multas pecuniárias a quantos ofendessem alguma pessoa sagrada ou dedicada ao culto divino.

Já vimos alhures que a nossa beata alimentava, como outras santas mulheres de seu tempo, verdadeira idolatria para com os sacerdotes, a tal ponto que, diariamente, fazia uma série de orações, jejuns e sacrifícios dedicados à santificação do clero regular e secular. Em suas últimas visões, relatadas no capítulo anterior, por diversas vezes ela se refere às "ofensas que os filhos da Igreja" faziam à glória divina, sendo encarregada de divulgar "aos filhos da Igreja que, assim como o Cristo suou [sangue] na presença de sua redenção, assim haviam de suar na presença de sua reforma". Tais reprimendas e mensagens devem ter provocado indignação nos orgulhosos ministros do altar. Quem outorgara poderes a essa negra intrometida para estar propondo reformar e ameaçar o clero carioca?

Em seu afã catequético, a ex-meretriz desrespeitou várias vezes os limites do cerimonioso distanciamento ordenado pelas *Constituições* eclesiásticas em relação aos ministros do altar. Numa Quinta-feira Maior, provavelmente na Semana Santa de 1761, ano anterior à sua detenção, quando participava do tríduo litúrgico na catedral, "se enfureceu contra dois seminaristas do Colégio de São José, que estavam conversando, fazendo gestos de vexada". Na ocasião, tendo encontrado os padres Gonçalves Calado e Antonio Barbosa depois da celebração da santa missa em amistosa conversação, em vez de rezando os atos de agradecimento normais pós-celebração da Eucaristia, entrou a descompô--los "como costumava advertir os defeitos e irreverências dos fiéis". Foi ali que tais sacerdotes reagiram violentamente contra tamanha ousadia, "chamando-a de cachorra, embusteira, e que seus confessores é que tinham culpa desses fingimentos, especialmente o padre Francisco Gonçalves Lopes". Correu a notícia entre seus devotos de que, na ocasião, por suspeitarem esses dois clérigos serem intrujices os zelos da beata, "ela os prendera espiritualmente com uma forçosa corrente". Aliás, já em outra oportunidade, a espiritada manifestara semelhantes poderes preternaturais: certo dia, no pátio da igreja de Santo Antônio, duvidando um certo presbítero da veracidade de seu Espírito Maligno, "laçou-lhe então Rosa as mãos, ficando o padre preso como numa corrente forçosa, e isto lhe fizera em castigo de uma causa ilícita que cometera". Grandes poderes o Altíssimo conferia à Flor do Rio de Janeiro: além de saber os pecados ocultos dos sacerdotes, tinha força para manietá-los espiritualmente.

Suspeitamos que, apesar de terem sólidas razões para a denunciarem, não tenham sido esses clérigos ofendidos seus delatores junto ao bispo. Nossa principal desconfiança recai sobre frei Manuel da Encarnação, mestre de teologia e canonista, eleito provincial do convento dos franciscanos do Rio de Janeiro exatamente em 1761.³ Fora graças ao empenho deste frade que, três anos antes, através de sua denúncia junto ao citado vigário-geral, Rosa fora expulsa de seu recolhimento, sendo punida por desacatar duas escorreitas senhoras da sociedade fluminense, amigas e protegidas do dito frade. Agora, segundo informou o capelão do Parto, frei Manuel da Encarnação, eleito para ocupar o cargo mais elevado da província franciscana e liderando "a parcialidade contrária a frei Agostinho" — o finado confessor de Rosinha —, se desforrou da negra inquieta, de seu capelão e, de lambuja, das demais recolhidas que porventura participassem da mesma "parcialidade" da acusada. Sua autoridade como provincial deve ter influído na decisão de d. Antônio do Desterro em acatar as denúncias, e frei Manuel demonstrava estar perfeitamente inteirado não só das supostas "heresias" e embustes da acusada, como também de sua numerosa rede de devotos, tanto que, provavelmente, deve ter sido este rigoroso franciscano quem ofereceu ao comissário do Santo Ofício uma lista de dezenove nomes a serem arguidos a respeito da vida e dos costumes da preta courana. Estando sujeito o Recolhimento do Parto à supervisão espiritual dos franciscanos, o provincial desta Ordem era, portanto, quem por direito devia estar mais bem informado sobre o funcionamento interno e sobre as redes de relações das recolhidas com o mundo extramuros. Mais ainda: entregou frei Manuel da Encarnação ao comissário Pereira e Castro duas folhas manuscritas, uma de autoria de Rosa, outra ditada para a ex-regente Maria Teresa, ambas tratando de revelações místicas. Tudo leva a crer que o provincial obtivera tais documentos no espólio do finado frei Agostinho, o qual chegara a colecionar um saco cheio de manuscritos de sua dileta dirigida, queimados pouco antes de passar desta para a melhor. À guisa de ilustração, e para corroborar nossa suspeita contra frei Manuel, descobrimos que, além de vingativo, se destacava pela licenciosidade dos costumes, tanto que, três anos depois desses acontecimentos, o próprio d. Antônio do Desterro oficiava à Corte denunciando o escândalo dos franciscanos do convento de Santo Antônio do largo da Carioca, notadamente do provincial frei Manuel da Encarnação e do visitador do capítulo, frei Francisco da Purificação, os quais sustentavam uma casa de família de suas amásias, com quem tinham filhos, sendo ambas, coincidentemente, irmãs carnais.[4]

As sessões do inquérito contra Rosa têm início em 26 de janeiro, já no dia seguinte ao do auto de denúncia do promotor. A rapidez dessa decisão sugere que a autoridade inquisitorial considerou a matéria grave, merecedora de pronta investigação.

Ao todo foram ouvidos doze homens e sete mulheres, entre os quais três sacerdotes, algumas recolhidas, ex-recolhidas e seus parentes, cinco moradores vizinhos ao recolhimento, três negociantes, dois músicos, um cirurgião e dois oficiais mecânicos.

O primeiro a ser inquirido foi o capelão do Recolhimento do Parto — padre Francisco Gonçalves Lopes. Na "sala de audiências" das casas de morada do comissário do Santo Ofício, lá estavam o escrivão do sumário, padre Amador José dos Santos, e mais dois sacerdotes como testemunhas: os padres Antonio Francisco Bittencourt e José Antonio Vitorino, todos "do clero secular e de reconhecida idoneidade". No decorrer do inquérito, mais dois presbíteros assistirão, em substituição aos primeiros, a tais sessões: padre Manuel do Espírito Santo, escrivão dos dízimos do bispado, e padre Francisco Pimenta de Oliveira.

Como de praxe, devia a testemunha se identificar. Disse o Xota-Diabos ser natural do arcebispado de Braga, 67 anos, capelão do Recolhimento do Parto. Depois de jurar sobre os Santos Evangelhos e prometer dizer a verdade, "foi-lhe perguntado pelo conteúdo da denúncia. Afirmou então conhecer Rosa muito bem, que foi sua escravizada, à qual comprou para ele, Pedro Rois Arvelos, e hoje é liberta". Narra então sucintamente sua história: que há catorze anos ela é vexada por um espírito que lhe causa dores e aflições, e só a inclina a zelar e defender a honra de Deus e a veneração de seus templos, atacando as pessoas desonestas ou malcomportadas; que, desde que a conhecera, "sempre a viu em boa vida, dada à oração e favorecida com várias visões e locuções do céu". Conta então, como prova de sua benquerença celestial, a miraculosa fundação do Recolhimento do Parto, a prodigiosa revelação dos Santíssimos Corações, além de diversas outras visões e revelações que a negra vexada disse ter recebido dos céus, e que já transcrevemos ao longo deste livro. Esclarece mais o declarante que sempre aconselhou à sua energúmena que rezasse o credo todas as vezes que fosse raptada em êxtases beatíficos, garantindo assim ser de Deus, e não do Maligno, a procedência do fenômeno; atribuiu ao barbadinho frei João Batista da Capo Fiume a autoria da revelação do dilúvio de 1759. De dois manuscritos apensos aos autos, reconheceu como sendo de Rosa a letra da carta que começava com as palavras "Meu padre, dou parte"; do outro, ignorou a autoria. Questionado se a considerava possuidora de "alguma enfermidade ou vício para que perdesse o juízo, ou se tinha alguns dilúcidos intervalos", respondeu que ela não possuía nenhuma "lesão no juízo". E mais não disse. "E, sendo-lhe lido este depoimento e por ele ouvido e bem entendido, disse que estava na verdade e sem nada a diminuir, mudar nem emendar, jurando outra vez sobre os Santos Evangelhos." Assinou embaixo: "O Pe. Franco Glz Lopez". A assinatura é firme, porém trêmula: além da idade avançada, emoção e temor deviam ter-lhe abalado os nervos, pois não tinha a menor ideia de em quantas partes podia desdobrar-se o processo.

Saindo da sala, depois de duas ou três horas de inquirição, os quatro sacerdotes analisaram o depoimento do declarante, concluindo que dizia a verdade, "por ser sacerdote, pessoa de boa vida, e sem dúvida não seria capaz de faltar à verdade, principalmente em matéria de tanta ponderação". Todos assinam por extenso. O Santo Ofício primava pelo formalismo burocrático, e, verdade seja dita, a primeira opinião dessas testemunhas, a despeito do corporativismo clerical, é francamente favorável ao velho capelão.

No mesmo dia 26 de janeiro, provavelmente depois do almoço, é chamada a segunda testemunha: o padre Vicente Ferreira Noronha, com 24 anos, carioca da freguesia da Candelária, morador à rua de São Pedro. Disse saber quem era

Rosa "por ser bem conhecida nesta cidade, pelo diferente vestido com que anda, com hábito de burel como de capucho". Que o leitor não esqueça que as poucas freiras e recolhidas, no Brasil antigo, viviam sempre enclausuradas, de modo que uma mulher vestida em hábitos de religiosa perambulando pelas ruas, sobretudo sendo da cor negra, devia chamar muita atenção dos transeuntes. Racionalista, o jovem presbítero vai logo declarando "ser público entre as pessoas inteligentes que ela finge ter um Espírito, com o qual, estando nas igrejas, insulta as pessoas". Confirma ter sido público e também notório que profetizara um dilúvio universal "e que depois iria encarnar o Divino Verbo numa das recolhidas, para a nova redenção". Acrescentou mais: que o velho comissário do Santo Ofício, padre Francisco Fernandes Simões, tivera conhecimento da profecia cuja autoria, também garante, se devia ao citado capuchinho italiano. Joga então mais lenha na fogueira da africana: revela ter ouvido dizer que Rosa "é uma fina feiticeira, e que já por isto viera corrida das Minas, por se lhe ter achado o corpo de uma criança seco, segundo disse publicamente na sacristia da Igreja do Senhor Bom Jesus do Calvário o padre Gregório dos Reis".

Os senhores clérigos presentes à sala de audiências devem ter franzido a testa com essa nova revelação, pois, além de heresia formal, a negra ainda tinha fama de feiticeira, outra das graves condutas heterodoxas listadas no Tribunal do Santo Ofício. A inquirição começava a render!

Passam-se dois dias sem audiência. Aliás, ou o comissário Pereira e Castro estava assaz ocupado com outras sindicâncias e afazeres de suas muitas funções eclesiásticas, ou tais burocratas de batina tinham o costume de trabalhar mui lentamente, pois sempre intercalavam dois ou mais dias de folga entre uma "assentada" e outra. Rotina do ofício.

Em 29 de janeiro são ouvidas mais três testemunhas. Inicia os depoimentos o último clérigo do rol de acusantes, padre Filipe de Sousa, lisboeta, 57 anos, residente à rua dos Pescadores — pequena e feia artéria que ligava o largo de Santa Rita ao cais dos Mineiros, no sopé do mosteiro de São Bento. Tal sacerdote informa conhecer a delatada desde os tempos em que ambos ainda moravam em São João del-Rei, havia dez ou doze anos, "sendo público que ela fingia ter o Espírito Lúcifer". Declarou nunca ter visto nada de extraordinário em suas vexações demoníacas e, para comprovar seu fingimento, contou o seguinte episódio: "Em São João del-Rei, uma vez, estando atacada, um clérigo por escárnio deu a Rosa um papel escrito com várias parvoíces, recomendando que o trouxesse e que se havia de achar bem, e ela logo, entre soluços, acalmou-se, dizendo sentir-se melhorada, pensando tratar-se de um exorcismo...". Não conheciam esses letrados, naquela época, a ação curativa dos placebos...

Padre Filipe, conhecedor dos principais acontecimentos da vida da ex-mulher do fandango, posto terem sido vizinhos quando, já no Rio, residia nas imediações da igreja de Santa Rita, discorre sobre a frustrada profecia do templo de Santana, no distante morro do Fraga; o exame e os exorcismos públicos a que fora submetida na Sé de Mariana; a flagelação no pelourinho daquela cidade e a intervenção do sr. Arvelos, lhe prestando assistência material etc. Conclui afirmando que "o padre Francisco Gonçalves Lopes é nimiamente crédulo em seus embustes, e a respeita por pessoa de grande virtude", o que tem levado muitas pessoas, sobretudo mulheres, a lhe devotar verdadeira adoração.

Embora algumas das próximas testemunhas também façam pequenos comentários desairosos ou comprometedores à conduta da delatada, foram esses dois sacerdotes seus principais acusadores, pois todos os demais declarantes faziam parte direta ou indiretamente do "pequeno rebanho" dos que tinham depositado em mãe Rosa suas mais sublimes esperanças de salvação. Não deixa de ser curioso que tais clérigos, sabedores há anos de tais condutas heterodoxas, não tenham até então dado parte das mesmas às autoridades inquisitoriais, pois todos os anos, no primeiro domingo da Quaresma, eram lidos em todas as igrejas do Brasil os famigerados "Editais do Santo Ofício", obrigando todos os fiéis, e com mais razão os tonsurados, a denunciar aos comissários mais próximos todas as pessoas desviantes, cujas faltas constavam no extenso rol de culpas.

Francisco Martins Moreira foi a quarta pessoa a testemunhar. Natural de Trás-os-Montes, 39 anos, casado com Isadora Josefa do Sacramento, exercia a arte de cirurgião em sua casa à rua do Rosário. Provavelmente deve ter prestado seus serviços médicos — sangrias, sanguessugas etc. — às recolhidas e ao padre capelão, pois sua mulher esteve recolhida no Parto durante alguns meses. À época, era costume "recolher" a esposa nesses beatérios quando o marido devia ausentar-se sem ter onde ou a quem confiar a consorte, ou então algumas esposas, para escaparem da violência dos maridos, se refugiavam dentro dos claustros até que os ânimos se apaziguassem. O que esse cirurgião sabia a respeito de Rosa ouvira, portanto, de viva voz, não só de sua mulher, como de sua cunhada, nossa já conhecida irmã Maria Teresa, a primeira regente do dito beatério. Confirma a notícia de suas visões a profecia do dilúvio, sendo um dos devotos que, com os demais membros de sua crédula família, se refugiaram na igreja do recolhimento em 1759, com o escopo de salvar-se do castigo divino, castigo, aliás, que nunca se concretizou. Disse mais, que mãe Rosa ensinava que "a nova era ia reformar também Portugal", enquanto o capelão garantia que a negra sofreria igual martírio ao do Cristo Nosso Senhor. Conclui seu depoimento com a mesma observação do anterior: "Rosa engana mais às mulheres, que são mais fáceis de dar crédito a isto e a veneram e respeitam por grande serva de Deus". A eterna fraqueza das filhas de Eva!

Dentre as testemunhas, foram ouvidos, nos dias subsequentes, dois músicos mineiros, conhecedores da negra espiritada desde os tempos de Mariana, e dela grandes devotos. Devem ter abandonado as Minas, como muitos outros profissionais e artistas, na segunda metade do setecentos, fugindo da estagnação, prenúncio da decadência da sociedade mineradora, atraídos pelos novos ares de progresso material que favoreciam agora o Rio de Janeiro às vésperas de sua elevação à nova capital da Colônia. Ambas as testemunhas creditaram ao frade capuchinho a publicação do malfadado dilúvio, confirmando os acidentes e a agressividade da mestra da Vera Cruz quando possuída pelo Afecto. Pelo reduzido de seus depoimentos, assim como de outras testemunhas, somos forçados a concluir que os filhos de mãe Rosa tentavam esconder o que sabiam, ou lhe atenuar eventuais culpas, acreditando tratar-se de um lamentável equívoco a sindicância incriminatória contra a Flor do Rio de Janeiro.

No último dia de janeiro do fatídico ano de 1762, é a vez de o carioca Feliciano Joaquim de Sousa, quarenta anos, dar sua versão dos acontecimentos. Casado, tinha residência junto às freiras da Conceição. Aparentemente pertencia ao grupo dos incrédulos, embora mantivesse estreita amizade com vários devotos da negra capucha, tanto que seu depoimento é dos mais longos e ricos em detalhes. Quiçá estivesse tentando astutamente se eximir de cumplicidade com a comunidade dos crentes, temendo a ação repressiva da Santa Inquisição. Declarou que o padre Francisco costumava apregoar que "o Recolhimento do Parto era destinado a coisas muito grandes e que nele se haviam de recolher pessoas muito ilustres e seria procurado por reis e imperadores". Citou o soldado Francisco Xavier e a mulher do fazendeiro Lucas Pereira como devotos dos mais fervorosos da visionária, declarando que eram "nimiamente crédulos nessas ficções e acerrimamente apaixonados pelo recolhimento". Sua bela assinatura, com que ratificou o depoimento, sugere se tratar de pessoa bem escolarizada e culta, capaz, portanto, de matreiramente se passar por inocente nesse imbróglio eclesiástico.

Joaquim Pedroso, a oitava testemunha, era o irmão mais velho da regente Maria Teresa: solteiro, 34 anos, vivia de negócios. Era íntimo de Rosa, pois três de suas parentas conviveram longamente com ela no "sacro colégio". Estava presente quando a vidente vaticinou que a alma de seu cunhado recém-falecido penara apenas três dias no purgatório, incluindo-se entre os apavorados filhos da negra courana que, ao lado de outros membros de sua família, se refugiaram na capela do recolhimento quando do fracassado dilúvio de 1759. Quando lhe foram mostrados alguns manuscritos apensos aos autos, reconheceu as letras de suas duas irmãs, Maria Teresa e Isadora Josefa. Narrou então um episódio que, pela novidade e contradição, há de ter merecido particular atenção do comissário do Santo Ofício: que sua irmã Isadora, casada com Manoel Francisco Xavier, dera à luz um menino, e chegando logo cedo Rosa à sua casa, "de quem Isadora era muito devota, teve uma alocução interior que lhe disse no entendimento que esse tal menino havia de se chamar Joaquim José, e que seria um grande homem, uma das maiores colunas da Igreja, e que se tomasse em lembrança o nome dos pais e dele tomasse as ações que fazia". Crédulo ainda, o confessor de Rosa, frei Agostinho, foi anotando todos os progressos dessa criança predestinada — aliás, como vários outros escritores sacros fizeram em relação a muitos beatos e beatas da Santa Madre Igreja, cujas biografias prodigiosas têm início, às vezes, antes mesmo do nascimento. Sucedeu, porém, triste imprevisto: ao completar seus quatro aninhos, esse futuro bispo, ou quem sabe futuro papa, não resistiu a uma doença, vindo o pobrezinho a morrer. Matreira e escolada em remediar profecias descumpridas, a negra deu a volta por cima: "Antes, porém, que sucedesse esta morte, teve ela outra alocução [que não revelou a ninguém!] em que lhe dizia haver Deus retratado o decreto sobre o tal menino, por ter casado uma tia dele com pessoa que era do desagrado do mesmo Deus...". Oh, santa e cega credulidade! Oh, profecias e locuções arquitetadas ao sabor das conveniências! Rosa devia possuir realmente um carisma tão forte, uma personalidade e um poder de convencimento e comoção tão extraordinários que, malgrado vários reveses e fiascos espirituais, em vez de diminuir a fé de seus devotos, mais e mais sequazes engrossavam as fileiras de seus adoradores.

Os clérigos da audiência judicial devem ter concluído *una voce*: herege, feiticeira, falsa profetisa e fina embusteira! De uma virtude ninguém podia eximi-la: era astuta como o Cão!

Mais uma pausa de dois dias, e em 3 de fevereiro é ouvida uma das irmãs da citada regente, Ana Maria Joaquina do Sacramento. Como todos de sua família, também era lisboeta, 31 anos, casada com uma das testemunhas há pouco arrolada, o cirurgião Francisco Martins Moreira. Depõe ter conhecido a negra vexada desde os primeiros dias de sua chegada ao Rio de Janeiro, pois o padre Francisco, velho conhecido de seu pai, a levara à sua casa, dizendo "ser grande serva de Deus e que nela se ocultava um grande mistério, falando por sua boca os anjos e santos". Durante o período que conviveu no beatério, afirma ter visto sempre mãe Rosa com o Menino Jesus no regaço de seu peito, "e, mesmo fechando-o no oratório, e levando a chave o capelão, ao voltar, lá estava o Menino Jesus no seu regaço". Foi essa informante quem contou todas aquelas visões da fundadora, revelando o destino das almas de sua mãe, do coronel Matias Coelho, de seu cunhado Manoel Francisco Xavier, da crioula encomendada na capela do Parto etc. Em suas declarações, comprometeu gravemente o capelão e sua dirigida, ao informar que, nas ladainhas recitadas no beatério, ao rezarem *Regina Virginum* e *Regina Martirum*, Rosa apontava para o padre, e, quando diziam *Regina Sanctorum Omnium*, o capelão apontava para ela, dando a entender que a considerava "rainha de todos os santos". Costumava dizer igualmente que a negra ia sofrer paixão e morte iguais às de Nosso Senhor Jesus Cristo, concluindo seu depoimento com mais uma pérola — falsa — da pseudovidente: "Que, ao noticiarem o terremoto de Lisboa, ela disse que isto já sabia havia muito tempo", apesar de a ninguém ter previamente revelado sua profecia! Profetisa ex post facto...

Depois de ter ouvido dez testemunhas, transcorridos nove dias desde o início destes depoimentos, em 4 de fevereiro o comissário do Santo Ofício, assessorado pelos demais sacerdotes que acompanharam todo o sumário, conclui que já possuía elementos sobejos para inculpar não só a primeira denunciada, a negra Rosa, como seu ex-senhor e atual capelão. Então ordena, através de um auto, "que sejam presos e estarão no aljube com segurança, e se proceda logo ao sequestro dos bens do padre, para o que se passem as ordens necessárias e se continue a inquirir as demais testemunhas".

Tudo nos leva a crer que nem a acusada, nem o padre Francisco, foram presos nessa data, sendo encarcerados somente alguns dias mais tarde, primeiramente ela. Assim também, embora seja do dia 5 de fevereiro a ordem do comissário Pereira e Castro para "sequestrar quaisquer bens do sacerdote, com apreensão fechada em todos eles, e o depositarão em mãos de um depositário fiel, chão e abonado, para dar contas dele a todo tempo em que lhe forem pedidos", certas evidências nos permitem concluir que, por razões que nos escapam, a execução do sequestro só se deu no dia 15 de março, como veremos mais adiante. Tanto é correta nossa ilação, que exatamente em 5 de fevereiro, portanto no dia seguinte à ordem de prisão, Rosa escreve uma longa carta a seus "muito queridos senhores, filhos e compadres Pedro Rois e Maria Teresa Arvelos". É uma das missivas mais informativas sobre o dia a dia de nossa biografada e que, por seu tom comezinho e tranquilo, jamais poderia ter sido escrita dentro do aljube, nem se teria alongado em tantos detalhes materiais caso tivesse ciência de que, na véspera, o comissário inquisitorial assinara sua ordem de prisão. Seguramente o leitor há de concordar conosco no interesse em transcrevermos aqui algumas passagens dessa carta que, apesar de quebrar um pouco o ritmo dos acontecimentos judiciais, nos introduz no íntimo das preocupações e cuidados de nossa desafortunada visionária às vésperas de sua via-crúcis. Surpreendentemente, embora o clima místico emocional no recolhimento sugerisse o breve cumprimento das profecias de mestra Rosa e de seu capelão — pois, nesse início de 1762, o Justo Juiz, com toda sua majestade, viria a castigar os pecadores, arrasando, inundando e destruindo não só as Minas Gerais e o Rio de Janeiro, como inclusive o Reino de Portugal —, não obstante, nossa beata se comunica com seus compadres luso-mineiros com a tranquilidade de como se tudo fosse continuar na mesmice de sempre.

Depois das saudações pias iniciais, diz estar gozando de boa saúde, diferentemente do padre Francisco, que padecia de suas costumeiras moléstias: "A cada passo está de cama". Compara-se a um "pastor, sempre preocupada com suas ovelhas que estão no curral". Noticia e pede que lhe deem parabéns "pelo feliz parto, pois já lhe nasceu uma filha da contrição, Faustina Maria do Menino Jesus da Porciúncula, pois se curou da soberba, e o Menino Jesus fez do meu coração arco e flecha para flechá-la…". Comenta então a visita que o primo das meninas Arvelos fez ao recolhimento, dizendo que, malgrado ter sido à distância o encontro, intermediado pelas pontiagudas grades do parlatório, causou o moço grande frisson nos corações das madalenas arrependidas e donzelas recolhidas, pois o rapaz lhes pareceu "gentil-homem e de bonito modo…". Continua a tratar de temas familiares, dando curiosa receita à sua comadre para curar certa doença de seu afilhadinho:

> tomem umas poucas de beldroegas brancas, com raiz e tudo, lavem muito bem em uma vasilha nova, cozam-nas, e todos os dias de manhã deem-lhe um pouco a beber com uns pós de açúcar, e também cozinhem um pouco para o banharem com elas, e, no seu comer, também lhas botem, e deitem-lhe um pouco de vinagre, pois isto é para adelgaçar o fogo e temperar a natureza, porque a moléstia procede do fogo, da natureza cálida.

Estranho este sincretismo dos princípios médicos de Galeno — a dicotomia entre a natureza cálida e fria — com o acréscimo supersticioso da "vasilha nova". Em sua extrema adaptabilidade às variações culturais e ecológicas é que esse receituário crioulo encontrava sua penetração no universo rústico dos devotos da negra socializada no mundo dos brancos. Completou sua receita: "Se não há beldroegas, cozam malvas!".

(Pergunto a Carlita, do Bogum, várias vezes citada neste livro, e a quem mais uma vez renovo minha gratidão, que comentários teria a fazer a tais receitas: desconhecia o uso da beldroega como remédio, utilizando-a raramente, cozida, como base do "efó", uma das especialidades do cardápio afro-baiano, feita também com taioba ou mesmo folha de pimenteira. Quanto à malva — malva-branca, enfatizou, para distinguir da malva-roxa, brava e que não serve para nada —, disse-me ter diversas aplicações curativas: analgésico nas dores de dente, para desinflamar os intestinos e, em forma de pó queimado, eficaz cicatrizante de feridas e queimaduras. Muito utilizada na medicina natural, é encontrada no comércio como desinfetante bucal com o nome de "malvatricim".)

Além desse receituário, em sua carta madre Egipcíaca lastima que a escravizada Maria Benguela "ainda não tenha tomado o caminho para sua salvação", recomendando-lhe que se emendasse dos pecados da carne, caso quisesse se salvar. Manda ainda um recado malcriado para o avô materno das meninas Arvelos, sr. Manoel Pacheco da Costa Pais. Provavelmente, esse velho lusitano se opunha a que suas queridas netinhas — quatro donzelas de "sangue puro", cristãs-velhas pelos quatro costados — tivessem sido enviadas para o recolhimento no qual a mestra e guia não passava de uma negra ladina que, por mais santa que diziam ser, ainda era uma negra, segundo a visão racista da época, nascida de uma raça própria para o cativeiro e jamais para dar ordens à gente branca, muito menos às netas desse inconformado ancião lusitano. Escreve Rosa:

> Digam vossas mercês ao sr. Manoel que se cale com suas impertinências, pois não sabe o que diz. Que não queira competir com o Juízo de Deus, porque foi Deus, e não eu, quem tirou suas netas daí. Sua língua é como uma espada a provocar a justíssima indignação de Deus, que virá com mais fúria. Que reze, em vez de falar mal, pois Deus não quis que suas netas multipliquem a geração, mas que tomem o estado de religiosas.

Quem estava sendo profeta, nesse momento, era mesmo o velho avô reinol, pois, exatamente nessa semana em que Rosa lhe escrevia passando um pito, se iniciara no Paço Episcopal o processo que só iria terminar no Tribunal da Inquisição. Em pouco mais de um mês dessa missiva, as queridas netas do sr. Manoel estariam de volta ao sítio do bairro de Nossa Senhora da Glória de São João del-Rei.

Apenas na conclusão dessa longa carta, Rosa toca no assunto mais palpitante nesse início da "nova era": "Façam carta de seguro nos Cinco Corações, pois temo que em 1762 venham muitas novidades para toda a cristandade!".

Estas são as últimas palavras da derradeira carta ditada pela mestra Egipcíaca à sua escriba, Maria Teresa. As temidas "novidades" já estavam em curso, sem que a principal interessada, e vítima, tivesse conhecimento. No mesmo dia em que escrevia essa carta, o comissário do Santo Ofício, além de sua prisão, ordenara o sequestro dos bens do compadre capelão.

Por que a ordem de prisão, datada de 4 de fevereiro, só foi efetivada alguns dias mais tarde, não temos condição de responder. O certo é que, entre 5 e 13 de fevereiro, mais nove testemunhas são chamadas para dar continuação ao sumário de culpas.

Inicia-se esta segunda leva de depoentes, sendo citado um dos mais fiéis devotos da beata, o carioca Francisco Xavier, 42 anos, "que vive de seu trabalho na ilha de Paquetá". Disse ter recebido da própria Rosa o Rosário de Santana, e que frei Agostinho de São José, quando desacreditou das virtudes de sua dirigida e quis queimar mais de duas resmas de seus manuscritos "de coisas profundas", só conseguiu incendiar uma parte dos escritos, pois a outra pulava fora do fogo — milagre idêntico ao praticado por são Domingos de

Gusmão quando disputava com os hereges albigenses. Reproduz também o episódio do fracassado dilúvio apregoado por frei João Batista, barbadinho, concluindo com a revelação do quanto sua amada mestra era virtuosa: que numa quaresma passada, a negra se alimentara tão somente com "quarenta pães de vintém!". (Infelizmente não temos meios de identificar o tamanho desses pães, se dos pequeninos ou do tipo filão.) Tal informação será ratificada por outras testemunhas.

Mais dois homens são inquiridos: um negociante português de 62 anos, morador na travessa da Alfândega, e um paulista de Santos, sapateiro, 37 anos, com casa à rua do Carmo. O português relata as primeiras possessões demoníacas da negra courá, quando ambos ainda frequentavam a capela de São Sebastião, no Rio das Mortes, e o santista conta das investidas da energúmena contra padres e seminaristas, concluindo com uma informação ainda mais comprometedora da acusada e de seu protetor tonsurado: que ambos chamavam ao próximo castigo do Rio de Janeiro de "Reformação do Século", e que o Recolhimento dos Santíssimos Corações se transformaria numa arca flutuante, salvando-se tão somente os poucos escolhidos que ali tivessem se refugiado.

As últimas seis testemunhas pertencem ao sexo feminino, e todas conheciam a beata em sua intimidade, coabitando com ela no consistório da capela do Parto, antes da construção do recolhimento, dentro dos claustros, ou ainda a hospedando em suas moradas quando de sua expulsão do Sacro Colégio. D. Maria Tecla de Jesus, viúva de 48 anos, estava perfeitamente inteirada da vida e dos sucessos da madre fundadora, tendo merecido o privilégio de receber em sua casa a visita do polêmico painel com o desenho, sobre placa de cobre, de Santa Rosa Maria Egipcíaca da Vera Cruz. Confirmou o apertado jejum quaresmal de sua hóspede "cuja ordem recebera de Deus para aplacar sua ira contra esta cidade". Quando terminou seu depoimento, os sacerdotes que a ouviram anotaram assim no processo: "Merece esta testemunha crédito, pois era pessoa de vida conhecidamente perfeita, dada à oração, muito devota, e de louvável e honesto procedimento, e não seria capaz de faltar em coisa alguma à verdade por ter timorata consciência". Uma beata perfeita!

Também viúva e de pios costumes a ser ouvida foi Joana Maria do Rosário, quarenta anos, residente à rua da Prainha. Convivera com Rosa no tempo em que se alojaram provisoriamente no consistório da ermida do Parto e também era orientanda espiritual do finado frei Agostinho. Contou ao comissário certas condutas da acusada que não lhe pareciam agora muito adequadas, suspeitando até conterem algo de sacrilégio: "Certa vez, rezando o terço, tendo à mão uma imagem do Santo Cristo, de joelhos, caíra Rosa com a mesma imagem e a arrastou à roda da casa pelo chão, ficando a cruz para baixo e a sagrada imagem para cima, dando voltas no chão" — intimidade corporal que pareceu à depoente indevida e desrespeitosa à divindade, embora o padre capelão transferisse a culpa para o Demônio, dizendo que "era ele que a deixava naquele estado". Disse mais: que esse sacerdote, quando exorcizava os endemoniados, "lançava preceitos em nome de Jesus e de Rosa Maria Egipcíaca da Vera Cruz".

As derradeiras testemunhas ainda viviam ou já tinham morado no recolhimento: duas eram portuguesas, e a terceira, da freguesia de São Gonçalo.

Irmã Ana Maria de Jesus, 25 anos, citada várias vezes ao longo destas páginas, fora uma das vítimas do Afecto, chegando a levar uma surra com o cordão de são Francisco por conversar na igreja de Santo Antônio. Logo ao se recolher, a regente a aconselhara a fingir-se vexada como a melhor estratégia para viver bem na comunidade; como, porém, se recusasse a tais encenações satânicas, foi expulsa, pois sua incredulidade e recusa em participar de tais diabruras minavam as próprias estruturas de poder desse gineceu de demonopatas. Apesar de reconhecer que a Abelha-Mestra a defendera de agressões físicas e intimidações das demais espiritadas, fez duas acusações graves contra os réus: que o capelão lhe ordenara realizar confissão geral aos pés da preta e que durante seus anos intraclaustros nunca viu a beata fazer penitências ou mortificações, pois, enquanto as demais recolhidas tomavam disciplina (flagelação), Rosa estava em seu cubículo escrevendo, e, em vez de se mortificar todos os dias, entremeava suas refeições com sestas e recreios, não dispensando jamais seu inseparável cachimbo.

As duas últimas a serem ouvidas eram as cozinheiras do Recolhimento do Parto. Por que foram logo elas as escolhidas, não o sabemos. Irmã Páscoa Maria de São José era viúva, 48 anos, e havia sete convivia com a fundadora: timorata, devia estar trêmula perante os reverendos sacerdotes que anotavam tudo o que contava. Falou muito pouco, procurando eximir sua mestra de ações culposas, insistindo que ela nunca proclamara o dilúvio, e sim frei João Batista. Contou também que, depois de suas visões e raptos, Rosa "dizia não se lembrar de nada", o mesmo discurso ainda hoje repetido pelos adeptos das religiões afro-brasileiras e pelos kardecistas passado o transe mediúnico.

A outra cozinheira a ser inquirida foi irmã Teresa de Jesus, 25 anos, natural da ilha do Faial. Esta freirinha declarou ter comido o pão que o diabo amassou, nos quatro anos em que havia residido nessa comunidade, vivendo assustada com as fantásticas aparições, vozes, assobios ensurdecedores e demais "acidentes" que diariamente lhe ocorriam, manifestações sempre interpretadas pelas evangelistas como procedentes do Coisa-Ruim. Por meio de seu depoimento, o comissário ficou a par dos desatinos que o capelão permitia ou mesmo estimulava dentro dos claustros, mandando que as recolhidas se confessassem com a preta, que beijassem seus negros pés a fim de lucrar indulgências para si ou para as almas do purgatório, sobre os rituais de adoração dirigidos a ela, as cerimônias asquerosas, incluindo o uso da cuspideira da comunidade para purificar as incrédulas etc. etc. Contou sobre as estripulias das evangelistas, os exorcismos feitos "em nome do Coração de Santa Rosa Maria Egipcíaca da Vera Cruz", o seu retrato no qual era representada, com as insígnias da santidade, a profecia de que, "se Deus tivesse de se encarnar agora, só o faria no seio de Rosa".

Ao terminar a inquirição dessas dezenove testemunhas, em 13 de fevereiro o comissário do Santo Ofício dispunha de elementos mais que suficientes para proceder judicialmente contra os dois réus, cujas suspeitas de desvios na ortodoxia católica estavam sobejamente confirmadas e esclarecidas pelos denunciantes.

Transcorre uma semana do fim do inquérito, e em 20 de fevereiro é a vez de a própria acusada dar sua versão dos acontecimentos. A prisão de Rosa deve ter ocorrido, portanto, entre os dias 13 e 20 de fevereiro de 1762. O padre capelão só será encarcerado em 8 de março.

Em cidades do porte do Rio de Janeiro, via de regra as prisões dos réus da Inquisição deviam ser efetuadas pelos familiares do Santo Ofício. Já tratamos desses personagens alhures, quando da primeira prisão da negra vexada na comarca do Rio das Mortes. Como é sabido, aos familiares cabia confiscar e prender os réus indicados pelos comissários ou diretamente pelo Tribunal de Lisboa. Eram as pontas de lança da máquina inquisitorial, e, juntamente com os comissários, notários e qualificadores, constituíam a ossatura externa desse *Monstrum Terribilem*.[5] Vejamos sucintamente alguns dados sobre a presença desses tentáculos inquisitoriais na cidade do Rio de Janeiro, já que, a partir de agora, nossa biografada se torna uma das vítimas desse monstro sagrado. Infelizmente, nenhum historiador se preocupara até ali então em estudar a presença e o significado do Santo Ofício nessa região, daí ser também original esta nossa contribuição à historiografia carioca.

Já em 1612, encontramos um comissário do Santo Ofício atuando na pequenina cidade de São Sebastião: d. João de Membrise, natural e súdito de Castela, que teria permanecido dezoito meses nessa localidade, vendo-se praticamente obrigado a fugir devido a uma série de desatinos ali cometidos, amotinando-se o povo contra ele por ser espanhol e fazer mau uso de sua autoridade.[6] Ainda no século XVII, localizamos o nome de dois familiares do Santo Ofício residindo no Rio de Janeiro: em 1676, o negociante Antonio Maciel, e em 1680, Antonio Pinto. Entre os anos de 1704 e 1763, temos notícia de 254 habitantes do Rio de Janeiro que, por razões pessoais variadas, não querendo ou não podendo ir a Lisboa para serem confirmados no cargo de familiares, receberam o atestado, a venera, e juraram o compromisso regimental nessa mesma cidade na qual residiam.[7] Nos doze anos em que Rosa viveu no Rio de Janeiro, seguramente devia existir em seu perímetro urbano uma meia centena de familiares, alguns, inclusive, residindo nas imediações do Recolhimento do Parto, como o familiar Alexandre Peixoto, morador na freguesia da Candelária, habilitado em 1758.

Quanto aos comissários do Santo Ofício do Rio de Janeiro, além do malfadado João de Membrise, de 1612, encontramos referência aos seguintes sacerdotes que exerceram tal função nesse bispado: padre Gaspar Gonçalves de Araújo, 1729; padre Lourenço de Valadares Vieira, 1734; padre Francisco Fernandes Simões, 1745; frei Paulo do Nascimento, 1750; padre Inácio de Oliveira Vargas, 1753; padre Antonio José dos Reis Pereira de Castro, 1754; frei Bernardo de Vasconcelos, 1754; padre José de Sousa Ribeiro de Araújo; e padre Antonio Pereira da Cunha, cujas datas de recebimento do comissariado ignoramos.[8]

Também não temos elementos para esclarecer quantos desses comissários continuavam vivos e atuantes na mesma década em que Rosa viveu no Rio de Janeiro. Três deles são citados no processo: o padre Francisco Fernandes Simões, habilitado em 1745, passava dos setenta anos quando recebeu denúncias de certas irregularidades canônicas registradas no Recolhimento do Parto. Talvez pela idade avançada e por estar muito atarefado com outras diligências, não tenha dado início ao sumário. O segundo comissário a ser referido é o nosso já bem conhecido cônego Pereira e Castro: surpreende-nos que tenha partido do bispo, e não dele próprio, a iniciativa de proceder contra a negra suspeita de heresia, pois tal crime pertencia primordialmente à alçada inquisitorial. Pode ser que, pelo fato de ocupar diversos outros cargos e importantes funções hierárquicas no cabido fluminense, governando o bispado de forma oficiosa, em substituição ao constantemente enfermo d. Antônio do Desterro, esse funcionário inquisitorial restringisse ao mínimo possível suas atribuições de comissário, tanto que, um mês depois de iniciar o sumário contra Rosa, transferirá as diligências para o terceiro comissário citado nesses autos, o carmelita frei Bernardo de Vasconcelos, de quem trataremos mais adiante. Aliás, é este frade comissário quem nos dá a melhor pista para explicar a demora e a indiferença com que os representantes da Inquisição nessa cidade trataram as graves heterodoxias praticadas por mestra Egipcíaca e seu supersticioso séquito. Diz o carmelita em ofício enviado à Inquisição:

> Há muito tempo, e com grande escândalo, permanecem no Recolhimento do Parto as superstições, revelações e milagres que causam grandes prejuízos espirituais e escândalos a muita gente. Deus sabe os grandes remorsos que combatem a minha consciência pela omissão que tenho tido em expor, na presença de vossos ilustríssimos senhores, ao que estava obrigado, não só como comissário e religioso, mas como cristão, porém o crivo do Brasil é muito largo, e passa não só a farinha e o farelo, mas ainda o grão inteiro passa...

Belo discurso de mea-culpa e atestado de incompetência: a nosso ver, os agentes inquisitoriais em terras de Santa Cruz valorizavam muito mais o prestígio inerente à posse de seus cargos do que o desempenho daquelas funções investigatórias e repressivas previstas pelos Regimentos. Daí a proliferação e o enraizamento, por anos seguidos, de inúmeras condutas desviantes, da alçada do Santo Ofício, sem que familiar ou comissário algum tomasse a iniciativa de denunciá-las à Mesa Inquisitorial.

Voltemos, porém, ao momento em que o comissário Pereira e Castro, depois de ouvir dezenove testemunhas que ratificam e acrescentam ao rol de culpas outros delitos envolvendo a preta e seu capelão, determina, em 4 de fevereiro de 1762, a prisão de ambos no aljube. Padre Francisco, pelo que pudemos deduzir de seu processo, até então jamais fora preso em toda sua vida; Rosa Egipcíaca, pelo contrário, desde menina, coitadinha, sofrera diferentes espécies de detenção: ao ser pilhada na Costa de Uidá, certamente fora acorrentada junto com outros cativos até embarcar para o Novo Mundo; o porão do tumbeiro deve ter sido a pior experiência na vida da negrinha de seis anos, pelo calor fétido e desconforto dos dois meses que costumava demorar a travessia do Atlântico Sul; já adulta, em São João del-Rei, esteve alguns dias no aljube, por ordem do vigário da Vara da comarca; novamente, em Mariana, o bispo d. Manoel da Cruz ordenou ao juiz de fora que prendesse a espiritada no calabouço, esperando o dia de se cumprir a pena dos açoites no pelourinho. Portanto, ao ser trancafiada no aljube do Rio de Janeiro, Rosinha deve ter-se lembrado de todos esses infortúnios decorrentes de sua condição de africana escravizada e endemoniada. Até o fim da vida, passaria por sete diferentes tipos de prisão. Sua culpa, uma só: ser possuída pelo Afecto.

No Rio de Janeiro, à época, duas eram as instituições carcerárias mais importantes: a cadeia, situada na várzea, no local onde existe hoje o Palácio Tiradentes, próximo à praça Quinze, cuja construção foi concluída em 1747 por Gomes Freire de Andrade; e o aljube, obra de d. Antonio de Guadalupe, erigido por volta de 1730, destinado aos eclesiásticos e demais presos de consciência. Funcionou com esse fim até 1808, quando suas instalações foram ocupadas pelos acompanhantes de d. João e da família real. Situava-se na "rua do Aljube", depois da Prainha. Através de ótima gravura, assinada por Thomas Ender (cerca de 1817), podemos vê-lo de corpo inteiro: um casarão de dois andares, com sete grandes janelas gradeadas e uma porta principal. "Existem descrições dantescas do que era, como horror, o aljube, enquanto serviu de prisão civil." Como de praxe, devia existir ali uma pequena ala destinada às mulheres, sem dúvida menor que as congêneres das cadeias del-rei, pois apenas raramente as filhas de Eva caíam nas redes da justiça eclesiástica.

Segundo o autor das "Antiqualhas e memórias do Rio de Janeiro", o ilustre José Vieira Fazenda, "no aljube havia também uma casa particular para se depositarem mulheres que houvessem de casar ou divorciar-se de seus maridos".[9] O que nos permite imaginar que essa ala feminina devia oferecer um pouco mais de "conforto" do que as demais penitenciárias. Se a nossa "espiritada" ficou junto com tais mulheres, infelizmente nada registra a documentação.

Pela gravura de Ender, podemos distinguir alguns presos acorrentados com grossos grilhões às grades da enxovia, pedindo esmola na rua.

As cadeias no Rio de Janeiro viviam abarrotadas de gente. Eram dois antros infectos, verdadeiras cloacas onde os criminosos apodreciam em vida, infectados pela falta de higiene, roídos por mazelas e verminas. No aljube os compartimentos eram construídos para doze ou quinze pessoas. O cheiro desprendido desses lugares sórdidos e tristes por vezes empestava a cidade. O preso, no regime colonial, não era mantido pelo Estado, senão pelas suas famílias, seus senhores, patrões ou amigos. Os que não tinham tais esteios, que tratassem de esmolar para não morrer de fome.[10]

Nada informam os documentos sobre a permanência dos dois presos no aljube: decerto ficaram em espaços distantes e incomunicáveis, não só por serem de sexos opostos, como para evitar o conluio entre os cúmplices.

Deve ter sido, portanto, nas antevésperas de 20 de fevereiro que a negra foi levada para o aljube, pois é dessa data o "Auto de perguntas feitas à ré Rosa Maria Egipcíaca da Vera Cruz, preta forra". Eis o pomposo parágrafo que abre esse documento, peça fundamental na reconstrução da biografia da beata:

Ano do nascimento de Nosso Senhor Jesus Cristo de 1762, aos 20 dias de fevereiro, no Paço do Auditório deste Juízo Eclesiástico nesta cidade de São Sebastião do Rio de Janeiro, onde reside o muito reverendo Senhor Doutor Antonio José dos Reis Pereira e Castro, mestre-escola na Catedral deste bispado e em todo ele provisor, vigário-geral, juiz dos casamentos, genere e resíduos. Aí na sua presença foi vinda a ré Rosa Maria Egipcíaca da Vera Cruz, preta forra de nação courana, e pelo mesmo muito reverendo Senhor lhe foi perguntado se tinha Espírito Maligno e a que anos.

Esse documento, cuja cópia mimeografada pusemos à disposição dos pesquisadores interessados no Arquivo Nacional, é um conjunto de dezesseis folhas manuscritas, caligrafia do tipo oficial e de excelente qualidade de leitura, tendo sido escrivão o padre Amador dos Santos, o mesmo secretário da primeira inquirição. Ao longo dessa sessão de perguntas — que deve ter transcorrido durante o dia todo, quiçá mais de um dia, dada a extensão dos depoimentos —, são formuladas à ré sete perguntas, cujas respostas em quase sua totalidade já transcrevemos ao longo destas páginas, posto descreverem pari passu sua vida e sucessos. Eis o teor das perguntas:

1. Tem a ré um Espírito Maligno, e há quantos anos?
2. Teve algum favor sobrenatural de Deus?
3. Teve algumas visões sobrenaturais?
4. Foram-lhe mostradas ou reveladas algumas coisas que haveriam de suceder no futuro?
5. Padecia a ré de desassossego e distrações na alma quando teve estas visões?
6. Reconhece a autoria dos manuscritos apensos ao processo?
7. Narre sua vida e costumes até agora.

A cada pergunta, Rosa ia discorrendo minuciosamente sobre sua biografia, desenterrando, ano por ano, os principais acontecimentos que marcaram sua existência atribulada: como, havia catorze anos, começara a ser vexada por um Espírito Maligno, seu encontro com padre Francisco Gonçalves Lopes, as primeiras sessões de exorcismo no Inficcionado, os conflitos com o clero marianense, suas visões beatíficas, a missão de ser zeladora dos templos, as revelações celestiais, as profecias e antevisões de sucessos futuros, a fuga para o Rio de Janeiro, sua alfabetização, a milagrosa fundação do Recolhimento do Parto, a maravilhosa manifestação dos Santíssimos Corações, a primeira profecia do dilúvio, o descrédito de seu confessor, frei Agostinho, suas práticas devocionais — em particular a oração mental, as orações que os céus lhe ensinaram etc. etc.

Rosa não omitiu nenhum detalhe de sua experiência mística, descrevendo com todo colorido e brilho suas visões beatíficas, reproduzindo com precisão as palavras e preces que lhe transmitiram os mensageiros do Além. Não se acanhou em falar de suas virtudes e práticas devocionais: disse que foi o finado provincial dos franciscanos quem lhe ensinou o exercício da oração mental, a qual realizava todos os dias, meia hora de manhã e meia hora à noite, acrescentando que com as demais recolhidas "fazia penitências, jejuando algumas vezes e tomando disciplinas às segundas, quartas e sextas-feiras, porque assim lhe ordenava o seu diretor, e nos outros dias em que não tomava disciplina trazia o cilício com o qual seu Espírito ficava mais brando". Ao ser perguntada

se, quando lhe sucediam tais visões e revelações, padecia algum desassossego na alma e distrações dela, com falta de humildade, e se tinha alguma dúvida, quando lhe sucedia ter aquelas vistas e ouvir essas vozes, de que fossem verdadeiras ou ilusões do Demônio? Respondeu que, quando isso lhe sucedia, ficava sempre inflamada do amor de Deus e às vezes sentia como um incêndio no seu peito e não padecia distrações na sua alma, antes ficava totalmente humilhada, considerando o nada do seu ser e os muitos benefícios que Deus lhe tinha feito.

Essa resposta da africana não poderia ter sido mais acertada, pois descreve com precisão o ensinamento dos teólogos e místicos relativo às provas da santidade: se os toques etéreos procedem do Diabo, "produzem maus efeitos no visionário, ficando a alma inquieta, fria e desgostosa",[11] exatamente o contrário do que sucedia com a nossa vidente depois de seus arrebatamentos, cuja alma se tornava quieta, incendiada e apaixonada pelo Todo-Poderoso. Viva Jesus!

Astuta, ela omite todos os detalhes de sua rocambolesca biografia que poderiam comprometê-la como falsa santa, embusteira, demonólatra, bruxa ou simplesmente charlatã: deixa de narrar suas profecias não realizadas ou que saíram ao contrário, o ritual da escolha de suas quatro evangelistas, a veneração ao quadro com sua imagem aureolada, a utilização de sua saliva, dente, cabelo e roupa como relíquias, seu propalado poder em decidir o destino das almas, sua missão salvífica depois do próximo dilúvio universal, sua pretensão de ser a esposa da Trindade Santíssima, de ter descido aos infernos, de ter ressuscitado, de ser Deus etc. etc.

Nessa primeira fase do inquérito, competia ao comissário tão somente arrolar minuciosamente as denúncias, ouvir o depoimento dos réus, sem confrontar ou aprofundar as contradições das diferentes partes, tarefa privativa da Mesa Inquisitorial de Lisboa.

Terminado esse auto de perguntas, "às quais assistiram também dois escrivães do Juízo Eclesiástico, os padres Manuel do Espírito Santo e Lucas Antonio de Araújo Neiva, na presença dos quais foram feitas e dadas pela depoente as suas respostas e de tudo, para constar, mandou o muito reverendo senhor ministro fazer este auto e que assinaram com a depoente os ditos escrivães".

A assinatura de Rosa é sólida e idêntica às outras com que firmava suas cartas: Roza Maria Egciaca — letra rústica e primitiva, sobretudo se comparada com as rubricas ultrarrendadas dos eclesiásticos que assinavam este mesmo documento.

Apesar de certamente estar nervosa, considerando que qualquer inquérito sempre provoca incontrolável tensão nos réus — mesmo nos inocentes —, Rosa devia se manter confiante de que sairia vitoriosa desse processo: sua esperança era inabalável, e a segurança demonstrada ao responder aqueles quesitos deve ter causado admiração nos incrédulos sacerdotes. Afinal, devia ela pensar, a Divina Providência nunca falha em socorrer seus verdadeiros filhos, e os Santíssimos Corações lhe haviam prevenido que, antes da glória, teria de enfrentar doloroso calvário. Esses autos no Paço do Juízo Eclesiástico fluminense não passavam dos prolegômenos de sua via-crúcis. A tranquilidade, a segurança e a convicção com que respondeu ao inquérito, repetimos, devem ter desconcertado seus juízes tonsurados, que viram nela não uma alucinada nem uma verdadeira mística, mas uma refinada embusteira, mestra na arte de enganar.

Quando a Abelha-Mestra é presa, o capelão e as evangelistas, a um tempo assustados e precavidos, tratam de destruir ou ocultar todas as provas que pudessem comprovar seus desatinos idolátricos. Mandam o báculo e a cruz da nova era para a casa do fiel amigo Manuel Barbosa, o qual declarará mais tarde ter tudo destruído. Todos os manuscritos das visões e demais anotações que as evangelistas escreveram ou ditaram ao longo desses vários anos de misticismo, e que eram respeitosamente guardados como relíquias, foram de imediato queimados: para disfarçar o cheiro forte e característico da fumaça de papel — que no século XVIII ainda era confeccionado com trapos e fibras de tecido —, disseram algumas recolhidas que o padre capelão havia misturado nessa insólita fogueira um pouco de perfume. Decerto, nesses primeiros dias de angústia e tensão, padre Francisco instruiu as recolhidas, no caso de serem inquiridas pelo comissário do Santo Ofício, a omitir aqueles detalhes que agora o velho sacerdote percebia terem fugido aos ensinamentos tradicionais da Santa Madre Igreja. Já devia ter escrito também, com urgência, aos seus compadres em São João del-Rei, informando sobre a prisão de Rosa e solicitando a presença imediata do sr. Arvelos no palco desses dramáticos acontecimentos. A carta deve ter chegado rapidamente ao destinatário, tanto que, em 6 de março, a sra. Arvelos, d. Maria Teresa, procura o comissário do Santo Ofício de São João para denunciar-se de ter acreditado cegamente na santidade de sua ex-escravizada Rosa Courana. Diz que já havia dois dias procurava descarregar sua consciência perante a mesma autoridade inquisitorial, mas, sendo noite, o sacerdote não a quis atender, conforme prescrevia o direito canônico. Provavelmente o casal Arvelos decidira precaver-se em todas as frentes eclesiásticas, neutralizando com essa primeira confissão o agente inquisitorial a cuja circunscrição territorial pertencia essa assustada família, ao

486

mesmo tempo que o chefe do clã partia, a toque de caixa, para o litoral, a fim de recuperar as quatro filhas recolhidas no Parto e se descompatibilizar com as autoridades do Santo Ofício do Rio de Janeiro, local inicial e centro de comando desse preocupante quiproquó relacionado ao crime de heresia formal.

Em São João del-Rei era então comissário da Inquisição o padre José Sobral e Sousa, português do bispado de Braga, habilitado para tal encargo em 1760.[12] Exercia também a vigaria da Vara da comarca do Rio das Mortes, sendo portanto a mais poderosa autoridade eclesiástica da região. Ao ser procurado pela sra. Arvelos, ouviu e anotou cuidadosamente sua confissão espontânea, na qual delatava seu envolvimento místico com a ré Egipcíaca, amizade espiritual que tivera seu início antes mesmo do tempo em que seu esposo comprara a negra da mãe de frei Santa Rita Durão. Conta dos transes e manifestações diabólicas de sua comadre Rosa, da fuga do padre Francisco e da negra para o Rio de Janeiro. Declara que, se dependesse de si, suas quatro filhas não teriam descido a Mantiqueira para se recolher no Parto, "mas, por persuasão de seu marido e boa fama de que gozavam as recolhidas", se conformou com a decisão de enclausurá-las no Recolhimento dos Santíssimos Corações. Disse mais: que só começara a desconfiar das falsidades de Rosa quando passou a intitular-se "Mãe de Misericórdia", atribuindo a Maria Santíssima tão somente, a partir de então, o título e a função de "Mãe da Divina Justiça". Procurando eximir-se de sua indubitável crendice na beata sua comadre, afirmou ter desejado que seu marido fosse retirar as filhas do famigerado recolhimento, e, como penhor de seu sincero arrependimento pelas eventuais culpas que tenha cometido, entregou ao dito comissário um pacote contendo 55 cartas enviadas do Rio de Janeiro à sua casa, a saber: 26 cartas ditadas pela negra Rosa, 22 de seu compadre capelão, quatro de sua filha Maria Jacinta e três assinadas por Faustina. Conclui a confissão ressaltando que as sete cartas "atribuídas a suas filhas devem ter sido ditadas pelo padre Francisco e por Rosa, pois Faustina e Jacinta foram criadas na roça, com falta de notícias" — declaração que somos inclinados a referendar, pois o tom laudatório e místico dessas missivas não correspondia absolutamente à incontrolável e prolongada revolta e obstinação com que as duas meninas Arvelos resistiram a se curvar aos pés da ex-escravizada de seus pais.

Junto a essa pilha de cartas, a sra. Arvelos entregou ao comissário são-joanense um manuscrito de duas folhas, sem data nem assinatura, contendo importantes e comprometedoras matérias espirituais: a profecia de um terremoto universal no ano de 1762; a condenação ao inferno de todos que falassem mal do Recolhimento do Parto; sobre um devoto de Rosa, pedreiro de profissão, que vira no peito de sua mãe e mestra

> uma forma de olho redondo com Nosso Senhor Sacramentado todo resplande-
> cente e que todos os dias as recolhidas viam Jesus Crucificado em seu peito, salvo
> uma vez, que perceberam o Demônio segurar-lhe a mão para não se dar discipli-
> na; que todos os santos do céu conferenciavam com Rosa e lhe davam audiências,
> ficando morta por 24 horas quando Nosso Senhor trocou seu coração com o dela,
> voando para o céu cercada de luzes.

Currículo maravilhoso, só equiparado ao dos mais virtuosos santos da corte celestial.

D. Maria Teresa deve ter ficado um tanto tranquila quando assinou tosca-mente sua delação, por ter descarregado sua consciência e ver-se, afinal, livre daquele embrulho tão comprometedor que ameaçava não apenas sua pessoa, mas toda a família. Tranquilidade, porém, apenas relativa, convém frisar, pois essa desafortunada portuguesa, beirando então os quarenta anos, passou sema-nas angustiantes até que seu marido retornasse do litoral, temendo o imprevi-sível e rigoroso castigo do Tribunal do Santo Ofício. Deixemo-la emaranhada em seus remorsos — verdadeiros ou falsamente oportunísticos — e voltemos ao Rio de Janeiro, onde, passados dois dias dessa confissão da matriarca Arve-los, ocorre um novo episódio no andamento do processo.

Mal acabara o padre Francisco de tomar suas precauções, destruindo ou escondendo as provas mais comprometedoras do culto idolátrico que dedica-vam à sua ex-escravizada, eis que, aos 8 de março, é a sua vez de experimentar o infortúnio das justiças eclesiásticas: é preso e trancafiado no aljube. Quem o prendeu, se algum familiar do Santo Ofício ou o meirinho da Vara eclesiástica, não informam os documentos, indicando apenas que ambos os réus "ficaram presos e seguros sob o cuidado de José da Fonseca Souto Maior, carcereiro do aljube". O vexame de sua prisão, encaminhado do Parto até o cárcere, exposto à malévola apreciação dos transeuntes, deve ter causado profunda consterna-ção no velho sacerdote, muito amado por quantos foram por ele exorcizados, e certamente desprezado pelos que o julgavam patrocinador das embustices de sua companheira africana.

Passados poucos dias dessa prisão, chega o sr. Arvelos ao Rio de Janeiro. Deve ter ficado em polvorosa, vendo encarceradas as duas principais colunas do recolhimento no qual viviam enclausuradas suas quatro filhas. Talvez tenha visitado os réus no aljube, pois outras testemunhas disseram ter acesso a eles quando prisioneiros. Quiçá por sugestão de seu compadre, Pedro Rois Arvelos tomou a iniciativa de também se delatar junto ao Santo Tribunal, preterindo astuciosamente o cônego Pereira e Castro, em favor do comissário frei Bernardo de Vasconcelos — mais transigente que o primeiro.

Seguindo seu exemplo, mais uma dezena de devotos de Rosa testemunhará perante o mesmo comissário, cujo processo de habilitação ao Santo Ofício informa alguns detalhes interessantes sobre sua pessoa. Era frei Bernardo, natural da capitania do Espírito Santo, vindo a professar na Ordem Carmelitana do Rio de Janeiro — na mesma igreja em que Rosa tivera algumas de suas visões beatíficas. Foi lente jubilado e doutor em filosofia e teologia no convento teresiano de São Paulo. Procedia de família assaz religiosa, tendo dois tios paternos que desempenharam a função de provincial em sua mesma agremiação religiosa. Quando estagiando nos conventos do Reino, viveu algum tempo no mosteiro de Santa Marta de Lisboa, a casa-mãe de onde se originou a província carmelitana do Brasil. Data de 1749 seu requerimento para ser comissário do Santo Ofício no Rio de Janeiro, recebendo sua provisão em 1754.[13]

Foi, por conseguinte, no convento do Carmo dessa cidade, em cuja igreja conservavam os frades, orgulhosamente, belo relicário com alguns fios do cabelo de Nossa Senhora, que frei Bernardo de Vasconcelos ouviu e anotou a denúncia efetuada pelo sr. Arvelos, em 12 de março do mesmo ano, 1762. É um documento patético, que provoca tristeza cada vez que o lemos, pois retrata a desolação de um dos mais fervorosos crentes de Rosa que, pressionado pelas autoridades oficiais da Igreja, se viu na contingência de arrenegar o que tinha de mais querido e sagrado em sua vida: Rosinha, sua mãe espiritual, que de escravizada se tornara a própria imagem de Deus Nosso Senhor. Seu depoimento é longo e começa logo "arrenegando de tudo que for do Diabo, a tudo renuncio, detesto e abomino". Enumera, a seguir, alguns episódios fantásticos da biografia da acusada, como que tentando justificar sua antiga crença. Havia doze anos que a conhecera, apresentada pelo padre Francisco, e logo certa feita, quando ela orava diante de um grande crucifixo, "viu-a arrebatada em êxtase", o que muito o impressionou; na casa de um conterrâneo seu de São João del-Rei, "faltando do oratório a imagem do Menino Jesus, fora encontrada no peito de Rosa". Como não acreditar na santidade e na proteção divina dessa serva de Deus?! Em sua confissão, o sr. Arvelos transfere a seu compadre Xota-Diabos e a padre João Ferreira, seu vizinho, a responsabilidade de sua fé na negra espiritada, pois ambos lhe garantiram que ela "tinha em suas mãos a vida de todos os filhos de Adão", estimulando-o, e à sua parentela, a reconhecê-la como mãe, tanto que,

> como miserável pecador, confiava na santidade dela e a consultava sobre suas pendências, e, pelo respeito que tinha a Rosa, algumas vezes tomou-lhe as bênçãos de joelhos e quis também beijar-lhe os pés, o que ela não consentiu, e, pelo conceito que dela fazia, tomara-a como comadre.

Por mais "democrático" que fosse o capixaba frei Bernardo de Vasconcelos, deve ter admirado e condenado a excessiva demonstração de respeito do reinol Arvelos: onde já se viu, um branco, cristão-velho, dobrar os joelhos e beijar os pés de uma negra?! De são Benedito ou santa Efigênia, vá lá, mas de uma ex-escravizada africana, era demais!

Continuando sua confissão, incrimina mais ainda seus amigos sacerdotes, pois, perguntando uma vez ao padre João Ferreira, "o maior sectário da santidade da negra", se essas matérias não deviam ser denunciadas ao Santo Ofício, disse que não eram casos da Inquisição, e ele, como homem ignorante, acreditava. Como também acreditou cegamente na afirmação de seu compadre Xota-Diabos de que a imagem do Senhor Morto, existente na igreja do Parto, debaixo do altar, "parecia morto, mas estava vivo e queria ser embalsamado, dando ao padre 20$000 réis para comprar e preparar o bálsamo". (Com essa mesma quantia se compravam, à época, dois bois ou duas arrobas e meia de peixe seco.) Santa ignorância: acreditar que o Senhor Morto, feito de madeira, estava vivo!

Além da grave acusação de charlatanismo, Arvelos tenta agora desacreditar os poderes preternaturais de quem tanto adorava, declarando que diversas das profecias da negra courana redundaram em flagrantes fiascos, como certa vez que ela apontara para uma paragem aurífera, não se encontrando ali, por mais que cavassem, sequer uma pepita de ouro, e outra quando vaticinara êxito numa pendência judicial sua que, no fim, lhe foi desfavorável. Concluiu o sitiante sua patética confissão com a declaração desconcertante: "Sabendo agora que tudo não passara de embustes e enredos do Demônio, apresenta tudo como arrependimento ao reto, venerando e respeitável Juízo do Santo Tribunal da Inquisição". Como reforço de tão boas intenções, alcagueta seus antigos confrades de devoção: o pedreiro Manuel Lourenço, Manuel Barbosa Guimarães e sua mulher, Isadora, que também eram adotados pela negra como filhos de seu coração — particularmente o pedreiro, "que ainda acredita nas visões, santidade e milagres de Rosa".

Segundo informação da irmã Francisca Xavier dos Serafins, tão logo a madre fundadora e o capelão foram encarcerados, imediatamente os franciscanos do convento de Santo Antônio tomaram as rédeas do recolhimento, destituindo a regente e devassando, por conta própria, as irregularidades ali praticadas pelos réus. Proibiram que continuassem a realizar aquelas "ridicularias" — o Rosário de Santana, a Novena dos Santíssimos Corações e outras devoções instituídas por Rosa. Deve ter sido logo nos primeiros dias depois de sua chegada a essa cidade que o sr. Arvelos retirou suas filhas desse beatério, alojando-as nas casas de seus amigos, enquanto aguardavam o desenrolar dos acontecimentos, antes de retornarem para as minas do Rio das Mortes.

Entre a autodenúncia do ex-proprietário de Rosa, de 12 de março até o dia 6 de abril, mais nove testemunhas baterão às portas do comissário carmelitano ou então enviarão "cartas de confissão" por residirem distantes dessa cidade, descarregando-se do que julgavam merecer a apreciação do Santo Ofício: as quatro meninas Arvelos, as irmãs Francisca Xavier, Ana do Coração de Jesus, Ana do Coração de Maria, Maria Teresa de Jesus e mais dois devotos mineiros. Os canais de comunicação entre os suspeitos de terem culpa da alçada inquisitorial costumavam ser rapidamente acionados quando algum dos réus caía nas malhas desse terrível tribunal: tanto em Portugal quanto no Brasil, bastava um infeliz ser preso "em nome do Santo Ofício" que, imediatamente, diversos confrades e associados do réu procuravam se delatar, cônscios de que os arrependidos e confessantes espontâneos eram tratados com maior benignidade do que os recalcitrantes. Era melhor prevenir do que remediar!

Maria Jacinta Arvelos acusou perante o comissário Vasconcelos a mestra do recolhimento de gostar de se autointitular "Mãe de Deus", e, quando alguma freira duvidava, "Rosa arrenegava, batia os pés e ameaçava-a de denunciar ao

Santo Ofício, pois estavam pecando contra a fé". O Santo Tribunal era o bicho-papão de nossos antepassados coloniais, sendo invocado mesmo pelos que faziam da heterodoxia seu modus vivendi. Narra então a menina Arvelos uma prática da negra fundadora que, sem dúvida, causou grande desaprovação por parte dos sisudos agentes inquisitoriais:

> na capela do Parto, ela tirava às vezes algumas imagens do altar, dizendo que [ela] era Deus, e metia as imagens na mão de algumas irmãs e ia dançando até ao pé delas, e lá as deixava, e vinha buscar outra, e entrava a apertar a dança, arrodeando-as, e caía no colo de alguma irmã e ficava como que estava fora de si, e, depois de muito tempo, se tornava a si e começava a perguntar aquilo o que era, quem a tinha trazido para ali, e isto era quase sempre, e, se não críamos, levantando-se da sua passividade, roncando, se agarrava pela goela e entrava a bater pelo chão, dando murros.

Os podres da Abelha-Rainha começavam a vir à tona.

Faustina Arvelos depõe no dia 15 de março, juntamente com suas duas outras irmãs. Descreve o quanto sofrera nas mãos das evangelistas, que lhe batiam, a jogavam no chão, por pouco não a esganando como castigo por sua incredulidade. Narra alguns rituais malucos capitaneados pela negra Rosa: "Às vezes ela amarrava uma grande cruz às costas, toda enleada de embiras, e uma irmã carregava uma caveira e outra a campainha, dizendo que Deus a mandava assim fazer, pois era a redentora, para com isto se converterem".

Genoveva Arvelos, a menos intelectualmente dotada dessa família, ouviu Rosa declarar que Deus Nosso Senhor lhe dissera: "Tu és minha mãe porque me concebeste por amor, enquanto Nossa Senhora me concebeu por obra do Espírito Santo". Mais ainda: "Tu és a nova redentora dos corações!". Ingênua ou maldosa, quem sabe, irmã Genoveva incrimina seu padrinho capelão, o mesmo que, em diversas cartas enviadas às Minas, se mostrava tão preocupado com os achaques e as moléstias dessa ingrata afilhada: "O padre Francisco me afirmava pela Santíssima Trindade que ela era santa e mandava que a venerasse por santa e eu cria nela, pois assim me obrigava o confessor". Lembrava-se ainda de alguns hinos com que, em coro, as recoletas costumavam homenagear a fundadora:

Espírito Santo, dai-me luz para tirar
Cantigas a vossa serva, para mais a exaltar!

Minha mãe tem em seu peito, dentro de seu coração
A Jesus sacramentado para nossa salvação!

Nossa Senhora do Carmo tem uma prenda de ouro na mão
Que lha deu Rosa Maria, prenda de seu coração!

Rosa tem no coração, altar privilegiado,
Aonde está depositado o Senhor sacramentado!

Nossa Senhora do Parto tem sua filha muito amada
Que anda por todas as partes escarnecida e murmurada!

Rosa tem no coração um altar de perfeição
Onde está sacramentado Jesus nossa salvação!

Enquanto transcorria essa segunda leva de depoimentos junto ao comissário do convento do Carmo, aos 15 de março, o meirinho José Teixeira finalmente cumpre a ordem de sequestrar os bens do padre capelão: sua propriedade, então, se limitava a um único escravizado. Sua casa e sítio em São João del-Rei, suas terras no recôncavo fluminense, de nada disso falam os documentos; ou já tinha se desfeito deles à época de sua prisão, ou quiçá, por se tratar de bens imóveis, de vendagem mais problemática e valor mais significativo, tenham sido poupados do sequestro para ser apenas transacionados com ordem expressa do Santo Ofício, tal como previsto pelos Regimentos.

O escravizado sequestrado se chamava Brás, sendo referido ora como "cabra", ora como "negro". Mesmo sem ter qualquer culpa, foi trancafiado na cadeia pública, onde permaneceu cinco longos meses aguardando o desenrolar do processo de seu amo até ir a leilão público. Mazelas da escravidão!

Data de 4 de abril uma carta enviada pelo tio da recolhida Maria Antonia, sr. José Álvares Pereira da Fonseca, ao comissário Vasconcelos. Deve tê-la escrito e despachado às pressas, temeroso por si e pela filha de seu finado irmão. Nela declara ter amizade com padre Francisco desde o ano de 1743, quando minerava nas datas do sargento-mor João Gonçalves Chaves, e desde 1749, ao presenciar os vexames que o Maligno praticava em Rosa e Leandra, ouvindo do padre Francisco Gonçalves Lopes que "na verdade eram possessas e muito boas servas de Deus", havia se decidido a fazer um pacto de oração com elas, incluindo-se reciprocamente em todas as preces que doravante fizessem, repartindo entre si todos os benefícios e indulgências que ganhassem através dos exercícios pios. Esse denunciante foi um dos que visitaram o recolhimento logo na sua fundação, em 1757, estando sua sobrinha entre as dezessete primeiras noviças a se recolherem no Parto. Manteve correspondência regular com sua mãe espiritual, tanto que também fora avisado do dilúvio universal "que devia começar por Minas em 1762". Piedoso, reunia à noite sua família para recitar o Rosário de Santana e a devoção dos Santíssimos Corações. É através das declarações desse fiel devoto que somos informados com mais detalhes a respeito do primeiro atrito de Rosa com a outra facção dos franciscanos do largo da Carioca que se opunham ao seu confessor, frei Agostinho de São José. Contou-lhe mestra Egipcíaca que, em 1758, depois do falecimento de seu orientador espiritual, frei Caetano de Alfama fora encarregado de ir ao recolhimento para lhe acalmar o Espírito: "Pondo-lhe os exorcismos, o Demônio lhe não quisera obedecer, pelo que [concluiu] era falso o estar possessa, porquanto o Diabo obedecia a qualquer sacerdote, pondo-lhe para isso preceitos, e por esta causa lhe tomara ódio". Comentando em outra carta tal episódio, eis como a nossa energúmena, sempre matreira, explicou tal episódio: "Sobre o Demônio não querer obedecer a alguns sacerdotes nascia do fato de que, posto tenham poder, às vezes Deus lhos tirava pelas suas vidas não serem ajustadas". A teóloga africana tinha esdrúxulas explicações para justificar todas as suas falhas ou contradições. Era do tipo — como diz o brocardo baiano — que prefere "morrer tesa do que perder a pose".

Conclui sua carta o sr. Pereira da Fonseca — escrita com ótima caligrafia e estilo escorreito — protestando sua fé na Igreja Católica Apostólica Romana: "Nesta fé quero viver e morrer porque somente nela há salvação e não em outra". Tinha então 62 anos de idade, continuava solteiro e residia na freguesia do Pilar, a mais central da vila de São João del-Rei.

Outro devoto, de Minas Gerais, que tão logo recebeu a notícia do aprisionamento de Rosa ipso facto despachou sua confissão para o comissário do Rio de Janeiro, foi Caetano José Pereira, também referido como Caetano Fernandes

Pereira, natural de Portugal e morador na vila de Congonhas do Campo, 44 anos, negociante de fazendas secas. Disse ter denunciado também a mesma matéria junto ao comissário do Santo Ofício de São João del-Rei. Fora ele o acompanhante do padre exorcista e de sua escravizada espiritada quando, em 1751, semiclandestinamente, desceram para o litoral. Conhecendo a prisão de ambos, "para não ter dúvidas quanto ao Santo Ofício, denunciava o que sabia". Conta das já citadas estripulias da energúmena em cima da montaria quando atravessavam a serraria que separa as Gerais da capitania do Rio de Janeiro; da publicidade que o Xota-Diabos fazia de sua santidade; e ainda informa sobre uma confusa profecia da negra a respeito do governador Gomes Freire de Andrade "na guerra da Letônia, mas que tal revelação não se verificara". Não consta na biografia desse ilustre militar nenhuma ação bélica na Europa Oriental: talvez Rosa ou esse informante estivessem se referindo à Colônia do Sacramento, área em que o conde de Bobadela, de fato, atuou militarmente e que foi retomada pelo governo de Buenos Aires exatamente no mesmo ano da prisão de nossa beata.

Rosa Egipcíaca mal completara três meses de detenção e eis que, de dentro de seu sombrio aljube, na noite de 7 de maio, ouvem-se pipocar ensurdecedores estampidos; no céu, um sem-número de raios incandescentes, cometas e estrelas cadentes. "Iluminou-se toda a cidade, e, como se a terra fosse abreviado mapa para a descrição de tantas luzes, o mar se via oprimido de embarcações e subjugado de fortalezas, se viu também coalhado de chamas..." Dentro da enxovia, ensimesmada em seus delírios místicos, a negra vidente logo deve ter imaginado que, enfim, as profecias começavam a se cumprir; e o Justo Juiz, antes do terremoto e do dilúvio prometidos, castigava a pecadora cidade com o fogo purificador dos astros. Era o anúncio prometido e havia muito vaticinado pela Abelha-Rainha: "Quando a horas mortas alumiar o sol como dia... e a lua brilhar sem ser tempo de luar... é chegada a hora das destruições".

Ledo engano! Durante três noites seguidas — 7, 8 e 9 de maio de 1762 —, o Rio de Janeiro comemorou, com incomparáveis luminárias festivas, o glorioso nascimento de Sereníssimo Príncipe Dom José, iluminando-se com curiosos fogos de artifício o Paço Episcopal, o Palácio do Conde de Bobadela, os conventos e as mansões das principais autoridades locais. A descrição minuciosa de tais festejos — de onde retiramos o parágrafo, descrevendo o mar em chamas — mereceu nada menos que duas publicações laudatórias: *Epanáfora festiva ou relação sumária das festas com que na cidade do Rio de Janeiro, capital do Brasil, se celebrou o feliz nascimento do Sereníssimo Príncipe da Beira, Nosso Senhor*, de autor anônimo, e uma segunda obra, igualmente impressa em Lisboa em 1763, com o título de *Relação dos obsequiosos festejos que se fizeram nesta cidade de São Sebastião do Rio de Janeiro, pela plausível notícia do nascimento do Sereníssimo Senhor Dom José, no ano de 1762, oferecida ao nobilíssimo senado da mesma cidade, que tão generosamente concorreu para estes grandes festejos, em que se empenhou a sua fidelidade e desempenhou o seu afeto*, também de autoria anônima.

Um ano completo mofarão no aljube padre Francisco e sua ex-escravizada. Como era de praxe, o comissário devia aguardar ordens expressas da Mesa do Santo Ofício antes de remeter qualquer suspeito para os cárceres inquisitoriais, a menos que fosse caso de extrema gravidade ou que o suspeito réu oferecesse perigo de fuga. Durante esses longos doze meses de prisão, alguns devotos mais corajosos, sob o pretexto de exercício do dever da caridade cristã, prestaram assistência regular aos desafortunados fundadores do Recolhimento dos Santíssimos Corações, levando-lhes alimentos, roupas e o que mais fosse necessário para a subsistência. Entre eles, um abastado minerador são-joanense, Domingos Francisco Carneiro, relatou que, ao chegar ao Rio de Janeiro, soube da triste notícia de que o capelão e a mestra Egipcíaca estavam presos. Visitou-os no cárcere cinco ou seis vezes, sempre lhes dando algumas esmolas. "E, estando no aljube, Rosa lhe deu dois escritos onde o nomeava por filho." Alguns anos mais tarde, confessará esse informante: "Embora tenha-a também nomeado por mãe, hoje minha mãe verdadeira é a Senhora do Carmo!". Na época, não: ainda continuava firme, como outros devotos, na crença de que aquela era apenas mais uma passageira tribulação na via-crúcis da Flor do Rio de Janeiro. Se estava predito que Rosa iria sofrer os mesmos martírios de Nosso Senhor, sua prisão era só o começo das profecias, cujo desfecho haveria de ser sua gloriosa ressurreição e o reconhecimento universal de sua santidade inigualável: "A maior santa do céu!". Tão certo estava da sobrenaturalidade de sua mãe preta que, provavelmente por solicitação dela, a fim de socorrer do desamparo suas principais colaboradoras expulsas do recolhimento logo depois de sua prisão, esse minerador comprou do vigário de Cabo Frio uma fazenda, no valor de 720$000 réis, oferecendo-a como refúgio para "as mulheres atacadas pelos espíritos". Uma espécie de casa de retiro rural, misto de beatério e "roça de santo".

Dentre os devotos que não tiveram sua fé abalada com o encarceramento da Abelha-Mestra, destacavam-se o pedreiro Manuel Lourenço, que, segundo relatou o sr. Arvelos, "ainda acreditava nas visões, santidade e milagres de Rosa", e, sobretudo, o próprio capelão. Eis suas próprias palavras: "Presos no aljube, ainda crente, Rosa lhe disse que era da vontade de Deus que ambos fossem para Lisboa e que seriam libertados por pessoas importantes, o que lhe deu grande consolo", ficando ela muito escandalizada por ter queimado seus escritos antes de ser preso. Nossa visionária acreditava de fato, no fundo de seu íntimo, que era uma predestinada e que todas as maravilhas que julgava ver e ouvir eram a pura verdade, daí aguardar, tranquila e confiante, o cumprimento de tudo quanto os céus lhe prometeram, se não na próxima chegada dos gloriosos Sagrados Corações, pelo menos na sua transferência para a capital do Reino, onde pessoas doutas e iluminadas haveriam de reconhecê-la e acatá-la como a nova redentora do gênero humano.

Entre uma visita e outra de seus fiéis amigos e devotos, assistindo à santa missa na capela do aljube aos domingos e dias de guarda, certamente sendo alvo de desdém e escárnio dos prisioneiros incrédulos e do pessoal da segurança, assim transcorriam os longos dias dos dois réus, aguardando impacientes e temerosos a chegada da frota de além-mar, e com ela alguma ordem da Inquisição de Lisboa deliberando a respeito de seus destinos.

Como seguramente as esmolas recebidas por nossos prisioneiros não eram suficientes para lhes garantir a subsistência diária, determinou então o governador do bispado que se procedesse à venda do único bem móvel do velho e enfermo capelão, seu cabra Brás.

Nada informam os documentos sobre esse mulato, a não ser que era "escravo velho". Decerto morava na casa do padre Francisco, ocupando-se de seus serviços domésticos de carregar água, lenhar, despejar seu lixo e urinóis na vala ou na praia etc. Talvez prestasse serviços eventuais no recolhimento, quiçá fosse alugado como escravizado de ganho: mil e uma possibilidades existiam para se tirar lucro dessa mercadoria humana que as leis permitiam doar em testamento, alugar, emprestar, hipotecar ou leiloar.

Pesquisando inúmeras facetas da escravidão no Brasil, foi apenas nesse processo inquisitorial que encontrei a descrição detalhada de como se procedia ao leilão de um cativo. Dada a raridade desse documento, tive por bem transcrevê-lo a seguir.

Recolhido à cadeia em 15 de março de 1762, só cinco meses depois, em 20 de agosto, foi efetuada a venda do dito escravizado sequestrado. Para não ter dúvidas quanto à lisura do negócio, incluiu-se no processo do padre capelão o "Auto de arrematação do mulato sequestrado ao padre Francisco Gonçalves Lopes". O leilão foi realizado na praça pública do Auditório Eclesiástico, estando presente o vigário-geral, nosso já conhecido comissário Pereira e Castro. Perante um grupo de eventuais compradores,

> foi trazido em pregão de venda e arrematação o cabra Brás, e entre os vários lances que houve nele, foi o maior de 51$360 réis que lançou Antonio da Costa Ferreira, com cujo lanço andou o porteiro da cadeia dizendo e apregoando: 51$360 réis me dão pelo referido mulato. Há quem mais dê? Se não, arremata-se, e, por não haver quem mais lançar quisesse, apregoando de cima para baixo, debaixo para cima, apregoou novamente e disse: dou-lhe uma, dou-lhe duas, dou-lhe três e mais uma pequenina, e, por não haver quem mais lançar quisesse, se chegou para o rematante e lhe meteu um ramo verde na mão em sinal de lhe haver feito a dita rematação, e de tudo o senhor vigário-geral mandou fazer auto, que assinou com o rematante, e eu, padre Amador dos Santos, escrevi.

No dia seguinte, o rematante solicitou à autoridade eclesiástica que passasse alvará de soltura do dito escravizado para tomar posse de sua nova propriedade.

Seu valor máximo, auferido no leilão, foi de 51$360 réis: devia custar um terço do que valia um escravizado jovem sem defeitos, não nos esquecendo de que nessa quadra, a tomarmos como referencial o "Registro de receita e despesa do Hospital dos Lázaros do Rio de Janeiro", situado em São Cristóvão, tais eram os preços dos seguintes gêneros alimentícios: um saco de farinha [de mandioca], $840 réis; um saco de feijão, 1$200 réis; um saco de sal, 1$600 réis; uma arroba de açúcar, $880 réis; um boi de doze arrobas, 11$520 réis; um frasco de aguardente do Reino, $640 réis; uma medida de vinho, $440 réis, e uma medida de vinagre, $220 réis.[14] Portanto, o velho Brás foi equiparado ao valor aproximado de cinco bois de dez arrobas: não devia estar assim tão quebrado e debilitado, pois alguns velhos escravizados chegavam a valer menos que um bovino.

Enquanto mofavam no aljube à espera do despacho inquisitorial, mais algumas testemunhas são ouvidas, e seus depoimentos, incorporados ao processo: Francisca Xavier dos Serafins, nomeada "João Evangelista da Nova Redenção", já nossa conhecida, e irmã Ana do Coração de Jesus — são Mateus —, por conselho de seus confessores, se apresentaram em casas de residência do comissário Pereira e Castro para se delatar. Foi a primeira, conforme contou, que, por ordem do capelão, fizera as tais bolachinhas com a saliva da negra courana, sua mestra, descrevendo perante os clérigos do Juízo Eclesiástico diversos prodígios e visões, tendo sempre Rosa como protagonista. Disse, contudo, que, tão logo a Abelha-Rainha fora retirada do Sacro Colégio, queimou todas as suas visões e relatos dos prodígios realizados pela beata em sua atribulada peregrinação por esse vale de lágrimas. Sua confissão é de 7 de novembro de 1762.

Com a prolongada ausência dos fundadores do recolhimento e acareação das testemunhas, essa comunidade religiosa entra em profunda crise. É mesmo surpreendente que não tenha sido extinta pela autoridade eclesiástica, pois raras eram as recolhidas que não tinham alguma culpa formal. Das vinte religiosas que ali viviam em 1761, talvez a metade ou tenha se afastado com licença eclesiástica, ou tenha sido expulsa pela mesma autoridade.

Temeroso de ser punido pelo Terrível Tribunal, o sr. Arvelos, além de se autodenunciar e pedir misericórdia por sua cegueira e ignorância, retirou logo suas quatro filhas do Parto, provavelmente em meados de abril desse fatídico 1762. Chegando em casa, a alegria do reencontro da aflita d. Maria Teresa com suas quatro filhas, havia cinco anos ausentes no litoral, logo se eclipsou em tristeza. Francisca, que partira menininha de dez anos, voltava para as Minas agora com corpo de mulher-feita. As lágrimas de júbilo devem ter-se misturado com choro de angústia dessa desafortunada família que se achava atolada até o pescoço dentro desse pantanoso imbróglio religioso. Como todos os procedimentos inquisitoriais eram ultrassigilosos, e os comissários, graves e taciturnos, a desafortunada família deve ter vivido momentos de indescritível temor, pois certamente já tinha ouvido falar, ou mesmo tomado conhecimento, de alguns presos do Santo Ofício que tiveram seus bens sequestrados, encarcerados nas terríveis "casinhas do Rocio", açoitados publicamente, degredados e até queimados, réus de crimes cuja gravidade esses ignorantes e crédulos sitiantes luso-mineiros não chegavam a atinar com precisão.

Retornando a seu sítio no bairro da Glória, logo em 3 de maio, o sr. Arvelos escreve de próprio punho uma atribulada carta dirigida aos inquisidores de Lisboa, onde declara: "Eu, Pedro Rois Arvelos, me delato ao Santo Tribunal do Santo Ofício e aos senhores inquisidores que me delatei no Rio de Janeiro de tudo o que tinha acreditado das embustices e diabólicas tragédias da preta Rosa...". Sucedeu, porém, diz o remetente, que, ao partir para o litoral, mandou que sua esposa queimasse todos os escritos de Rosa, do padre Francisco e os recebidos de suas filhas quando recolhidas no Parto — tanto que declarara aos comissários que o ouviram que tais manuscritos tinham sido queimados —, mas, ao retornar às Minas, sua mulher, Maria Teresa, lhe informou que não os queimara, antes os tinha entregado ao comissário de São João del-Rei. Termina a missiva aflito: "De tudo peço perdão a Deus, por sua bondade me perdoe e os senhores inquisidores se compadeçam de mim, pois protesto que só creio e quero o que ensina e manda crer a Santa Igreja Católica Romana, e nesta fé quero viver e morrer".

Acompanha a confissão um recado ao "Muito reverendo Sr. Dr. vigário da Vara" de São João del-Rei:

> Aos pés de vossa mercê se prostra o mais humilde de seus criados, pedindo-lhe pelo amor de Deus me faça a esmola de remeter os papéis que ofereço inclusos com a sua informação caritativa e que vossa mercê faça viagem feliz. Deus guarde vossa mercê.

O agoniado sitiante devia estar realmente muito aflito para ter se precavido tanto, e, aproveitando a viagem do vigário da Vara de sua paróquia ao Rio de Janeiro ou ao Reino, o fez seu "caritativo" advogado junto ao Santo Tribunal. Não satisfeito com todas essas precauções, quem sabe orientado por algum clérigo de sua confiança, na semana seguinte remete nova autodelação ao Tribunal de Lisboa: "Eu, Pedro Rois Arvelos, me delato que na delação que fiz no Rio de Janeiro menti só exteriormente por me parecer, pelo conceito que fazia de minha mulher, que ela ia queimar os escritos enviados do Recolhimento de Nossa Senhora do Parto". Temia que os rigorosos inquisidores o inculpassem de mentiroso ou "diminuto", devido à contradição existente entre o que declarara e a conduta efetiva de sua consorte. Reforça sua honestidade espiritual com a mesma proclamação de fé: "Declaro que tudo o que for do Diabo eu arrenego, tudo renuncio, detesto e abomino". Aleluia, aleluia!

Não contente ainda com tantas provas de arrependimento, o piedoso sitiante acompanha suas autodelações com longas cartas de suas quatro filhas, ex-recolhidas, nas quais cada uma repete, mutatis mutandis, as mesmas acusações que de viva voz já tinham feito perante os dois comissários do Rio de Janeiro. A primeira carta é de Maria Jacinta dos Anjos: "Eu me delato e denuncio que vivi três anos no recolhimento...", declarando em detalhes diversas condutas, discursos e cerimônias capitaneados por Rosa Egipcíaca que agora julgava fugirem dos cânones aprovados pela Santa Madre Igreja, e cujo conteúdo já divulgamos anteriormente. Acrescenta gravíssima acusação: que sua ex-mestra, quando batucava com as imagens dos santos na capela do recolhimento, costumava dizer repetidamente em alta voz: "Eu sou Deus!", e outras vezes: "Sou tal ou tal dos santos!". Blasfêmia cabeluda!, devem ter ponderado as autoridades eclesiásticas.

A segunda, como as demais missivas, começa como a precedente: "Eu, Faustina Maria de Jesus, moça donzela, denuncio que...", rasgando o verbo contra sua ex-madre superiora, narrando como ela e o capelão embalsamaram a imagem do Senhor Morto, na última Quinta-feira Santa, acrescentando que as muitas cartas que escrevera para sua família, elogiando Rosa e o recolhimento, o fizera "com medo de ser castigada".

Tudo leva a crer que, por trás dessa correspondência, estava o sr. Arvelos lhes ditando o conteúdo, pois também Francisca e Genoveva repetem praticamente as mesmas acusações anteriores, sempre afirmando que Rosa costumava declarar: "Eu sou Deus!".

24. No Tribunal do Santo Ofício de Lisboa

Rosa foi presa em fevereiro de 1762. Seu capelão, padre Francisco Gonçalves Lopes, é encarcerado um mês depois, aos 8 de março. Passam ambos um ano inteiro trancafiados no aljube, enquanto os três comissários do Santo Ofício — os dois do Rio de Janeiro e um de São João del-Rei — acumulam denúncias e provas contra os réus.

A 1º de março do ano seguinte, o escrivão do Juízo Eclesiástico do Rio de Janeiro "fez estes autos conclusos, remetendo-os para o senhor comissário despachar como lhe parecer justiça". Nada mais havia a fazer, por parte da justiça do bispo, nessa denúncia de heresia formal.

Passado quase um mês completo e, aos 29 de março de 1763, o comissário Antonio José dos Reis Pereira e Castro determina a remessa dos presos, acompanhados dos autos, para o Tribunal do Santo Ofício de Lisboa, confiando sua guarda aos capitães dos navios que estavam prestes a zarpar para a capital do Reino.

Causa-nos admiração o procedimento desse comissário inquisitorial que, sem ordem expressa de Lisboa, sequestrou e despachou para a casa do Rocio estes dois suspeitos de heresia. O Regimento dos Comissários do Santo Ofício[1] previa que, "se nas terras em que viverem os comissários acontecer alguma coisa que encontre a pureza de nossa Santa Fé, ou por alguma outra via pertença ao Santo Ofício, avisará por carta sua os inquisidores para que mandem prover matéria com o remédio que convém ao serviço de Deus". Não consta que os comissários citados nesses processos tenham previamente comunicado à Mesa Inquisitorial tais ocorrências. Quiçá, julgando através dos autos, por se tratar de matéria grave e indubitavelmente comprovada por inúmeras testemunhas, o comissário Pereira e Castro tenha tomado tal liberdade antirregimental, confiante em que contaria com o beneplácito dos juízes inquisitoriais, seus superiores. Saiba o leitor, contudo, que em mais de um milheiro de processos por nós analisados na Torre do Tombo raríssimas vezes os comissários do Brasil ousaram tomar iniciativa dessa grandeza, pois os inquisidores não abriam mão da prerrogativa de decidir quem mandar para os cárceres do Rocio e de quais infelizes convinha, "para o serviço de Deus", sequestrar os bens. Alguns comissários do Brasil chegaram a ser severamente advertidos por tomar tais deliberações sem o prévio consentimento de Lisboa.

É provável ter sido a frota que partiu do Rio de Janeiro, em fins de abril ou mesmo no começo de maio, que levou nossos infelizes biografados para o Tribunal do Rocio. O comissário do Carmo, frei Bernardo Vasconcelos, em ofício parcialmente já citado, escrito a 3 de abril de 1763, ao analisar os depoimentos das testemunhas, comunicava aos senhores inquisidores que

há muito tempo, e com grande escândalo, permanecem no Recolhimento do Parto as superstições, revelações e milagres que causam grandes prejuízos espirituais e escândalos em muita gente... Há muitíssimos descuidos em matérias tão importantes à religião... O Recolhimento do Parto merece mais propriamente o nome de conventículo: nele moram ainda, e não sei se com a mesma veneração, as primeiras companheiras da preta Rosa, autora com elas das hipocrisias. As dez que eu tenho notícias são: as pretas Ana do Santíssimo Coração de Maria, Ana do Santíssimo Coração de Jesus, Ana Clara dos Anjos, Maria Antonia do Coração de São Joaquim, Maria Rosa do Coração de São José; a mulata Páscoa Maria de São José; e as brancas Ana Francisca do Sacramento, Ana Joaquina de São José, Teresa Maria de Jesus e Ana Maria do Nascimento.

Segundo seu parecer, era padre Francisco — "homem ignorante, material e malicioso" — o fomentador dessas falsas virtudes e fingimentos de santidade, e que também tinha sua dose de culpa o finado provincial dos franciscanos, "frei Agostinho de tal, que guardava com veneração muitas páginas sobre religião escritas por Rosa, mas que continham heresias". Tal parecer servia de introito aos depoimentos que frei Bernardo Vasconcelos colhera em seu convento de Nossa Senhora do Carmo, documentação que acompanhava os autos dirigidos pelo comissário Pereira e Castro.

Além de Rosa e do capelão do Parto, outro preso de consciência, morador na mesma cidade, foi remetido pelo vigário-geral do bispado aos cárceres inquisitoriais, todos os três na mesma frota: trata-se do padre Antonio Carlos Monteiro.[2] Era natural da cidade do Porto e tinha 33 anos ao ser preso, filho adotivo do abade da freguesia de Vila do Pinheiro. Foi denunciado e trancafiado no aljube na mesma quadra do encarceramento de Rosa — em 16 de janeiro de 1762 —, acusado de divulgar hediondas heresias, gravíssimas na boca de leigos, muito mais comprometedoras por se tratar de um clérigo de missas. Seus acusantes juraram ter ouvido padre Antonio Carlos afirmar que o céu, o sol e a lua não foram criados por Deus, pois todo seu movimento procede da natureza. Que Deus não existia, e caso houvesse Deus, não haveria a Divina Providência, pois deixa morrer pais de família, ficando seus filhos no desamparo, enquanto permite que vivam outras pessoas que não fariam falta se morressem. Que Jesus Cristo era simplesmente um homem, que não ressuscitou, "e foi o mais ladino de seu tempo, sabendo fingir muito bem"! Que os evangelistas não eram senão simples mortais e que Nossa Senhora não era virgem!

Tantas e tão graves blasfêmias, ditas em alto e bom som a quantos quisessem ouvir, constituíam matéria mais que suficiente para o enquadramento desse clérigo ateísta no crime de heresia. Contra si pesavam ainda outras culpas de igual gravidade. Proclamava perante qualquer público que "certos estavam os ingleses, que deixaram a fé católica e viviam na abastança". Que não existia céu nem inferno; que a alma era mortal, não havendo nenhuma diferença entre a morte de um animal e a de um ser humano; que o papa não era infalível e, como os bispos, só cuidava de acumular bens e casas; que os fiéis não deviam se confessar; que a fornicação simples não era pecado, desde que a mulher consentisse em copular etc. etc. De lambuja, algumas indisciplinas no exercício das ordens sacras tornavam ainda mais grave seu rol de culpas: vivia publicamente amancebado, sendo pai de vários filhos (netos, portanto, do seu pai abade!); não respeitava o jejum antes de celebrar missa; comia carne em dias proibidos e não se confessava antes de celebrar. Um refinado libertino!

Bizarras as heresias e condutas heterodoxas perseguidas pelo Santo Tribunal da Inquisição no Brasil nesses meados do Século das Luzes: numa mesma nau são enviados para Lisboa um velho sacerdote e sua filha espiritual, acusados do crime de hipermisticismo e falsa santidade, enquanto esse jovem clérigo ateu defendia abertamente o fim da liturgia e dos sacramentos e a desmistificação da divindade de Cristo e da virgindade de sua Mãe Santíssima. No Rio de Janeiro, às vésperas de sua elevação à capital do Brasil, apesar da existência de numeroso batalhão de familiares do Santo Ofício e da presença de pelo menos três comissários inquisitoriais, havia lugar no rebanho cristão para dois desvios extremos na ortodoxia cristã: o dito reinol padre Antonio Carlos Monteiro declarando publicamente: "Deus não existe"; enquanto a africana Rosa Maria Egipcíaca da Vera Cruz, sem meios-termos, proclamava: "Eu sou Deus!". De fato, se tais heresiarcas não fossem exemplarmente castigados e neutralizados, a barca do velho são Pedro corria o risco de afundar. A crença em Deus, a devoção a seus santos e o respeito à hierarquia eclesiástica estavam em crise aguda.

Voltemos, porém, à outra barca, aquela desconhecida sumaca que, atracada no porto do Rio de Janeiro, aguardava a entrada dos passageiros para zarpar em direção ao Reino. A notícia do embarque deve ter se espalhado entre os conhecidos de Rosa, e, quem sabe, os mais devotos e corajosos tenham acompanhado esse pequeno séquito de prisioneiros, conduzidos do aljube até o porto das naus, debaixo de varas. A vergonha do humilhante embarque com mãos atadas e aparato policial, a angústia e o medo da viagem e do incógnito que os aguardava na Inquisição — tudo isso devia se estampar no semblante desses réus, que entre lágrimas deixavam para sempre o solo do Brasil. A bela letra do fandango "Conde da Armada", contemporâneo a esse embarque, nos permite vislumbrar o emocionalismo reinante no porto quando destas despedidas transoceânicas:

As lágrimas eram tantas
Em cima daquele cais
Choravam as mães pelos filhos
Que já se iam para nunca mais.

Quando bateu meio-dia
Principiaram a largar as velas

Uns marchando para bordo
Outros no cais a chorar
Com saudades de deixar a terra
Choravam as mães pelos filhos
As mulheres por seus maridos
As manas pelos maninhos
As queridas pelos queridos...[3]

Ao içar âncoras, a frota aos poucos foi desaparecendo na baía de Guanabara, deixando em terra firme os órfãos da mãe Rosa: alguns arrependidos da cegueira de sua crendice, outros ainda crédulos em que, depois de todo esse sofrimento e provação, Deus Pai haveria de cobrir sua filha dileta com a glória prometida.

Competia ao capitão do navio cuidar dos réus na travessia oceânica, entregando-os com toda segurança à Inquisição, tão logo aportassem no Reino. Tarefa de extrema responsabilidade, pois, além da guarda dos presos, era confiado ao capitão o malote devidamente lacrado, com todos os documentos produzidos nos autos e sumários. Informa o processo que as despesas dessa viagem foram cobertas com o valor da venda do escravizado Brás, o único bem sequestrado ao capelão padre Francisco: quem imaginaria que o mesmo cativo, comprado pelo sacerdote, certamente com o dinheiro arrecadado de suas missas diárias, seria, anos mais tarde, leiloado para lhe financiar o retorno forçado à pátria? Santa escravidão!

Durante os três meses que em média duravam essas travessias, o costume era isolar os réus do convívio dos demais tripulantes e viajantes, de forma a evitar o contágio de suas perniciosas ideias e condutas. Homens de um lado, mulheres de outro, quase incomunicáveis, sendo o dormitório destas cuidadosamente trancado à noite para evitar desinquietações por parte da marujada e dos demais passageiros.[4]

A viagem era sempre extremamente doentia, a alimentação, pouca e de má qualidade, as mortes, frequentes. Outros passageiros também destinados ao Santo Ofício descreveram com riqueza de detalhes essa dolorosa via-crúcis marítima, na qual não faltavam insultos, calúnias e agressões físicas por parte dos viajantes e oficiais, atribuindo a tais prisioneiros de consciência os infortúnios da travessia, castigo de Deus pelos seus abomináveis pecados.[5]

Tanto para o capelão quanto para sua beata, era a segunda vez que atravessavam o mar oceânico: ele, havia três décadas, à época com 36 anos, vindo do bispado do Porto em direção às minas de ouro. O que teria motivado tal mudança de continente: o afã da cura das almas ou a ambição do vil metal?

Rosa, de sua parte, não passava de uma negrinha de seis anos quando, no escuro porão do tumbeiro, deixou para sempre sua África natal em direção ao cativeiro. O destino unira indelevelmente suas vidas havia catorze anos, e agora, nessa monótona e tensa caminhada ao calabouço, separados e incomunicáveis na mesma embarcação, decerto seus pensamentos e lembranças navegaram livres, em direções diametralmente opostas.

Padre Francisco, com 69 anos, carregado de doenças e achaques, quiçá maldissesse o momento em que, na longínqua igreja do Infficcionado, acreditou que todas aquelas malucagens praticadas pela negra de d. Ana Durão eram manifestações diabólicas, consentidas e ordenadas por Deus, para exemplo e correção dos moradores das Minas. Ou então, a dar crédito ao comissário carmelitano, destacava-se o capelão por ser "material e malicioso", daí talvez não se perdoar pela imprudência e pela falta de malícia como se deixou apanhar pelas autoridades eclesiásticas: já uma vez tivera êxito em fugir do bispado de Minas Gerais; outra, quando expulso da capelania do Recolhimento do Parto, conseguira demover o prelado do Rio de Janeiro de sua sentença; agora não tinha mais escapatória nem a quem recorrer; seu destino estava traçado: o Tribunal da Inquisição. E, a cada manhã, ao acordar, sabia estar inexoravelmente mais próximo de um dos locais mais misteriosos e temidos do Reino: os cárceres secretos do Rocio de Lisboa.

O que lhe sucederia, que torturas lhe estariam reservadas, que sentença e castigo haveria de receber, tudo eram incógnitas a angustiar a velha cabeça do Xota-Diabos.

Quanto a Rosa, somos levados a crer que manteve sua fé inabalável durante as intermináveis calmarias e medonhas tempestades no meio do Atlântico. Sua apocalíptica profecia do dilúvio universal a ocorrer em 1762, pelo visto, também tinha sido "revogada" pelo Altíssimo, embora certamente interpretasse seu envio para a Corte como parte dos novos desígnios celestes e início de uma série de auspiciosos sucessos, tanto que garantira a seu capelão, quando ainda no aljube do Rio de Janeiro, que em Lisboa "pessoas doutas" haveriam de identificar e dar valor à sua predestinação salvífica. Como já fora dito de sua "rival" Santa Teresa, também em Rosa "sua fé era isenta de todas as dúvidas. Quanto menos uma verdade da fé correspondia à ordem natural, tanto mais firme era sua fé nela!".[6] Seus êxtases, visões e revelações talvez tenham persistido em alto-mar, levando-se em conta que outros visionários, inclusive africanos e endemoniados como ela também a caminho do Santo Tribunal, revelaram aos juízes inquisitoriais terem sido incontrolavelmente atacados pelo Espírito do Mal quando embarcados.[7]

Durante esses três meses de interminável monotonia e mareação, nossa beata deve ter se apegado ainda mais às suas práticas devocionais: além da missa diária do capelão do navio, costumavam os viajantes rezar todo o Rosário de Nossa Senhora, ladainhas e novenas, imprecando aos céus a proteção contra as tempestades, assaltos de piratas e demais acidentes comuns aos que navegavam à mercê dos ventos e marés. Entre maio e agosto, em alto-mar, Rosa deve ter mantido seu piedoso costume de comemorar com tríduos e novenas, se não publicamente, decerto no recôndito de seu coração, algumas datas importantes do calendário litúrgico, levando-se em conta conservar na memória um sem-número de responsos, preces e litanias: 3 de maio, Invenção da Santa Cruz; 22, Santa Rita de Cássia, protetora das causas impossíveis; 28, Santo Agostinho; 13 de junho, seu queridinho Santo Antônio de Pádua; 24, São João Batista; 29, São Pedro e São Paulo; 1º de julho, Preciosíssimo Sangue de Cristo; 2, Visitação de Nossa Senhora; 8, Santa Isabel, rainha de Portugal; 16, Nossa Senhora do Carmo; e 26 de julho, sua predileta Santana, todos santos de sua particular devoção, e, como já vimos, que dela mereciam todos os anos vigílias, hinos, coroas e demais manifestações litúrgicas.

Entre calmarias e tempestades, novenas e delírios místicos, cada dia que passava a frota aproximava mais e mais Rosa e padre Francisco de seu fatídico porto de destino. Deve ter sido com um misto de alegria e terror que, finalmente, os navegantes deslumbraram no horizonte o impressionante perfil de Lisboa, grandiosa e altaneira, malgrado o calamitoso terremoto cujos estragos eram ainda perceptíveis na capital do Reino. A Torre de Belém, contudo, se conservava intacta em sua posição de portão de entrada do Velho Mundo.

A 2 de agosto de 1763, os dois prisioneiros arribam à capital do Reino. Depois de vistoriadas as embarcações pelos comissários das naus, conforme determinavam os Regimentos Inquisitoriais, de forma a assegurar que nenhuma delas trazia livros censurados pelo Santo Ofício, os réus foram encaminhados, sob a proteção de escolta, para a Casa do Rocio. Talvez o próprio Santo Ofício tenha enviado ao porto o meirinho da Inquisição, com seus dois guardas, "homens robustos", que, com suas varas ex officio, conduziam os prisioneiros até os cárceres do tribunal eclesiástico.

Passados oito anos do fatídico terremoto, Lisboa mais parecia um canteiro de obras do que uma verdadeira capital: muitos prédios ainda em ruínas, escavações por toda parte, palácios e mansões em obras de restauração, novas ruas e praças sendo rasgadas. A curiosidade da multidão apinhada no porto, quando da chegada da frota do Brasil, devia se concentrar naqueles três prisioneiros manietados — dois padres e uma negra beata — cujo destino eram os cárceres do Santo Ofício. Não seria de todo infundado imaginarmos que alguns lisboetas menos compassivos insultassem esses infelizes miseráveis, profetizando-lhes castigos, torturas, quiçá lhes mostrando mesmo o Terreiro do Paço, ou a igreja de São Domingos, locais onde mais comumente eram realizados os famigerados autos de fé. Envergonhados e cabisbaixos, cambaleantes depois de quase cem dias sem pisar terra firme, humilhados pelos olhares curiosos e reprovadores da multidão, os réus finalmente chegam ao Rocio, a principal praça do Reino, onde a Santa Inquisição, imponente e aterrorizadora, se situava. Apesar de também ter sido afetada pelo terremoto, a Casa do Rocio logo se reaparelhara e, sem solução de continuidade, persistia em sua missão tenebrosa.

Sem que Rosa soubesse ou viesse a se dar conta, cumpria-se nesse momento, embora parcialmente, a derradeira profecia de nossa vidente africana, pois no mesmo edifício imponente no qual funcionava o Santo Tribunal, exatamente ali habitara, havia mais de dois séculos, el-rei d. Sebastião, o Encoberto. Para desconsolo de Rosa Egipcíaca, o prometido dilúvio de 1762 nunca chegara a ocorrer, e sua transferência do Rio de Janeiro para o Velho Mundo se fizera através de uma embarcação qualquer e não em seu recolhimento metamorfoseado em "Nau dos Santíssimos Corações". El-rei em pessoa também não ressurgira de seu misterioso esconderijo a fim de receber sua dileta esposa africana, tal qual lhe haviam prometido os céus. Em todo caso, um premiozinho de consolação a enganada visionária podia exibir: a partir de 2 de agosto de 1763, até o final de sua história, Rosa vai viver sob o mesmo teto que abrigara o jovem d. Sebastião antes de seu trágico desaparecimento nas areias do Marrocos. Suspeitamos, contudo, que a nossa biografada nunca chegou a ter ciência desse fato, pois já se iam por volta de dois séculos que na Casa do Rocio funcionava o Tribunal da Inquisição.

Em vez de serem cordial e solenemente acolhidos pelos pajens de el-rei, os mesmos a quem Rosa profetizara casar-se com suas evangelistas, os réus foram recebidos pelos carcereiros do Santo Ofício, que, carrancudos e sem delongas, os introduziram no Cárcere da Custódia, encaminhando à Mesa Inquisitorial o malote com os documentos explicativos de suas culpas.

Como os três prisioneiros vindos do Brasil tinham sido enviados para Lisboa por iniciativa do bispo do Rio de Janeiro em acordo com os comissários locais, costumava o Santo Ofício manter os recém-chegados num cárcere mais brando, enquanto a Mesa Inquisitorial examinava os autos. Teoricamente, caso se constatasse erro ou flagrante arbítrio na documentação, do mesmo cárcere devia o injustiçado prisioneiro ser posto em liberdade. Não encontramos, porém, uma evidência sequer de que tal tenha ocorrido com algum felizardo. Quando os comissários enviavam algum preso, sem prévio mandado de Lisboa, via de regra os autos traziam matéria mais que suficiente para a abertura de um processo formal.

Pouquíssimo informam os documentos a respeito dos Cárceres da Custódia, devendo basear-nos no Regimento, de 1640, para tentarmos visualizá-los. Segundo tal ordenação, "junto aos Cárceres Secretos haverá duas ou três casas em que se possam recolher as pessoas que por assento da Mesa Inquisitorial forem mandadas pôr em custódia enquanto se faz alguma diligência para se ver se devem ser presas nos Cárceres Secretos".[8]

Dispunham de instalações específicas e incomunicáveis, homens em uma banda, mulheres na outra, situando-se na parte mais exterior do corpo desse tétrico imóvel, evitando-se assim que os recém-chegados tivessem qualquer contato ou informação com os ocupantes dos Cárceres Secretos — estes, sim, localizados no interior da Casa do Rocio. Guardas, alcaide e meirinho eram os únicos funcionários inquisitoriais a se comunicarem com os novos prisioneiros, acrescendo-se a estes, eventualmente, o médico, o cirurgião e o barbeiro. Os réus só irão ver os reverendos inquisidores, deputados e notários mais tarde, na sala de audiências.

Mais de dois meses ficarão aguardando Rosa e o padre Francisco no Cárcere da Custódia — obviamente, sem se verem nem terem qualquer notícia um do outro —, até serem despachados pela autoridade competente. A demora para o andamento de suas causas deve ser explicada mais pelo excesso de afazeres dos juízes inquisitoriais do que pela inércia ou pelo desleixo da máquina carcerária, pois não era conveniente manter apenas sob "custódia" os réus merecedores de isolamento e trato mais severo.

Em 13 de outubro, portanto 71 dias depois da entrada dos réus na Casa do Rocio, a Mesa do Santo Ofício, composto de sete juízes inquisitoriais, redige minucioso despacho no qual informa que

> foram vistos os depoimentos das testemunhas deste sumário, inquiridas e ratificadas na forma do direito, e estilo do Santo Ofício pelo Ordinário do Rio de Janeiro, contra Rosa Maria Egipcíaca da Vera Cruz e o padre Francisco Gonçalves Lopes e frei João Batista da Capo Fiume. E pareceu a todos os votos legalissimamente que Rosa, para fins humanos e temporais, inculcando-se mulher santa e virtuosa, se fingia favorecida de Deus, inventando que o mesmo Senhor, Maria Santíssima e muitos santos lhe falavam e apareciam e ainda as almas de diversas pessoas, chegando a tanto seu supersticioso embuste e insolente hipocrisia que ostentava o dom da profecia e conhecimento sobrenatural dos sucessos particulares e ocultos e futuros, como o destino das almas, a submersão das Minas Gerais e do Rio de Janeiro, criando um novo mundo mais reformado, nova Encarnação e muitos erros e proposições suspeitas de heresia formal, incompatíveis com a verdadeira virtude e favor do céu, hipocrisias continuadas por muitos anos em diversas terras do Brasil, com grande perturbação do povo católico cuja religião se ofende diametralmente por estes perniciosos enganos próprios para introduzir erros contra nossa Santa Fé.

O parecer da Mesa Inquisitorial é longo e bem documentado, reprovando-se igualmente o padre Francisco e frei João Batista,

> confessores de Rosa e pregoeiros de suas falsas virtudes e fingidos milagres, ambos concorrendo como sócios nestes fingimentos, especialmente o padre Francisco Gonçalves Lopes, que foi senhor de Rosa, que a comprou depois de conhecida como embusteira nas Minas, dando motivo para zombaria dos hereges que destas falsidades tiram fundamento para a sua contumácia para o desprezo com que tratam aos verdadeiros milagres.

Com base em tais denúncias — todas do conhecimento do Santo Ofício —, determinam os inquisidores que os três réus sejam presos nos Cárceres Secretos e processados na forma do regimento. Levando-se em conta, outrossim, "muitas outras culpas extravagantes", como a troca dos corações e o fato de Rosa se dizer a nova redentora, sendo adorada e incensada em seu recolhimento, decidem os mesmos juízes que fosse passada ordem formal para que "todas as pessoas que com Rosa fingiram êxtases, revelações, aparições e alocuções de espíritos humanos e diabólicos" fossem ouvidas judicialmente, procurando-se com todo afinco localizar no Rio de Janeiro a controvertida pintura na qual a negra era retratada em forma de santa.

Assinam o despacho três inquisidores e quatro deputados, todos sacerdotes, a saber: Jerônimo Rogado Carvalhal da Silva, Joaquim Jansen Moller, Antonio Veríssimo de Larre, Agostinho Velho da Costa, Alexandre Jansen Moller, José R. Pereira de Castro, João de Oliveira Leite de Barros. Por esta época — entre 1760 e 1769 —, esteve vacante o posto de inquisidor-geral, cabendo aos três membros do Conselho Geral do Santo Ofício dirigir esse lúgubre tribunal eclesiástico. Atente o leitor para um detalhe curioso: dois dos citados oficiais, Joaquim Jansen Moller e Alexandre Jansen Moller, eram irmãos carnais entre si e cunhados da primeira escritora nascida no Brasil, Teresa Margarida da Silva e Orta (1711-1793). Nossa conterrânea literata, quando enviuvou, foi morar na casa do inquisidor Joaquim Jansen Moller, apesar de ter em sua biografia passagens pouco recomendáveis para constar nos anais da virtude, sendo primeiro raptada antes de receber o consentimento dos pais para seu casamento e depois acusada por eles de ter-lhes roubado vultosa quantia de moedas de ouro etc. etc.[9]

Não deixa de ser revelador que as justificativas apontadas pela Mesa Inquisitorial para a prisão não só de Rosa como também do padre Francisco e do ausente frade capuchinho se baseiem tanto na conduta herética dos acusados quanto no perigo que representavam, sobretudo a visionária, como causadora de "grande perturbação do povo católico", em especial aos hereges, fornecendo-lhes motivo de zombaria à Santa Madre Igreja. A negra foi considerada por tais autoridades eclesiásticas uma grave ameaça à contrarreforma tridentina, numa época em que o protestantismo já se consolidara definitivamente, não só em significativa porção da Europa, mas também em partes do Novo Mundo. Mandando que todas as pessoas comprometidas com os embustes da visionária fossem reouvidas judicialmente, os inquisidores demonstravam a intenção de cortar o mal pela raiz, neutralizando todos os supostos tentáculos dessa erronia. Mesmo antevendo gastos com o pagamento dos comissários das longínquas terras onde residiam as testemunhas, os inquisidores excluem a possibilidade de sequestrar os bens dos três principais réus, considerando que o crime pelo qual eram delatados não implicava seu confisco.

Deve ter sido no mesmo dia do despacho, ou no subsequente, que Rosa e o padre Francisco foram transferidos para os Cárceres Secretos. Eis como o Regimento inquisitorial descrevia tais presídios:

> Terão as Inquisições do Reino cárceres secretos e seguros, bem fechados e dispostos de maneira que haja neles corredores separados, uns que sirvam para homens e outros para mulheres, e se atalhe a comunicação entre os presos, para maior observância do segredo, pelo grande prejuízo que do contrário se seguiria ao Santo Ofício. Cada um dos cárceres terá portas fortes e seguras, uma que se comunique com a Casa do Alcaide, outra com a Mesa do Despacho e Audiências, e outra para o Pátio da Inquisição, por onde entrem os presos e mais pessoas que forem necessárias. E as portas estarão sempre fechadas e haverá em todas campainha pela qual o alcaide possa ser chamado.[10]

Por meio de um auto de entrega se formalizou o encarceramento do sacerdote no dito cárcere, arrolando-se então os bens que trouxera consigo do Brasil. A burocracia inquisitorial previa tudo nos mínimos detalhes:

> Antes que o preso entre nos cárceres, o fará buscar na presença do notário por dois guardas, sendo homem; e, sendo mulher, fará esta diligência a mulher do alcaide, e todo o dinheiro, peças de ouro e prata, arma, livros ou papéis que lhe forem achados, ou qualquer outra coisa que não seja de seu uso, se lhe tomará e entregará ao notário para que faça seu depósito.[11]

No processo do padre Francisco, consta que foi o familiar Manoel Caetano de Mello quem entregou o velho sacerdote ao alcaide Antonio Gomes Esteve, passando este um recibo dos seguintes bens: uma velha caixa de tabaco de prata; um breve da marca [relicário] com seu cordão, tudo em ouro; um garfo e colher de prata; 6$400 réis em dinheiro, e "uns lenços com um embrulho de papéis, sendo tudo entregue ao tesoureiro desta Inquisição".

Em 33 anos de Brasil, o desafortunado sacerdote lusitano amealhara tão pouquinho! Ou escondera outros bens e joias, antes de ser encarcerado no Rio de Janeiro, ou, de fato, era um pobre cura de aldeia. O mais provável é que gastara tudo o que tinha acumulado nas Minas com despesas do recolhimento onde exercia a capelania, asserção que pode ser corroborada em várias de suas cartas.

Em 13 de outubro, por conseguinte, nossos dois réus são transferidos, separadamente, dos Cárceres da Custódia para os Cárceres Secretos: atravessam o pátio da Inquisição, sempre acompanhados pelos guardas, e entram porta adentro pelo corredor onde se alinhavam centenas de celas, então chamadas de "casinhas", cada uma com sua porta trancada por fora, com uma pequena greta por onde entrava o ar e através da qual os guardas do Secreto e o alcaide espiavam os quatro ou cinco réus trancafiados em cada um dos cubículos.

> Quando os presos vierem para os cárceres, determinava o regimento, os inquisidores terão particular cuidado e advertência no lugar e casa em que os mandam pôr, e na companhia que lhe darão, porque qualquer erro nesta matéria pode ser de grande prejuízo ao Santo Ofício. Pelo que mandarão que toda pessoa que vier presa de novo esteja só em uma casa ao menos três ou quatro dias, e nunca porão em uma mesma casa, nem ainda no mesmo corredor, pessoas que tiverem parentesco entre si, nem pessoas conhecidas, ou de uma mesma terra, nem aqueles que tiverem cometido o mesmo crime, ou presos novos com antigos.[12]

Nada informam os processos sobre a carceragem de nossos biografados, nem sequer em qual das casinhas e em que corredor ficaram trancafiados — anotação, aliás, prevista pelo Regimento, mas negligenciada pelos notários. No cubículo em que estiveram confinados, devem ter sofrido as mesmas agruras dos demais prisioneiros da Inquisição. Segundo o autor das *Notícias recônditas do modo de proceder da Inquisição de Portugal com seus presos*, obra anônima, mas atribuída pelos estudiosos ao padre Antônio Vieira, ele próprio prisioneiro nas masmorras inquisitoriais,[13] tais "casinhas" eram extremamente úmidas e escuras, havendo, num dos cantos, um porrão de barro no qual se depositavam fezes e urina, sendo esvaziado apenas a cada oito dias; em outra banda, havia um cântaro com água, a mesma que se usava para beber e para a higiene corporal. O mau cheiro e a pouca ventilação das celas tornavam intermináveis os dias e as noites infernais dos prisioneiros, sendo muitos os insetos e piolhos, especialmente nos meses quentes do verão. No inverno, o frio era de doer os ossos. A má alimentação, a angústia do isolamento, o medo do futuro desconhecido, as pancadas recebidas dos guardas quando ousassem falar mais alto ou se comunicar com os réus das outras casinhas, tudo contribuía para fazer os meses e os anos de prisão parecerem séculos. Eis as recomendações do Regimento para o alcaide no tocante à disciplina dos réus:

> O alcaide vigiará o Cárcere Secreto por si e pelos guardas, de maneira que não possa nele haver coisa de que não tenha notícia. Terá particular advertência em ver se os presos comem as coisas que lhes dão, e quais deixem de comer e em que dias, e tudo dará conta aos inquisidores com toda brevidade. Ordenará que haja sempre muita quietação no cárcere, e que os presos não tenham brigas ou diferenças entre si, nem joguem jogo algum, nem usem nomes diferentes dos que tiverem, nem tenham livros, nem se comuniquem de um cárcere para outro, batendo, falando ou escrevendo, e que falem manso naquele em que estiverem. Terá grande cuidado que no comer da casinha não vá algum aviso com que os presos possam ter notícia uns dos outros, e, se alguns deles exceder em algumas destas coisas, o fará saber na Mesa Inquisitorial para que se lhes dê o remédio e castigo que convém.[14]

Segundo depoimento de um ex-presidiário da Inquisição, nos Cárceres Secretos reinava "um silêncio perpétuo" — silêncio só quebrado, vez ou outra, pelos gritos dos que enlouqueciam ou pelos urros dos que penavam nas câmaras de tortura.

Logo na semana seguinte à transferência de Rosa para o Cárcere Secreto, aos 19 de outubro de 1763, nossa africana é encaminhada para a sala de audiências. A rapidez dessa convocação, prevista pelo Regimento, se explica pela preocupação dos inquisidores em evitar que os réus, em contato clandestino com presos mais antigos e já familiarizados com os procedimentos judiciais do Santo Ofício, influenciassem os novatos, transmitindo-lhes os macetes e as artimanhas de como se sair bem nas audiências. Em dezenas de processos por nós analisados encontramos referência explícita, por parte dos confitentes, de que haviam recebido de seus companheiros de infortúnio algum tipo de orientação de como deviam se acusar, orientação que, às vezes, prejudicava ainda mais o réu.

O frio de outubro, começo do outono, além do desconforto da viagem e das más condições da carceragem anterior — um ano inteiro no aljube do Rio de Janeiro —, exacerbou a debilidade física do velho capelão, então com 69 anos e portador de um variado rol de doenças crônicas. O pobre Xota-Diabos permanecerá doente, de cama, impossibilitado de ir à audiência, durante todo o primeiro ano de cárcere, sendo por isso Rosa quem primeiro há de ser ouvida.

Era Dia de São Pedro de Alcântara, um dos místicos franciscanos mais venerados no mundo luso-brasileiro. Nessa mesma data, alguns anos antes, Rosa Egipcíaca tivera uma visão com esse santo varão, conselheiro em vida de sua "rival", Santa Teresa d'Ávila. Provavelmente nesse dia, a negra prisioneira recebeu uma porção especial de água, bacia e sabão para se lavar, assim como roupa limpa, a fim de não ofender, com o fétido do cárcere, as delicadas narinas dos reverendos inquisidores. Devia trazer os pés nus e a cabeça raspada, talvez coberta com uma toalha, tal qual relata o prisioneiro Delon ser o costume dos cárceres inquisitoriais.[15] Cabia ao alcaide acompanhar os presos do cárcere à sala de audiências: sendo essa a única oportunidade de os réus percorrerem o espaço de circulação do Santo Ofício e, eventualmente, localizarem as "casinhas" dos demais companheiros, ordenava o Regimento ao prefeito dessa cadeia que se fizesse sempre acompanhar de ao menos um guarda,

> não consentindo que os presos vão falando pelos corredores, nem falará com eles, nem os persuadirá a confessarem suas culpas, e, quando acerca delas quiserem comunicar alguma coisa, lhes dirá que daquela matéria só na Mesa do Santo Ofício hão de tratar.[16]

De sua cela, atravessando os corredores dos Cárceres Secretos, Rosa podia se dar conta, pela primeira vez, da magnitude do presídio, sua segurança inviolável, sua disciplina draconiana. Chegando à extremidade do corredor de seu cárcere, o alcaide mandava que o porteiro abrisse a enorme porta cheia de trancas e cadeados, único acesso desse aljube para o "coração" da Casa do Rocio. Uma antessala dava acesso, por outra porta, que também ficava sempre fechada, à sala dos despachos. Apenas as sessões mais importantes eram ali realizadas, pois anexas a ela havia mais três saletas, menos solenes: as salas de audiências. Cada uma destas salas contava com seus guardas estacionados do lado de fora da porta, sempre prestes a acudir a sineta, quando os inquisidores ordenavam algum serviço, impedindo igualmente que algum réu mais desatinado tentasse alguma fuga desesperada. Previa o Regimento que tais instalações — nas quais era feita a quase totalidade das audiências com os réus — deviam estar

> em lugar tão reservado que fora dele não se possa ouvir coisa alguma de que ali se trata, contendo cadeiras de espaldar e rasas e um banco para os presos se assentarem. Constará também um bufete coberto com um pano de damasco, e por cima, couro negro, um missal, campainha, tinteiro para o inquisidor e notário.

A única gravura conhecida de uma das salas de audiência está inserida no livro *Rélation de l'Inquisition de Goa*, de autoria do ex-prisioneiro do Santo Ofício Mr. Delon, cuja primeira edição é de 1688. A imponência do décor, onde se veem o inquisidor e seu notário sentados em nobres poltronas de espaldar, a mesa com o livro dos juramentos e os manuscritos do processo — tudo contrasta com a figura diminuta do réu, completamente desprotegido e humilhado, sentado num banco ao pé do estrado onde pontificam os reverendos juízes.

Conforme prescrevia o Regimento, deviam os inquisidores e deputados iniciar suas audiências às oito horas da manhã (de outubro à Páscoa), e às sete horas (da Páscoa ao fim de setembro), encerrando-as depois de três horas de interrogatório. À tarde, mais três horas de sessão: das catorze às dezessete horas nos meses mais frios, e das quinze às dezoito horas quando Lisboa era mais iluminada pelo sol. Trabalhavam seis dias por semana, reduzindo-se, contudo, em uma hora o expediente dos sábados à tarde. Nos domingos e dias santos de guarda — quase um terço dos dias do calendário anual — não havia expediente: afinal, além de juízes, tais funcionários eram primordialmente sacerdotes e, como tal, deviam cumprir as práticas devocionais inerentes a seu status eclesiástico.

"Aos dezenove dias do mês de outubro de 1763, em Lisboa, nos Estaus e Casa Segunda de Audiências da Santa Inquisição, estando na sessão da tarde o sr. inquisidor Jerônimo Rogado de Carvalhal e Silva, mandou vir perante si uma mulher preta que no dia 26 de setembro próximo passado veio para os Cárceres Secretos desta Inquisição."

Assim começa o documento da primeira confissão de Rosa perante o Santo Ofício. O inquisidor encarregado de seu processo, o mons. Carvalhal e Silva, era clérigo secular do Hábito de São Pedro, tendo então 43 anos — um ano a mais que nossa energúmena africana. Era natural da cidade da Guarda e, depois de desempenhar por alguns anos o cargo de inquisidor em Lisboa, foi eleito em 1766 bispo de Portalegre, transferido posteriormente para sua diocese natal. Devia ser um burocrata, carreirista de profissão, pois suas diminutas biografias encontradas nas enciclopédias lusitanas e na antológica *História da Igreja em Portugal*, de Fortunato de Almeida (1910-1922), não o associam a nenhuma virtude em particular, nem mesmo se destacando no domínio das letras, sendo autor tão somente de duas pastorais, publicações de praxe quando os bispos assumiam suas dioceses. Faleceu em 1797.

Tarimbado em inquirir réus de consciência, o inquisidor, sentado em sua solene poltrona, tendo à sua frente o sumário de culpas recebido do Brasil e já devidamente analisado,

> sendo presente a ré, lhe foi dado juramento dos Santos Evangelhos em que pôs sua mão, sob cargo do qual lhe foi mandado dizer a verdade e ter segredo, o que prometeu cumprir. E logo disse chamar-se Rosa Maria, preta forra, cativa que foi do padre Francisco Gonçalves Lopes, solteira, não sabe quem são seus pais, natural da Costa de Uidá, moradora na cidade do Rio de Janeiro, de idade de 44 anos.

Como era de praxe, tudo o que se passava na audiência devia ser fielmente anotado pelo notário. Conforme prescrevia o Regimento,

> os notários do Santo Ofício serão clérigos de ordens sacras que saibam bem escrever, de suficiência e capacidade conhecidas. Nas audiências não falarão com as partes coisa alguma e escreverão pontualmente todas as palavras que o inquisidor disser à parte e o que ela responder lançando assim as perguntas como as respostas por extenso.[17]

Foi notário do processo de Rosa o padre Estêvão Luiz Mendoça, a respeito do qual nada informa o processo: cumpriu corretamente sua função, anotando com bela caligrafia todos os detalhes das audiências.

Perguntada pelo reverendo inquisidor se examinou a sua consciência, como nesta Mesa lhe foi mandado, e se a quer descarregar confessando as suas culpas, por ser o que lhe convém para descargo de sua consciência, salvação de sua alma e usar-se com ela de piedade, disse que examinou a sua consciência e quer declarar os sucessos que na sua vida lhe aconteceram, ainda que não sabe que elas sejam ou não culpas, porém é certo que tudo lhe sucedeu como vai a referir...

Rosa tinha longa experiência em ser submetida a esse tipo de exames eclesiásticos: no bispado de Mariana, uma junta de teólogos e exorcistas perscrutou longa e repetidamente sua vida interior; seu confessor, frei Agostinho de São José, do convento dos franciscanos do largo da Carioca, sempre estava a examinar sua consciência, sobretudo quando lhe narrava visões e colóquios sobrenaturais; no Auditório Eclesiástico do Rio de Janeiro, por ordem do bispo e sob a direção do comissário do Santo Ofício, Rosa passara longas horas respondendo aos eclesiásticos nomeados para descobrir suas condutas heterodoxas. Portanto, inteligente e escolada, a negra africana, logo em sua primeira resposta, deve ter surpreendido o inquisidor Carvalhal ao enfatizar que estava pronta a confessar "tudo o que lhe sucedeu, ainda que não sabe se sejam ou não culpas", deixando destarte implícita a fé em sua inocência.

Esforçando-se em transmitir imagem paternal e solícita, o inquisidor atalha-a dizendo que

tomou bom conselho em fazer sincera narração de sua vida e lhe convinha muito trazer à memória tudo aquilo que for culpa, cujo conhecimento pertença a este Tribunal, reconhecendo como tais aquelas coisas que forem, e fazendo delas pura e inteira confissão, não levantando porém a si, nem a outrem, testemunho falso, por ser unicamente o que lhe convém para se poder usar com ela de misericórdia — ao que respondeu que só a verdade diria, a qual era que haverá quinze anos, estando ela, ré, na freguesia de Nossa Senhora de Nazaré, bispado de Mariana, em casa de d. Ana Garcês de Moraes, de quem era escrava, principiou a sentir em si uma dor que a bulia e com ela caía no chão como morta, de que lhe originou no ventre um tumor, depois do que sucedeu que, indo ela, ré, à Igreja de Nossa Senhora de Nazaré, da dita freguesia, e estando a exorcismar várias pessoas, o padre Francisco Gonçalves Lopes, que depois foi seu senhor e então era morador no Rio das Mortes, estando ela, ré, de joelhos, ao tempo dos ditos exorcismos, lhe estalavam os ossos em seu corpo e caiu no chão sem acordo...

Tal qual já fizera no Juízo Eclesiástico do Rio de Janeiro, Rosa Courana repetirá aqui no Santo Ofício de Lisboa, ano por ano, todos os "sucessos" sobrenaturais e principais acontecimentos que marcaram sua vida tribulada, desde que, em 1748, havia quinze anos, começara a ser vexada pelo Demônio e exorcizada pelo padre Francisco Gonçalves Lopes.

Ao todo serão seis audiências de aproximadamente três horas cada uma, dezoito horas de narração em que nossa biografada descreverá, às vezes nos mínimos detalhes, todos os principais sucessos de sua vida entre 1748 e 1761. Embora seguindo praticamente o mesmo itinerário da confissão feita no Paço Episcopal do Rio de Janeiro, seu relato no Santo Ofício, além de mais volumoso, descreve com maior profundidade sua vida interior, não perdendo o notário Mendoça nenhum detalhe a respeito de seus delírios místicos. Só nessa primeira audiência encheu vinte páginas de confissão! Nelas Rosa descreve suas primeiras manifestações satânicas, seu encontro com o padre Francisco, o abandono do meretrício e sua conversão em beata, suas primeiras visões, o quiproquó com o bispo de Mariana e sua subsequente flagelação no pelourinho, sua convalescença e retomada das visões e profecias. Todos esses episódios já são do conhecimento do leitor, posto terem sido transcritos quando reconstituímos, ano a ano, a história da ex-meretriz do Inficcionado. Termina essa primeira sessão com a narração daquela visão, também já nossa conhecida, na qual viu "um homem tão alto que dava com a cabeça nas nuvens, cabeça muito grande e alva, cara horrenda muito comprida, olhos e boca disformes, muito vermelho, braços, pernas e pés extraordinariamente grandes, vestido de trapos muito sujos..." — um verdadeiro Leviatã.

Nesse instante o inquisidor deve ter interrompido sua confissão, pois a sineta acabara de tocar, anunciando o final do turno vespertino: "E, por ser dada a hora, se não continuou a sessão, e foi mandada a ré a seu cárcere, sendo-lhe primeiro lida e por ela ouvida e entendida sua confissão, disse estar escrita na verdade, e assinou com o dito Sr. Inquisidor".

Antes de Rosa, dezenas de outras negras africanas ou crioulas de Portugal e de suas conquistas já tinham entrado na mesma sala de audiências, a maior parte delas comprometida com feitiçarias, pacto com o Diabo e demais heterodoxias do gênero.[18] Talvez o próprio inquisidor Carvalhal já tivesse inquirido anteriormente outras mulheres da cor de ébano. Como Rosa, por certo, nenhuma outra, pois, ouvindo-a nessa primeira audiência, notário e inquisidor devem ter admirado a inteligência e a astúcia, sem falar na memória, dessa negra ladina, cujas beatice e alucinações místicas não ficavam nada a dever às suas congêneres cristãs-velhas, algumas, inclusive, elevadas às glórias dos altares pela Santa Madre Igreja. A negra era o cão!

Voltando a seu cárcere, já tudo às escuras, Rosa deve ter passado noite agitada, pois remexera inúmeras emoções de seu passado sofrido e fogoso de ex-prostituta e escravizada assistente nas montanhas de Minas Gerais. A derradeira imagem de sua última visão, a do medonho Leviatã, quiçá se confundisse, em apavorante pesadelo, com o olhar horripilante do carrancudo inquisidor, pesadelo que deve ter-lhe atazanado as poucas horas de sono em sua fria cela no outono lisboeta.

De volta ao cárcere, depois daquelas três horas fora da casinha, Rosa retomou a rotina enfadonha e monótona de presidiária, ignorando, como os demais presos, quando os reverendos juízes se dignariam a chamá-la para outra sessão. Embora previsse o Regimento a possibilidade de o réu solicitar audiência quando se lembrasse de algum episódio significativo de sua vida pertencente ao conhecimento do Santo Ofício, tudo nos leva a crer que a iniciativa das audiências dependia do arbítrio dos inquisidores, tanto que o citado prisioneiro Delon, malgrado copiosas lágrimas, só teve seu pedido de audiência atendido passados vários meses da solicitação.

A 4 de novembro, portanto poucos dias depois da primeira audiência de nossa demonopata, a Mesa do Conselho do Santo Ofício determina ao comissário do Rio de Janeiro que as onze testemunhas constantes no sumário de Rosa e do padre Francisco tornassem a ser judicialmente inquiridas, a fim de ratificar suas confissões e denúncias. Determina-se igualmente que fossem feitas diligências para se localizar o terceiro réu desse imbróglio místico, o capuchinho frei João Batista da Capo Fiume. Em 22 de novembro do mesmo ano, 1763, o familiar do Santo Ofício João Lopes, residente em Lisboa, entrega à Mesa Inquisitorial a seguinte declaração:

> Certifico e faço certo que eu busquei, por ordem dos senhores inquisidores, o padre frei João Batista da Capo Fiume, religioso barbadinho, e, na diligência que fiz, infor-

maram-me pessoas fidedignas e conhecidas de mim, todos familiares do Santo Ofício, que o frade passou oito meses em Lisboa e se ausentou para seu país na Itália.

A partir daí perdemos a pista desse controvertido missionário, cujos misticismo popularesco e espiritualidade barroca exerceram influência crucial na vida de nossa biografada. Foi através de outro barbadinho, historiador dos capuchinhos da Bahia, frei Pietro Vittorino Regni, que tive acesso à informação sobre a data de morte desse grande devoto de Rosa Egipcíaca: morreu em seu convento de Bolonha em 1786, com 74 anos. Se ainda louco ou não, ignoramos. Provavelmente manteve inabalável sua fé na Flor do Rio de Janeiro, tanto que, pouco antes da prisão de Rosa, escrevera de Lisboa a seus fiéis cariocas que as orações que a preta compusera em homenagem aos Santíssimos Corações e a são João Evangelista e Batista — manuscritos que trouxera para o Reino — já tinham sido devidamente aprovadas pela Mesa Censória do Santo Ofício, e que só faltava amealhar dinheiro para pagar sua impressão. Provavelmente tudo não passava de uma mentirinha, talvez um delírio paranoico, pois não encontramos entre os papéis da Mesa Censória nenhum manuscrito que pudesse ser atribuído à lavra da Egipcíaca. Sua ida para a Itália o livrou da prisão, pois, caso contrário, estaria juntamente com o padre Francisco e com madre Rosa comendo o mesmo pão que o diabo amassou nas enxovias do Santo Ofício.

Voltemos, porém, à casinha para onde nossa ré acabava de retornar depois de sua primeira audiência perante o inquisidor Carvalhal.

Termina o mês de outubro; passa Finados sem novidade; chega o Natal — que Natal melancólico! — e nada de audiência. Inicia-se o ano de 1764: o frio de janeiro deve ter injuriado sobremaneira a negra africana, pois até então só conhecera o suave inverno tropical. Nos Cárceres Secretos, o inverno era ainda mais lúgubre, pois as frias celas ficavam praticamente irrespiráveis com a fumaça da lenha e do carvão utilizados pelos guardas e pelo alcaide para aquecer os corredores onde ficavam a postos. Os réus mais afortunados tinham o privilégio de desfrutar de um braseiro dentro da própria casinha, assim como mandar comprar alimentos especiais além dos recebidos da cozinha comunitária, regalias impensáveis para uma despossuída negra forra.

Somente depois de oitenta dias de angústia e expectativa é que novamente o alcaide manda avisar à preta Rosa que se preparasse, pois, na manhã do dia

10 de janeiro, os inquisidores a chamavam para sua segunda audiência. Repete-se o mesmo ritual silencioso de sua transferência da casinha para a sala de despachos. Desta vez o inquisidor Carvalhal a aguardava na Casa Primeira de Audiências: não duvido de que a mudança de uma para outra câmara tinha finalidade terrorista, impedindo o pobre réu de se familiarizar com tais espaços macabros, aumentando-lhe a insegurança e facilitando, consequentemente, sua autodelação.

Antes de dar início ao inquérito,

lhe foi dado o juramento dos Santos Evangelhos, em que pôs sua mão sob cargo do qual lhe foi mandado dizer a verdade e ter segredo, o que prometeu cumprir. Perguntada se examinou sua consciência e quer descarregá-la, declarando o fingimento de sua afetada virtude, porque é necessário dizer toda a verdade para bom despacho de sua causa e se poder usar com ela de misericórdia, disse que sim, cuidara e queria continuar com os sucessos de sua vida, os quais eram que depois da referida visão [a do Leviatã], dali a três dias, estando com uma madorna, foi levada a uma igreja nova, não sabe em que sítio, aonde viu um altar e um sacerdote revestido, assentado em cima do mesmo, e lhe disse: "Rosa, minha filha, tu hás de ser como São Caetano, hás de comer o pão cotidiano espiritual a pedido da mão de Deus". E dito o referido, fechou o Evangelho e lhe desapareceu a igreja e o sacerdote, e ela, ré, se restituiu a seus sentidos. Disse mais, que, na noite seguinte, estando ela, ré, rezando o Credo de joelhos, voltada para um Cristo Crucificado, sem luz na casa, ouviu uma voz que saía da mesma imagem e dizia: "Eu sou o médico, venho curar os enfermos, mas hei de curar os que guardarem o regimento". E, ficando ela, ré, atemorizada, a casa tornou a ficar às escuras como estava...

Essa sessão matutina foi mais breve do que a primeira, relatando nossa santinha todas as visões havidas nas Minas Gerais: a ordem celestial para que passasse a se apresentar com o nome de Rosa Maria Egipcíaca da Vera Cruz; sua fuga, juntamente com padre Francisco, então seu proprietário legal, para o litoral; sua instalação no Rio de Janeiro e a orientação espiritual de seu novo confessor, o provincial dos frades menores; a visão na qual se lhe ordenara a fundação do Recolhimento de Nossa Senhora do Parto; a aparição dos Santíssimos Corações etc. etc. Descrevia Rosa esta última visão quando, "por ser dada a hora, foi mandada a seu cárcere, sendo primeiro lida esta confissão, e por ela ouvida e entendida, disse que estava escrita na verdade, e assinou com o dito inquisidor, e eu, Luiz Estêvão Mendoça, o escrevi".

Exatamente um mês depois, em 10 de fevereiro, madre Egipcíaca é submetida à terceira sessão, retornando à Casa Segunda das Audiências, no turno da manhã. Os procedimentos rituais são os mesmos anteriormente já descritos. Tomando a palavra, o inquisidor Carvalhal "lhe mandou descarregar sua consciência declarando o fingimento com que cometeu as ditas culpas e a intenção que teve".

Conforme já vimos, na ordem de prisão de Rosa Egipcíaca, do padre Francisco e de frei João Batista, constava como principal crime por eles cometido a prática de "supersticioso embuste, insolente hipocrisia e fingimentos" relacionados à pseudossantidade da negra recolhida. Dados os excessos idolátricos dos dois sacerdotes e a conivência de Rosa na divulgação de falsas profecias, visões e demais favores preternaturais, considerou a Mesa do Santo Ofício que madre Egipcíaca devia ser enquadrada no crime de "fingimento de virtude", tal qual previa o Regimento em seu título XX, no capítulo IV, a saber:

> E porquanto algumas pessoas com fingimentos de virtude procuram mostrar que têm revelações do céu e fazem milagres, e com isso causam grande escândalo no povo cristão, e costumam por esta via introduzir doutrinas falsas e grandes abusos em prejuízo de nossa Santa Fé, ordenamos que no Santo Ofício sejam castigados os que cometerem este crime.

Até prova em contrário, para a Inquisição todo "santo", "milagreiro" ou "profeta" eram eventuais embusteiros ou possessos do Demônio, daí a insistência de mons. Carvalhal em apertar Rosa para que declarasse "o fingimento com que cometeu suas culpas e a intenção que teve".

Rosa, diferentemente de outras falsas santas, irá se manter firme e inabalável na defesa de sua sobrenaturalidade, tanto que já nessa terceira sessão responde convicta ao inquisidor que

> cuidara dos sucessos de sua vida e que nada o que tem declarado era fingido e declara da mesma sorte que sucedeu assim: estando em oração na primeira segunda-feira da Quaresma do ano de 1755, ouviu uma voz de um Senhor Crucificado que estava em seu oratório, que lhe disse: hás de jejuar nesta Quaresma três dias

em cada semana a pão e água: a segunda-feira pelo rei para que Deus o faça um rei prudente e justificado no governar; a quarta-feira pela religião carmelitana; a sexta-feira pela religião seráfica...

Em seu depoimento nessa terceira sessão, a visionária descreve os principais sucessos que lhe ocorreram entre a Quaresma de 1755 e o final de 1757: astuta, seleciona tão somente aqueles aspectos que mais corroborariam suas virtudes e santidade, como os jejuns e prolongadas orações, citando, por diversas vezes, a intervenção de seu confessor, o ex-provincial dos franciscanos do Rio de Janeiro, sempre a lhe ministrar o exorcismo e lhe afiançando que todas aquelas visões e revelações provinham de Deus e não do Pai da Mentira. Ladina, a fundadora do Recolhimento do Parto omite aqueles episódios comprometedores de sua imagem de madalena arrependida: expurga suas profecias frustradas, notadamente o dilúvio de 1759, omite os rituais controvertidos que capitaneava em seu beatério, o culto a suas relíquias, o batuque no coro, as confissões feitas pelas recolhidas ajoelhadas a seus pés etc. etc.

"E, por ser dada a hora, foi mandada a seu cárcere..."

25. Julgamento do padre Xota-Diabos

O processo de Rosa transcorria com relativa rapidez, enquanto a causa do padre Francisco Gonçalves Lopes não tivera sequer início: o agravamento de suas doenças o impossibilitou de responder ao inquérito. Senil, aos setenta anos, trinta dos quais percorrendo as estradas poeirentas dos arraiais e vilas das Minas Gerais, o Xota-Diabos padecia de um calvário de achaques e comorbidades: só em suas cartas, enviadas ao Rio de Janeiro para seus compadres de São João del-Rei, queixou-se de erisipela em ambas as pernas, hemorroidas, feridas pelo corpo, sarna seca, "queixas nos pés", defluxo reumático e "reumatismo maligno". A travessia do Atlântico e esses intermináveis dois anos de prisão, acrescidos de angústia e desconforto material e emocional, agravaram de tal sorte a já debilitada saúde do clérigo septuagenário que serão necessários sete meses de cuidados médicos até ele apresentar condições de caminhar para a sala de audiências.

Minucioso, o Regimento assim prescrevia o cuidado médico aos prisioneiros enfermos:

> Quando algum preso adoecer, não havendo perigo na tardança, o fará saber aos inquisidores para que ordenem que o médico o visite, e lhe mandem dar e fazer tudo que for necessário para bem de sua saúde. E, no decurso da doença, terá

particular cuidado para que os remédios que os médicos mandarem se lhe apliquem com toda pontualidade, nos tempos e horas que lhe forem assinados, entendendo que, se o alcaide nesta matéria cometer alguma falta, lhe será muito estranhada.[1]

As "consultas" médicas também eram minuciosamente regulamentadas pela Constituição inquisitorial: mesmo tendo já de antemão selecionado com todo rigor o médico e o cirurgião antes de admiti-los no Secreto do Santo Ofício, cuidava nos mínimos detalhes que eles se restringissem a contato estritamente profissional com os pacientes. Sempre acompanhados do alcaide, o médico e o cirurgião,

> quando visitam os presos, não terão com eles mais práticas que as que forem necessárias por respeito de suas enfermidades, e acerca delas os ouvirão com paciência e tratarão com caridade, de modo que os presos vejam o cuidado que se tem com sua saúde. Todas as mezinhas e remédios que forem necessários lhes mandarão fazer e aplicar no tempo que convém, e, quando algum deles tiver doença grave, logo no princípio darão conta à Mesa do estado em que o doente está, maiormente se houver temor de morte, para que se trate do remédio espiritual e se lhe dê confessor e o mais que convier para sua salvação.[2]

Restabelecido de seus achaques, depois de mais de duzentos dias e noites de confinamento no edifício da Inquisição, a 29 de março de 1764,

> nos Estaus e Casa Segunda das Audiências, estando presente o inquisidor Luiz Pedro de Brito Caldeira, mandou vir perante si um clérigo que em 2 de agosto de 1763 veio preso para os cárceres desta Inquisição, e sendo presente, por já estar convalescido das moléstias que neles tem padecido, e impediram de principiar a sua causa, lhe foi dado juramento e logo disse chamar-se padre Francisco Gonçalves Lopes, sacerdote secular do Hábito de São Pedro, filho de Domingos Gonçalves, lavrador, e Dorotea Lopes, sendo seu avô materno Domingos Lopes, de Santa Marinha da Granja Velha, e ele natural da Ribeira de Cima, freguesia do Salvador, conselho da Ribeira da Pena, comarca de Vila Real, arcebispado de Braga, morador no Rio de Janeiro, com 74 anos de idade.

Nesse tribunal eclesiástico, cerca de 5% dos réus eram clérigos, processados geralmente pelos crimes de solicitação no confessionário, sodomia, casarem-se apesar das ordens sacras, exercerem sacerdócio sem ter a qualificação exigida, feitiçaria, pacto com o Demônio, blasfêmia, judaísmo, ou, como o padre Francisco, por participarem da fabricação de falsos santos ou santas. Se tomarmos como amostra a "Notícia dos autos celebrados pela Inquisição de Lisboa", de J. L. Mendonça & A. J. Moreira, entre 1750 e 1762 contabilizavam-se 23 clérigos luso-brasileiros sentenciados publicamente (sem falar nos que, por sua dignidade eclesial ou pela menor gravidade de seus delitos, acabaram sentenciados na Mesa ou na Sala do Santo Ofício, intramuros). No auto de fé de 1750, por exemplo, saíram quatro padres acusados de sigilistas (desrespeito ao segredo da confissão) e três por solicitarem as penitentes no ato sacramental; em 1752, foram penitenciados um frade leigo por se fazer confessor e defender os erros de Molinos, outro clérigo por tomar ordens com reverendas falsas e mais dois sacerdotes solicitantes; em 1755, outros dois frades acusados de sigilistas e um de solicitante; no ano seguinte, mais dois frades destemperados no confessionário e outro por não cumprir as ordens do Santo Ofício; em 1758, mais três solicitantes e um frade herege; em 1761, um solicitante e um herege, o nosso já conhecido padre Gabriel Malagrida, o último sacerdote a ser queimado pela Inquisição portuguesa. Em 1762 é a vez do padre Manuel da Silva de Santa Teresa, sacerdote do Hábito de São Pedro, confessor, acusado "por solicitação e ações torpes com uma confessanda na qual supunha vexação e violência do Diabo, abusando dos exorcismos e publicando que era uma santa". Foi suspenso para sempre de confessar e aplicar exorcismos, afastado por oito anos do uso das ordens sacras e interditado de entrar na Vila de Rei do bispado da Guarda, local onde cometera seus desatinos.

Pesquisando as *Listas dos autos de fé de Lisboa* e tomando como data inicial o ano de 1700, encontramos mais três sacerdotes processados pelo Tribunal do Santo Ofício comprometidos com a mesma falta do padre Xota-Diabos, isto é, o patrocínio indevido de falsas santas: em 1701, frei Mateo de São Francisco, da Ordem dos Frades Menores; em 1704, padre Antonio Luiz Coelho, clérigo secular; e, em 1722, padre José do Espírito Santo, da Ordem de Santo Agostinho do convento da Graça de Lisboa. Não era novidade, portanto, para os juízes inquisitoriais a presença de mais de um "clérigo mistificador", salvo o fato de se tratar do primeiro "brasileiro" a estar envolvido com tais falcatruas. Outra novidade era ser de cor preta a criatura acusada de falsa santidade.

Sentadinho em seu banco, sem chapéu nem capa — privação que, a seu tempo, deixou deveras humilhado o réu padre Antônio Vieira, S.J. —, lá estava o alquebrado padre Xota-Diabos, à mercê de seus colegas de batina. A diferença estamental entre o alto clero e esse esfarrapado cura de aldeia devia ser chocante! Os primeiros, com sotainas confeccionadas com tecidos finos importados da Holanda, sapatos enfeitados com fivelas de ouro ou prata, solidéus engalanados com tirinhas de carmesim, anéis e correntes com o crucifixo, tudo em ouro de 21 quilates. No outro extremo, o infeliz representante do baixo clero, com sua batina surrada e remendos desbotados, quiçá um par de chinelas velhas ou mesmo um par de tamancos ainda remanescentes do Brasil.

Como de praxe,

perguntou o reverendo inquisidor se o réu examinou a sua consciência como nesta Mesa o advertiram e se quer confessar as suas culpas por ser o que lhe convém para descargo de sua consciência, salvação de sua alma e bom despacho de sua causa.

Disse que sim, cuidara e pedia muitas vezes a Deus Nosso Senhor e a Senhora Santana que lhe alumiassem o entendimento para conhecer verdadeiramente suas culpas e as confessar, o que agora quer fazer sinceramente.

Foi admoestado que, depois de tomar tão bom conselho, lhe convinha muito trazê-las todas à memória para delas fazer uma inteira e verdadeira confissão, não levantar a si, nem a outrem, testemunhos falsos, porque o dizer somente a verdade lhe convém para descarregar a sua consciência, salvar a sua alma e merecer bom despacho nessa sua causa, o que respondeu que só havia de dizer a verdade, a qual era que haverá catorze anos, pouco mais ou menos, na freguesia de Nossa Senhora de Nazaré do Infficcionado, na capitania das Minas Gerais, chamou-o o vigário Luiz Jaime Magalhães para fazer exorcismos a um enfermo de que desconfiavam estar maleficiado, e na igreja estava Rosa Maria, negra courana, que caiu no chão, fazendo diferentes visagens e muitos trejeitos com o corpo, levantando-se e dizendo que era Lúcifer que a vexava e lhe causava as grandes inchações que tinha na cara e no ventre. Disse o réu que, por zelo e caridade cristã, começou a lhe fazer os exorcismos, dando dela boas informações o capelão do Engenho de dona Ana Rodrigues Durão, viúva, de quem Rosa era escravizada.

Conta mais o velho sacerdote que, consultando o padre Antonio Lopes, na época confessor e diretor espiritual da energúmena, este lhe deu boas informações da vida e dos costumes da escravizada, capacitando-se, por essa razão, ainda mais da verdade de sua vexação, aplicando-lhe três ou quatro exorcismos, depois dos quais, segundo ela, experimentara notável melhora nas queixas de que padecia.

Relata a seguir que, indispondo-se o vigário do Inficcionado com a negra endemoniada, chegando a lhe negar a confissão, viajou Rosa para a comarca do Rio das Mortes, onde tinha residência fixa o réu, apresentando-a então a seu compadre, o sr. Pedro Rois Arvelos, que, por piedade, consentiu em hospedá-la em seu sítio a três léguas de São João del-Rei. Permaneceu ali por dois ou três anos, "sempre exorcismando-a, e ela sempre o enganando, dizendo que o Espírito que a vexava, Lúcifer, era mandado por Deus para repreender as pessoas que nos templos assistiam com pouca veneração, chegando a rasgar as roupas das pessoas, como sucedeu na Matriz do Pilar de São João del-Rei".

Desde essa sua primeira audiência, tenta o padre Francisco se eximir de culpa por meio de dois artifícios: primeiro, alegando ter sido inocentemente enganado pela negra, sua ex-escravizada. Se oportunisticamente ou com sinceridade no coração, não sabemos, o certo é que o principal propagandista das virtudes da "maior santa do céu" assume conduta igual à de são Pedro, quando negou Cristo ao ser acuado no momento da Paixão. Padre Francisco arrenega, desde sua primeira confissão, qualquer crença nas virtudes e na predestinação de sua querida Rosinha, declarando agora perceber que "tudo nela era puro fingimento". Mais ainda: para demonstrar sua completa conversão, diz que "graças a Deus, pela misericórdia divina, foi trazido ao Santo Ofício, conhecendo agora verdadeiramente seu engano; caso contrário, condenaria sua alma". Exime-se de culpa, acrescentando mais um argumento: reconhece-se homem "sem letras nem talento, mal conhecendo a lição de seu breviário e alguns livros espirituais", citando a obra *Mestre da vida*, da qual retira o Ato de Contrição que Rosa incluíra no seu Rosário de Santana. A segunda atenuante utilizada pelo velho clérigo, a fim de se inocentar, era ter se fiado no aval de outros sacerdotes mais doutos e credenciados do que ele próprio, inclusive em algumas autoridades eclesiásticas que afiançavam ser Rosa vítima de uma inquestionável possessão demoníaca e predestinada por Deus para importante missão espiritual. Ao descrever o episódio, já nosso bem conhecido, do exame ao qual os cônegos de Mariana submeteram a espiritada queimando sua língua com uma vela acesa, fez padre Francisco o seguinte comentário: "Depois dos exames, viram os cônegos e ficaram capacitados de que Rosa era verdadeiramente vexada, acreditando nela". Frei Agostinho de São José, o orientador espiritual da negra no Rio de Janeiro, é apontado pelo réu como o principal responsável pela sua fé na predestinação da fundadora do Recolhimento do Parto, pois dele ouvira a afirmação de que "Rosa Egipcíaca tinha cheiro de santidade", venerando como relíquias e com máxima devoção suas páginas manuscritas em que narrava visões e revelações místicas. Mais ainda: vindo a falecer este velho sacerdote franciscano, disse o padre Francisco ter procurado o comissário do Santo Ofício do Rio de Janeiro, o cônego Simões, que, secretariado pelo padre dr. Antonio Pereira, do cabido fluminense, ouvira Rosa por duas horas e meia "e não acharam coisa alguma que pertencesse ao conhecimento do Santo Ofício". Em seguida, o próprio comissário a absolveu sacramentalmente, dizendo que "o procurasse quando tivesse alguma coisa importante, mas não sempre, porque era muito ocupado". Revelação inédita e crucial, jamais referida em nenhum outro momento dessa história.

Testemunhando pessoalmente as virtudes e a piedade da negra, seus prolongados jejuns, flagelações e graças que recebia dos céus, reforçado pela opinião favorável que dela faziam as citadas autoridades eclesiásticas, o padre Xota-Diabos reconhece, perante o inquisidor, ter venerado sua ex-escravizada a ponto de, "se lhe pedisse a camisa, lha daria de muito boa vontade", declarando mais: que, certa vez, quando outros sacerdotes incrédulos a insultavam, chegou a declarar publicamente "que acreditava em Rosa como creio em um só Deus".

Depois de reconstituir com detalhes vivos como se deixara iludir pela falsa santidade da fundadora do Parto, padre Francisco rasga o verbo denunciando tudo o que agora passa a considerar como suspeito no comportamento de sua ex-mãe espiritual. Acusando suas blasfêmias, imoralidades e condutas suspeitas, o velho sacerdote esperava comprovar aos inquisidores seu incontestável arrependimento e a veracidade de sua confissão. Certamente imaginava que, jogando lenha na fogueira de Rosa, estaria retirando do seu próprio fogo alguns tições de brasa. Conta, então, várias das profecias frustradas de sua ex-escravizada, descreve os dois dilúvios que nunca chegaram a acontecer, narra as estripulias de sua negra mina no coro do recolhimento, "dançando uma dança que chamam batuque, fazendo muitos movimentos desonestos", fala da escolha e das atribuições de suas quatro evangelistas, do quadro com sua estampa gloriosa etc. etc.

Com tantas palavras de arrependimento, reconhecendo humildemente sua falha humana e transferindo para eclesiásticos mais graduados parte de sua culpa, o réu, sem dúvida, imaginava ter comovido seus colegas de batina, todos bem mais jovens que ele, embora detentores do poder de julgá-lo e condená-lo a rigorosos castigos e humilhações. "Reconhecendo que tudo em Rosa era puro fingimento, torna a detestar tudo e protestar só crer no que ensina a Santa Madre Igreja e na sua santa fé protesta viver e morrer." Amém.

Mal acaba sua confissão, retoma a palavra o inquisidor Luiz Pedro de Brito Caldeira, dizendo que "fez bem em começar esta confissão", ao que imediatamente contesta o ex-capelão do Parto dizendo "não ter mais nada na lembrança", dando a entender que esgotara a confissão de suas culpas. Foi então mandado de volta ao seu cárcere: sua assinatura ao fim dessa primeira confissão é bastante trêmula, refletindo o estado de nervos em que se encontrava esse desgraçado ancião.

São decorridos quase dois meses sem que os reverendos inquisidores se dignem a chamar novamente esse réu em audiência. A vida no cárcere para um sacerdote era ainda mais penosa, pois ficava impedido de celebrar missa e até de conservar consigo o inseparável breviário. Remorso, angústia e total impossibilidade de decidir sobre seu próprio futuro eram o prato cotidiano desses prisioneiros de consciência, acrescidos de desconforto, frio, alimentação de má qualidade, insalubridade das "casinhas", muitos insetos e a violência dos guardas e demais funcionários desse tribunal da fé. A falta do rapé, que, quando livre, trazia sempre na velha boceta de prata, no bolso da batina, talvez fosse ainda mais sentida que a ausência do breviário: no século XVIII, os viciados em rapé eram numerosíssimos, sendo, inclusive, reprimidos por Antonil, quando apontava como grave descompostura cheirá-lo dentro dos templos.[3]

Em 21 de maio, novamente o réu padre Francisco Gonçalves Lopes é encaminhado para a Segunda Sala de Audiências, onde o esperavam os mesmos oficiais: o inquisidor Caldeira e o notário Manoel Francisco Neves. Como de costume, inicia o inquisidor os trabalhos, instigando o réu a descarregar sua consciência, continuando a confessar todas as suas culpas. O velho capelão toma o partido de se manter firme na confirmação de que nada mais tinha a dizer, ratificando que os fingimentos da negra Rosa é que foram culpados pelo seu engano, reconhecendo agora os incomparáveis benefícios praticados pelo Santo Ofício em trazê-lo a esses cárceres a fim de aliviar sua alma.

Conforme prescrevia o Regimento, desde que o réu ratificasse ter concluído a confissão de suas culpas, devia ser inquirido sobre sua genealogia. Informa, então, o padre Francisco alguns detalhes concernentes à sua biografia. Declara ter recebido o crisma e as ordens menores das mãos do arcebispo de Braga, d. Rodrigo de Moura Telles, ordenando-lhe presbítero d. Luiz Alvares de Figueiredo, na igreja de Nossa Senhora do Carmo de Braga. Disse mais, que assim que chegou aos anos do juízo e da discrição, confessava e comungava, e ia às igrejas e nelas ouvia missa e pregação, fazendo as mais obras de cristão conforme determina a Santa Madre Igreja. Foi instruído, então, a se pôr de joelhos e, depois de se persignar e se benzer, a dizer as orações: padre-nosso, ave-maria, salve-rainha, credo e os Mandamentos da Lei de Deus e da Igreja. Todos os réus deviam se submeter a essa verificação, inclusive os sacerdotes, e, por incrível que pareça, encontramos mais de um padre que não soube recitar os Mandamentos!

Acrescenta a seguir outras informações sobre sua vida pregressa: que aprendera gramática na cidade de Braga, com o mestre particular Domingos de Souza Burlento; depois, por dois anos, com os padres carmelitas, estudara os princípios da moral, mas, acometendo-lhe "queixas no peito", deixou de estudar outras ciências. Depois de se ordenar sacerdote, esteve dois anos na freguesia de São Bartolomeu do Rego, transferindo-se então para a América portuguesa, onde assistiu como coadjutor da freguesia de São Caetano, nas Minas Gerais, por nove anos seguidos, passando então para São João del-Rei, onde missionou mais doze anos, transferindo-se finalmente para o Rio de Janeiro, onde já morava havia nove anos, quando foi transladado para a Casa do Rocio. Aproveita então o ensejo para acrescentar mais uma acusação contra sua ex-escravizada, em tempo que ressalta sua exemplar virtude: conta a citada tentativa de Rosa em seduzi-lo sexualmente na hospedaria, quando fugiam das Minas em direção ao Rio de Janeiro.

Depois de tais narrativas, antes de concluir a audiência, pergunta-lhe mons. Caldeira: na opinião do réu, por que motivo se encontrava preso? Ao que respondeu o capelão: "Por causa dos embustes da negra Rosa". Deixando no ar tal acusação, o reverendo inquisidor ainda teve tempo de acrescentar que "o Santo Ofício não prende ninguém senão depois de muitas diligências, e com muita caridade o admoestava de novo para que faça inteira e verdadeira confissão de suas culpas. E por ser dada a hora, foi mandado para seu cárcere".

Cinquenta dias permanecerá o réu no cárcere sem qualquer notícia do mundo exterior. Nada sabia sobre Rosa, não tinha a menor ideia da opinião de seus juízes a respeito de suas confissões, não dispunha de pistas para saber quanto tempo ainda lhe restava dentro dos Cárceres Secretos. A chegada do verão, com seu calor pegajoso e a invasão de insetos nos cubículos dos prisioneiros, aumentava ainda mais a danação desses infelizes, notadamente daqueles, como o padre, portadores de infecções crônicas da epiderme.

Em 12 de julho, sempre no mesmo ano do Senhor de 1764, na Terceira Casa de Audiências, tem lugar outra sessão, sendo o réu submetido a capcioso inquérito doutrinário. Eis as questões formuladas pelo reverendo inquisidor:

P. — *Se ao celebrar missa, saía do ritual?*

R. — Não.

P. — *Se não sabia que os Concílios proíbem dar publicidade às revelações e outros especiais favores e espalhar papéis sobre a vida e virtudes dos mortais sem ordem eclesiástica?*

Respondeu que sabia.

P. — *Se não sabe que, morrendo virtuosas, só depois de canonizadas é que as pessoas podem ser objeto de culto?*

Respondeu que sabia.

P. — *Se leu algum livro sobre místicos e como se reconhecem os verdadeiros santos?*

Respondeu que nunca estudara tais livros, só conhecia o *Breviário* e o *Livro dos santos e de seus milagres*; portanto, não sabe quais são os sinais dos bons e maus.

Disse então o senhor inquisidor: *se era ignorante, como caiu o réu na temeridade de chamar santa à preta Rosa, sendo tal conhecimento de grande dificuldade?*

Respondeu que se fiara na sabedoria do provincial dos franciscanos do Rio de Janeiro, frei Agostinho de São José, e no barbadinho frei João Batista da Capo Fiume, e que via muitas obras de virtude em Rosa, como orações, jejuns, esmolas e frequência aos templos.

P. — *Não seriam tais obras malícia para encobrir seu fim de inculcar sua falsa santidade?*

Respondeu que tinha confiança nos confessores da preta Rosa.

P. — *Não havia em Rosa certos comportamentos incompatíveis com a santidade e sólida virtude?*

Respondeu que sim, citando a tentativa de sedução na pousada, na estrada das Minas Gerais para o Rio de Janeiro.

Disse então o reverendo inquisidor: *como queria o réu que acreditassem em suas respostas, se ainda parecia querer justificar Rosa e acreditar ser virtuosa, agindo ela tão desonestamente?*

Respondeu que sua única malícia fora a ignorância, protestando querer viver e morrer na fé de Jesus Cristo.

P. — *Referindo o réu práticas desonestas, como a dança do batuque no coro do Recolhimento do Parto, como usaria Deus de meio impuro para estimular a pureza?*

Respondeu o réu pedindo misericórdia pelas chagas de Nosso Senhor Jesus Cristo, protestando que tudo que Rosa fazia lhe parecia bom.

Perguntou então o reverendo inquisidor: *por que o réu não cessava o fingimento e confessava incensar, no coro do recolhimento, a preta Rosa, considerando-a uma santa?*

Respondeu que Deus Nosso Senhor sabe a tenção com que fez o referido, e ao mesmo Senhor recorria e ao Santo Tribunal, pedindo misericórdia de suas culpas que já todas confessou.

P. — *Já que reconhece os erros, tem algo mais a confessar?*

Respondeu o réu renovando seu pedido de perdão a Deus e ao Santo Ofício.

P. — *Não teria o réu dito mais coisa alguma a respeito da santidade da preta Rosa?*

Respondeu que não se lembrava de mais nada.

Disse, então, o reverendo inquisidor:

Não há caminho mais certo para se ter o perdão da Igreja e do Santo Ofício do que uma sincera e verdadeira confissão. Deste meio o réu tem abusado tão pertinazmente, apesar de repetidas admoestações, e continua a encobrir a sua malícia e se desculpar com insignificantes respostas, desculpando-se com o afetado pretexto da ignorância, tendo para si que estas cavilações enganariam aos ministros do Santo Ofício. Advertimos, porém, que é errado e temerário seu pensamento, e que não é fácil o engano que pretende, nem com as confissões satisfaz as provas da justiça, pois há provas de que adorava Rosa e obrigava muitas pessoas a fazê-lo, sendo ainda hoje dominado pelo mesmo espírito de hipocrisia. Portanto, novamente, com muita caridade, por parte de Cristo, deixe os respeitos humanos e descarregue sua consciência, declarando a verdadeira intenção que teve quando cometeu as culpas que confessou.

Respondeu o réu que foi sua ignorância e a imitação de outros confessores mais doutos que o levaram a esse engano.

E, por ser dada a hora, depois de lida e ratificada sua confissão, foi o réu enviado a seu cárcere.

A assinatura tão trêmula do padre Francisco, ao fim da confissão, atesta a insegurança e o nervosismo do velho sacerdote, acuado como nunca num beco sem saída, envergonhado e indefeso perante as contradições de seu depoimento e o maquiavélico esmiuçar de seu passado comprometedor.

Sua quarta sessão de inquérito, sempre perante o mesmo inquisidor, tem lugar na Segunda Casa de Audiências, apenas doze dias depois do precedente. A esta sessão chamava o Regimento de *in specie*:

> Não satisfazendo o réu inteiramente à informação da justiça, nem emendando as faltas que há em suas confissões, depois de ratificado nelas, e de lhe ser feita sessão de crenças, se lhe fará sessão *in specie*, na qual será perguntado pelos ditos das testemunhas em que estiver diminuto.[4]

Baseando-se, portanto, nas denúncias enviadas pelos comissários do Santo Ofício do Rio de Janeiro, formula o inquisidor diversas questões ao réu, demonstrando, dessa forma, estar perfeitamente informado de suas culpas e tentativa de escondê-las. Como era de praxe do Santo Ofício, nessas perguntas se omitiam os nomes das pessoas e locais onde o "crime" ocorrera, obrigando o delatado a incríveis malabarismos de memória para resgatar com fidelidade o conteúdo das acusações de que era inculpado.

> Perguntado pelo reverendo inquisidor, em que certo lugar se achou ele, réu, algum tempo passado, e disse que o Recolhimento do Parto era destinado por Deus para causas grandes, que aí se guardava uma prenda preciosíssima e seria venerado e teria as mesmas indulgências que as Santas Casas de Jerusalém e as Igrejas de Roma e Santiago da Galícia?
>
> Disse que é verdade ter dito tudo isto, mas não se lembra a quem, sendo para tanto enganado por Rosa.

536

Perguntado onde disse que, mesmo que o chamassem de louco, haveria de profetizar um grande castigo à cidade do Rio de Janeiro, que ia se soverter juntamente com São João del-Rei e Mariana porque haviam açoitado a negra Rosa?

Disse que confirma ter dito o mesmo e, mais ainda, que os desertos se povoariam por estarem isentos de culpa, mas tudo dissera enganado por Rosa...

Passando folha a folha os autos de denúncia recebidos do Rio de Janeiro, o inquisidor ia formulando novas perguntas, às quais o velho sacerdote confirmava humildemente sua culpa, assumindo ter participado dos rituais sincréticos capitaneados pela recoleta africana; ter publicado que o Menino Jesus vinha falar com sua ex-escravizada; que o Senhor Morto do altar do recolhimento estava vivo e fazia revelações à visionária; que a alma de frei Agostinho permanecia às portas do inferno por ter ele desacreditado de sua filha espiritual às vésperas de falecer; que madre Egipcíaca trocara seu coração com o de Jesus; que ameaçava com o inferno as recolhidas incrédulas ou as que ousassem revelar extramuros o que sucedia no Parto etc. etc. Negou, porém, ter mandado às recolhidas irem se confessar ou tomarem a bênção de joelhos aos pés da fundadora, declarando outrossim não ter conhecimento daquela penitência asquerosa em que se despejava um prato cheio de escarro de toda a comunidade sobre a cabeça de uma noviça mais rebelde.

Já com provas de impaciência, o inquisidor Caldeira admoesta mais uma vez o velho presbítero a se acusar logo de tudo que mantinha oculto, pois esta era a última admoestação que lhe fazia antes de encerrar seu processo, e, dentro da lógica processual da Inquisição, era melhor confessar do que ser diminuto na declaração das culpas. Animado por tal oportunidade, temeroso, padre Francisco declara que "tinha tal fé em Rosa que chegou a trazer como relíquia um dente da preta — o que parece bastante para justificar sua credulidade".

Difícil seria julgar se as omissões e lacunas na confissão desse réu se deviam à intenção expressa de ocultar e diminuir suas culpas ou então a simples esquecimento muito comum num septuagenário cheio de achaques.

Conforme previa o Regimento, agora, na solene sala do despacho, estando presente também o promotor do Santo Ofício, além do inquisidor e de seu notário, o réu Xota-Diabos é novamente chamado — passado um mês da audiência *in specie* —, sendo-lhe feitas "admoestações antes do libelo". Pondera então o inquisidor que, usando de mau conselho, o réu não confessara todas as suas culpas, tanto que a justiça o acusa de que, sendo ele cristão e sacerdote, em vez de ser uma coluna e firmamento de virtude, foi o contrário, demonstrando grande fé numa certa pessoa do sexo feminino, abrigada num certo recolhimento, proclamando ser ela criatura muito santa, que seu recolhimento era destinado por Deus a grandes sucessos, que Santa Teresa d'Ávila não passava de uma menina de recados comparada a tal escolhida etc. etc. A tudo o réu devia ouvir calado, pois nestas últimas instâncias processuais só a acusação tinha o direito à palavra.

Em 15 de setembro, novamente na Casa de Despacho, tem lugar a "citação das provas da justiça", em que o promotor enumera as acusações de dez testemunhas do sumário de culpas, perante as quais o réu declara não ter mais nada a acrescentar, nem elementos para contradizer as acusações. Enquanto alguns réus aproveitavam esse momento para apresentar as "contraditas", indicando nomes de testemunhas que poderiam defendê-los das acusações, o velho sacerdote se resigna à sua sorte e prefere se calar, certamente por ter consciência de que não encontraria em Lisboa conhecido algum que viesse em sua defesa, sobretudo se levando em conta que as acusações de que era alvo, tudo faz crer, tinham fundamento na realidade.

Em 27 de setembro, Dia de São Cosme e Damião, a Mesa Inquisitorial encerra o processo, emitindo o seguinte parecer:

> Considerando todos os prejuízos causados pelo padre Francisco Gonçalves Lopes, em divulgar a falsa santidade da preta Rosa, condenam o réu a cinco anos de degredo no couto de Castro Mearim [Algarve], ficando para sempre suspenso de confessar e fazer exorcismos, e que vá ao Auto Público de Fé, na forma costumada, e nele ouça sua sentença; que se confesse quatro vezes por ano e comungue ao menos uma vez na Páscoa da Ressurreição; que reze um terço por semana e mais cinco Padre-nossos e cinco Ave-marias todas as sextas-feiras em homenagem às cinco chagas de Nosso Senhor Jesus Cristo, e, para satisfação do escândalo que causou, seja lida sua sentença em um dia festivo, à missa de terça, na Sé da cidade do Rio de Janeiro, e que pague as custas deste processo.

Assinam a sentença três inquisidores e dois deputados do Santo Ofício: nossos já conhecidos Caldeira e Carvalhal, seguidos do inquisidor Joaquim

Jansen Moller e dos deputados Agostinho Velho da Costa e Alexandre Jansen Moller, irmão do citado inquisidor.

Como determinava o Regimento, a sentença foi então encaminhada ao Conselho Geral do Santo Ofício, que a confirmou em 16 de outubro de 1764. Só restava agora aguardar a data de sua leitura no auto de fé.

Por motivo que nos escapa, datava de 1761 o último auto de fé realizado em Lisboa: na década anterior, em todos os anos se celebraram tais espetáculos incendiários, causando-nos surpresa sua interrupção por quatro anos pós-1761. Durante o ano e meio em que padre Francisco esteve encarcerado na Casa do Rocio, inúmeros réus, como ele, receberam a mesma condenação de ter suas sentenças lidas publicamente nessas cerimônias e aguardavam ansiosos, já julgados e sentenciados, sua realização, a fim de cumprir o restante da condenação. Deixemos, portanto, nosso velho réu mofando nos Cárceres Secretos por mais um ano, entre 16 de outubro de 1764 e 27 de outubro de 1765 — data da realização do próximo auto de fé em Lisboa —, e retornemos à casinha na qual madre Egipcíaca aguardava suas intermináveis e cada vez mais raras audiências perante o inquisidor Carvalhal.

Chama a atenção do estudioso dos processos de Rosa e do padre Francisco que, chegando na mesma data à Casa do Rocio, presos pelas mesmas culpas, culpas essas sumariadas num único auto enviado pelos comissários do Rio de Janeiro, não tenham sido os dois examinados por um único juiz, e sim por inquisidores distintos. Por uma questão de economia e eficiência judiciárias, se apenas um juiz tivesse se encarregado dos dois processos, sem dúvida as provas da justiça teriam se esclarecido com maiores acuidade e rapidez, pois haveria possibilidade de acarear as declarações contraditórias do casal, posto ambos estarem envolvidos num único crime.

Nada disso aconteceu: o juiz de Rosa foi o inquisidor Carvalhal, e o do padre Francisco, o inquisidor Caldeira, contando igualmente com dois notários distintos. Se houve comunicação entre ambos e troca de informação sobre o andamento dos respectivos autos, não saberemos jamais.

Deixáramos Rosa Egipcíaca em sua casinha, depois da terceira audiência, datada de 10 de fevereiro de 1764. Passa-se pouco mais de um mês, e, em 11 de abril, a ré é ouvida pela quarta vez. Fora dos cárceres, a natureza ensaiava seus primeiros alvores primaveris, as cerejeiras e narcisos perfumando o ar de Portugal com suas flores. Dentro do Tribunal Santo, persiste a mesma rotina tristonha e acabrunhante, o mau cheiro das águas servidas, o fétido do mofo e bolor comuns a todas as prisões daquela triste época. Com o calor os piolhos aumentavam!

Que sentimentos experimentaria a beata africana em sua infecta prisão? Medo, confiança cega em Nosso Senhor, desespero, automortificação? Teria arquitetado fugir dos cárceres, como sucedera com sucesso com o orientador espiritual de Santa Teresa d'Ávila, o místico São João da Cruz? Pobre criatura, qual um passarinho, presa na gaiola. Decerto sua desgraça era ainda maior que a dos demais réus, pois na casinha onde estava trancafiada também era, provavelmente, alvo de discriminação racial por parte das desafortunadas brancas que abominavam a má sorte de ter de coabitar com uma ex-escravizada africana — o mais baixo escalão do rebotalho da plebe no Antigo Regime.

Aos onze dias do mês de abril de 1764, em Lisboa, nos Estaus da Santa Inquisição, estando ali na sessão da manhã o sr. inquisidor Jerônimo Rogado de Carvalhal e Silva, mandou vir perante si a Rosa Maria Egipcíaca, ré presa conteúda nestes autos, e sendo presente lhe foi dado o juramento dos Santos Evangelhos em que pôs sua mão sob o cargo do qual foi mandado dizer a verdade e ter segredo, o que prometeu cumprir.

Perguntada se tem mais a declarar e quer fazer confissão pelo que pertence ao fingimento das suas virtudes, disse que sim, queria continuar as suas declarações, referindo que, na verdade, tudo lhe sucedeu, como foi que depois dos ditos sucessos [relatados até agora], estando em oração, viu diante de si um novelo de linha de quatro quinas, dos quais saíam quatro línguas de fogo. E, querendo ela fugir daquela visão, lhe disse uma voz: "O que vês, aquele novelo de linhas, é o coração de teu padre confessor atado com aquelas linhas que são enredos, injustiças e mexericos, e o fogo são as dúvidas, incredulidades e contradições que se hão de levantar contra ti".

Rosa então reconstrói sua versão de como fora expulsa do recolhimento que recém-fundara, em 1758, atribuindo tal episódio à calúnia, depois assumida e confessada, que lhe levantou a então regente do Parto, irmã Maria Teresa, invejosa do carisma e do prestígio da negra junto à comunidade recoleta. Segundo sua interpretação, o falso testemunho de que fora vítima tivera como escopo fazer com que o ambicioso frei Caetano, do convento de

Santo Antônio, fosse indicado como novo capelão do recolhimento, nomeação só possibilitada mediante a expulsão dos dois fundadores do beatério — padre Francisco e ela própria. Diz que, depois de alguns meses proibida de entrar no "santo colégio", conseguiu retornar a este, narrando então ao inquisidor esta curiosa visão, na qual os anjos intercalam em seus louvores algumas expressões em língua espanhola, recurso estilístico comum em nosso período barroco.

> Disse mais que, no ano de 1759, estando na igreja do dito recolhimento para comungar, pedindo as recolhidas ao capelão que a deixasse entrar para receber com elas o sacramento, assim lho permitiu e, depois da comunhão, estando devotamente rezando ao pé do caixão onde estava o Senhor Morto, viu da parte do mesmo caixão sair um clarão como de sol e logo um pilar da altura de uma vara, e sobre eles uma coisa encarnada muito viva, coberta com um pano muito cândido mas tão fino que pelo mesmo se via uma multidão de abelhas. E ao mesmo tempo ouviu uns cânticos que diziam: Chegai, chegai, abelhinhas todas *a la divinidad, a la divinidad*! Ó doce suco na flor, Jesus que hoje nasceu, nasceu para vós! A cujas vozes sentiu ela em si uma extraordinária comoção para dançar, o qual impulso reprimiu com pejo das recolhidas que estavam presentes.

O notário não deixava escapar nenhum detalhe do que a preta ia contando. Dispondo o inquisidor, já a essa altura, de uma centena de folhas, frente e verso, contendo as denúncias, o sumário realizado no Rio de Janeiro e, agora, as novas confissões de Rosa, tinha material mais do que suficiente para detectar suas contradições, heresias, ou maliciosas omissões. Nesse momento, sem dúvida, mons. Carvalhal deve ter constatado outra mentirinha da visionária, pois diversos denunciantes confirmaram que ela era useira em dançar o batuque no coro do recolhimento, e até nas casas de alguns devotos mais íntimos, quando vexada pelo Afecto — dança considerada pelos inquisidores assaz indecente, inclusive já devidamente condenada pelo bispo do Rio de Janeiro desde 1747, ocasião em que, através de uma portaria, "proibia os batuques por serem totalmente alheios ao louvor de Deus, provocando escândalo e culto aos falsos deuses [da África]".[5]

Ainda nessa quarta sessão, madre Rosa Egipcíaca reconstrói suas principais visões ocorridas entre 1759 e 1760, "omitindo alguns sucessos por não serem marcantes". Termina contando do "abalo no seu interior quando os céus lhe mostraram o cenáculo do amor", no qual ela própria se via sentada na santa ceia, vestida de franciscana, ao lado dos doze apóstolos:

> Após aquela visão, ficou ela, ré, confundida, imaginando o que seria aquilo, metida no seu nada. E, por ser dada a hora, foi mandada para o seu cárcere, sendo-lhe primeiro lida esta confissão que, por ela ouvida e entendida, disse que estava escrita na verdade, e assinou, com o dito senhor inquisidor, e eu, Estêvão Luiz de Mendoça o escrevi.

A assinatura da pobre acusada, trêmula e em linha descendente, reflete com clareza sua insegurança e nervosismo: a nossa radiante madre Maria Egipcíaca da Vera Cruz estava rebaixada, no pé da página de seu processo, à reles condição de "ROZA Mª". Nem sequer completou seu segundo nome, Maria, quem sabe apressada pelo notário, ansioso em encerrar a sessão, já que chegara a hora do almoço…

Ao mesmo tempo que nos Estaus do Santo Ofício os dois réus iam sendo julgados, novas diligências são ordenadas nos locais de residência deles, a fim de se amealhar mais denúncias e ratificar as já constantes em seus processos. Portanto, em 19 de maio, sempre do mesmo ano do Senhor de 1764, tem início no Rio de Janeiro nova devassa contra ambos os réus. Como todos os negócios do Santo Ofício, também este fora ordenado através de uma comissão assinada por três inquisidores já nossos conhecidos: Jansen Moller, Carvalhal e Caldeira. Essa ordem de sumário, datada de Lisboa, 12 de dezembro de 1763, deve ter aportado no Rio de Janeiro nos primeiros meses de 1764. Preocupado sempre em controlar todas as informações e documentos secretos, o *Monstrum Horrendum*, a Santa Inquisição, determinava que, no mesmo documento recebido de Lisboa, o comissário anotasse sua resposta, recambiando-o sem delongas para a Casa do Rocio, razão pela qual toda documentação do Santo Ofício relativa ao Brasil se encontra em Portugal, na Torre do Tombo.

A "Comissão do Santo Ofício contra o padre Francisco Gonçalves Lopes, Rosa Maria e outros" é um longo documento através do qual se nomeou o comissário Francisco Fernandes Simões e, na sua ausência, o cônego Inácio de Oliveira Vargas como responsáveis em conferir as denúncias de que

Rosa Maria Egipcíaca da Vera Cruz, courana, para fins humanos e temporais, se inculcava mulher santa e virtuosa, fingindo-se favorecida de Deus, inventando que o mesmo Senhor, Maria Santíssima e muitos santos lhe falavam e apareciam, e ainda as almas de diversas pessoas, que afirmava ver na hóstia quando já consagrada e elevada pelo celebrante; ostentando o dom da profecia.

As acusações repetem, mutatis mutandis, o mesmo rol de culpas já transcrito anteriormente quando da transferência dos réus do Cárcere da Custódia para o Secreto, reunindo numerosas evidências de que os acusados eram fortemente suspeitos do crime de heresia formal.

A nomeação de um novo comissário em lugar dos nossos já conhecidos Pereira e Castro e do carmelitano Bernardo de Vasconcelos confirma a preocupação constante do Santo Ofício em obter informações as mais acuradas a respeito de seus réus, pois um terceiro investigador, desconhecendo os acusados e suas culpas, poderia coletar informações novas e menos distorcidas do que as anotadas pelos oficiais que o antecederam.

O eleito para conferir a denúncia foi o citado padre Francisco Fernandes Simões, o mesmo que teria ouvido Rosa, inclusive absolvido-a sacramentalmente, após a morte de seu velho confessor franciscano. Através de seu processo de habilitação ao cargo de comissário do Santo Ofício, levantamos algumas informações a seu respeito que nos permitem vislumbrar o background socioeconômico de onde provinha tal funcionário da elite inquisitorial do Brasil. Era natural e morador no Rio de Janeiro; pelo lado paterno, procedia de Barcelos, no Minho, enquanto sua mãe, da família Alvarenga, era natural de Sepetiba, na Baixada fluminense. Corria à boca pequena no Rio de Janeiro que, por parte de seu avô materno, o cônego Simões tinha "alguma coisa do gentio da terra da vila de Santo Antônio de Sá" (antiga cachoeira de Macacu) — certamente ostentando alguns traços fenotípicos de mameluco de segunda geração. Quando jovem, estudara em Coimbra, bacharelando-se em cânones, exercendo igualmente a advocacia civil. "Clérigo grave, de exemplar procedimento, boa capacidade e abundante de bens patrimoniais, sendo nomeado, por sua majestade, reitor do Seminário do Rio de Janeiro." Em seu processo de habilitação, consta ter patrimônio avaliado entre 18 mil e 25 mil cruzados. Algumas testemunhas, entretanto, empanaram levemente suas virtudes e idoneidade: um morador de Guapimirim confidenciou que o padre Simões tinha uma filha bastarda, mulatinha, filha de uma sua escravizada parda, ponderando, contudo, "que poderia ser invenção de escravizados, pois o clérigo vivia com muita modéstia e ainda sob a tutela dos pais...". Outro informante se lembrava "de certa galanteria em seu tempo de estudante"... (Galanteria, segundo o dicionarista Morais, significava "obsequiar ou cortejar damas por amor".) Não obstante tais pecadilhos da juventude, em 1745 nosso candidato é homologado na função de comissário do Santo Ofício, de modo que seu processo, iniciado em 1733, se estendera por doze anos, tempo um pouco maior do que a média dos demais habilitandos do Brasil. Passava, então, dos sessenta anos de idade. Assim sendo, ao receber, em 1764, a comissão para esquadrinhar os mistificadores do Recolhimento do Parto, devia beirar os oitenta anos.

No documento enviado pelos inquisidores, especificava-se, nos mínimos detalhes, como se devia proceder nessa comissão. Ali estavam arrolados os nomes dos onze delatores já constantes no sumário anterior: seis membros da família Arvelos, três recolhidas do Parto e dois outros moradores nas Minas Gerais. Devia eleger um sacerdote cristão-velho, de boa vida e costumes, para ser o escriba. E que a todos os informantes, como era de praxe, fosse feito o seguinte interrogatório: 1. Se suspeitava por que era chamado perante a comissariaria. 2. Se conhecia alguém que dissesse alguma coisa contra nossa Santa Fé ou contra o Santo Ofício. 3. Se denunciou alguém a algum comissário, quem e com quem. "E tudo que a testemunha disser se escreverá com miudeza, distinção e clareza, devendo ser feita a inquirição fora das casas das testemunhas, não ficando nenhuma cópia dela no local." A burocracia inquisitorial primava pelo centralismo e pelo rigor na construção das provas da justiça. Na maioria dos casos, verdade seja dita, o procedimento judicial do Santo Tribunal era escorreito, embora possamos questionar, com carradas de argumentos, a legitimidade dos pressupostos éticos relativos ao que era considerado crime, assim como as formas de punição.

Em 19 de maio de 1764, no Recolhimento de Nossa Senhora do Parto, estando presente o cônego penitenciário e comissário, padre Francisco Fernandes Simões, elegeu este o padre Pedro Pereira de Moura, natural e morador no Rio de Janeiro, como escrivão da diligência, dando início às inquirições.

A primeira testemunha a ser ouvida foi a ex-evangelista São Mateus, irmã Ana do Santíssimo Coração de Jesus, preta crioula, 35 anos, "a quem o reverendo senhor comissário deu juramento dos Santos Evangelhos". Ao primeiro quesito do interrogatório respondeu que não sabia por que era chamada perante o comissário. Ao segundo, "se conheceu alguém que dissesse alguma coisa contra nossa Santa Fé", destramelou a língua e narrou em detalhes o episódio em que o padre Xota-Diabos lhe mandou que fizesse os tais bolinhos usando a saliva de madre Rosa Maria Egipcíaca, distribuindo tais "biscoitos milagrosos" como medicina para todos os achaques. Ratifica então todas as suas denúncias anteriores sobre a maneira cega como o capelão do recolhimento prestava verdadeiro culto idolátrico à Abelha-Mestra; fala da solene nomeação das evangelistas, da estampa com a figura de Santa Rosa Egipcíaca etc. Narra ainda duas visões que ela própria tivera quando fazia oração mental no Dia de Nossa Senhora do Rosário: na primeira, o Senhor Jesus aparecia por sobre as nuvens, numa carroça como um relâmpago, tendo um par de flechas nas mãos; na segunda, já anteriormente referida, a preta Ana diz ter visto sua mãe Rosa com uma custódia na mão direita em que resplandeciam os Santíssimos Corações da Sagrada Família.

> E, sendo-lhe lido este testemunho, disse que estava escrito como na verdade tinha deposto, e afirmava e ratificava que tornava a dizer o mesmo, e não tinha mais que acrescentar, mudar, diminuir ou emendar, jurando novamente pelos Santos Evangelhos, estando presentes as seguintes pessoas honestas e religiosas: o padre Pedro Luiz da Silva e o padre Agostinho Pacheco Gago da Câmara, que tudo viram e ouviram e prometeram dizer a verdade e guardar segredo sobre os Santos Evangelhos e assinando novamente a testemunha. E ida para fora a testemunha, foram interrogados os ditos padres se lhes parecia que ela falara verdade e merecia crédito. Disseram que sim, e assinaram de novo com o notário e o comissário.

Como se vê, o cônego Francisco Fernandes Simões cumpria com absoluta exatidão a minuciosa burocracia de seu cargo de comissário do Santo Ofício, inquirindo no mesmo dia a segunda testemunha nomeada na comissão: a negra Ana do Santíssimo Coração de Maria, 35 anos, natural da ilha do Bom Jesus, no recôncavo do Rio de Janeiro. A antiga meretriz Ana Bela se revelou mais despachada que sua companheira de claustro. Ao primeiro interrogatório foi logo dizendo que suspeitava, sim, ter sido chamada à sessão de perguntas "pelos sucessos de Rosa, por não haver outro princípio nem motivo para isso". Ratifica sua obediência mantendo segredo de tudo que anteriormente confessara, "pois não é capaz de dizer palavra contra a verdade...". Uma refinada "santinha do pau oco". Repete então, grosso modo, as mesmas denúncias feitas um ano antes ao comissário Pereira e Castro, incriminando mais o padre capelão, como afiançador das virtudes de Rosa, do que a principal acusada. Ao tratar de suas próprias visões, relativiza-as com termos menos preternaturais, tratando-as agora como "ilusão", "representação", ou "persuasão interior". Termina informando que, "após a prisão de Rosa, padre Francisco mandou que ela negasse ter escrito o que se passara no recolhimento" — ela era São Marcos Evangelista —, comprovando, assim, o temor e a malícia do velho sacerdote em querer ocultar o que seguramente sabia ofender a ortodoxia católica, pois, como diz o brocardo popular, "quem não deve não teme".

A terceira testemunha que devia ser ouvida era a evangelista São João, irmã Francisca Xavier dos Serafins, quarenta anos. Já não mais assistia no Parto, tendo obtido licença para viver extraclaustros. Residia então em Bacaxá, no recôncavo fluminense, gastando o comissário Simões $180 réis com um emissário que foi pessoalmente convocá-la em nome do Santo Ofício para vir ter com essa autoridade eclesiástica. Onze dias depois de iniciada a comissão, Francisca Xavier é ouvida em casas de morada de d. Maria Teresa de Jesus Gouveia: renova aí suas delações contra Rosa Egipcíaca, detalhando os rituais idolátricos praticados pelas recolhidas, assim como as alucinações coletivas em que todas diziam distinguir os estigmas nas mãos e nos pés da Abelha-Mestra, "não conseguindo ela, testemunha, afastar estas representações de seu pensamento". Disse mais que, depois da prisão da negra e do capelão, os franciscanos foram ao recolhimento, ocasião em que declarou

> estas e outras ridicularias praticadas, quando Rosa estava com aqueles frenesis e, a partir daí, só reza o que os frades autorizam, sumindo-lhe aqueles pensamentos e representações que tinha e o Espírito que supunha ter, pelo que sentia em si de alvoroços.

Verdadeira ou não, a ex-evangelista São João se comportava como o discípulo Pedro, que, acuado pelos detratores, salvou a pele negando conhecer o Nazareno. Logo ela que assumiu "ter adorado o retrato de Rosa com o título de Santa Rosa".

E, por não ter o dito comissário mais testemunhas nesta terra para inquirir, houve por acabada esta diligência, na qual se gastaram três tardes com algumas horas da noite, e vai escrita em quinze folhas e meia de papel, sem borrão, fazendo eu, padre Pedro J. P. Moura, este termo de encerramento, que escrevi e assinei.

Como era de praxe, no final do sumário, anotou o comissário as despesas que tivera com as diligências, despesas que seriam oportunamente reembolsadas pelo Santo Ofício:

DESPESAS	EM RÉIS
Ao comissário Simões	180
Ao escrivão Moura	230
Notificação	180
TOTAL	**590**

Se lembrarmos que um quilo de peixe custava, à época, aproximadamente cem réis, no Rio de Janeiro; um quilo de açúcar, sessenta réis; um quilo de carne de boi, setenta réis; uma libra de tabaco, 320 réis, somos obrigados a concluir que o Santo Ofício pagava apenas simbolicamente a seus funcionários, contando, por conseguinte, para eles, muito mais o prestígio e as imunidades inerentes ao cargo do que compensações monetárias no exercício das comissões.

Terminadas as diligências, cabia ao comissário, de próprio punho, dar um curto parecer ao final do sumário, a fim de auxiliar os inquisidores no julgamento das ratificações. Confirma então que considerava verdadeiro o depoimento das declarantes e que, por mais que investigasse, não localizou o famigerado painel com a figura de Rosa, pois todos os trastes da acusada tinham sido levados por seu compadre Manuel Barbosa, "requerente de causas", para sua casa, e que, ao ser inquirido extrajudicialmente, disse que não sabia nem vira o dito retrato, "embora eu não sei se mentiu ou falou a verdade". Conclui dando sua apreciação a respeito do Recolhimento do Parto: "A regente atual é mulher de capacidade e parece de virtude, sendo por tal reputada, vivendo as recolhidas com bom procedimento, como verdadeiras cristãs". Apartados o joio e a cizânia, o trigo crescia a olhos vistos. Registra ainda sua opinião pessoal sobre os três acusados: por ter conhecido particularmente o padre Francisco, "me pareceu sempre sem malícia, muito material, ignorante, crédulo e capacitado em demasia de muito virtuosa e favorecida de Deus a dita preta Rosa". Transfere para o finado frei Agostinho a maior culpa da mistificação, "homem também ignorante e material", incluindo no mesmo balaio o barbadinho italiano frei João Batista, "o qual andava desajuizado e entrou louco confirmado". Quanto a Rosa,

> não tenho princípios nem fundamento para fazer juízo certo, mas, dada a materialidade dos dois sacerdotes, creio que era levada pela vaidade e por alguns enganos ou figurações do Demônio, figurando-se como santa, pois o Diabo trabalhava naquele recolhimento.

Cruz-credo!

Convenhamos que o octogenário comissário Simões emitiu julgamento relativamente indulgente vis-à-vis aos três acusados, isentando-os de "malícia", isto é, de "conhecimento ou inteligência para fazer e obrar o mal". Rotulando os sacerdotes de "materiais", isto é, "grosseiros, rudes de entendimento, ignorantes, o oposto a espiritual", e mais ainda, destacando a doidice confirmada do capuchinho e a ilusão de Rosa pelos "enganos e figurações do Demônio", no final das contas nenhum dos acusados era, segundo avaliação dessa autoridade eclesiástica, plenamente culpado e responsável pelos seus erros. Todos tinham ponderáveis atenuantes dirimentes. Tão inusitada tolerância, partindo de um funcionário inquisitorial idoso, de quem se devia esperar o máximo de rigor e intransigência, nos permite detectar, já nessa época, o "jeitinho brasileiro" atenuando a dureza da lei e o rigor do castigo, conduta compreensível num velho sacerdote, carioca, já de três gerações, mas certamente reprovada pela elite do clero reinol, ávida de expurgar da América portuguesa a cizânia das erronias e do sincretismo. A objetividade imparcial desse ancião merece destaque quando, ao concluir seu parecer, enfatizou não dispor de provas suficientes para emitir "juízo certo" a respeito da acusada. De duas dezenas de comissários do Santo Ofício do Brasil dessa época por nós pesquisados,[6] foi o único que nos inspirou certa empatia, parecendo ter o coração mais aberto para os pequeninos do que seus parceiros de ofício. Alguns anos mais tarde, já beirando os noventa, novamente esse mesmo comissário acolherá e encaminhará para Lisboa os reclamos de uma miserável esposa oprimida, Rita de Jesus, que acusava seu marido, João Antonio Francelho, natural da ilha da Madeira, "de há três anos usá-la por detrás, com muita pancada, tanto que há um ano e meio retirou-se de sua companhia vivendo em casa de uma viúva, atrás da Candelária, denúncia que fizera sem ódio nem malícia".[7] Um comissário humano, convenhamos!

Além das três evangelistas inquiridas no Rio de Janeiro, determinou o Santo Ofício que mais oito testemunhas residentes nas Minas Gerais fossem novamente ratificadas. Coube ao padre José Sobral e Sousa, vigário da Vara de São João del-Rei, comandar tais diligências. Era esse sacerdote natural de São Lourenço de Souza, arcebispado de Braga, tendo recebido sua provisão de comissário em 1760, coincidentemente assinada por nosso já conhecido inquisidor Joaquim Jansen Moller.[8]

É em suas próprias casas de morada que o comissário Sobral realiza essa inquirição. Escolheu como escrivão o padre Manuel da Costa de Faro, que,

apesar de sua letra ser trêmula, e ter já falta de visão, por velho, por isto mesmo o elegi, por conhecê-lo há mais de 25 anos, sacerdote de bom e exemplar procedimento, vida e costumes, também porque algumas testemunhas eram mulheres e que em algumas ocasiões me era preciso sair de sua presença, estando continuando seus ditos...

A partir de outra fonte, encontramos uma informação pitoresca a propósito desse impoluto sacerdote: na qualidade de comissário da Ordem Terceira de São Francisco, no ano de 1755, propôs que fosse abolido o uso da touca por parte das mulheres que frequentavam a capela franciscana, argumentando que elas desagradavam aos maridos, eram de pouca duração e de elevado preço...[9] Que diferença entre esse virtuoso donzelão e tantos outros colegas de sotaina nas Minas, que, como lobos vorazes, faziam do confessionário perigosa armadilha para solicitações e torpezas com as filhas de Eva![10]

Tal inquirição tem início em 3 de junho de 1764, sendo primeiramente chamado o *pater familias* Pedro Rodrigues Arvelos, "que vive de suas fazendas de roça, de minerar e de suas criações, com idade entre sessenta e 71 anos". O velho ex-senhor de Rosa devia estar em pânico, pois já se iam dois anos que ele próprio e toda a sua família tinham se autodelatado perante os comissários do

Rio de Janeiro e de São João del-Rei, e eis que, de repente, sua presença é novamente requisitada junto à autoridade inquisitorial, tendo ele de responder "se suspeita para o que é chamado?". Astuto, respondeu negativamente. Só no segundo quesito — se conhecia alguém que dissesse algo contra a santa religião — é que solta o verbo, repetindo, com os mesmos vigor e arrependimento teatral, seu agora odiado envolvimento com a preta Rosa. Descreve então como a conheceu, no longínquo ano de 1751, acompanhando seu compadre, padre Francisco Gonçalves Lopes, que, na vizinha capela de São Sebastião, com todo o povo reunido, lhe apaziguava os sete espíritos malignos com os santos exorcismos. Conta também o quanto chegou a venerá-la, acreditando ser Rosa a maior santa do céu, crendo firmemente em suas profecias e que trazia, no peito, Jesus Sacramentado. Acrescenta que,

> certa manhã, já no Rio de Janeiro, encontrou Rosa muito enfadada com ele, por duvidar, então lhe disse: "Vai e dize aos teus doutores, que o Mistério [que ela guardava] era o do Apocalipse e que o Cristo Nosso Senhor, estando para expirar na Cruz, pedira licença ao Pai Eterno para tornar ao mundo a sacramentar-se em seu peito".

Aleluia, aleluia! Contou mais: que, dando velas para que Rosa aplicasse pela alma de seu pai e por outras pessoas, "disse que seu padrinho estava no inferno e não valiam as velas".

Antes de se retirar, perguntou o comissário se o sr. Pedro tinha outro laços além da antiga veneração, em relação aos réus, respondendo o arrependido sitiante ser compadre do padre Francisco por cinco vezes, e de Rosa, uma vez. Amizade, portanto, profunda e sacramentada.

Logo em seguida é ouvida sua esposa, Maria Teresa de Jesus, 42 anos, "cristã-velha de limpo sangue, por graça e mercê de Deus". Como seu marido, também ela repete as mesmas denúncias contra a "impostora", dizendo que costumava se intitular redentora, que era ressuscitada "e muito mais coisas indignas de que não se lembra".

A família Arvelos se esforçava para esquecer e apagar tão calamitoso acidente de sua vida. Tudo leva a crer que, de fato, Rosa e o padre Francisco, seus ex-compadres, eram uma página virada na história familiar, um pesadelo que a todo custo buscavam encobrir, quiçá evitando até sua menção. Isso porque o

Tribunal da Inquisição era ainda o temível monstro sagrado, com poderes inquestionáveis de prender, sequestrar os bens, açoitar publicamente, degredar e até executar os criminosos considerados mais graves. Daí a estratégia assumida por essa ludibriada família em arrenegar repetidas vezes, de viva voz e por escrito, sua lastimada boa-fé e engano. Tudo nos faz crer que o arrependimento, embora enfático demais, a essa altura dos acontecimentos, era sincero.

Depois da ratificação das denúncias pelo casal Arvelos, é a vez de serem novamente inquiridas as quatro filhas, ex-recolhidas no "sacro colégio" da preta Rosa. Dois anos haviam se passado desde que essas assustadas adolescentes abandonaram às pressas o recolhimento, onde, durante anos seguidos, foram submetidas a cruel lavagem cerebral, obrigadas a participar de rituais diabólicos e a idolatrar a ex-escravizada do compadre de seu pai. Nesse curto espaço de tempo, entre abril de 1762 e julho de 1764 — dois anos e três meses —, a vida das meninas Arvelos mudara da água para o vinho — ou do inferno para o céu, se preferirem. As duas mais expeditas, Maria Jacinta e Faustina, já se encontravam casadas. Casamento rápido, quem sabe para consolidar, com a bênção da Santa Igreja, um novo status antagônico e demolidor do recente passado de recolhidas num beatério então sob a mira do Tribunal do Santo Ofício. Ou então se casaram tão lepidamente por desejo dos próprios pais, preocupados em ter donzelas casadoiras, deslumbradas com as tentações do mundo depois de passarem vários anos reclusas atrás das grades: como já ensinara o apóstolo Paulo, em situações congêneres, era melhor "casar do que se abrasar", sobretudo nas Minas, onde os muitos aventureiros e viandantes eram motivo de fundadas inquietações a quem tivesse moça honesta pela qual zelar.

A antiga irmã Maria Jacinta dos Anjos, agora com dezenove anos, mudara o nome para Maria Jacinta Pereira, "de presente casada com Antonio Bernardo Rocha, moradores na casa de seu pai em São João del-Rei". Pelo visto, faltavam donzelas casadoiras, de "sangue limpo", na região, pois, apesar de a população local certamente conhecer os detalhes mais dramáticos e públicos do quiproquó do Parto, no qual a família Arvelos teve papel proeminente e culpa no cartório, não obstante as meninas Arvelos logo encontraram quem as pretendesse para matrimoniar. Em sua delação, Jacinta repete as mesmas acusações apresentadas logo que saíra do recolhimento, enfatizando que, "por obediência a seu pai, fora levada ao Parto onde Rosa era fundadora e mestra". Recita a ladainha dos títulos honoríficos com que a negra era louvada, acrescentando a relação de suas falsas profecias, sua adoração por parte do capelão e, sobretudo, das evangelistas, os rudes castigos com que ela, depoente, e suas irmãs eram penitenciadas por rebeldia e incredulidade. "Rosa dizia que nós quatro seríamos as primeiras a soverter no dilúvio, por causa da incredulidade, e que seríamos as mais castigadas!"

Faustina Maria de Jesus é a segunda a depor perante o comissário Sobral: 22 anos, recentemente casada com o sr. João Moreira dos Santos. Seu depoimento é o mais detalhista, enchendo dez folhas de denúncias. Foi ela que mais sofreu, dentre todas as recolhidas, pois, sendo mais inteligente e crítica, se recusava a se curvar aos pés da ex-escravizada de seu pai, por julgá-la impostora e falsa. Contou ter sido obrigada, por mais de um ano, a permanecer no refeitório, de joelhos, mendigando às demais recolhidas um bocadinho de comida, passando fome alguns dias, quando não sobrava nada nos pratos alheios. Denunciou que a amiga mais dileta da fundadora, irmã Leandra — a mesma que, por anos seguidos, morava de favor em casa de seus pais, a ingrata! —, se autointitulava São Miguel, "e, quando se mostrava espiritada ou endiabrada, fazia visagens e dava pancadas nela, dizendo que era a alma de d. Maria Teresa, mãe da depoente, mesmo estando ela viva". Tanto quanto sua irmã, Faustina denuncia que Rosa se fechava com o padre em seu cubículo, altas horas da noite, "dizendo que estavam dando conta do espírito dela", sugerindo claramente, com malícia, que ambos mentiam, escondendo-se dentro da cela a fim de se entregarem a atos luxuriosos. Conclui seu depoimento relatando que, certa vez, Rosa mandara a regente ler um escrito em que vira Nosso Senhor "num trono muito desonesto, dizendo também palavras que ela, testemunha, não pode proferir por serem torpes…".

Francisca Tomásia do Sacramento, que fora internada no recolhimento quando mal completara dez anos, tinha agora dezessete, ao ser inquirida novamente em nome do Santo Ofício. É a única da família Arvelos a constar na obra *Efemérides de São João del-Rei*, pois, em 16 de maio de 1770, se casou na capela de Santa Rita com o capitão Pedro Medeiros Caetano dos Reis, que fora juiz de órfãos e vereador da Câmara local em 1767 e tornaria a sê-lo em 1778. Mudou a jovem seu nome para Francisca Tomásia Pereira de Castro, curiosamente o mesmo sobrenome do comissário do Santo Ofício que a interrogara no Rio de Janeiro logo depois da prisão de Rosa Egipcíaca. Segundo informam as *Efemérides*, teve o casal dez filhos, destacando-se dentre eles dois clérigos: os padres Pedro Antonio Teodoro de Medeiros, procurador-geral da Ordem Terceira de São Francisco, e Antonio Joaquim de Medeiros Castro, ordenado em Mariana, também vereador e um dos fundadores da Sociedade Protetora da Liberdade e Independência Nacional, "sacerdote sisudo, de costumes puros e honestos, amigo dos pobres, mendigos e enjeitados".[11] A ordenação desses dois filhos da ex-recolhida Francisca Tomásia comprova que a infâmia de ter sido recoleta numa instituição cuja fundadora fora penitenciada pelo Santo Ofício não os impediu de receber as ordens sacras.

Francisca fora, por anos seguidos, escriba da evangelista Ana Clara, tendo registrado inúmeras visões que remetia às mãos do capelão ou de Rosa, "fazendo isto com aborrecimento, sem crer em nada que continham, e depois foram queimadas por ordem do padre Francisco". Também ela sofrera o mesmo castigo no refeitório, mendigando alimento por mais de um ano, de joelhos, "só comendo caso houvesse sobejo". Esteve presente na igreja do recolhimento quando dezenas de devotos da fundadora ali se reuniam para escapar ao profetizado dilúvio de 1759, denunciando ao comissário que a negra costumava proclamar "que as armas de Portugal e as chagas de São Francisco Deus as dera para Rosa, mas que estavam encobertas agora e se haviam de aparecer no outro mundo".

A última das Arvelos a ratificar sua confissão foi Genoveva, 25 anos. Sempre taciturna, seu depoimento mal encheu duas folhas. Refere-se a alguns títulos da litania em louvor a Rosa, "redentora da Santíssima Trindade", confirmando que a ex-prostituta proclamava que Nosso Senhor vinha falar com ela, embora só ela tivesse o privilégio de vê-lo.

Completa a comissão o depoimento de duas testemunhas já anteriormente ouvidas pelos comissários do Rio de Janeiro: José Alves Pereira, 68 anos, tio da recolhida Maria Antonia do Coração de São Joaquim. Diz esse senhor ter conservado com muita devoção as cartas e orações enviadas por sua ex-mãe Rosa, mas que, tão logo fora presa pelo Santo Ofício, parou imediatamente de rezá-las, entregando tais escritos ao comissário. Tudo leva a crer que também sua sobrinha retornou às Minas quando da prisão da fundadora.

Caetano Fernandes Pereira, 44 anos, morador em Nossa Senhora das Brotas, freguesia de Congonhas do Campo, negociante de fazendas secas, ratifica, de sua parte, ter acompanhado e presenciado as estripulias diabólicas de Rosa sobre a montaria, quando viajaram juntos a caminho do Rio de Janeiro, e, embora "aquilo lhe parecia coisa do Demônio, o padre disse que a trabalhava o Diabo, mas que era serva de Deus".

Terminada a comissão, em 25 de julho de 1764, o comissário Sobral dá o parecer atestando que todos os depoentes pareciam ter falado a verdade "por serem tementes a Deus", especificando, ao final, ter gastado três dias nas diligências, devendo, portanto, ser reembolsado pelos cofres inquisitoriais no valor de 2$480 réis — quatro vezes mais do que o estipêndio de seu colega do Rio de Janeiro, sem dúvida por levar em conta ser o custo de vida muito mais alto nas Minas do que no litoral. Remete então, de São João del-Rei, toda a papelada para o comissário do Rio de Janeiro, que acrescenta ao sumário mais uma peça: uma carta manuscrita pela recolhida Ana do Coração de Jesus, em que declara:

> Depois que dei meu depoimento, me lembrou mais que, em uma ocasião, estando eu doente de uma queixa que me oprimia há anos, e por várias vezes estive muito mal da pedra, e nesta ocasião minha mãe Rosa Mª Egipsiaca [sic] fez um unguento de azeite da lâmpada de Nossa Senhora do Cramo [sic], cera do forno e sumo de poejo, e mo deu no caldo de galinha. Logo fiquei boma [sic] e não me tronou [sic] mais a dor té o dia presente. Seja Deus louvado para sempre. Sua humilde serva, Anna do SS.C. Jesus.

De todos os antigos devotos, essa companheira de Rosa, a crioula Ana Maria, ex-evangelista São Mateus, foi a única que teve a coragem de manter sua fidelidade à fundadora do recolhimento no qual continuava vivendo, arriscando continuar a titulá-la de "minha mãe Rosa", proclamando por escrito, de livre iniciativa, um verdadeiro e persistente milagre realizado pela então prisioneira do Santo Tribunal de Lisboa. Decerto a ex-evangelista continuava acreditando na predestinação da espiritada courana e em sua iminente reabilitação, pois, conhecendo-se as árvores por seus frutos, como ensinou o Divino Mestre, como seria possível condenar por herética uma santinha que obrara tantos milagres e vivera tão virtuosamente?

26. Um processo inconcluso

Deve ter sido em fins de 1764 que chegou aos Estaus do Santo Ofício em Lisboa o malote enviado pelo comissário Simões, do Rio de Janeiro, contendo as derradeiras ratificações das testemunhas mineiras e cariocas, engrossando ainda mais o processo contra Rosa Egipcíaca e o capelão do Recolhimento do Parto. Nada de novo ou substancialmente agravante veio acrescentar ao que já era de conhecimento dos inquisidores. O séquito da falsa santa — suas recolhidas e devotos mais comprometidos com mistificações e hipocrisias — não oferecia matéria suficiente para também ele ser enquadrado no crime de heresia formal, e, pelo que se depreendia desse novo sumário, tudo fazia crer que a erronia da falsa beata estava completamente neutralizada. No recolhimento, as religiosas mais suspeitas tinham sido expulsas; os rituais mais heterodoxos, expurgados; nas Gerais, a família Arvelos dava provas perceptíveis de reforma, abjurando e detestando qualquer simpatia antiga vis-à-vis à ex-escravizada mistificadora. Os senhores inquisidores estavam tão seguros de que a ratificação das testemunhas no Brasil era mero formalismo burocrático que nem sequer esperaram o retorno dos documentos para concluir o processo do capelão do Parto, cujo despacho derradeiro por parte do conselho geral, como vimos, é datado de 16 de outubro de 1764.

Transcorriam as diligências na América portuguesa quando Rosa é chamada para sua quinta e penúltima audiência, realizada na Casa Segunda, no período vespertino. Sempre instada a "descarregar sua consciência, declarando os fingimentos com que tem vivido, disse que, no exame que tem feito de sua consciência, acha que nunca fingiu os sucessos referidos, e que conta toda a verdade". De fato, ou a negra era excelente atriz, turrona em vender sua imagem de escolhida pelos céus, ou então — e nos identificamos mais com esta segunda hipótese — a africana era mesmo uma visionária, alucinada, tendo em seus delírios extrassensoriais acreditado ver e ouvir todas as revelações que atribuiu como procedentes de Deus e de seus santos.

Nessa quinta audiência, ela reconstrói as visões ocorridas entre 1760 e 1761, às vésperas, portanto, do fatídico ano de 1762, quando o Coração de Jesus lhe prometeu vir pessoalmente desempenhar a função de "visitador geral e havia de sair à visita por toda a província a prender os que estão soltos e a soltar os que estão presos".

Disse mais: que no decurso do mesmo ano de 1761,

> no dia do Entrudo, indo ao pé de um altar dar graças a Deus, caiu no chão desacordada e logo viu um campo onde estavam quatro figuras que pareciam mulheres: uma com o rosário na mão, outra com o escapulário de Nossa Senhora do Carmo, outra com uma espada muito comprida e outra com uma lança e um facho de fogo. E mexendo-se umas para as outras, por modo de quem dança minuetes, e, perguntando ela, ré, o que faziam e quem eram, lhe disse uma voz que eram os novíssimos do homem, fazendo as senhoras do rosário e do escapulário o ofício da interrogação; e a senhora de quem pendiam a espada e a lança, que significavam o juízo, que não destruíssem o homem; e o movimento que faziam era o movimento do orbe celeste da vontade de Deus. Depois do que ela, ré, se restituiu aos seus sentidos e, achando-se banhada em um suor frio, logo ouviu uma voz que lhe disse que dissesse aos filhos da Igreja que, assim como ele [Jesus] suou na presença de sua redenção, assim haviam de suar na presença de sua reforma.

Talvez tenha sido em alguma casa de fandango, quando mulher da vida, em Minas Gerais, que Rosa tenha visto, ou ela própria bailado, a "dança dos minuetes", muito embora, já no fim do século XVIII, o dicionarista Morais se refira a esse divertimento como "dança antiga de passo vagaroso". Na época de Rosa Egipcíaca, a coqueluche era o fandango, "dança alegre e algum tanto licenciosa, muito usada nas folias e brinquedos dos camponeses na Espanha, Portugal e Brasil". Mesmo recolhida no Parto, tendo vendido todas as suas joias e roupas amealhadas no meretrício, madre Egipcíaca não resistirá à tentação de dançar no coro tendo alguma imagem sacra nas mãos, o controvertido batuque, "dança africana muito desonesta", incluindo em sua coreografia embigadas e outros trejeitos lascivos, hoje recuperados pela popular lambada. Talvez para se inocentar das acusações de ter dançado no coro é que, consciente ou subconscientemente, descrevera as quatro imagens de Nossa Senhora, dançando minuetes na corte celeste. O suor frio que as testemunhas observaram na fronte da visionária nesse devaneio místico indica, sem dúvida, seu estado mórbido — "fraqueza do sangue", segundo diagnóstico seguro de minha sábia doméstica preta, Carlita Chaves. Sugere também outra analogia com a vida de Cristo, que suou sangue no Jardim das Oliveiras às vésperas de sua paixão, o que reforça mais uma vez nossa opinião a respeito da cultura mística e da inteligência da beata courana, assim como o uso adequado das analogias bíblicas.

Conclui Rosa a quinta sessão narrando outra revelação ocorrida no Sábado de Aleluia do ano do Senhor de 1761:

> Dando ela, ré, os parabéns à Nossa Senhora da Ressurreição, no altar da mesma Senhora, lhe falou uma voz e lhe disse: "Eu te dou o fruto do ventre sagrado da Virgem Puríssima por aleluia". E outra vez: "Eu te dou o meu amor por brasão do teu amor". E outra vez: "Eu te dou os meus patrocínios por insígnia das minhas misericórdias. Rezarás uma coroa todos os sábados em obséquio da glória de maternidade da Mãe de Deus, e em lugar do Padre-nosso rezarás a Salve-rainha e, se assim o fizeres, te prometo o meu adjutório".

> "... e, por ser dada a hora, foi a ré mandada ao seu cárcere, sendo-lhe primeiro lida esta sessão que, por ela foi ouvida e entendida, e as mais declarações que tem dado nesta mesa, e disse que estava tudo na verdade, o que nelas se afirma e ratifica e torna a dizer de novo sendo necessário, e que nelas não tem nada a acrescentar, diminuir, mudar ou emendar, nem de novo quer dizer, ao costume, sob o encargo do juramento dos Santos Evangelhos que outra vez lhe foi dado, ao que estiveram presentes por honestas e religiosas pessoas, que tudo viram e ouviram e prometeram dizer a verdade do que fossem perguntadas debaixo do mesmo juramento dos Santos Evangelhos, que também lhes foi dado, os licenciados Francisco de Souza e Rodrigo Ferreira Nobre, notários desta In-

quisição, que ex causa assistiram a esta ratificação e assinaram com a ré e com o dito inquisidor, e eu, Estêvão Luiz Mendoça, o escrevi. E, indo a ré para seu cárcere, foi perguntado aos ditos licenciados ratificantes se lhes parecia que falava a verdade e merecia crédito, e por eles foi dito que lhes parecia ser tudo o que diz embustes e fingimentos, mas que falava verdade enquanto ao que diz contra algumas pessoas, e tornaram a assinar com o dito inquisidor, e eu, Estêvão Luiz Mendoça, o escrevi.

A presença de testemunhas extras nessa quinta sessão tinha como objetivo auxiliar e corroborar o parecer do inquisidor no julgamento, mais uma praxe da casuística do Santo Ofício na busca de fidelidade a seu ideal de *justitia et misericordia*. Os dois notários confirmam o que desde o início estava explícito na opinião das autoridades inquisitoriais: que a ré não passava de uma embusteira, sendo fingidas e hipócritas todas as suas pretensas visões, revelações e graças que dizia ter recebido dos céus. Não passava pela imaginação desses juízes eclesiásticos a possibilidade de que tanto as "verdadeiras" quanto as "falsas" visões eram ambas criações mentais de homens e mulheres com patentes desequilíbrios mentais, hoje cabalmente diagnosticados pelas ciências da personalidade como portadores de diferentes manifestações patológicas, e, como tais, inocentes de qualquer culpa ou responsabilidade formal, uns acreditando piamente serem Napoleão Bonaparte, outros, "cavalos" de frenéticos orixás, "templos do Espírito Santo" e mensageiros de recados enviados por Jesus Cristo, Nossa Senhora e demais desencarnados celestiais. No juízo maniqueísta dos reverendos inquisidores, as ditas visões ou revelações eram fenômenos reais, passíveis, portanto, de averiguação teológica se provenientes de Deus Nosso Senhor, ou ciladas do Demônio, posto ter este poderes quase infinitos de, na qualidade de Pai da Mentira, iludir com falsas visões e hipocrisias até os verdadeiros bem-aventurados. Para eles, portanto, se é que não podiam ainda detectar a presença física do Diabo nos embustes da ré, pelo menos estava confirmada a presença indireta do Maligno em sua vida, tentando-a, com dissimulações, a revelar visões sobrenaturais quando tudo não passava de "fingimentos e hipocrisias".

Talvez porque aguardassem a chegada, da América portuguesa, das ratificações das testemunhas, talvez para castigarem mais duramente a visionária com vistas a forçá-la a confessar, pela fadiga e pelo desespero da solidão, que todo o fantástico de sua vida não passara de malicioso fingimento, deixam os inquisidores a nossa pobre biografada mofando nos Cárceres Secretos um ano, de maio de 1764 a junho de 1765, ficando seu processo completamente parado, sem se dignarem a chamá-la para audiência. Tudo faz crer que os juízes eclesiásticos queriam mesmo aquebrantar as resistências da ré pelo cansaço. Afinal, não havia cristão, novo ou velho, que suportasse um ano corrido, de inverno a inverno, sem sair da casinha, sabendo que sua causa estancara em alguma das prateleiras do "Secreto".

Cumpria-se, ao menos parcialmente, outra profecia da nossa beata: sofreria paixão mais dolorida que a de Nosso Senhor, pois o julgamento de Jesus demorara poucos dias, enquanto o de Rosa se alastrou por anos seguidos.

A sexta e última sessão de Rosa Egipcíaca é realizada em 4 de junho de 1765, na Segunda Casa de Audiências, pela manhã. Desiste o inquisidor Carvalhal de instigar a ré a declarar sua impostura, parecendo estar mesmo convencido de que a teimosia da preta era irremovível, daí se contentar em dizer, no início da audiência: "Perguntada se é lembrada de mais alguma coisa que haja de declarar a respeito do progresso de sua vida…".

Rosa não se alquebrara com o ano inteiro de confinamento com que a castigara seu inquisidor. Podia perfeitamente passar a negar tudo, declarando, como fizeram várias outras falsas beatas antes dela, que só agora se dava conta, como dissera o padre capelão, de que toda sua fé não passara de um lamentável equívoco, um erro de interpretação, arrenegando o passado e acatando com humildade e como se fosse uma verdadeira bênção a chance dada pelo Santo Ofício de confessar seu desvio da grei da Santa Madre Igreja.

Nada disso aconteceu. A africana padecera castigos muito mais dolorosos, anos antes — como os açoites no pelourinho de Mariana, a vela acesa sob a língua —, e nem assim arrenegara sua fé inabalável no que julgava ver e ouvir da parte de Deus Todo-Poderoso. "Deus castiga quem Ele ama", diz o brocardo popular, e as Sagradas Escrituras estão repletas de exemplos de servos de Deus que muito penaram e foram exemplarmente castigados antes de merecer as palmas da vitória. Santa Teresa d'Ávila e santa Joana d'Arc, entre outros muitos, são bons exemplos de que, às vezes, até a própria cúpula da Igreja cometia equívocos, queimando a segunda por herege e chegando a condenar por certo tempo os escritos da primeira, mas elevando ambas, anos mais tarde, à glória dos altares. A persistência de madre Egipcíaca em se declarar inocente a situa ao lado daqueles grandes santos e santas cuja fé inabalável os fez capazes de suportar crudelíssimos martírios para não trair suas convicções espirituais. A africana tinha fibra de aço!

Não sabemos o motivo, mas, nesta última sessão, o notário Mendoça, que desde 1763 vinha fazendo o papel de escriba no processo, é agora substituído pelo padre Manuel Francisco Neves, o qual, além de apresentar caligrafia mais difícil de ser decifrada, reconstrói mal e com redação às vezes incompreensível os sucessos ocorridos na biografia de nossa Rosa Negra, no último ano que antecedeu à sua prisão pelo comissário do Rio de Janeiro.

Ela inicia essa audiência reconstruindo uma visão ocorrida na festa de São João Batista, em 24 de junho de 1761 — estando ajoelhada ao lado do caixão do Senhor Morto na igreja do Recolhimento do Parto, o mesmo Santo Cristo que ela e o capelão disseram estar vivo e necessitando de bálsamos, "extorquindo" vultosa soma, para esse fim, do progenitor das meninas Arvelos — episódio já referido anteriormente.

Procure o leitor visualizar, como se fosse um cenário de teatro, o décor surrealista desenhado aqui pelo rico imaginário dessa afro-brasileira:

> Estando ela rezando, viu abrir a terra e, no interior dela, uma parede, e, sobre esta, três montes: um verde, outro encarnado e outro branco. E logo ouviu uma voz que dizia: "Deus te salve, irmã amantíssima!", ao que respondeu outra voz: "Deus te salve a mim e a todos os filhos da Igreja!". E outra voz disse: "Assim como eu, no rio Jordão, disse *Agnus Dei qui tollis peccata mundi, pax nos Domine* [*sic*]; *Agnus Dei qui tollis peccata mundi, exaudi nos Domine*; assim tu no rio Jordão do amor hás de dizer aos penitentes: *Agnus Dei, qui tollis peccata mundi, miserere nobis!*".

Na tradição cristã, o rio Jordão, principal manancial da Palestina, é referido quinze vezes nas Sagradas Escrituras e tem rico significado simbólico não só por ter sido o local onde são João batizou Jesus Cristo, a quem chamou *Agnus Dei* — cordeiro de Deus —, como também por terem sido as margens do Jordão escolhidas pela patrona de Rosa, Santa Maria Egipcíaca, para viver e terminar sua vida penitente, tendo atravessado milagrosamente este rio, por sobre as águas, conforme testemunho de são Zózimo.

Nessa visão, Rosa confirma sua predestinação como Mãe de Misericórdia, título que lhe fora outorgado por Deus, ficando Maria Santíssima somente com a invocação de Mãe de Justiça.

Tendo dúvidas sobre o local para onde fora transportada,

perguntou uma das vozes: "Onde estava?". Respondeu outra voz que estava sobre o monte da caridade, e a outra, sobre o monte da fé. E, correndo um véu branco, cobriu os montes e ficaram uns vales que pareciam cobertos de neve. E, perguntando uma das vozes se era aquilo neve, lhe respondeu a outra que era orvalho do amor e que houvera de orvalhar os interiores dos penitentes.

Também a neve fazia parte do imaginário cristão, sobretudo depois que Nossa Senhora fez nevar, em pleno verão romano, revelando o local onde queria que fosse construída a basílica de Santa Maria Maior, obra edificada por Sisto III e dedicada a Nossa Senhora das Neves, no dia 5 de agosto de 440.

Uma africana, criada nos trópicos do Brasil, introduz a paisagem europeia em seus delírios místicos. Quem sabe a nossa ré não tenha visto alguma nevasca em Lisboa nos quatro anos que ali passou, ou alguma companheira de cárcere lhe tenha descrito como eram os campos nevados das serras portuguesas? Daí incluir a neve em seu imaginário místico.

Foi durante o segundo semestre deste último ano no Rio de Janeiro, no quinto dia da novena preparatória da festa do Arcanjo São Miguel, portanto em 24 de setembro de 1761, que ela recebe outra importante revelação celestial:

Depois de comungar, percebeu de seu interior uma voz que dizia: "Escuta-me! Pede aos anjos do trono que me deem graças por ti enquanto tu [...] rezas os mandamentos". E depois que ela, ré, os rezou, continuou a voz dizendo: "Os três primeiros [mandamentos] que pertencem à minha honra te dou por talento do meu amor para amares a mim só, Todo-Poderoso, e com estes talentos irei por todo o mundo". E no último dia da mesma novena, repetindo-lhe a mesma voz as palavras que ficam referidas do primeiro dia, na mesma ocasião e da hóstia que estava para comungar, acrescentou as palavras seguintes: "Tu serás a abelha-mestra recolhida no cortiço do amor, fabricareis o doce favo de mel para pores na mesa do celestial banqueteado, para sustento e alimento dos seus amigos e convidados". E, perguntando ao Senhor na oração o que queria dizer isto que ouvira, lhe disse o Senhor que era a sua confissão, e que disto mesmo devia dar conta aos zeladores da honra do Senhor, o que ela agora entende se verificar na confissão que faz nesta Mesa.

Astuta e oportunista, a negra ladina tenta vincular sua transferência para a Casa Negra do Rocio com as revelações que dizia ter recebido em seus antigos êxtases beatíficos, identificando os inquisidores como "zeladores da honra do Senhor". O início desse diálogo místico, quando o Todo-Poderoso declara tê-la presenteado com o "talento do meu amor para amares a mim só", evoca os mesmos estilo e temática iniciados pela esposa no Cântico dos Cânticos, e retomado pelo discurso barroco de santa Margarida Alacoque e sobretudo pela Doutora de Ávila, Santa Teresa, entre outras místicas. Eis o diálogo do Divino Esposo com a principal vidente do Sagrado Coração:

> Que tens tu a recear nos braços do Todo-Poderoso? Como podia Ele deixar-te perecer no desamparo, à mercê de teus inimigos, depois de se ter feito teu Pai, teu Mestre, teu Guia, desde a tua mais tenra idade, e dando-te contínuas provas da amorosa ternura do meu Divino Coração, no qual, e não noutra parte, estabeleci tua atual e perpétua morada? E, para mais te assegurar, dize-me que maior prova queres de meu amor, e eu a darei. Mas, por que lutas contra mim, que sou teu puro, verdadeiro e único amigo?!

A semelhança, embora muito empobrecida, das visões de Rosa com as da visitandina de Paray-le-Monial se manifesta não só nessa espécie de casamento místico, como também na transformação de certas imagens e elementos da própria natureza em símbolos sobrenaturais. O fogo, por exemplo, desde o Antigo Testamento aparece em nosso imaginário ocidental associado ora à própria manifestação da divindade, como na sarça ardente no Sinai, ou com as línguas de fogo em Pentecostes, ora como a própria essência do mal — o fogo do inferno. Novamente é santa Margarida Maria quem dá o exemplo, pois, certo dia, "estando diante do Santíssimo Sacramento, apareceu de repente diante dela uma pessoa toda em fogo, dizendo que era um religioso beneditino que penava no purgatório",[1] o mesmo sucedendo a Rosa, que

> no dia sétimo da novena do Nascimento de Jesus, em 1761, lido o ponto da novena, desceu ela a um lugar de fogo aonde viu um grande tropel de gente e uma voz que perguntou: "Quem sois vós?". E lhe respondera: "Nós somos os sacerdotes [e tu] és empenho e desempenho da caridade do amor de Deus. Empenha-te por amor de nossa salvação e desempenha a nossa dívida".

Como o próprio Cristo, também Rosa Negra desceu às profundezas: "... Jesus Cristo, depois de morto e sepultado, desceu aos infernos...".

À imitação de outras tantas santas, entre elas Catarina de Siena e Teresa de Lisieux, madre Egipcíaca sempre revelou, além de grande devoção aos ministros do altar, particular preocupação pela santidade das ordens religiosas masculinas, jejuando em diferentes dias da semana com vistas a esse fim. Nesta última revelação, patenteia-se mais uma vez sua missão salvífica junto ao clero, "desempenhando", isto é, resgatando os maus sacerdotes de suas dívidas no purgatório, servindo-lhes igualmente de empenho ou penhor para a glória celeste. A familiaridade mantida por ela com mais de uma dezena de sacerdotes regulares e seculares, desde que de meretriz passou a beata, certamente a estimulava a privilegiar os eclesiásticos em suas orações, dadas a importância deles na condição de porteiros do Reino dos Céus e as constantes ciladas do Demônio de que eram alvo.

Por sua condição de ex-prostituta, Rosinha mantivera também íntimo contato com homens e rapazes, seus clientes, quando assistia nas Minas. Embora garantisse ter excluído por completo a sensualidade de sua vida desde 1750, continuava, entretanto, preocupada com tais pecadores, que, pela dissolução de costumes junto às mulheres-damas, eram todos fortes candidatos ao fogo do inferno. Eis a continuação desta última visão:

> Chegando outro tropel de gente, fazendo-lhe a voz a mesma pergunta, respondeu o dito tropel que eram mancebos solteiros, teus inimigos [dizendo]: "Recebe-nos por filhos, porque nós corporalmente não reconhecemos por mãe. Já [que] és empenho da caridade do amor de Deus, empenha-te pela nossa salvação e desempenha nossa dívida". E chegando outro tropel de gente disse que eram as mulheres perdidas de todo o mundo. E [disseram]: "Recebe-nos por filhas, já que és empenho e desempenho da caridade do amor de Deus, empenha-te pela nossa salvação e desempenha a nossa dívida" — o que tudo ela, ré, percebeu, estando na oração, e dando-lhe um desacordo.

De clérigos a prostitutas, incluindo os mancebos solteiros, madre Rosa Maria Egipcíaca da Vera Cruz era nomeada por Deus como advogada e intercessora, não só lhes resgatando as dívidas contraídas por seus pecados, mas funcionando também como "empenho da caridade do amor de Deus". Mais uma vez, o Onipotente ratificava a missão salvífica dessa sua filha e amante predileta, em cujo peito pulsava o próprio Sagrado Coração e em cujo seio haveria de se reencarnar depois de novo dilúvio universal, redimindo definitivamente o gênero humano de seus pecados e tiranias. A megalomania espiritual da negra devia provocar um misto de desprezo e escárnio na mente das autoridades eclesiásticas que a ouviam, pois nem os santos mais categorizados da hierarquia celeste almejaram tamanhos poderes e predestinação. A negra delirava, sua imaginação grandiloquente cavalgando sôfrega com a rédea solta.

Esta é a última visão declarada por Rosa em seu processo. Registramos aqui suas derradeiras palavras no Santo Ofício — a última vez que é referida, antes de seu misterioso silêncio indecifrável até 1979, quando seu "Auto de Falecimento" foi localizado na Torre do Tombo, como veremos no Epílogo. Acabara de descrever a visão daquele tropel apavorante das "mulheres perdidas de todo mundo":

> No referido ano de 1761 lhe sucederam muito mais coisas de que ao presente se lembra — e, por ser dada a hora, lhe não foram feitas mais perguntas, e al não disse, e, sendo lida essa sessão e por ela ouvida e entendida, disse estar escrita na verdade e assinou com o dito inquisidor, depois do que foi mandada para seu cárcere.

O último ano de Rosa no Rio de Janeiro — 1761 — de fato fora marcado por sucessos prenhes de significado para sua vida mística, sendo alguns desses episódios altamente comprometedores dentro da ótica da ortodoxia católica, daí ter sido muito acertada sua desculpa de última hora. Declarando já não se lembrar de "muito mais coisas", deixou de falar daquelas cerimônias asquerosas, com salivas e cusparadas, com as quais castigava as recolhidas incrédulas; omitiu todos os derradeiros preparativos de seu recolhimento para se transformar em "nau dos Sagrados Corações" quando do iminente dilúvio da América portuguesa etc. etc. A amnésia de madre Egipcíaca sobre tais acontecimentos reais, ao lado de uma viva lembrança de suas visões e colóquios místicos ocorridos na mesma quadra, deve ter reforçado, tanto na opinião dos inquisidores quanto na do leitor, a impressão de que, de fato, a energúmena selecionava em sua confissão, com esperteza e malícia, somente aqueles aspectos que julgava beneficiá-la, omitindo e esquecendo deliberadamente tudo o que pudesse prejudicá-la. Lapso da memória ou medo do castigo?

Inexplicavelmente, interrompe-se aí, em 4 de junho de 1765, o processo da preta Rosa. Certamente os inquisidores já tinham recebido, desde o início do mesmo ano, as ratificações das testemunhas provenientes do Brasil, estando, portanto, seu processo perfeitamente instruído para ser concluído. O porquê de sua interrupção, sem a sentença, é um enigma. Ou um mistério, para continuarmos no mesmo clima visionário desse período barroco. Retornaremos ao tema no Epílogo.

O processo do padre Francisco Gonçalves Lopes, entretanto, seguiu seu curso normal: que o leitor se recorde de que, depois do despacho do Conselho Geral do Santo Ofício, datado de 16 de outubro de 1764, ficou o velho capelão aguardando no cárcere que sua sentença fosse promulgada no auto de fé a fim de ir cumprir seu degredo. Nessas décadas finais do funcionamento da Inquisição, os autos públicos se tornavam mais raros e intermitentes, tanto que ficará o ex-Xota-Diabos um ano completo, já com sua sentença pronta, somente à espera de quórum ou de recursos materiais para ser marcada tal cerimônia pública. O último auto de fé se realizara em Lisboa em 20 de setembro de 1761, sendo então penitenciadas 57 pessoas. O populacho devia estar saudoso de participar dessas cerimônias macabras. A influência do marquês de Pombal no embaçamento do Santo Ofício e, por conseguinte, na rarefação dos sentenciamentos públicos é inquestionável.

Nos primeiros dias de 1765, a máquina inquisitorial fora acionada de novo para a realização de outro auto de fé na capital do Reino. Os preparativos eram trabalhosos, implicando a construção de tablados, tribuna e assentos — destinados a numerosos oficiais do Santo Ofício, à família real e nobreza — e de um cercado onde ficavam confinados os penitenciados como gado no curral. Editais eram enviados a todas as igrejas e conventos do patriarcado informando a data da próxima cerimônia inquisitorial, proibindo que naquele dia fossem feitos sermões. A única fala eclesiástica devia ser a pregação solene no próprio auto de fé. Lembrava-se aos fiéis que "os sumos pontífices têm concedido muitas graças e indulgências às pessoas que assistirem a semelhantes autos". A presença do povaréu era desejada pela hierarquia eclesiástica, cumprindo assim tal encenação seu escopo didático e intimidatório.[2]

Em 1765 são realizados três autos de fé em Lisboa: no primeiro, em 16 de fevereiro, apenas dois penitenciados ouviram suas sentenças na própria sala do Santo Ofício, de forma a evitar a humilhação pública. Em 7 de outubro, tem lugar o segundo auto, agora nos Claustros de São Domingos: são apenas quatro os condenados. É só no auto de 27 de outubro que o ex-capelão do Recolhimento do Parto ouvirá sua sentença.

Desde 1761, quando 57 réus ouviram suas condenações, Lisboa não assistia a tamanha concentração de réus de consciência: quarenta sentenciados, oito dos quais do sexo feminino. Era a 244ª vez que se realizavam tais cerimônias na capital do Reino e a última a contar com número tão elevado de presos. De fato, o Santo Ofício manifestava, depois do advento pombalino, francos sintomas de decadência. O *Monstrum Horribilem* estava em seus estertores, e com este auto várias celas do Cárcere Secreto decerto ficaram desocupadas para sempre.

Como a maior parte dessas cerimônias, também este auto se realizou na igreja de São Domingos, situada a poucos passos do Tribunal Inquisitorial. Era um dia de domingo, estando presente, além dos membros do Conselho Geral e da nobreza, grande número de espectadores. Na lista dos quarenta réus que ouviram suas sentenças nesse dia, estava lá o nome de nosso biografado:

> Padre Francisco Gonçalves Lopes, 75 anos, sacerdote secular e confessor, natural da Ribeira da Pena, morador do Rio de Janeiro, condenado por acreditar e espalhar os fingimentos de virtude de certa pessoa sua dirigida. Suspenso para sempre de confessar, exorcizar e degredado por cinco anos para Castro Mearim.

Entre seus companheiros de cárcere, também sentenciados na mesma ocasião, destacamos o prior do convento carmelitano da Vidigueira, condenado "por sentir mal do procedimento do Santo Ofício", criticando e obstaculizando sua ação repressiva; vários sacerdotes condenados por defender proposições heréticas, inclusive o ateísmo; outros clérigos igualmente condenados por celebrar missa antes da ordenação sacerdotal; outros ainda por desrespeito à Santa Inquisição. Nove bígamos ouviram suas sentenças lado a lado com o ex-diretor de Rosa, três dos quais se casaram pela segunda vez quando colonos no Brasil; quatro cristãos-novos abjuram seus erros mosaicos. Dentre as mulheres, além de uma judia do Rio de Janeiro, outras duas mistificadoras são punidas por "fingir visões, revelações e escrever doutrinas errôneas" — o mesmo crime de Rosa Egipcíaca. As "falsas santas" estavam em voga!

Eis uma descrição impressionista de um desses autos de fé:

No dia fixado, e depois de se ter anunciado aos quatro ventos do Reino o grandioso espetáculo a representar pela Igreja, no Rocio (São Domingos) ou no Terreiro do Paço, marchava tudo em procissão solene, emocionante. Na frente o estandarte de São Pedro Mártir e os domínicos, monopolizadores da Inquisição. Custodiando os condenados iam os familiares do Santo Ofício. Os sentenciados iam de baraço ao pescoço, tochas na mão, carochas ou barretes de papelão, da altura de três pés na cabeça, e vestidos de uma samarra que tinha representado por diante e por trás o retrato dos padecentes sobre chamas que se elevavam entre demônios — os condenados à fogueira. Depois, outros também de tocha, carocha e samarra, mas esta sem retrato e sem demônios pintados, que eram os que evitavam o fogo por confessarem depois da sentença; seguiam-se os presos pela primeira vez e arrependidos, condenados a alguns anos de prisão ou a trazer sambenito. Também eram levados na procissão as efígies e os ossos dos que tinham morrido nos cárceres, ossos e efígies que eram queimados ali. Vinham depois frades com crucifixos, os inquisidores e a massa geral do povo em procissão: a grande plateia!

Depois de terem tomado os seus lugares, uns no estrado glorioso, levantado na praça, para os inquisidores, os grandes, a corte; e outros, na arena. Dizia-se então a missa. Um Demônio [sic] subia a um púlpito, improvisado também, e fazia uma prática de louvores à Santa Inquisição, e por fim liam-se as sentenças. Primeiro as daqueles que tinham morrido na prisão e depois as de cada um dos condenados, sendo todos colocados bem em evidência diante dos olhos dos espectadores.[3]

Um auto de fé com tantos condenados — quarenta — devia certamente se desenrolar por mais de um dia, pois, além da celebração da missa e das cerimônias paralitúrgicas de absolvição dos réus e do sermão, só a leitura de uma a uma das quarenta sentenças devia se alastrar por mais de vinte horas — no caso de o notário ser bastante lépido e levar apenas meia hora em cada declamação. Só a sentença do padre Francisco tinha 21 páginas com aproximadamente 24 linhas cada! Há notícia de autos que passaram de dois dias, inclusive de alguns que tiveram de ser interrompidos e transferidos para outro domingo devido às más condições climáticas. As chuvas e tempestades sempre foram inimigas das fogueiras... O leitor interessado em conhecer, passo a passo, hora a hora, o desenrolar de um auto de fé encontrará tal descrição na obra *A Inquisição em Goa*, na qual seu autor, monsieur Dellon, relata fielmente tal cerimônia, posto ter sido uma das vítimas do Monstro Sagrado e, por conseguinte, ter percorrido o mesmo caminho que os demais réus de consciência.[4]

Depois de ouvir seu sentenciamento público, restava ainda a padre Francisco cumprir alguns trâmites e penitências antes de sair — depois de quatro anos de cadeia — dos Secretos do Santo Ofício. Passados dois dias do auto de fé, como todos os demais presidiários, teve de assinar o "Termo de Segredo", comprometendo-se a nunca divulgar por palavras ou escritos tudo o que disse, viu e ouviu dentro do santo tribunal. Sua assinatura nesse documento é quase ilegível, refletindo a emoção ou o exaltado estado de nervos em que se encontrava, depois de ter sido alvo de recente humilhação e escárnio públicos. Comprometeu-se também, como faziam todos os réus, a cumprir as penitências espirituais — um mero formalismo piegas, uma tentativa de "espiritualizar" o castigo, sobretudo considerando o status eclesiástico do prisioneiro. Devia se confessar e comungar ao menos quatro vezes ao ano, nas principais festas litúrgicas, rezar um terço por semana, e todas as sextas-feiras recitar cinco padre-nossos e cinco ave-marias em homenagem às cinco chagas de Nosso Senhor. Amém!

Teve ainda de arcar com as despesas de seu processo: 2$575 réis, quantia de pequena monta se lembrarmos que seu velho escravizado, o cabra Brás, fora arrematado por 51$360 réis, e que, à época de sua prisão no Rio de Janeiro, um saco de farinha custava por volta de 1$200 réis, o de sal, 1$600, e uma arroba de carne bovina, com osso, mais ou menos 1$000 réis. Como trouxera para os cárceres 6$400 réis em dinheiro, além de algumas quinquilharias em prata, seguramente retiraram o que devia desta soma. Talvez restasse pouco do pecúlio, pois, tão adoentado como era, deve ter gastado parte do dinheiro com remédios extras, ou alimentos especiais que às vezes o alcaide do Secreto era autorizado a comprar extramuros.

O certo é que, menos de dois meses depois de seu auto de fé, padre Francisco envia um ofício à Mesa Inquisitorial solicitando que se suspendesse a proibição de celebrar missas. Saiba o leitor que mais da metade dos penitenciados por esse tribunal lançou mão desse expediente, requerendo à Inquisição diferentes formas de comutação das penas a que haviam sido sentenciados.[5] Muito raramente deixavam os reverendos juízes de atender, ao menos em parte, a tais pedidos de clemência, cumprindo, pelo menos no final do processo, o slogan do Santo Ofício, *Justitia et Misericordia*: condenavam com o rigor da justiça, mas agiam com misericórdia ao diminuir a dureza do castigo.

Em 20 de dezembro de 1765, o Conselho Geral do Santo Ofício dá magnífico "presente de Natal" ao padre Francisco: autoriza que continue a celebrar a santa missa "para consolo espiritual e ter com que viver...". O realismo do despacho não deve chocar as almas mais elevadas, pois nos séculos passados, como já referimos alhures, um sacerdote podia perfeitamente se sustentar apenas com as espórtulas recebidas pela celebração da santa missa: uma *missa simplex* diária valia $320 réis, portanto, celebrando todos os dias, no final do mês poderia dispor o sacerdote de 9$600 réis, soma mais que suficiente para um confortável passadio. Observemos que, em seu requerimento, o velho capelão não pede autorização para voltar a confessar nem a exorcizar, atividades sacerdotais não remuneradas e, por isso, de menor valia para um velho despossuído de recursos materiais, sem falar que foram tais ministérios a causa de sua atual ruína!

Somente depois de cinco meses de seu auto de fé, em 24 de março de 1766, o ex-padre Xota-Diabos vai cumprir o degredo em Castro Mearim. Inúmeros sentenciados do Santo Tribunal, desde o século XVII, eram enviados para esse "couto" situado no extremo meridional do Algarve, inclusive alguns réus provenientes do Brasil, feiticeiros e mandingueiros em sua maioria.[6]

Coincide com a mesma época da partida do padre Francisco para o degredo a chegada ao Rio de Janeiro da cópia de sua sentença. Fora enviada pelo Santo Ofício ao nosso já conhecido comissário Simões, encarregando-o de sua leitura "em um dia festivo, à missa de terça, na Sé da cidade do Rio de Janeiro, para satisfação do escândalo que causou".

Não temos notícia de outro morador do Brasil que tenha merecido semelhante humilhação pública: a Inquisição queria mesmo cortar o mal pela raiz, e, se porventura ainda existissem no Brasil alguns devotos da falsária Rosa Egipcíaca, certamente haveriam de abjurar suas últimas resistências, atemorizados pela leitura da dita sentença. Não havendo possibilidade de se repetir o mesmo auto de fé de Lisboa no Ultramar, que ao menos todo o povo, que usualmente acorria para a principal missa dominical, a das nove horas da manhã, fosse exemplarmente admoestado com o castigo imposto ao impostor ex-capelão do Parto.

Informa o comissário Simões que, por estar enfermo o único notário do Santo Ofício residente no Rio de Janeiro, padre Félix José de Aquino, foi incumbido da leitura da dita sentença o padre Antonio José Vitorino de Souza, adjunto da Sé. Informa mais: que a dita sentença "foi publicada no quarto domingo da Quaresma — dia 9 de março de 1766 — no púlpito, em voz alta e inteligível, estando a Sé cheia de gente de todo estado e qualidade".

Quantos amigos do capelão do Parto e devotos de Rosa estariam presentes na Sé nessa ocasião? Teria o comissário divulgado antes a sensacional novidade, a proclamação da inaudita sentença na missa de 9 de março? Que reação íntima e comentários teria o público manifestado por tão inédita divulgação dos "crimes" dos fundadores do recolhimento das madalenas arrependidas?

Salvo engano, insisto, foi a primeira e única vez que os cariocas puderam ouvir uma sentença completa de um réu do Santo Ofício, muito embora todo cristão devesse saber, por ouvir falar, de testemunhas oculares que viveram no Reino, como eram os temíveis autos de fé e suas respectivas sentenças.

Como não dispomos da sentença de Rosa Egipcíaca, dado que seu processo foi irregular e inexplicavelmente interrompido antes do final, pedimos vênia para transcrever integralmente a sentença do padre Francisco, pois, além de sumariar todas as peripécias da dupla de mistificadores, ainda nos permite outro mergulho no interior do microuniverso inquisitorial, desvendando sua lógica, casuísmo e estilo. A verborragia, a forma e até a caligrafia da sentença são praticamente as mesmas encontradas em milhares de outros processos desse tribunal, que, segundo os estudiosos, forneceu as matrizes e a pragmática de nossa atual jurisprudência. Transporte-se o leitor, se preferir, para os espaçosos claustros do convento de São Domingos de Lisboa, com toda a nobreza de cruz e espada reunidas, muito povo a uma só vez curioso e sádico, tão impiedoso que naquele mesmo edital de convite para o auto de fé, há pouco transcrito, além das muitas indulgências prometidas aos "fiéis espectadores", requisitava-se enfaticamente aos lisboetas

> pertencentes a qualquer condição e estado, que não escandalizem nem tratem mal por obras ou palavras aos penitenciados que saírem do dito auto, nem os chamem de sambenitados ou algum nome afrontoso; antes, os encomendem a Deus com muita caridade em suas orações, para que, com arrependimento e humildade cumpram suas penitências.

Observe-se a similitude estilística desse documento com o recadinho que o comissário Simões escreveu no canto da primeira página da dita sentença, ao devolvê-la para ficar arquivada no Secreto do Santo Ofício, quando disse que, na Sé do Rio de Janeiro, estava reunida "gente de todo estado e qualidade". Portanto, aqui e acolá, estavam presentes, para ver o auto de fé e ouvir as sentenças, pessoas de todo tipo, do rei ao esmoler, inclusive alguns mais afoitos que lá iam cumprir um ritual clandestino, uma curiosa superstição que prognosticava sorte a quem levasse alguma lembrancinha material do dito auto, usando-a como ingrediente de um ritual heterodoxo e afrontoso à própria Inquisição, pois fazia dela, ou melhor, de seus pertences, matéria-prima para sortilégios diabólicos. O imaginário dos místicos não tem limites!

Se o leitor preferir, em vez de ouvir a sentença do capelão do Parto no auto de fé de Lisboa, transporte-se para a Sé do Rio de Janeiro, à época funcionando na igreja de Nossa Senhora do Rosário, situada a dez minutos de caminhada do recolhimento de Rosa. A igreja devia estar apinhada de gente para a missa solene do quarto domingo da Quaresma.

> Na antiguidade cristã, este domingo era o dia das rosas: os cristãos se presenteavam mutuamente com as primeiras rosas do verão. Ainda hoje o Santo Padre benze, neste dia, uma rosa de ouro, e a oferece a uma pessoa em sinal de particular atenção. Neste domingo os catecúmenos faziam um juramento solene e eram recebidos no seio da Igreja, representada pela Igreja da Santa Cruz em Jerusalém. Mãe dedicada e amorosa, alegra-se a Santa Igreja ao receber os que serão lavados nas águas batismais.[7]

Triste coincidência: no domingo das rosas, enquanto nos outros templos católicos tudo era júbilo e alegria, na Sé do Rio de Janeiro se proclamava a humilhante condenação do velho sacerdote cuja culpa fora ter propalado a falsa santidade de uma Rosa Negra, que, de escravizada e prostituta, pretendeu ser a maior santa dos céus. A epístola da missa desse dia parece ter sido encomendada especialmente para humilhar ainda mais a falsa visionária iludida por seus delírios megalomaníacos:

> Irmãos: Está escrito que Abraão teve dois filhos: um da escrava e outro da mulher livre. O da escrava nasceu segundo a carne, enquanto o da livre nasceu em virtude da promessa. E o que diz a Escritura? Expulsa a escrava e seu filho porque o filho da escrava não será herdeiro como o filho da livre. Assim também

nós, meus irmãos, não somos filhos da escrava, mas da livre, pela liberdade da qual o Cristo nos resgatou.[8]

Audácia de uma ex-escravizada africana pretender ensinar a cristãos-velhos os caminhos da salvação!

Tendo, portanto, como pano de fundo tal décor, do alto do púlpito, o citado padre Antonio José Vitorino de Sousa vai iniciar dentro de alguns instantes a leitura da sentença do ex-capelão do Parto. Silêncio total: sua voz "alta e inteligível" devia ser ouvida até na rua, onde a gentalha se acotovelava para escutar a palavra do Santo Ofício. Nunca o Monstro Sagrado estivera tão presente no Rio de Janeiro como neste inesquecível domingo — 9 de março de 1765.

O texto da sentença é, às vezes, rebuscado, exigindo mais de uma leitura para sua compreensão. Seguindo a tradição jurídica inquisitorial, o único nome citado na sentença era o do réu, omitindo-se escrupulosamente a identificação dos demais cúmplices e os nomes dos locais onde se cometeram os desvios, a fim de preservar o anonimato de terceiros. Embora facilmente os ouvintes logo identificassem aqueles cúmplices anônimos, pretendia o Santo Ofício, com essa pequena delicadeza, evitar a infâmia contra os demais figurantes, mesmo que também tivessem culpa comprovada. Afinal, a sentença condenava apenas um réu, e mesmo que tivessem agido em dupla, como era o caso desse capelão, não era o momento nem o local de condenação de sua comparsa, a qual vem referida dezenas de vezes no documento com o título de "confessada". Sem dúvida que, entre os presentes na Sé carioca, estavam muitos vizinhos, ex-devotos, amigos e inimigos de Rosa, todos conhecedores do capelão e da fundadora do Recolhimento do Parto.

Ouçamos então a dita sentença:

ACORDAM os inquisidores, ordinários e deputados da Santa Inquisição que vistos estes autos, culpas e confissões do padre Francisco Gonçalves Lopes, presbítero do Hábito de São Pedro, natural da freguesia do Salvador da Ribeira da Pena, comarca da Vila Real, arcebispado de Braga, e morador na cidade de São Sebastião do Rio de Janeiro, réu preso que presente está.

Por que demonstra que sendo cristão batizado, sacerdote e confessor, e como tal obrigado a ter e crer tudo o que tem, crê e ensina a Santa Madre Igreja de Roma, e pelos indispensáveis deveres de seu caráter e ministério, zelar a honra de Deus, a pureza da Doutrina e o culto da Religião, ajustando os seus passos pela luz da Fé com a simplicidade e prudência indispensável de guardar a vinha do Senhor, procurar com todas as suas forças dar não só saudável e sã doutrina, mas ainda provendo e examinando os espíritos, reprovar a falsidade e promover a verdade deles, de modo que a ilusão e malícia não desfigurem a belíssima imagem da virtude, nem corrompam a infalibilidade do dogma.

Ele fez pelo contrário, e de tempos a esta parte, persuadido da mais culpável desordem de sua violenta paixão, faltando-lhe o conhecimento e luzes necessárias para o bom exercício da grande arte da direção de espírito, tomou sobre os seus ombros o peso insuportável de dirigir a uma pessoa sua confessada, que maliciosamente ilusa envolveu no mesmo vício o réu, o qual devendo conhecer a tenuidade das suas forças e retirar-se do precipício a que caminhava voluntariamente, fabricou a sua ruína, aprovando não só os embustes, fingimentos e hipocrisias da dita pessoa, mas ainda os persuadindo e os publicando com bem sensível prejuízo da seriedade que pede a vida devota, até que chegou ultimamente a ofender a santidade da Lei e a pureza da doutrina.

Porquanto, houve informação que sendo o réu confessor de certa pessoa, que tendo edificado um recolhimento e ao qual presidia, a mesma pessoa espalhava revelações prejudiciais ao sossego e quietação pública, e destrutivas dos mistérios da Religião, porque assinava dia certo em que havia de haver novo dilúvio universal, do qual só escapariam as pessoas que se recolhessem à igreja daquele recolhimento, e depois o Divino Verbo havia de encarnar em uma das pessoas do dito recolhimento para nova redenção do gênero humano, cuja sediciosa e errônea profecia não só acreditou, mas espalhou o réu.

Constou mais, que se fingindo a referida pessoa vexada de espírito mau, a que dava o nome de Lúcifer, e sendo todos os excessos que obrava por causa de sua simulada vexação, o zelar a decência e culto dos Templos do Sacramento da Eucaristia, não consentindo ações, naqueles lugares, que não fossem próprias de uma religiosa devoção, nem pessoas que se reputassem por pecadores públicos, o seu fingimento a levava à imprudência de, com palavras e ações descompostas, querer separar dos referidos lugares as ditas pessoas, o que o réu atribuía a espírito do zelo de Deus, veneração e reverência das igrejas.

Constou mais que o réu dizia da referida confessada que ela falava com o Menino Jesus, que o tendo sempre consigo no regaço, ele se resolvera a fechá-lo num oratório, e levando a chave, tornara a achá-lo no regaço da referida pessoa, no qual estava também a Santíssima Trindade, que muitas vezes falava pela boca da referida confessada, a qual vira na circunferência da partícula, quando ia comungar, a alma de certa pessoa, que declarou abençoada na mesma ocasião e lugar em que a via.

Constou mais que no Oitavário dos Defuntos, estava a referida pessoa confessada fazendo vários gestos, e ações insignificantes, dizendo palavras: "Sobe, sobe!" e perguntando uma pessoa ao réu, que também se achava presente, que queria aquilo dizer, respondera ele que eram as almas que a dita confessada estava mandando para o céu, porque naquele tempo ela salvava um grande número delas. E também disse que a referida pessoa sua confessada havia de padecer os mesmos tormentos que Cristo Senhor Nosso padeceu, na sua sagrada e dolorosíssima paixão, sendo presa, esbofeteada, escarnecida e açoitada, porém que dois anjos lhe haviam de assistir para a confortarem, cuja crença ele procurava persuadir a certas pessoas.

Constou mais que chegando a notícia dos estragos que nesta cidade [Lisboa] causaram o terremoto, e fazendo-se na terra em que o réu assistia algumas procissões de penitências públicas, a referida pessoa sua confessada mandara fechar as janelas do Recolhimento e entrando com as mais recolhidas a dizer o salmo *Miserere*, com disciplina, ela de quando em quando dizia as palavras: "Ainda não está perdoado!". E perguntando-se ao réu que dizia ela naquelas palavras, ele respondera que a ira e vingança divinas ainda não se achavam satisfeitas.

Constou mais que o réu dissera que estando orando a referida sua confessada, em um altar de Nossa Senhora, lhe apareciam três corações, que ela conheceu serem dos Santíssimos Jesus, Maria e José, e depois mais dois, que se lhe revelou serem de Santana e são Joaquim, em obséquio de todos os cinco corações ela edificara o dito recolhimento, obra tão agradável a Deus que o mesmo Senhor lhe prometera em prêmio as suas sacratíssimas cinco chagas, e mandando-se em memória deste acontecimento fazer um ramalhete de prata, com cinco corações, se lhe ajuntou mais outro, que mostrava ser da dita confessada.

Constou mais que na presença e com aprovação do réu, diziam a Deus algumas orações em que ofereciam ao mesmo Senhor os merecimentos da referida sua confessada, para intercessora das graças que se pediam; e também havia oração peculiar para a saudar quando a encontrassem, a qual era: Deus vos salve, Fulana santa, esposa de Deus amada, pois em vós está o Divino Sol Sacramentado, trono dessa mesma divindade, sede minha intercessora e advogada agora e sempre, na hora de minha morte.

574

Ofereciam-lhe incensos, mandava o réu que se confessassem a ela e lhe tomassem a bênção, porque era a fonte da graça, e em nome dela quando fazia os exorcismos, mandava aos demônios que deixassem as criaturas; rezando-se o hino *Ave Maria Stella*, chegando-se às palavras *Monstra te esse Matrem*, aprovava o réu que se inclinassem a cabeça para a referida confessada, que dizia: "Se fossem boas filhas, mostraria que era boa Mãe". E todas estas, e outras coisas queria o réu se conservassem em o mais inviolável segredo, persuadindo-o com exemplos sensíveis, porque mandava acender duas velas e pegando duas pessoas uma em cada vela, as viravam acesas para baixo até se apagarem, no que inculcava a condenação eterna.

Constou mais que o réu dissera que a ré referida sua confessada tinha quatro filhas que eram quatro evangelistas e estavam iluminadas e viam todos os favores que do céu se faziam à dita confessada, e haviam de escrever um grande mistério. Que depois de um grande castigo, que havia de vir ao mundo, haviam de aparecer duas naus em uma das quais viria el-rei d. Sebastião, e na outra se salvaria a sua confessada com as mais pessoas, e fora das que tivessem em si as ditas naus, todas as mais morreriam. Que escrevendo ela um livro grande, que queimou por ordem de um seu confessor, falecendo este, e condenando-se pela dita culpa, aparecera depois a ela, dizendo-lhe tinha sido o Judas daquele mistério, que estava escrito no livro, pelo que estava fechado em um cárcere com sete chaves, de que era carcereiro um Demônio e que lhe pedira mandasse dizer pela sua alma quarenta missas. E fazendo-se paralelo das virtudes dela, com as de Santa Teresa, dizia que esta, em comparação daquela, era uma menina de sala.

Constou mais que dissera o réu que à referida sua confessada viera do céu uma joia e prenda preciosíssima que lhe fora entregue pelo Arcanjo São Miguel; que ela tinha trato familiaríssimo com Deus, que lhe tinha revelado muitas coisas; que no seu peito estava o Senhor Sacramentado, e que quem injuriasse a ela, fazia o mesmo ao Senhor porque tinham trocado os Corações; que Maria Santíssima já se não intitulava Mãe da Divina Misericórdia e só Mãe da Divina Justiça, por ter dado aquele título à dita sua confessada; que ela depois da Sagrada Família era a maior santa e tinha impressas no seu corpo as cinco chagas e coroa de espinhos, e que a alma de certa pessoa que dizia se tinha condenado, não havia de ir para o céu sem primeiro ir a da dita confessada.

Constou mais, que o réu mandou fazer uma cruz de pau, mais especial, e um báculo de metal prateado, e se dizia ser a cruz para a confessada, quando saísse à nova redenção do mundo, e o báculo para o réu, que estava destinado para seu coadjutor, e que também pedira certa quantia de dinheiro para comprar bálsamo a fim de embalsamar a imagem do Senhor Morto que estava em certa igreja, porquanto lhe dissera sua confessada que ainda que o Senhor representava estar morto, na realidade estava vivo naquela imagem.

Ultimamente, depois de outros mais desvarios, a que o réu se persuadiu, mandou fazer um retrato da dita sua confessada, que tinha o Menino Jesus no peito, um rosário em uma mão, e na outra uma cadeia de prata que prendia a uma pessoa, metida e abrasada em chamas, cujo retrato esteve por algum tempo à vista das gentes.

Pelas quais culpas, sendo o réu preso nos cárceres do Santo Ofício e na Mesa dele admoestado com a mais viva caridade, para que separando de si toda a consideração e respeito que se embaraçasse, a fazer uma sincera confissão de sua culpa, dissesse toda a verdade dela, porque de outro modo não conseguiria aquela piedade que esperava, nem a sua causa teria o bom fim que ele desejava, além de agravar mais a sua consciência com a mentira e engano.

Disse que só a verdade diria, porque o desejo de desencarregar a sua consciência o tinha feito recorrer a Deus, para alcançar do mesmo Senhor a graça de conseguir aquele fim. Confessou que se achando ele fazendo os exorcismos a uma pessoa, e estando também presente aquela que ao depois foi a causa de todo o seu engano, na mesma ação fez algumas visagens, pelo que se capacitou ele, réu, de que ela estava vexada e pedindo-lhe fizesse também os exorcismos, ele assim o fizera e continuara por mais vezes, vendo ainda que ela dava nome de Lúcifer ao espírito que a vexava, e que fazia algumas ações violentas para zelar a decência e respeito dos templos, fazendo que deles saíssem as pessoas que assistiam com pouca devoção e irreverência.

Confessou mais que continuando naquela credulidade por tempo dilatado, veio a confirmar mais nela — não obstante ter ouvido que a referida pessoa fora castigada publicamente pelos seus embustes — depois que por autoridade de superior legítimo, se examinara por pessoas doutas a verdade ou fingimento daquela vexação, o que ele, réu, assistiu e em que viu fazer a experiência de deitar a dita pessoa a língua fora da boca dois ou três dedos, e aplicando-se-lhe debaixo dela, por ele mesmo, réu, uma vela acesa pelo espaço em que se rezou uma Ladainha de Nossa Senhora, a Salve-rainha e cinco Credos, não experimentou a dita pessoa estrago algum do fogo, do que tiraram argumento da verdade de sua vexação, e neste conceito se firmou mais ele, réu, não obstante saber se repetiram os exames em que ela foi declarada por embusteira e fingida, e aos quais ele não foi assistir, por lhe dizer a mesma pessoa, a quem ele já cegamente acreditava, que assim era vontade de Deus.

Por causa desta credulidade, acompanhou o réu a referida pessoa, fazendo-lhe as despesas de uma dilatada jornada, procurando-lhe um diretor, que considerava douto e inteligente. Passados tempos, a deixou naquela terra até que ao depois foi rogado pelo mesmo diretor, para que viesse assistir para ela, pois assim o pedia o bem da salvação das almas. E levado ele do espírito da caridade, desamparando todos os seus interesses temporais, veio, e achando já a dita pessoa em um recolhimento, nele entrou a fazer as vezes de capelão, e soube que ele fora edificado em memória dos Corações de Jesus, Maria e José, são Joaquim e Santana, por haver tido uma visão deles a referida pessoa, e em seu obséquio mandou fazer um ramo de prata que compreendia os ditos corações.

Confessou mais, que estando já no referido recolhimento, foi persuadido pela dita pessoa, para que rezasse o Rosário de Santana, e em algumas ocasiões em que nele se faziam novenas, a que o réu assistia, incensava as imagens e entre elas, a uma que estava na parede do coro, junto da qual estava a dita pessoa, que oferecia uma imagem de Cristo Senhor Nosso que trazia ao pescoço, e ele também a incensava, sendo este só o seu ânimo e não o de incensar à referida pessoa, como se poderiam capacitar algumas das assistentes.

Confessou mais, que muitas vezes lhe dizia a dita pessoa favores particulares que recebia do céu, o que ele acreditava pela boa opinião que fazia dela, e em uma ocasião, vendo-a dançar e fazer ações descompostas e torpes, repreendendo-a, lhe disse ela que o espírito que a vexava a obrigava àquelas ações, por altos juízos de Deus, a fim de mostrar às pessoas que estavam presentes, que naquelas danças intervinha o espírito mau.

Disse mais, que lhe referindo certa pessoa a representação que tivera, estando na oração, de ver a confessada do réu livrando dois demônios a uma recolhida, prendendo-os com o rosário e metendo-os debaixo dos pés, ele, réu, mandara na mesma forma pintar a dita confessada, em memória daquela ação, bem que logo acautelara que não fizesse pública a dita pintura. Que muitas vezes mandara dizer missas por almas que ela lhe dizia estavam no purgatório e lhe tinham pedido aqueles sufrágios, como também por ordem da mesma mandara fazer um báculo, o que se principiara e não se completou, não sabendo ele, réu, o fim para que era, posto presumir ser para a imagem de um bispo santo.

Disse e confessou mais que acreditando este e outros fatos da mesma qualidade e que todos se encaminhavam ao fim de contemplar a grande justificação da dita pessoa, por este respeito e pelo de alcançar mais almas para o serviço de Deus, os publicara, chegando algumas vezes, sendo contestado, a defender com maior teima e adesão, e ainda depois de preso, mandando-se queixar a referida pessoa dos trabalhos em que se achava, e a que o tinham conduzido os seus fingimentos, ela o mandara confortar com a esperança de bom livramento que havia de ter, e conformidade na vontade de Deus, o que produziu então nova credulidade nele.

Porém que hoje conhecendo a grande misericórdia com que Deus o tinha favorecido, permitindo a sua prisão no Santo Ofício, onde já desenganado dos fingimentos e embustes daquela pessoa, detesta toda a ímpia credulidade que lhe granjeou o seu engano, conhece a sua culpa, a que também deu causa a sua ignorância e a aprovação que faziam daquele espírito enganador, pessoas conhecidas por doutas e virtuosas. Pedia que, atendidas todas estas considerações, se usasse com ele da piedade inseparável da Igreja.

Fizeram-se as sessões do estilo, e sendo examinados pela matéria da prova da justiça e suas confissões, disse mais que acompanhando a referida pessoa em uma jornada dilatada, de noite, sentiu que ela estava na sua cama, provocando-o para o cumprimento da sua torpeza, e resistindo-lhe ainda com as forças corporais, a lançou fora da cama, pondo-lhe preceitos, e ela, fingindo a vexação, lhe dissera: "Ministro, por que não tens cópula com esta criatura, pois já que muitos se metem no inferno, por dizerem falsamente que andas com ela amancebado, faze os seus ditos verdadeiros, para que se não condenem". Porém, repetindo os mesmos esforços, ela se retirou, sem o réu ficar desabusado do antigo conceito.

Disse mais, que por causa dos mesmos errados princípios, acreditava as maravilhas do recolhimento, em que estava a sua confessada, querendo por ela lhe dizer que do iminente castigo que estava para vir àquela terra, se salvariam as pessoas que nele se refugiassem, o qual havia de ser buscado de muitas e grandes pessoas, por se lhe haverem de conceder as indulgências das Estações de Jerusalém, Roma, e Santiago da Galiza. Que consentia tomassem a bênção à dita confessada, de quem chegou a afirmar que trazia no seu peito o Coração de Cristo, e ele, réu, a trazer em grande veneração um dente dela como relíquia preciosíssima; porque enfim a sua cegueira e credulidade não o separavam daqueles princípios.

Continuaram-lhe as mais sessões, e porque o réu não fazia inteira e satisfatória confissão das suas culpas, faltando a declaração do ânimo com que as cometeu, veio o promotor fiscal do Santo Ofício contra ele com seu libelo criminal acusatório, que lhe foi recebido *si et inquantum*, e ele o contestou pela matéria de suas confissões, e não vindo com defesa, foi dela lançado e sendo citado para se lhe dar a cópia da prova da justiça, não quis vir com interrogatórios, e havendo as testemunhas pós-repetidas, de seus ditos, se lhe fez publicação na forma do estilo do Santo Ofício, a que não veio com contraditas, e sua causa se processou até final conclusão.

O que tudo visto e o mais que dos autos consta e ponderações que na matéria se tiveram, mandam que o réu, o padre Francisco Gonçalves Lopes, em pena e penitência de culpas, vá ao Auto Público da Fé na forma costumada, nele ouça sua sentença, e o suspendem para sempre de confessar e fazer exorcismos, e degradam por tempo de cinco anos para o couto de Castro Mearim, e que, para satisfação do escândalo que causou, lhe seja lida sua sentença em um dia festivo à missa de terça, na Sé da cidade do Rio de Janeiro. E terá penitências espirituais e pague as custas.

Assinado: Joaquim Jansen Moller

Luiz Pedro de Britto Caldeira.

A multidão presente na Sé do Rio de Janeiro deve ter respirado com alívio ao ouvir, ao final da sentença, a condenação do velho Xota-Diabos a tão somente cinco anos de degredo lá mesmo em Portugal. Castigo relativamente brando, dada a gravidade de sua culpa, pois incluía idolatria, heresia formal e práticas religiosas proibidas, sem falar no charlatanismo e na simonia. Em termos de ameaça social, mais graves parecem ser os delitos desse velho sacerdote e de sua beata, com consequências sociais funestas à Santa Madre Igreja, do que os rituais e crenças de alguns cristãos-novos e criptojudeus do Brasil, que, mesmo tendo praticado sua crença na lei de Moisés, sem proselitismo aberto, sofreram, porém, castigos bem mais cruéis, alguns chegando mesmo à pena de morte na fogueira.

Mesmo que o castigo imposto ao capelão embusteiro e mistificador pudesse ter sido considerado brando por alguns dos ouvintes, a leitura pública de sua sentença cumpria o objetivo-chave da pedagogia inquisitorial: servir de exemplo aos mais ousados e recalcitrantes, para que não se esquecessem de que o Santo Ofício continuava ativo e atuante na perseguição aos desviantes, fossem eles quem fossem — um sacerdote reinol ou uma reles negra mina. E, embora a fogueira fosse cada vez menos acesa, outros castigos humilhantes continuavam a ser aplicados: o confisco dos bens, a prisão nos medonhos cárceres do Rocio, a humilhação do auto público de fé, o degredo, atingindo também os familiares dos réus, que ficavam inabilitados para o exercício de cargos de destaque no funcionalismo público e nas Varas eclesiásticas. Tudo isso persistia e devia apavorar "gente de todo estado e qualidade", perpetuando o respeito e o temor devidos ao Santo Tribunal da Fé.

Como todos os demais episódios das biografias de Rosa e do padre Francisco, também a leitura dessa sentença não mereceu nenhum registro documental no Rio de Janeiro, salvo o encontrado no processo nº 2901, arquivado na Torre do Tombo de Lisboa, daí ter ficado até hoje completamente inédita a vida rocambolesca da verdadeira fundadora do Recolhimento de Nossa Senhora do Parto. Podemos conjecturar, com bastante probabilidade de acerto, que, em 1766 e ao longo dos anos seguintes, o "Escândalo do Parto", notadamente o castigo de seus dois protagonistas, Rosa e o capelão, tenha sido motivo para muita conversa, fuxico e disse me disse, sobretudo levando em conta que lá estava, no local de sempre, o mesmo beatério palco de tais escândalos. O certo, porém, é que o tempo se encarregou de sepultar essa história tão fantástica, silenciando-se até hoje a memória oral de tais episódios dramáticos.

Voltemos, porém, à Santa Inquisição de Lisboa.

Poucos dias depois da leitura, na catedral do Rio de Janeiro, de sua vergonhosa sentença, em 24 de março de 1766, finalmente padre Francisco Gonçalves Lopes deixa a Casa do Rocio, a caminho do couto de Castro Mearim, local onde deveria cumprir o degredo de cinco anos. Passados quase mil dias e noites nos cárceres inquisitoriais — dois anos e sete meses —, ultrapassar os portões dessa lúgubre prisão e rever a luz do sol, o horizonte há tanto perdido e o ar puro da liberdade, ainda que condicional, deve ter provocado fortes emoções no coração e físico debilitados desse ancião septuagenário.

Não informa a documentação o meio de transporte utilizado pelo clérigo degredado para vencer as quase cinquenta léguas de distância entre Lisboa e Castro Mearim. Dada sua debilitada saúde, o mais provável é que tenha sido transportado por via marítima. Uma semana depois da partida, em 1º de abril, o notário do couto dos degredados envia à Inquisição o atestado de sua chegada.

O couto não passava, à época, de uma fortificação militar construída no entorno de um antigo castelo do tempo de Afonso III (século XIII), cercada por poderosas muralhas com quatro imponentes torres voltadas para o mar. O clima úmido da maresia, o vento constante e provavelmente as más condições alimentares agravaram a frágil saúde do velho capelão, tanto que encontramos apenso a seu processo um atestado médico do dr. Antonio Pereira Barreto de Menezes, bacharel pela Universidade de Coimbra, datado de 20 de julho do mesmo ano de 1766, no qual informa aos senhores inquisidores que, desde sua chegada, o exilado tem andado sempre doente, "com febre, fastio, prostração e rebeldia notável da natureza".

Apesar do quadro tão lastimável, os inquisidores fazem ouvido mouco. Passado quase um ano, em 12 de maio de 1767, o réu encaminha novo requerimento no qual outro médico ratifica a informação sobre o agravamento de seus achaques, informando que o clérigo padece de doenças perigosas, conforme atestado em anexo, tendo sido preciso interná-lo na Santa Casa de Misericórdia de Castro Mearim, depois na de Tavira, vila algarvina limítrofe, "encontrando-se no mais completo abandono, posto faltar-lhe forças para pedir esmolas para seu sustento". Triste fim de um "operário da messe de Nosso Senhor"! No final do requerimento, o infeliz sacerdote pede, pelo amor de Deus, autorização para cumprir o resto de seu degredo na Beira, sua região natal, desejoso de recuperar seu patrimônio familiar, posto que havia mais de quarenta anos não usufruía lucro algum de sua herança paterna.

Misericordiosos, os inquisidores do Conselho Geral do Santo Ofício lhe dão despacho favorável. Em 19 de maio de 1767, Dia de Santa Prudenciana, a Inquisição perdoa o réu padre Francisco Gonçalves Lopes do restante de seu degredo, autorizando-o a viver na parte que melhor lhe conviesse dentro do Reino, proibindo-o, todavia, de retornar ao Ultramar, restrição, aliás, imposta comumente a outros penitenciados, para impedir o ressurgimento da erronia nos lugares onde havia medrado.

Se de fato voltou o Xota-Diabos para sua terra natal, a Ribeira da Pena, não o sabemos. Só uma pesquisa aprofundada nos registros de óbito daquela região poderia esclarecer a data e o local de seu passamento desta para a melhor. Caso tenha, de fato, retornado a seu torrão natalício, certamente se encontrou com outros luso-brasileiros, como ele, retornados das Minas Gerais e de outras capitanias da América portuguesa. Entre eles, o abastado "mineiro" Manuel José de Carvalho, mecenas responsável pela construção do principal templo local. Observe o leitor esta coincidência: nessa mesma localidade nasceu o major Domingos José Teixeira de Pena, pai do nosso Afonso Pena, presidente de Minas Gerais e sexto presidente do Brasil.

Epílogo

Por mais de dois séculos, Rosa Egipcíaca ficou esquecida; uma vida fantástica e uma obra prodigiosa completamente desconhecidas dos historiadores ou de quem quer que seja. Resgatamos sua história. O fim de seus dias, contudo, continuará envolto em mistério até o ano do Senhor de 1979, quando finalmente seu atestado de óbito foi encontrado entre os manuscritos avulsos do Arquivo Nacional da Torre do Tombo.

O Recolhimento de Nossa Senhora do Parto, por ela fundado em 1754, palco principal de inúmeras visões e êxtases sobrenaturais, tem sua história registrada em diferentes fontes, todas omissas quanto ao nome de sua verdadeira fundadora, que, enviada para o Santo Ofício em 1763, passou literalmente da condição de Abelha-Mestra à constrangedora figura de Ovelha Negra, cuja memória melhor convinha esquecer.

Já em 1787, o recolhimento estava bastante arruinado, sendo restaurado por ordem do vice-rei d. Luiz de Vasconcellos e Sousa, tendo como mestre de obras o famoso artista carioca Valentim. Em 24 de agosto de 1789, um incêndio violento destruiu parte desse imóvel, sendo, contudo, rapidamente reconstruído a poucos meses do sinistro. Em 1812 deixou de ser beatério: algumas das poucas recolhidas que ali se alojavam foram transferidas para a Santa Casa de Misericórdia, transformando-se a partir de então o "Sacro Colégio", fundado por Rosa Egipcíaca, em Hospital da Ordem do Carmo, assim funcionando por mais de meio século, até 1870. Desde então, o Parto passa a sediar diferentes instituições públicas: o Instituto Vacínico, a Junta de Higiene, a Inspetoria dos Portos e, a partir de 1874, a Academia de Medicina. Em 1884, o Arquivo Público passa a ocupar o mesmo imóvel. Em 1906, com o alargamento da rua da Assembleia e, posteriormente, com a abertura da avenida Rio Branco, o antigo Recolhimento do Parto teve parte de seu edifício sacrificada, até que, em 1954, a Mitra do Rio de Janeiro autorizou sua demolição, sendo em seu lugar erguido um moderno arranha-céu, no topo do qual reside uma comunidade de jesuítas. O andar térreo do prédio foi transformado em igreja de Nossa Senhora do Parto, um grande salão com porta de ferro, tudo tão despojado que a maioria dos transeuntes não se dá conta de se tratar de um templo católico. Essa igreja é a última lembrança de uma capelinha erigida três séculos antes, em 1653, transformada em recolhimento no ano do Senhor de 1754, arrasada pelo progresso urbano em 1954, exatamente dois séculos depois do lançamento solene de sua pedra fundamental, que, por revelação divina transmitida a Rosa Maria Egipcíaca da Vera Cruz, trazia esculpidos os Sagrados Corações. Terão os tratores desenterrado tão devota pedra fundamental? Ou ainda estará perdida, soterrada nos alicerces do novo edifício?[1]

Dentro da nova igreja, podemos admirar simpática estátua de Nossa Senhora do Parto: embora seja antiga, não corresponde à descrição da imagem venerada no século XVIII, posto ser a atual de terracota, enquanto a original era de "roca", tendo as mãos levantadas para o céu. Só o chão, o nome e o culto continuam os mesmos. No "santinho" ainda hoje distribuído nesta igreja aos fiéis, a "oração de Nossa Senhora do Parto" lembra o mesmo estilo e imaginário das rezas que dois séculos atrás madre Rosa divulgava entre seus fiéis adeptos:

> Ó Virgem Santíssima, em cujo seio imaculado se quis encerrar Aquele que os mesmos céus não podem abranger, defendei-nos de todas as tentações e fazei que conservemos, sempre com a pureza de coração, a graça de vosso Divino Filho Jesus. Ave-Maria...

(Aos leitores interessados em visitar a igreja do Parto, dou o endereço: rua Rodrigo Silva, nº 7, entre as ruas da Assembleia e São José. Em sua sacristia, há bela reprodução fotográfica, em tamanho original, do quadro representando o incêndio do Recolhimento do Parto, de 1789, cujo original se encontra no Museu de Arte Sacra, na catedral do Rio de Janeiro.)

Repete-se, no final da história de Rosa, a mesma lacuna registrada no capítulo inicial deste livro: seus primeiros anos de vida, assim como os últimos, permanecem incógnitos. O espaço cronológico desconhecido fica aberto à elucubração dos devotos mais místicos, tal qual recentemente vem ocorrendo com a famigerada Escrava Anastácia, possuidora de incontável número de devotos ardorosos, com templo e federação de culto a ela dedicados, com mais de um livro narrando detalhadamente toda a sua vida de princesa africana violentada por seu senhor branco na capitania do Rio de Janeiro, seus suplícios e morte cruel — tudo fruto da fértil imaginação de um grupo de mistificadores, posto não haver evidência documental alguma de que Anastácia tenha existido, nem sequer na memória oral dos cariocas. Por mais simpatia que tenhamos à "mártir Anastácia, princesa bantu que cresceu livre em Abaeté na Bahia, castigada com mordaça por dizer que não era escrava, supliciada pela fazendeira com ferro no pescoço, trazida para o Rio de Janeiro, foi enterrada na igreja dos Negros Forros e alforriada depois de morta…",[2] tudo não passa de pueril invencionice de nossos mistificadores contemporâneos.

Não preencherei os vazios da biografia de Rosa, como ardilosamente fizeram tantos biógrafos de santos e santas, inclusive os autores dos Evangelhos Apócrifos, que descreveram mil e uma passagens da infância e da adolescência fictícias do Menino Jesus. O que sabemos ao certo sobre a vida e as visões de madre Rosa é mais do que suficiente para inspirar um filme longa-metragem ou o enredo de uma escola de samba. Ela bem que merece tais comemorações! Não arriscaremos tampouco a fazer o "julgamento" de nossa beata africana: santa, embusteira ou demente? Que teve defeitos, não há como negar: autoritária, ambiciosa, mistificadora e, sobretudo, megalomaníaca. Inúmeras virtudes fizeram parte de sua atribulada existência: generosidade, companheirismo, espírito de liderança, piedade. Teve uma trajetória intensa e viveu de forma paradigmática o barroco luso-brasileiro, fortemente marcado por pieguice, credulidade acrítica e fanatismo religioso. Rosa é, em muitos aspectos de sua vida, uma típica santa barroca, ultramoderna para seu tempo, posto ter incorporado e propagandeado diversas novidades devocionais e teológicas que, depois dela, se tornarão apanágio da espiritualidade católica no mundo inteiro. Muitas das devoções, dos sacrifícios e até dos "milagres" de madre Egipcíaca são idênticos aos encontrados nas biografias de santos e santas reconhecidos por Roma. Ela poderia perfeitamente ter sido a primeira santa negra dos tempos modernos, caso houvesse disciplinado mais sua buliçosa imaginação e, em vez de diretores espirituais fanáticos e ignorantes, tivesse sido orientada por teólogos mais instruídos e obedientes aos ensinamentos da Santa Madre Igreja. Foi, aliás, o que sucedeu com uma contemporânea sua, irmã Jacinta de São José, fundadora do Carmelo do Rio de Janeiro, situado até hoje bem ali pertinho, no alto do morro da Lapa. Como Rosa, ostentando em sua vida diversas manifestações preternaturais de discutível credibilidade, com frequentes ataques nervosos e "milagres" inverossímeis, mas recebendo orientação espiritual de sacerdotes mais rigorosos e prudentes, não extrapolou os limites além dos quais poderia ser rotulada de embusteira, herética ou mistificadora, sendo hoje reconhecida oficialmente como "serva de Deus", primeiro passo para sua futura elevação às glórias dos altares.

O principal erro de Rosa Negra foi ter se afastado diametralmente da doutrina oficial da Igreja, propondo certas novidades claramente opostas aos dogmas tradicionais. Tornou-se herege e heresiarca ao propalar que o Filho de Deus encarnaria, pela segunda vez, em seu útero, que ela era esposa da Santíssima Trindade, que tinha poder de julgar vivos e mortos, que era Deus! Santo algum dos oficializados por Roma ousou se atribuir tamanhas honrarias em seus devaneios místicos. Por mais virtuosa que fosse sua vida e mais sangrentos seus sacrifícios, não havia como absolvê-la de erros teológicos tão cabeludos. Contra o dogma não há apelação!

Neste sentido, embora no tempo em que nossa santinha viveu o racismo constituísse ideologia dominante, aceita, abençoada e praticada por todos, inclusive pela própria Igreja católica, não seria correto acusar o alto clero do Brasil, assim como os inquisidores que julgaram Rosa, de terem sido levados pelo racismo quando a prenderam e desmascararam sua conduta heterodoxa. Pelo contrário: a história dessa africana da nação courá é repleta de situações que evidenciam o quão complexas eram as relações inter-raciais no Brasil escravista. A começar por sua própria identidade étnica, pois embora sendo africana nata, pelo fato de ter sido arrancada de sua tribo natal antes da idade da razão, mesmo conservando diversos africanismos em seu modus vivendi, comporta-se muito mais como se fosse uma negra crioula típica, exemplo notável do sincretismo afro-luso-brasileiro. Apesar de se inspirar mais no modelo de santidade do mundo dos brancos, é uma profetisa e revolucionária, negra e feminista, pois quebrou dois fortes tabus da sociedade escravista: desrespeitou o interdito milenar da tradição judaico-cristã que impedia as mulheres de falar em público, passando por cima das barreiras culturais e legais que segregavam os negros e escravizados dos postos de comando da sociedade colonial. Poucas mulheres no mundo escravista revelaram possuir carisma e determinação tão fortes como esta africana da Costa de Uidá. Assim, se de um lado observamos, ao longo deste livro, vários elementos terríveis do sistema escravista — o pelourinho, o abuso sexual da escravaria, a cruel discriminação racial subjacente à associação da negritude com a feitiçaria e diabolismo —, não há como negar a real possibilidade de, nesta mesma sociedade desumana e racista, haver lugar para a inversão total das regras do jogo do poder: a escravizada Rosa é adorada de joelhos e tem seus negros pés beijados por seu ex-senhor; a escravizada africana espanca e expulsa das igrejas alguns brancos e senhoras brancas ilustres a quem julgava irreverentes ou malcomportados; uma negra retinta é disputada pelo alto clero colonial e saudada com o invejável título de Flor do Rio de Janeiro. Portanto, não foi por ser negra ou ex-escravizada que Rosa Egipcíaca foi presa pelo Santo Ofício: o humilhante tratamento dado pelos inquisidores ao capelão do Recolhimento do Parto, um autêntico branco cristão-velho, comprova que o fator racial não era o único levado em conta quando estavam em jogo a integridade do dogma e a unidade da fé. Rosa foi vítima de seus exageros, não da sua cor.

Como ocorre com todos os mortais, a vida de Rosa Maria Egipcíaca da Vera Cruz foi marcada por altos e baixos, virtudes e defeitos. Apesar de detectarmos em sua história algumas poucas atitudes suspeitas, do tipo charlatanismo, desonestidade e fingimento, temos de entender seu misticismo, suas profecias e mesmo a grandiloquência de sua megalomania, como resultado de um inevitável processo psicológico de alienação do mundo real, apanágio de santos, devotos, loucos e artistas.

> Um certo desequilíbrio nervoso favorece as visões e os êxtases, do mesmo modo que favorece o gênio do poeta. É também normal que o amor apaixonado por Deus, animado por revelações e efusões ultrapassando as forças naturais, produza efeitos violentos nos temperamentos delicados e sensíveis. É bem difícil de distinguir nestes casos complexos o natural do sobrenatural e saber se a doença foi uma das causas destes estados ou se ela é simplesmente a consequência dos dons extraordinários.[3]

A última referência feita a Rosa Egipcíaca em seu processo traz a data de 4 de junho de 1765, quando, pela sexta vez, foi interrogada pelo inquisidor Carvalhal na Segunda Sala de Audiências. Mandada de volta para seu cárcere, no final dessa manhã, nada mais informam os documentos sobre o que aconteceu com a ré do Processo nº 9065 da Inquisição de Lisboa. Enquanto a causa do padre Francisco Gonçalves Lopes seguiu seu curso normal, incluindo a leitura de sua sentença, no auto de fé de Lisboa e na Sé do Rio de Janeiro, sua partida para o degredo e a comutação do tempo restante em 1767, o processo de Rosa inexplicavelmente se interrompe sem conclusão.

Saiba o leitor que, de mais de um milheiro de processos inquisitoriais por nós pesquisados na Torre do Tombo, não temos lembrança de ter encontrado outro que ficasse inconcluso sem que na última folha viesse anotado o motivo de sua interrupção, considerando que os notários e demais burocratas do Santo Ofício eram minuciosíssimos em terminar todos os processos que haviam iniciado, posto seus salários dependerem do andamento dessas mesmas peças processuais. Caso algum acidente de percurso obrigasse à interrupção do processo, registravam os notários, por ordem dos inquisidores, a *causa interruptionis*, podendo ser, por exemplo, a morte do réu por doença, sua fuga ou suicídio. A transferência de réus para hospital ou manicômio era anotada nas páginas finais do processo, e caso algum deles falecesse fora da Casa do Rocio, anexava-se ao mesmo processo seu atestado de óbito. Nada disso foi encontrado no processo de Rosa.

Cogitamos sobre a possibilidade de as últimas folhas de seu processo terem se descosturado e se perdido em meio a mais de 50 mil processos do Arquivo Nacional de Lisboa. Tal hipótese, porém, deve ser descartada, pois, caso Santa Rosa Egipcíaca tivesse suas culpas julgadas até o final e recebido sentença, seu nome e castigo constariam obrigatoriamente na "Lista de pessoas que saíram nos autos de fé" — coisa que não ocorreu, pois consultamos minuciosamente todas as listas disponíveis nos arquivos lusitanos, sem encontrar referência alguma à fundadora do Recolhimento do Parto.

Qual teria sido então o destino de Rosa Egipcíaca depois de sua última audiência em 1765? A hipótese de ter fugido dos Cárceres Secretos do Rocio nos parece muito improvável, pois, além de serem raríssimos tais fugitivos, para uma mulher negra tal fuga se revelava quase impossível, pois seria facilmente notada e recapturada, dado o exotismo de sua cor. Tê-la-iam transferido para algum hospital para ser tratada de doença grave ou demência, vindo a falecer sem que o Santo Ofício fosse comunicado? Também considero remota esta possibilidade, pois há outros réus doentes, inclusive um mulato de Minas Gerais, contemporâneo de nossa biografada, que, vindo a falecer num hospital lisboeta, louco e indigente, nem por isso deixou de merecer a atenção das autoridades, que comunicaram seu óbito à Inquisição, constando em seu processo a data e a causa mortis.

Teria Rosa sido transferida de sua cela para a cozinha da Santa Inquisição, ou empregada em serviços subalternos, como temos evidência de que ocorria com presidiárias mais humildes, até acabar, com o tempo, esquecida pelos inquisidores, coniventes com a exploração da ex-escravizada como mão de obra gratuita, morrendo de morte natural muitos anos depois, sem que o seu óbito fosse registrado em seu processo?

Mistério!

Embora tudo nos leve a crer que a nossa beata não chegou a receber sua sentença final, está absolutamente fora de cogitação a possibilidade de ter sido queimada na fogueira. Foi mártir em vida, não na hora da morte. De acordo com o Regimento do Santo Ofício, "os réus que fingirem milagres e revelações do céu, em sendo pessoas de ordinária condição, sejam condenadas em pena de açoites e degredo de galés".[4] Consultando uma relação de trinta beatas e embusteiras processadas pela Inquisição de Lisboa pelo mesmo crime entre os anos de 1574 e 1767, algumas com culpas muito semelhantes às de nossa biografada, outras com maior grau de embustes e heresia, de todas, as que receberam maior castigo foram duas freiras — a dominicana madre Maria da Visitação (1588) e a franciscana soror Mariana Inácia de São Miguel (1761) —, ambas sentenciadas à prisão perpétua, em uma cela apartada de seus respectivos conventos. A maior parte das demais falsárias recebeu como castigo, além dos açoites, o degredo de um a dez anos [posto que só os homens podiam ser condenados às galés], tendo como local de exílio geralmente as fronteiras de Portugal, quatro das quais foram expulsas para o Brasil e três para a ilha de São Tomé. Portanto, pelo conhecimento que possuímos da casuística e dos procedimentos inquisitoriais, acreditamos que Rosa Egipcíaca seria castigada com a pena dos açoites *citra sanguinis effusionem* [isto é, flagelada pelas ruas públicas de Lisboa até que seu sangue ameaçasse começar a escorrer], teria sua sentença lida num auto de fé para, em seguida, ser degredada para alguma das fronteiras do Reino pelo espaço de cinco a dez anos, tempo que, para muitas beatas e seus confessores, foi encurtado, como sucedeu com o Xota-Diabos de Rosa.

A última hipótese sobre a inconclusão desse mirabolante processo é, indubitavelmente, a que mais agradaria aos muitos devotos e filhos que a madre Rosa Maria Egipcíaca da Vera Cruz deixou nas terras do Brasil:

… depois de retornar à sua cela, depois da sexta audiência com o inquisidor Carvalhal, eis que o Menino Jesus apareceu à sua querida mãe de leite, Rosa Egipcíaca, e, repetindo o mesmo ritual que costumava praticar quando a negra assistia no Recolhimento do Parto, penteou com esmero sua carapinha, mamou gostosamente o quanto quis nos peitos de sua mãe africana e, em sinal de agradecimento e amor filial, a transportou para o céu. Amém. Aleluia.

Assim terminava a primeira edição deste livro. Porém, como antecipamos na "Nota introdutória a esta edição", nossa hipótese de que Rosa Egipcíaca tenha morrido na cozinha da Inquisição estava absolutamente certa! Em 2011, tivemos a felicidade de receber, através de pesquisadores do Arquivo Nacional da Torre do Tombo,[5] cópia de dois documentos: "Auto de falecimento da preta Rosa Maria Egipcíaca que estava no Cárcere da Cozinha e que falecera de sua morte natural ao 12 de outubro de 1771" e "Fé de Notários". Dito e feito: Rosa não chegou a ser sentenciada, ficando detida nos cárceres inquisitoriais até morrer, passando a ser ilegalmente explorada como escrava. Tal conduta abusiva não estava prevista nos Regimentos Inquisitoriais, levando-se em consideração que já era alforriada quando foi presa pelo Santo Ofício, o qual optou por explorar por seis anos consecutivos sua força de trabalho, até falecer, aos 44 anos. O correto judicialmente teria sido sentenciá-la e despachá-la para cumprir seu degredo, provavelmente por cinco anos, no couto de Castro Mearim, no Algarve, local para onde regularmente eram enviados os réus em sua mesma situação penal. Tais documentos, assim como os processos completos de Rosa Egipcíaca e de seu padre Xota-Diabos, além das cartas de ambos à família Arvelos, encontram-se abertos à consulta no site do Arquivo Nacional da Torre do Tombo.[6]

Eis seu atestado de óbito em transcrição ipsis litteris:

Auto de Falecimento.

Em o dia de hoje doze do prezente mez de outubro do prezente anno de mil setecentos e setenta e hum, fomos ambos chamados aos Carceres secretos desta Inquizição e indo em companhia do guarda Antonio Bapstista que serve de Alcaide, do Medico e mais Guardas, ao Carcere da cozinha, nella achamos hum corpo morto que reconhecemos ser da preta Roza Maria Egisiaca, contheuda nestes auttos, na qual se achava preza; aqueles ditos Medico, Alcaide, Guardas, nos foi dito que ella tinha falecido de sua morte natural originada de varias molestias que padesia, complicadas com achaques e que fora vezitada pelo nosso Medico e Cerurgião, administrandoselhe varios remedios necessarios para a dita enfermidade e recebera o sacramento daunsão, de que se pasou esta certidão que asinamos em os ditos doze do corrente mez de 1771.

Manoel Ferreira De Mezquita

Minuciosos e burocratas, os agentes inquisitoriais acrescentaram segundo documento:

Fé de Notários

Nós Notarios do Santo Offício desta Inquizição de Lisboa abaixo assignados, damos fé que em o dia de hoje, dous de prezente mez de outubro do presente anno de 1771, fomos ambos chamados aos Carceres Secretos desta Inquizição e indo em companhia do Guarda Antonio Baptista que serve de Alcaide, do Medico e mais Guardas, ao Carcere da Cozinha, nella achamos um corpo morto que reconhecemos ser da preta Rosa Maria Egisiaca, contheuda nestes auttos, na qual se achava preza e pelos dittos Medico, Alcaide e Guardas nos foi dito que ella tinha falecido de sua morte natural, originada de várias molestias que padesia, complicadas com a de hum estropor [?] e que fora vesitada pelo mesmo Medico e Cerurgião administrandoselhe varios remédios necessarios para a dita enfermidade e recebera os Sacramentos da unsão, de que se passou esta Certidão que assinamos em os ditos doze do Corrente mez de 1771.

Manoel Ferreira de Mezquita

Os procedimentos executados por esses oficiais seguem exatamente o determinado no Título xviii do Livro ii do já citado *Regimento do Santo Ofício de 1640*, "Dos defuntos":

> Falecendo no cárcere algum preso, antes de seu corpo ser tirado da casa em que falecer, os Inquisidores o mandarão ver por dois Notários, ou um dos Notários e um dos Médicos do S. Ofício, e podendo ser comodamente, será estando todos juntos e verão se o conhecem e se lhe parece que sua morte foi natural ou se há no corpo sinal algum de que se possa presumir, que foi violenta e logo um dos Notários fará no processo do dito auto de seu falaecimento, e ao pé dele passarão ambos certidão de como viram o corpo do defunto e o conheceram e do que nele acharam...[7]

Algumas observações carecem ser feitas: por que apenas um notário, Manoel Ferreira de Mezquita, assina os dois atestados, quando são citados "ambos" notários signatários? A ausência do nome do segundo oficial é irregularidade flagrante aos procedimentos e casuísmo do Tribunal do Santo Ofício. Quem sabe tais documentos tenham permanecido por dois séculos esquecidos fora do processo da finada Rosa exatamente à espera da segunda assinatura...

Outra observação: não encontramos em documentos da época, nem em estudos inquisitoriais, a informação da existência de um "cárcere da cozinha" dentro dos chamados cárceres secretos da Inquisição de Lisboa. O Regimento de 1640 presecreve:

> Terão as Inquisições cárceres secretos, seguros, bem fechados, & dispostos de maneira, que haja nelles corredores separados; huns que sirvão para os homes, & e outros para molheres, & se atalhe a comunicação entre os prezos, para maior observancia do segredo, pelo grande prejuízo do contrário se seguiria ao Santo Officio. Cada hum dos carceres terà portas fortes, & seguras ... que estarão sempre fechadas. Haverá neste carcere outra caza mais, no lugar que parecer conveniente, com os instrumetos necessarios para nella se dar tormento aos prezos, que a ele forem condenados:[8]

Consultando o *Livro das plantas e monteas de todas as Fábricas das Inquisições deste Reino e India, ordenado por mandado do Illustríssimo e Reverendíssimo Senhor Dom Francisco de Castro, Bispo Inquisidor Geral e do Conselho de Estado de Sua Majestade [...] Por Matheus do Couto, Arquitecto das Inquisições deste Reino, 1634* [9] localizamos na extremidade sul do edifício inquisitorial a "cozinha nova" (n. 26), contígua ao "quintal novo" e a uma série de casinhas identificadas como "caseres".

Supomos que o local onde Rosa Egipcíaca foi encontrada morta, o dito cárcere da cozinha, devia ser uma dessas casinhas, devidamente gradeada e segura, anexa ou próxima à cozinha dos Estaus do Santo Ofício, onde eram alojadas talvez uma dezena ou mais de rés, julgadas por diferentes crimes, nomeadamente feitiçaria, judaísmo, bigamia, embustice, proposições heréticas, sendo algumas dessas mulheres empregadas na preparação da comida que era distribuída aos presos e oficiais de plantão nesse tribunal. Deve ter sido portanto uma das companheiras alojadas no cárcere da cozinha que deu parte da morte da preta Rosa ao alcaide ou a um dos guardas dos cárceres, o qual acionou os notários, guardas, médico e cirurgião para reconhecerem o corpo e formalizarem os citados Auto de Falecimento e de Fé dos Notários.

Tais documentos revelam que nossa beata courana padecia "de varias molestias complicadas com achaques e que fora vezitada pelo mesmo Medico e Cerurgião, administrandoselhe varios remedios necessarios para a dita enfermidade". Apesar de o segundo atestado oferecer certa dificuldade de leitura, entendemos que a tal complicação doentia que levou Rosa a óbito teria sido "hum estropor", patologia que antigamente era descrita como "entorpecimento geral, diminuição das faculdades intelectuais, acompanhada de um ar de pasmo e de indiferença, aparecendo nas febres graves e nas moléstias do cérebro, o mesmo que apoplexia".[10] Teria a já enferma Rosa sido vítima de um AVC? O certo é que ambos os documentos enfatizam que chegou a receber "os Sacramentos da unsão", também chamada de extrema-unção. Os Regimentos previam que se a doença fosse grave, com ameaça de morte, devia-se ipso facto comunicar aos Inquisidores e programar que o moribundo fosse devidamente medicado e sacramentado por um confessor.

O sacramento da Unção dos Enfermos é conferido aos que se encontram enfermos com a vida em perigo, ungindo-os na fronte e nas mãos com óleo de oliveira ou, segundo as circunstâncias, com outro óleo de origem vegetal, devidamente benzido, proferindo uma só vez as palavras: Por esta santa unção e pela sua infinita misericórdia o Senhor venha em teu auxílio com a graça do Espírito Santo, para que, liberto dos teus pecados, Ele te salve e, na sua bondade, alivie os teus sofrimentos.[11]

Impossível saber se Rosa estava ainda lúcida quando foi sacramentada, em condição física de articular sua última confissão auricular perante o sacerdote que a atendeu, ou se apenas recebeu a unção dos santos óleos por estar desacordada em consequência do dito estupor. Em todo caso, como a extrema-unção tem igualmente o mesmo poder sacramental da penitência de perdoar os pecados, o certo é que, como ensina a boa doutrina, a alma de Rosa foi diretamente para as mãos de Deus Todo-poderoso, Justo Juiz que ela tanto temia e venerava, dependendo da misericórdia divina albergá-la imediatamente no céu, ou encaminhar sua alma para um estágio temporário de alguns anos no incandescente purgatório. Não esquecer que a devoção ao Rosário de Santana, a ela revelada pela santa matrona, prometia a quem o rezasse ter a seu lado um confessor *in extremis mortis*. Promessa cumprida!

Tudo leva a crer que a defunta Rosa tenha sido enterrada intramuros no próprio terreno do Tribunal da Inquisição de Lisboa, no espaço referido como "sepultura dos presos que lá morrem", assinalado com o número 20 no acima citado *Livro das plantas e monteas de todas as Fábricas das Inquisições deste Reino*. Trata-se de um amplo corredor com sete espaços identificado como local das sepulturas, situado nas imediações dos "aposentos dos inquisidores", contíguo a um longo corredor de cárceres. Aí eram enterrados os réus falecidos de morte natural antes do fim do julgamento, os suicidas e os que sofreram morte violenta. Alguns, que devido a suas gravíssimas culpas fizeram-se merecedores da pena capital, tinham posteriormente seus ossos desenterrados desse cemitério intramuros ou de outro campo-santo alhures, colocados em pequeno caixote e queimados no auto de fé.

Possivelmente os restos mortais de Rosa Egipcíaca permaneçam até hoje na mesma "sepultura dos presos que lá morreram", no subsolo do edifício original do Tribunal do Santo Ofício, na praça do Rocio, onde, após a extinção da Inquisição (1821) e incêndio de suas instalações, o esqueleto desse prédio devidamente reformado tornou-se, a partir de 1846, o majestoso Teatro Nacional D. Maria I.

Querendo ou não, cumpriu-se assim, mesmo que tortuosamente, uma das últimas profecias de Rosa Maria Egipcíaca da Vera Cruz: passou os oito últimos anos de sua vida e seu corpo encontra-se sepultado no mesmo antigo Palácio dos Estaus onde viveu d. Sebastião, e, se não fosse a intempestiva perseguição do Santo Ofício à "maior santa do céu", el Rei Encantado teria se casado com a Flor do Rio de Janeiro. Enredo fantástico resgatado no Carnaval da Cidade Maravilhosa 251 anos após sua passagem dessa para a melhor.

Notas

1. OS PRIMEIROS ANOS NO CATIVEIRO [pp. 17-29]

1. *Anais da Biblioteca Nacional do Rio de Janeiro*, t. xxxix, p. 465: Número de nações de escravizados que entraram pelo porto do Rio de Janeiro entre 1731-1735. In: Maurício Goulart, *A escravidão africana no Brasil*. São Paulo: Alfa-Omega, 1975.

2. Agradeço particularmente aos professores Iraci del Nero da Costa e Mario Maestri Filho as referências relativas à etnia courana.

3. Pierre Verger, *Flux et reflux de la traite des nègres entre le Golfe de Benin et Bahia de Todos os Santos, du XVIIème siècle au XIX siècle*. Paris: Mouton, 1968. Carta da Guiné. Paris: Bonne, 1730. No livro de William Bosman, *A New and Accurate Description of the Coast of Guinea* (Londres, 1721), encontramos a descrição de duas aldeias "corra", próximas ao cabo Mizurado, "aldeias muito pobres, porém com habitantes hospitaleiros". Temos dúvida se se trata da mesma etnia localizada às margens do rio Curamo. Sobre outros povos tribais cujos nomes têm semelhança com esse grupo étnico, ver George Peter Murdock, *Africa: Its People and their Culture History* (Nova York: McGraw-Hill Books, 1959).

4. Abade Alexandre Deleyre Prévost, *Histoire générale des voyages*. Paris: Chez Didot, 1748.

5. Pierre Verger, op. cit. Carte de Guinée, de Sanson d'Abeville (1656).

6. Johann Moritz Rugendas, *Viagem pitoresca através do Brasil*. São Paulo: Martins, 1972, p. 138.

7. Ibid., p. 136.

8. Kátia M. de Queirós Mattoso, *Ser escravo no Brasil*. São Paulo: Brasiliense, 1982, pp. 47-53.

9. Arquivo Nacional da Torre do Tombo. Lisboa: Autos Forenses dos Familiares do Santo Ofício, maço 3, n. 19 (doravante abreviado para "ANTT").

10. Vivaldo Coaracy, *Memórias da cidade do Rio de Janeiro*. Rio de Janeiro: José Olympio, 1965, p. 501.

11. Johan Moritz Rugendas, op. cit., p. 138.

12. Arquivo da Cúria do Rio de Janeiro, Livro de Batizados de Brancos e Escravos da Freguesia de Nossa Senhora da Candelária, n. 3, 5 e 6.

13. D. Sebastião Monteiro da Vide, *Constituições primeiras do arcebispado da Bahia*. São Paulo: Tipografia 2 de Dezembro, 1853 [1707], § 979 e ss.

14. Daryll Forde, *The Yoruba-Speaking Peoples of South-Western Nigéria*. Londres: International African Institute, 1950.

15. Maria Lúcia Mott, "A criança escrava na literatura de viajantes". *Cadernos de Pesquisa da Fundação Carlos Chagas*, n. 31, p. 64, dez. 1979, apud Carl Schlichthorst, *O Rio de Janeiro como é: 1824-1826 (huma vez e nunca mais)*. Rio de Janeiro: Getúlio Costa, 1943.

16. Em 1700, assim bravejava o jesuíta Benci contra os imorais escravistas brasileiros: "Não é escândalo e o mais abominável aos olhos de Deus amigar-se o senhor com a sua escrava? E não é ainda muito maior e mais abominável obrigá-la à força a consentir neste pecado de seu senhor, e castigá-la quando repugna e quer apartar-se desta ofensa de Deus? Nenhum católico o há de negar! Além da pena eterna, ainda nesta vida merecem a morte temporal imposta pelo direito comum e Lei Particular do Reino" (Padre Jorge Benci, *Economia cristã dos senhores no governo dos escravos*. São Paulo: Grijalbo, 1977, p. 121). Cf. Arquivo Histórico Ultramarino (Lisboa), a petição de algumas escravas pernambucanas contra seus senhores que as forçavam à mancebia, Códice 267 (1752), fl. 38-40.

17. Gilberto Freyre, *Casa-grande & senzala*. Recife: Companhia Editora de Pernambuco, 1970, p. 341.

18. Padre João Antonio Antonil, *Cultura e opulência do Brasil por suas drogas e minas*. São Paulo: Companhia Editora Nacional, 1972 [1711], pp. 287 e ss.

19. Simão Ferreira Machado, *Triunfo eucarístico: Exemplar da cristandade lusitana*. Lisboa: Oficina da Música, 1734.

20. Padre João Antonio Antonil, op. cit., p. 263.

21. Maurício Goulart, *A escravidão africana no Brasil*. São Paulo: Alfa-Omega, 1975, p. 129; Charles R. Boxer, *A idade de ouro do Brasil*. São Paulo: Companhia Editora Nacional, 1969; Laura de Mello e Souza, *Desclassificados do ouro: A pobreza mineira no século XVIII*. São Paulo: Graal, 1982.

22. Biblioteca Nacional de Lisboa, Manuscritos do Brasil, n. 9860, 4, "Implicações da Capitação".

23. Diogo Vasconcelos, *História antiga das Minas Gerais*. Belo Horizonte: Itatiaia, 1974, 2 v.

24. Monsenhor Raimundo Trindade, *Instituições de igrejas no bispado de Mariana*. Rio de Janeiro: MEC, 1945; Arthur Viegas, *O poeta Santa Rita Durão*. Bruxelas: L'Edition d'Art, 1914.

25. Monsenhor Raimundo Trindade, *A Arquidiocese de Mariana*. Belo Horizonte: Imprensa Oficial, 1953, p. 57.

26. Arthur Viegas, op. cit., pp. 5-6.

27. Monsenhor Raimundo Trindade, *Instituições de igrejas no bispado de Mariana*. Rio de Janeiro: MEC, 1945, p. 121.

28. Diogo Vasconcelos, op. cit., p. 198.

29. D. Sebastião Monteiro da Vide, *Constituições primeiras do arcebispado da Bahia*. São Paulo: Tipografia 2 de Dezembro, 1853 [1707], § 979 e ss.

2. MULHER DA VIDA EM MINAS GERAIS [pp. 30-41]

1. Arquivo Público Mineiro, Delegacia Fiscal, v. 39, apud A. J. R. Russel-Wood, *The Black Man in Slavery and Freedom in Colonial Brazil.* Oxford: MacMillan Press, 1982.

2. José Ferreira Carrato, *Igreja, Iluminismo e escolas mineiras coloniais.* São Paulo: Companhia Editora Nacional, 1969, p. 9.

3. Numa devassa realizada na comarca de Ilhéus, no sul da Bahia, em 1813, os desvios sexuais atingem 60,5% das acusações, realçando tal cifra o quanto nas Minas Gerais era mais desbragada a liberação sexual. Cf. Luiz Mott, *Os pecados da família na Bahia de Todos os Santos.* Salvador: Centro de Estudos Baianos, 1982.

4. ANTT, Caderno do Promotor, n. 129, Sabará, 2 out. 1768.

5. Iraci del Nero Costa e Francisco Vidal Luna, "Devassas em Minas Gerais: Do crime à punição". *Boletim do CEPEHIB*, n. 3, pp. 3-7, jul. 1980; id., "A vida quotidiana em julgamento: Devassas em Minas Gerais". In: *Minas colonial: Economia e sociedade.* São Paulo: Pioneira, 1982, pp. 55-77; id., "Devassa nas Minas Gerais: Observações sobre casos de concubinato". In: Antonio Emilio Muniz Barreto, *História econômica: Ensaios.* São Paulo: IPE, 1983.

6. Iraci del Nero Costa e Francisco Vidal Luna, "A vida quotidiana em julgamento: Devassas em Minas Gerais". In: *Minas colonial: Economia e sociedade.* São Paulo: Pioneira, 1982, p. 7.

7. Luiz Mott, "Modelos de santidade para um clero devasso: A propósito das pinturas do Cabido de Mariana". *Revista do Departamento de História*, UFMG, n. 9, 1989, pp. 96-120.

8. ANTT, Caderno do Promotor, n. 128, São Miguel do Sabará, 7 abr. 1765.

9. ANTT, Caderno do Promotor, n. 129, Mariana, 5 nov. 1775.

10. ANTT, Caderno do Promotor, n. 129, Mariana, abr. 1774.

11. ANTT, Caderno do Promotor, n. 129, Mariana, 3 jul. 1765.

12. ANTT, Caderno do Promotor, n. 129, Mariana, 24 maio 1770.

13. ANTT, Caderno do Promotor, n. 129, Sabará, 28 jun. 1775.

14. Luiz Mott, "Acotundá: Raízes setecentistas do sincretismo religioso afro-brasileiro. In: *Escravidão, homossexualidade e demonologia.* São Paulo: Ícone, 1988, pp. 87-118.

15. ANTT, Caderno do Promotor, n. 130, 1775.

16. Luiz Mott, "O sexo cativo: Alternativas eróticas dos africanos e seus descendentes no Brasil escravista". In: *O sexo proibido: Virgens, gays e escravizados nas garras da Inquisição.* Campinas: Papirus, 1988, pp. 17-74.

17. José Ferreira Carrato, *Igreja, Iluminismo e escolas mineiras coloniais.* São Paulo: Companhia Editora Nacional, 1969, pp. 11-2.

18. ANTT, Caderno dos Solicitantes, n. 26, fl. 74, 1743-1745.

19. Biblioteca Nacional de Lisboa, Seção de Reservados, Códice n. 8.389, "Registro dos Padres Processados por Solicitação e outros Crimes" (século XVIII).

20. ANTT, Manuscritos do Brasil, Livro 43, 23 set. 1709.

21. Padre Jorge Benci, op. cit., pp. 118-9.

22. Padre João Antonio Antonil, op. cit., p. 304.

23. Iraci del Nero Costa e Francisco Vidal Luna, "A presença do elemento forro no conjunto de proprietários de escravizados". *Ciência e Cultura*, v. 32, n. 7, 1980.

24. Laura de Mello e Souza, *Desclassificados do ouro: A pobreza mineira no século XVIII.* Rio de Janeiro: Graal, 1982, pp. 180-5.

25. Ibid.

26. José Ferreira Carrato, *Igreja, Iluminismo e escolas mineiras coloniais*. São Paulo: Companhia Editora Nacional, 1969, p. 99; Laura de Mello e Souza, *Desclassificados do ouro: A pobreza mineira no século XVIII*. Rio de Janeiro: Graal, 1982, p. 153.

27. Tomás Antônio Gonzaga, "Cartas chilenas". In: Rodrigues Manoel Lapa, *As cartas chilenas: Um problema histórico e filológico*. Ed. crítica. Rio de Janeiro: Instituto Nacional do Livro, 1958.

28. Luiz Mott, "Cautelas de alforria de duas escravas na província do Pará: 1829-1846". *Revista de História*, USP, n. 95, pp. 263-8, 1973.

29. Id., "De escravas a sinhás". *Mulherio*, São Paulo, pp. 12-3, jan. 1988.

30. Laura de Mello e Souza, *Desclassificados do ouro: A pobreza mineira no século XVIII*. Rio de Janeiro: Graal, 1982, p. 181.

3. ENCONTRO COM O PADRE XOTA-DIABOS [pp. 42-70]

1. Cândido Procópio, *Kardecismo e umbanda*. São Paulo: Pioneira, 1961.

2. A. J. R. Russell-Wood, op. cit., p. 120.

3. Charles R. Boxer, *A idade de ouro do Brasil*. São Paulo: Companhia Editora Nacional, 1969, p. 204.

4. A. J. R. Russell-Wood, op. cit., p. 118.

5. ANTT, Manuscritos do Brasil, Livro 2, fl. 219, 14 dez. 1735.

6. Iraci del Nero da Costa, *Vila Rica: População (1719-1826)*. São Paulo: Instituto de Pesquisas Econômicas da Faculdade de Economia e Administração da Universidade de São Paulo, 1979.

7. Lycurgo Santos Filho, *História geral da medicina brasileira*. São Paulo: Hucitec, 1977, p. 195.

8. Simão Pinheiro Morão, *Queixas repetidas em ecos dos arrecifes de Pernambuco contra os abusos médicos que nas suas capitanias se observam tanto em dano das vidas de seus habitadores*. Lisboa: Junta de Investigação do Ultramar, 1965.

9. Walter Nigg, *Teresa de Ávila*. São Paulo: Loyola, 1985, p. 38.

10. ANTT, Inquisição de Lisboa, Processo n. 2901, 1763.

11. Diogo Vasconcelos, op. cit., p. 180.

12. José Ferreira Carrato, *Igreja, Iluminismo e escolas mineiras coloniais*. São Paulo: Companhia Editora Nacional, 1969, pp. 57 e ss.

13. Luiz Mott, "Etnodemonologia: Aspectos da vida sexual do Diabo no mundo ibero-americano". In: *Escravidão, homossexualidade e demonologia*. São Paulo: Ícone, 1988, pp. 119-51.

14. Frederico Dattler, *O mistério de Satanás: Diabo e inferno na Bíblia e literatura universal*. São Paulo: Paulinas, 1977.

15. Frei Desidério Kalverkamp e Frei Boaventura Kopplenburg, *Ação pastoral perante o espiritismo*. Petrópolis: Vozes, 1961, pp. 178-85.

16. José Lorenzatto, *Parapsicologia e religião: Alguns aspectos da mística à luz da ciência*. São Paulo: Loyola, 1979, p. 122.

17. "Tabu e sigilo cercam cultos das igrejas que praticam o exorcismo". *Folha de S.Paulo*, 19 out. 1986.

18. E. E. Evans-Pritchard, *Witchcraft, Oracles and Magic among the Azande*. Oxford: Oxford University Press, 1937.

19. ANTT, Caderno do Promotor, n. 126, fl. 413, 23 jul. 1763.

20. Robert Mandrou, *Magistrados e feiticeiros na França do século XVII*. São Paulo: Perspectiva, 1979.

21. Xavier Oliveira, *Espiritismo e loucura*. Rio de Janeiro: A. Coelho Branco, 1931.

22. João do Rio, *As religiões no Rio*. Rio de Janeiro: Nova Aguilar, 1976.

23. David Hugh Farmer, *The Oxford Dictionary of Saints*. Nova York: Oxford University Press, 1987.

24. Roger Bastide, *As religiões africanas no Brasil*. São Paulo: Pioneira, 1971.

25. Luciano R. Figueiredo, "O avesso da memória: Estudo do papel, participação e condição social da mulher no século XVIII mineiro". São Paulo: Fundação Carlos Chagas, [s.d.], p. 134 (Relatório final).

26. Réginald Garrigou-Lagrange, *Les Trois Âges de la vie interieure*. Paris: Éditions du Cerf, 1938.

27. Biblioteca Nacional de Lisboa, Seção de Reservados, n. 5454, Floresta Espiritual, manuscrito do frei Manuel da Cruz, OFM (século XVIII).

28. Léopold de Chérancé, *Santa Margarida de Cortona*. Salvador: Tipografia São Francisco, 1928.

29. Hildegardes Viana, "O ofício de Nossa Senhora". *A Tarde*, 1988.

30. *Cartilha da doutrina cristã*, Lisboa (século XIX).

31. M. B. Arrese, *Suma de la vida espiritual*. Lima: [s.n.], 1974.

32. Biblioteca Nacional de Lisboa, Seção de Reservados, n. 5454, Floresta Espiritual, manuscrito do frei Manuel da Cruz, OFM (século XVIII).

33. Joseph Graxeda, *Compendio de la vida e virtudes de la venerable Catharina de San Juan*. Cidade do México, 1692.

34. Rudolph M. Bell, *Holy Anorexia*. Chicago: The University of Chicago Press, 1985.

35. Waldemar de Almeida Barbosa, *Dicionário Histórico-Geográfico de Minas Gerais*. Belo Horizonte: [s.n.], 1971.

36. Luiz Mott, "Uma escrava do Piauí escreve uma carta...". In: *Piauí colonial: População, economia e sociedade*. Teresina: Secretaria de Cultura, 1985, pp. 103-8.

4. VISÕES E ATRIBULAÇÕES DE UMA ENDEMONIADA [pp. 71-82]

1. Olga G. Cacciatore, *Dicionário de cultos afro-brasileiros*. Rio de Janeiro: Forense Universitária, 1977.

2. Laura de Mello e Souza, *Desclassificados do ouro: A pobreza mineira no século XVIII*. Rio de Janeiro: Graal, 1982, p. 186.

3. Luiz Mott, "Etnodemonologia: Aspectos da vida sexual do Diabo no mundo ibero-americano". In: *Escravidão, homossexualidade e demonologia*. São Paulo: Ícone, 1988.

4. Sebastião de Oliveira Cintra, *Efemérides de São João del-Rei*. Belo Horizonte: Imprensa Oficial, 1982, 2 v.

5. E. Canabrava Barreiros, *As Vilas del Rey e a cidadania de Tiradentes*. Rio de Janeiro: José Olympio, 1976.

6. Olga G. Cacciatore, op. cit., p. 116.

7. José Lorenzatto, op. cit.

8. P. Jonquet, *Sainte Lutgarde*. Bruxelas: Jette Editeur, 1907, p. 62.

9. José Alvares Oliveira, "História do distrito do Rio das Mortes em 1750". *Revista do Instituto Histórico e Geográfico de São Paulo*, v. 54, pp. 372-91, 1948.

10. Auguste Saint-Hilaire, *Viagem pelo distrito dos Diamantes e litoral do Brasil*. São Paulo: Itatiaia, 1974.

11. Frei Fidelis di Primiero, *Os capuchinhos em Terra de Santa Cruz*. São Paulo: Livraria Martins, 1942, p. 123; Sebastião de Oliveira Cintra, op. cit.

12. Sebastião de Oliveira Cintra, op. cit., p. 160.

5. AÇOITES NO PELOURINHO DE MARIANA [pp. 83-99]

1. Luiz Mott, "A escravatura. A propósito de uma representação a el-rei sobre a escravatura no Brasil". *Revista do Instituto de Estudos Brasileiros*, n. 14, pp. 127-36, 1973.

2. Agradeço à historiadora Daniela Calainho a indicação desses nomes de familiares do Santo Ofício de Minas Gerais, parte de sua pesquisa sobre o mesmo tema.

3. Luiz Mott, *A Inquisição em Sergipe*. Aracaju: Fundação Estadual de Cultura, 1989, p. 60.

4. ANTT, Habilitações do Santo Ofício, Maços n. 30/577; 73/1350/ 1/11; 7/114; José R. Lapa, *Livro da visitação do Santo Ofício da Inquisição ao estado do Grão-Pará (1763-1769)*. Petrópolis: Vozes, 1978, pp. 39-61.

5. Luiz Mott, "Justitia et misericordia: A Inquisição portuguesa e a repressão ao nefando pecado de sodomia". *Anais do XVII Congresso Internacional de Ciências Históricas*, Comissão de Demografia Histórica, Paris, pp. 243-58, 1990.

6. Paulo Mendes Campos (coord.), *Mariana: Arte para o Céu*. Belo Horizonte: Cemig, 1985.

7. Luiz Mott, "A escravatura: A propósito de uma representação a el-rei sobre a escravatura no Brasil". *Revista do Instituto de Estudos Brasileiros*, n. 14, pp. 127-36, 1973.

8. Maurício Goulart, *A escravidão africana no Brasil*. São Paulo: Alfa-Omega, 1975, p. 190.

9. Luiz Edmundo, *O Rio de Janeiro no tempo dos vice-reis*. Rio de Janeiro: Athena, [s.d.], p. 461.

10. Maurício Goulart, *Da palmatória ao patíbulo*. Rio de Janeiro: Conquista, 1971, p. 86.

11. Laura de Mello e Souza, *Desclassificados do ouro: A pobreza mineira no século XVIII*. Rio de Janeiro: Graal, 1982, p. 185.

12. Luiz Mott, "Terror na Casa da Torre". In: João José Reis (Org.), *Escravidão & invenção da liberdade*. São Paulo: Brasiliense, 1988, pp. 17-32.

13. Monsenhor Raimundo Trindade, *A Arquidiocese de Mariana*. Belo Horizonte: Imprensa Oficial, 1953.

14. Áureo Trono Episcopal Colocado nas Minas do Ouro apud Affonso Ávila, *Resíduos seiscentistas em Minas*. Belo Horizonte: Centro de Estudos Mineiros, 1967.

15. Ibid., fl. XXVIII.

16. Arquivo Histórico Ultramarino, Minas Gerais, Caixa 111; ANTT, Mesa de Consciência e Ordens, Maço 5, 1752.

17. Arquivo da Cúria de Mariana, Livro de Registro de Óbitos do Inficcionado (U-26), 10 set. 1742.

18. Padre Manoel José Gonçalves Couto, *Missão abreviada para despertar os descuidados, converter os pecadores e sustentar o fruto das missões*. 12. ed. Porto: Sebastião José Pereira Editor, 1884.

19. ANTT, Inquisição de Lisboa, Caderno do Nefando, 21, n. 1.4036, 1781.

20. Waldemar de Almeida Barbosa, op. cit.

21. Salomão Vasconcelos, *Mariana e seus templos, 1703-1797*. Belo Horizonte: Gráfica Q. Breyner, 1938.

6. PROVA DE FOGO [pp. 100-28]

1. Monsenhor Raimundo Trindade, *A Arquidiocese de Mariana*. Belo Horizonte: Imprensa Oficial, 1953.

2. José Lorenzatto, op. cit., p. 119.

3. Réginald Garrigou-Lagrange, op. cit., pp. 806-11.

4. José Lorenzatto, op. cit., p. 14.

5. Paul Mury, *Histoire de Gabriel Malagrida*. Paris: Charles Douniol Editeur, 1865.

6. Santa Teresa D'Ávila, *Castelo interior ou moradas*. Cotia: Paulus, 1981, p. 135.

7. ANTT, IL, Processo n. 423, 1734.

8. Abade Ambrósio Guillois, *Explicação histórica, dogmática, moral, litúrgica e canônica do catecismo*. Porto: Livraria Internacional, 1878, p. 444.

9. Arquivo da Cúria de Mariana, Livro de Óbitos de São Caetano e Inficcionado, U-32, 1750-1791.

10. D. Beda Keckeisen, *Missal quotidiano*. Salvador: Editora do Mosteiro de São Bento, 1954, p. 244.

11. Op. Cit.

12. Op. cit.

13. Juan Leal, *Año cristiano*. Madri: Excelsior, 1946, p. 572; José Lorenzatto, op. cit., pp. 193-9.

14. José Vieira Fazenda, "Antiqualhas e memórias do Rio de Janeiro". *Revista do Instituto Histórico e Geográfico Brasileiro*, t. 93, v. 147, p. 225, 1923.

15. Padre Antônio Feitosa, *Falta um defensor para o Padre Cícero*. São Paulo: Loyola, 1983.

16. Simão Ferreira Machado, op. cit.

17. Caio César Boschi, *Os leigos e o poder: Irmandades leigas e política colonizadora em Minas Gerais*. São Paulo: Ática, 1986.

18. Padre Manoel José Gonçalves Couto, op. cit., p. 116.

19. ANTT, Caderno dos Solicitantes, n. 1221, 10 jul. 1762.

20. Sebastião de Oliveira Cintra, op. cit., p. 179.

21. ANTT, Inquisição de Lisboa, Processo n. 11767.

22. ANTT, Inquisição de Lisboa, Processo n. 4684, 1757-1761.

23. ANTT, Inquisição de Lisboa, Processo n. 1078, 1762.

24. Jesus Imirizaldu, *Monjas y beatas embaucadoras*. Madri: Editora Nacional, 1977, p. 33.

25. Iraci del Nero Costa e Francisco Vidal Luna, "A presença do elemento forro no conjunto dos proprietários de escravos". *Ciência e Cultura*, v. 32, n. 7, pp. 836-41, 1980.

26. A. J. R. Russell-Wood, op. cit., p. 111.

27. Kátia M. de Queirós Mattoso, op. cit., p. 185; Iraci del Nero Costa, op. cit., 1978, p. 7.

28. Luiz Mott, "Subsídios à história do pequeno comércio no Brasil". *Revista de História*, v. 53, pp. 81-106, 1976.

29. ANTT, Caderno do Promotor, n. 130, 12 maio 1773.

30. Padre João Antonio Antonil, op. cit., p. 269.

31. Sebastião de Oliveira Cintra, op. cit., p. 271.

32. Kátia M. de Queirós Mattoso, op. cit., p. 197; Charles Expilly, *Mulheres e costumes do Brasil*. São Paulo: Companhia Editora Nacional, 1977.

7. MUDANÇA DE NOME: ROSA MARIA EGIPCÍACA DA VERA CRUZ [pp. 129-43]

1. Olga G. Cacciatore, op. cit.

2. Alvaro Rulla, *Santa Rosa de Lima*. Bari: Editione Pauline, 1977, p. 20.

3. Stanislaw Sainte Therèse, *Un Ange du Carmel*. Lyon: Édition Vitte, 1934, p. 81.

4. Francisco Vizmanos, *Las virgenes cristianas de la Iglesia Primitiva*. Madri: Editora de los Autores Cristianos, 1949, p. 485.

5. David Hugh Farmer, op. cit., p. 293.

6. *Echos de l'Orient*, t. IV, 1900-1901: pp. 35-42; t. V: pp. 15-7.

7. Manuscrito 266 publicado na *Romania*, t. XI.

8. Francisco Sá e Miranda, *A Egipcíaca Santa Maria*. Porto: Livraria Chardron de Lelo, 1913.

9. Consultei a edição de 1789, impressa na Oficina de Filipe da Silva e Azevedo, Lisboa.

10. Juan G. Atienza, *Santoral diabólico*. Barcelona: Ediciones M. Roca, 1988.

11. Padre Pedro Ribadeira, *Histórias das vidas de Santa Maria Egipcíaca, Santa Taís e Santa Teodora, penitentes*. Lisboa: Oficina de Felipe da Silva e Azevedo, 1789; Ruth Mazo Karras, "Holy Harlots: Prostitute Saints in Medieval Legend". *Journal of the History of Sexuality*, v. 1, n. 1, pp. 3-32, jul. 1990.

12. Eduardo Hoornaert, *História da Igreja no Brasil*. Petrópolis: Vozes, 1977, p. 217.

13. Carlos Ott, *A escola baiana de pintura*. Salvador: MWM, 1982, p. 15.

14. Diogo Vasconcelos, op. cit., p. 136.

15. Luiz Mott, "Modelos de santidade para um clero devasso: A propósito das pinturas do Cabido de Mariana". *Revista do Departamento de História*, UFMG, n. 9, 1989, pp. 96-120.

16. Iraci del Nero Costa e Francisco Vidal Luna, "A vida quotidiana em julgamento: Devassas em Minas Gerais". In: *Minas colonial: Economia e sociedade*. São Paulo: Pioneira, 1982, p. 7.

17. Sebastião de Oliveira Cintra, op. cit.

8. VIAGEM PARA O LITORAL [pp. 144-55]

1. Anthony Kosnik, *A sexualidade humana: Novos rumos do pensamento católico americano*. Petrópolis: Vozes, 1982.

2. Geraldo Guimarães, "O caminho novo". *Revista do Instituto Histórico e Geográfico de São João del-Rei*, n. 4, pp. 27-43, 1986.

3. Auguste Saint-Hilaire, op. cit., pp. 115-25.

4. Nina Rodrigues, *O animismo fetichista dos negros baianos*. Rio de Janeiro: Civilização Brasileira, [s.d.], p. 109.

5. Frei Luiz Granada, "Sermon contra los Escandalos de las Caídas Publicas". In: Jesus Imirizaldu, *Monjas y beatas embaucadoras*. Madri: Editora Nacional, 1977, p. 261.

6. Laura de Mello e Souza, *Desclassificados do ouro: A pobreza mineira no século XVIII*. Rio de Janeiro: Graal, 1982, p. 176.

7. Arquivo da Cúria de Mariana, Livro de Despesas (Z-1), 1749.

8. Agradeço a Lana Lage diversas informações referentes aos padres solicitantes, parte do material de sua tese de doutoramento; Luiz Mott, "Modelos de santidade para um clero devasso: A propósito das pinturas do Cabido da Sé de Mariana". *Revista do Departamento de História*, UFMG, n. 9, p. 96-120, 1989.

9. Biblioteca Nacional de Lisboa, Seção de Reservados, "Registro dos Padres Processados por Solicitação e Outros Crimes" Códice n. 8389 (século XVIII).

10. ANTT, Caderno dos Solicitantes n. 26, fl. 139 (1746).

11. ANTT, Caderno dos Solicitantes n. 26, fl. 345 (1745).

12. ANTT, Caderno dos Solicitantes n. 26, fl. 358 (1748).

13. Luiz Mott, "Modelos de santidade para um clero devasso: A propósito das pinturas do Cabido da Sé de Mariana". *Revista do Departamento de História*, UFMG, n. 9, p. 109, 1989.

14. Charles Expilly, op. cit., p. 102.

15. Padre Pedro Ribadeira, op. cit., p. 17.

16. Auguste Saint-Hilaire, op. cit., p. 125.

9. NO RIO DE JANEIRO EM 1751 [pp. 156-70]

1. Thales Azevedo, *Povoamento da cidade do Salvador*. Salvador: Itapuã, 1969, p. 189.

2. Abbé Louis Nicolas de La Caille, *Journal Historique du Voyage Fait au Cap de Bonne-Esperance*. Paris: Guillyn Libraire, 1763, pp. 122 e ss.

3. Eulália Lobo, "População e estrutura fundiária no Rio de Janeiro, 1568-1930". Associação de Estudos Populacionais, [s.d.] (Comunicação).

4. Vivaldo Coaracy, op. cit.

5. Luiz Edmundo, op. cit., p. 12.

6. Arnold Wiznitzer, *Os judeus no Brasil colonial*. São Paulo: Pioneira, 1966, pp. 127 e ss.

7. Instituto Histórico e Geográfico Brasileiro, Lata 769, Doc. 5, 1752.

8. Rubens Borba de Moraes, *Bibliografia brasileira do período colonial*. São Paulo: Instituto de Estudos Brasileiros da USP, 1969, pp. 342 e ss.

9. Santa Teresa D'Ávila, *Castelo interior ou moradas*. Cotia: Paulus, 1981, p. 101.

10. Jesus Imirizaldu, op. cit., p. 96.

11. ANTT, Inquisição de Lisboa, Processo n. 557, 22 ago. 1659.

12. José Vieira Fazenda, "Antiqualhas e memórias do Rio de Janeiro". *Revista do Instituto Histórico e Geográfico Brasileiro*, t. 93, v. 147, p. 120, 1923.

10. SOB A ORIENTAÇÃO ESPIRITUAL DOS FRANCISCANOS [pp. 171-201]

1. São Luiz Maria Monfort, *Tratado da verdadeira devoção à Santíssima Virgem*. Petrópolis: Vozes, 1961 [1716], p. 239.

2. Monsenhor José de Souza Pizarro e Araujo, *Memórias históricas do Rio de Janeiro*. Rio de Janeiro: Imprensa Régia, 1820, p. 194.

3. M. B. Arrese, op. cit., p. 226.

4. ANTT, Inquisição de Lisboa, Processo n. 14316.

5. Frei Basílio Rower, *A Ordem Franciscana no Brasil*. Petrópolis: Vozes, 1947, p. 26; id., *O convento de Santo Antônio do Rio de Janeiro do Rio de Janeiro*. Petrópolis: Vozes, 1937.

6. Ivan Gobry, *São Francisco de Assis e o espírito franciscano*. Rio de Janeiro: Agir, 1959.

7. Juan Leal, op. cit., p. 861.

8. José Lorenzatto, op. cit., 1987, p. 23.

9. Frei Basílio Rower, *A Ordem Franciscana no Brasil*. Petrópolis: Vozes, 1947, p. 165.

10. Manoel Altenfelder Silva, *Brasileiros heróis da fé*. São Paulo: Escolas Profissionais Salesianas, 1928; Cônego Heliodoro Pires, *Temas de história eclesiástica do Brasil*. São Paulo: [s.n.], 1946.

11. Luiz Mott, *A Inquisição em Sergipe*. Aracaju: Fundação Estadual de Cultura, 1989, p. 66.

12. Frei Basílio Rower, *O convento de Santo Antonio do Rio de Janeiro*. Petrópolis: Vozes, 1937.

13. Ibid., p. 108.

14. Monsenhor José de Souza Pizarro e Araujo, op. cit., t. V.

15. José Vieira Fazenda, "Antiqualhas e memórias do Rio de Janeiro". *Revista do Instituto Histórico e Geográfico Brasileiro*, v. 140, n. 143, p. 89, 1921.

16. Frei Apolinário Conceição, *Eco sonoro da clamorosa voz que deu a cidade do Rio de Janeiro no dia 18 de outubro de 1747, na saudosa despedida do irmão frei Fabiano de Cristo*. Lisboa: Oficina Inácio Rois, 1748, p. 29.

17. Frei Basílio Rower, *O convento de Santo Antonio do Rio de Janeiro*. Petrópolis: Vozes, 1937, p. 64.

18. Ronaldo Vainfas (Org.), *História e sexualidade no Brasil*. Rio de Janeiro: Graal, 1988, pp. 89-106.

19. Monsenhor José de Souza Pizarro e Araujo, op. cit., t. IV, p. 18.

20. Luiz Edmundo, op. cit., pp. 76-8.

21. Vivaldo Coaracy, op. cit., p. 323.

22. Ibid., p. 332.

23. Léopold de Chérancé, op. cit., p. 174.

24. Frei Nicolau São José, *Vida da serva de Deus madre Jacinta de São José*. Rio de Janeiro: Artes Gráficas C. Mendes Junior, 1935, p. 86.

25. Apud José Ferreira Carrato, *Igreja, Iluminismo e escolas mineiras coloniais*. São Paulo: Companhia Editora Nacional, 1968, p. 49.

26. Frei José Pereira Santana, *Os dous atlantes de Etiópia: Santo Elesbão, imperador 47º da Abissínia, e Santa Efigênia, princesa da Núbia, advogada dos incêndios dos edifícios. Ambos carmelitas*. Lisboa: Oficina Antonio Pedrozo Galram, 1735, p. 332.

27. Frei Odulfo, OFM. "São Benedito, o Preto, e seu culto no Brasil". *Revista Eclesiástica Brasileira*, v. 4, n. 1, pp. 824-31, 1941.

28. Luiz Mott, "A Inquisição em Ilhéus". *Revista FESPI*, n. 10, pp. 73-83, jul. 1987/dez. 1988; D. Francisco de Paula Silva, *Vida de São Benedito*. Juazeiro do Norte: Tipografia São Francisco, 1929.

29. Salvatore Guastella, *Santo Antônio de Categeró*. São Paulo: Paulinas, 1986.

30. Frei Agostinho de Santa Maria, *Santuário Mariano e história das imagens milagrosas de Nossa Senhora*. Lisboa: Oficina de Antonio Pedrozo Galram, 1722, pp. 61-3.

31. Frei Apolinário Conceição, *Flor peregrina por preta: Vida do beato Benedito de Filadelfo, leigo franciscano da Sicília*. Lisboa: Oficina Antonio de Sousa e Silva, 1744.

32. ANTT, Inquisição de Lisboa, Processo n. 753, 9 dez. 1701.

33. ANTT, Inquisição de Lisboa, Processo n. 8215 (26-8-1720).

34. Walter Nigg, op. cit., p. 69.

11. FUNDAÇÃO DO RECOLHIMENTO DO PARTO [pp. 202-30]

1. Abbé Louis Nicolas de La Caille, op. cit., pp. 122 e ss.

2. Damião Pires, *História de Portugal*. Barcelos: Portucalense, 1937, v. v, pp. 467 e ss.; Charles R. Boxer, *A mulher na expansão ultramarina-ibérica: 1415-1825*. Lisboa: Livros Horizonte, 1977, p. 87.

3. Riolando Azzi, "Beatas e penitentes: Uma forma de vida religiosa no Brasil antigo". *Revista Grande Sinal*, Rio de Janeiro, 1976.

4. Id., "A vida religiosa feminina no Brasil colonial". In: *A vida religiosa no Brasil. Enfoques históricos*. São Paulo: Paulinas, 1983, p. 30.

5. Frei Antônio de Santa Maria Jaboatão, *Orbe seráfico novo brasílico*. Lisboa: Oficina de Antonio Vicente da Silva, 1761.

6. Anna Amélia Vieira Nascimento, *O convento do Desterro da Bahia*. Salvador: Editora Gráfica Indústria e Comunicação Ltda., 1973.

7. Vivaldo Coaracy, op. cit., p. 223.

8. José Vieira Fazenda, "Antiqualhas e memórias do Rio de Janeiro". *Revista do Instituto Histórico e Geográfico Brasileiro*, t. 88, v. 140, p. 445, 1951.

9. Susan Soeiro, "The Feminine Orders in Colonial Brazil". In: Assunción Lavin (Org.), *Latin American Women: Historical Perspectives*. Westport: Greenwood Press, 1978.

10. Waldemar de Almeida Barbosa, op. cit., p. 271.

11. Arquivo Histórico Ultramarino, Caixa 111, "Requerimento das Recolhidas de Macaúbas", Minas Gerais.

12. José Ferreira Carrato, *As Minas Gerais e os primórdios do Caraça*. São Paulo: Companhia Editora Nacional, 1963, p. 105.

13. Judith Brown, *Atos impuros: A vida de uma freira lésbica na Itália renascentista*. São Paulo: Brasiliense, 1987.

14. Riolando Azzi, "A vida religiosa feminina no Brasil colonial". In: *A vida religiosa no Brasil: Enfoques históricos*. São Paulo: Paulinas, 1983, p. 42.

15. Caio César Boschi, op. cit., p. 84, nota 33.

16. Luis dos Santos Vilhena, *A Bahia no século XVIII*. Salvador: Itapuã, 1969, pp. 442-9.

17. Riolando Azzi, "A vida religiosa feminina no Brasil colonial". In: *A vida religiosa no Brasil: Enfoques históricos*. São Paulo: Paulinas, 1983, p. 32.

18. Luis dos Santos Vilhena, op. cit., p. 450.

19. *Recopilação Memorial da Fundação do Convento da Soledade*, Livro Manuscrito do Arquivo do Convento, Salvador.

20. Arquivo Nacional da Torre do Tombo, Inquisição de Lisboa, Processo n. 8064.

21. Paul Mury, op. cit., p. 94.

22. Arquivo Histórico Ultramarino. "Relação dos Mosteiros de Religiosas da Bahia", Carta de d. Manuel de Santa Inês, 30 jun. 1764, ECA Docs. n. 6555, 128, 1133, 1609, 2010.

23. Luis dos Santos Vilhena, op. cit., p. 450.

24. Ibid., pp. 451-2.

25. Anna Amélia Vieira Nascimento, *A postura escravizadocrata no convento de religiosas.* Salvador: Centro de Estudos Baianos, 1990, p. 10.

26. Serafim Leite, *História da Companhia de Jesus no Brasil.* Rio de Janeiro: Imprensa Nacional, 1943, v. III, pp. 124-226.

27. Frei Nicolau São José, op. cit., p. 94.

28. Ibid., p. 95.

29. Antonio Mauricio, *Templos históricos do Rio de Janeiro.* Rio de Janeiro: Gráfica Laemmert, [s.d.], p. 131.

30. Instituto Histórico e Geográfico do Brasil, Lata 117, n. 18, 1756.

31. Frei Agostinho de Santa Maria, *Santuário Mariano e história das Imagens milagrosas de Nossa Senhora.* Lisboa: Oficina de Antonio Pedrozo Galram, 1722, pp. 20-1.

32. Ibid., pp. 37-38.

33. José Vieira Fazenda, "Antiqualhas e memórias do Rio de Janeiro". *Revista do Instituto Histórico e Geográfico Brasileiro*, v. 140, n. 143, pp. 448-9, 1921.

34. Anita Novinsky, *Inventário de bens confiscados a cristãos novos.* Lisboa: Imprensa Nacional, 1977, p. 102.

35. Gomes Freire Andrade (of.), *Apolíneo feudo da magnífica e pomposa entrada do exmo. e revmo. dom frei Antônio do Desterro Malheiro, meritíssimo bispo do Rio de Janeiro.* Biblioteca Nacional de Lisboa, Seção de Reservados, [s.d.].

36. Luis Antonio Rosado Cunha, *Relação da entrada que fez dom Antônio do Desterro Malheiro, bispo do Rio de Janeiro, em 1º de janeiro de 1747.* Rio de Janeiro: Oficina de Antonio Isidoro Fonseca, 1747.

37. Monsenhor José de Souza Pizarro e Araujo, op. cit., p. 29.

38. Padre José Caeiro, *Jesuítas do Brasil e da Índia, século XVIII, na perseguição do marquês de Pombal.* Salvador: Escola Tipográfica Salesiana, 1936, p. 219.

39. Frei Nicolau São José, op. cit., p. 94.

40. Manuel Tavares Serqueira Sá, *Júbilos da América: Exaltação a Gomes Freire de Andrade, governador e capitão general das capitanias do Rio de Janeiro, Minas Gerais e São Paulo.* Lisboa: Oficina de Manuel Alvares Solano, 1754, p. 205.

41. José Vieira Fazenda, "Antiqualhas e memórias do Rio de Janeiro". *Revista do Instituto Histórico e Geográfico Brasileiro*, v. 140, n. 143, pp. 448-9, 1921.

42. Frei Antonio Santana Galvão, *Escritos espirituais (1766-1803).* São Paulo: Museu de Arte Sacra, 1980, p. 29.

12. AS PRIMEIRAS RECOLHIDAS [pp. 231-45]

1. "Fatal e rápido incêndio que reduziu a cinzas, a 23-1-1789, todo o antigo Recolhimento de Nossa Senhora do Parto, salvando-se ilesa entre as chamas a milagrosa imagem da mesma Senhora" e "Feliz e pronta reedificação da Igreja e todo o Recolhimento de Nossa Senhora do Parto, começada a 25-8-1789 e concluída a 8-12 do mesmo ano", Fundação Raimundo Otoni de Castro Maia, Rio de Janeiro. Duas reproduções dessas telas, atribuídas a Joaquim Leandro, se encontram no Museu da Arquidiocese do Rio de Janeiro.

2. Anônimo, *Nossa Senhora do Parto e sua Igreja*. Rio de Janeiro: [s.n.], 1938, p. 4.

3. Joaquim Manuel Macedo, *Passeio pela cidade do Rio de Janeiro*. Rio de Janeiro: Tipografia Imparcial, 1862, 2 v.

4. John Luccock, *Notas sobre o Rio de Janeiro e partes meridionais do Brasil*. Belo Horizonte: Itatiaia, 1975, pp. 47-8.

5. Arquivo da Cúria do Rio de Janeiro, Registro de Portarias, Livro ii, "Registro de uma Portaria de 18-11-1755, para Regente do Recolhimento do Parto", fl. 57.

6. A. J. R. Russell-Wood, op. cit., p. 70.

7. Charles R. Boxer, *A mulher na expansão ultramarina-ibérica: 1415-1825*. Lisboa: Livros Horizonte, 1977, p. 89.

8. José Vieira Fazenda, "Antiqualhas e memórias do Rio de Janeiro". *Revista do Instituto Histórico e Geográfico Brasileiro*, v. 140, n. 143, p. 449, 1921.

9. Joaquim Manuel de Macedo, *Passeio pela cidade do Rio de Janeiro*. 2. ed. Rio de Janeiro: Tipografia Imparcial, 1942, pp. 289-333; Charles J. Dunlop, *Rio antigo*. Rio de Janeiro: Rio Antigo Ltda., 1958, p. 46.

10. Frei Basílio Rower, *O convento de Santo Antonio do Rio de Janeiro*. Petrópolis: Vozes, 1937.

11. Sousa, D. Joaquim Silvério. *Sítios e personagens*. São Paulo: Tipografia Salesiana, 1937, p. 303.

12. D. José Joaquim da Cunha Azeredo Coutinho. *Estatuto do Recolhimento de Nossa Senhora da Glória do lugar da Boavista de Pernambuco*. Lisboa: Tipografia da Academia Real de Ciências, 1798.

13. D. José J. C. Azeredo Coutinho, *Estatutos do Recolhimento de Nossa Senhora da Glória de Boa Vista de Pernambuco*. Lisboa: Tipografia da Academia de Ciências, 1798.

14. Rosemary Curb e Nancy Manahan, *Lesbian Nuns: Breaking Silence*. Nova York: Warner Books, 1985.

15. RODRIGUES, & c. TYP. DO "JORNAL DO COMMERCIO". Regra das Religiosas da Imaculada Mãe de Deus. Aprovad.a pelo Santo Padre Inocêncio xii e Constituições Dadas por D.Fr. Antônio do Desterro Bispo do Rio de Janeiro as Religiosas do Convento da Ajuda. 1908.

16. Arquivo da Cúria do Rio de Janeiro, Registro de Portarias, Livro i, fl. 22, 1750-1751.

17. Arquivo da Cúria do Rio de Janeiro, Registro de Portarias, Livro i, fl. 20, 16 nov. 1750.

18. Arquivo da Cúria do Rio de Janeiro, Registro de Portarias, Livro ii, fl. 57, 21 nov. 175?.

13. VISÃO DOS SAGRADOS CORAÇÕES [pp. 246-61]

1. Emile Bougaud, *Histoire de la Bienheureuse Marguerite-Marie Alacoque*. Paris: Poussiegue, 1880, p. 239.

2. Roger Vekemans, *Cor Christi*. Bogotá: Instituto Internacional del Corazon de Jesus, 1980.

3. Santa Margarida Maria Alacoque, *Autobiografia*. São Paulo: Loyola, 1985, p. 42.

4. Padre J. S. Abranches, *O Coração de Jesus*. Lisboa: Tipografia do Anuário Comercial, 1907.

5. Serafim Leite, op. cit., v. IV, p. 242.

6. Monsenhor Raimundo Trindade, *A Arquidiocese de Mariana*. Belo Horizonte: Imprensa Oficial, 1953.

7. ANTT, Inquisição de Lisboa, Processo n. 8059, 1742.

8. R. P. Émile Georges, *Saint Jean Eudes*. Paris: Edition Lethielleux, 1936, pp. 237-77.

9. Frei Albano Marciniszyn, "Convento de Santo Antonio do Rio de Janeiro". Separata da *Revista Vida Franciscana*, n. 48, pp. 8-9, 1982.

10. Anônimo. *Do Coração de Jesus*. Lisboa: Oficina Antonio Rois Galhardo, 1802.

11. Cônego Heliodoro Pires, "Uma teologia jansenista no Brasil". *Revista Eclesiástica Brasileira*, v. 8, pp. 327-40, 1948.

12. Arquivo da Cúria do Rio de Janeiro, Registro de Portarias, Livro II, fl. 5, 1761-1779.

13. Roger Bastide, *Les Ameriques Noires*. Paris: Payot, 1967.

14. Karl Koch, *The Tree Test*. Nova York: Grune, 1952.

15. John Luccock, op. cit., p. 45.

16. Biblioteca Nacional de Lisboa, Coleção de Registros de Santos, Seção de Iconografia.

14. REFLEXOS DO TERREMOTO DE LISBOA NA AMÉRICA PORTUGUESA [pp. 262-79]

1. Suzanne Chantal, *A vida quotidiana em Portugal no tempo do terremoto*. Lisboa: Edição Livros do Brasil, [s.d.], pp. 20-2.

2. Francisco Pina Mello, *Juízo sobre o terremoto*. Coimbra: Oficina de Antonio Simões Ferreira, 1756.

3. François Marie Arouet Voltaire, *Poèmes*. Paris: [s.n.], 1756, p. 179.

4. Arquivo Histórico Ultramarino, Rio de Janeiro, Caixa 59, 11 fev. 1756.

5. ANTT, Inquisição de Lisboa, Processo n. 15953.

6. ANTT, Inquisição de Lisboa, Processo n. 7141, 1761.

7. Padre Gabriel Malagrida, *Juízo da verdadeira causa do terremoto que padeceu a Corte de Lisboa*. Lisboa: Oficina de Manuel Soares, 1756; Frei Francisco Santo Alberto, *Estragos do terremoto*. Lisboa: Oficina S. Bento de Xabregas, 1757; João Antonio Bezerra e Lima, *Declamação sagrada na ruína de Lisboa*. Lisboa: Oficina Patriarcal de Francisco Luiz Ameno, 1757.

8. Frei Nicolau São José, op. cit., p. 107.

9. Monsenhor Raimundo Trindade, *A Arquidiocese de Mariana*. Belo Horizonte: Imprensa Oficial, 1953, p. 120.

10. Arquivo da Cúria do Rio de Janeiro, Livro de Registro de Portarias, Livro II, fl. 55.

11. Frei Antonio Santana Galvão, op. cit., p. 7.

12. Padre Fernando Baumann, SJ, *Padres Reus: Grande biografia*. São Leopoldo: Editora Unisinos, 1987, p. 180.

13. ANTT, Inquisição de Coimbra, Processo n. 8018, 11 mar. 1720.

14. Frei José Agostinho, *A grande promessa*. Petrópólis: Vozes, 1983, p. 26.

15. Santa Margarida Maria Alacoque, op. cit., p. 46.

16. Sor Miryam, *Vida do venerável servo de Deus frei Antonio de Sant'Anna Galvão*. São Paulo: Tipografia Cupolo, 1936, p. 36.

17. Frei Nicolau São José, op. cit., p. 77.

18. Padre Diogo Rosario, *Flos Sanctorum*. Lisboa: Tipografia T. Q. Antunes, 1870, v. 12, p. 103.

19. Santa Teresa D'Ávila, *Obras completas*. Aveiro: Carmelo, 1978, Livro ii, cap. 26, p. 5.

15. FORMAÇÃO DE NOVIÇAS [pp. 280-97]

1. Santa Margarida Maria Alacoque, op. cit., p. 42.

2. Padre Manoel José Gonçalves Couto, op. cit., pp. 72 e ss.

3. *Regra do glorioso patriarca São Bento*. Mosteiro de Singeverga: Ora et Labora, 1951, pp. 17-8.

4. D. Joaquim Azevedo, *Breve notícia das ordens religiosas*. Lisboa: Oficina Simão Tadeu Ferreira, 1790, pp. 383 e ss.

5. Ronaldo Vainfas, *Trópico dos pecados*. Rio de Janeiro: Campus, 1990.

16. EXPULSÃO DO RECOLHIMENTO [pp. 298-318]

1. Frei José Santa Rita Durão, *Caramuru*. Lisboa: Regia Oficina Tipográfica, 1781, p. 169.

2. Anna Amélia Vieira Nascimento, op. cit., [s.d.], p. 49.

3. Arquivo da Cúria do Rio de Janeiro, Livro ii de Portarias, "Pastoral às Religiosas da Ajuda", fl. 5, 1750-1751.

4. Padre Diogo Rosario, op. cit., p. 121.

5. Arquivo do Convento da Soledade, Salvador: "Recopilação Memorial da Fundação do Convento", Bahia, 1830.

6. Paul Guérin, *Les Petits Bollandistes: Vie des saints*. Paris: Librairie Bloud et Barral, 1876, v. 12, p. 103.

7. Frei Basílio Rower, *História da província franciscana da Imaculada Conceição do Brasil*. Petrópolis: Vozes, 1951.

8. ANTT, Inquisição de Lisboa, Processo n. 3890, 1740.

9. ANTT, Inquisição de Lisboa, Caderno dos Solicitantes 143-4-20, fl. 125, 1741.

10. ANTT, Inquisição de Lisboa, Caderno dos Solicitantes n. 26, fl. 37, 9 nov. 1744.

11. Gregório Matos, *Crônica do viver baiano seiscentista*. Salvador: Janaína, [s.d.], pp. 287-90.

12. As referências de solicitantes, sem indicação da fonte arquivística, me foram gentilmente fornecidas por Lana Lage.

13. ANTT, Inquisição de Lisboa, Caderno dos Solicitantes n. 26, fl. 142, 1747.

14. Instituto Histórico e Geográfico Brasileiro, Lata 117, n. 18, Ofício de Dom Antônio do Desterro ao Rei, 20 fev. 1761, "Relação sobre o Deplorável Estado a que Chegou a Companhia de Jesus nesta Província do Brasil", de autoria do ex-jesuíta padre Cepeda.

15. ANTT, Inquisição de Lisboa, Caderno dos Solicitantes n. 26, fl. 219, 1746.

16. ANTT, Inquisição de Lisboa, Caderno dos Solicitantes n. 30, fl. 57, 1759.

17. ANTT, Inquisição de Lisboa, Caderno dos Solicitantes n. 1221, fl. 344, 1762.

18. Frei Basílio Rower, *História da Província Franciscana da Imaculada Conceição do Brasil*. Petrópolis: Vozes, 1951, p. 109.

19. Ibid. Segundo este autor, em 1761, possuía a Província da Imaculada Conceição 397 religiosos, atingindo 490 em 1764, período áureo dessa ordem, seguido de irrecuperável decadência, com a proibição pelo marquês de Pombal da tomada de hábito de novos postulantes ao noviciado.

17. A PROFECIA DO DILÚVIO [pp. 319-34]

1. José Vieira Fazenda, "Antiqualhas e memórias do Rio de Janeiro". *Revista do Instituto Histórico e Geográfico Brasileiro*, t. 95, v. 149, p. 167, 1924.

2. Instituto Histórico e Geográfico Brasileiro, Lata 117, n. 18, "Correspondência dos Bispos do Rio de Janeiro", Carta de d. Antônio do Desterro, 22 jul. 1756.

3. Vivaldo Coaracy, op. cit., pp. 236-7; 438.

4. Frei Fidelis di Primiero, op. cit.

5. Anônimo, *Compendiosa notícia histórica do Hospício dos Religiosos Capuchinhos na cidade do Rio de Janeiro (1659-1814)*. Gênova: [s.n.], 1906, pp. 15-6. Devo a frei Pietro Vittorino Regni a gentil indicação dessa obra, assim como outras informações relativas ao frei João Batista da Capo Fiume.

6. Frei Pietro Vittorino Regni, *Os capuchinhos na Bahia*. Salvador: Casa Provincial dos Capuchinhos, 1988, p. 285; Frei João A. Cavazzi de Montecuccolo, *Descrição histórica dos três Reinos: Congo, Matamba e Angola (1645-1670)*. Lisboa: Junta de Investigação do Ultramar, 1965, 2 v.

7. Frei Pietro Vittorino Regni, op. cit., v. II, p. 129.

8. Frei Fidelis di Primiero, op. cit., pp. 214 e ss.; Frei Modesto Taubaté, *Os missionários capuchinhos no Brasil*. São Paulo: Tipografia La Squilla, 1929.

9. Arquivo da Cúria do Rio de Janeiro, Registro de Portarias, Livro II, 3 nov. 1759.

10. Instituto Histórico e Geográfico Brasileiro, Lata 769, Doc. 5, Cópia do Arquivo Secreto do Vaticano, 29 jul. 1752.

11. José Vieira Fazenda, "Antiqualhas e memórias do Rio de Janeiro". *Revista do Instituto Histórico e Geográfico Brasileiro*, t. 95, v. 149, 1924; Frei Jacinto Pallazzolo, *Crônica dos capuchinhos do Rio de Janeiro*. Petrópolis: Vozes, 1966.

12. Lycurgo Santos Filho, op. cit., p. 215.

13. Frei Pietro Vittorino Regni, op. cit., v. II, p. 71.

14. Arquivo Histórico Ultramarino, ECA Documento n. 6289, 6 nov. 1753.

15. Luiz Mott, "Terror na Casa da Torre". In: João José Reis (Org.), *Escravidão & invenção da liberdade*. São Paulo: Brasiliense, 1988.

18. A VIDA NO SACRO COLÉGIO [pp. 335-55]

1. Lycurgo Santos Filho, op. cit., pp. 218 e ss.

2. Frei Basílio Rower, *O convento de Santo Antônio do Rio de Janeiro*. Petrópolis: Vozes, 1937, p. 131.

3. Arquivo da Cúria do Rio de Janeiro, Registro de Portarias, Livro I, fl. 22, 1750-1751.

4. Lycurgo Santos Filho, op. cit., p. 187.

5. Agradeço novamente a Carlita Chaves a informação desses versinhos pastoris.

6. Manoel Querino, *Bailes pastoris da Bahia*. Salvador: Câmara Municipal, 1957, p. 71.

7. Frei Basílio Rower, *Contribuição franciscana na formação religiosa das Minas Gerais*. Petrópolis: Vozes, 1974, p. 72.

8. Susan Soeiro, *A Baroque Nunnery*. Nova York: New York University, 1974. Tese (Ph.D), p.18.

9. Maria Stella Libânio Christo, *Fogão de lenha: Quitandas e quitutes de Minas Gerais*. Petrópolis: Vozes, 1977.

10. Luís da Câmara Cascudo, *História da alimentação no Brasil*. São Paulo: Companhia Editora Nacional, 1968, p. 103; id., *Antologia da alimentação no Brasil*. Rio de Janeiro: Livros Técnicos e Científicos, 1977.

11. D. Sebastião Monteiro da Vide, *Constituições primeiras do arcebispado da Bahia*. São Paulo: Tipografia 2 de Dezembro, 1853 [1707], § 408, "Da proibição de comer carne na Quaresma e demais dias do ano".

12. Monsenhor José de Souza Pizarro e Araujo, op. cit., t. V, pp. 20 e ss.

13. Luís da Câmara Cascudo, *História da alimentação no Brasil*. São Paulo: Companhia Editora Nacional, 1968, p. 309.

14. Luiz Edmundo, op. cit., p. 341.

15. Ibid., p. 327.

16. Jean-Baptiste Debret, *Viagem pitoresca e histórica ao Brasil*. São Paulo: Livraria Martins, 1972, t. I, p. 228.

17. Arquivo da Cúria do Rio de Janeiro, Registro de Portarias, Livro II, fl. 22.

18. Arquivo da Cúria do Rio de Janeiro, Registro de Portarias, Livro II, fl. 128, 18 fev. 1760.

19. Anna Amélia Vieira Nascimento, op. cit., [s.d.], pp. 49 e ss.

19. AS QUATRO EVANGELISTAS E O DIABO [pp. 356-89]

1. D. Francisco Castro, *Regimento do Santo Ofício da Inquisição dos Reinos de Portugal*. Lisboa: Estaus do Santo Ofício, 1640. Título XVIII, "Dos confessores solicitantes no sacramento da confissão".

2. Instituto Histórico e Geográfico Brasileiro, Lata 769, Doc. 5, 29 jul. 1752.

3. Sor Myriam, op. cit., pp. 102-6.

4. Maria Stella Libanio Christo, op. cit., p. 68.

5. Frei Apolinário Conceição, *Primazia seráfica na região da América*. Lisboa: Oficina Antonio Sousa Silva, 1733, p. 344.

6. Fernando Pio X, *Santa Verônica Giuliani: Implacata insequitrice di amore e di dolore*. Padova: Edizioni Messaggero, 1986.

7. Ivan Gobry, op. cit.; Frei Agostinho Gemelli, *O franciscanismo*. Petrópolis: Vozes, 1944.

8. Rudolph M. Bell, op. cit., p. 73.

9. Fernando Pio X, op. cit., p. 62.

10. Jean-Baptiste Debret, op. cit., p. 187.

11. João do Rio, op. cit., p. 126.

12. ANTT, Inquisição de Lisboa, Processo n. 8290, 1719.

13. Padre Oscar Quevedo, *Antes que os demônios voltem*. São Paulo: Loyola, 1982; Xavier Oliveira, op. cit.; Osório Cesar, *Misticismo e loucura*. São Paulo: Oficina Gráfica Juqueri, 1939.

14. Frederico Dattler, op. cit.

15. Kurt Seligman, *História da magia*. Lisboa: Edições 70, 1976, p. 211.

16. ANTT, Inquisição de Lisboa, Caderno do Promotor n. 128, apud Luiz Mott, "A Inquisição no Piauí". *Diário do Povo*, Teresina, 29 out. 1987, pp. 12-3.

17. Agradeço à professora Yeda Castro a gentil indicação dessas informações sobre "Avrektu".

18. Jean Laplanche e Jean-Bertrand Pontalis, *Vocabulário de psicanálise*. Santos: Martins Fontes, 1977, pp. 34 e ss.; Ricardo G. Mandolini Guardo, *Historia general del psicoanalisis*. Buenos Aires: Editorial Ciordia, 1969, pp. 27 e ss. Devo ao professor Welber da Silva Braga a indicação dessas pistas.

19. Olga G. Cacciatore, op. cit., p. 109.

20. ROSA MÍSTICA [pp. 390-422]

1. Frei José Pereira Santana, *Vida da insigne mestra de espírito, a virtuosa madre Maria Perpétua da Luz, religiosa carmelita calçada*. Lisboa: Oficina de Antonio Pedrozo, 1742, p. 253.

2. ANTT, Real Mesa Censória, Documento n. 6455.

3. Jesus Imirizaldu, op. cit., p. 108.

4. Frei João A. Cavazzi de Montecuccolo, op. cit., v. II, p. 134.

5. Olga G. Cacciatore, op. cit., p. 179.

6. Caio César Boschi, op. cit., p. 187.

7. Melo Morais Filho, *Os ciganos no Brasil*. São Paulo: Edusp, 1981, p. 39.

8. Arquivo da Cúria do Rio de Janeiro, Registro de Portarias, Livro II, 3 nov. 1759; Henrique Carmo, "Recordações e aspectos do culto de Santana". *Revista do Instituto Histórico e Geográfico Brasileiro*, pp. 433-63, 1932.

9. Serafim Leite, op. cit.; ANTT, Inquisição de Lisboa, Processo n. 8064, 1760.

10. Apud Olavo Bilac, "Triunfo eucarístico". In: *Crônicas e novelas*. Rio de Janeiro: [s.n.], 1894.

11. Eduardo Hoornaert, op. cit., pp. 370 e ss.

12. Frei Luiz Granada, *Libro da la oración y meditación*. Salamanca: [s.n.], 1554; id., *Guia de pecadores*. Lisboa: [s.n.], 1556; Camilo Castelo Branco, *A freira que fazia chagas*. Lisboa: Livraria Editora, 1904; ANTT, Inquisição de Lisboa, Processo n. 11 894, 1588.

13. Santa Teresa D'Ávila, *Obras completas*. Aveiro: Carmelo, 1978, p. 483.

14. Frei Francisco Conceição, *Diretor instruído*. Coimbra: Real Imprensa da Universidade, 1789, tratado II: "Da oração e suas partes".

15. Padre Manoel Bernardes, *Pão partido em pequeninos para os pequeninos da casa de Deus*. Porto: Editor Domingos Barreira, 1940 [1694], pp. 107-13. Alguns teólogos e confessores desse período desaconselhavam a prática da oração mental fora dos conventos, para evitar alucinações e falsas visões. Cf. Charles R. Boxer, *A mulher na expansão ultramarina-ibérica: 1415-1825*. Lisboa: Livros Horizonte, 1977, p. 124; José Sebastião da Silva Dias, *Correntes do sentimento religioso em Portugal, séculos XVI a XVIII*. Lisboa: [s.n.], 1960.

16. Arquivo da Cúria do Rio de Janeiro, Registro de Portarias, Livro I, 12 ago. 1748.

17. Arquivo da Cúria de Mariana, Livro do Tombo de São Caetano (S-21), 17 mar. 1754.

18. Padre Manoel José Gonçalves Couto, op. cit., pp. 330-5.

19. Padre Manoel Bernardes, *Pão partido em pequeninos para os pequeninos da casa de Deus.* Porto: Editor Domingos Barreira, 1940 [1694], p. 110.

20. Padre Tomás de Vila Castin, *Manual dos exercícios espirituais para ter oração mental em todo o decurso do ano.* Lisboa: Oficina Antonio Pedrozo Galram, 1712, p. 68.

21. Padre Manoel José Gonçalves Couto, op. cit., pp. 330-5.

22. Padre Manoel Bernardes, *Pão partido em pequeninos para os pequeninos da casa de Deus.* Porto: Editor Domingos Barreira, 1940 [1694], pp. 110 e ss.

23. Arquivo da Cúria do Rio de Janeiro, Registro de Portarias, Livro I, fl.22, 1750-1751.

24. Santa Teresa D'Ávila, *Castelo interior ou moradas.* Cotia: Paulus, 1981, p. 95.

25. Arquivo Nacional da Torre do Tombo, Inquisição de Lisboa, Processo n. 4564, auto de fé, 15 dez. 1647.

26. Walter Nigg, op. cit., p. 45.

27. José Lorenzatto, op. cit., p. 39; Réginald Garrigou-Lagrange, op. cit., pp. 781 e ss.

28. ANTT, Inquisição de Lisboa, Processo n. 7896, auto de fé, 14 out. 1744.

29. Walter Nigg, op. cit., p. 38.

30. Santa Teresa D'Ávila, *Castelo interior ou moradas.* Cotia: Paulus, 1981, p. 147.

31. Nina Rodrigues, op. cit., p. 109.

21. RITUAIS DE ADORAÇÃO [pp. 423-34]

1. Frei Agostinho Conceição, *Sermão do glorioso lusitano Santo Antonio pregado no seu convento e mesmo dia na cidade do Rio de Janeiro a 13 de junho de 1674, dedicado ao governador do Rio de Janeiro.* Lisboa: Oficina Antonio Rois d'Abreu, 1675.

2. Padre Guilherme Vaessen, *Santa Luiza de Marillac.* Salvador: Mensageiro da Fé, 1949, p. 49.

3. D. Francisco Castro, op. cit., Título XX: "Dos que dão culto, como santos, aos que não forem canonizados, ou beatificados, e dos livros que tratarem de seus milagres ou revelações e dos que os fingirem".

22. A GRANDE VIAGEM E CASAMENTO COM D. SEBASTIÃO [pp. 435-60]

1. Padre José Caeiro, op. cit., pp. 181 e ss.

2. Manuel de Aires Casal, *Corografia brasílica.* São Paulo: Itatiaia, 1976 [1817], p. 122.

3. *Bíblia Sagrada*, IV Reis, 4:31.

4. Maria Isaura Pereira de Queiroz, *O messianismo no Brasil e no mundo.* São Paulo: Dominus, 1965.

5. Padre Antonio Feitosa, op. cit., p. 27.

6. António Quadros, *Poesia e filosofia do mito sebastianista.* Lisboa: Guimarães Editores, 1982, 2 v.

7. Ibid., p. 58.

8. Ibid., p. 149.

9. Ibid., pp. 197-8.

10. A. Monteiro da Fonseca, *Sobre o sebastianismo: Um documento do começo do século XVIII*. Coimbra: [s.n.], 1956, p. 56.

11. Padre Pero Rodrigues, *Vida do padre José de Anchieta* (*1609*). São Paulo: Loyola, 1981.

12. Maria Tereza Leal, "El sebastianismo en Portugal y Brasil: La trajectoria de un mito". *Revista de Cultura Brasileña*, n. 52, p. 82, nov. 1981.

13. Euclides da Cunha, *Os sertões*, apud Maria Isaura Pereira de Queiroz, op. cit., pp. 272 e ss.

14. Charles Expilly, op. cit., pp. 131 e ss.

15. Fernando Pessoa, *Sobre Portugal: Introdução do problema nacional*. Lisboa: Ática, 1979, p. 221, apud António Quadros, op. cit., p. 32.

16. António Quadros, op. cit., p. 105.

23. PRISÃO E SUMÁRIO NO AUDITÓRIO ECLESIÁSTICO DO RIO DE JANEIRO [pp. 461-501]

1. Instituto Histórico e Geográfico Brasileiro, Lata 117, n. 18, "Correspondência dos bispos do Rio de Janeiro com o governo da metrópole", 22 jul. 1756.

2. Vivaldo Coaracy, op. cit., p. 506.

3. Frei Basílio Rower, *História da Província Franciscana da Imaculada Conceição do Brasil*. Petrópolis: Vozes, 1951, p. 120.

4. Instituto Histórico e Geográfico Brasileiro, Lata 117, n. 18, Ofício de 2 mar. 1764.

5. José Lourenço D. de Mendonça e António Joaquim Moreira, *História dos principais actos e procedimentos da Inquisição em Portugal*. Lisboa: Imprensa Nacional, 1980; Sônia A. Siqueira, *A Inquisição portuguesa e a sociedade colonial*. São Paulo: Ática, 1978; Anita Novinsky, "A Igreja no Brasil colonial: Agentes da Inquisição". *Anais do Museu Paulista*, t. XXXIII, pp. 17-34, 1984.

6. ANTT, Inquisição de Lisboa, Processo n. 12 396, 1612.

7. Luiz Mott, *A Inquisição em Sergipe*. Aracaju: Fundação Estadual de Cultura, 1989, p. 60.

8. ANTT, Inquisição de Lisboa, Habilitações do Santo Ofício: Maço 65-1237; Maço 125-2119; Maço 6-100; Maço 13-491.

9. Vivaldo Coaracy, op. cit., 12/461-462; Luiz Edmundo, op. cit., p. 451; José Vieira Fazenda, "Antiqualhas e memórias do Rio de Janeiro". *Revista do Instituto Histórico e Geográfico Brasileiro*, v. 140, n. 143, p. 422, 1921.

10. Luiz Edmundo, op. cit., p. 451.

11. Réginald Garrigou-Lagrange, op. cit., p. 767.

12. ANTT, Habilitações do Santo Ofício, Maço 85-1252.

13. ANTT, Habilitações do Santo Ofício, Maço 13-491.

14. Arquivo Nacional (Rio de Janeiro), Códice 513, v. 1, 1763.

24. NO TRIBUNAL DO SANTO OFÍCIO DE LISBOA [pp. 502-25]

1. Luiz Mott, *Regimento dos comissários e seus escrivães, dos qualificadores e dos familiares do Santo Ofício*. Salvador: Centro de Estudos Baianos, 1989.

2. ANTT, *Inquisição de Lisboa*, Processo n. 9697, 1762.

3. Diana Soares de Galiza, "O fandango e sua penetração na Paraíba". *Caderno de Estudos Regionais*, UFPB, n. 1, p. 43, 1976.

4. ANTT, Documentos do Brasil, Livro 8 do Registro, fl. 168, 1747: "Regimento que se há de observar no transporte dos casais das ilhas para o Brasil".

5. Charles Dellon, *Rélation de l'Inquisition de Goa*. Paris: Chez Daniel Horthemels, 1688, p. 362.

6. Walter Nigg, op. cit., p. 123.

7. Luiz Mott, "A vida mística e erótica do escravizado José Francisco Pereira". *Tempo Brasileiro*, n. 92/93, pp. 85-104, jan./jun. 1988.

8. D. Francisco Castro, op. cit., Livro I, t. II, § XI.

9. Ernesto Ennes, *Dois paulistas insignes*. São Paulo: Brasiliana, 1952.

10. D. Francisco Castro, op. cit., Livro I, Título II, § X.

11. Ibid., Livro I, Título XIV, § VII.

12. Ibid., Livro I, t. III, § XXII.

13. Anônimo, *Notícias recônditas do modo de proceder da Inquisição de Portugal com seus presos*. Lisboa: Imprensa Nacional, 1821.

14. D. Francisco Castro, op. cit., Livro I, Título XIV, §§ XVI-XVII.

15. Charles Dellon, op. cit., pp. 100 e ss.

16. D. Francisco Castro, op. cit., Livro I, Título XIV, § XVIII.

17. Ibid., Livro I, Título VII, § VII.

18. Eis algumas mulheres negras presas e processadas pela Inquisição de Lisboa pelo crime de feitiçaria: Crispina Perez, preta livre, natural de Cacheu (1664), Processo n. 2079; Manuelina Maria, escravizada preta natural do Rio de Janeiro (1734), Processo n. 631; Maria de Jesus, preta, livre, natural de Angola (1735), Processo n. 2279; Gracia Luzia, preta escravizada, natural da Bahia (1736), Processo n. 433.

25. JULGAMENTO DO PADRE XOTA-DIABOS [pp. 526-54]

1. D. Francisco Castro, op. cit., Título XIV, § XII.

2. Ibid., Título XX, § I.

3. Luiz Mott, "A maconha na história do Brasil". In: Anthony Henman e Osvaldo Pessoa Jr. (Orgs.), *Diamba sarabamba: Coletânea de textos brasileiros sobre a maconha*. São Paulo: Ground, 1986, pp. 17-135.

4. D. Francisco Castro, op. cit., Título VII, § XV.

5. Arquivo da Cúria do Rio de Janeiro, Registro de Portarias e Editais, Livro I, 1747.

6. Luiz Mott, "Um nome em nome do Santo Ofício: O cônego João Calmon, comissário da Inquisição na Bahia setecentista". *Universitas*, UFBA, n. 37, pp. 41-56, jul. 1986.

7. ANTT, Caderno do Nefando n. 20, fl. 414, 21 ago. 1768.

8. ANTT, Habilitações do Santo Ofício, Maço 85-1252.

9. Sebastião Cintra, op. cit., v. 1., p. 296; v. 2, p. 358.

10. Luiz Mott, "Modelos de santidade para um clero devasso: A propósito das pinturas do Cabido da Sé de Mariana". *Revista do Departamento de História*, UFMG, n. 9, pp. 96-120, 1989.

11. Sebastião Cintra, op. cit., v. 2, pp. 329-491.

26. UM PROCESSO INCONCLUSO [pp. 555-81]

1. Ibid., p. 70.

2. ANTT, Inquisição de Lisboa, Manuscritos da Livraria, Pasta 42.

3. Anônimo, *A Inquisição: Enciclopédia pela imagem*. Porto: Lello, [s.d.], p. 52.

4. Charles Dellon, op. cit., pp. 246 e ss.

5. Luiz Mott, "Justitia et misericordia: A Inquisição portuguesa e a repressão ao nefando pecado de sodomia". *Anais do XVII Congresso Internacional de Ciências Históricas*, Comissão de Demografia Histórica, Paris, pp. 243-58, 1990.

6. Francisco Adolfo de Varnhagen, "Excerptos de várias listas de condenados pela Inquisição de Lisboa, desde o ano de 1711 ao de 1767, compreendendo só os brasileiros ou colonos estabelecidos no Brasil". *Revista do Instituto Histórico e Geográfico Brasileiro*, t. 7, n. 25, pp. 54-86, 1845.

7. D. Beda Keckeisen, op. cit., p. 176.

8. Epístola aos Gálatas, 4:22-31.

EPÍLOGO [pp. 583-95]

1. Charles J. Dunlop, op. cit.; José Vieira Fazenda, "Antiqualhas e memórias do Rio de Janeiro". *Revista do Instituto Histórico e Geográfico Brasileiro*, v. 140, n. 143, pp. 445-51, 1921; Maurício Augusto, *Templos históricos do Rio de Janeiro*. Rio de Janeiro: Biblioteca Militar, [s.d.]; Ernesto Senna, *Notas de um repórter*. Rio de Janeiro: Tipografia do Jornal do Commercio, 1895; Roberto Macedo, *Efemérides cariocas*. Rio de Janeiro, [s.n.], 1942.

2. Antonio Teixeira Neto, *Anastácia: Escravizada e mártir negra*. Rio de Janeiro: Eco, [s.d.].

3. Jacques Douillet, *Qu'est-ce qu'un Saint?* Paris: Librairie Arthème Fayard, 1975, p. 64.

4. D. Francisco Castro, op. cit., Título XX, § IV.

5. Agradeço cordialmente aos pesquisadores Mariana Gomes, Rita Marquilhas, Klebson Oliveira por ter me indicado o Auto de Falecimento de Rosa Egipcíaca. Minha gratidão aos historiadores Sérgio Muricy e frei Roger Brunorio pelo diálogo durante a revisão desta obra.

6. Disponível em: <https://digitarq.arquivos.pt/details?id=4619376>. Consulta em: 12 dez. 2022.

7. Op. cit. p. 809.

8. REGIMENTO do Santo Officio da Inquisição dos reynos de Portugal: ordenado por mandado do Illmo & Revmo. Snor Bispo Dom Francisco de Castro, Inquisidor Geral do Conselho d'Estado de S. Magde. Lisboa: Manoel da Sylva, 1640, título 14.

9. ANTT, http://digitarq.arquivos.pt/viewer?id=2318907

10. CHERNOVIZ, Pedro Luiz Napoleão. *Dicionário de medicina popular*. v.1. Rio de Janeiro: Laemmert, 1851.

11. *Catecismo da Igreja Católica*, Vaticano, 2005 - Libreria Editrice Vaticana, Parágrafo 124.

Referências bibliográficas

ABRANCHES, Padre J. S. *O Coração de Jesus*. Lisboa: Tipografia do Anuário Comercial, 1907.

AGOSTINHO, Frei José. *A grande promessa*. Petrópolis: Vozes, 1983.

ALACOQUE, Santa Margarida Maria. *Autobiografia*. São Paulo: Loyola, 1985.

ALDEN, Dauril. *Royal Government in Colonial Brazil*. Berkeley: University of California Press, 1969.

ALMEIDA, Fortunado. *História da Igreja em Portugal*. Porto: Portucalense, 1967.

ALTENFELDER SILVA, Manoel. *Brasileiros heróis da fé*. São Paulo: Escolas Profissionais Salesianas, 1928.

ANDRADE, Gomes Freire (of.). *Apolíneo feudo da magnífica e pomposa entrada do exmº e revdº dom frei Antônio do Desterro Malheiro, meritíssimo bispo do Rio de Janeiro*. Biblioteca Nacional de Lisboa, Seção de Reservados, [s.d.].

ANÔNIMO. *A Inquisição: Enciclopédia pela imagem*. Porto: Lello, [s.d.].

ANÔNIMO. *Epanáfora festiva ou relação sumária das festas com que na cidade do Rio de Janeiro, capital do Brasil, se celebrou o feliz nascimento do Serreníssimo Príncipe da Beira Nosso Senhor*. Lisboa: Oficina de Miguel Rodrigues, 1763.

ANÔNIMO. *Relação dos obsequiosos festejos que se fizeram na cidade de São Sebastião do Rio de Janeiro, pela plausível notícia do nascimento do Serreníssimo Senhor Príncipe da Beira, o senhor d. José*. Lisboa: Oficina Patriarcal de Francisco Luiz Ameno, 1763.

ANÔNIMO. *Do Coração de Jesus*. Lisboa: Oficina Antonio Rois Galhardo, 1802.

ANÔNIMO. *Notícias recônditas do modo de proceder da Inquisição de Portugal com seus presos*. Lisboa: Imprensa Nacional, 1821.

ANÔNIMO. *Compendiosa notícia histórica do Hospício dos Religiosos Capuchinhos na cidade do Rio de Janeiro (1659-1814)*. Gênova: [s.n.], 1906.

ANÔNIMO. *Nossa Senhora do Parto e sua igreja*. Rio de Janeiro: [s.n.], 1938.

ANTONIL, Padre João Antonio. *Cultura e opulência do Brasil por suas drogas e minas.* São Paulo: Companhia Editora Nacional, 1972 [1711].

ARRESE, M. B. *Suma de la vida espiritual.* Lima: [s.n.], 1974.

ASSUNÇÃO, Frei Manoel. Sermão do Santíssimo Coração de Jesus. In: *Sermões vários.* Lisboa: Oficina Domingos Rois, 1746. v. 2, cap. XII.

ATIENZA, Juan G. *Santoral diabolico.* Barcelona: Ediciones M. Roca, 1988.

AUGUSTO, Maurício. *Templos históricos do Rio de Janeiro.* Rio de Janeiro: Biblioteca Militar, [s.d.].

ÁVILA, Affonso. *Resíduos seiscentistas em Minas.* Belo Horizonte: Centro de Estudos Mineiros, 1967.

AZEREDO COUTINHO, D. José J. C. *Estatutos do Recolhimento de Nossa Senhora da Glória de Boa Vista de Pernambuco.* Lisboa: Tipografia da Academia de Ciências, 1798.

AZEVEDO, D. Joaquim. *Breve notícia das ordens religiosas.* Lisboa: Oficina Simão Tadeu Ferreira, 1790.

AZEVEDO, Moreira de. *O Rio de Janeiro: Sua história, monumentos, homens notáveis, usos e curiosidades.* Rio de Janeiro: Livraria Brasiliana Editora, 1969.

AZEVEDO, Thales. *Povoamento da cidade do Salvador.* Salvador: Itapuá, 1969.

AZZI, Riolando. "Beatas e penitentes: uma forma de vida religiosa no Brasil antigo". *Revista Grande Sinal,* Rio de Janeiro, 1976.

AZZI, Riolando. "A vida religiosa feminina no Brasil colonial". In: *A vida religiosa no Brasil: Enfoques históricos.* São Paulo: Paulinas, 1983.

BANDARRA. *Profecias do Bandarra: Sapateiro de Trancoso (1644).* Lisboa: Editorial Vega, [s.d.].

BARATA, Mário. *Igreja da Ordem Terceira da Penitência do Rio de Janeiro.* Rio de Janeiro: Agir, 1975.

BARBOSA, Waldemar de Almeida. *Dicionário histórico-geográfico de Minas Gerais.* Belo Horizonte: [s.e.], 1971.

BARREIROS, E. Canabrava. *As Vilas del Rey e a cidadania de Tiradentes.* Rio de Janeiro: José Olympio, 1976.

BASTIDE, Roger. *Sociologia das doenças mentais.* São Paulo: Companhia Editora Nacional, 1967.

_____. *Les Ameriques Noires.* Paris: Payot, 1967.

_____. *As religiões africanas no Brasil.* São Paulo: Pioneira, 1971.

BAUMANN, SJ, Padre Ferdinando. *Padre Reus: Grande biografia.* São Leopoldo: Editora Unisinos, 1987.

BAYÃO, Padre José Pereira. "Vida, prerrogativas e excelências da ínclita Matrona Santa Ana, em que se prova com eficácia não casar mais que uma só vez, traduzida e acrescentada com muitos milagres dela e do senhor São Joaquim, seu único esposo". Manuscrito, [s.d.].

BAYÃO, Padre José Pereira. *Céu místico à gloriosíssima Senhora Santa Ana.* 1725.

BELEM, Frei Jerônimo. *Coração de Jesus comunicado aos corações dos fiéis. Dá-se notícia de uma prodigiosa visão em que Cristo manifestou-se à venerável madre Margarida Alacoque.* Lisboa: Oficina Maurício Vicente de Almeida, 1731.

BELEM, Frei Jerônimo. *Olivença ilustrada pela vida e morte da grande serva de Deus Maria da Cruz, filha da Ordem Terceira Seráfica.* Lisboa: Oficina Miguel Menescal da Costa, 1742.

BELL, Rudolph M. *Holy Anorexia.* Chicago: The University of Chicago Press, 1985.

BELLO, Oscar E. *Herejia y santidad.* Buenos Aires: Universo, [s.d.].

BENCI, Padre Jorge. *Economia cristã dos senhores no governo dos escravizados.* São Paulo: Grijalbo, 1977.

BERGER, Paulo. *Dicionário histórico das ruas do Rio de Janeiro*. Rio de Janeiro: Gráfica Olímpica Editora, 1974.

BERGER, Paulo. *Bibliografia do Rio de Janeiro: 1531-1900*. Rio de Janeiro: SEEC, 1980.

BERNARDES, Padre Manoel. *Pão partido em pequeninos para os pequeninos da casa de Deus*. Porto: Editor Domingos Barreira, 1940 [1694].

_____. *Nova floresta*. Porto: Livraria Lello, 1949.

BEZERRA E LIMA, J. A. *Declamação sagrada na ruína de Lisboa*. Lisboa: Oficina Patriarcal de Francisco Luiz Ameno, 1757.

BÍBLIA Sagrada. São Paulo: Ave Maria, 1985.

BILAC, Olavo. *Crônicas e novelas*. Rio de Janeiro: [s.n.], 1894.

_____. "Triunfo eucarístico". In: *Crônicas e novelas*. Rio de Janeiro: [s.n.], 1894.

BOSCHI, Caio César. *Os leigos e o poder: Irmandades legais e política colonizadora em Minas Gerais*. São Paulo: Ática, 1986.

BOSMAN, William. *A New and Accurate Description of the Coast of Guinea*. Londres: [s.n.], 1721.

BOUGAUD, Emile. *Histoire de la Bienheureuse Marguerite-Marie Alacoque*. Paris: Poussiegue, 1880.

BOXER, Charles R. *A idade de ouro do Brasil*. São Paulo: Companhia Editora Nacional, 1969.

_____. *A mulher na expansão ultramarina-ibérica: 1415-1825*. Lisboa: Livros Horizonte, 1977.

BOXER, Charles R. *A Igreja e a expansão ibérica: 1440-1770*. Lisboa: Edições 70, 1981.

BRANDÃO, Francisco. *Devoção do Santíssimo Coração de Jesus*. Lisboa: Oficina F. Souza Vilela, 1734.

BROWN, Judith. *Atos impuros: A vida de uma freira lésbica na Itália renascentista*. São Paulo: Brasiliense, 1987.

BROWN, Peter. *Le Culte des saints*. Paris: Éditions du Cerf, 1984.

CACCIATORE, Olga G. *Dicionário de cultos afro-brasileiros*. Rio de Janeiro: Forense Universitária, 1977.

CAEIRO, Padre José. *Jesuítas do Brasil e da Indígena, século XVIII, na perseguição do marquês de Pombal*. Salvador: Escola Tipográfica Salesiana, 1936.

CÂMARA CASCUDO, Luís da. *História da alimentação no Brasil*. São Paulo: Companhia Editora Nacional, 1968.

_____. *Antologia da alimentação no Brasil*. Rio de Janeiro: Livros Técnicos e Científicos, 1977.

CAMPOS, Paulo Mendes (coord.). *Mariana: Arte para o céu*. Belo Horizonte: Cemig, 1985.

CARDOSO, George. *Agiológico lusitano dos santos e varões ilustres em virtude do Reino de Portugal e suas conquistas*. Lisboa: Oficina Craesbeekiana, 1652.

CARMO, Henrique. "Recordações e aspectos do culto de Santana". *Revista do Instituto Histórico e Geográfico Brasileiro*, pp. 433-63, 1932.

CARRATO, José Ferreira. *As Minas Gerais e os primórdios do caraça*. São Paulo: Companhia Editora Nacional, 1963.

_____. *Igreja, Iluminismo e escolas mineiras coloniais*. São Paulo: Companhia Editora Nacional, 1969.

CARVALHO, Benjamim. *As Igrejas barrocas do Rio de Janeiro*. Rio de Janeiro: Civilização Brasileira, 1966.

CASAL, Manuel de Aires. *Corografia brasílica*. São Paulo: Itatiaia, 1976 [1817].

CASTELO BRANCO, Camilo. *A freira que fazia chagas*. Lisboa: Livraria Editora, 1904.

CASTRO, D. Francisco. *Regimento do Santo Ofício da Inquisição dos reinos de Portugal*. Lisboa: Estaus do Santo Ofício, 1640.

CAVAZZI DE MONTECUCCOLO, Frei João A. *Descrição histórica dos três Reinos: Congo, Matamba e Angola.* (1645-1670). Lisboa: Junta de Investigação do Ultramar, 1965. 2 v.

CESAR, Osório. *Misticismo e loucura.* São Paulo: Oficina Gráfica Juqueri, 1939.

CHANTAL, Suzanne. *A vida quotidiana em Portugal no tempo do terremoto.* Lisboa: Edição Livros do Brasil, [s.d.].

CHÉRANCÉ, Léopold de. *Santa Margarida de Cortona.* Salvador: Tipografia de São Francisco, 1928.

CHEREM, Manuel José. "Oblação métrica à abadessa do convento da Castanheira", 1753. Manuscrito, apud Barbosa Machado, [s.d.].

CHRISTO, Maria Stella Libanio. *Fogão de lenha: Quitandas e quitutes de Minas Gerais.* Petrópolis: Vozes, 1977.

CINTRA, Sebastião de Oliveira. *Efemérides de São João del-Rei.* Belo Horizonte: Imprensa Oficial, 1982. 2 v.

COARACY, Vivaldo. *Memórias da cidade do Rio de Janeiro.* Rio de Janeiro: José Olympio, 1965.

COMISSÃO DE ESTUDOS DE HISTÓRIA DA IGREJA NA AMÉRICA LATINA (CEHILA). *Escravidão negra e a história da Igreja na América Latina e no Caribe.* Petrópolis: Vozes, 1987.

CONCEIÇÃO, Frei Agostinho. *Sermão do glorioso lusitano Santo Antonio pregado no seu convento e mesmo dia na cidade do Rio de Janeiro a 13 de junho de 1674, dedicado ao governador do Rio de Janeiro.* Lisboa: Oficina Antonio Rois d'Abreu, 1675.

CONCEIÇÃO, Frei Apolinário. *Pequenos na terra, grandes no céu.* Lisboa: Oficina da Música, 1732.

_____. *Primazia seráfica na região da América.* Lisboa: Oficina Antonio Sousa Silva, 1733.

_____. *Claustro franciscano ereto no domínio da Coroa portuguesa.* Lisboa: Oficina Antonio I. Fonseca, 1740.

_____. *Flor peregrina por preta: Vida do beato Benedito de Filadelfo, leigo franciscano da Sicília.* Lisboa: Oficina Antonio de Souza e Silva, 1744.

_____. *Viagem devota e feliz.* Lisboa: Oficina José Antonio Plates, 1746.

_____. *Súplica das benditas almas do purgatório e devoção utilíssima das penas que padecem.* Lisboa: Oficina José Antonio Plates, 1746.

_____. *Eco sonoro da clamorosa voz que deu a cidade do Rio de Janeiro no dia 18 de outubro de 1747, na saudosa despedida do irmão frei Fabiano de Cristo.* Lisboa: Oficina Inácio Rois, 1748.

CONCEIÇÃO, Frei Francisco. *Diretor instruído.* Coimbra: Real Imprensa da Universidade, 1789.

COSTA, Iraci del Nero da. *Vila Rica: População (1719-1826).* São Paulo: Instituto de Pesquisas Econômicas da Faculdade de Economia e Administração da Universidade de São Paulo, 1979.

COSTA, Iraci del Nero da; LUNA, Francisco Vidal. "Algumas características do contingente de cativos em Minas Gerais". In: *Anais do Museu Paulista,* 29, pp. 79-97, 1979.

_____. "A presença do elemento forro no conjunto de proprietários de escravizados". *Ciência e Cultura,* v. 32, n. 7, pp. 836-81, 1980.

_____. "Devassas em Minas Gerais: Do crime à punição". *Boletim do CEPEHIB,* n. 3, pp. 3-7, jul. 1980.

_____. "A vida quotidiana em julgamento: Devassas em Minas Gerais". In: *Minas colonial: Economia e sociedade.* São Paulo: Pioneira, 1982.

_____. "Devassa nas Minas Gerais: Observações sobre casos de concubinato". In: BARRETO, Antonio Emilio Muniz. *História econômica: Ensaios.* São Paulo: IPE, 1983.

COUTO, Padre Manoel José Gonçalves. *Missão abreviada para despertar os descuidados, converter os pecadores e sustentar o fruto das missões.* 12. ed. Porto: Sebastião José Pereira Editor, 1884.

CRULS, Gastão. *Aparência do Rio de Janeiro.* São Paulo: José Olympio, 1949.

CRUZ, Frei Manoel. *Espelho de disciplina para criação dos noviços e novos professos.* Lisboa: Oficina de Música, 1735.

CUNHA, Luis Antonio Rosado. *Relação da entrada que fez dom Antônio do Desterro Malheiro, meritíssimo bispo do Rio de Janeiro, em 1º de janeiro de 1747.* Rio de Janeiro: Oficina de Antonio Isidoro Fonseca, 1747.

CURB, Rosemary; MANAHAN, Nancy. *Lesbian Nuns: Breaking Silence.* Nova York: Warner Books, 1985.

DATTLER, Frederico. *O mistério de Satanás: Diabo e inferno na Bíblia e literatura universal.* São Paulo: Paulinas, 1977.

D'ÁVILA, Santa Teresa. *Obras completas.* Aveiro: Carmelo, 1978.

_____. *Castelo interior ou moradas.* Cotia: Paulus, 1981.

DEBRET, Jean-Baptiste. *Viagem pitoresca e histórica ao Brasil.* São Paulo: Livraria Martins, 1972. t. 1.

DE LA CAILLE, Abbé Louis Nicolas. *Journal Historique du Voyage Fait au Cap de Bonne-Esperance.* Paris: Luilyn Libraire, 1763.

DELLON, Charles. *Relation de l'Inquisition de Goa.* Paris: Chez Daniel Horthemels, 1688.

DEUS, Frei Manoel de. *Pecador convertido ao caminho da verdade.* Lisboa: Oficina Miguel Rois, 1728.

DEUS, Frei Manoel de. *Católico no templo exemplar e devoto.* Lisboa: Oficina Miguel Rois, 1730.

_____. *Luz e método fácil para todos os que quiserem ter o importante exercício da oração mental.* Coimbra: Oficina Antonio S. Ferreira, 1735.

DOUILLET, Jacques. *Qu'est-ce qu'un Saint?* Paris: Librairie Arthème Fayard, 1975.

DUNLOP, Charles J. *Rio antigo.* Rio de Janeiro: Rio Antigo Ltda., 1958.

EDMUNDO, Luiz. *O Rio de Janeiro no tempo dos vice-reis.* Rio de Janeiro: Athena, [s.d.].

ENCARNAÇÃO, Frei Pedro. *Sermão do Santíssimo Coração de Jesus, pregado no Dia do Batista, estando o santíssimo exposto no convento de São Francisco de Xabregas.* Lisboa: Oficina Joaquiniana da Música, 1740.

ENNES, Ernesto. *Dois paulistas insignes.* São Paulo: Brasiliana, 1952.

EVANGELHOS APÓCRIFOS. *Os apócrifos da Bíblia.* São Paulo: Mercuryo, 1989.

EVANS-PRITCHARD, E. E. *Witchcraft, Oracles and Magic among the Azande.* Oxford: Oxford University Press 1937.

EXPILLY, Charles. *Mulheres e costumes do Brasil.* São Paulo: Companhia Editora Nacional, 1977.

FARMER, David Hugh. *The Oxford Dictionary of Saints.* Nova York: Oxford University Press, 1987.

FAZENDA, José Vieira. "Antiqualhas e memórias do Rio de Janeiro". *Revista do Instituto Histórico e Geográfico Brasileiro,* v. 140, n. 143, pp. 445-51, 1921; v. 147, pp. 248-52, 1923; t. 95, v. 149, pp. 167-264-335, 1924; t. 88, v. 140, p. 445, 1951.

FEITOSA, Padre Antonio. *Falta um defensor para o Padre Cícero.* São Paulo: Loyola, 1983.

FERREZ, Gilberto. *O que ensinam os antigos mapas e estampas do Rio de Janeiro.* Rio de Janeiro: IHGB; Departamento de Imprensa Nacional, 1966.

FIGUEIREDO, Antero. *Senhora do Amparo.* Lisboa: Livraria Bertrand, 1920.

FIGUEIREDO, Luciano R. "O avesso da memória: Estudo do papel, participação e condição social da mulher no século XVIII mineiro". São Paulo, Fundação Carlos Chagas, [s.d.], p. 134 (Relatório final).

FORDE, Darryll. *The Yoruba-Speaking Peoples of South-Western Nigeria.* Londres: International African Institute, 1950.

FREI ODULFO. "São Benedito, o preto, e seu culto no Brasil". *Revista Eclesiástica Brasileira,* v. 4, n. 1, pp. 824-31, 1941.

FREYRE, Gilberto. *Casa-grande & senzala.* Recife: Companhia Editora de Pernambuco, 1970. 2 v.

GALIZA, Diana Soares de. "O fandango e sua penetração na Paraíba". *Caderno de Estudos Regionais,* UFPB, n. 1, 1976.

GALL, Franz Joseph. *Organologie ou exposition des instincts, des penchants, des sentiments et des talents.* Paris: Boucher Editeur, 1823. t. v.

GALVÃO, Frei Antônio Santana. *Escritos espirituais (1766-1803).* São Paulo: Museu de Arte Sacra, 1980.

GARRIGOU-LAGRANGE, Réginald. *Les Trois Âges de la vie interieure.* Paris: Éditions du Cerf, 1938.

GEMELLI, Frei Agostinho. *O franciscanismo.* Petrópolis: Vozes, 1944.

GEORGES, R. P. Émile. *Saint Jean Eudes.* Paris: P. Lethielleux, 1936.

GIBBS JR., James L. *Peoples of Africa.* Nova York: Holt R.W. Inc., 1965.

GOBRY, Ivan. *São Francisco de Assis e o espírito franciscano.* Rio de Janeiro: Agir, 1959.

GODINHO, Padre Manoel. *Vida de frei Antonio das Chagas.* Lisboa: Oficina M. Delandes, 1687.

GOFFMAN, Erving. *Manicômios, prisões e conventos.* São Paulo: Perspectiva, 1961.

GOMIDE, Antônio Gonçalves. *Impugnação analítica ao exame feito pelos clínicos Antonio Pedro de Sousa e Manoel Quintão da Silva em uma rapariga que julgaram santa na capela da Senhora da Piedade da Serra, próxima à Vila Nova da Rainha do Caeté, comarca de Sabará.* Rio de Janeiro: Imprensa Régia, 1814.

GONZAGA, Tomás Antônio. "Cartas chilenas". In: LAPA, Rodrigues Manoel. *As cartas chilenas: Um problema histórico e filológico.* Ed. crítica. Rio de Janeiro: Instituto Nacional do Livro, 1958.

GOULART, Maurício. *Da palmatória ao patíbulo.* Rio de Janeiro: Conquista, 1971.

_____. *A escravidão africana no Brasil.* São Paulo: Alfa-Omega, 1975.

GRANADA, Frei Luiz. *Libro de la oración y meditación.* Salamanca: [s.n.], 1554.

_____. *Guia de pecadores.* Lisboa: [s.n.], 1556.

_____. "Sermon contra los escandalos de las caídas publicas". In: IMIRIZALDU, Jesus. *Monjas y beatas embaucadoras.* Madri: Editora Nacional, 1977.

GRAXEDA, Joseph. *Compendio de la vida y virtudes de la venerable Catharina de San Juan.* Cidade do México, 1692.

GUARDO, Ricardo G. Mandolini. *Historia general del psicoanalisis.* Buenos Aires: Editorial Ciordia, 1969.

GUASTELA, Salvatore. *Santo Antônio de Categeró.* São Paulo: Paulinas, 1988.

GUÉRIN, Paul. *Les Petits Bollandistes: Vie des saints.* Paris: Librairie Bloud et Barral, 1876.

GUILLOIS, Abade Ambrósio. *Explicação histórica, dogmática, moral, litúrgica e canônica do catecismo.* Porto: Livraria Internacional, 1878.

GUIMARÃES, Geraldo. "O caminho novo". *Revista do Instituto Histórico e Geográfico de São João del-Rei*, n. 4, pp. 27-43, 1986.

HOORNAERT, Eduardo. *História da Igreja no Brasil*. Petrópolis: Vozes, 1977.

IMIRIZALDU, Jesus. *Monjas y beatas embaucadoras*. Madri: Editora Nacional, 1977.

JABOATÃO, Frei Antônio de Santa Maria. *Orbe seráfico novo brasílico*. Lisboa: Oficina de Antonio Vicente da Silva, 1761.

_____. *Jaboatão místico, devoto e obsequioso: Represado em uma só fonte evangélica ou oração contemplativa, feita por devoção particular à gloriosa rainha Santa Isabel, titular da venerável Ordem Terceira da Penitência do Convento de São Francisco da Cidade da Bahia*. Lisboa: Oficina Antonio Vicente da Silva, 1763.

JAHODA, Gustav. *A psicologia da superstição*. São Paulo: Paz & Terra, 1978.

JONQUET, P. *Sainte Lutgarde*. Bruxelas: Jette Editeur, 1907.

KALVERKAMP, Frei Desidério; KOPPLENBURG, Frei Boaventura. *Ação pastoral perante o espiritismo*. Petrópolis: Vozes, 1961.

KARRAS, Ruth Mazo. "Holy Harlots: Prostitute Saints in Medieval Legend". *Journal of the History of Sexuality*, v. 1, n. 1, pp. 3-32, jul. 1990.

KECKEISEN, D. Beda. *Missal quotidiano*. Salvador: Editora do Mosteiro de São Bento, 1954.

KOCH, Karl. *The Tree Test*. Nova York: Grune, 1952.

KOSNIK, Anthony. *A sexualidade humana: Novos rumos do pensamento católico americano*. Petrópolis: Vozes, 1982.

LAPA, José R. Amaral. *Livro da visitação do Santo Ofício da Inquisição ao estado do Grão-Pará (1763-1769)*. Petrópolis: Vozes, 1978.

LAPLANCHE, Jean; PONTALIS, Jean-Bertrand. *Vocabulário de psicanálise*. Santos: Martins Fontes, 1977.

LAVRIN, A. *Religion Life of Mexican Women in the XVIIIth Century*. Cambridge: Radcliffe College, 1962. Tese (Ph.D).

LEAL, Juan. *Año cristiano*. Madri: Excelsior, 1946.

LEAL, Maria Tereza. "El sebastianismo en Portugal y Brasil: La trajectoria de un mito". *Revista Cultura Brasileña*, n. 52, nov. 1981.

LEITE, Serafim. *História da Companhia de Jesus no Brasil*. Rio de Janeiro: Imprensa Nacional, 1943.

LEWIS, Joan M. *Êxtase religioso*. São Paulo: Perspectiva, 1977.

LISBOA, Baltazar da Silva. *Anaes do Rio de Janeiro*. Rio de Janeiro: Tipografia Leignot-Plancher, 1835.

LOBO, Eulália. "População e estrutura fundiária no Rio de Janeiro, 1568-1930". Associação Brasileira de Estudos Populacionais, [s.d.] (Comunicação).

LORENZATTO, José. *Parapsicologia e religião: Alguns aspectos da mística à luz da ciência*. São Paulo: Loyola, 1979.

LUCCOCK, John. *Notas sobre o Rio de Janeiro e partes meridionais do Brasil*. Belo Horizonte; São Paulo: Itatiaia, 1975.

MACEDO, Joaquim Manuel de. *Mulheres de mantilha*. Rio de Janeiro: Aurora, [s.d.] [1870].

_____. *Passeio pela cidade do Rio de Janeiro*. Rio de Janeiro: Tipografia Imparcial, 1862. 2 v.

_____. *Passeio pela cidade do Rio de Janeiro*. 2. ed. Rio de Janeiro: Tipografia Imparcial, 1942. 2 v.

MACEDO, Roberto. *Efemérides cariocas*. Rio de Janeiro: [s.n.], 1942.

MACHADO, Diogo Barbosa. *Biblioteca lusitana histórica, crítica e cronológica*. Lisboa: Academia Real da História Portuguesa, 1931.

MACHADO, Simão Ferreira. *Triunfo eucarístico: Exemplar da cristandade lusitana*. Lisboa: Oficina de Música, 1734.

MALAGRIDA, Padre Gabriel. *Juízo da verdadeira causa do terremoto que padeceu a Corte de Lisboa*. Lisboa: Oficina de Manuel Soares, 1756.

MANDROU, Robert. *Magistrados e feiticeiros na França do século XVII*. São Paulo: Perspectiva, 1979.

MARCINISZYN, Frei Albano. "Convento de Santo Antônio do Rio de Janeiro". Separata da *Revista Vida Franciscana*, n. 48, 1982.

MATOS, Gregório. *Crônica do viver baiano seiscentista*. Salvador: Janaina, [s.d.].

MATTOSO, Kátia M. de Queirós. *Ser escravizado no Brasil*. São Paulo: Brasiliense, 1982.

MAURICIO, Antonio. *Templos históricos do Rio de Janeiro*. Rio de Janeiro: Gráfica Laemmert, [s.d.].

MELLO, Francisco Pina. *Juízo sobre o terremoto*. Coimbra: Oficina de Antonio Simões Ferreira, 1756.

MELLO E SOUZA, Laura de. "Visionárias portuguesas do século XVII: O sagrado e o profano". I Congresso Luso-Brasileiro sobre Inquisição, São Paulo, [s.d.] (Comunicação).

_____. *Desclassificados do ouro: A pobreza mineira no século XVIII*. Rio de Janeiro: Graal, 1982.

_____. *O Diabo e a Terra de Santa Cruz*. São Paulo: Companhia das Letras, 1986.

MENDONÇA, José Lourenço D. de; MOREIRA, António Joaquim. *História dos principais actos e procedimentos da Inquisição em Portugal*. Lisboa: Imprensa Nacional, 1980.

MIRA, João Manoel Lima. *A evangelização do negro no período colonial brasileiro*. São Paulo: Loyola, 1983.

MONFORT, São Luiz Maria. *Tratado da verdadeira devoção à Santíssima Virgem*. Petrópolis: Vozes, 1961 [1716].

MONTEIRO DA FONSECA, A. *Sobre o sebastianismo: Um documento do começo do século XVIII*. Coimbra: [s.n.], 1956.

MORAES, Rubens Borba de. *Bibliografia brasileira do período colonial*. São Paulo: Instituto de Estudos Brasileiros da USP, 1969.

MORAES SILVA, Antonio. *Dicionário da língua portuguesa*. Lisboa: Empresa Literária Fluminense, [s.d.].

MORAIS FILHO, Melo. *Os ciganos no Brasil*. São Paulo: Edusp, 1981.

MORÃO, Simão Pinheiro. *Queixas repetidas em ecos dos arrecifes de Pernambuco contra os abusos médicos que nas suas capitanias se observam tanto em dano das vidas de seus habitadores*. Lisboa: Junta de Investigação do Ultramar, 1965.

MOTT, Luiz. "Cautelas de alforria de duas escravizadas da província do Pará: 1829-1846". *Revista de História*, n. 95, pp. 263-8, 1973.

_____. "A escravizadatura: A propósito de uma representação a el-rei sobre a escravizadatura no Brasil". *Revista do Instituto de Estudos Brasileiros*, n. 14, pp. 127-36, 1973.

MOTT, Luiz. "Subsídios à história do pequeno comércio no Brasil". *Revista de História*, v. 53, pp. 81-106, 1976.

_____. "Uma escravizada do Piauí escreve uma carta...". *Mensário do Arquivo Nacional*, n. 5, pp. 7-10, 1979.

_____. *Os pecados da família na Bahia de Todos os Santos*. Salvador: Centro de Estudos Baianos, 1982.

MOTT, Luiz. *Piauí colonial: População, economia e sociedade.* Teresina: Secretaria de Cultura do Piauí, 1985.

_____. "Uma escravizada do Piauí escreve uma carta…". In: *Piauí colonial: População, economia e sociedade.* Teresina: Secretaria de Cultural, 1985. pp. 103-8.

_____. *Sergipe del Rei: População, economia e sociedade.* Aracaju: Fundesc, 1986.

_____. "Um nome em nome do Santo Ofício: O cônego João Calmon, comissário da Inquisição na Bahia setecentista". *Universitas*, UFBA, n. 37, pp. 15-31, jul. 1986.

_____. "A maconha na história do Brasil". In: HENMAN, Anthony; PESSOA JR., Osvaldo (Orgs.). *Diamba sarabamba: Coletânea de textos brasileiros sobre a maconha.* São Paulo: Ground, 1986. pp. 17-135.

_____. "Uma santa africana no Brasil colonial". *D. O. Leitura*, São Paulo, jul. 1987.

_____. "A Inquisição no Piauí". *Diário do Povo*, Teresina, 29 out. 1987, pp. 12-3.

_____. "A Inquisição em Ilhéus". *Revista FESPI*, n. 10, jul. 1987/dez. 1988.

_____. "Terror na Casa da Torre". In: REIS, João José (Org.). *Escravidão & invenção da liberdade.* São Paulo: Brasiliense, 1988. pp. 17-32.

_____. "De escravizadas a sinhás". *Mulherio*, São Paulo, jan. 1988, pp. 12-3.

_____. *Escravidão, homossexualidade e demonologia.* São Paulo: Ícone, 1988.

_____. "Acotundá: Raízes setecentistas do sincretismo religioso afro-brasileiro". In: *Escravidão, homossexualidade e demonologia.* São Paulo: Ícone, 1988. pp. 87-118.

_____. "Etnodemonologia: Aspectos da vida sexual do Diabo no mundo ibero-americano". In: *Escravidão, homossexualidade e demonologia.* São Paulo: Ícone, 1988. pp. 119-51.

_____. "A vida mística e erótica do escravizado José Francisco Pereira". *Tempo Brasileiro*, n. 92/93, pp. 85-104, jan./jun. 1988.

_____. "O sexo cativo: Alternativas eróticas dos africanos e seus descendentes no Brasil escravista". In: *O sexo proibido: Virgens, gays e escravizados nas garras da Inquisição.* Campinas: Papirus, 1988. pp. 17-74.

_____. *O sexo proibido: Gays, virgens e escravizados nas garras da Inquisição.* Campinas: Papirus, 1989.

_____. "Modelos de santidade para um clero devasso: A propósito das pinturas do Cabido da Sé de Mariana". *Revista do Departamento de História*, UFMG, n. 9, pp. 96-120, 1989.

_____. *A Inquisição em Sergipe.* Aracaju: Fundação Estadual de Cultura, 1989.

_____. *Regimento dos comissários e seus escrivães, dos qualificadores e dos familiares do Santo Ofício.* Salvador: Centro de Estudos Baianos, 1989.

_____. "Justitia et misericordia: A Inquisição portuguesa e a repressão ao nefando pecado de sodomia". *Anais do XVII Congresso Internacional de Ciências Históricas*, Comissão de Demografia Histórica, Paris, pp. 243-58, 1990.

MOTT, Maria Lúcia. "A criança escravizada na literatura dos viajantes". *Cadernos de Pesquisa da Fundação Carlos Chagas*, n. 31, dez. 1979.

MURDOCK, George Peter. *Africa: Its People and Their Culture History.* Nova York: McGrawHill Books, 1959.

MURY, Paul. *Histoire de Gabriel Malagrida.* Paris: Charles Douniol Editeur, 1865.

MYRIAM, Sor. *Vida do venerável servo de Deus frei Antonio de Sant'Anna Galvão.* São Paulo: Tipografia Cupolo, 1936.

NASCIMENTO, Anna Amélia Vieira. *O convento do Desterro da Bahia*. Salvador: Gráfica Indústria e Comunicação Ltda., 1973.

_____. *A postura escravizadocrata no convento de religiosas*. Salvador: Centro de Estudos Baianos, 1990.

NATIVIDADE, Frei Francisco. *Novena da Senhora Santana com o seu ofício*. Lisboa: Imprensa de Manoel Lopes Ferreira, 1708.

NIGG, Walter. *Teresa de Ávila*. São Paulo: Loyola, 1985.

NOSSA SENHORA, Frei José. *Sermão panegírico do Coração de Jesus, Manifesto o Santíssimo Sacramento no seu dia oitavo*. Lisboa: Oficina da Congregação do Oratório, 1736.

NOVINSKY, Anita. *Inventário de bens confiscados a cristãos novos*. Lisboa: Imprensa Nacional, 1977.

_____. "A Igreja no Brasil colonial: Agentes da Inquisição". *Anais do Museu Paulista*, t. XXXIII, pp. 17-34, 1984.

OLANIYAN, Richard (ed.). *Nigerian History and Culture*. Ikeja: Longman, 1985.

OLIVEIRA, José Álvares. "História do distrito do Rio das Mortes em 1750". *Revista do Instituto Histórico e Geográfico de São Paulo*, v. 54, pp. 372-91, 1948.

OLIVEIRA, Xavier. *Espiritismo e loucura*. Rio de Janeiro: A. Coelho Branco, 1931.

ONEGA, Pedro Lopez. *Dicionário de la vida sexual*. Barcelona: Dístein, 1976.

OTT, Carlos. *A escola baiana de pintura*. Salvador: MWM, 1982.

PALAZZOLO, Frei Jacinto. *A pérola escondida: Nhá Chica*. Rio de Janeiro: Rio São Paulo, 1958.

_____. *Crônica dos capuchinhos do Rio de Janeiro*. Petrópolis: Vozes, 1966.

PESSOA, Fernando. *Sobre Portugal: Introdução do problema nacional*. Lisboa: Ática, 1979.

PIO X, Fernando. *Santa Verônica Giuliani: Implacata insequitrice di amore e di dolore*. Padova: Edizioni Messaggero, 1986.

PIRES, Cônego Heliodoro. *A paisagem espiritual do Brasil no século XVIII*. [s.c.]: [s.e.], [s.d.].

_____. *Temas de história eclesiástica do Brasil*. São Paulo: [s.n.], 1946.

_____. "Uma teologia jansenista no Brasil". *Revista Eclesiástica Brasileira*, v. 8, pp. 327-40, 1948.

PIRES, Damião. *História de Portugal*. Barcelos: Portucalense, 1937.

PIZARRO E ARAUJO, Monsenhor José de Souza. *Memórias históricas do Rio de Janeiro*. Rio de Janeiro: Imprensa Régia, 1820.

PRÉVOST, Abade Alexandre Deleyre. *Histoire générale des voyages*. Paris: Chez Didot, 1748.

PRIMIERO, Frei Fidelis di. *Os capuchinhos em Terra de Santa Cruz*. São Paulo: Livraria Martins, 1942.

PROCÓPIO, Cândido. *Kardecismo e umbanda*. São Paulo: Pioneira, 1961.

QUADROS, Antonio. *Poesia e filosofia do mito sebastianista*. Lisboa: Guimarães Editores, 1982. 2 v.

QUEIROZ, Maria Isaura Pereira de. *O messianismo no Brasil e no mundo*. São Paulo: Dominus, 1965.

QUERINO, Manoel. *Bailes pastoris da Bahia*. Salvador: Câmara Municipal, 1957.

QUEVEDO, Padre Oscar. *Antes que os demônios voltem*. São Paulo: Loyola, 1982.

RAVIER, Padre Antonio. *Bernadette Soubirous*. São Paulo: Loyola, 1985.

REGNI, Frei Pietro Vittorino. *Os capuchinhos na Bahia*. Salvador: Casa Provincial dos Capuchinhos, 1988. 2 v.

REGRA do glorioso patriarca São Bento. Mosteiro de Singeverga: Ora et Labora, 1951.

RIBADEIRA, Padre Pedro. *Histórias das vidas de Santa Maria Egipcíaca, Santa Taís e Santa Teodora, penitentes*. Lisboa: Oficina de Felipe da Silva e Azevedo, 1789.

628

RIO, João do. *As religiões no Rio*. Rio de Janeiro: Nova Aguilar, 1976.

RITUALE Romanum. Ratisbonae, Sumptibus et Typis F. Pustel, 1925.

RODRIGUES, Nina. *O animismo fetichista dos negros baianos*. Rio de Janeiro: Civilização Brasileira, [s.d.].

RODRIGUES, Padre Pero. *Vida do padre José de Anchieta (1609)*. São Paulo: Loyola, 1981.

ROSÁRIO, Padre Diogo. *Flos Sanctorum*. Lisboa: Tipografia T. Q. Antunes, 1870.

ROWER, Frei Basílio. *O convento de Santo Antônio do Rio de Janeiro*. Petrópolis: Vozes, 1937.

_____. *A Ordem Franciscana no Brasil*. Petrópolis: Vozes, 1947.

_____. *História da Província Franciscana da Imaculada Conceição do Brasil*. Petrópolis: Vozes, 1951.

_____. *Contribuição franciscana na formação religiosa das Minas Gerais*. Petrópolis: Vozes, 1974.

RUGENDAS, Johann Moritz. *Viagem pitoresca através do Brasil*. São Paulo: Martins, 1972.

RULLA, Alvaro. *Santa Rosa de Lima*. Bari: Editione Pauline, 1977.

RUSSELL-WOOD, A. J. R. *The Black Man in Slavery and Freedom in Colonial Brazil*. Oxford: MacMillan Press, 1982.

SÁ, Manuel Tavares Serqueira. *Júbilos da América: Exaltação a Gomes Freire Andrade, governador e capitão general das capitanias do Rio de Janeiro, Minas Gerais e São Paulo*. Lisboa: Oficina de Manuel Alvares Solano, 1754.

SÁ E MIRANDA, Francisco. *A Egipcíaca Santa Maria*. Porto: Livraria Chardron de Lelo, 1913.

SACRAMENTO, Frei Antônio. *Vida venerável da madre e serva do Senhor, soror Joana Luiza do Carmelo, religiosa da Ordem Terceira de São Francisco do mosteiro de Santana de Lisboa, fielmente escrita por seu confessor*. Lisboa: Oficina Antonio Pedrozo Galram, 1751.

SAINTE THERÈSE, Stanislaw. *Un Ange du Carmel*. Lyon: Edition Vitte, 1934.

SAINT-HILAIRE, Auguste. *Viagem pelo distrito dos diamantes e litoral do Brasil*. São Paulo: Itatiaia, 1974.

SANTA MARIA, Frei Agostinho de. *Santuário Mariano e história das imagens milagrosas de Nossa Senhora*. Lisboa: Oficina de Antonio Pedrozo Galram, 1722.

_____. *Santuário Mariano: Bispado do Rio de Janeiro e todas as ilhas*. Lisboa: Oficina de Antonio Pedrozo Galram, 1723.

SANTANA, Frei José Pereira. *Notícia mística, representación metrical y verdadera historia de los avuelos de Maria y bisavuelos de Cristo*. Lisboa: Imprensa de Música, 1730.

_____. *Os dous atlantes de Etiópia: Santo Elesbão, imperador 47° da Abissínia, e Santa Efigênia, princesa da Núbia, advogada dos incêndios dos edifícios. Ambos carmelitas*. Lisboa: Oficina Antonio Pedrozo Galram, 1735.

_____. *Vida da insigne mestra de espírito, a virtuosa madre Maria Perpétua da Luz, religiosa carmelita calçada*. Lisboa: Oficina de Antonio Pedrozo, 1742.

SANTA RITA DURÃO, Frei José. *Caramuru*. Lisboa: Regia Oficina Tipográfica, 1781.

SANTO ALBERTO, Frei Francisco. *Estragos do terremoto*. Lisboa: Oficina S. Bento de Xabregas, 1757.

SANTOS, Juana Elbein dos. *Os nagô e a morte*. Petrópolis: Vozes, 1975.

SANTOS FILHO, Lycurgo. *História geral da medicina brasileira*. São Paulo: Hucitec, 1977.

SÃO JOSÉ, Frei Nicolau. *Vida da serva de Deus madre Jacinta de São José*. Rio de Janeiro: Artes Gráficas C. Mendes Junior, 1935.

SCARANO, Julita. *Devoção e escravidão*. São Paulo: Companhia Editora Nacional, 1975.

SCHLICHTHORST, Carl. *O Rio de Janeiro como é: 1824-1826 (huma vez e nunca mais)*. Rio de Janeiro: Getúlio Costa, 1943.

SELIGMAN, Kurt. *História da magia*. Lisboa: Edições 70, 1976.

SENA, Santa Catarina. *O diálogo*. São Paulo: Paulinas, 1984.

SENNA, Ernesto. *Notas de um repórter*. Rio de Janeiro: Tipografia do Jornal do Commercio, 1895.

SEQUEIRA, Padre Angelo. *Botica preciosa e tesouro precioso da Lapa*. Lisboa: Oficina Miguel Rodrigues, 1754.

_____. *Pedra imã da novena da milagrosíssima Senhora da Lapa que se venera nos seus seminários do Rio de Janeiro*. Lisboa: Oficina de Miguel Rodrigues, 1755.

_____. *Penitente arrependido e fiel companheiro para se instruir uma alma a fazer boa confissão sem pejo*. Lisboa: Oficina de Francisco Mendes Lima, 1759.

SILVA, D. Francisco de Paula. *Vida de São Benedito*. Juazeiro do Norte: Tipografia São Francisco, 1929.

SILVA DIAS, José Sebastião. *Correntes do sentimento religioso em Portugal, séculos XVI e XVIII*. Lisboa: [s.n.], 1960.

SIQUEIRA, Sônia A. *A Inquisição portuguesa e a sociedade colonial*. São Paulo: Ática, 1978.

SOEIRO, Susan. *A Baroque Nunnery*. Nova York: New York University, 1974. Tese (Ph.D).

_____. "The Feminine Orders in Colonial Brazil". In: LAVIN, Assunción (Org.). *Latin American Women: Historical Perspectives*. Westport: Greenwood Press, 1978.

SOUSA, D. Joaquim Silvério. *Sítios e personagens*. São Paulo: Tipografia Salesiana, 1897.

SOUZA RIBEIRO. *O caso da estigmatizada de Campinas*. Matão: O Clarim, 1930.

TAUBATÉ, Frei Modesto. *Os missionários capuchinhos no Brasil*. São Paulo: Tipografia La Squilla, 1929.

TAUNAY, Afonso E. *Rio de Janeiro de antanho*. Rio de Janeiro: Companhia Editora Nacional, 1942.

TEIXEIRA NETO, Antonio. *Anastácia: Escravizada e mártir negra*. Rio de Janeiro: Eco, [s.d.].

TRINDADE, Monsenhor Raimundo. *Instituições de igrejas no bispado de Mariana*. Rio de Janeiro: MEC, 1945.

_____. *A Arquidiocese de Mariana*. Belo Horizonte: Imprensa Oficial, 1953.

VAESSEN, Padre Guilherme. *Santa Luiza de Marillac*. Salvador: Mensageiro da Fé, 1949.

VAINFAS, Ronaldo (Org.). *História e sexualidade no Brasil*. Rio de Janeiro: Graal, 1988.

_____. *Trópico dos pecados*. Rio de Janeiro: Campus, 1990.

VARNHAGEN, Francisco Adolfo. "Excerptos de várias listas de condenados pela Inquisição de Lisboa, desde o ano de 1711 ao de 1767, compreendendo só os brasileiros ou colonos estabelecidos no Brasil". *Revista do Instituto Histórico e Geográfico Brasileiro*, t. 7, n. 25, pp. 54-86, 1845.

VASCONCELOS, Diogo. *História antiga das Minas Gerais*. Belo Horizonte: Itatiaia, 1974. 2 v.

VASCONCELOS, Salomão. *Mariana e seus templos, 1703-1797*. Belo Horizonte: Gráfica Q. Breyner, 1938.

VEKEMANS, Roger. *Cor Christi*. Bogotá: Instituto Internacional del Corazon de Jesus, 1980.

VERGER, Pierre. *Flux et reflux de la traite des nègres entre le golf de Benin et Bahia de Todos os Santos, du XVIIème siècle au XIXème siècle*. Paris: Mouton, 1968.

VIANA, Hildegardes. "O ofício de Nossa Senhora". *A Tarde*, 1988.

VIDE, Dom Sebastião Monteiro da. *História da vida e morte da madre Victória da Encarnação, religiosa professa no convento de Santa Clara do Desterro da cidade da Bahia.* Roma: Estemparia de Joam Francisco Chracas, 1720.

_____. *Constituições primeiras do arcebispado da Bahia.* São Paulo: Tipografia 2 de Dezembro, 1853 [1707].

VIEGAS, Arthur. *O poeta Santa Rita Durão.* Bruxelas: L'Edition d'Art, 1914.

VIEIRA, Padre Antônio. *Defesa perante o Tribunal do Santo Ofício.* Bahia: Publicações da Universidade da Bahia, 1957. 2 v.

VILA CASTIN, Padre Tomás de. *Manual dos exercícios espirituais para ter oração mental em todo o decurso do ano.* Lisboa: Oficina Antonio Pedrozo Galram, 1712.

VILHENA, Luis dos Santos. *A Bahia no século XVIII.* Salvador: Itapuã, 1969.

VIZMANOS, Francisco. *Las virgenes cristianas de la Iglesia Primitiva.* Madri: Editora de los Autores Cristianos, 1949.

VOLTAIRE, François Marie Arouet. *Poèmes.* Paris: [s.n.], 1756.

WIZNITZER, Arnold. *Os judeus no Brasil colonial.* São Paulo: Pioneira, 1966.

ZEGARRA LOPEZ, Dante. *Monasterio de Santa Catalina de Sena de Arequeipa y Dona Ana de Monteagudo, Priora.* Arequipa: Corporación Departamental de Desarollo, 1985.

Créditos das imagens

1. Fundação Biblioteca Nacional
2. Izabel Chumbinho — Acervo Iepha, Minas Gerais
3. Plínio Cintra
4. Acervo do autor, 1987
5. Elio Filho
6. Acervo do autor
7. Acervo do autor
8. Cacio Murilo/ Shutterstock
9. Museu Arquidiocesano de Arte Sacra de Mariana, Minas Gerais
10. Rogério von Krüger
11. Deni Williams/ Shutterstock
12. Arquivo Nacional da Torre do Tombo, Portugal
13. Arquivo Nacional da Torre do Tombo, Portugal
14. Museu Arquidiocesano de Arte Sacra de Mariana, Minas Gerais
15. Frei Roger Brunorio
16. *Rosa Egipcíaca*, de Miguel Galindo, 2022, óleo sobre tela. Reprodução de Maiara Cerqueira
17. Arquivo Nacional da Torre do Tombo, Portugal

Índice remissivo

1 Coríntios (epístola de São Paulo), 116

II Samuel, Livro de, 376

25 de março como verdadeira data da morte de Cristo (crença popular), 62, 326-7

"A um clérigo [o padre Baltasar Miranda] que se dizia estar amancebado de portas adentro com duas mulheres, uma negra e uma mulata" (Gregório de Matos), 309

"Abelha-Mestra", Rosa Egipcíaca como (visão), 428

Abraão (patriarca hebreu), 130, 571

Abranches, Geraldo José, padre, 86, 94

Abusos médicos, Os (Morão), 44

abusos sexuais de escravizadas, 22

açoites, 8, 33, 35, 49, 88-9, 91, 94-5, 99, 106, 111, 119, 121, 126, 192, 307, 334, 339, 357, 361, 382, 402, 413, 416, 423, 452, 482, 559, 574, 589; *ver também* castigos físicos contra escravizados; suplício de Rosa Egipcíaca no pelourinho de Mariana (MG, 1749)

acrobacias fantásticas (entre povos animistas--fetichistas), 149

Adão e Eva, 34

Afecto (espírito manifestado em Rosa Egipcíaca), 357, 367, 377, 382-4, 386, 423, 449, 464, 471, 478, 482, 541

"afetos" (na psicanálise), 384

Afonso III, d. (rei de Portugal), 580

Afonso de Liguori, santo, 65, 329

Afonso Henriques, d. (rei de Portugal), 458

África, 17-9, 49, 70, 80, 137, 151, 257, 322, 324, 399, 454-5, 507, 541

Agnus Dei [cordeiro de Deus] (ladainha e bentinho), 276, 560

Agostinho, frei *ver* São José, Agostinho de, frei

Agostinho, Santo, 27, 64, 209, 211, 215, 242, 247, 256, 315, 382, 432, 445, 508, 528

água benta, 51, 53, 102, 189, 271-2, 363-4, 413, 423

Aguiar, Antonio de Araujo ("O Mandinga"), 32

Alarcão, José de Barros, bispo d., 159

Albanez, mons., 49

Albernoz, Salvador de Faria, 25-7

Alberto Magno, santo, 209

albigenses, hereges, 477

Albina Maria (parda escravizada), 32-3

Alcácer-Quibir, batalha de (Marrocos, 1578), 454-5

Alcobaça, Mosteiro de (Portugal), 92, 135, 140-1

Alexandria (Egito), 131, 141

alfabetização de Rosa Egipcíaca, 67-8, 198-9, 203, 205, 234

"Alfabeto dos louvores à vida religiosa" (texto do séc. xviii), 297

Alfama, Caetano de, frei, 301, 305, 494, 540

alforria(s), 7-8, 14, 37, 40-1, 46, 121-3, 125-7, 178, 195, 300, 307, 357, 359, 585, 590

alimentação no Recolhimento do Parto, 350-5

Aljava de sagrados atos, os Santíssimos Corações dos soberanos senhores Jesus, Maria e José (Manuel Consciência), 248, 251

aljube de Mariana (MG), 84, 87

aljube do Rio de Janeiro, 482-3, 488-9, 498, 507, 516

almas do purgatório, 55, 145, 184, 317, 360, 408, 424, 479

Almeida, Fortunato de, 518

almíscar (perfume), 39

altar do Bom Sucesso (Santa Casa de Misericórdia do Rio de Janeiro), 115

alteração de nome de Rosa Egipcíaca (Rosa Maria Egipcíaca da Vera Cruz), 129, 131, 143

Alvares, Bento de Sousa, padre, 311

Alvares, José, 77, 281-2, 285, 305

ama de leite do Menino Jesus, Rosa Egipcíaca como, 377-8

Amadeu, beato, 398

Amado, Jorge, 15

amancebados, Rosa Egipcíaca e padre Francisco como (rumores), 29, 150, 301, 305, 308-12, 329

amantes de sacerdotes, 35

Ambrósio, santo, 247

América espanhola, 191, 213, 404

América portuguesa, 8, 11, 17, 44, 84, 160, 176, 191-3, 195, 216, 257, 262, 322, 325, 338, 378, 402, 404-5, 441, 446, 461, 533, 548, 555, 558, 564, 581

amuletos, 119, 142

Ana Bela *ver* Coração de Maria, Ana do, irmã

Ana, santa *ver* Rosário de Santana ("Rosário da fidelidade", invenção de Rosa Egipcíaca); Santana, devoção a

Anastácia, Escravizada, 7, 585

ancestrais, incorporação dos espíritos dos, 149

Andrade, Gomes Freire de, 93, 164, 184, 186, 218-9, 224, 227, 446, 482, 495

Ângela, santa, 197

Angola, 21, 31, 50, 67, 80, 160, 224, 226, 322, 385

angu (na alimentação brasileira), 354

angústia (na psicanálise), 384

Anjos, Ana Clara Maria dos, irmã, 236, 316, 336, 402, 503, 553

anjos, hierarquia dos, 446

Anjos, Maria Jacinta dos, irmã, 236, 312, 330-1, 340, 342-4, 347-8, 350, 359, 365, 368, 374, 380, 388, 394, 427, 487, 491, 501, 551

Antão, José da Rocha, 86

Antão, santo, 141

Antes que os demônios voltem (Oscar Quevedo), 49

Antigo Testamento, 380, 438, 445, 562

Antiqualhas e memórias do Rio de Janeiro (Vieira Fazenda), 220, 482

Antonil, João Antonio, padre, 23-4, 36, 123-4, 126, 151, 195, 332, 532

Antônio de Categeró, santo, 193, 195, 288

Antônio, santo, 33, 65, 98, 159, 165, 172, 180, 371, 425

Antuérpia (Bélgica), 136

Antunes, Inácio, padre, 311

Apocalipse, 108, 121, 238, 262-3, 276, 375, 446, 450, 457, 550

Apolíneo feudo da magnífica e pomposa entrada do exmo. e revmo. dom frei Antonio do Desterro Malheiro, meritíssimo bispo do Rio de Janeiro (mons. Pizarro), 224

apóstolos, 58, 121, 190, 225, 367, 437-8, 542

Aquino, Félix José de, padre, 569

Araújo, Gaspar Gonçalves de, padre, 480

Araújo, João Correia de, padre, 169

Araújo, José de Sousa Ribeiro de, padre, 480
Araújo, Manuel de, padre, 310
Araújo, Manuel Dias de, 84
Araújo, Maria de (beata cearense), 115
Arca da Aliança, 376, 425
arca de Noé, 452
arcebispado de Salvador (BA), 216
Arcos da Carioca (Rio de Janeiro), 167
Arcos da Lapa (Rio de Janeiro), 164, 218
"Arromba, O" (canção), 31, 143
Arvelos, Faustina, 236, 239, 268, 281-5, 288, 290, 292, 312-3, 317, 331, 334-44, 346-8, 350-1, 355, 359, 364, 366, 369, 375-7, 380, 385, 394, 403, 431-2, 449, 458, 462, 474, 487, 492, 501, 551-2
Arvelos, Francisca Tomásia *ver* Sacramento, Francisca Tomásia do, irmã
Arvelos, Genoveva, 236, 295, 330-1, 341-2, 346-7, 359, 368, 380, 462, 492, 501, 553
Arvelos, Jacinta *ver* Anjos, Maria Jacinta dos, irmã
Arvelos, Maria Teresa, 91, 239, 331, 333, 338, 349, 448, 474, 486-8, 499
Arvelos, Pedro Rois, 72-6, 91, 106, 126, 128, 144, 178, 198, 201, 205, 207, 236, 239, 281-2, 296, 307, 330-1, 333, 337, 347, 359-60, 431, 450-1, 468, 470, 474, 486, 489-91, 497, 499-501, 530, 549
árvore dos Sagrados Corações (visão de Rosa Egipcíaca), 258-9, 261; *ver também* Sagrados Corações, culto aos
árvores, simbolismo religioso e psicológico de, 259
Ascensão, Manuel da, frei, 248
ascetismo, 133
Assunção, Arcângela Maria da, soror, 131
Atanásio, santo, 52
ateísmo, 415, 566
Atos dos Apóstolos, Livro dos, 110, 121, 203
Attwater, Donald, 133, 256
Auditório Eclesiástico do Rio de Janeiro, 9, 100, 498, 519
"Áureo Trono Episcopal" (Mariana, MG, 1748), 92-3

aurífera, riqueza e exploração (MG, séc. XVIII), 24, 30, 37, 47, 73-4, 79, 85, 92, 121-2, 127, 141, 159-60, 208, 449, 462
Áustria, arquiduquesa da, 399
"Auto de falecimento da preta Rosa Maria Egipcíaca a que estava no Cárcere da Cozinha e que falecera de sua morte natural ao 12 de outubro de 1771" (Arquivo Nacional da Torre do Tombo), 13-4, 564, 583, 588, 590-1, 593
autos de fé, 119, 160, 509, 528, 539, 565-71, 580, 588-9, 594; *ver também* fogueira, condenação à
Auxerre, vitrais de (França, séc. XIII), 135
Ave Maria Stella (hino), 73, 103, 367, 391, 575
Avrektu (exu da tradição jeje), 383
axé, 294
Azevedo, José de Sousa de, 20-2
Azevedo, Sebastião, padre, 400
Azzi, Riolando, 213-4

Babilônia, 263, 267
báculo (na tradição judaico-cristã), 449-50, 486, 575, 577
Bahia, 11, 19, 36, 39, 61-2, 89, 91-2, 105, 117, 120, 136-7, 151, 157, 159, 175, 180, 195-6, 214-7, 222, 236-7, 301-2, 311, 345, 351, 354-5, 385, 401, 405, 461, 522, 585
Bailes pastoris na Bahia (Querino), 345
Baltazar, são, 193
Bandarra (profeta português), 455, 457, 459
barbadinhos, 80-1, 320-1, 323-4, 393, 433, 468, 477, 521-2, 534, 548; *ver também* capuchinhos; franciscanos
Barbalho, Cecília, 214
Barbas, João das, irmão, 244
Barbosa, Antonio, padre, 465
Barbosa, Manuel, 234, 486, 491, 547
Barroco, 10, 39, 65, 69, 92, 124, 142, 160, 172, 179, 190, 223-4, 250, 257, 408, 419, 421, 425, 541, 562, 565, 585
Barros, Antonio de, 126
Barros, João de Oliveira Leite da, padre, 512
Baschi, Matteo, frei, 320

Bastos, Manoel de, padre, 31

Batalha, Miguel Rois, 244

batismo de Rosa Egipcíaca (igreja da Candelária, Rio de Janeiro, 1725), 8, 20-1

Batista, Fernando Alves, padre, 310

batuques, 9, 14, 39, 55, 525, 531, 535, 541, 557

Bayão, José Pereira, 400

Becharia, 26

beldroega (planta), 475

Belém, Caetano de, frei, 130

Belém, Jerônimo de, frei, 197, 248, 250, 275, 392, 406, 425

Bélgica, 76, 136

Benci, Jorge, padre, 36, 195, 332, 598n

"Bendita e louvada seja a Santíssima Trindade" (hino revelado a Rosa Egipcíaca), 64, 69

beneditinos, 157, 165, 168, 221

Benedito, são, 53, 166, 182, 193-5, 371, 490

Benguela, Maria (escravizada), 332, 475

Benin, Reino de, 18

bens de Rosa Egipcíaca distribuídos aos pobres, 40-1, 60, 137

Bento xiv, papa, 130, 217, 253, 256, 361, 411

Bento xvi, papa, 230

Bento Rodrigues, arraial de (mg), 27, 46-7, 97-8

Bento, São, 111, 165, 291

Bernadette, santa, 55, 97

Bernardes, Manuel, padre, 38, 409-10, 412, 416

Bernardo, São, 101, 247

Bernini, Lorenzo, 372

Bertrand, Anselmo de Castelo, frei, 323

Bezerra e Lima, João Antonio, 265

Bíblia, 49, 193, 199, 211, 383, 391, 397, 403, 559-60

Biblioteca lusitana (Machado), 135, 392

Biblioteca Nacional (Rio de Janeiro), 135, 225

bispado do Rio de Janeiro, 443-4

Bittencourt, Antonio Francisco, padre, 467

blenorragia, 43

Boa Vista, serra da (Rio de Janeiro), 155

Boaventura, são, 247

Bobadela, conde de, 218, 230, 495

bolinhos e biscoitos com a saliva de Rosa Egipcíaca, 364-5, 371-2, 499; *ver também* saliva de Rosa Egipcíaca (como relíquia)

Bolsena (Toscana, Itália), milagre eucarístico em, 114

borboleta, Espírito Santo sob forma de (visão de Rosa Egipcíaca), 121

Bori (ritual da religião dos orixás), 294

Bosman, William, 597n

bouba (*framboesia tropica*), 342

Bourges, vitrais de (França, séc. xiii), 135

Boxer, R., 42

Brandão, Francisco, frei, 248

Brás (escravizado do padre Francisco), 244, 493, 497-8, 506, 568

Brígida da Suécia, santa, 399

Brito, Justa de, irmã, 236

Burlento, Domingos de Souza, 533

cabelos de Rosa Egipcíaca (como relíquia), 362-3, 485

Cabral, Pedro Álvares, 179

Cachoeira (ba), 136

Cadeia de São João del-Rei (mg), 81-2

Cadeia do Rio de Janeiro (rj), 482

Caetano, são, 67, 109, 371

Caeté (mg), 96

Calado, Gonçalves, padre, 465

Caldeira, Luiz Pedro de Brito, padre, 527, 532-3, 537-9, 542, 579

calendário litúrgico, 62, 134, 136, 262, 508

Cam (filho de Noé), 193, 405

Câmara Cascudo, Luís da, 350, 352

Câmara da Bahia, 36

Câmara de Mariana (mg), 87

Câmara de São João del-Rei (mg), 79-80, 84, 143

Camões, Luís Vaz de, 455

Campo de Santana (Rio de Janeiro), 169, 400

Candeias (ou da Candelária), Virgem das (devoção espanhola), 175

Candelária, igreja da (Rio de Janeiro), 20-1, 163, 168, 175-6, 212, 221, 309-10, 436; *ver*

638

também Nossa Senhora da Candelária, freguesia de (RJ)

candomblé(s), 67, 102, 385, 421

canjica, 354, 365

Canudos (Bahia), pregação de Antônio Conselheiro em, 456

capela de Nossa Senhora da Conceição (Rio de Janeiro), 225

capela de Nossa Senhora da Expectação (Rio de Janeiro), 221

capela de Nossa Senhora da Piedade (Bento Rodrigues, MG), 97

capela de Nossa Senhora da Piedade e do Bom Despacho (São João del-Rei, MG), 81-2

capela de Nossa Senhora da Saúde (Rio de Janeiro), 177

capela de Nossa Senhora do Parto (Rio de Janeiro), 219, 221, 232-3, 413, 450, 477; *ver também* Parto, igreja do (Rio de Janeiro); Recolhimento de Nossa Senhora do Parto (Rio de Janeiro)

capela de Santa Luzia (Rio de Janeiro), 180

capela de Santana do Morro (Mariana, MG), 98

capela de São Sebastião (Rio das Mortes, MG), 54, 67, 73-4, 148, 360, 477, 550

Capo Fiume, João Batista da, frei, 204, 228, 320-9, 357, 408, 433, 445, 448, 468, 477-8, 511, 521, 534, 548

capuchinhos, 79-80, 88, 161, 163, 194, 204, 215, 218, 228, 257, 306, 320-5, 327, 357, 399, 408, 433, 448, 469, 471, 512, 521-2, 548; *ver também* barbadinhos; franciscanos

"Caramuru, O" (Santa Rita Durão), 25-7, 300

Cárcere da Custódia (Santo Ofício de Lisboa), 510, 543

Cárceres Secretos (Santo Ofício de Lisboa), 510, 512-7, 522, 534, 539, 559, 566, 588

Cardim, Manuel, padre, 310

Cardosa, Maria (negra curandeira), 50

Cardoso, Luiz, padre, 117, 310

Cardoso, Manoel Costa, 244

carijós, indígenas, 31, 43

carmelitas, 64, 140-1, 158, 163, 177, 193, 195, 221, 224, 362, 398, 417, 533

Carmelo, monte (Israel), 141

Carmo, José Veloso, 86

Carmo, vila do (MG), 23, 35; *ver também* Mariana (MG)

Carnaval de 2023 (Rio de Janeiro), 14, 595

Carneiro, Domingos Francisco, 149, 386, 496

Carneiro, João, padre, 43, 152

Carrato, J. F., 30, 39

Carrilho, Diogo Vaz, 135

Cartas chilenas (Gonzaga), 39-40

cartas de Rosa Egipcíaca, 9, 68, 199-201, 206, 209-10, 237, 239, 281, 296, 304, 366, 370, 390-1, 402, 451

Carvalhal e Silva, Jerônimo Rogado de, padre, 512, 517-8, 521-4, 538-42, 559, 588, 590

Carvalho, Antonio Teixeira de, 229

Carvalho, Domingos Francisco, 205

Carvalho, João Ferreira de, padre, 202-6, 210, 212, 218, 220, 226, 285, 366, 440

Carvalho, Manuel José de, 581

Carvalho, Pedro Pacheco de, 456

Carvalho, Simeão Ferreira de, 76

Casa do Rocio (Sede da Inquisição de Lisboa), 509-11, 516, 533, 539, 542, 580, 588; *ver também* Inquisição; Santo Ofício

"Casa Forte", simbolismo de, 387

casas pias em Portugal e Brasil (séc. XVI), 213

Castelo interior (Santa Teresa d'Ávila), 107, 113, 417

Castelo, morro do (Rio de Janeiro), 157, 221, 373

castidade, 58, 108, 132, 137, 148, 150-1, 186, 224, 239, 311, 341, 421

castigos físicos contra escravizados, 22, 88, 151, 332-3, 336-7, 339, 376, 559; *ver também* suplício de Rosa Egipcíaca no pelourinho de Mariana (MG, 1749)

Castro Mearim, couto de (Algarve, Portugal), 14, 119, 538, 566, 569, 579-81, 590

Castro, Antonio Joaquim de Medeiros, padre, 553

Castro, Antonio José de, padre, 311

Castro, José R. Pereira de, padre, 512

Catarina (escravizada), 188

Catarina, d. (rainha consorte de Portugal), 237, 408

Catarina de Ricci, santa, 286

Catarina de Siena, santa, 115, 247, 270, 286, 563

Catarina Labouré, santa, 256

Catas Altas (MG), 25, 28

Catecismo da Igreja Católica, 112

catecúmenos, 48, 571

Catedral de Nossa Senhora da Assunção (Mariana, MG), 92

Catedral do Rio de Janeiro, 176, 580, 585

catequese dos negros, 80

catolicismo, 25, 113, 136, 160, 198, 228, 401, 413; *ver também* Igreja católica

Católico no templo exemplar e devoto (Manuel da Madre de Deus), 411

cauim (bebida indígena), 365

celibato canônico, 151

Cepeda, Bento Pinheiro d'Horta da Silva, padre, 310

Céu místico à gloriosíssima Senhora Santa Ana (Azevedo), 400

Chácara da Bica (Rio de Janeiro), 218, 230

chafariz da Carioca (Rio de Janeiro), 171

chagas de Cristo e de santos, 57-8, 76, 114, 118, 181, 185-6, 287, 289, 296, 360, 365, 372-4, 424, 432, 444, 458, 535, 538, 553, 568, 574-5

charlatanismo, 490, 579, 587

Chaves, Carlita, 11, 62, 365, 379, 387, 475, 557

Chaves, João Gonçalves, 494

chegada de Rosa Egipcíaca à capitania de Minas Gerais (1733), 24, 31

cheiro das mulheres negras, 154

Cherem, Manuel José, 284

Chico Rei, 7

Chiusa, Inocêncio da, frei, 398

Cícero, Marco Túlio, 130

Cícero, Padre, 115, 452

cinco corações (Jesus, Maria, José, Santana e são Joaquim), culto aos, 177, 255-9, 279,

406-7, 444-5, 450, 574; *ver também* "Devoção aos Santíssimos Corações de Jesus, Maria, José, Ana e Joaquim" (inovação de Rosa Egipcíaca); Sagrados Corações, culto aos

Cinelândia (Rio de Janeiro), 218

Cintra, Sebastião de Oliveira, 81

Cipriano, são, 247

Cirilo de Escitópolis, 134

cistercienses, 130, 135

citra sanguinis effusionem (pena de açoites), 589

Clara de Assis, santa, 268, 273

Cláudio, imperador romano, 134

Claustro franciscano ereto no domínio da Coroa portuguesa (Apolinário da Conceição), 181

Clavis Prophetarum (Antônio Vieira), 455

Clemente X, papa, 67

Clemente XIII, papa, 130, 253, 400

clérigos imorais no Brasil colonial, 151-2, 309-12, 467, 504

clero secular ("presbíteros de São Pedro"), 163, 467

clitoriana, mutilação (prática da Costa da Mina), 22

Coaracy, Vivaldo, 220

cocos da praia (*cocus nucifera*), 350

Códice Costa Mattoso (1749), 365

Código de Hamurabi, 46

Coelho, Luis, frei, 142

Coelho, Matias, 473

Coimbra, Lourenço José Queiroz, padre, 86

Coimbra, Universidade de, 26, 106, 223, 581

"Coleção de Registros de Santos" (Biblioteca Nacional de Lisboa), 135

Colégio dos Jesuítas (Rio de Janeiro), 163, 303, 310, 362, 435

Colombière, La (beato), 275

Colonella, Boaventura, frei, 399

"Colóquio Internacional Mulheres e Poderes: Rosa Maria Egipcíaca, a mobilidade de um corpo interseccional entre vulnerabilidade e resistências, no Atlântico Sul Colonial" (Genebra, 2020), 15

Coluna, Margarida da, madre, 214

Companhia de Jesus, 94, 213, 228, 291, 310, 401, 435, 455, 461; *ver também* jesuítas

comungar sob as duas espécies (pão e vinho), 117; *ver também* Eucaristia; hóstia

Conceição do Mato Dentro (MG), 90, 212

Conceição, Agostinho da, frei, 130, 286, 425

Conceição, Apolinário da, frei, 181, 184, 194-5

Conceição, Caetana Maria da, 188

Conceição, Cristóvão da, frei, 183

Conceição, Francisco da, frei, 254

Conceição, Gregório da, frei, 182

Conceição, Paula Maria da, 33

Conceição, Violante da, 237

Concílio de Trento (1545-53), 117

"Conde da Armada" (canção), 505

confissão auricular, 594

Confraria do Coração de Jesus (Salvador, BA), 249

Confraria do Sagrado Coração (França), 248

Congo, Reino do, 80, 321-2

conhecimento doutrinário e vocabulário religioso de Rosa Egipcíaca, 65

Consciência, Manuel, padre, 248, 251

Conselheiro, Antônio, 456

Constituições primeiras do arcebispado da Bahia, 28, 35, 63, 72, 88, 92, 116-7, 151, 196, 463, 465

Contrarreforma tridentina, 512

convento das Ursulinas do Coração de Jesus (São Luís, MA), 249

convento de Mafra (Portugal), 160

convento de Nossa Senhora da Ajuda (Rio de Janeiro), 242

convento de Nossa Senhora da Conceição da Lapa (Salvador, BA), 217, 290

convento de Sacavém (Portugal), 248

convento de Santa Teresa (Rio de Janeiro), 191, 218, 225, 227, 233, 276, 311

convento de Santo Antônio (Rio de Janeiro), 112-3, 161, 163, 167, 178-80, 183, 188, 192, 197, 201, 206-8, 240, 244, 251-2, 279, 284, 305, 309, 315, 339, 357, 400, 406, 467, 491, 540-1

convento do Desterro (Salvador, BA), 214, 216, 301, 355

convento do Santíssimo Coração de Jesus da Soledade (Salvador, BA), 216, 302

conventos, mosteiros e ermidas do Rio de Janeiro, 160-3; *ver também* Recolhimento de Nossa Senhora do Parto (Rio de Janeiro)

conversão de Rosa Egipcíaca, 54, 77, 85

Coração de Jesus comunicado aos corações dos fiéis, O (Jerônimo de Belém), 248, 250, 275

Coração de Jesus e Santo Antônio, Rosa do, irmã, 215

Coração de Jesus, Ana do, irmã, 358, 363-4, 367-8, 371-3, 394, 402, 433, 491, 499, 554

Coração de Jesus, devoção ao *ver* Sagrado Coração de Jesus, devoção ao

Coração de Jesus, Margarida do, soror, 131

Coração de Maria, Ana do, irmã ("Ana Bela"), 236-7, 293-4, 316-7, 325-8, 339, 358, 361, 363, 366, 368-71, 373, 377, 387, 402, 420, 431, 433-4, 458, 491, 503, 545

Coração de Santo Agostinho, Maria Joaquina do, irmã, 236, 256, 402

Coração de São Joaquim, Maria Antonia do, irmã, 236, 281-2, 284, 352, 402, 493, 503, 553

Coração de São José, Maria Rosa do, irmã, 236, 368, 374, 376, 503

cordeirinhos, simbolismo cristão dos, 275-6

corpo seco de uma criança, feitiçaria com o (acusação contra Rosa Egipcíaca), 105, 469

Corpus Christi, festa de, 114, 152

Correia, Antonio José, 463

corretivos aplicados por Rosa Egipcíaca às recolhidas, 292, 294, 375, 537, 564

corte celeste, 58

Costa da Mina (África), 9, 17-9, 21, 33-4, 55, 112, 375, 383, 399, 403

Costa e Silva, Cândido da, 11, 136

Costa Pais, Manoel Pacheco da, 475

Costa, Agostinho Velho da, padre, 512, 539

Costa, Antonio Teixeira da, 86

Costa, Felix da, 215

Costa, Iraci del Nero, 11, 43

Costa, João Álvares da, padre, 94

Costa, João Fernandes da, 74, 299, 402

Costa, Maria da (liberta), 40-1, 112, 123-5

courá/courana (etnia africana), 11, 17-8, 33, 40, 65, 375

Coutinho, Paulo Mascarenhas, padre, 152

cozinha do Santo Ofício, Rosa Egipcíaca na, 13-4, 589-93

cristandade, 48, 64, 72, 97, 115, 211, 213, 248, 253-4, 280, 348, 380, 409, 436, 438, 441, 452, 476

cristãos-novos, 86, 160, 223, 455, 566, 579

cristãos-velhos, 238, 475, 521

cristianismo, 133, 174, 276, 424, 453

Cristo ver Jesus Cristo

"Cristo alado de São Francisco" (pintura na Igreja da Ordem Terceira de São Francisco, RJ), 181

Cristo, Fabiano de, frei, 183-8, 194, 224, 309, 362

Cristóvão, são, 167

Crônica dos frades menores da província do Brasil [Orbe seráfico] (Jaboatão), 181

cronograma diário dos conventos e recolhimentos brasileiros (séc. XVIII), 240-4

crucificação de Jesus, 34, 91, 104, 260

crucifixos, 33, 75-6, 169, 174, 307, 489, 529, 567; *ver também* Santo Lenho, lascas do (relíquia da cruz de Cristo)

Cruz, Joana da (embusteira portuguesa), 167

Cruz, João da, d. (bispo do Rio de Janeiro), 321

Cruz, João Ferreira da, padre, 86

Cruz, Madalena da (beata espanhola), 115, 120

Cruz, Manuel da, d. frei (bispo de Mariana, MG), 57, 87, 92-4, 99, 101, 106, 112, 120, 130, 140, 204, 216, 249-51, 267, 291, 356, 482

cruzeiros, devoção a, 54-5

cultura devocional de Rosa Egipcíaca, 391

Cunha, Antonio Pereira da, padre, 480

Cunha, Cardeal da, 49

Cunha, Luiz Antonio Rosado da, 224

cura dos enfermos, 110-1

Curamo, rio/vila de (África), 18

curandeiros, 32, 42, 50, 365

Custódia (amante de frei Manoel João), 309

"Da epilepsia, a que o vulgo chama gota coral" (Morão), 44

"Da Senzala ao Altar: a Transcendência de Rosa Egipcíaca e suas Contribuições para o Desenvolvimento Pedagógico Latino-Americano" (Mott), 15

dança no culto divino (séc. XVIII), 39

Daniel, profeta, 133, 259

Dantas, Domingos Rois, 122

Daomé, rei do, 18

Davi, rei de Israel, 52, 121, 172, 259, 376, 397

De La Caille, abade, 156-7, 171, 191, 303

Debadie, Ferdinand Denis, 455

Debret, Jean-Baptiste, 354, 378

Declamação sagrada na ruína de Lisboa (Bezerra e Lima), 265

Del Priore, Mary, 11, 189

Del Rio (teólogo), 104

Delon, Mr., 516-7, 521, 567

Demônio, 9, 21, 42, 45, 48-50, 52-3, 61, 72, 75, 78, 86, 107, 137, 148-9, 155, 174, 205, 211, 261, 269-70, 272, 282, 294-6, 299, 301-3, 305-6, 313-4, 317, 341, 357, 360, 364-5, 369-70, 379-81, 386-7, 393, 464, 478, 485, 488, 491, 494, 520, 524, 528, 548, 554, 558, 563, 567, 575; *ver também* Diabo

demônios, 31, 48-9, 52, 71-2, 81, 137, 238, 262, 289, 293, 296, 314, 326, 357, 380-3, 386-7, 389, 395, 414-6, 423, 432, 567, 577

"demonomania", 380

dente de Rosa Egipcíaca (como relíquia), 361-2, 436, 485, 537, 578

denúncias de heresias contra Rosa Egipcíaca, 464, 473, 490-3, 501, 503, 511-2, 537, 543

"depravação sexual", relação entre escravidão e (Freyre), 22

Desclassificados do ouro (Mello e Souza), 37, 151

desembarque de Rosa Egipcíaca no porto do Rio de Janeiro (1725), 19-20

desertos, profecia de Rosa Egipcíaca sobre, 451

despesas do processo de padre Francisco, 568

Desterro, Antônio do, d., 17, 58, 130, 162, 185, 208, 218-21, 223-5, 227, 230, 233, 242-3,

253-4, 267, 271, 303, 307, 310, 320, 323, 330, 339, 351, 354, 356, 362, 382, 398, 400, 411, 417, 435, 443, 449, 462-3, 466-7, 481

Desterro, Manuel do, frei, 130

devassidão no Brasil colonial, 31-2, 138, 301, 308, 420, 445

"Devoção aos Santíssimos Corações de Jesus, Maria, José, Ana e Joaquim" (inovação de Rosa Egipcíaca), 394, 405-7; *ver também* cinco corações (Jesus, Maria, José, Santana e São Joaquim), culto ao; Sagrados Corações, culto aos

Devoção do Santíssimo Coração de Jesus (Brandão), 248

devoção e culto ao Sagrado Coração de Maria, A (Moreira), 251

devoções populares, 61

devotos de Rosa Egipcíaca, 54, 70, 91, 127, 195, 205, 209, 211, 257, 298, 318, 331, 360, 373, 390, 395, 405-6, 425, 430, 434, 448-9, 466, 472, 497, 506, 569; *ver também* "evangelistas" de Rosa Egipcíaca, quatro; santidade de Rosa Egipcíaca, construção e divulgação da

Dez Mandamentos, 110, 176

Diabo, 21, 32, 48, 52, 54, 63, 70, 81, 103, 121, 142, 148-9, 171, 189, 238, 268, 270, 272, 303-5, 313, 333, 338, 369, 378, 381-3, 385, 387, 432, 434, 479, 485, 489, 494, 500, 520, 522, 528, 548, 554, 558; *ver também* Demônio

diabolismo(s), 50, 92, 102, 105, 379, 587

diamantes, 30-1, 36, 40, 121

Dias, José Carvalho, 223

Dicionário da escravidão negra no Brasil, 15

Dicionário de cultos afro-brasileiros (Cacciatore), 74

Dicionário do Brasil Colonial, 15

Dicionário dos santos (Attwater), 133

Dicionário histórico-geográfico de Minas Gerais (Barbosa), 142

Dicionário mulheres do Brasil, 15

Dictionary of Saints (Attwater), 256

Diegues, Cacá, 124

dilúvio do Rio de Janeiro (profecia de frei João Batista e Rosa Egipcíaca, 1759), 318, 319-34, 356, 448-9, 477, 531

"dilúvio universal" (profecia de Rosa Egipcíaca, 1760), 440-2, 448, 451, 458, 474, 485, 494, 531, 564

Diretor místico instruído ou breve resumo da mística teológica para instrução dos diretores que carecerem da necessária, e principalmente dos párocos que de justiça e obrigação do ministério devem ser e saber ser diretores (Francisco da Conceição), 254

disenteria bacilar ("mal do bicho"), 42-3

Divino Espírito Santo, culto ao, 68-9, 98, 168-9, 188, 205, 252

Divino Infante, culto ao *ver* Menino Jesus, devoção ao

doenças mais comuns nas Gerais (séc. XVIII), 42-4

Domingos de Gusmão, São, 437, 476-7

dominicanos, 57, 64, 130-1, 134, 143, 337, 408-9

dons sobrenaturais, 57-9, 75; *ver também* profecias de Rosa Egipcíaca; visões de Rosa Egipcíaca

Doroteia, Beata, 286

Dous atlantes da Etiópia: Santo Elesbão, imperador 47º da Abissínia, advogado dos perigos do mar, e Santa Efigênia, princesa da Núbia, advogada dos incêndios dos edifícios, ambos carmelitas (José Pereira de Santana), 193

Duguay-Trouin, general, 159

Dunaan, rei, 193, 194

Durão, José Rodrigues, 95

Durão, Paulo Rodrigues, 26-8, 30-1, 38, 95

Durão, Pedro Rodrigues, 95

Eco sonoro da clamorosa voz que deu a cidade do Rio de Janeiro no dia 18 de outubro de 1747, na saudosa despedida do irmão frei Fabiano de Cristo (Apolinário da Conceição), 184

Economia cristã dos senhores no governo dos escravos (Benci), 36

Edmundo, Luiz, 159, 354

Efemérides de São João del-Rei (Cintra), 81

Efigênia, santa, 192-3, 400, 431, 490

"Egipcíaca Santa Maria, A" (Sá e Miranda), 135, 138-40

Egito, 41, 131, 133, 143, 145, 155, 164, 330, 437, 441

eglandistas (estudiosos jesuítas), 134

Egun-gun, culto aos (ilha de Itaparica, BA), 375

"Egyciaca" (grafia adotada por Rosa Egipcíaca em sua assinatura), 136-7

ekédi (mulheres auxiliares em religiões afro--brasileiras), 71, 385

Elesbão, santo, 193-4, 400

Elias, profeta, 141, 271

Eliseu, profeta/santo, 288, 450

Emerenciana, santa, 191, 397, 400, 403

Encarnação, Manuel da, frei, 305, 318, 466-7

Encarnação, Pedro da, frei, 248

enciclopedistas, 403-4

endemoniados *ver* demônios; possessão demoníaca

Ender, Thomas, 164, 482

energia pulsional (na psicanálise), 384

enfermeira, Virgem Maria como (nas visões e profecias de Rosa Egipcíaca), 110, 175-7, 198

enxovias, 81-2, 87, 443, 482, 495, 522

Epanáfora festiva ou relação sumária das festas com que na cidade do Rio de Janeiro, capital do Brasil, se celebrou o feliz nascimento do Sereníssimo Príncipe da Beira, Nosso Senhor (autor anônimo, 1763), 495-6

epilepsia (gota coral), 44-6, 48-9, 102, 166

Epítome do que em breve suma contém esta província de Nossa Senhora da Conceição da cidade do Rio de Janeiro (Apolinário da Conceição), 181

equilíbrio equestre de Rosa Egipcíaca, 148-50, 381, 495, 553

ermida de Nossa Senhora da Piedade (Caeté, MG), 96

ervas receitadas por Rosa Egipcíaca, 475

Escada de nove degraus por onde o Divino Amor levanta as almas ao estado da perfeição (José do Espírito Santo), 197

escapulários, 51, 118, 142

Escola de Samba Unidos da Viradouro, 14

Escola do Coração de Jesus (Brandão), 248

Escolástica, dona (devota de Rosa Egipcíaca), 96, 106, 121, 211, 440, 448

escravidão, 7, 15, 22, 48, 126, 195, 405, 493, 497, 506, 598*n*

escravizada adulta, valor de uma (séc. XVIII), 123

escravizados, trato dos (segundo Rosa Egipcíaca), 332-3

escritos de Rosa Egipcíaca, destruição dos, 8, 416, 500

escultura em mármore de santa Teresa d'Ávila (Bernini), 372

Espanha, 26, 68, 115, 120, 134, 136, 179, 398, 425, 454, 557

Espelho de disciplina para criação dos noviços e novos professos (Manuel da Cruz), 291

Esperanças de Portugal (Antônio Vieira), 455

Espírito do Mal, crenças no, 48, 379, 508; *ver também* Demônio; Diabo; Lúcifer; Satanás

Espírito Maligno (opressor de Rosa Egipcíaca), 31, 34, 64, 95, 126, 238, 384, 388, 466, 483-4

Espírito Santo (terceira pessoa da Santíssima Trindade), 55, 68, 110, 256, 270, 357, 359; *ver também* Divino Espírito Santo, culto ao

Espírito Santo, capitania/estado do, 68, 180, 323

Espírito Santo, Helena do, irmã, 270

Espírito Santo, Helena Maria do, soror, 230

Espírito Santo, José do, frei, 197, 528

Espírito Santo, Manuel do, frei, 309, 467, 485

Estanislau Kostka, santo, 371

Esteve, Antonio Gomes, 513

estigmatizados, santos, 58, 181; *ver também* chagas de Cristo e de santos

Estolano, santo, 397, 400, 403

Estrabão, 398

Estragos do terremoto (Francisco de Santo Alberto), 265

"Estrela-guia" (falange de seres espirituais), 74

etnias africanas trazidas para o Novo Mundo, 17-8

Eucaristia, 56, 72, 75, 114-7, 120, 133, 137, 204, 225, 243, 270, 284, 364, 390, 437, 466, 573; *ver também* hóstia (partícula consagrada)

Eugênia (parda), 309

Evangelho(s), 34, 48, 109-10, 121, 176, 179, 199, 271, 321, 327, 364, 381, 383, 421, 433, 467-8, 518, 523, 540, 544-5, 557, 585

"evangelistas" de Rosa Egipcíaca, quatro, 312, 367-9, 373-9, 385, 394, 434-5, 453, 459, 479, 485-6, 492, 499, 532, 544-6, 549, 552; *ver também* santidade de Rosa Egipcíaca, construção e divulgação da

Évora (Portugal), 214

Excelência da mulher forte ou novena de Santana (Jerônimo de Belém), 392

exercícios espirituais, 70, 162, 170, 173, 193, 243, 267, 294, 391

exorcismos, 34, 46, 48-56, 73-5, 81, 100-4, 107, 109, 111, 149-50, 166, 195, 205, 269, 271-3, 303, 312, 314, 322, 348, 357, 380-2, 448, 470, 479, 484, 494, 519, 525, 528-30, 538, 550, 575-6, 579

Exorcista, O (filme), 52, 101

Expilly, Charles, 153, 456

expulsão de Rosa Egipcíaca do recolhimento (1758), 306, 312-3, 317-8, 320, 435, 443, 464, 540

expulsão dos jesuítas de Portugal e seus domínios (1759), 26-7, 330, 435-6; *ver também* jesuítas

êxtases beatíficos, 10, 58, 166, 197, 255, 258, 299, 325, 367-8, 372, 393, 409, 416-8, 468, 508, 512, 562, 583, 587

Extrema, Antonio do, frei, 80

extrema-unção, sacramento da, 593-4

Exu (orixá), 383-4

ex-votos, 349, 401, 432

Ezequiel, profeta, 55

faiscadores, 43, 108, 122

falsos profetas, 111

família real portuguesa, transferência da (1808), 482

familiares do Santo Ofício, 84, 479-80, 505, 522, 567; *ver também* Inquisição; Santo Ofício

fandango (dança), 39, 44, 60, 66, 78, 123-4, 141, 357, 391, 470, 505, 556-7

Faria, Francisco de, padre, 310

farinha de mandioca, 350-1

Faro, Manuel da Costa de, padre, 549

Faustino (escravizado), 111

Fazenda Cata Preta (MG), 27-8

Fazenda, José Vieira, 169, 220-1, 229, 237, 482

feitiçaria, 25, 32-4, 42, 46, 48, 50, 63, 71-2, 75, 77, 86, 90, 92, 105, 107, 117, 122, 126, 272, 303, 421, 464, 469, 473, 520, 528, 569, 587, 593, 617*n*

Felinto exaltado (ópera), 224

feridas curadas com saliva de santos, 365-6

Fernandes, João, 36, 74, 221-2, 299, 402

Ferreira, Antonio de São Vicente, frei, 311

Ferreira, Eloi, frei, 135, 141

Ferreira, João (profeta sebastianista), 456

Ferreira, padre *ver* Carvalho, João Ferreira de, padre

Figueiredo, Luiz Alvares de, d., 533

Filipe I, rei da Espanha, 454

Filipe II, rei da Espanha, 115

Filipenses (epístola de São Paulo), 291, 404

"fingimento de virtude", crime de, 524

flagelação, 158, 183, 243, 374-5, 470, 478, 520

"Flor da raiz de Jessé" (hino), 260

"Flor do Rio de Janeiro" (epíteto de Rosa Egipcíaca), 9, 15, 23, 178, 187, 191, 196, 208, 252, 286, 303, 361, 425, 431, 466, 471, 496, 522, 587, 595

Flor peregrina por preta: Vida do beato Benedito de Filadelfo (Apolinário da Conceição), 194

Flora, Joaquim de, frei, 457

Florência (escravizada do alferes Dantas), 122

"Floresta espiritual" (Manuel da Cruz), 57

Flos Sanctorum (coletânea da vida de santos), 140, 397-8

fogueira, condenação à, 49, 86, 361, 401, 567, 579, 589; *ver também* autos de fé

"Foguete" (escravizada prostituta), 37

Foligno, Jacinto de, frei, 322
Fonseca, Alexandre, 195
Fonseca, José Alvares Pereira da, 73, 102-3, 107, 493-4
Forças Armadas, associação simbólica entre justiça divina e, 446
Fraga, João Gonçalves, 63, 96-7, 360
França, 52, 134, 159, 201, 213, 248, 250, 256, 260, 320, 441
Franca, Maria, 37
Francelho, João Antonio, 549
Francês, Manuel Bocarro, 455
Francisca de Chantal, santa, 196
franciscanos, 9, 23, 57, 64, 75, 79-80, 87-8, 120, 130, 157, 163-4, 167-8, 171-4, 178-83, 186-7, 191-2, 194-5, 198, 201, 210, 212, 221, 232, 240, 244-5, 248, 250, 253, 257, 260, 272, 277-8, 284, 292, 305-6, 309, 312-3, 316, 318, 320, 328, 339, 341, 354, 357, 362, 376, 378, 392, 398, 405-6, 411, 417, 419, 432, 436, 466, 484, 491, 494, 503, 516, 525, 531, 534, 543, 546; *ver também* barbadinhos; capuchinhos
Francisco de Assis, são, 38, 58, 73, 98, 150, 180-1, 184, 210, 273, 320, 360, 372
Francisco de Paula, são, 98, 393
Francisco de Sales, são, 173, 196, 230, 247, 323, 349
Francisco Solano, são, 365-6
Francisco Xavier, são, 65, 299, 326, 365, 471-3, 476
Francisco, padre *ver* Lopes, Francisco Gonçalves, padre ("Xota-Diabos", exorcista e confessor de Rosa Egipcíaca)
Francisco, papa, 94
Freud, Sigmund, 384, 386
Freyre, Gilberto, 22, 101

Gabriel, anjo, 110, 326-7, 369, 397
Gálatas (epístola de São Paulo), 272
galés, degredo de, 49, 119, 589
Galvão, Antonio Santana, frei (santo), 230, 363
Galveas, conde de (vice-rei), 216
Gama, Basílio da, 26

Gama, João Nunes da, padre, 153
ganho, escravizados de, 70, 497
Garcia, Esperança, 68
Garrett, Almeida, 455
Garrigou-Lagrange, Réginald, 57
Geraldo Magela, são, 77
Geraza, endemoniado de, 383
Gertrudes, santa, 247, 250, 254, 286, 302, 362
"Glória das virgens" (hino), 73, 391
Goa (Índia), 213, 237, 517, 567
Golias (gigante), 121
Gomes, Bernardino Antonio, 342
Gomes, José, 203, 208, 305
Gonzaga, Tomás Antônio, 39
gota coral *ver* epilepsia
Gouveia, José Matias, padre, 86
Gouveia, Manoel da Costa, 86
Granada, Luiz de, frei, 408
Grandier, Urbain, padre, 52
Grão-Pará, 86
Gregório ix, papa, 184
Gregório xiii, papa, 398
Gregório xv, papa, 398-9
Gregório, são, 247
Grosseteste, Robert, 134
Guadalupe, Antonio de, d., 188, 358, 482
guarani, indígenas, 351
Gubio, Francisco de, frei, 322
Guerra dos Emboabas (1707-1709), 77
Guia de pecadores (Luiz de Granada), 408
Guimarães e Oliveira, João da Silva, 84
Gusmão, Alexandre de, padre, 215

hábito (vestes) das recolhidas do Parto, 244
hagiografias legendárias, 134
Helbein, Juanita, 375
Henrique, d. (cardeal), 408
heresia, 9, 49, 86, 200, 216, 303, 401, 422, 432, 463, 469, 481, 487, 502, 504, 511, 543, 555, 579, 586, 589
Herodes, 145
"Heroica e admirável vida da Gloriosa Santana, mãe de Maria Santíssima, ditada pela mesma santa com assistência, aprovação e concurso

da mesma soberaníssima senhora e de seu santíssimo filho" (Malagrida), 400

Hildebert de Lavardin, 134

hinos sacros, 9, 60, 69, 73, 391, 424, 427, 430, 435, 492, 508

Hipócrates, 46

histeria, 45, 190, 384, 386, 421

História antiga das Minas Gerais (Vasconcelos), 25

História da alimentação no Brasil (Câmara Cascudo), 352

História da Igreja em Portugal (Almeida), 518

História da vida e morte de madre Victória da Encarnação, religiosa professa do Convento de Santa Clara do Desterro da cidade da Bahia (d. Sebastião Monteiro da Vide), 196-7

História das vidas de Santa Maria Egipcíaca, Santa Taís e Santa Teodora (Ribadaneira), 135

História do futuro (Antônio Vieira), 382, 455

História geral da medicina brasileira (Santos Filho), 324

homossexualidade, 215, 242; *ver também* sodomia

Hospício da Terra Santa (São João del-Rei, MG), 79, 161

Hospício de Nossa Senhora da Oliveira (Rio de Janeiro), 321-2

hóstia (partícula consagrada), 34, 65-6, 110-1, 114-5, 117-21, 165-6, 175, 205, 246, 269-70, 274-5, 286, 288, 371, 447, 543, 561; *ver também* Eucaristia; milagres eucarísticos

iabá ou *ilaí* (mulheres auxiliares nos xangôs nordestinos), 71, 385

Iansã (orixá), 55

Idade Média, 66, 107, 134, 193, 213, 222, 247, 256, 259, 329, 362, 364

idade mínima para ingresso em casas pias, 302

idolatria, 148, 205, 295, 303, 305, 431, 437, 465, 486, 488, 545, 579

Iemanjá (orixá), 21, 74, 175

Igreja católica, 21, 48, 52, 56, 58, 70, 97, 99, 116, 121, 175, 193, 215, 269, 329, 338, 358, 380, 403, 407, 437, 446, 463, 472, 486, 494, 500-1, 512, 521, 532-3, 559, 572, 579, 586; *ver também* catolicismo

Igreja oriental, 134

igrejas góticas medievais, 66, 135

Ildefonso, santo, 222

Ilhéus (Bahia), 599*n*

Imaculado Coração de Maria, devoção ao, 251, 254

Imbert-Gourbeyère, 181

Imirizaldu, Jesus, 394

"imoralidades" em conventos de freiras, 301, 311

Inácia (parda), 310

Inácio de Loiola, santo, 135

incêndio no Recolhimento do Parto (1789), 231, 238, 245, 431, 583, 585, 594, 609

Inconfidência Mineira (1789), 404

indígenas, 24, 27, 160, 213, 365

indulgências, 15, 94, 97, 111-3, 267, 293, 358, 361-2, 374, 410, 424, 448, 452, 479, 494, 536, 565, 570, 578

Inês, santa, 276

inferno, 413-5, 562-3

"inficcionado" (tipo de ouro inferior), 26

Inficcionado, freguesia do *ver* Nossa Senhora de Nazaré do Inficcionado, freguesia de (MG)

infraestrutura religiosa e eclesiástica do Rio de Janeiro (séc. XVIII), 162-3

Inglaterra, 134

Inocêncio XI, papa, 159, 410

inquérito contra Rosa Egipcíaca (1762), 467, 479, 485

Inquisição, 8-10, 13-4, 25, 32, 42, 47, 84, 86, 98, 118-20, 152, 162, 166-7, 177, 179, 197, 216, 220, 223, 252, 270, 278, 308, 311, 346, 391, 394, 405, 419, 428, 442, 455, 462, 464-5, 471, 476, 479, 481, 487, 490-1, 496-7, 504-7, 509-10, 513-7, 524, 527-8, 537, 540, 542, 551, 557, 565-9, 571-2, 580-1, 588-92, 594, 617*n*; *ver também* Santo Ofício

instituições públicas abrigadas no prédio do Recolhimento do Parto (séc. XIX-XX), 584 inundações no Rio de Janeiro (1756), 319-20

iorubá, teogonia e panteão, 21, 62, 383

Irmandade da Guarda Real de Lisboa, 136

Irmandade de Nossa Senhora da Conceição dos Homens Pardos, 160

Irmandade de São José dos Homens Pardos, 101

Irmandade do Coração de Jesus, 253

Irmandade dos Clérigos de São Pedro, 222-3

Iroco (orixá), 67

Isabel, Santa (rainha de Portugal), 285-6, 288, 300, 367, 392-3, 418, 508

Isadora (mulher de Manuel Barbosa), 491

Itália, 26, 303, 321, 425, 441, 522

Itaparica, ilha de (BA), 375

Jaboatão, Antônio de Santa Maria, frei, 181, 214, 365

Jacó (patriarca hebreu), 130

Jacobs, Harriet, 7

jaculatórias pias, 391, 412

Javé (Deus de Israel), 55, 108, 334, 397

"jeitinho brasileiro", 548

jejum, 62-3, 116-7, 339, 351, 477, 504

Jerônimo, são, 133

Jerusalém, 15, 80, 111, 113, 132-3, 163, 203, 376, 401, 452, 536, 571, 578

Jessé (pai do rei Davi), 259

jesuítas, 24, 26-7, 36, 49, 58, 94, 134, 157, 160, 165, 216, 221, 225, 248-9, 251, 253, 257, 265, 270, 286, 310-1, 330, 332, 352, 371, 401, 405, 412, 435-6, 455-6, 584

Jesus Cristo, 9, 34, 41, 48, 51, 56, 61-2, 67-8, 72, 78-9, 88, 91, 94, 98, 104-5, 108, 110-1, 114-7, 133, 145-6, 173, 176, 181, 238, 247, 254-5, 260, 268-70, 285, 287, 289, 291, 296, 313, 357-9, 361, 365, 368, 376, 382-3, 389-90, 394, 396, 398, 401, 406-7, 412, 414, 424-6, 428, 445, 457, 459, 473, 483, 504, 535, 537-8, 557-8, 560, 563, 572, 584; *ver também* Menino Jesus, devoção ao

Jesus Maria, Cristóvão de, frei, 130

Jesus Maria, Francisca de, irmã, 191, 218

Jesus Maria, Inácio de, frei, 284

Jesus Sacramentado, Micaela de (beata portuguesa), 419

Jesus, Ana Maria de, irmã, 235, 306, 387-8, 447, 478

Jesus, Antonio de, frei, 183

Jesus, Estêvão de, frei, 183

Jesus, Joana Maria de, irmã, 379

Jesus, Luciana Maria de, irmã, 236

Jesus, Maria de (donzela nordestina), 197

Jesus, Maria de, soror, 199

Jesus, Maria Tecla de, 261, 299, 313, 328, 434, 477

Jesus, Maria Teresa de, 54, 283, 307, 491, 550

Jesus, Rita de, 549

Jesus, Teresa de, irmã (cozinheira do recolhimento), 235, 244, 353, 361, 375, 420, 458, 479

Jesus, Teresa Maria de, irmã, 292, 503

Jinga, rainha, 399

Jó, 108-9, 289, 304, 380-1

Joana Angélica, madre, 217, 290

Joana d'Arc, santa, 329, 559

Joana de Chantal, santa, 173, 247

Joana Grande (escravizada prostituta), 37

Joana Pequena (escravizada prostituta), 37

João III, d. (rei de Portugal), 408, 454

João V, d. (rei de Portugal), 28, 36, 88, 107, 112, 160, 165, 192, 216, 265, 301, 411

João VI, d. (príncipe regente), 482

João Batista, frei *ver* Capo Fiume, João Batista da, frei

João Batista, são, 69, 265, 276, 390, 522, 560

João Câncio, são, 187

João da Cruz, são, 173, 196, 391, 540

João de Deus, são, 187, 365

João Eudes, são, 251, 255

João Evangelista, são, 34, 108, 121, 247, 255, 276, 368, 390, 394, 398, 425, 446, 457, 522

João Maria Vianei, são, 163

Joaquim, Leandro, 166, 431

Joaquim, são, 69, 98, 176, 255-7, 268, 296, 349, 356, 397-9, 402-3, 407, 445

joias e adereços de negras escravizadas, 36-7, 124-5

Jonas, profeta, 121
Jordão, rio (Israel), 560
Jorge, Ana, 33
José Cupertino, são, 75-6, 149
José de Anchieta, são, 94, 455, 459
José de Arimateia, são, 401
José, d. (príncipe da Beira), 461, 495
José I, d. (rei de Portugal), 28, 256, 260, 264-5, 435
José, frei ("o Santinho"), 182, 364-5
José, são, 69, 73, 145, 255-6, 296, 391, 404, 407
Juana la Embustera (pseudomística espanhola), 166, 394
judaico-cristã, tradição, 34, 48, 130, 382, 446, 450, 587
judaizantes, acusações de práticas, 160
Judas Tadeu, são, 398
judeus, 86, 116, 148, 160, 193, 325, 407, 437, 456, 458
Judith (heroína bíblica), 427
Juízo da verdadeira causa do terremoto que padeceu a Corte de Lisboa (Malagrida), 265
Juízo Final, 288-9, 300, 389, 418, 443, 453
julgamento do padre Francisco (Lisboa, 1764), 526-54
Juliana Falconieri, santa, 114
Junqueiro, Guerra, 455
justificações teológicas da escravização de africanos, 48
Justino, imperador bizantino, 134
Justitia et Misericordia (lema do Santo Ofício), 278, 558, 568

Katende (orixá), 67
Kidder, Daniel, 163
Koch, teste de, 259

Ladainha de Nossa Senhora, 241, 424, 433, 576
"Ladainha de Santa Rosa", 429
"Ladainha e novena do Santíssimo Coração de Jesus" (Jerônimo de Belém), 406
ladainha revelada a Rosa Egipcíaca, 69
Lagos (Nigéria), 18

"Lágrimas da Piedade" (fonte curativa no morro do Fraga, MG), 188
Lambertini, Próspero, cardeal ver Bento XIV, papa
Lapa, igreja da (Rio de Janeiro), 166-7, 218, 220
Lapa, morro da (Rio de Janeiro), 586
Largo São Francisco (São Paulo, SP), 182
Larre, Antonio Veríssimo de, padre, 512
latim, 9, 44, 69, 79, 103-5, 117, 148, 400, 437
Lavradio, marquês de, 20, 168
Leandra (companheira e devota de Rosa Egipcíaca), 54, 56, 67, 71, 73-4, 107, 178, 204, 209, 211, 236, 281-2, 312, 316, 339, 350, 375, 386-7, 393, 439, 494, 552
Leandro, Joaquim, 231
Leão X, papa, 64
Leão, Antonia da Silva, 33
Legenda áurea (Jacob Voragine), 131, 134
Lei de Deus, mandamentos da, 70, 73
Lei Eclesiástica, 21
leilão de cativos, 493, 497-8
Leite, Felipe Mendes, 223
Leviatã, 52, 108, 520-1, 523
levitação, 57, 75-6, 103, 277, 409, 421
liberta, Rosa Egipcíaca como, 23, 125-7, 307, 468
Lima (Peru), 441
Lima Jr., Augusto, 135
Lima, Alexandre Antonio de, 251
Lima, João da Costa, 19
Lino, são (papa), 401
Lisboa (Portugal), 96, 100, 119-20, 135-6, 162, 165, 197, 213, 263, 265, 461, 508-9; *ver também* terremoto de Lisboa (1755)
Lisboa, Baltasar da Silva, 319
Livro das denunciações de Pernambuco, 213
Livro das plantas e monteas de todas as Fábricas das Inquisições deste Reino (Matheus do Couto), 593-4
Livro das portarias (Antonio do Desterro), 323
Livro de Benjamim (José do Espírito Santo), 197
"Livro de receitas e despesas do patrimônio da Igreja de Nossa Senhora do Parto" (manuscrito), 350

Livros de Batismo da Candelária (Rio de Janeiro), 175-6

Livros de Devassas (Arquivo de Mariana, MG), 72, 99

Lizana, Francisco de, frei, 398

Lobo, Manuel de Sousa, 188

Lobo, Tânia, 15

Loco (orixá), 67

Lopes, Antonio, padre, 53, 530

Lopes, Boaventura de Deus, 188

Lopes, Francisco Gonçalves, padre (instituidor da primeira capela mineira, 1696), 47

Lopes, Francisco Gonçalves, padre ("Xota-Diabos", exorcista e confessor de Rosa Egipcíaca), 9, 34, 42, 46-8, 50-1, 54, 56, 59, 63-4, 67, 71-2, 74-5, 80, 83, 87, 91-2, 97, 99, 101-9, 121, 126-9, 140, 144, 147-50, 155, 163-4, 168, 177-8, 191, 199-201, 204, 206-10, 223, 226-30, 234, 236, 244, 255, 260-1, 266-8, 273, 278, 281, 283-4, 288, 292-3, 295, 298, 301-2, 307-8, 311-2, 316, 320, 324, 326-7, 329-31, 333, 336, 338, 341, 345-6, 348-9, 352, 356-7, 359-62, 364, 366-7, 379-81, 385, 394, 402, 404, 423, 428, 436, 440, 448, 457, 462, 464, 466-8, 470, 473-4, 476, 484, 486-8, 490, 494-5, 497-8, 500, 502-3, 506-7, 510-3, 516, 518-20, 526-54, 565-6, 568-9, 572, 579-81, 588, 590

Lopes, Luzia (feiticeira negra forra), 90

Lôra (curandeira), 365

Lorenzo de Credi, 136

Loreto, igreja do (Lisboa), 165

loucura, frades capuchinhos acometidos por, 322-5, 522

Loudun, episódio das possessas de (França, 1634), 52, 385, 387

Lourdes (França), milagres em *ver* Nossa Senhora de Lourdes, aparições de

Lourenço, Domingos, frei, 325

Lourenço, Manuel, 491, 497

Lourinhã, Hilário de, frei, 135, 141

Luanda (Angola), 224

Lucas, são, 68, 176, 291, 368

Luccock, John, 159, 168, 232, 259, 455

Lúcifer, 46, 48-50, 53, 55-6, 73, 78, 80, 108, 164, 234, 268, 283, 304, 314, 321, 340, 344, 360, 380-2, 388, 423, 432, 469, 529-30, 573, 576

Ludwig & Briggs, litografias do, 231

Luís XV, rei da França, 201

Luís, São (Luís IX, rei da França), 260

Luiz (escravizado de Luiz Pereira), 401

Luiza de Marillac, santa, 196, 428

Lutero, Martinho, 174

Lutgarde, santa, 76, 250, 286

Luz e método fácil para todos os que quiserem ter o importante exercício da oração mental (Manuel da Madre de Deus), 411

Luzia, santa, 349

Lyon (França), 248

Macedo, Joaquim Manuel de, 232, 238

Machado, Diogo Barbosa, 392

Maciel, Antonio, 480

Maciel, Antonio Alvares, padre, 211

Madre de Deus, Josefa Maria da, soror, 131

Madre de Deus, Manuel da, frei, 411

Madre Joana dos Anjos (filme), 52

"Mãe de Misericórdia", Rosa Egipcíaca como, 287, 317, 362, 438, 487, 560

Magalhães, Luiz Cardoso Teixeira, padre, 117

Magalhães, Luiz Jaime de, padre, 50, 63, 204, 529

Maia, Pedro Moacir, 136

makota (mulheres auxiliares nos candomblés de Angola), 385

mal lunático (ou mal de lua), 44

Malagrida, Gabriel, padre, 94, 105, 216-7, 249-51, 257, 265, 267, 400-1, 405, 528

Malheiro, Antonio *ver* Desterro, Antonio do, d.

malva (planta), 475

mancebia no Brasil colonial, 22, 26, 29-31, 150-2, 308-10, 504, 578

mandingas/mandingueiros, 32, 118, 122, 142, 569

mania ("doença dos nervos"), 44-6

Mantiqueira, serra da, 23, 124, 141, 144, 146, 148, 151, 162, 209-10, 281, 308, 336, 350, 380-1, 406, 487

"Mapa Geral de Todos os Conventos de Religiosos e Religiosas da Cidade da Bahia" (1775), 217

"maquinetas" (oratórios antigos), 401-2

Maranhão, 89, 92, 94, 216-7, 249, 320

Maranhão, Heloisa, 15

Marcos, São, 48, 78, 176, 365, 368, 374, 383

Margarida de Cortona, santa, 38, 59, 191

Margarida Maria Alacoque, santa, 247-8, 250-1, 253, 255, 270, 273-5, 286, 365, 396, 406, 562

Maria (escravizada de Feliciana de Oliveira), 32

Maria (negra mina), 153

Maria I, d. (rainha de Portugal), 131, 460

Maria Egipcíaca, Santa, 38, 131-2, 134-7, 140, 143, 203, 211, 301

Maria Francisca das Cinco Chagas, santa, 115, 303

Maria Madalena, santa, 38, 133-4, 136-7, 211, 213

Maria Santíssima, mística cidade de Deus (Maria de Jesus), 199

Maria Teresa ("secretária de Rosa") *ver* Sacramento, Maria Teresa do, madre

Maria, Santa *ver* Virgem Maria

Mariana (MG), 8, 24-7, 32-3, 72, 83, 85-7, 92-3, 98, 101, 108, 122, 125, 140-2, 152, 174, 204, 209, 216, 247, 249-50, 401, 452, 482, 520, 531, 553

Mariana de Áustria, d. (rainha consorte de Portugal), 265

Mariana e seus templos, 1703-1797 (Vasconcelos), 98

Marinho, Domingos, 50

Marrocos, 454, 509

Martinho de Lima, são, 65

Martirológio Romano, 134

Martius, Carl Friedrich Philipp von, 455

Mascarenhas, Inácio Manuel da Costa, padre, 20, 175

Mascarenhas, Tomé Inácio, 27

Mateus, São, 41, 56, 94, 103, 145, 176, 193, 212, 271, 357, 368, 371, 401

Matos, Bernardo José de, padre, 35

Matos, Gregório de, 309

matrilinearidade de famílias africanas, 256-7

matrimônio, sacramento do, 30

Matriz de Nossa Senhora de Nazaré, igreja, 27-8, 46, 63, 519

Matriz do Pilar de São João del-Rei, igreja, 47, 66, 78-81, 115, 321, 530

Matriz do Pilar de Vila Rica, igreja, 115

Mattoso, Kátia, 90

Medeiros, Pedro Antonio Teodoro de, padre, 553

"Medianeira de todas as graças", Maria como (na teologia mariológica), 176

medicina, 25, 96, 110-1, 158, 176, 324, 405, 407, 475, 545

meditações cristãs *ver* oração mental, prática da

melancolia, 45, 384, 417, 421

Mello e Souza, Laura de, 11, 37, 90, 120, 151

Mello, Francisco Pina de, padre, 263

Mello, João C. de, padre, 151

Mello, Manoel Caetano de, 513

Membrise, João de, d., 480

Memória sobre as boubas (Gomes), 342

Memórias históricas do Rio de Janeiro (Mons. Pizarro), 189

Mendes, Baltazar Pereira de, padre, 32

Mendes, Manuel, padre, 20

Mendonça, Estêvão Luiz, padre, 518, 542, 558

Menezes, Antonio Pereira Barreto de, 581

Menezes, Luis da Cunha, 87

Menino Deus, igreja do (Lisboa), 165

Menino Jesus, devoção ao, 33, 69, 76-7, 145, 165-6, 175-6, 178, 182, 191-2, 194, 197, 210, 239, 252, 257, 276, 279, 288, 307, 315, 324, 331, 340-1, 344, 357, 370-1, 377-8, 390, 392, 394, 404, 420, 427, 432, 473-4, 490, 537, 573, 576, 585, 590; *ver também* Jesus Cristo

meretriz, Rosa Egipcíaca como, 31, 34-6, 38-9, 43, 64, 123, 154, 300

meretrizes/prostitutas, 30, 32, 35-8, 40-1, 63, 72, 117, 133-6, 264, 281, 290, 293, 334, 346, 377, 386, 391, 438, 453, 520, 557, 563

Mesa de Consciência e Ordens, 214
Mestre da vida (livro espiritual), 394, 530
Mestre de Tebaida, 135-6
Mestres do barroco mineiro (disco), 10
México, 64
Mezquita, Manoel Ferreira de, 591-2
Miguel Arcanjo, são, 278, 373, 388, 432, 445, 458
Miguel de Sanctis, são, 286
milagres eucarísticos, 114-5; *ver também* Eucaristia; hóstia (partícula consagrada)
milenaristas, profecias, 451, 457; *ver também* sebastianismo
minas (etnia africana), 34, 65, 123-4, 153, 155, 378
Minas do Fanado (MG), 215
Minas Gerais, apogeu da capitania de (séc. XVIII), 24
mineração, 25, 39, 97, 112, 122, 347, 507
"minuetes", dança dos, 556
misericórdia, potência da (concedida em visão a Rosa Egipcíaca), 278, 362
missa, valor de uma (séc. XVIII), 123
Missão abreviada para despertar os descuidados, converter os pecadores e sustentar o fruto das missões (vade-mécum), 413
misticismo, 8, 33, 58, 65, 120, 179, 187, 198, 409, 417, 457, 486, 522, 587
Mocha (Oeiras), cidade de (Piauí), 382
Moisés, 95, 271
moleque escravizado, valor de um (séc. XVIII), 126
Moller, Alexandre Jansen, padre, 512, 539
Moller, Joaquim Jansen, padre, 512, 538-9, 542, 549, 579
Monjas y beatas embaucadoras (Imirizaldu), 394
Monte Carmelo, Ana do, soror, 311
Monte Carmelo, Josefa Teresa do, soror, 131
Monte Reale, Jerônimo de, frei, 79, 215, 321
Monteiro, Antonio Carlos, padre, 504-5
Monteiro, Luiz Vaía ("Onça"), 19-20, 39, 169
Morais, Ana Garcês de, 22, 26-7, 29, 36, 70, 72, 126, 402, 519
Morais, Francisco Xavier Tavares de, padre, 311

Morais, João Rois de, 111
Morais, Josefa, 152
moralização do clero mineiro, 94
Morão, Simão Pinheiro, 44-6, 48
Moreira, Francisco Martins, 470, 473
Moreira, Hipólito, padre, 251
morro do Fraga (Bento Rodrigues, MG), 96-9, 137, 188, 402, 448, 470
morros do Rio de Janeiro, 157, 221
mortalidade dos negros durante a travessia atlântica, 19
Mosteiro das Clarissas de Coimbra (Portugal), 285
Mosteiro das Clarissas de Évora (Portugal), 214
Mosteiro das Ursulinas do Santíssimo Coração de Jesus da Soledade (Salvador, BA), 249
Mosteiro de Alcobaça (Portugal), 92, 135, 140-1
Mosteiro de São Bento (Rio de Janeiro), 163, 186, 224-5, 259, 362, 444, 469
Mosteiro dos Jerônimos (Lisboa), 454
Mott, Luiz, 97-8, 130
Motta, Francisco da, 96, 106, 144
Moura, Felipe de, 98
Moura, João de, padre, 309
Mozart, Wolfgang Amadeus, 10
mulheres brancas no Brasil colonial, 34, 36, 153, 214
mulheres negras, sexualização das, 153-4
Museu da Ordem Terceira do Carmo (Salvador, BA), 135
Museu de Arte Sacra da Bahia, 120
Museu de Arte Sacra da Catedral do Rio de Janeiro, 585
Museu de Arte Sacra de Mariana (MG), 68, 87, 249
Museu de Arte Sacra de São João del-Rei (MG), 82
Museu de Arte Sacra de São Paulo (SP), 269
Museu de Belas Artes (Rio de Janeiro), 232
Museu dos Aflitos (Santo Amaro da Purificação, BA), 136
Muzzi, João Francisco, 231-2, 245

Nanã Borocô (orixá), 399
Narciso (escravizado), 187
Nascimento, Bernarda Tomásia do, soror, 311
Nascimento, Paulo do, frei, 480
Natividade, Francisco da, frei, 392
navios negreiros, 8, 17-9, 72, 98, 159, 192, 256, 482, 507
"nefando pecado" *ver* sodomia
neuroses (na psicanálise), 384
Neves, Lucas Moreira, d., 77
Neves, Tancredo, 77
Nicodemos, são, 401
Nigéria, 53, 383
Nóbrega, Manuel da, padre, 213
Noé, 191, 326, 405, 452-3, 464
Nogueira, José, padre, 311
Nolasco, Pedro, padre, 187
"nome dela era Rosa: Epistolografia de uma ex-escrava no Brasil do século XVIII, O" (Oliveira e Lobo), 15
Nordeste brasileiro, 71, 160, 182, 197, 216-8, 385
Noronha, Vicente Ferreira, padre, 105, 453, 468
Nossa Senhora da Cachoeira, freguesia de (MG), 31
Nossa Senhora da Candelária, freguesia de (RJ), 21, 40, 162, 325, 468, 480; *ver também* Candelária, igreja da (Rio de Janeiro)
Nossa Senhora da Conceição, imagem de, 59, 62, 70, 96
Nossa Senhora da Lapa, imagem e igreja de (Rio de Janeiro), 161, 164, 167
Nossa Senhora da Palma, imagem de (painel de José Joaquim da Rocha), 142
Nossa Senhora da Piedade, devoção a, 98, 203, 205, 212, 220, 279, 418, 445
Nossa Senhora das Candeias e Iemanjá, sincretismo entre, 21
Nossa Senhora das Mercês, igreja de (Vila Rica, MG), 101
Nossa Senhora de Lourdes, aparições de, 55, 97-8, 177
Nossa Senhora de Nazaré do Inficcionado, freguesia de (MG), 22, 25-9, 31-2, 34, 46, 48, 50, 54-5, 59, 62-4, 70-1, 88, 95, 97-8, 103, 108, 123, 156, 166, 188, 195, 204, 210, 218, 247, 278, 300, 308, 316, 391, 423, 430, 435, 448, 484, 507, 520, 529-30
Nossa Senhora de Nazaré, culto de (Portugal), 27
Nossa Senhora do Carmo, devoção a, 315, 373, 493, 508, 556
Nossa Senhora do Carmo, igreja de (São João del-Rei, MG), 142
Nossa Senhora do Desterro, devoção a, 164
Nossa Senhora do Leite, imagem de, 136, 165
Nossa Senhora do Monte Carmelo, devoção a, 219
Nossa Senhora do Parto (ou do Bom Parto), culto ibérico a, 222
Nossa Senhora do Parto, igreja e imagem de (Rio de Janeiro), 584
Nossa Senhora do Rosário, devoção a, 175-6, 230, 283, 335, 372, 545
Nossa Senhora dos Remédios e Virgem da Saúde, devoção a, 177
Nossa Senhora, José de, frei, 248
Notícia mística, representação métrica e verdadeira história dos avós de Maria e bisavós de Cristo (José Pereira de Santana), 400
Notícias do que é o achaque do Bicho (Pimenta), 43-4
Notícias recônditas do modo de proceder da Inquisição de Portugal com seus presos (atribuídas a Antônio Vieira), 455, 514
Nova Floresta (Bernardes), 38
"nova redenção", mistério da (capitaneada por Rosa Egipcíaca), 8, 288-9, 331, 368, 373, 429, 449, 451, 453, 469, 573, 575, 586
novas fórmulas devocionais, invenção de, 394
Novena da Gloriosa Santana, Mãe de Deus, Avó de Cristo (Silva), 392
Novena de Santana, Avó de Cristo (Antonio de Santa Engrácia), 392
Novena de São Francisco de Paula, 393
Novena de Senhora Santana com o seu Ofício (Francisco da Natividade), 392

Novena do Santíssimo Coração de Jesus, na qual se inclui o Obséquio do Precioso Coração de Maria Santíssima Nossa Senhora (Lima), 251

novenas, 79, 93, 206, 222, 245, 386, 391-4, 400, 406, 408, 411, 437, 508, 577

Novi, Francisco Antonio, frei, 323

Novo Testamento, 398, 438

Núbia, Reino da, 193

Ó, Maria do (liberta), 40, 112, 123-4

obediência na hierarquia clerical, 290-1, 293, 361, 404, 433

objetos eucarísticos, roubo de, 118-9

Oblação métrica à abadessa do Convento da Castanheira (Cherem), 284

obsessões (na psicanálise), 384

odor de santidade (fragrância de santos), 183, 186-7, 286, 298

Ofício de Nossa Senhora, 60-2, 65, 69, 241, 245, 363, 367, 391

Olinda (PE), 180, 213, 417

Oliveira, Amaro Gomes de, padre, 101, 204

Oliveira, Caetana Maria de (crioula forra), 33

Oliveira, Estevão Dias de, 220, 230

Oliveira, Feliciana de (parda forra), 32

Oliveira, Francisco Pimenta de, padre, 467

Oliveira, João Fernandes de (contratador de diamantes), 36, 124

Oliveira, Klebson, 15

Olivença ilustrada pela vida e morte da grande serva de Deus, Maria da Cruz, filha da Terceira Ordem Seráfica (Jerônimo de Belém), 197

"Onça" *ver* Monteiro, Luiz Vaía

Onze Mil Virgens, culto às, 58, 76, 216, 362

"oração de Nossa Senhora do Parto", 584

Oração e meditação (Luiz de Granada), 409

oração mental, prática da, 94, 184, 200-1, 240-2, 258, 286, 294-5, 367, 374, 391, 408-21, 431, 484, 545, 614*n*

orações compostas por Rosa Egipcíaca, 522

Ordem do Carmo *ver* carmelitas

Ordem do Exorcismo (terceira das quatro ordens menores), 49, 99

Ordem dos Cônegos Regrantes de Santo Agostinho (Lisboa), 26

Ordem dos Frades Menores (estabelecimento no Brasil em 1585), 180; *ver também* franciscanos

Ordem dos Teatinos, 67

ordem seráfica, 210, 432

Ordem Terceira do Carmo, igreja da (Cachoeira, BA), 136

Ordem Terceira Franciscana (Ordem Terceira da Penitência), 161, 180

ordens religiosas femininas, sobrenomes sacros nas, 131

orixás, 55, 67, 102, 149, 294, 368, 383, 387, 399, 421, 558

orukó (dia do nome, tradição nigeriana), 129

Ostensor brazileiro (periódico), 231

Ouidah, Fortaleza de *ver* Uidá (Ajudá), costa africana de

Ouro Preto (MG), 27, 31, 67, 84-5, 101, 111, 324, 399; *ver também* Vila Rica (MG)

ouro, exploração de *ver* aurífera, riqueza e exploração (MG, séc. XVIII)

Oxóssi (orixá), 365

Oxumaré (orixá), 62

Paço de Nossa Senhora da Piedade (São João del-Rei, MG), 82

Pafúncio (anacoreta), 133

pagãos, 49, 325, 458

paixão recíproca entre negros e brancos no Brasil colonial, 153-4

Palácio dos Vice-Reis (Rio de Janeiro), 457

Palácio Tiradentes (Rio de Janeiro), 482

Palermo, princesa de, 399

Palestina, 131, 134, 141, 213, 560

panos com o sangue de Rosa Egipcíaca (relíquias), 362

Pão de Açúcar (Rio de Janeiro), 155, 157

"pão de frei José Santinho", 364-5

"pão de santo Antônio", 364

Pão partido em pequeninos para os pequeninos da casa de Deus (Bernardes), 409-10 papelinhos escritos com orações ou jaculatórias, 363

Paradiso, Domenica dell, 115

partícula consagrada *ver* hóstia

Parto, igreja do (Rio de Janeiro), 235, 258, 284, 306, 345, 376, 490, 584-5; *ver também* capela de Nossa Senhora do Parto; Recolhimento de Nossa Senhora do Parto (Rio de Janeiro)

Páscoa, 62, 117, 167-9, 242, 244, 246, 251, 254, 274, 326, 517, 538

Pascoal Bailão, são, 341

Passeio pela cidade do Rio de Janeiro (Macedo), 232

Patrocínio, José do, 7

patuás, 118-20, 142

Paulo vi, papa, 76, 134

Paulo da Cruz, são, 260

Paulo, São (apóstolo), 60, 108, 110, 116, 130, 203, 272, 291, 297, 551

pecado mortal, 116, 148, 150, 243, 289, 407, 414

Pecador convertido ao caminho da verdade (Manuel da Madre de Deus), 411

pecadores públicos, 63, 78, 80, 116-7, 573

"Pedra Bonita" (movimento sebastianista brasileiro, 1838), 456

Pedra iman da novena da milagrosíssima Senhora da Lapa que se venera nos seus seminários do Rio de Janeiro (Sequeira), 164

Pedro (negro curandeiro), 33

Pedro Antonio, padre frei, 31, 142-3

Pedro de Alcântara, são, 213, 269, 277-8, 339, 516

Pedro, d. (infante de Portugal), 460

Pedro i, d. (imperador do Brasil), 131

Pedro ii, d. (imperador do Brasil), 131, 277

Pedro, São (apóstolo), 130, 401

Pedrosa, João Francisco, 119

Pedroso, João, 163, 234-5, 299

Pedroso, Joaquim, 472

Peixoto, Alexandre, 480

Pelágia, santa, 133, 141

Pelé (Edson Arantes do Nascimento), 249

pelourinho de Mariana (mg), 8, 88-9, 99, 106, 121, 126, 357, 359, 423-4, 452, 470, 520, 559

pelourinhos do Brasil, 84, 89, 587

pena de morte na fogueira *ver* fogueira, condenação à

Pena, Afonso, 581

Pena, Caetano Fernandes, 148-9

Pena, Domingos José Teixeira de, 581

Penha, Manuel da, frei, 383

penteados de mulheres negras, 379

Pequenos na terra, grandes no céu (Apolinário da Conceição), 181

perdão da Inquisição ao padre Francisco (1767), 581

Perdigão, José Rabelo, padre, 309

Pereira e Castro, Antonio José dos Reis, padre, 464, 467, 469, 474, 480-1, 483, 489, 498-9, 502-4, 543, 546

Pereira, Anastácio, padre, 311

Pereira, Bernardo, padre, 311

Pereira, Caetano Fernandes, 494-5, 553

Pereira, Diogo, 37

Pereira, José Alves, 553

Pereira, José Francisco, 119

Pereira, Lourenço Antonio, padre, 27

Pereira, Lucas, 327-8, 471

Pereira, Luiz, 401

Pereira, Manuel, 31

Pernambuco, 54, 71, 182, 213, 217, 236, 249, 281, 456

Peru, 365, 441

Perúgia, Antonio de, frei, 325

Perúgia, Luiz de, frei, 80-1, 204, 321

Pessoa, Fernando, 455

Pfeil, Conrado, padre, 248

Piauí, 68, 92, 250, 382

Pimenta, Miguel Dias, 44

Pinho, Maria de, 168-70, 198, 210, 212, 215, 219

Pinto, Antonio, 480

Pinto, Felipe Teixeira, padre, 151

Pinto, Manuel, padre, 100-1, 204, 440

pinturas barrocas, 66

Pio v, papa, 399

Pizarro, mons., 189, 220, 224-5, 444

pneuma (espírito), 55

poemas e hagiografias sobre Santa Maria Egipcíaca, 134-5

Poesia e filosofia do mito sebastianista (António Quadros), 454

polifonias barrocas, 69

Pombal, marquês de, 26, 253, 265, 355, 400, 449, 459, 565

população da Bahia e do Rio de Janeiro (séc. xviii), 157

população negra de Minas Gerais (séc. xviii), 25, 122

Porciúncula, Menino Jesus da (devoção franciscana), 210, 252, 307, 324, 341, 344, 390, 427, 474

Porot, Antoine, 102

Porto (Portugal), 92, 507

Porto Novo (África), 40

Portugal, 27, 131, 135-6, 165, 179, 193, 213, 237, 248-9, 251, 265-6, 277, 288, 355, 410, 425, 435, 441, 448, 454-5, 458, 474, 491, 518, 520, 542, 579

possessão demoníaca, 49-50, 52, 74, 102-4, 322, 388, 478, 508, 530; *ver também* demônios

Praga, Menino Jesus de, 165

Praga, Pedro de, padre, 114

Prestes João, 195

"primeira escritora negra do Brasil", Rosa Egipcíaca como, 8, 15

prisão de Rosa Egipcíaca no aljube (Rio de Janeiro, 1762), 388, 428, 479, 486, 502, 524, 546, 552

prisão de Rosa Egipcíaca nos cárceres inquisitoriais (Lisboa, 1763-1771), 590, 593

processo inconcluso de Rosa Egipcíaca, 555-81, 588-90

profecias de Rosa Egipcíaca, 8, 15, 97, 113, 145, 148, 168, 202, 266, 286-9, 315-6, 318, 358, 373, 440-1, 447-8, 457, 464, 485, 509, 520, 524-5, 550, 552, 587, 595; *ver também* "dilúvio universal" (profecia de Rosa Egipcíaca, 1760); visões de Rosa Egipcíaca

profecias do Bandarra, As (1545), 455, 457, 459

proibição dos batuques no Rio de Janeiro (1747), 541

pronunciação e grafia do nome "Egipcíaca", 136-7

prostituição *ver* meretrizes/prostitutas

protestantismo, 49, 174, 200-1, 403, 512

"Protoevangelho de São Tiago" (escritura apócrifa), 397

Provérbios, 278

psicanálise, 384, 421

purgatório, 97, 112, 216, 360, 392, 396-7, 432, 448, 472, 562-3, 577, 594

Purificação, Francisco da, frei, 467

Quadros, António, 454

Quaresma, 47, 225, 243, 337, 351, 470, 477, 524-5, 570-1; *ver também* Páscoa

Querino, Manoel, 345

Quevedo, Oscar, padre, 49

quilombos/quilombolas, 83-4, 145

Quinto império do mundo (Antônio Vieira), 455

Quitéria (escravizada), 310

Quitéria, dona (esposa do dr. José Gomes), 305-6, 312

Rabelo, Manuel de Oliveira, padre, 311

racismo, 475-6, 586-7

Rafael, são, 373

readimissão de Rosa Egipcíaca ao recolhimento (1759), 329-30, 355-6

Recife (pe), 44, 194, 240

Recolhimento das Ursulinas do Coração de Jesus (São Luís, ma), 217

Recolhimento de Maria Rosa (Olinda, pe), 213

Recolhimento de Nossa Senhora da Conceição da Divina Providência (São Paulo, sp), 230

Recolhimento de Nossa Senhora da Conceição das Macaúbas (mg), 79, 215, 218, 240, 311, 321, 372

Recolhimento de Nossa Senhora da Glória (Recife, pe), 240-1, 417

Recolhimento de Nossa Senhora da Luz (São Paulo, sp), 230, 269, 276, 363

Recolhimento de Nossa Senhora do Parto (Rio de Janeiro), 8, 15, 18, 38, 46, 127, 141, 161, 179, 199, 202-30, 231-45, 257, 268, 273-4, 280-1, 283, 290, 298-318, 320, 323, 326, 328-30, 334-5, 345-6, 350, 353-4, 406, 413, 431, 443-4, 450, 452-3, 459, 462, 464, 466-8, 471, 477-8, 480-1, 484, 487-8, 496, 500, 503, 507, 523, 525, 531, 535-6, 540, 544, 547, 555, 560, 566, 572, 580, 583-5, 587-8, 590; *ver também* Parto, igreja do (Rio de Janeiro)

Recolhimento de Santa Teresa (São Paulo, SP), 214

Recolhimento de Santana (Portugal), 237

Recolhimento de São Raimundo (Salvador, BA), 232

Recolhimento do Coração de Jesus (Igaraçu, PE), 217, 249

recolhimento, tipos de casas de, 214

Regimento do Santo Ofício, 49-50

"Regra das Freiras da Ajuda" (Antônio do Desterro), 417

Reis Magos, 95, 193, 344

Reis, Gaspar dos, 306

Reis, João José, 11, 90

Reis, Pedro Medeiros Caetano dos, 552

Relação da entrada que fez dom Antonio do Desterro Malheiro, bispo do Rio de Janeiro, em 1º de janeiro de 1747 (Cunha), 224

Relação dos obsequiosos festejos que se fizeram nesta cidade de São Sebastião do Rio de Janeiro, pela plausível notícia do nascimento do Sereníssimo Senhor Dom José, no ano de 1762, oferecida ao nobilíssimo senado da mesma cidade, que tão generosamente concorreu para estes grandes festejos, em que se empenhou a sua fidelidade e desempenhou o seu afeto (autor anônimo, 1763), 496

Relação Eclesiástica do Rio de Janeiro, 59

Rélation de l'Inquisition de Goa (Delon), 517, 567

religiões afro-brasileiras, 21, 62, 67, 74, 137, 175, 383, 385-6, 399, 478, 586

relíquias, 9, 51, 58, 111, 119, 136, 180, 183, 186, 188, 191, 224-5, 260, 349, 358, 362-3, 366, 374, 376, 378, 398, 424, 485-6, 525, 531

representações iconográficas e estatutárias de Santa Maria Egipcíaca, 135-7

Requiem (Mozart), 10

Retiro da esposa de Deus (José do Espírito Santo), 197

retorno de Rosa Egipcíaca ao Rio de Janeiro (1751), 127, 129, 144, 147, 156-70

retrato de Rosa Egipcíaca, 431-4, 485, 546

Reus, João Batista, padre, 270, 286, 371

Reute, Elizabeth von, 115

Revolução Francesa (1789), 404

Rezzonico, Carlo, cardeal *ver* Clemente XIII, papa

Ribadaneira, Pedro de, padre, 135

Ribeirão do Carmo (MG), 25, 27, 47, 84, 141-2

Ribeiro, Antonio, padre, 152

Ribera, 136

Rio das Mortes, comarca de (MG), 23-5, 47, 54, 56, 63-4, 67, 71, 73, 75, 77, 80-1, 84-5, 91, 100, 111, 119, 126-7, 143, 146, 167, 177, 203-5, 208, 210, 220, 226, 236, 266, 273, 281, 283, 290, 313, 324, 330, 339, 347, 349-50, 359, 381, 399, 402, 411, 440, 477, 479, 487, 491, 519, 530

Rio de Janeiro no tempo dos vice-reis, O (Edmundo), 159, 354

Rio Grande do Sul, 270, 286, 371

Rita, santa, 74, 168-9, 432

Rituale Romanum (manual de exorcismo), 51-2, 56, 101, 103, 149, 312

Rocha, Antonio Bernardo, 551

Rocha, José Joaquim da, 142

Rocio, praça do (Lisboa), 509; *ver também* Casa do Rocio (Sede da Inquisição de Lisboa)

rococó, estilo, 98; *ver também* Barroco

Rodrigues, Nina, 149, 421

Roma, 9, 15, 49, 58, 65, 87, 93, 111, 113, 121, 136, 180, 183-4, 191, 194, 196, 253, 321, 372, 398, 410, 433, 441, 452, 536, 572, 578, 586

Romanos (epístola de São Paulo), 60

Rosa de Lima, santa, 131, 191, 270, 371, 432

Rosa de Viterbo, santa, 269, 274

"Rosa Maria Egipcíaca da Vera Cruz: a incrível trajetória de uma princesa negra entre a prostituição e a santidade" (Heloisa Maranhão; prefácio de Jorge Amado), 15

Rosa, Francisco Xavier, padre, 250

Rosa, Manoel Furtado, 98

Rosae: Linguística histórica, história das línguas e outras histórias (Lobo et al.), 15

Rosário de Santana ("Rosário da fidelidade", invenção de Rosa Egipcíaca), 349, 373, 394-7, 400, 405, 408, 441, 476, 491, 494, 530, 577; *ver também* Santana, devoção a

Rosário dos Pretos, igreja do (Rio de Janeiro), 195

Rosário, Antonio do, frei, 79

Rosário, Inácio do, 317

Rosário, Joana Maria do, irmã, 235, 477

Rosário, Maria do, irmã, 236

"Roteiro do Caminho Novo para as Minas" (Antonil), 23

roupas de Rosa Egipcíaca (como relíquia), 366

Rower, Basílio, frei, 183, 188, 252

Rubens, Peter Paul, 136

Rugendas, Johann Moritz, 18-20, 22

Russell-Wood, A. J. R., 122

Sá e Miranda, Francisco, 135, 138

Sá, Mem de, 180

Sabá, rainha de, 193

Sabará (MG), 25, 27, 32, 43, 56, 71, 84-6

Sacramento, Ana Maria Joaquina do, irmã, 473

Sacramento, Francisca Tomásia do, irmã, 236, 268, 281, 283-4, 302, 312, 331, 335-6, 339, 355, 375, 385, 429, 552-3

Sacramento, Isadora Josefa do, 470, 472

Sacramento, Maria Bernarda do, madre, 311

Sacramento, Maria Teresa do, madre, 199-200, 203, 233-5, 244, 268, 280, 284, 290, 296, 299-300, 303, 305, 307-8, 317-8, 327, 337, 340, 364, 368, 376, 387, 430, 438, 467, 470, 472, 476, 540

sacramentos, 48, 63, 208, 241, 278, 396, 505

sacrilégio, 117-8, 447, 478

Sagrada Congregação de Propaganda da Fé, 323

Sagrada Família, devoção à, 56, 61, 98, 145, 178, 210, 255-7, 360, 386, 390, 424, 430, 440, 445, 450, 545, 575

Sagrada teologia do amor de Deus, luz brilhante das almas peregrinas (Rosa Egipcíaca), 8, 198

Sagradas Escrituras *ver* Bíblia

Sagrado Coração de Jesus, devoção ao, 61, 94, 216-7, 247-51, 253-5, 274, 396, 463, 562, 564

Sagrados Corações, culto aos, 11, 94, 97, 100, 131, 141, 228-9, 246-7, 249, 251, 253-5, 258-61, 268, 296, 313, 318, 330, 381, 392, 402, 405-6, 408, 444-5, 451, 459, 462, 497, 564, 584; *ver também* cinco corações (Jesus, Maria, José, Santana e São Joaquim), culto aos; três corações (Jesus, Maria e José), culto aos

Saint-Hilaire, Auguste de, 77, 82, 147, 155

Salgado, Fernando, padre, 311

Salgado, Matias Antonio, padre, 78-81, 204

saliva de Rosa Egipcíaca (como relíquia), 363-6, 371-2, 485, 499, 545

Salmos, 52, 104, 109, 148, 150, 172, 243, 362

Salomão, rei de Israel, 193

Salvador (BA), 89, 135, 157, 159, 214, 216, 232, 249, 387

Salvador, Vicente do, frei, 180

San Juan, Catarina de (beata mexicana), 64

saneamento básico no Brasil colonial, 42

Santa Casa de Misericórdia de Lisboa, 398

Santa Casa de Misericórdia do Rio de Janeiro, 115

Santa Clara, Ana Luiza de, soror, 311

Santa Engrácia, Antonio de, frei, 392

Santa Inês, Manuel de, d., 301

Santa Maria della Vitoria, igreja de (Roma), 372

Santa Maria, Agostinho de, frei, 175, 196, 221, 223

Santa Maria, Antonio de, frei, 181, 309, 311

Santa Maria, Patrício de, frei, 130

Santa Rita Durão, José de, frei, 25-8, 70, 174, 300, 435, 487

Santa Rita, igreja de (Rio de Janeiro), 168-9, 198, 212, 215, 219, 298, 436-7, 470

Santa Rosa, Inácio de, frei, 130

Santa Teresa, Manuel da Silva de, padre, 528

Santana, Antonio de, frei, 269-70

Santana, devoção a, 98, 149-50, 156, 176, 255-7, 296, 314, 348, 392, 395-403, 405, 407, 529; ver também Rosário de Santana ("Rosário da fidelidade", invenção de Rosa Egipcíaca)

Santana, igreja de (Mariana, MG), 401

Santana, igreja de (Rio de Janeiro), 400

Santana, José Pereira de, frei, 193, 400

santas ex-meretrizes, 133-37

santas, mudança de nomes de, 131

Santiago de Compostela (Galiza, Espanha), 15, 111, 113, 452, 536, 578

santidade de Rosa Egipcíaca, construção e divulgação da, 357-9, 361, 366-7, 425-33, 492, 503; ver também devotos de Rosa Egipcíaca; "evangelistas" de Rosa Egipcíaca, quatro

Santíssima Trindade, 9, 55-6, 58, 64-5, 68-9, 121, 149, 201, 205, 211, 228, 238, 257, 275, 293, 359-60, 396, 406-7, 414, 426, 429-31, 436, 438, 447, 453, 459, 485, 492, 553, 574, 586

Santíssimo Coração de Jesus, Ana do, irmã, 236, 503, 544

Santíssimo Sacramento ver Eucaristia

Santíssimo Sacramento, Maria Micaela do, soror, 131

Santo Alberto, Francisco de, frei, 265

Santo Amaro da Purificação (BA), 136

Santo Antônio, Francisco de, frei ("o Pretinho"), 182

Santo Antônio, igreja de (Rio de Janeiro), 179, 186, 192, 228, 235, 246, 258, 271, 277, 328, 466, 478

Santo Lenho, lascas do (relíquia da cruz de Cristo), 58, 111, 119, 225, 259, 326, 358, 361-2, 369

Santo Ofício, 9-11, 13-4, 19, 25, 31, 35, 49-50, 84-6, 117-20, 148, 153, 155, 160, 167, 174, 193, 195, 197, 199, 220, 223, 237, 258, 265, 285, 297, 309, 311, 325, 361, 364, 382, 387, 408, 418, 420, 424, 428, 433, 443, 454, 462-4, 466-70, 472-3, 476, 479-81, 486, 488-93, 495-6, 499-500, 502, 505-6, 508-22, 524, 527-8, 530, 533, 535-9, 542-9, 551-3, 555, 558-9, 564-71, 572, 576, 578-9, 581, 583, 587-90, 592-5; ver também Inquisição

Santo Sepulcro (Jerusalém), 79

Santos Filho, Lycurgo, 324

santos negros, 193-5

Santos, Amador José dos, padre, 467

Santos, João Antonio dos, 456

Santos, João dos, frei, 276

Santos, João Moreira dos, 552

Santos, Silvestre José dos, 455

Santuário do Bom Jesus (Conceição do Mato Dentro, MG), 90

Santuário mariano (Agostinho de Santa Maria), 175, 196, 221

São Bartolomeu, Ana de, irmã, 199

São Bernardo, Vicente de, frei, 79, 143

São Caetano da Moeda (MG), 67

São Caetano de Mariana (MG), 67

São Caetano do Xopotó (MG), 67

São Caetano, freguesia de (MG), 40, 47, 112, 124, 533

São Domingos, igreja de (Lisboa), 160, 509, 566

São Domingos, ilha de, 213

São Francisco, Mazeu de, frei, 197

São Francisco, Miguel de, frei, 130, 221

São Jerônimo, Francisco de, d., 223

São João Batista, igreja de (Rio das Mortes, MG), 111

São João Batista, igreja de (São João del-Rei, MG), 67, 204

São João del-Rei (MG), 24, 47, 64, 66, 72-3, 76-7, 79-85, 88-9, 91, 99, 115, 119, 123, 127, 142-3, 145-7, 151, 204, 206-7, 209, 281, 306-7, 321, 336, 341, 343, 347-8, 359-60, 366, 430, 447,

462, 465, 469, 476, 482, 486-90, 493-5, 500, 502, 526, 530, 533, 537, 549-52, 554

São José, Agostinho de, frei, 167-9, 172-4, 179, 198, 201, 204-5, 208, 210, 212, 220, 234, 240, 255, 257, 260-1, 266, 273, 281, 284, 298, 300, 305, 309, 312, 314-7, 324, 370, 386, 391, 410, 416, 472, 476, 494, 503, 519, 531, 534, 537, 548

São José, Ana Joaquina de, irmã, 235, 299, 402, 453, 503

São José, igreja de (Rio de Janeiro), 253

São José, igreja de (Vila Rica, MG), 101, 109

São José, Jacinta de, irmã, 192, 218-9, 224, 230, 266, 276, 586

São José, João de, frei, 142

São José, Páscoa Maria de, irmã, 236, 336, 353, 478, 503

São Luís (MA), 92, 249

São Miguel, Mariana Inácia de, irmã, 265, 589

São Paulo e Minas Gerais, capitania de, 84

São Paulo, bispado de, 189

São Salvador, igreja de (Antuérpia, Bélgica), 136

Satanás, 48, 51-3, 105, 148, 150, 173-4, 272, 380, 382, 387, 403, 423, 432

satanismo, 100

Saúde, bairro da (São Paulo, SP), 177

sebastianismo, 440, 454-60, 509

Sebastião, d. (rei de Portugal), 435, 453-4, 456, 458-60, 509, 575, 595

Sebastião, São, 73, 159, 457

Século das Luzes, 158, 250, 403, 505

seios à mostra (na cultura luso-brasileira), 136

semelhanças entre a vida de Rosa Egipcíaca com a de Santa Maria Egipcíaca, 137, 140

Seminário de Mariana (MG), 94

sensualidade abdicada por Rosa Egipcíaca, 35, 38, 54

sentença do padre Francisco (1765), 567, 570, 572-80

"sepultura dos presos que lá morreram" (no Tribunal do Santo Ofício), 594

Sequeira, Angelo, padre, 163-4

Sequeira, Manoel Soares de, 24

Sequeira, Manuel do Sacramento, frei, 311

Serafins, Francisca Xavier dos, irmã, 236, 362-3, 368, 373-4, 376, 394, 491, 499, 546

Serafins, Manoel João dos, padre, 309

Sermão da Gloriosa Santa Ana, mãe de Maria Santíssima Senhora Nossa, na festa que lhe consagram os moedeiros na catedral da cidade da Bahia (Soares), 400

"Sermão das frutas do Brasil" (Antonio do Rosário), 79

Sermão do glorioso lusitano Santo Antonio, pregado no Convento do Rio de Janeiro a 13 de junho de 1674 (Agostinho da Conceição), 286, 425

Sermão do Santíssimo Coração de Jesus (Manuel da Ascensão), 248

Sermão do Santíssimo Coração de Jesus pregado no Dia do Batista, estando o santíssimo exposto no Convento de São Francisco de Xabregas (Pedro da Encarnação), 248

Sermão no dia de São Francisco, na profissão da soror Maria de Santa Rosa, do Convento de Santa Clara do Desterro da Bahia (Inácio de Jesus Maria), 284

Sermão panegírico do Coração de Jesus, manifesto no santíssimo sacramento no seu dia oitavo (José de Nossa Senhora), 248

serpente, representações católicas da, 62

Serra, Antonio Carvalho, 119

Serra, Salvador Carvalho, 119

Séstola, Tomás de, frei, 79

sexto coração, mistério do (visão de Rosa Egipcíaca), 256, 258, 260-1, 279

sexualidade/práticas sexuais no Brasil colonial, 34, 36

Sicília (Itália), 182, 194-5

sífilis (mal gálico), 43, 342

Silva e Orta, Teresa Margarida da, 512

Silva, Antonio José da (o Judeu), 160

Silva, Antônio José da, padre, 392

Silva, Antonio Moraes, 10

Silva, Chica da, 36, 124

Silva, Inocêncio, 140
Silva, Joaquim Carneiro da, 260
Silva, José de Santa Maria, frei, 315
Silva, Manuel da, 37, 41
Simão (escravizado do alferes Dantas), 122
Simão Cirineu, 91
Símbolo de Santo Atanásio, 52
Simões, Francisco Fernandes, padre, 469, 480, 542-8, 555, 569-70
sinais de possessão demoníaca, 103-4
sincretismo religioso afro-brasileiro, 21, 62, 67, 74, 137, 175, 383, 386, 399, 586
Síria, 133
Soares, João Alvares, padre, 400
Soares, Josefa Maria, 32
Sobral e Sousa, José, padre, 487, 549, 552, 554
sobrenaturais, dons, 57-9, 75; *ver também* profecias de Rosa Egipcíaca; visões de Rosa Egipcíaca
sobrenomes sacros ou hagiográficos, 130-1
Sodoma e Gomorra, destruição de, 30, 146, 301, 325, 447
sodomia, 32, 72, 86, 151, 528
Sofrônio, são, 131, 134
"solicitação *ad turpia*", crime de (entre clérigos e penitentes), 152-3, 309
somatização de transtornos psíquicos (na psicanálise), 384
sonolência de Rosa Egipcíaca, manifestações de, 44, 110, 381
Sousa, Feliciano Joaquim de, 299, 325-6, 448, 471
Sousa, Filipe de, padre, 80, 106, 127, 204, 298, 383, 469
Sousa, Francisco de, 144
Souto Maior, José da Fonseca, 488
Souza, Antonio José Vitorino de, padre, 569, 572
Souza, José de (devoto de Rosa Egipcíaca), 324, 328, 383
Spix, Johann Baptist, 455
Suassuna, Ariano, 455
Suíça, 263

suplício de Rosa Egipcíaca no pelourinho de Mariana (MG, 1749), 8, 88-90, 92, 99-100, 106, 121, 126, 357, 359, 423-4, 452, 470, 520, 559

Tabor, monte (Israel), 271
tabuleiro, negras de, 40, 122
tabus quebrados por Rosa Egipcíaca, 586-7
Taís, santa, 133-5, 137
tamoios, indígenas, 351, 354
Tantum ergo Sacramentum (hino), 115-6
Taunay, Nicolas-Antoine, 172, 232
Tavares, Antonio, 54, 56, 73, 178, 209, 211, 273, 282
Tavares, João de Sousa, 33
Te Deum (hino), 65, 103
Teatro Nacional D. Maria I (Lisboa), 594
Teive, Diogo de, 455
Telles, Rodrigo de Moura, d., 533
tempestades e inundações no Rio de Janeiro (1756), 319-20
Templos históricos do Rio de Janeiro (Augusto), 219
tentações de Rosa Egipcíaca, 137, 148, 150, 154-6, 171, 312
Teoctista de Paros, santa, 134, 137
teologia, 49, 63, 78, 94, 130, 158, 176, 193, 211-2, 305, 309, 356, 361, 408, 466, 489
Teresa d'Ávila, Santa, 45, 76, 113, 142, 145, 166, 173, 177, 196, 199, 277, 360, 372, 381, 409, 417-21, 432, 508, 516, 538, 540, 559, 562
Teresa de Lisieux, santa, 563
"Termo de Segredo" (Tribunal do Santo Ofício), 568
Terreiro do Paço (Lisboa), 263, 509, 567
terremoto de Lima (1746), 441
terremoto de Lisboa (1755), 262-79, 319, 326, 372, 448-9, 459, 461, 473, 508-9
Tiago Menor, são, 398
Tintoreto, 136
Tiradentes (Joaquim José da Silva Xavier), 67, 73, 168
títulos laudatórios de Rosa Egipcíaca, 425
Toledo (Espanha), 120, 166, 394

661

Tomás de Aquino, São, 212, 247, 271

Torre de Belém (Lisboa), 508

Torre do Tombo (Lisboa), 9-10, 13, 33, 47, 84-6, 177, 233, 252, 265, 310, 503, 542, 564, 580, 583, 588, 590

torturas aplicadas pela Inquisição, 49, 53, 91, 294, 507, 509, 515, 579; *ver também* suplício de Rosa Egipcíaca no pelourinho de Mariana (MG, 1749)

tráfico inter-regional, 23

tráfico negreiro, 7, 17-20, 482, 526

trajeto entre Rio de Janeiro e Minas Gerais, duração do (em montarias), 23

transe mediúnico, 478

Transfiguração do Senhor, 268, 271

transubstanciação, milagre da, 114, 121; *ver também* Eucaristia; hóstia (partícula consagrada)

"transverberação" (fenômeno místico), 372, 419, 421

Tratado da oração e meditação (São Pedro de Alcântara), 277

três corações (Jesus, Maria e José), culto aos, 228, 246, 248, 250-3, 255, 574; *ver também* Sagrados Corações, culto aos

Três Corações, cidade de (MG), 249

Trindade *ver* Santíssima Trindade

"Triunfo Eucarístico" (Vila Rica, MG, 1733), 92, 115

tumbeiros *ver* navios negreiros

tupinambás, indígenas, 159

Uidá (Ajudá), costa africana de, 17-8, 21, 23, 98, 119, 175, 482, 518, 587

umbanda, 52, 102, 386, 421

unção dos enfermos (extrema-unção), sacramento da, 593-4

União Ibérica (1580), 454

Urbano IV, papa, 114

Úrsula, santa, 58, 76, 362

Vainfas, Ronaldo, 11, 90

Valentim, Mestre, 583

Valongo, mercado de escravizados do (Rio de Janeiro), 20, 168

varas e bordões, rituais com, 375

Vargas, Inácio de Oliveira, padre, 480, 542

várzea de Nossa Senhora (Rio de Janeiro), 221, 223, 244, 346

Vasconcellos e Sousa, Luiz de, d. (vice-rei), 583

Vasconcelos, Bernardo de, frei, 237, 480-1, 489-90, 503-4, 543

Vasconcelos, Caetano Rois de, padre, 311

Vasconcelos, Diogo, 25

Vaticano, Arquivo Secreto do, 162

Vaz, Bartolomeu, padre, 310

Veloso, Manuel, padre, 317-8

vendilhões expulsos por Jesus, 78

veneração aos ministros/sacerdotes católicos, 64

venéreas, moléstias, 43

Veni Sancte Spiritus (hino), 284, 417

vento como manifestação da divindade, 55

Vera Cruz, adoração da, 132, 143

Vera Cruz, terra de (Brasil), 179

Verger, Pierre, 18

Verônica (escravizada prostituta), 37

Verônica Giuliani, santa, 75, 270, 371, 378

viagem de Rosa Egipcíaca rumo ao Santo Ofício de Lisboa (1763), 506-8

Viana, Hildegardes, 61

Vicência (crioula forra de Ouro Preto), 31

Vicente de Paula, são, 187, 196, 256, 428

Vida da insigne mestra de espírito a virtuosa madre Maria Perpétua da Luz, religiosa Carmelita Calçada (1742), 391

"Vida de Maria Egípcia" (poema português medieval), 135

"vida de Santa Maria Egipcíaca, La" (poema castelhano medieval), 134-5

Vida, prerrogativas e excelências da ínclita matrona Santa Ana, em que se prova com eficácia não casar mais que uma só vez, traduzida e acrescentada com muitos milagres dela e do Senhor São Joaquim, seu único esposo (Bayão), 400

Vide, d. Sebastião Monteiro da, 196
Vieira, Antônio, padre, 195, 455, 459, 514, 529
Vieira, Lourenço de Valadares, padre, 480
Vila Bela da Pedra Talhada (PE), 456
Vila Castin, Tomás de, padre, 412-3
Vila Rica (MG), 24-8, 37, 42-3, 48, 50, 73, 82-4, 86-7, 89, 92, 101, 111, 115, 127, 141, 194, 216, 236, 249, 371; ver também Ouro Preto (MG)
Viradouro, Escola de Samba Unidos da, 14
Virgem do Carmo, devoção mineira à, 141-2
Virgem Maria, 27, 31, 55, 58, 60, 66, 73-4, 96-8, 110-1, 132, 136-7, 175-6, 180, 199, 206, 238, 240, 255-7, 278, 281, 289, 296, 341, 359, 371, 392, 398, 401, 404, 406, 446, 448, 584
virgenes cristianas de la Iglesia Primitiva, Las [As virgens cristãs da Igreja primitiva] (Vizmanos), 134
Visitação, Maria da (beata espanhola), 115, 409, 589
visões de Rosa Egipcíaca, 8, 59, 62, 64-7, 70, 87-8, 95-6, 98, 108-10, 113, 121, 146, 156, 164-6, 174-6, 197-8, 202-3, 220, 228-9, 246-61, 268, 275, 277, 285-9, 315-6, 318, 330, 367, 370, 388-9, 393, 421, 436-8, 442, 445-7, 457, 471, 478, 484, 489, 499, 520, 560-2, 564; ver também profecias de Rosa Egipcíaca
Vita Mariae Aegyptiae (São Sofrônio), 134
Vitória (donzela parda), 152

"Vitória, vitória" (hino revelado a Rosa Egipcíaca), 69, 391, 402
Vitorino, José Antonio, padre, 467
vitrais de igrejas góticas, 66, 135
Vizmanos, Francisco, padre, 134
vocabulário religioso e conhecimento doutrinário de Rosa Egipcíaca, 65
Voragine, Jacob, frei, 131, 134

Walsh, R., 192

xangôs nordestinos (religiões afro-brasileiras), 71, 74, 385
Xavier, Domingos, padre, 67
"xota-diabos" (curandeiros), 50, 423; ver também exorcismos; Lopes, Francisco Gonçalves, padre ("Xota-Diabos", exorcista e confessor de Rosa Egipcíaca)

yaô (iniciados nos cultos afro-brasileiros), 368

Zagnoni, Prudenciana, 115
Zambores, ilha dos (África), 19
"zeladora dos templos", Rosa Egipcíaca como, 78-81, 116, 148, 235, 299, 305, 383-4, 423, 464-5, 468, 484
Zózimo (eremita), 132-3, 135-6, 138, 560
Zumbi dos Palmares, 7

ESTA OBRA FOI COMPOSTA POR OSMANE GARCIA FILHO EM MINION
E IMPRESSA PELA LIS GRÁFICA EM OFSETE SOBRE PAPEL PÓLEN SOFT
DA SUZANO S.A. PARA A EDITORA SCHWARCZ EM MARÇO DE 2023

A marca FSC® é a garantia de que a madeira utilizada na fabricação do papel deste livro provém de florestas que foram gerenciadas de maneira ambientalmente correta, socialmente justa e economicamente viável, além de outras fontes de origem controlada.